Records of the Victims' Refuge Lives in the Great East Japan Earthquake

東日本大震災と被災・避難の生活記録

吉原直樹
仁平義明
松本行真
編著

六花出版

東日本大震災と被災・避難の生活記録　目次

第Ⅱ部　コミュニティ・ネットワーク・ボランティア

第Ⅲ部　被災後の生活と情報

序

やがて四度目の3・11がやって来ようとしている。この間、復興はどの程度進んだのであろうか。復興庁の二〇一四年一一月二八日付の『東日本大震災からの復興の状況に関する報告』(骨子)によると、復興は確実に進んでいるような印象を受ける。ちなみに、同報告によると、「避難者等の状況」については「仮設住宅等への入居戸数は減少しており、恒久住宅への移転が始まりつつある」と記され、「地域づくり」については「公共インフラは、応急復旧から本格的な復旧・復興の段階へ移行し、概ね復興施策に関する事業計画と工程表に基づき、着実に進展。高台移転や災害公営住宅は岩手県、宮城県では8割を超える事業が始まっている」と記されている。さらに「産業・雇用」については「被災地域の鉱工業生産は、概ね被災地域以外の水準に回復」「グループ補助金交付先企業の約4割が、震災前の売上げ水準まで回復」「被災3県の有効求人倍率は1倍以上となっており、雇用者数も震災前の水準まで回復している」と記され、「原子力災害からの復興」については「避難指示区域からの避難者数は、平成26年10月時点で約8万人」「国が直接除染を行う地域については、実施計画を策定した11市町村のうち4市町村で除染が終了」と記されている。

だが地元では、国が言うほどに復興が進んでいる、とはみていないようだ。とりわけ、福島県の復興の遅れについては、上述の復興庁の報告でもはっきりと指摘されている。ここでは、福島民報社が衆議院解散を受け、二〇一四年一一月に実施した福島県内全市町村長対象アンケート結果を援用しておこう。それによると、「一昨年末の安倍政権発足後、あなたの市町村の復興は加速したか」という問いにたいして、「加速した」と答えた者五人（八％）、「一部加速した」と答えた者三一人（五三％）、「加速していない」と答えた者一八人（三一％）となっている（『福島民報』二〇一四年一一月三〇日）。この場合、「一部加速した」の動向（数値）をどう読み取るかがポイントになるが、避難者により近い立場に立っている市町村長からすれば、復興の現状は上述の復興庁の報告ほどには楽観的なものではないようだ。

ところで、このところ復興をＩＣＴ（情報通信技術）とむすびついた新しい産業や雇用の創出に基づいて進めようとする国、そしてこれに呼応する県、地元自治体のスタンスがより明瞭になっている。そしてそこでインキュベーター（呼び水）としての役割を果たしているのが規制緩和政策である。この政策の下に復興施策が進められているが、そこには従来型の公共事業の枠におさまっているもの、すなわち中央から企業（工場）を誘致し雇用を作りだそうとする傾向が依然として色濃くみられる。こうした場合、外部に依存する経済が前提となっており、利益のほとんどが地域から流出してしまう。そして避難者の生活の回復／再生には容易にむすびつかない。というよりは、むしろ後回しになる惧れがある。

しかし一部の地域では、「無原発」もしくは廃炉という状態を踏まえて、復興施策の中軸にＩＣＴの発達を据えた上で、再生可能エネルギー等の「新しいエネルギー」に基づく産業と雇用の創出をめざす構想がたちあらわれている。そこでは企業誘致を絶対的な要件とするのではなく、地元での産業連関と地域経済の自立性の確立を通して「復興から再生へ」の道筋を模索しようとしているようにみえる。だからといって、そうしたものが直ちに避難者の生活の回復／再生を果たすものであるとは断言できない。しかし、「無原発」もしくは廃炉という状態を活かして、「新しいエネルギー」とスマート化による省エネにもとづく産業と雇用の創出をめざそうとする構想の裡に、エネルギー・シフト、ＩＣＴの発達そして住民主体の地域力の形成を与件とする「エネルギー地域民主主義」（金子勝）の一つの萌芽的な「かたち」を観ることができる。

いずれにせよ、いま復興施策として進められているものには、規制緩和で新しい産業を興し、ひたすら大規模化し効率化し、外部の主体《エージェント》が利益独占をねらう従来型のものから、地域のさまざまな主体が協同し地域産業連関を達成し、ＩＣＴを活かしながら自らの雇用や所得を作りだそうとするものに至るまでさまざま方向性を持つものが含まれている。したがって、全体に新自由主義的な基調を読み取ることができるにしても、それだけで復興施策を論じ切ることはできない。問題は、さまざまな方向性をみせている復興施策の中で、いったいどれが避難者の生活の回復／再生を達成し、自立的な地域経済の形成につながる雇用の創出をもたらそうとしているのかという点である。

そしてそうであればこそ、ここは復興の起点に立ち返って、いま一度、避難を強いられた人びと、職を失った人びと、生業を奪われた人びと、機能移転を余儀なくされた市町村役場、そして被曝に脅え続ける人びとの「いま」を浮き彫りにする必要があるのではないだろうか。考えてみれば被災直後、政府サイドから頻りに聞こえてきたのは、「想定外のできごと」といった声である。今回の東日本大震災は一〇〇〇年に一回の地震であり、途方もない津波は想定外のできごとである、と。こういった声が国の責任（そして福島でいえば、東電の責任）を曖昧にしてしまったことは否めない。国そして東電は、未だ避難者が納得するような謝罪も、事故原因・現状の説明も行っていないようにみえる。こうした謝罪および説明がなされてはじめて避難者の生活の回復／再生への道がきり拓かれるのではないだろうか。しかし残念ながら、現状はただ「経済」復興だけが先行しているようにみえる。詳述はさておき、復興の起源に遡って復興の正当性と方向性を問うことこそが、いま問われているのではないだろうか。

同時に、ここで指摘しなければならないのは、一瞥したような復興施策の多面的な検討とともに、避難者の「いま」を生活世界の相から追い上げていくようなモノグラフ（調査報告）の作成が求められていることである。なぜなら、今日われわれの前にたちあらわれている復興施策は、あまりにも人びとの生活世界の実相からかけ離れているようにみえるからである。ちなみに、ここでいう生活世界は、「ごく普通の人びとが日常生活を営む、多元的な経験世界」（天野正子）のことである。いうまでもなく、避難者にとってこうした生活世界は3・11を境にして根こそぎにされている。それも含めて、復興施策が避難者の傷ついた「生きられた世界」にどれほど迫り得ているかが問われなければならない。本書のタイトルを『東日本大震災と被災・避難の生活記録』とした所以でもある。

ともあれ、地域の側に立ち、避難者の生活の回復／自立を可能にする復興を達成するためにこそ、避難者の生活世界の変容の諸相をあきらかにする必要がある。本書は、こうした問題意識をゆるやかに共有しながら、それぞれの執筆者がフィールドの世界で織りなしたモノグラフ、そしてそこで得た知見を集成したものである。背景となるディシプリン（学問分野）の基礎および作法は千差万別である。しかしながら、どんなディシプリンのどんな個別テーマを扱っているにしても、どこかでつながっているはずである。換言するなら、一見かなり離れているようにみえる知見も、実際は互いに通じあっているはずである。全体で一つの体系を作りだしているとはいえないにしても、多くの糸がわかちがたく絡み合って「生活世界の変容」という太い縄を編んでいる、と考えている。少なくとも、本書はそのことをめざしているのである。

本書は三部構成からなる。簡単に概略を示しておこう。

第Ⅰ部では、復興とまちづくりの基本的な方向と諸相／諸次元に目が向けられる。まず復興とまちづくりが新自由主義的な施策体系の下で、整合的であるとともに二律背反的であることが指摘される。具体的には、復興がまちづくりを誘うとともに、前者が後者の障壁となっていることが両者の共振→反転のダイナミクスを通して明らかにされる。過度に楽観的でなく、それでいて悲観論一色で塗りつぶせない復興への道筋はどのようにつけられるのであろうか。この問いは第Ⅰ部全体の基調音となっている。

ところで東日本大震災は、既存の国土計画のゆがみを白日の下に晒した。そして数次にわたって再編されてきた地方広域圏、とりわけ東北圏広域地方計画の見直しが避けられなくなっていることが指摘される。そこでは明示的ではないが、効率化と「集中と選択」をめざしてきた広域地方計画の矛盾に照準化されている。ちなみに、既存の国土計画のエンジンをなしてきたのは建設業《ディベロッパー》であるが、この建設業がいま再び震災復興事業の中核を占めるようになっている。そこで問われるのが、建設業主導の復興事業が従来型の公共事業からどう離床しているかという点である。ここでは公共性と地域性の文脈において検討される。それらの現時点での検討結果によれば、新しい産業を作りだし、雇用を創出するような公共性と地域性の内実は未だ確立されていない。今日相双地区の復興施策を推し進めていく上で最大の懸案事項《イッシュー》となっている中間貯蔵施設の立地に引き寄せて検討してみても、そうした公共性と地域性の中身は必ずしも形成されているとはいえない。むしろ、そこでは終わりなき「中間」の矛盾が広がり、復興事業は迷走するばかりである。

さて復興とまちづくりのアリーナ（舞台）は複数の領域に及んでいるが、ここでは一方で商業地の再興、そして他方で震災遺構の保存が取り上げられる。そして前者では地域内外の諸主体の交流拠点としての可能性を見据えて、そして後者では防災教育のプラットフォーム化を視野に入れてそれらのありようが検討される。そこでは可能性の開陳とともに、多様な課題が潜んでいることが確認される。いうまでもなく、復興とまちづくりにとって鍵となるのは、アリーナに加えて「しくみ」である。ここでは、そうした「しくみ」づくりの一環として災害記憶継承の事例が取り上げられる。そして災害記憶継承がいまや復興の「周辺」から「中心」へとせり上がっていることが暗示される。「しくみ」づくりは同時に、それにかかわる組織態様および組織間連携のありようとも密接に関連している。複数の地区を対象とする事例分析を通して、そうしたありようが地域力の形成にとって決定的な要因《ファクター》となることが明らかにされる。なお、その際、各地区の多種多様な地域資源の布置状況《コンステレーション》も視野に入れられる。

次いで第Ⅱ部では、第Ⅰ部で先見的にとり上げられた組織態様および組織間連携のありようが、コミュニティやボランティアの集合的活動の位相で、さらに地域内外の諸主体が織りなすネットワークの次元でより掘り下げて検討される。そしてそれらの現在性が、避難者の生活世界の変容を見据えながら浮き彫りにされる。一言でいうと、第Ⅰ部の応用的展開といった内容となっている。

そうした場合、何よりもまずフィールドワークする者の内部者かつ外部者としての想像力が問われる。そして対象的世界に日常的生活者として存在論的にかかわることがトータルにもとめられることになる。ここでは認識論優位の調査論にたいするこうした再帰的問いかけをゆるやかに共有しながら、地域コミュニティ／町内会、消防団／自主防災組織、学校、長期避難者コミュニティ／広域自治会、災害支援NPO、仮設住宅入居者支援ボランティア等の個別の活動および協働の対他的活動の内実が子細に検討される。当然のことながら、そうした活動の多くは防災、より広義には安全・安心、そして避難に照準化しているが、活動そのもの（の展開）は諸主体の背後に控える組織資源および活動資源、あるいはリーダー資源のありように左右されざるを得ない。と同時に、そうした活動を通して、避難者が異なる他者とともに社会的経験を積み上げていくことになることがさまざまな形で確認される。

しかしこのことは、決して単焦点化して描述されるわけではない。対象的世界に内在するさまざまなディバイド（溝）に目配りする必要があるし、諸主体間の連携や協働における強い紐帯と弱い紐帯を見分けることもまた必要になってくる。そして諸活動の平板な寄せ集めでない社会実装の内実が問われなければならない。ここでは、これらが相互に絡み合いながらネットワークの内質、たとえば拠点性を形成し担保することが確認される。さらにそのことを踏まえた上で、これまでコミュニティとして語られてきたものに対して再審の目が向けられることになる。それは試論的段階に留まっているが、コミュニティ論が前提としてきた定住を避難者の生活世界の実相に照らして捉え返し、コミュニティ・オン・ザ・ムーブ（動いているコミュニティ）として再定式化する。重要なことは、この再定式化が調査者と被調査者が同じ日常的生活者として向き合う存在論的世界で打ち出されていることとである。ここで再び、フィールドワークする者の内部者かつ外部者としての想像力が問い返されることになる。

最後に第Ⅲ部では、それまでの第Ⅰ部、第Ⅱ部の展開を踏まえて、避難者の生活過程の諸相および避難者と避難者、避難者と外社会を媒介するメディアとしての情報のありように目が向けられる。そこでは、部分的に第Ⅱ部の展開と重複する箇所もあるが、めざしているのは、避難者の生活世界の変容に加えて、その基層をなしている諸主体間のコミュニケーションの過程に迫ることである。そうすることによって、避難者の生活世界の実相がよりリアルに浮かび上がってくると想到される。

まず、いまや原発避難者の巨大プール／シェルターと化しているいわき市に身を寄せている避難者の生活と意識の全体が鳥瞰される。そこでは生活と意識をめぐる問題の全体構造の析出がめざされるが、とりわけ「まなざし」「まなざされる」ことによって深まる避難者の生活困難の一端が浮き彫りにされる。これを起点にして、避難者の生活困難の諸相が生活過程のおりおりに降り立って明らかにされる。その場合、何よりも決定的な意味をもってくるのが被災直後の安否情報、移動、避難所のありようである。ここでは、これらに関する大学および地元小・中学校の取組事例が紹介され、また当該自治体の住民アンケート調査結果が分析される。そのことを通して、広、狭さまざまな視点から避難者生活の諸相へのアプローチがなされる。いうまでもなく、生活困難は容易に解消しない。その一つとして、当初の避難所における食生活のこわれが仮設住宅、みなし仮設住宅にまで持ち込まれていることが詳細なヒヤリングを通して明らかにされる。

さて、先の「まなざし」「まなざされる」ことは、いわゆる避難者をめぐる情報や風評といわれるものに部分的に投影している。3・11以降、顕著な傾向として「絆」フィーバーなるものがみられたが、それを心理的「般化被害」としてとらえた場合、別の局面が立ちあらわれる。風評被害は風評利得ともいわれているが、ここではその適正化がこころみられる。いうまでもなく、風評をうみだす情報源は特定しがたいが、そこにはさまざまなステイク（利害）がうごめいている。また情報の送り手と受け手の間にギャップが存在し、そこに介在するメディアの作動因も無視できない。こうした情報環境の中で、ICTの申し子である大学生が風評をどうみているかを検証することも重要である。かれら／かの女らは風評を倍加しているのであろうか。それとも縮減しているのであろうか。第Ⅲ部では、こうしたことについてトータルにではないが、それぞれのフィールドの現場から部分的に迫っている。

以上、簡単な概略の紹介を行ったが、個々の叙述はこの紹介にとどまらない個性的なものばかりである。またそれぞれの内容を子細に検証してみると、相互に齟齬をきたしている箇所も少なくない。しかしだからといって、モノグラフの集成という本書の意義は大きく減殺されるものではない、と思う。本書が長い時間を経て東日本大震災誌の一つとなり、地元において引きつがれる無数のローカル・ノレッジ（民俗知／現場の知）とともに、経験的地平で読み返されていくことが期待される。

吉原直樹

第I部 復興とまちづくり

写真：津波によって被災した「旧・女川交番」（宮城県女川町）

復興とまちづくり

「不確実性のなかで暮らしているわれわれは、未知の世界へと慎重に歩んでいかなければならない」――ジャック・アタリ『危機とサバイバル』

吉原直樹

はじめに

四度目の3・11がもうそこまでやって来ている。それとともに、当初あれほどさわがれた東日本大震災も徐々に人びとの口に上らなくなっている。実際、メディア等でとりあげられることもすっかり少なくなっている。まるで社会全体が忘却するのを待っているかのようである。果たして、復興はすすんでいるのであろうか。馴れ親しんだ住まいの地を追われ、いまなお流浪を余儀なくされている避難者の生活再建はどうなっているのであろうか。そして避難者をみる人びとのまなざしは……。問うていけば、きりがない。しかし、問わざるを得ない現実がそこにはある。

ちなみに、二〇一一年一二月一六日法律第一二五号（復興庁設置法）によって設置された復興庁のホームページにアクセスすると、平成二六年八月二六日という日付の入った「復興の現状」という文書が即座に目に入ってくる。そこでは、復興に向けた取組みが避難者支援関係、まちづくり関係、産業関連、原子力災害関係、人的支援という項目ごとに確実に進展していることが記されている。だが、実際のところはどうなのであろうか。上記の「復興の現状」では、公共インフラの本格復旧・復興が著しく進捗していることが強調されているが、それらが避難者の生活再建に具体的にどうむすびついているかは明らかにされていない。

ところで、このところ復興に関してあちこちで指摘されるようになっているのは、いわゆる新自由主義を基調音とする復興の動きである。それを肯定するか否定するかはさておき、被災地で新自由主義に導かれた復興の槌音がやたら響くようになっているのはたしかである。当然、避難者個々の現況を把握した、かれら／かの女らの日常生活レベルでのニーズにより即したきめこまやかな生活再建の取組みは後回しにされる傾向にある。別の言い方をすると、身振り大きい復興まちづくりとリンクした、実態から乖離した言葉だけの生活再建策がそこかしこで跳梁しているように見える。同時に、ここにきて被災三県の間で、とりわけ岩手県、宮城県と福島県との間で復興の進捗度において大きな差が生じるようになっている。特に福島の遅れが決定的なものになっている。しかし、それだけではない。避難者個々の間でも、復興に与る者とそうでない者との格差／ディバイドが広がり、復興そのものに暗雲が垂れ込めている。

本稿では、こうしたバリエーションとともにある復興のありようについて、特に福島に照準して検討する。具体的には、復興とまちづくりの基本的な方向を互いに相克する二つのベクトルにおいてとらえ、そこに内在する問題状況を明らかにする。同時に、そうしたものが避難者の生活再建にたいしてどのような可能性をもっているのかをさぐることにする。まず、新自由主義的な復興の方向について概観することから始めよう。しかし、その前にさしあたり、新自由主義といわれるものについて簡単に説明をしておくことにする。

一　新自由主義とは

新自由主義という言葉が世に出るようになってどのくらいの時が経ったであろうか。それはともあれ、一つの言説様式としての新自由主義は、今日、われわれが世界を解釈し理解する思考様式に大きな影響をおよぼしていることはたしかである[1]。それだけにまた、新自由主義に関する俗説も数多く出回っている。その最たるものを指摘すると、新自由主義を「市場が国家を乗っ取った」というような議論とパラレルにとらえるものである。少し推敲された言い方をするなら、新自由主義を「規制緩和と民営化を車の両輪とした『非政府主義』」（ラッツァラート　二〇一一＝二〇一二：二二五）ととらえるものである。ラッツァラートはこうしたとらえ方を文字通り俗説とみなしているが、この種のものは新自由主義の二面性、すなわち公的な権力主体としての国家を斥けながら、「グローバルな政治における競争単位」（ハーヴェイ　二〇〇五＝二〇〇七a：一一二）としての国家の役割には深く期待するといった両義性を視野に入れているとはいいがたい。この点に関して、新自由主義が期待する「小さな国家」の特質を、デヴィッド・ハーヴェイは次のように述べている（ハーヴェイ　二〇〇五＝二〇〇七b：二九）。

「医療、公教育、公益事業などの分野における国家の役割の出来うるかぎりの縮小がめざされ、社会のセーフティネットは切り詰められる。だからといって、あらゆる規制活動や政府の介入が廃棄されるわけではなく、民営化できない公共部門の『資金管理責任《アカウンタビリティ》』や『コスト効率』を監視する官僚的規則は増える」

たしかに、新自由主義の下で、国家は市場がよりよく機能するために「後景」にしりぞいているようにみえる。しかしそれは国家の衰退を意味するものではない。むしろ資本の自由の合理性にかなう統治の主体であることを志向している。つまり統合的な社会をつくりだすのではなく、社会をグローバルな市場に分節化していくための介入をおこない、権力を行使しているのである。ここで想起されるのは、かつてバウマンが国民国家の変容を

『庭園師』から『猟場番人』へ」というメタファーで示したことである（バウマン　二〇〇〇＝二〇〇一）。

さて今日、バウマンに倣っていうと、「ポスト・パノプティコン的」といわれる強力な介入と権力の行使とともに新自由主義が熱いまなざしを向けるのが、上述の資本の自由な合理性にかなう統治とセットとしてある自己統治の義務と責任を果たす個人である。それは国家が社会をグローバルな市場に分節化していく上で有益な主体を選別／排除することに伴って立ちあらわれたものであるが、こうした個人の台頭を説明するにあたって恰好の素材を提供しているのが、アンソニー・ギデンズの「エージェント」論である。

ギデンズによると、絶対的要件としてあるグローバリゼーションを向こうにして、「生き方の政治」に合わせることのできない者は容赦なく制裁され排除されるような競争的環境に身を置き、そこを生き抜く「エージェント」が強くもとめられる（ギデンズ　一九九八＝一九九九）。こうした「強制される主体」、事実上「非主体」という性格を有する「エージェント」は、近年の議論でいうと、ガタリのいう「主観的主体性」を想起させるものであるが、ギデンズによると、そうした「エージェント」は自らに道徳的な義務と責任を課すコミュニティに共属している。こうした「エージェント」論を、ニコラス・ローズは構造化論から「進化した自由主義」（advanced liberalism）への展開／転回において位置づけている（Rose 1999）。

ここで指摘しておきたいのは、ギデンズのいう「エージェント」が新自由主義のヘゲモニーに適合的であること、加えて「進化した自由主義」と倫理的なコミュニティが一体として論じられることによって、新自由主義と（本来その対向にあるはずの）コミュニタリアニズムとが共振／共進する地平が切り拓かれつつあるようにみえることである。実際、今回の震災復興とコミュニティ戦略には、そのことを示唆するような位相／状況を多少ともみてとることができる。

二　復興構想の一つのかたち――大熊町の場合

今回の震災においてしばしば言及されたのは、ナオミ・クラインのいう「ショック・ドクトリン／惨事便乗型資本主義」である。それは、大災害を奇貨として「公的なものの私物化」を通してビジネス・チャンスの拡大をもくろむ市場原理主義を意味する。クラインの言葉を直接援用すると、「壊滅的な出来事が発生した直後、災害処理をまたとない市場チャンスと捉え公共領域に群がる……原理資本主義」（クライン　二〇〇七＝二〇一一）のことである。それは「創造的復興」論の名の下に展開された高台移転、特区構想、除染、そして「東電救済法」といわれる「原子力損害賠償支援機構法」の制定等をみれば明らかであるが、考えてみれば、今回の震災復興ほど新自由主義的震災復興の性格が色濃く立ちあらわれたものはないといえる。以下、政府による福島県大熊町の復興構想を事例にして、上述の性格の一端を検討することにしよう。

大熊町では、二〇一四年三月三一日、「復興まちづくりビジョン」（以下、「まちづくりビジョン」と略称）を公表した。**図1**は、「まちづくりビジョン」に盛り込まれた主たる施策を示したものである。同図によると、二〇三三年までの約二〇年間を四期に分けて、復旧／復興事業をおこなう。そしてそれらは、「大熊町内における暮らしのサポート」（生活環境）に関するものと「町民の仕事の創出・町の発展」（産業・研究開発）に関するものとからなる。まず前者では町役場機能の回復が鍵となるが、それは第二期の二〇一九年から二〇二三年において取り組まれる（大熊町は原発事故以降、役場機能を会津若松市に、また出張所をいわき市に移している）。そのために、第一期において、町南西部に位置する大川原地区を「復興拠点の橋頭堡」として、道路、上下水道などの社会基盤／生活インフラの復旧をおこない、二〇一八年からの住民帰還をめざす。そして二〇一九年からは、これに併せて本来の庁舎で業務をおこなう体制を構築する。そのために、関係企業に働きかけて鉄道やバスなどの交通機関の復旧もめ

施策分類	～2018年（平成30年）	～2023年（平成35年）	～2028年（平成40年）	～2033年（平成45年）
大熊町における暮らしのサポート（生活環境関連）	●大川原地区を大熊町復興拠点の橋頭堡として複合開発中（シンボルタワー等設置）	●大野駅周辺における町役場機能の回復、交通機能の整備中（鉄道、バス等） ●下野上地区を第二の復興拠点として複合開発中	●下野上地区を第二の復興拠点として複合開発中 ●下野上一区三区を居住ゾーンとして開発中 ●町の中核的医療機関の再開（被ばく医療の一時施設機能：福島県と再調整）	●各地区共に大熊町の発展のために継続開発中
町民の仕事の創出・町の発展（産業・研究開発）	●大川原地区に廃炉やロボット技術関連研究開発拠点、植物工場を整備		●大野駅周辺において、民間企業が事業再開できる地区に、民間企業を誘致	～2053年（平成65年） ●再生可能エネルギー等の新産業を夫沢地区に配置 ●福島第一原子力発電所跡地に情報発信拠点として福島復興記念会館を整備

図1 「大熊町復興まちづくりビジョン」の工程表

出所）大熊町復興サイト（http://www.town.okuma.fukushima.jp/fukkou/?p=3151）

ざす。次いで二〇二四年からの第三期では、町中心部の下野上地区を第二の復興拠点として、居住地域を開発するとともに、中核的な医療機関の再開をめざす。これに続く二〇二九年からの第四期では、三期までの復興事業を継続して展開する(2)。

他方、後者では、第一期において復興拠点としての大川原地区に原発の廃炉技術やロボットなどを研究する企業を誘致し、町民の雇用の場の確保につとめる。そして第三期からは大野駅周辺においても企業の誘致をすすめ、さらに第四期では、夫沢地区に再生可能エネルギーなどの新産業の配置をめざす。こうして住民帰還を前提にした先端企業の誘致、雇用の創出が「まちづくりビジョン」の基調音となっている。

さて、この「まちづくりビジョン」は二〇一四年一月一五日に公表された中間報告に基づきながら、その検討を経て最終報告として打ち出されたものであるが、これ以降、大熊町ではいちはやく、大川原地区に整備する／置く復興拠点を具体化するための計画づくりに着手した。そしてそのための「指南役《メンター》」を都市再生機構（UR）にもとめた。こうして大河原地区を「復興拠点の橋頭堡」として、大々的な除染と復興工事を急ピッチでおしすすめることになった。そしてそこで集中的な除染がおこなわれ、建設ラッシュがみられるなかで復興の主役として躍り出てきたのが、熊谷組、清水建設などの大手ゼネコンである。

山本俊明は、大川原地区でみられる賑わう「復興景」を次のように描述している（山本　二〇一四：一七八）。

「大川原地区は渡辺町長の地元。農地が広がる中、広大な敷地の渡辺町長宅から一五〇メートルほどしか離れていない地点に、除染などを行うゼネコンの大きなプレハブ建ての事務所が建っている。屋根には仕事を請け負っている清水建設、大林組、熊谷組の大手ゼネコンの看板がある。かなり大きなプレハブ建てで、日中は数百人の作業員が出入りしている……」

こうした「復興景」の裡にその特徴が見出せる、中央のグローバル企業主導の復興プロジェクトは、五月に東京電力が福島第一原発の作業員向け給食センターの開発のための造成作業に着工することによっていっそう加速するようになっている。そしてそれとともに、被災者の生活再建に関する取組みが明確に後景にしりぞくようになっている。つまり経済的「復興」の性格がよりあらわとなっているのである。[3]

ちなみに、「まちづくりビジョン」は、経済産業省が打ち出した「福島・国際研究産業都市（イノベーション・コースト）構想」（以下、「イノベーション・コースト構想」と略称）とリンクすることによって、あるいは、そうしたものによってフォローアップされることによって、成長戦略としての震災復興構想の色調を強めている。以下にみるように、「イノベーション・コースト構想」は、被災地を牽引役として新たな成長戦略を打ち出そうとしている。そこで次節では、「まちづくりビジョン」における新自由主義的な震災復興の性格をより鮮明にするために、「イノベーション・コースト構想」の中身をいま少し詳しくみることにしよう。

三　「日本型ショック・ドクトリン」としての「福島・国際研究産業都市構想」

経済産業省に「福島・国際研究産業都市（イノベーション・コースト）構想研究会」が立ち上がり、第一回研究会が開催されたのは、二〇一四年一月二一日のことである。その後、六回ほど研究会がおこなわれ、その検討結果が六月二三日に『福島・国際研究産業都市（イノベーション・コースト）構想研究会報告書』という形で公表された。**表1**は、その報告書の骨子である。その基本的性格は、「構想の基本コンセプト」において如実にあらわれている。まず1において「住民の経済的自立と地域経済の復興を実現するには、新技術や新産業の創出が必要」とされ、いわゆるアベノミクスの屋台骨である「新たな成長戦略」のための「新技術や新産業の創出」がめざされる。次に2において、「既存の市町村の枠組みを超えて、面的なまちづくり」を達成することの必要性が謳われる。

表１『福島・国際研究産業都市構想研究会報告書』の骨子

構想の基本コンセプト
- 1. イノベーションによる産業基盤の構築
- 2. 帰還する住民と新たな住民による広域でのまちづくり
- 3. 地域再生のモデル

本構想の骨格
- 主要プロジェクト
  - 1. 廃炉へのチャレンジ
    - (1) 国際的な廃炉研究開発拠点の整備
      - 放射性物質分析・研究施設
      - 廃炉研究開発拠点の整備
    - (2) ロボットについての研究・実証拠点の整備
      - モックアップ試験施設（屋内ロボット）
      - ロボットテストフィールド
  - 2. 新しい産業基盤の構築
    - 国際産学連携拠点の整備
    - スマート・エコパークの整備
    - エネルギー関連産業の集積
    - 農林水産分野における新産業創出

構想実現に向けた方策
- 1. 構想の実現に向けた戦略的工程と体制の構築
- 2. 広域的な視点でのまちづくり
- 3. 中長期の取組体制の確立

出所）http://www.meti.go.jp/earthquake/nuclear/report_01.html

そして最後に3において、「二〇二〇年のオリンピック・パラリンピック東京大会」を射程にいれることが強調される。そこでは、被災者一人ひとりの生活再建を後回しにしてでも経済「復興」をめざすという、新技術、新産業ありきのスタンスがはっきりと立ちあらわれている。そして重要なことは、「世界が注目する浜通りの再生」というサブタイトルからうかがい知れるように、上述の経済「復興」が東京オリンピックとからめて世界に示すことに照準されていることである。[4]

さて以上のような基本的性格を有する「イノベーション・コースト構想」の中核をなすのは、「廃炉へのチャレンジ」という表現に端的に示されているように、「『廃炉産業のまち』構想」、つまり廃炉技術を使って浜通りを復興させる構想である（『朝日新聞デジタル』二〇一四年六月八日）。ところで、この「廃炉産業のまち」の前進基地として想定されているのが、既述した大熊町の大川原地区である。ここに廃炉の技術開発や作業に従事する技術者、作業員、研究者ら五〇〇〇人ほどが暮らすまちをつくることが想定されている。そしてここを拠点にして、福島県の浜通りが「世界に例のないチャレンジであり、世界が注目している」一大産業地帯になることが目されている。ここであらためて注目されるのは、「イノベーション・コースト構想」が先に概観した大熊町の「まちづくりビジョン」をフォローアップ／キャッチアップするとともに、その水脈をもなしているという点である。なぜなら、このことを確認することによって、復興を「新しい成長戦略」とつなげる新自由主義的な経済「復興」の論理が「まちづくりビジョン」にも通底していることが明らかになるからである。詳述はさておき、両者から共通して、被災地ではなく、「中央」の視点を通して描かれた震災復興構想の特徴（そして隘路）が浮かび上がってくる。

ちなみに、二〇一四年八月二八日、根本匠復興大臣名で公表された『大熊・双葉ふるさと復興構想――根本イニシアティブ』では、「地域の将来像を、国が県や市町村と一緒に検討していくこと」とし、「昼間の産業活動に関連する機能の集積を先行させ、必要な生活利便サービス等の立地も促しつつ、最終的に住民の帰還・定住のための環境整備を進める」ことが提案されている。国のイニシアティブの下に、震災復興を経済「復興」としておしすすめていくことが言明されているのである。同時に、指摘されるような新自由主義的な経済「復興」にたいして「呼び水」としての役割を果たす各種インセンティブが設けられていることも無視できない。福島県によると、そうしたものとして「津波・原子力災害被災地域雇用創出企業立地補助金」、「ふくしま産業復興投資促進特区」（税制上の優遇措置）、「福島県原子力発電施設等周辺地域企業立地支援事業費補助金」等がある（https://www.jetro.go.jp/invest/region/fukushima/）。

こうした補助金、特区制度による民間企業参入の処方箋は、原発被災を奇貨として「世界が注目するオンリーワンの拠点」（『朝日新聞デジタル』二〇一四年六月八日）をつくろうとする、まさに「日本型ショック・ドクトリン」を示してあまりある。

四　中間貯蔵施設受け入れの背後にあるもの

だがここに来て、中間貯蔵施設の受け入れとともに、上述した新自由主義的な経済「復興」構想がより複雑性を帯びて前景化するようになっている。環境省によると、中間貯蔵施設は公式には「福島県で発生した、除染で取り除いた土や放射性物質に汚染された廃棄物を、最終処分するまでの間、安全に集中的に管理・保管するための施設」（josen.env.go.jp/soil/interim_storage_facility.html）のことであり、大熊町と双葉町を走る国道六号線の東側約一六キロ平方メートルに立地が予定されている（図2参照）。二〇一四年二月に国が県の提示した中間貯蔵施設の二町集約化（大熊町、双葉町、楢葉町→大熊町、双葉町）案を正式に提案して以降、帰還、除染、賠償の三つをめぐって、国、県そして地元自治体の間で激しい論議が繰り広げられてきた[5]。そしてその途次で、前述した「廃炉産業のまち」構想とも共振することになったが、結局のところ、九月一日に県および地元自治体は中間貯蔵施設の受け入れを容認するに至った。

さてあらためて注目されるのは、建設容認に至る最終局

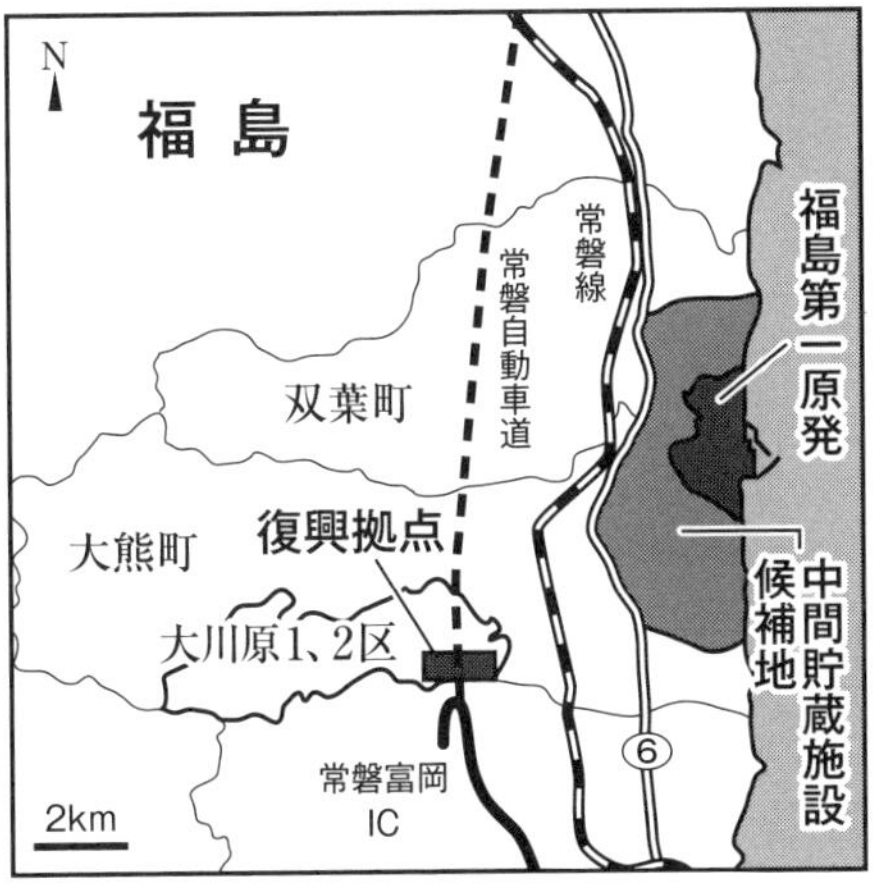

図2　中間貯蔵施設候補地

出所）山本（2014：175）より引用。

面において、国から施設使用の三〇年間で総額三〇一〇億円の交付金を拠出する方針が提示されたことである。その内訳は「中間貯蔵施設交付金」（仮称）一五〇〇億円、「原子力災害福島復興交付金」（同）一〇〇〇億円、既存の電源立地地域対策交付金増額分五一〇億円である。これらはあくまでも地域振興策および生活再建支援にあてられるものとされ、また県、地元自治体は「きわめて自由度の高い交付金」（『東京新聞』二〇一四年八月九日）と期待するが、運用方法、配分の手法はまったく明らかにされていない。したがって、望んでもいない迷惑施設の押し付けへの対価（＝迷惑料）という見方が出てくる一方で、被曝強制の下でかえって生活再建を遠のかせるといった批判、さらに生活再建に決してつながらない、経済「復興」に資するだけの（中間貯蔵施設の）受け入れにたいする危惧の念が広がっている。

もっとも、ここでより注目したいのは、そうした迷惑料の押し付けとともに、帰宅困難区域にまで集中的な除染とまちづくりをおしひろげ、その上であらためて経済「復興」拠点（大川原地区）の整備をはかろうとする動きが立ちあらわれていることである。たとえば、八月六日に自民党・公明党が安倍首相に提出した「東日本大震災　復興加速のための第四次提言」には、そうした動きを積極的に支えようとする立場が見え隠れしている。いうまでもなく、それは先に概観した「まちづくりビジョン」および「イノベーション・コースト構想」を念頭に置いたものである。詳述はさておき、「廃炉産業のまち」構想と一体化した中間貯蔵施設の受け入れは、避難者の帰還強制への道を切り拓くだけでなく、かれら／かの女らにいっそうの被曝を強要するという点で、一見、夢のある話に聞こえるが、実は生活再建をますます難しくするものなのである。とはいえ、避難者の帰還を前提としない、すなわち「帰らない」という意思の下に中間貯蔵施設の受け入れを主張する立場も存在する。筆者が別稿でとりあげた「大熊町の明日を考える女性の会」および「大熊町町政研究会」はそうした立場を堅持している（吉原　二〇一三a）[6]。だがいずれにせよ、中間貯蔵施設の受け入れに際して、新自由主義的な経済「復興」の論理が一つの「呼び水」としての役割を果たしていることは、たしかである。

五　「望ましいコミュニティ」そして「能動的な主体」

こうしてみると、いま大熊町で復興構想として立ちあらわれているもの、そして実際に復興事業として展開されているものが、本稿の序で言及した新自由主義の特徴を色濃く帯びていること、少なくともそうしたものと無関係でないことがわかる。おりしもナオミ・クラインのいう「ショック・ドクトリン／惨事便乗型資本主義」を立証するかのように中央のグローバル企業の利益、あるいはそれに共振するローカルな企業の利益を「前景化」する動きが目立っている。ちなみに、二〇一四年九月一一日、経団連の榊原定征会長は竹下亘復興相と会談し、「企業進出には思い切ったインセンティブが必要だ」とビジネス・チャンスを確実にするための税制優遇拡大をもとめたのにたいして、竹下復興相は前向きに検討すると答えている（『福島民報』二〇一四年九月一二日）。またこれよりも少し遡る六月中旬に、地元の建設業者二八社が国や県の大規模な復旧工事や除染事業を共同受注するため大熊町復興建設共同組合を設立している。そこには「大手ゼネコンが中心となって復旧事業を進める中……大規模事業を請け負うことができる態勢を整える」という意思が見え隠れしている（『福島民報』二〇一四年五月二七日）。

とはいえ、これだけでは、新自由主義的震災復興の範例をみることができる、とはいえない。むしろ上からのコミュニティの再建が「よりいっそうの社会的放棄と、公的なもののよりいっそうの私物化」と符節を合わせて強行されてきたことこそが問われなければならない。それはソルニットが「危機に底力を発揮するパラダイス」としての「災害ユートピア」と呼ぶものと関連させてとらえるとわかりやすい（ソルニット　二〇〇九＝二〇一〇）。すでに別稿で言及しているので詳述は避けるが（吉原二〇一三a：二〇一三b：二〇一四）、大熊町の仮設住宅において行政主導でつくられた自治会は、被災直後の「あるけど、なかった」コミュニティ状況[7]に基づいて打ちたてられたものではなかった。つまり、実態から乖離した「望ましいコミュニティ」が「元あるコミュニティの継続」というシナリオに基づいてつくりだされた。換言するなら、自治会／コミュニティは「あるけど、なかった」から出発するのではなく、また仮設住宅内で生じている避難者の間のディバイドとか分断、あるいは対立の原因を問わないで、「つながり」とか「絆」というような言辞を鍵概念とする「共同性」に基づいて組織化されたのである[8]。そこでは、明らかに「復興」のためにつながり、がんばる「能動的な主体」がコミュニティを担っていくことが期待されていた／いる。

まさにこの「能動的な主体」（→自己統治する主体）によって避難者＝被災者自身が自ら進んで復興を成し遂げるよう誘うのが新自由主義的な震災復興の重要な戦略であるが、この戦略の射程は、今日、ボランティアにまでおよんでいる。「望ましいコミュニティ」は実態から乖離すればするほど、「能動的な主体」を包み込んで「倫理的コミュニティ」の性格をいっそう色濃く帯びるようになる。そして「道徳性」にまで高められた「つながり」や「絆」を有する人びとの帰属と参画をメルクマールとするような高度に倫理的で価値的なコミュニティが自治会のような地域コミュニティだけでなく、ボランティアのようなテーマ型コミュニティ、さらにサイバー・コミュニティまでも呑み込むようになっている。

しかし、ここまで射程を広げている新自由主義的なコミュニティ戦略もさまざまな隘路を抱えている。「望ましいコミュニティ」→自己統治というシナリオは、大熊町の避難者にみるかぎり、かれら／かの女らの間で補償、区域再編等をめぐっていっそうの分断と亀裂が進むなかで、むしろその非現実性があらわになっている。と同時に、新自由主義的なコミュニティ戦略と親和的な関係を維持しながら、それで果たせないセーフティネットの構築をめざすようなもうひとつの《オールタナティヴ》コミュニティも立ちあらわれている。それはいまのところ、微《かそ》けき動きにとどまっているが、新自由主義的震災復興の「暴走」を内部から相対化する可能性を有している。ただ、念のためにいうなら、それは新自由主義的な震災復興の枠内である種の歯止めをかけようとするだけに、コミュニティの公正さと安定性は保持しているものの、一種の宙吊り状態にあることは否定できない。重要なことは、それが対極にあるようにみえて実はすっかり取り込まれているコミュニタリアン的な議論の外にあることである。そこで次節では、ここでいうもうひとつのコミュニティの動きについて一瞥しておこう。

六　もうひとつのコミュニティ

筆者がもうひとつのコミュニティとして注目するのは、仮設住宅ならびに一部の借り上げ住宅（みなし仮設住宅）において、自治会をベースにして結成されているサロンである。これは、パットナム流にいうと避難者＝被災者の間の「結束」（bonding）と「架橋」（bridging）をおしすすめるために打ち上げられた自治会内組織である（パットナム　二〇〇〇＝二〇〇六）。これもすでに別稿（吉原　二〇一三a：二〇一四）で詳しく触れているので詳述は避けるが、要は、自治会のなかにあって新自由主義的な震災復興とは別の論理で動いている組織のことである。サロンは何よりも「仮設の人びと一人ひとりが自らの言葉で置かれた状況を語ることができる」場としてある。そしてその場づくり／様式形成においてメンバーによって共有されていることは、語ることが、復興のために変に気張ることでもなければ、そうした環境がもはやないにもかかわらず過度に助け合い、支え合うようなことでもない、それでいて孤立することでない関係をつくりだすことである。

サロンには、語ることが原的にはらんでいるもの、すなわちものごとに存在する否定的な契機を肯定的な契機に転成するといった機能がそなわっている。つまり語ることをしないで、上からもしくは外から鼓吹された「助け合い」や「支え合い」に一方的に身をまかせたために、いつのまにか孤立していたという状況を暗黙裡に回避しているのである。筆者は「絆」や「つながり」が連帯ではなく分断に導くといったことを、サロンを透かしてみることによって確認することができると考えている。いずれにせよ、サロンを通して、新自由主義的な震災復興と向き合いながら、それを相対化する一つの道筋が見えてくるような気がしている。

　考えてみれば、新自由主義的な震災復興は、ラージ・スケールの取り組みである。復興を日本経済の再生・創生として位置づけて、いかにも身振り大きい議論の下でその〈現在性〉をアッピールする。たしかに、被災者／避難者の生活再建を一様に主張している。しかしよくみればわかるように、まず経済「復興」ありきで、その後に生活再建が付加されるというのが主なストーリーである。しかし、サロンのようなもうひとつのコミュニティでは、逆にスモール・スケールの取り組みが模索される。その場合、要となるのは、「コミュニティに根ざすということ（community based）」である。たしかに、みてきたような「まちづくりビジョン」においても、その衣鉢を継ぐ「イノベーション・コースト構想」においても、環境を活かす新産業、新技術の展開が謳われている。しかしそれらは、被災者／避難者の「生活の共同」、そして生活にねざすまちづくりには縁由されていない。すなわち、被災者／避難者がボランティア、あるいは地域コーディネーターを交えて異他的に話し合い、そうすることによって生きる自信を取り戻すまちづくりとはなっていない。

　しかしいうまでもなく、ここでいうもうひとつのコミュニティは、何ほどか行き先不明の状態にある。またそうした点では、いつ何時新自由主義が期待する「望ましいコミュニティ」に反転するかわからない危険性をはらんでいる。詳述はさておき、そうした状態を回避するには、もうひとつのコミュニティが少なくとも外に開かれた回路／関係性を担保していることがもとめられる。

むすびにかえて

冒頭で述べたように、本稿は表題（「復興とまちづくり」）をめぐって二つのベクトルが交差し、被災の構図をきわめて複雑なものにしていることを、大熊町の復興構想に照準して明らかにしようとした。福島原発では事故は収束していない。高濃度の放射能を含んだ汚染水はいまなお海に垂れ流しであり、炉心の核燃料棒は行方知れずの状態が続いている。考えてみれば、こうした事態は被災者／避難者全体のいのちに深くかかわる問題をはらんでいる。しかし国はそのことをきわめて粗略に扱い、むしろ被災地を新自由主義的な経済「復興」のための磁場にしようと躍起である。まさに「猟場番人」として面目躍如たる働きぶりである。他方、被災者／避難者の生活再建は何よりも先に達成されなければならないにもかかわらず、相変わらず放置されたままである。被災地で目にする光景から何か燭光のようなものを見出すことができるだろうか。むしろ最近よく目にするのは、被災者／避難者の「棄民化」の進展である。そしてこれに連動して立ちあらわれているのが、社会の側からする忘却という暴力の展開である。

だが被災者／避難者にとって絶望するだけではすまないだろう。新しい成長戦略に誘われた経済「復興」を向こうにして、〈脱原発〉とむすびついた、コミュニティにねざす〈ポスト開発〉／〈脱成長〉の何らかの取り組みが必要となってこよう。そうした取り組みにおいてめざされるのは、「経済成長や開発・発展を……社会的なものにしたり、あるいは公平なものに塗り替えること……ではなく、経済から抜け出すことである」（ラトゥーシュ　二〇〇四＝二〇一〇：一〇。ただし、傍点は原文）。とはいえ、この「経済から抜け出すこと」は至難の業であるように思われる。なぜなら、被災者／避難者自体、長い間「原発さまの町」にあって「経済が一種の宗教であることを自覚する」（ラトゥーシュ　二〇〇四＝二〇一〇：一〇）ことが困難になっているからである。[9]

本稿では、自治会のなかからあらわれているスモール・スケールのサロンに一つの可能性を見出そうとした。異他的な交わりを通しての「被災の共有」を起点にして「生活の共同」の経験を積み上げていく。そしてそうした「生活の共同」にねざしたまちづくりに加わるなかで生きる自信を回復していく。そこには気づきもある。上からのコミュニティ形成が看過した「あるけど、なかった」状況が、実は「なかったけど、ある」状況と裏表をなしていること、そしてその「ある」状況がサロンを通底しているということの「発見」である。もちろん、だからといって、そのことが直ちに上述の「経済から抜け出す」ことにつながるわけではない。サロンが節合(articulation)の機制[10]を経て新たな集合性／関係性を抱合するようになった時点ではじめて、「経済から抜け出す」というラージ・スケールの問題構制《プロブレマティーク》、つまりここでいうと〈脱原発〉、畢竟、エネルギー供給のシステムを変えること等の経験的地平がみえてくるようになると思われる。

まちづくりはどこまでも生成途上(becoming)のものであり、そこには大いなる可能性とともに数々の隘路が伏在していることを、最後に指摘しておきたい。

注

(1) この地平は、新自由主義がコミュニタリアニズムを取り込む次元とコミュニタリアニズムが新自由主義に接近する次元とからなる。この場合、一番大きな問題《イッシュー》は、コミュニタリアニズムがローカルなものにアイデンティティをもとめなくなっていることである。同時に、そこに新保守主義が微妙にからんでいることも留意する必要がある。いずれにせよ、新自由主義とコミュニタリアニズムの分水嶺がきわめて不透明になっていることはたしかである。少なくとも、両者はもはや対立するものではない。

(2) いうまでもなく、ここで描述されている工程は、除染がうまくいった場合を前提にしている。国や町は、除染の成果は確実にあがっているといい、放射線量が下がっていることをメディア等を通して訴えている。しかし、一時帰宅し、線量をはかっている多くの被災者／避難者はそうした報道にたいして懐疑的であるし、除染の効果にも否定的である。だから各種アンケート結果に如実にあらわれているように、帰還を望んでいる者はきわめて少数にとどまっている。

（3）この給食センターは「一日約三千食を調理して届ける。稼働後は約百人の雇用が見込まれる」という（『福島民報』二〇一四年三月二〇日）。しかしここで使用する水は楢崎町にある木戸川から取水することになっている。ちなみに、この川の岸辺の土壌からは一キログラムあたり八二〇〇ベクレルの放射性セシウムが検出されている。そういうこともあって、この給食センターの開発・稼働は作業員ならびに避難者にたいしていっそうの被曝を強要するものであるという批判が広がっている。

（4）一九六四年に開催された東京オリンピックは、戦災から立ち直った国民国家の中枢・東京をアッピールするための政治的イベントとしての性格を色濃く帯びていた。他方、二〇二〇年に開催予定の東京オリンピックは、原発の災禍から蘇った技術大国ニッポンを称揚し、そこからグローバルな振幅を広げていこうとするポスト国民国家の政治的意図が明白である。しかし、この政治的意図は現に福島原発をコントロールできていないこと、そして今後放射線量が推計通り低減されないかもしれないことを考えると、いつ瓦解してもおかしくないのである。

（5）国は、二〇一四年五月から六月にかけて、中間貯蔵施設の建設に関する説明会を県内外の一六カ所で開催した。説明は、県外最終処分場、地域振興策、用地補償などを中心に多岐にわたったが、避難者の国にたいする不信が根強く存在し、説明はほとんど肯認されることはなかった。たとえば、施設の受け入れを条件に巨額の交付金の提示がなされたが、これにたいしては利権に群がる者を利するだけだという意見が強かった。復興利権は新自由主義的な経済「復興」に特有のものであるということは多くの被災者／避難者が共通に認識しているところである。

（6）すでに別稿で述べたように、「大熊町の明日を考える女性の会」も「大熊町町政研究会」も、中間貯蔵施設の受け入れは大熊町が原発を受け入れた時点で「予想されたこと」／「避けられないもの」としてあるという立場をとっている。こうした立場については、むろん批判する向きもないわけではないが、重要なことは、二つの会で活動している被災者／避難者が「原発さまの町」を受容してきたことにたいして自己反省的／再帰的スタンスをとっていることである。「原発さまの町」では原子力ムラを地域の側から支えるような体制が出来上がっていたのであるが（吉原　二〇一三a）、これをどう相対化するかが被災者／避難者にとって大きな課題となっているのである。

（7）大熊町民の避難時の行動について尋ねた筆者のヒヤリングによると、多くの被災者／避難者は、原発爆発前後に区や班がほとんど機能しなかった、と述べている。相双地区では3・11以前の過去二〇年間にわたって、毎年、コミュニティを動員して持ち回りで原子力防災訓練を実施してきた（吉原　二〇一四）。しかし三月一二日の原発爆発直後の避難時に、コミュニティは「まったく見えなかった」（あるいは誰も「見ようとしなかった」）、と多くの被災者／避難者は言っている。筆者はこうしたコミュニティの不在状況を「あるけど、なかった」と名付けているが、そこには私事化（プライバタイゼーション）の動きをみてとることができる。

（8）ここであらためて想起されるのは、今回の震災において、宗教学者、民俗学者等による「祈り」やフォークロアに誘われた、オール・ジャパンの「つながり」や「絆」の唱和とともに、実態から乖離したコミュニティへの過剰な期待や願望がふくらんだことである。阪神・淡路大震災では見られなかったことである。気になるのは、こうした「コミュニティ・インフレーション」の下で、現実的なありようとの関連をもたないままにコミュニティがアクティヴであるという言説が目立っていることである。結果的に、こうした動きは新自由主義的な経済「復興」を支えることになっている。

（9）「原発さまの町」の特徴は、原発というリスクを日常的に抱え込みながら、そうしたものと隣り合わせて人びとの間で「生活の私事化」が進んできた／いることである。つまり「経済」が至上のものとしてあり、その根幹に原発による受益体制がしっかり根づいているような町がまさに「原発さまの町」なのである。それだけに、「原発さまの町」のなかにあって上述の受益体制を問い込むことは、まるで「自己否定」をおこなうようなものであり、相当の困難をともなう。ちなみに、「原発さまの町」をささえてきた安全神話も、こうした文脈から考えていくと理解しやすい。

（10）節合は統合の対極に位置する。なお、節合についてはとりあえず、以下のように述べておこう（吉原　二〇一一：三六〇－六一）。

「それは、行為主体の、異主体との交わりを通して獲得された『当事者性』と、社会の側の変容に即して練り上げた『他者性』とのすりあわせの『かたち』／状態を示すものとしてある。ともあれ、このように考えると、『節合』は諸主体の多元的で相互的なつながりを、横に広がる接面（interface）で示すものであり、システムの維持を前提とする『統合』（integration）とも地域内部での完結性（autonomy）を与件とする『内発的発展』とも異なっている」

なお、節合は「創発性」（the emergent）とかかわらせて論じると、わかりやすい。詳細は吉原（二〇一一）を参照のこと。

参考文献

Bauman, Z., 2000, *Liquid Modernity*, Polity Press.（＝森田典正訳、二〇〇一、『リキッド・モダニティ――液状化する社会』大

月書店）
Giddens, A., 1998, *The Third Way*, Polity Press.（＝佐和隆光訳、一九九九、『第三の道——効率と公正の新たな同盟』ダイヤモンド社）
Harvey, D., 2005, *A Brief History of Neoliberalism*, Oxford University Press.（＝渡辺治監訳、二〇〇七a、『新自由主義——その歴史的展開と現在』作品社）
——, 2005, *Spaces of Neoliberalization: Towards a theory of uneven geographical development*, Franz Steiner Verlag.（本橋哲也訳、二〇〇七b、『ネオリベラリズムとは何か』青土社）
Klein, N., 2007, *The Shock Doctrine: The rise of disaster capitalism*, Metropolitan Books.（＝幾島幸子・村上由見子訳、二〇一一、『ショック・ドクトリン』岩波書店）
Latouche, S., 2004, *Survivre au développement*, Fayard.（＝中野佳裕訳、二〇一〇、『経済成長なき社会発展は可能か？』作品社）
Lazzarato, M., 2011, *La fabrique de l'homme endetté — Essai sur la condition néolibérale*, Éditions Amsterdam.（＝杉村昌昭訳、二〇一二、『〈借金人間〉製造工場』作品社）
Putnam, D. R., 2000, *Bowling Alone: The collapse and revival of American community*, Simon & Schuster.（＝柴内康文訳、二〇〇六、『孤独なボウリング——米国コミュニティの崩壊と再生』柏書房）
Rose, N., 1999, *Power of Freedom: Reframing political thought*, Cambridge University Press.
Solnit, R., 2009, *A Paradise built in Hell*, Viking.（＝高月園子訳、二〇一〇、『災害ユートピア』亜紀書房）
山本俊明、二〇一四、「中間貯蔵施設と〝帰還幻想〟」『世界』八六一、一七四－一九五
吉原直樹、二〇一一、『コミュニティ・スタディーズ』作品社
——、二〇一三a、『「原発さまの町」からの脱却——大熊町から考えるコミュニティの未来』岩波書店
——、二〇一三b、「ポスト3・11の地層から——いまコミュニティを問うことの意味」伊豫谷登士翁・齋藤純一・吉原直樹『コミュニティを再考する』平凡社新書、八七－一二四
——、二〇一四、「自治会・サロン・コミュニティ——『新しい近隣』の発見」東北社会学会『社会学年報』四三、三五－四七

追記　本稿は、吉原、二〇一三、「新自由主義的な震災復興とコミュニティ戦略」日本学術会議『学術の動向』二一一、四四－四八に大幅に加筆・修正を施したものである。

東日本大震災と東北圏広域地方計画の見直し

野々山和宏

はじめに

国土形成計画法に基づき東北圏の自立的発展に向けて概ね一〇年間のグランドデザインとして二〇〇九（平成二一）年に決定された東北圏広域地方計画は、二〇一一年三月の東日本大震災を受けて、その見直しが模索された。この見直しに向けての動きは、東日本大震災における教訓や課題を集め、それを基に東北圏広域地方計画の検証・点検を実施し、その見直しの是非を判断することから始まった。検証点検の結果、二〇一二年一月には現行の東北圏広域地方計画に大きな齟齬があるとされ、計画の変更に向けた作業に着手することが決定された。その後、東北圏広域地方計画変更に向けたワーキンググループや市町村説明会が実施され、東北圏広域地方計画変更に関する有識者懇談会も開催されるなど、計画見直し作業が鋭意進められていった。だが、二〇一三年になると東北圏広域地方計画の見直しは突然、その動きを止めてしまう。そして二〇一四年一〇月の現在に至るまで、計画見直し作業は中断されたままである。

本稿では、この東北圏広域地方計画見直しの経緯をまとめ、その過程で示された資料等から見直し内容を検討する。これにより、東北圏広域地方計画が東日本大震災をどのようにとらえ、いかに計画を変更しようとしたのかを明らかにすることが目的である。なお、あわせてこの見直しが滞ることになった要因についても若干の考察を加えたい。

一 東北圏広域地方計画について

(一) 国土計画制度改革と広域地方計画

戦後、日本の国土計画の法的根幹であった「国土総合開発法」は、二〇〇五年に「国土形成計画法」へ改められた。[1] これにより、従前の全国総合開発計画を含む四層の計画体系[2]であった「国土総合開発計画」は「国土形成計画」となり、「全国計画」と「広域地方計画」からなる二層構造に再編された。この制度改革に伴い、東北開発促進法をはじめとするそれまでの地方開発促進法は廃止され、各地方ブロックでは広域地方計画が策定されることとなった。[3] 東北地方に即して言えば、過去五次にわたった「東北開発促進計画」は「東北圏広域地方計画」に置き換えられたのである。

国土形成計画とは、国土の利用、整備及び保全を推進するための総合的かつ基本的な計画とされる(国土形成計画法第二条)。国土形成計画法では、この国土の利用、整備及び保全を指して「国土の形成」といい、全国計画は総合的な国土の形成に関する施策の指針となるべきものである(同法第六条)。全国計画の策定主体は国土審議会であり、二〇〇八年七月に閣議決定された「国土形成計画(全国計画)」を例にとれば、国土形成計画法改正後の二〇〇五年九月、全国計画に位置付けるべき内容に関して調査審議するため国土審議会に計画部会が設置され、計画策定作業が開始された[4]。策定作業はこの後、計画部会での検討を進める一方で、都道府県や政令市から計画提案が募られた。これらを踏まえる形で計画部会における検討の最終報告がとりまとめられ、国において全国計画（案）が作成された。そして、この案に対するパブリックコメント及び都道府県等からの意見聴取を経て、全国計画は閣議決定されたのであった。このように策定された「国土形成計画（全国計画）」は、「多様な広域ブロックが自立的に発展する国土を構築するとともに、美しく、暮らしやすい国土の形成を図ること[5]」を計画の基本的な方針としていた。

全国計画と並んでもう一つの国土形成計画である広域地方計画は、全国計画を基本とし、全国八つの広域ブロック（広域地方計画区域[6]）それぞれについて国土の形成に関する方針や目標を定めるものとされた（国土形成計画法第九条二項）。広域地方計画の決定にあたって国土交通大臣は、広域地方計画区域ごとに国の地方行政機関等で構成される広域地方計画協議会[7]における必要な事項についての協議を経て、関係各行政機関の長に協議しなければならない（同法第九条三項及び第一〇条）。二〇〇八年の「国土形成計画（全国計画）」閣議決定を受けての広域地方計画策定の流れを概観すると、各広域ブロックにより多少異なるが、閣議決定から三カ月後の一〇月及び翌二〇〇九年六月に広域地方計画協議会が開催され、同年八月に広域地方計画が決定された[8]。なお、今回の広域地方計画策定においてはそれぞれの広域地方計画協議会のみならず、二つの広域地方計画区域にまたがって設置された分科会や合同協議会[9]においてもそれぞれの広域地方計画に反映させるべく検討が行われた。以上のように決定された広域地方計画では、産業から医療福祉、環境まで国土の形成に関する幅広い分野について、地域の目指すべき将来像や地域戦略が定められ、その実現のための具体的施策やプロジェクトが盛り込まれた。

第１章　計画策定の目的
　第１節　計画策定の目的
　第２節　計画の対象区域と計画期間
第２章　東北圏を取り巻く状況と地域特性
　第１節　東北圏が歩んできた歴史
　第２節　東北圏の特徴と魅力
　第３節　東北圏を取り巻く潮流
　第４節　東北圏発展の課題
第３章　これから10年で東北圏が目指す姿
　第１節　東北圏の新しい将来像
第４章　戦略的目標と実現のための主要な施策
　第１節　恵み豊かな自然と共生する環境先進圏域の実現
　第２節　雪にも強く安全で安心して暮らせる温もりのある人に優しい圏域の実現
　第３節　地域の資源、特性を活かした世界に羽ばたく産業による自立的な圏域の実現
　第４節　交流・連携機能の強化による世界に開かれた圏域の実現
　第５節　東北圏民が一体となって地域を考え行動する圏域の実現
第５章　広域連携プロジェクト
第６章　計画の推進に向けて
　第１節　計画の効果的推進
　第２節　他圏域及び他計画との連携

表１　東北圏広域地方計画の目次構成

（二）東北圏広域地方計画の概要

東北圏広域地方計画の対象区域（圏域）は、東北六県（青森県、岩手県、宮城県、秋田県、山形県、福島県）に新潟県を加えた七県である。(10) その計画期間は、二一世紀前半期を展望しつつ、概ね一〇年間とされた。

表1は、東北圏広域地方計画の目次構成である。東北圏広域地方計画はまず計画策定の目的を示し、第二章で東北圏を取り巻く状況と地域特性をまとめている。最初に有史以来の東北圏の歴史が紐解かれ、広大な圏土と豊かな自然環境や特徴ある祭り、伝統文化といった東北圏の特徴と魅力が語られている。そして、人口減少・高齢化の進行やグローバル化の進展といった東北圏を取り巻く潮流がまとめられ、克雪・利雪・親雪の推進や産業の活性化、競争力ある産業の振興といった東北圏発展の課題が挙げられている。東日本大震災との関連で第二章を見返せば、東北圏は過

去幾度となく地震や津波等の被害を受けてきていると指摘され、自然災害に対する安全・安心の確保がその課題とされていたことがわかる。

以上の東北圏を取り巻く状況と地域特性を踏まえて東北圏広域地方計画は、第三章で東北圏の新しい将来像として「豊かな自然の中で交流・産業拠点として発展するふるさと『東北にっぽん』」を掲げる。そして、第四章においてその実現のための計画の基本方針と戦略的目標を提示し[11]、主要な施策が列挙されている。加えて、今後一〇年間により重点的に進めていく取組として、第五章にて一三の広域連携プロジェクトを示している。東北圏広域地方計画の方針や施策を、やはり震災の観点から再考するならば、主要な施策の一つである「災害に備えたしなやかな圏域の形成」の中で大規模地震・津波対策の推進が触れられていることや広域連携プロジェクトに「日本海溝・千島海溝周辺海溝型地震等大規模地震災害対策プロジェクト」が加えられたことは注目に値しよう。

東北圏広域地方計画は最後に「計画の推進に向けて」として、計画の効果的推進や他圏域及び他計画との連携について触れていた。

(三) 東北圏広域地方計画の策定

二〇〇九年に決定された東北圏広域地方計画の策定を担ったのは、東北圏広域地方計画協議会（以下、協議会という）であった。東北圏広域地方計画策定当時、協議会を構成していた組織一覧を**表2**に示す。これから、協議会の構成機関は東北圏内の県や政令市、国の地方行政機関の他に、北海道や青森市といった圏外の道県や圏内の市町が含まれており、圏内の経済界から東北経済連合会等も加えられていた[12]。なお、現在の協議会構成機関は**表2**の各機関に、東日本大震災からの復興に関する事務を所掌する復興庁の地方機関である岩手復興局、宮城復興局、福島復興局が追加された[13]。

地方公共団体	道県	北海道※ 青森県 岩手県 宮城県 秋田県 山形県 福島県 新潟県 富山県※
	政令指定都市	仙台市 新潟市
	市町※	青森市 長岡市 宮城県丸森町 新潟県聖籠町
経済界		（社）東北経済連合会 東北六県商工会議所連合会 （社）新潟県商工会議所連合会
国の地方行政機関		東北管区警察局 関東管区警察局 東北総合通信局 信越総合通信局 東北財務局 関東財務局 東北厚生局 関東信越厚生局 東北農政局 北陸農政局 東北森林管理局 関東森林管理局 東北経済産業局 関東経済産業局 東北地方整備局 関東地方整備局 北陸地方整備局 東北運輸局 北陸信越運輸局 第二管区海上保安本部 第九管区海上保安本部 東京航空局※ 東北地方環境事務所 関東地方環境事務所 中部地方環境事務所

※国土形成計画法第10条第2項により参画する機関

表2　東北圏広域地方計画協議会　組織

出所）国土交通省東北地方整備局東北圏広域地方計画推進室「東北圏広域地方計画の概要」p.15

東北圏広域地方計画策定に向けた協議会での検討体制を表したのが、**図1**である。協議会構成機関の長で構成される「東北圏広域地方計画協議会」（本会）の下に、各機関の部長クラスで構成される「東北圏広域地方計画検討会議（以下、検討会議という）[14]」及び各機関の課長クラスで構成される「東北圏広域地方計画検討会議幹事会（以下、幹事会という）[15]」が置かれた。協議会の事務局は国土交通省東北地方整備局におかれた東北圏広域地方計画

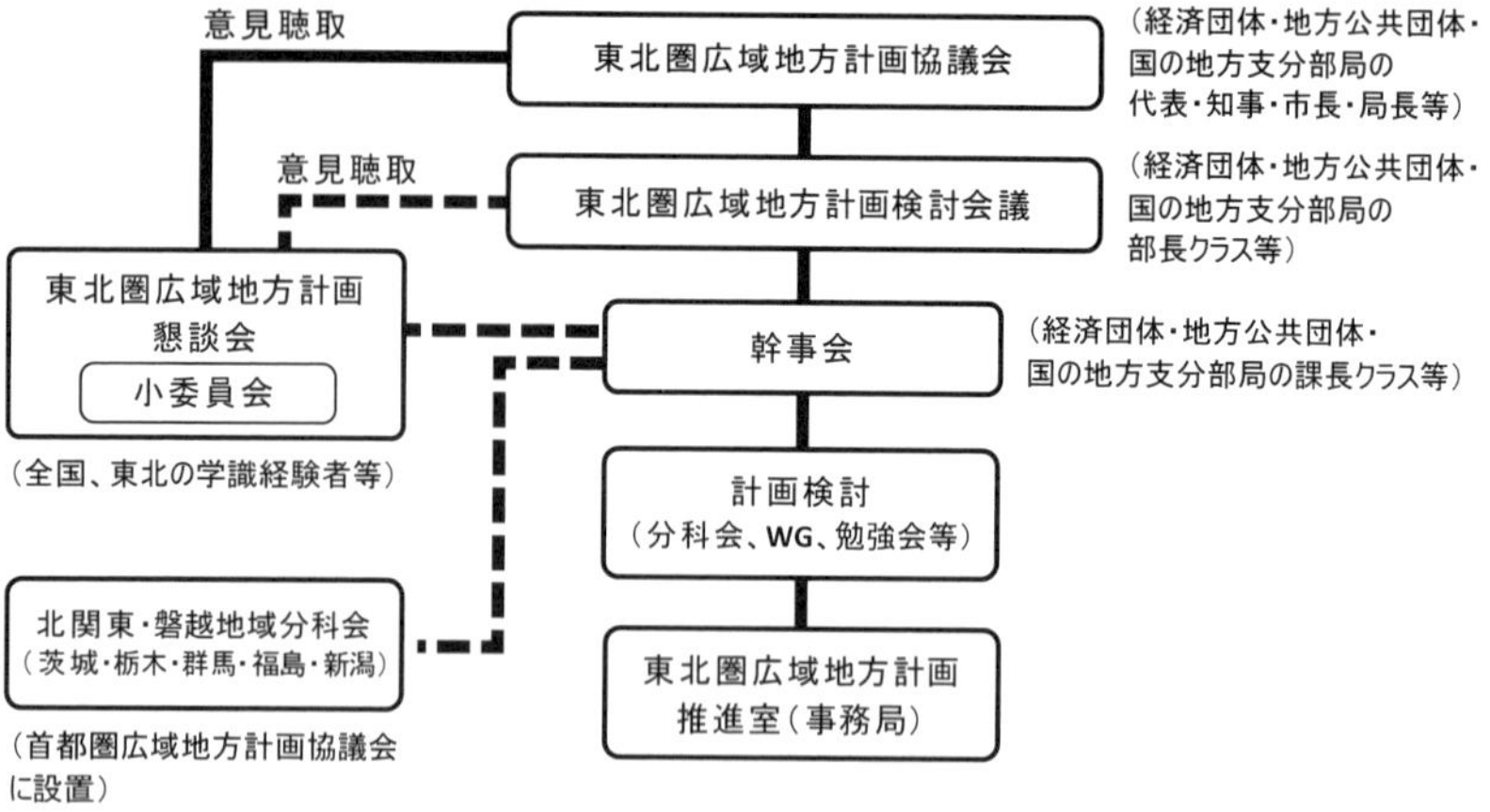

図１　東北圏広域地方計画策定に向けた東北圏広域地方計画協議会の検討体制

出所）国土交通省東北地方整備局東北圏広域地方計画推進室「東北圏広域地方計画の概要」p.2

推進室である。検討会議や幹事会は東北圏広域地方計画推進室とともに、東北圏広域地方計画策定後の現在まで存続し、東北圏広域地方計画のフォローアップ作業や後述する計画見直しに向けた検討を行っている。なお、国土形成計画法は第一〇条五項で、広域地方計画の協議を行う場合は学識経験を有する者の意見を聴くよう求めており、東北圏広域地方計画の策定にあたっては有識者二四名からなる「東北圏広域地方計画懇談会」が設立された。

協議会の設置は全国計画閣議決定後の二〇〇八年八月であったが、東北圏広域地方計画策定に向けての動きはそれ以前から始まっていた[16]。その初動は、二〇〇六年一〇月にプレ協議会準備会が設置されたことまで遡る[17]。二〇〇七年一月には「全国計画の中間取りまとめ後速やかに、課題の抽出や東北圏の将来像のコンセプトづくり等を始め、計画の基礎的検討や協議会設立に向けた準備をする必要」[18]があるとして検討会議が置かれ、三月には幹事会も設置された。つまり、検討会議や幹事会は協議会設立前に動き出していたのである。同年七月以降、東北圏広域地方計画懇談会が五回開催され、その直中の二〇〇八年一月には各県知事をはじめとする関係機関の長が一同に会し、東北圏の将来像

について の意見交換を行う「東北圏広域地方計画に関する意見交換会」が開催された。六月には「明日につなぐ地域づくり――持続可能なコミュニティを目指して」が開かれ、一〇月の第一回協議会の開催を経て計画策定作業は加速していくことになる。その後の市町村との意見交換や計画提案を受け、二〇〇九年六月の第二回協議会において「東北圏広域地方計画　計画原案」がとりまとめられた。そして、パブリックコメントを経た八月に東北圏広域地方計画は国土交通大臣決定されたのである。

二　東日本大震災を受けての東北圏広域地方計画見直しの経緯

東日本大震災を受けて東北圏広域地方計画が見直されることになった直接の契機は、二〇一一年六月に国土交通省がその方針を示したことによる。**図2**は東日本大震災を受けての東北圏広域地方計画の見直しに関係する事項を協議会の動きを中心にまとめたものである。結論を先取りすれば、この間の東北圏広域地方計画見直しに関する動きは大きく三つの時期に分けることができる。それらを雑駁にまとめれば次のようになろう。すなわち、東日本大震災後、それを受けて東北圏広域地方計画の見直し作業が開始される前までの第一期（二〇一一年三月～二〇一二年一月）、続いて東北圏広域地方計画の見直し作業が鋭意進められた第二期（二〇一二年二月～一二月）、そして東北圏広域地方計画の見直し作業が突然中断してしまった第三期（二〇一三年一月～）である。

本節では、前述の第一期及び第二期について東北圏広域地方計画を巡る事象を検証したい。[19]

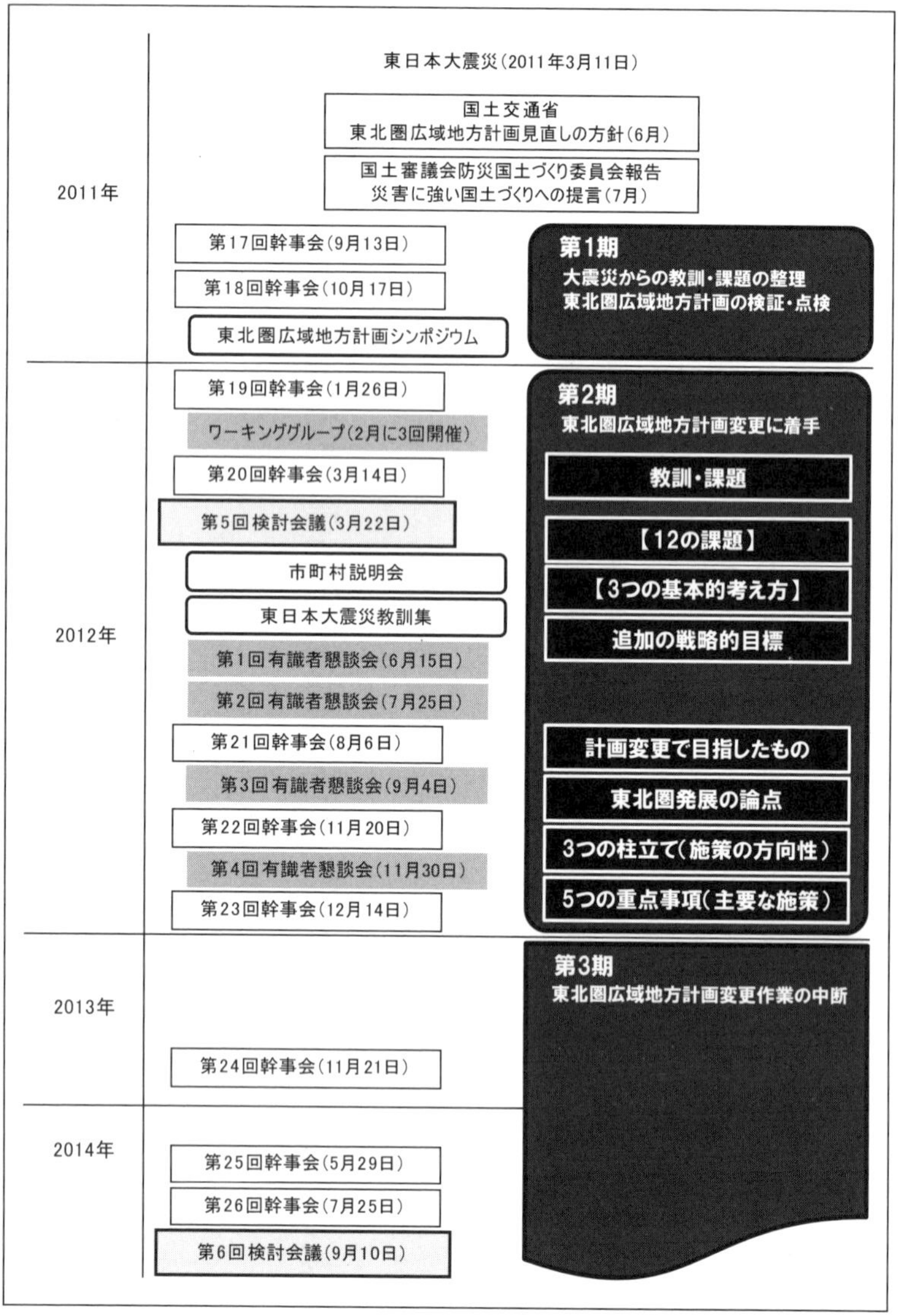

図2　東日本大震災を受けての東北圏広域地方計画見直しの経緯

出所）国土交通省東北地方整備局東北圏広域地方計画推進室『東北圏だより』・新聞記事・国土交通省東北地方整備局ウェブサイト等より著者作成

(二) 第一期：東日本大震災を受けての東北圏広域地方計画見直しへ向けた動き

東北圏広域地方計画が決定されてから約一年半後の二〇一一年三月一一日、東北地方太平洋沖地震が発生し、その後の津波による被害や原子力発電所の事故とも相まって、東日本大震災という未曾有の禍災がもたらされた。東日本大震災による広域被害を受けて国土交通省は同年六月、早急に取り組むべき検討課題とされた「災害に強い国土構造への再構築」について集中的に調査審議を行うため、国土審議会政策部会に[20]「防災国土づくり委員会」を設置した。なお、同時期、国土交通省は「必要があれば（中略）国土形成計画を見直す方針で、同計画の地方版である（中略）『東北圏広域地方計画』の改定も検討していく」と伝えられ[21]、東北圏広域地方計画を見直す方向で検討に入ったと報道された[22]。防災国土づくり委員会は同年七月、調査審議の結果を「災害に強い国土づくりへの提言――減災という発想にたった巨大災害への備え」として公表した[23]。この中には、東北圏の復興に向けての提言も加えられていた。

これらの動きに呼応して、協議会は同年九月一三日に第一七回幹事会を開催し、協議会の構成機関から東日本大震災における教訓や課題を集め、それを基に現行の東北圏広域地方計画の検証・点検を実施し、その見直しの是非を判断することを決定した。その後、協議会は構成機関から震災における教訓や課題の聞き取りを行う一方で、国土審議会等の提言や県・市町村の復興計画等からも教訓や課題を抽出し、それらの整理・分析を行った。併せて協議会では企業アンケートやヒアリング調査も実施され、その結果は教訓や課題の根拠付けに活用されたという。同年一〇月一七日開催の第一八回幹事会では、このように収集された震災における教訓や課題の整理等の中間とりまとめ状況について議論がなされた。

また、同年一一月二八日には「東日本大震災、被災地からの証言――東北圏の教訓と課題を活かすために」と題するシンポジウムが開催された。シンポジウムでは、東日本大震災による被災自治体首長等をスピーカーに迎え大震災を経験して得られた教訓と課題に関する証言を得た後、今後発生が懸念される大災害に対する備えはどうあるべきか等についてディスカッションが行われた。

東北圏広域地方計画の検証作業のために協議会構成機関等から収集された東日本大震災における教訓や課題は、その後の整理・分析を経て、東北圏広域地方計画の点検作業に用いられた。具体的には、得られた教訓や課題を現行の東北圏広域地方計画の施策と突合させ、新たに反映させるべき事項や見直しすべき事項の確認を行ったのである。この結果、二〇一二年一月二六日の第一九回幹事会では、現行計画に大きな齟齬があることが説明され、東北圏広域地方計画の変更に向けた作業に着手することで合意された。[24]

(二) 第二期：東北圏広域地方計画変更に向けた見直しの動き

東北圏広域地方計画の変更作業に着手することで合意した第一九回幹事会では、計画変更の枠組みや基本方針等の検討についてワーキンググループの活用が提案された。これを受けて、同年二月八日・一六日・二四日の三回にわたり実務担当者で構成されるワーキンググループが開催され、計画に盛り込むべき課題整理や変更の基本的考え方、目次構成等の検討が行われた。このワーキンググループで、計画変更に反映すべき項目として「検証・点検結果により明らかとなった一二の課題」がまとめられたほか、計画変更にあたっての「三つの基本的考え方」も提示され、計画変更の目次構成や施策体系も練り上げられた。これらワーキンググループでの検討結果は、同年三月一四日開催の第二〇回幹事会及び三月二二日開催の第五回検討会議において協議され概ね了承された。

以上の検討を踏まえ、計画の見直し作業は変更計画の素案作成へ向かう段階に突入した。同年五月には、東北圏の七県八カ所にて「東北圏広域地方計画の変更作業に伴う市町村説明会（以下、市町村説明会という）」が開催された。市町村説明会では、東北圏広域地方計画の見直しを行うことに至った経緯や計画変更の枠組みとなる三つの基本的な考え方等が説明され、素案作成に活用するため、計画見直しに関する市町村からの意見・提案の提出が依頼された。

そして、同年六月一五日には「東北圏広域地方計画の変更に関する有識者懇談会（以下、有識者懇談会という）」の第一回懇談会が開催された。この有識者懇談会は、計画の変更素案を作成するにあたって有識者の意見を聴くために設置されたものであり、九名の学識経験者によって構成された。有識者懇談会は同年一一月まで四回開催され、素案作成に向けての検討が精力的に続けられた。なお、一一月三〇日開催の第四回有識者懇談会では、東北圏広域地方計画の計画変更のポイント（案）と計画変更の概要（案）が資料として示された。

また、有識者懇談会による検討が続けられている間も幹事会は開催されていた。同年八月六日開催の第二一回幹事会では、三月以降の計画変更に向けた動き及び市町村提案の意見状況等が説明され、協議会構成機関に対して広域連携プロジェクトへの提案が要請された。続く第二二回幹事会は一一月二〇日に開かれ、計画変更のポイント及び概要等が説明された。その上で構成機関に現段階の変更計画素案が提示され、それについての意見提案の依頼が行われた。

第二二回幹事会や第四回有識者懇談会で示された計画変更のポイント及び概要では、先のワーキンググループで示された一二の課題のほか、施策の基本的方向性としての「三つの柱立て」と計画変更に盛り込むべき主要な施策である「五つの重点事項」が明示されていた。

同年一二月一四日の第二三回幹事会では、変更計画素案についての協議会構成機関からの意見照会を踏まえた素案修正点について説明され、意見交換が行われた。そして、構成機関からの最終意見を反映される形で素案を確定することが了承された。ところで、この幹事会の内容を伝えた二〇一三年一月発行の『東北圏だより』第三二号（国土交通省東北地方整備局東北圏広域地方計画推進室）では、「今後は、確定した素案を元に計画変更原案を作成し、国土形成計画法に基づく『市町村計画提案』、『パブリックコメント』等の手続きを経て、今年の春頃を目途に東北圏広域地方計画の変更作業を終える予定です」と記事を締め括っていた。しかし、東日本大震災を受けての東北圏広域地方計画見直しの動きは、ここで突然止まってしまう。これ以降、計画変更についての具体的な動きが伝えられることはなかったのである。(25)

三　東日本大震災を受けての東北圏広域地方計画見直しの内容

二〇一四年一〇月現在、東北圏広域地方計画（国土交通省東北地方整備局東北圏広域地方計画推進室）ウェブサイト(26)では、東日本大震災を受けての東北圏広域地方計画見直し作業に関連する資料として、第五回検討会議、市町村説明会及び全四回開かれた有識者懇談会の配布資料等を閲覧することができる。本節では、これらの資料を基に東北圏広域地方計画見直しの内容を検討したい。ただ、配布資料を漫然と眺めても、議論の端緒が見つからない。そこで本節では、次の四点の資料を用いて計画の見直し内容を考察する。その資料とは、第五回検討会議に東北圏広域地方計画の検証・点検作業のまとめとして付された「東北圏広域地方計画の検証・点検作業について」、市町村説明会で配布されたワーキンググループの検討結果を網羅した「東北圏広域地方計画見直しの状況について」(27)、そして有識者懇談会での議論を踏まえ第四回有識者懇談会にて検討された「東北圏広域地方計画　計画変更のポイント（案）」及び「東北圏広域地方計画　計画変更の概要（案）」である。

（一）「東北圏広域地方計画の検証・点検作業について」にみる東日本大震災の教訓・課題

東北圏広域地方計画見直しの是非を判断するために行われた東日本大震災からの教訓や課題の収集は、協議会構成機関からの聞き取りを中心に行われた。これに加え、先述したが、国土審議会等の提言や県・市町村の復興計画等からも教訓や課題が抽出された。この結果、構成機関からの聞き取りにより四四三件、資料等からの抽出にて二〇六件、計六四九件の教訓・課題が集められた。ちなみに、構成機関からの聞き取りについては岩手県、宮城県、福島県等の被災自治体からの提案が全体の六八パーセントを占めた。

このように集められた教訓・課題を、協議会は①広域的・多様な主体による連携・支援のあり方、②災害に強い広域交通基盤の整備について、③災害に備えた情報通信のあり方について、④エネルギーの安定供給について、⑤産業の再生・復興の方向性について、⑥くらしの再生、安全・安心な地域づくりに向けて、⑦原発・放射能への対応について、⑧その他、の八つに分類整理した。この中で最も件数が多かったのは⑥くらしの再生、安全・安心な地域づくりに向けてであり、その数は二八四件、総数の四三パーセントにも上った。なお、⑧その他には、震災対応の弾力的運用や復興に向けた長期的な予算確保の課題が含まれていた。

以上のように分類整理された東日本大震災からの教訓・課題は、このあと東北圏広域地方計画の点検作業に活用された。

（二）「東北圏広域地方計画見直しの状況について」にまとめられたワーキンググループでの検討内容

二〇一二年二月に開催されたワーキンググループは、東北圏広域地方計画の点検作業に用いられた東日本大震災からの教訓・課題を基に、計画変更に反映すべき項目として【検証・点検結果により明らかとなった一二の課題[28]】をまとめた。この内容は、先の教訓・課題の八分類を発展・深化させたものだが、八分類に含まれていた「復興対策の弾力化・予算確保」についての項目はない。逆に、八分類にはなかった「防災訓練・教育の充実強化や災害の記録と伝承」が加えられている。[29]

ワーキンググループでは次いで、この一二の課題を基礎として、計画変更の基本的考え方【三つの基本的考え方】が打ち出された。これは「東日本大震災からの復興とともに未来を担う東北圏づくり」「全国のモデルとなる災害に強くしなやかな東北圏の形成」及び「東北圏の一体感を高める多様な連携の強化」であり、東北圏広域地方計画の変更にあたっては、これを念頭に作業を実施するとされた。

さらにワーキンググループでは、一二の課題から、東北圏広域地方計画の変更計画に盛り込むべき追加の戦略的目標が検討された。新たな戦略的目標は、標題が「(仮)東日本大震災からの復興とともに災害に強い圏域の実現」とされ、その主要な施策として［生業・暮らし］［連携・交流基盤］［安全・安心］のキーワードが挙げられている。この主要な施策には一二の課題それぞれが紐づけられており、これらを解決する手段とされた。[30]

ワーキンググループでは、このほかに計画変更の体系図や目次構成の考え方が議論されていた。

(三)「東北圏広域地方計画　計画変更のポイント(案)」と「東北圏広域地方計画　計画変更の概要(案)」

二〇一二年六月以降、四回に及んだ有識者懇談会のまとめとして検討されたのが「東北圏広域地方計画　計画変更のポイント(案)(以下、「変更のポイント」という)」と「東北圏広域地方計画　計画変更の概要(案)(以下、「変更の概要」という)」であった。「変更のポイント」はこれまでの計画変更に関する論点をそれぞれの位置づけを明確にして一枚にまとめたものであり、「変更の概要」は変更計画素案について章立てを示し概説している。「変更の概要」ではまず、計画変更で目指したものとして、①東北圏民が一丸となって、未曾有の災害を克服する、②大震災を踏まえた教訓を活かす、③大災害で得た体験を圏域内外に発信する、の三点が示された。そして、変更計画素案の章立てが提示され、追加された戦略的目標とともに新しい広域連携プロジェクト「新しい東北圏を創造する東日本大震災からの復興プロジェクト」が加えられることを紹介していた。なお、変更計画では現行計画に東日本大震災で明らかとなった課題を追加するだけでなく、既存の章節においても現行計画策定後における状況の変化等が追記されることになった。

また、「変更のポイント」では有識者懇談会での議論を踏まえ、先の一二の課題が［生業・暮らし］［安全・安心］［新たな公］［医療・福祉］［エネルギー］［連携・交流基盤］の六つのキーワードを用いて再編された。加えて、「有識者懇談会における東北圏発展の論点」も書き込まれ、○再生可能エネルギーの活用と産業の形成、○原子力災害の克服、○一次産業の高付加価値化、○他圏域への貢献、○防災文化の活用と貢献、の五点が挙げられている。

そして、「変更のポイント」には、現行計画に対して変更計画に盛り込む「三つの柱立て」（施策の基本的方向性）が明示されている[31]。それは「東日本大震災の迅速な復興――東北圏の安全・安心の確保を図る」「原子力災害の克服――原子力災害への対応と継続的な取組」「東北の活力を支える産業の育成と形成――新しい産業の創出と地域産業の振興」であった。さらに、計画変更に盛り込むべき主要な施策として「五つの重点事項」が列挙された。すなわち、「一．被災地の復興と地域資源を活かした産業振興の推進」「二．福島第一原子力発電所の災害対応と継続的な取組」「三．広域災害に備えた地域間連携の強化」「四．災害リスクを低減する防災力の強化」「五．自立分散型による再生可能エネルギー圏域の形成」である[32]。一方、「変更の概要」では、これらが変更計画の章立ての中で詳述されていた。

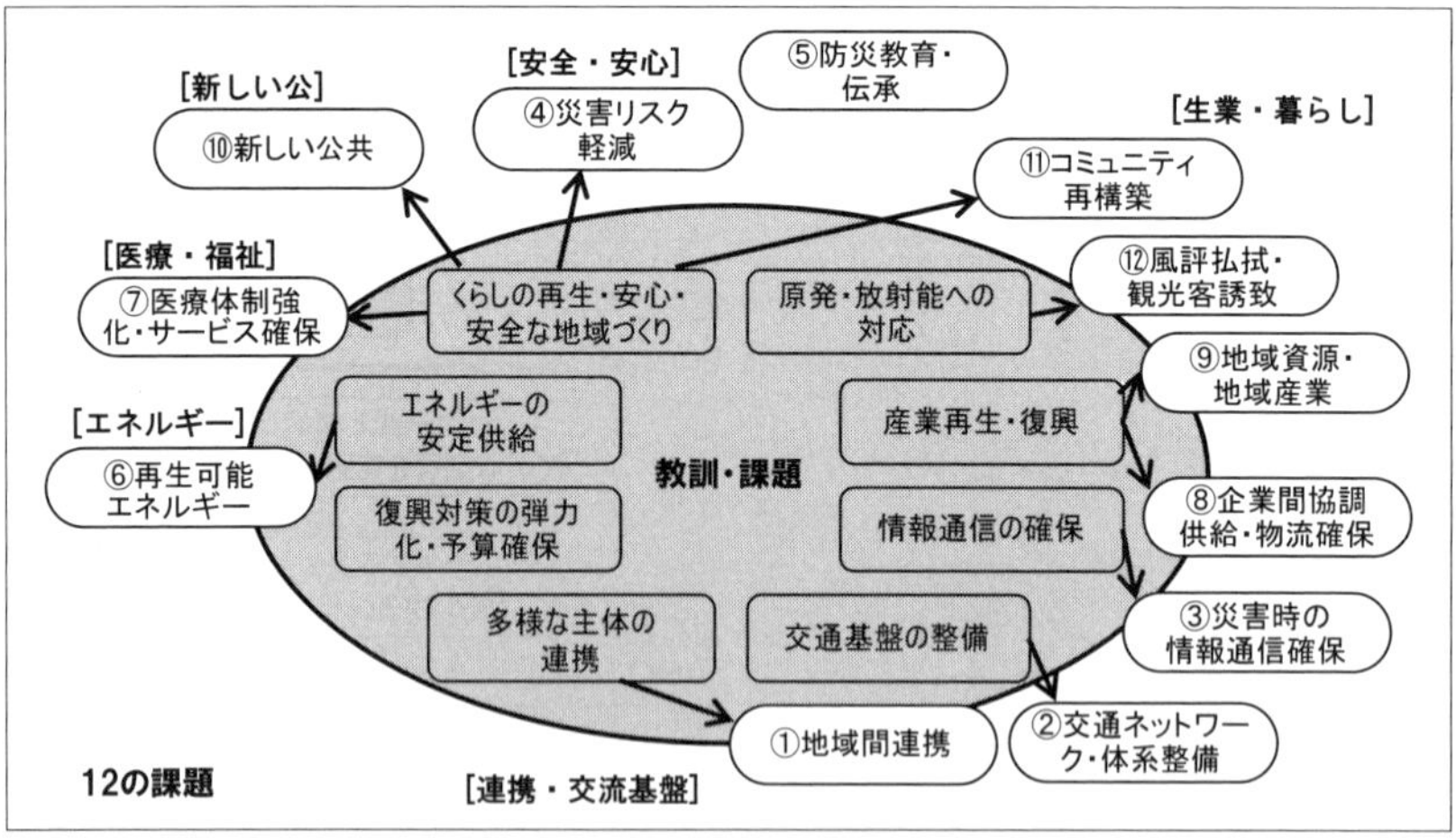

図3　大震災からの教訓・課題の視点からみた見直し内容の変遷

（四）東北圏広域地方計画見直しの内容

前項までにみたように、東北圏広域地方計画の見直し作業は東日本大震災からの教訓や課題を収集することから始まり、変更計画素案の章立てがまとめられるところまで進んでいた。これまでの資料を用いて、今回の計画見直しの内容を考察するとき、次の二つの視点から検討することができよう。一つは大震災の教訓や課題からの視点であり、もう一つは計画変更の方向性からの視点である。

大震災の教訓や課題からの視点とは、教訓や課題がどのように変更計画に反映されていったかという観点である。この視点から計画見直しの内容についてまとめると**図3**のようになる。**図3**は東日本大震災からの教訓・課題として整理された八分類を内側の楕円内に示している。この八分類のうち「復興対策の弾力化・予算確保」を除く七分類は、ワーキンググループ及び有識者懇談会にて議論され一一の課題に発展・深化し、「⑤防災教育・伝承」を加えて【検証・点検結果により明らかとなった一二の課題】とされた。そして、この一二の課題は［生業・暮らし］［安全・安心］［新たな公］

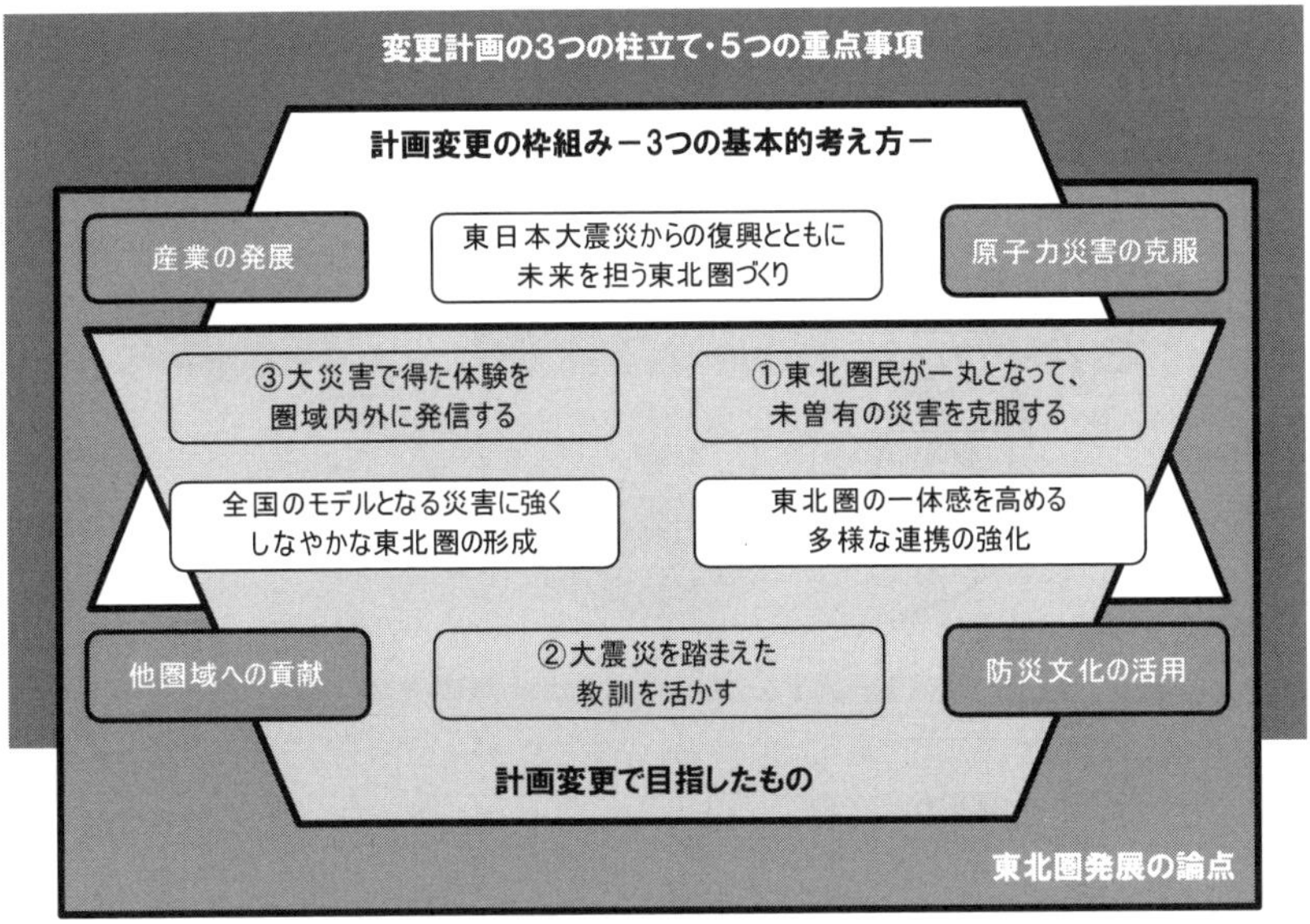

図４　変更計画の方向性の視点からみた見直し内容の構造

［医療・福祉］［エネルギー］［連携・交流基盤］の六つのキーワードに再編され、変更計画の主要な施策として取り込まれていったのである。なお、教訓・課題の八分類のうちで最も件数が多かった「くらしの再生・安心・安全な地域づくり」は、一二の課題では四つの課題に分化され、様々な施策に組み込まれている。

　次に、計画変更の方向性からの視点では、ワーキンググループで示された【三つの基本的考え方】及び有識者懇談会での検討から導かれた「計画変更で目指したもの」「有識者懇談会における東北圏発展の論点」「三つの柱立て」「五つの重点事項」の五つの内容がどのような構造で表されるかを検討する。それを図示したのが**図４**である。これによれば、【三つの基本的考え方】と「計画変更で目指したもの」は、互いにかみ合うような構造を成している。この構造は次の四つのコンセプトから構成されていると考えることができる。そのコンセプトとは、「復興」（構造の上部）、「克服」（同右側）、「活用」（同下部）、「貢献」（同左側）である。[33] そして、この構造

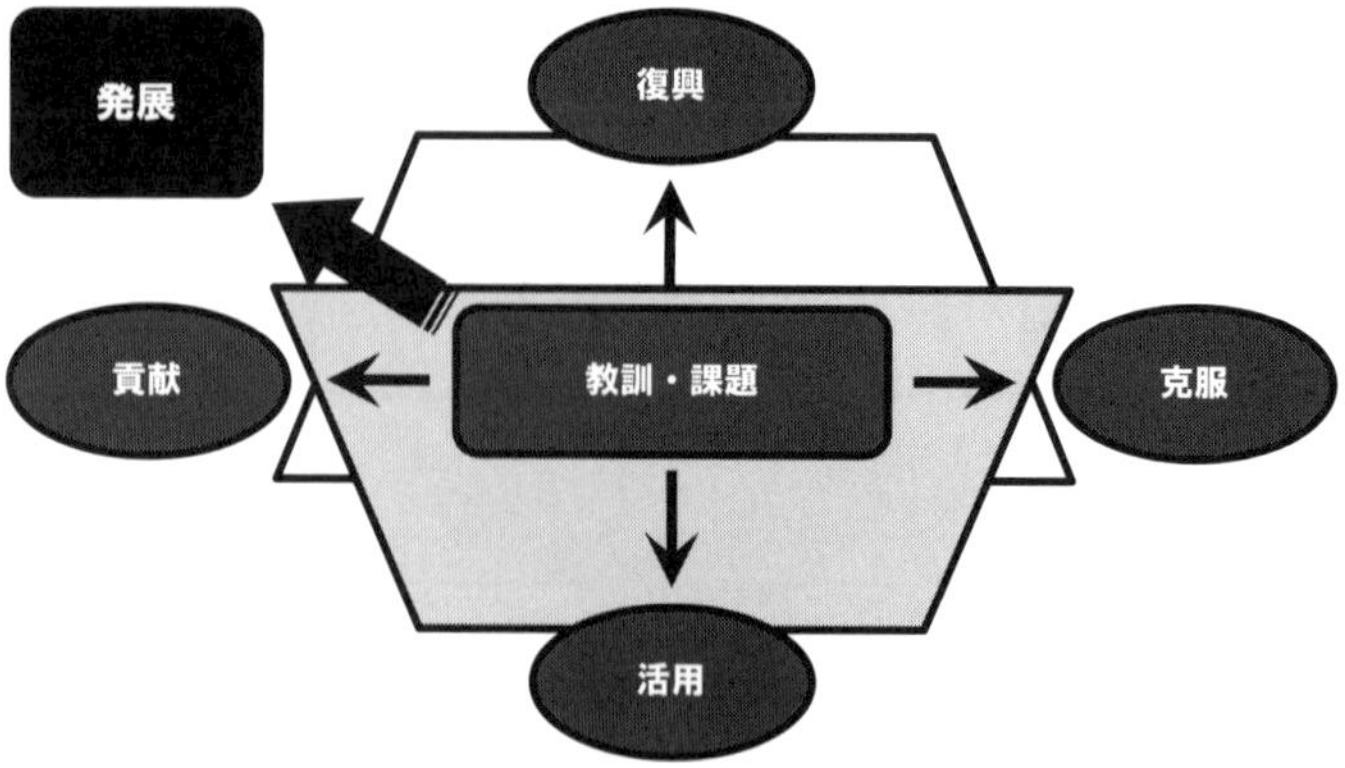

図5　東日本大震災を受けての東北圏広域地方計画見直しの論点の変遷

を取り囲むように「有識者懇談会における東北圏発展の論点」が配置される[34]。変更計画の「三つの柱立て」と「五つの重点事項」はそれらを内包する形でまとめられていたと理解できよう。

今回の東北圏広域地方計画の見直しは、東日本大震災を受けての教訓・課題を計画に反映させるべく開始された。だが、計画変更作業の過程で東日本大震災からの復興のみならず、東北圏の発展にもその注意が向けられるようになった[35]。特に、再生可能エネルギーの活用や一次産業の高付加価値化の論点はそれが顕著だった。東日本大震災を受けての東北圏広域地方計画見直しの論点の変遷は、**図5**のようにまとめられる。東日本大震災からの教訓・課題は「復興」「克服」「活用」「貢献」の四方向に広がったが、その後に東北圏の「発展」についても議論され、東北圏広域地方計画の見直しはその軸足を発展側に移しつつ計画変更の作業が進められたといえるのである。

むすびにかえて

東日本大震災を受けた東北圏広域地方計画の見直し作業は、見直しの是非判断や計画変更に向けての市町村説明会の開催、有識者懇談会での議論等、計画策定に関して非常に規範的な手続きを踏んで進められてきた。しかし、その動きは変更計画素案の確定作業の大詰めを迎えていた時期に突然停止してしまった。本稿をむすぶにあたり、この要因を少し考察したい。

計画変更の動きが中断した二〇一二年末は第四六回衆院選が行われ、それまでの民主党政権に代って自民党・公明党の連立政権が誕生した時期でもあった。この選挙前から、自民党は「長期間にわたって持続可能な国家機能・日本社会の構築を図るために[36]」と国土強靭化を唱え、政権交代後の二〇一三年末には「国土強靭化基本法[37]」を成立させた。これを受けて政府は国土強靭化推進本部を立ち上げ、二〇一四年六月には「国土強靭化基本計画」を閣議決定している。なお、国土強靭化基本計画は大規模自然災害等に備えた国土の全域にわたる強靭な国づくりを推進することを目的に、国土強靭化に係る国の他の計画等の指針となるべきもの（アンブレラ計画）として位置づけられ、この計画の下に国土形成計画が置かれた[38]。この国土強靭化に向けての動きが東北圏広域地方計画の見直し停止の一因であったと考えられよう。

加えて、国土交通省は二〇一三年一〇月、「国土形成計画策定後の国土を巡る大きな状況の変化や厳しい現状を受け止めつつ、国民の将来への不安感を払拭し、今後の国土・地域づくりの指針となる中長期（概ね二〇五〇年）を見据えたグランドデザインを構築するため[39]」として、「新たな『国土のグランドデザイン』構築に関する有識者懇談会」を設置した。この懇談会の下には、その施策・プロジェクトのアイディア出し等を行うため、国土交通省内の関係各局若手職員による「タスクフォース二〇五〇」が設けられた。これらは積極的に議論を進め、二〇一四年三月二八日に「新たな『国土のグランドデザイン』（骨子）」を公表し[40]、七月四日には「国土のグランドデザイン二〇五〇」をとりまとめた。

さらに、以上の動きを踏まえて、同年九月に開催された第一五回国土審議会において、国土形成計画等の改定に関して調査審議を行うため、国土審議会に計画部会を設置することが決定された[41]。これを受けて、同年一〇月からは計画部会において第二次国土形成計画（全国計画）の策定作業が開始されている。(42) これら新しい国土形成計画策定に向けての胎動も東北圏広域地方計画の見直しが中断した要因といえる。

今回の東北圏広域地方計画の見直しのように計画変更作業が途中で止まってしまうのは、国土計画分野ではあまり類例がない。また、これは政権交代による政策変更を考える上での好個の事例である。これらは政策過程論の観点から非常に興味深いが、その論究は別稿に譲りたい。

注

（1）この国土計画制度改革の検討経緯等については野々山（二〇〇六）等を参照されたい。

（2）国土総合開発計画には全国総合開発計画の他に、都府県総合開発計画、地方総合開発計画、特定地域総合開発計画があった。

（3）なお、首都圏、近畿圏及び中部圏の（開発）整備計画は存置された。

（4）「国土形成計画（全国計画）」の検討経緯については、国土交通省国土計画局総合計画課（二〇〇八）に詳しい。この後の記述はこれに拠った。

（5）「国土形成計画（全国計画）」（http://www.mlit.go.jp/common/000019219.pdf）九頁。

（6）全国八つの広域ブロックとは、東北圏、首都圏、北陸圏、中部圏、近畿圏、中国圏、四国圏及び九州圏である。なお、北海道及び沖縄県については北海道総合開発計画と沖縄振興計画が存在していることから、広域地方計画の対象外となっている（国土交通省国土計画局広域地方計画課　二〇〇九：七）。

（7）なお、国土形成計画法第一〇条二項では、当該広域地方計画区域に隣接する地方公共団体や広域地方計画の実施に密接な関係を有する者等を広域地方計画協議会に加えることができると規定している。

（8）ただ、後でも触れるが、東北圏広域地方計画の策定に向けての動きは「国土形成計画（全国計画）」閣議決定前、二〇〇六年のプレ協議会準備会設置から始まっていた。

（9）具体的には、歴史的背景等を基に設置された東北圏と首都圏にまたがる北関東・磐越地域分科会（茨城県、栃木県、群馬県、福島県、新潟県）や全国計画にて各広域ブロック間の連携及び相互調整を進める必要性が強調されたことにより設置された北陸圏・中部圏広域地方計画合同協議会と中国圏・四国圏広域地方計画合同協議会である。

（10）ただし、東北圏広域地方計画は、交流・連携を図る観点から、北関東・磐越地域の特性に応じた発展構想等や東北圏外にわたる主要な施策についても取り込んでいる（「東北圏広域地方計画」（http://www.thr.mlit.go.jp/kokudo/pdf/090804_keikaku.pdf）二頁）。

（11）東北圏広域地方計画の基本方針は、①人と自然が共生し地球に優しく生命力あふれる空間の形成、②自立的・持続的な成長を実現する東北にっぽん自立経済圏の形成、③一人ひとりの自立意識と協働で創る東北圏の形成、の三点であり、戦略的目標として①恵み豊かな自然と共生する環境先進圏域の実現、②雪にも強く安全で安心して暮らせる温もりのある人に優しい圏域の実現、③地域の資源、特性を活かした世界に羽ばたく産業による自立的な圏域の実現、④交流・連携機能の強化による世界に開かれた圏域の実現、⑤東北圏民が一体となって地域を考え行動する圏域の実現、の五点が提示されている。なお、戦略的目標の⑤は①から④を支えるという位置づけであった。

（12）これらの機関は、国土形成計画法第一〇条二項の規定により加えられた。注7も参照のこと。

（13）協議会の構成員に復興庁岩手・宮城・福島各復興局が追加されたことは、二〇一二年八月六日に開催された第二一回幹事会にて報告された（国土交通省東北地方整備局東北圏広域地方計画推進室『東北圏だより』第二八号）。

（14）二〇一〇年六月二一日開催の第四回検討会議から「東北圏広域地方計画協議会検討会議」と呼ばれるようになった。この名称変更は、二〇〇八年八月の協議会設置に伴うものと考えられる。

（15）東北圏広域地方計画検討会議幹事会は「東北圏広域地方計画協議会検討会議幹事会」とも表記される。これも、協議会設置に伴うものと考えられる。

（16）以降の記述は、東北圏広域地方計画（国土交通省東北地方整備局東北圏広域地方計画推進室）ウェブサイト（http://www.thr.mlit.go.jp/kokudo/top.html）の「計画策定経緯」に拠った。

（17）二〇〇五年の国土形成計画法改正に伴い、国土審議会では計画部会において全国計画策定の作業が進められたが、一方で広域ブロックの区分を調査審議するため圏域部会も設置され検討が行われていた。圏域部会は二〇〇六年六月に報告（「広域地方計画区域のあり方について」）をとりまとめ、翌七月には広域ブロックの区分を定めた国土形成計画法施行令が制定された（国土交通省国土計画局　二〇〇九：三－四）。東北圏におけるプレ協議会準備会の設置は、これらの流れを受けたものと考えられる。

（18）「東北圏広域地方計画検討会議設立趣旨」（http://www.thr.mlit.go.jp/kokudo/pdf/kentou01/seturitusyusi.pdf）。なお、計画部会による「計画部会中間とりまとめ」は二〇〇六年一一月に公表された。
（19）本節の記述は、特に断らない限り、国土交通省東北地方整備局東北圏広域地方計画推進室発行の『東北圏だより』各号の記事に拠った。なお、第三期に関しては「むすびにかえて」にて触れる。
（20）政策部会は、国土形成計画の実施に関し必要な事項について調査審議するため二〇〇九年に設置された。なお、野々山（二〇一四）はこの政策部会の審議状況から国土形成計画推進期の動向を概説している。
（21）二〇一一年五月二五日付『共同通信ニュース』。
（22）例えば、二〇一一年六月一六日付『建設工業新聞』。
（23）これを踏まえて、国土交通省は東北圏を除く全国七ブロックの広域地方計画協議会に対し、東日本大震災を受けての各広域地方計画の検証作業（総点検）を要請した。
（24）第一九回幹事会では、協議会構成機関から収集した震災における教訓や課題を活用する観点から「教訓集」としてとりまとめ公表することも了承された。なお、この教訓集は『広域大災害に備えて』としてまとめられ、同年六月に全国の自治体に配布された（二〇一二年六月一五日付『河北新報』朝刊）。
（25）『東北圏だより』では、第三三号（二〇一三年二月発行）の編集後記で変更計画素案に対する最終確認を行っていることや第三五号（同年四月発行）の編集後記で五月中を目途に第二四回幹事会を開催し計画見直しにあたって意見交換したいとの記載はあったが、それらがその後に実際的な成果を伴うことはなかった。ただ、二〇一四年一〇月発行の第五三号では、東北圏広域地方計画の見直しについて触れられている。この点については注42を参照されたい。
（26）URLは注16を参照のこと。
（27）なお、第五回検討会議と市町村説明会は開催時期が近いため、資料の内容が重複しているものが多い。
（28）この一二の課題は、後に開催された有識者懇談会においても検討され、内容が追加修正されている。ただ、一二の枠組みには大きな変更がないため、ワーキンググループでまとめられたものを本節の検討対象とした。
（29）【検証・点検結果により明らかとなった一二の課題】の各課題については、後掲する図3を参照のこと。
（30）ただし、一二の課題の中には現行計画に既存の戦略的目標にて整理されたほうがよいとされたものもあり、既存の戦略的目標の主要な施策の修正に充てられたものもある。

（31）この「三つの柱立て」は、「変更の概要」でも示されている。

（32）この「五つの重点事項」のうち一から四は追加された戦略的目標「東日本大震災からの復興と災害に強い防災先進圏域の実現」に主要な施策として盛り込まれたが、五については追加された戦略的目標を含む六つの戦略的目標の施策に分散的に取り込まれている。

（33）図4では、図の煩雑さを回避するため、この四つのコンセプトを記入していない。四つのコンセプトについては図5を参照されたい。

（34）「有識者懇談会における東北圏発展の論点」では五つの論点が示されていたが、図4では「再生可能エネルギーの活用と産業の形成」と「一次産業の高付加価値化」をまとめて「産業の発展」として表した。

（35）例えば、有識者懇談会の議事要旨にもそれをみることができる。「復興は、『元に戻る』でなく『超えられる』チャンスである。将来の子供達、孫が住みたいと思うような地域づくりをしていきたい」（第二回有識者懇談会要旨）や「当初の計画に対し『復興・防災』の項目を加えただけではなく、それを含めて東北はどう生きていくか、もう少し東北らしさ《ママ》いったことが書ききれていないと思う」（第三回有識者懇談会要旨）等。

（36）自民党ウェブサイト「国土強靭化基本法案概要」（二〇一二年六月一日掲載）（https://www.jimin.jp/policy/policy_topics/pdf/seisaku-118.pdf）のサブタイトルに拠った。

（37）国土強靭化基本法の正式名称は「強くしなやかな国民生活の実現を図るための防災・減災等に資する国土強靭化基本法」である。

（38）国土強靭化ウェブサイト（内閣官房）「国土強靭化とは？」九頁。

（39）国土交通省二〇一三年一〇月二四日付報道発表「第一回新たな『国土のグランドデザイン』構築に関する有識者懇談会の開催について」（http://www.mlit.go.jp/report/press/kokudoseisaku03_hh_000058.html）。

（40）「新たな『国土のグランドデザイン』（骨子）」は、同年四月一五日にその一部が加筆修正された。

（41）今回の国土形成計画等の改定に関連する事象として同年九月、内閣に「まち・ひと・しごと創生本部」が設置されたことも挙げられる。

（42）なお、同年一〇月発行の『東北圏だより』第五三号では、同年九月に開催された第六回検討会議の開催記事の中で「国土形成計画の見直しにあわせ、東北圏広域地方計画の見直しを進めることで、（各構成機関の）ご理解いただきました」と報告している。

参考文献

国土交通省国土計画局、二〇〇九、『国土形成計画（全国計画）の解説』時事通信社
国土交通省国土計画局広域地方計画課、二〇〇九、「広域地方計画について」『人と国土21』三五（四）、六－九
国土交通省国土計画局総合計画課、二〇〇五、「新しい国土形成計画について」『人と国土21』三一（四）、八－一五
―――、二〇〇八、「国土形成計画（全国計画）概要の紹介」『人と国土21』三四（四）、二七－三六
国土交通省東北圏広域地方計画推進室、二〇〇九、「東北圏広域地方計画について」『人と国土21』三五（四）、二八－三〇
野々山和宏、二〇〇六、「国土形成計画法の概要とその成立過程に関する覚書」『地域計画論考』五、二六二－二六七
―――、二〇〇七、「国土形成計画法における「海域」について」『弓削商船高等専門学校紀要』二九、二三－三〇
―――、二〇一四、「国土形成計画推進期における「海域」の取り扱い」『弓削商船高等専門学校紀要』三六、八－一七

追記　なお、東北圏広域地方計画に関する報告書等は、東北圏広域地方計画（国土交通省東北地方整備局東北圏広域地方計画推進室）ウェブサイトから、また国土審議会の議事録や報告書等は、国土交通省国土審議会ウェブサイト（http://www.mlit.go.jp/policy/shingikai/index.html）からＰＤＦファイル等の形で入手した。

終わりなき「中間」のゆくえ

——中間貯蔵施設をめぐる人びと

吉原直樹

はじめに

いま、手元に、国が中間貯蔵施設をめぐって開催した住民説明会の議事録がある。手際よく整理されているので、どれだけ肉声が残されているのか、疑念が生じないわけではないが、そこからは住民＝避難者の悔しさ、怒り、絶望、そして悲しみが伝わってくる。その一方で、中間貯蔵施設をめぐって人と人の間がおかしくなっているという声がどこからともなく聞こえてくる。本来、生活回復／再建であるはずの原発被災者＝避難者への賠償・補償が人びとの心をすさみ、家族の離散をうながしていることについては、すでに多くの論者が指摘しているが、中間貯蔵施設をめぐる賠償・補償も例外ではないように思われる。いやむしろその設置／建設をめぐって「内」と「外」を厳しく峻別している分、賠償／補償が人びとの「間」をより大きく深くすることになることが予想される。

同時に、中間貯蔵施設をそれが被曝を強制するゆえに、「安全か危険か」といった問題次元で論じる傾向があることはいまなお否定できない。だが、こうした二分法的な捉え方は、中間貯蔵施設の「現在性」を浮き彫りにするという点でいうと、もはやリアリティを喪失しているといわざるを得ない。重要なことは、中間貯蔵施設は原発そのものがそうであるように途方もないリスクとしてあるということだ。「安全神話」がこのリスクを前にして虚妄であったように、[1]いま中間貯蔵施設の設置／建設とセットで広がっている「帰還幻想」も虚妄である。リスクが不安の無限連鎖を伴っているように、中間貯蔵施設も不安の無限連鎖のなかにある。「帰る人」「帰らない人」「地権者」「そうでない者」を含めて。本稿の二で触れるように、中間貯蔵施設法が成立して制度的には一つの山を越えたようにみえるが、今後、リスクは縮減するどころか、いっそう拡大しそうである。だいいち、法律が明記する最終処分地は、誰がみても永久に取得／実現できない「代替え地」である。そうした点で中間貯蔵施設は「永久」に続くものと観念せざるを得ない。つまり中間貯蔵施設は終わりのない「中間」なのだ。[2]

中間貯蔵施設はさらに大きな課題を抱えている。何よりも、「中間貯蔵交付金」の使途が漠として定まらないうえに、それをめぐるガバナンスの枠組みもできていない。そうしたなかで、住民＝避難者の「棄民化」の惧れさえ取沙汰されるようになっている。しかも後述するように、いまも持続している「原発さまの町」の構造的体質／「原子力ムラ」の基盤構造がそのストレートな表出をさまたげている。つまり「棄民化」が層として析出されながら、不可視化されているのである。

本稿は、以上のような状況認識に基づいて、中間貯蔵施設をめぐる諸主体の動向を見据えながら、そこにひそむ被災の「かたち」と方向性を示すことにする。なお、その際、筆者がフィールドとしている大熊町に照準する。

一　ＮＩＭＢＹ問題として語れない中間貯蔵施設

大熊町に限っていうと、中間貯蔵施設が迷惑施設でありＬＵＬＵ（Locally unwanted land use）であるという認識を行政だけでなく、多くの町民も共有している。しかしそうした迷惑施設を、大熊町民がＮＩＭＢＹ（Not in MY Back Yard）あるいは「受益圏／受苦圏」の問題枠組みで捉えているかといえば、必ずしもそうとは言いきれない。

ちなみに、ここでいうＮＩＭＢＹとは文字通り、福島の原発によって電力供給の恩恵に浴してきた首都圏の人びとが、迷惑施設を自分の裏庭には受け入れないということである。[3] しかしより広い文脈で、つまり脱原発という文脈でいうと、ＮＩＭＢＹはいまやＮＯＰＥ（Not On Planet Earth）、すなわち「地球上全てだめ」という視点でとらえかえされる傾向にある。他方、「受益圏・受苦圏」は、「広範囲な社会システムからの要請から発せられた形で、特定の局地的地域に社会的意味をおびた巨大な資本の投下がなされ、その結果、一部の地域に大きな構造的緊張を生んでいるという点」を問題視し、そこにひそむ特質を解明するための概念装置として編み出されたものである（梶田　一九八八）。そこでの含意は、開発が大規模化するにしたがって施設の受益者が広がる一方で、受苦者は限定され、両者にディバイドが生じるというものであり、ＮＩＭＢＹと相同的に語られることが多い。

注目されるのは、大熊町民の多くが迷惑施設としての中間貯蔵施設を、単にＮＩＭＢＹや「受益圏／受苦圏」という概念の対向／延長線上においてとらえているようにはみえないことである。たしかに、多くの人びとは中間貯蔵施設を「押しつけられている」と感じている。本稿の二でとりあげる、国が開催するさまざまな町民説明会においてその種の発言が目立っているし、「都会に立地すれば」とか「東京に持っていってもらいたい」といったような発言が頻発している。その一方で、ＮＩＭＢＹや受苦圏を認めた上で「それで……」という発言も少なくない。現象としては、中間貯蔵施設が用地買収↓金額の問題とみなされている、といえないこともない。筆者は、こうした状況をとらえる際に、大熊町がいまも原発による受益構造に包み込まれている「原発さまの町」であることに注目すべきだと考えているが（吉原　二〇一三）、それは後述することにする。

むしろここで指摘しておきたいのは、中間貯蔵施設がＮＩＭＢＹや「受益圏／受苦圏」という概念を越えるものとしてあるという点である。ちなみに、山本俊明はその点に関して次のように述べている（山本　二〇一四：一七五）。

「中間貯蔵施設は、①放射能で汚染された故郷に帰還するか、しないのかという選択、②除染して（特に子ども）が住めるのかという疑問、③賠償補償は十分なのか、制度上の問題はないのか――という三つの要素（帰還・除染・賠償）が複雑に絡み合っている『構造的な問題』として捉える必要性がある」

筆者は、山本のいう「構造的な問題」に照準して中間貯蔵施設の有する問題状況をあぶりだすべきだと考えている。そこには、この間「原子力ムラ」と揶揄されてきた、国、県、市町村、そして東電にまたがる「驕慢な権力」ネットワークの存続（斎藤　二〇一二）とそれと密接にリンクしている国および県の「帰還政策」のありようが深い影をおとしている。そこで次節以降、中間貯蔵施設がどのような経過を辿って今日に至っているか、そしてそれが復興においてどのような意味を有しているかを明らかにする。

二　中間貯蔵施設にゆれる大熊町――国の要請から中間貯蔵施設法の成立まで

本節ではさしあたり、中間貯蔵施設をめぐる現在（二〇一四年一一月末）までの経緯を概観することにする。[4]その際、冒頭でも記したように、特に大熊町をめぐる動向に照準し四つの時期区分を設定して検討することにする。[5]

（一）第Ⅰ期——国の要請から現地調査の受け入れまで

中間貯蔵施設が政治的日程にはじめて登場するのは、二〇一一年八月二七日のことである。この日、菅直人首相が佐藤雄平知事にたいして中間貯蔵施設の県内設置を要請した。次いで一〇月二九日、環境省は「中間貯蔵開始後三〇年以内に、福島県外で最終処分を完了する」という工程表（ロードマップ—表1）を公表し、県内市町村に説明した。もっとも、正式に中間貯蔵施設が登場するのは一二月二八日であり、この日、細野豪志環境相が福島県および双葉郡八町村に双葉郡内への施設設置の検討を要請した。そして翌年三月一〇日、福島県および双葉郡八町村に対して、楢葉、大熊、双葉の三町に中間貯蔵施設を分散設置する国の考え方を説明し、あらためて検討を要請した。(6) その後、県はこの要請にしたがって検討を重ねることになるが、環境省は八月一九日に三町の調査候補地一二カ所（のち九カ所に変更）を提示し、そのうち九カ所が調査候補地となっている大熊町の全町民に向けて、同月二五日、中間貯蔵施設に関する調査の説明会を開催した。なお、この間、七月一三日に三〇年以内に県外処分の方針を盛り込んだ「福島復興再生基本方針」を閣議決定した。その後、県と双葉郡八町村の実務協議を重ね、一一月二八日、知事が県および双葉郡八町村の協議の場において、地元への説明を条件に調査の受け入れを表明した。

（二）第Ⅱ期——現地調査の住民説明会の開催から二町集約へ

二〇一三年一月八日から一〇日にかけて、環境省による大熊町の該当行政区の住民を対象にした、中間貯蔵施設の建設候補地での現地調査に向けた説明会が開催された。そして事前に連絡のないまま、三月に入って建設候補地の現地調査が開始された。同年五月一七日、大熊町の建設候補地で、七月一二日、楢葉町の建設候補地で、

表１　中間貯蔵施設の整備に関する工程表

番号	項目	内容	工程（23年度〜27年度以降）	備考
1	基本構想検討	●廃棄物・土壌の種類・性状・量、放射性物質の濃度等の調査 ●概略の施設構造・規模・工事費等の算定、候補地の検討（複数案）	構想検討（23年度10月〜24年度4月）	
2	中間貯蔵施設の場所選定	●中間貯蔵施設の場所選定の都道府県・市町村・地元との調整	県・市町村・地元調整（23年度1月〜24年度1月）	
3	基本設計・実施設計	●中間貯蔵施設の施設構造・規模・工事費等の概略算定　※基本設計（各種予備協議ができる概略のもの）、実施設計（工事発注・用地買収ができるレベル）	基本設計（24年度4月〜10月）→実施設計（24年度10月〜25年度10月）	
4	環境影響調査・放射性物質の環境への影響調査	●環境影響項目に関する調査、評価、対策の検討等 ●放射性物質の環境への影響の調査、評価、対策の検討等	文献調査（24年度4月〜10月）→現地調査（24年度10月〜25年度10月）	
5	用地取得	●用地取得のための用地測量 ●中間貯蔵施設等の用地取得	測量（24年度10月〜25年度7月）→用地取得（25年度7月〜26年度4月）	
6	各種開発許可手続き	●開発許可協議（農地、森林、都計、自然公園、埋蔵文化財等）	予備（24年度4月〜10月）→本協議（随時実施）（24年度10月〜26年度4月）	
7	工事用道路等の工事	●工事用道路、仮設工事等の実施	（26年度4月〜1月）	
8	中間貯蔵施設の本体工事	●中間貯蔵施設の本体工事の実施	（26年度7月〜27年度以降）	
9	廃棄物等の搬入	●廃棄物等の搬入	完成工区から順次搬入（27年度4月〜）	
	既存の処分場の活用の検討		（23年度1月〜27年度以降）	
	除染		モニタリング・計画→市町村・国（特に高線量の地域以外）による除染・仮置き場への搬入・管理 モデル事業（特に高線量の地域）→特に高線量の地域の除染 →中間貯蔵施設への搬入を開始	・初期の大規模な除染後も、自然界における汚染物質の移動等に対応して追加的な除染が長期間に渡ることも想定される。ただし、国は、中間貯蔵開始後30年以内に、福島県外で最終処分を完了する。最終処分の方向については、放射性物質の効果的な分離・濃縮等の技術の発展によるところが大きいため、国は、技術の研究開発・評価に努める。
	廃棄物の処理	対策地域内廃棄物	計画策定・仮置場への搬入→放射線濃度の高い物は一時保管→中間貯蔵施設への搬入を開始 放射線濃度の低い物は既存の処分場で処分	・対策地域内廃棄物については、23年度から順次処理。
		指定廃棄物	指定廃棄物の指定→放射線濃度の高い物は一時保管→中間貯蔵施設への搬入を開始 放射線濃度の低い物は既存の処分場で処分	・指定廃棄物については、23年度から順次指定し、発生した都度処理を行う。

※除染については、仮置場への本格搬入開始から３年程度で中間貯蔵施設への搬入開始

出所）https://www.env.go.jp/jishin/rmp/attach/roadmap111029_a-5.pdf

一〇月一一日、双葉町の建設候補地でそれぞれボーリング調査が始まった。その結果を踏まえて、一二月七日、環境省の有識者検討会においてすべての候補地で建設可能と結論づけ[7]、同月一四日、石原伸晃環境相と根本匠復興相が県と大熊、双葉、楢葉の三町にたいして正式に建設受け入れを要請することになった。それとともに、第一原発周辺約一九平方キロメートルを国有化する方針が示された（図1参照）。

年をまたいで二〇一四年一月二八日、県が関係部局長会議において、汚染廃棄物の量を減らすことを前提に大熊、双葉、楢葉三町の建設候補地の規模縮小の可否を検討する方針を示した[8]。そして二月四日、佐藤知事が大熊、双葉両町長に建設候補地から楢葉町を外し、両町に集約したいとの提案を行い、二月七日、双葉郡八町村長が佐藤知事の提案を了承した。その際、代わりに楢葉町に低線量焼却灰の処理施設を建設する案を示した。以上の経過を踏まえて、二月一二日、佐藤知事が石原環境相と根本復興相と会談し、（帰還できる可能性が高い）楢葉町を外して、第一原発周辺の双葉および大熊町約一六平方キロメートルに集約する方向での計画の見直しを検討するよう申し入れた。同時に、国有化案の見直しも申し入れた。そして三月二七日、国は佐藤知事の申し入れに応じ、施設の大熊、双葉両町への集約を回答した。

(三) 第Ⅲ期――住民説明会から建設の受け入れまで

四月下旬、環境省が建設受け入れを前提に地域振興策や自由度の高い交付金を創設する方針を打ち出した。他方、大熊、双葉両町は、五月一日、以上の方針を受け、国による説明会開催を了承した。そして、五月三一日を皮切りに六月一五日までに計一六回（県内一〇回、県外六回）の住民説明会が開催された（延べ二六〇五人参加）。だが、住民説明会では、住民側から「具体的な補償額や最終処分場を示すよう求めたが、回答は『検討中』ばかり」で「地元の不満が募った」（『朝日新聞』六月一六日）。大熊、双葉両町長も、一五日、国の説明内容が不十分で

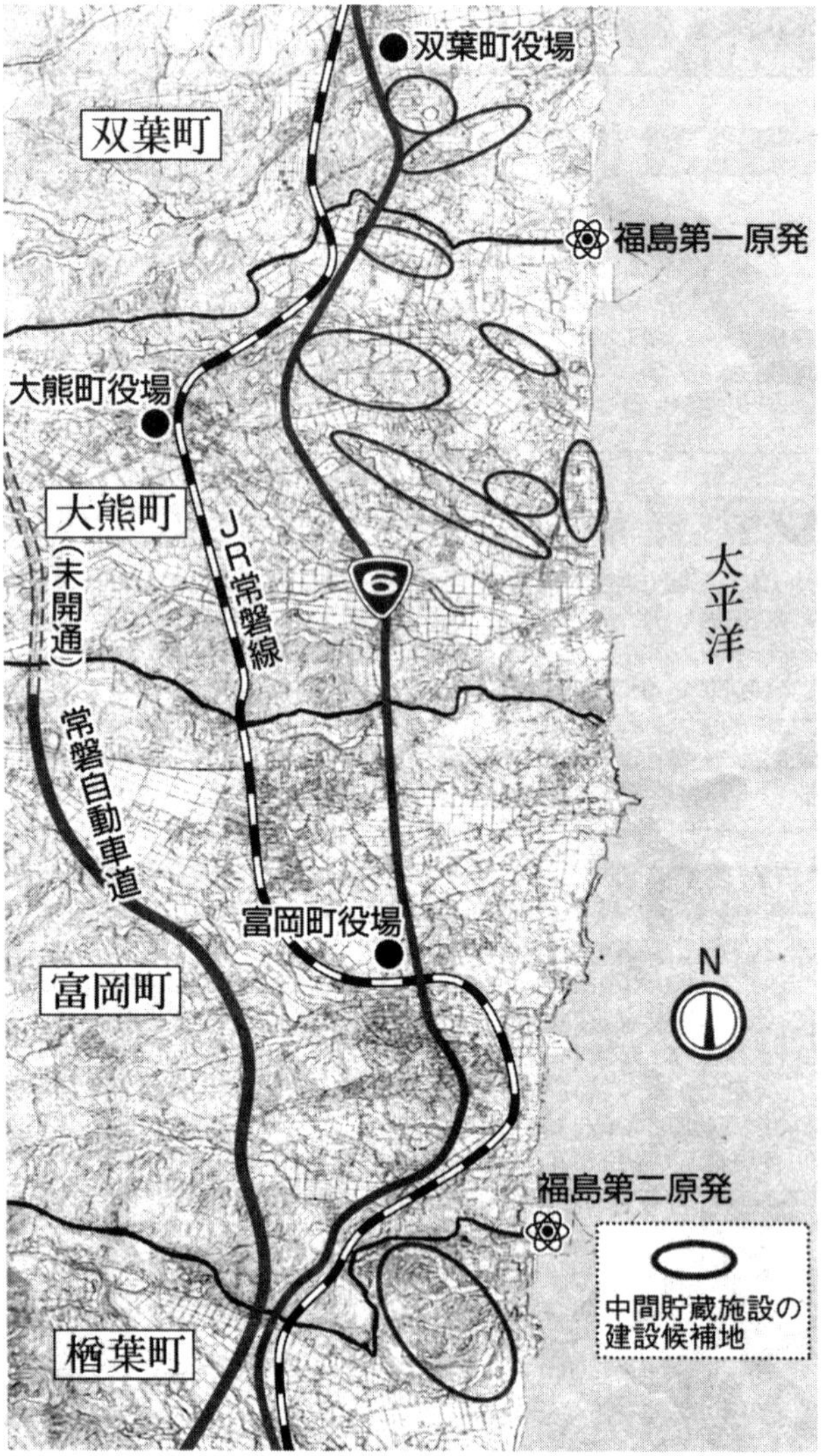

図１　中間貯蔵施設の建設候補地

※この建設候補地に示した地点は、あくまで現時点で調査を実施することを想定している大まかな範囲を示したものであり、実際の調査はこの地点の周辺においても実施する場合がある。
注）なお、その後、楢葉町さらに大熊町の建設候補地のうち、富岡町に隣接する３カ所は外される。

出所）『福島民報』2013 年３月７日より引用。

「受け入れの是非は判断できない」との考えを示した。こうしたなか、石原環境相の「金目」発言[9]が飛び出し、佐藤知事をはじめ、地元が猛反発した。詳述はさておき、交付金をめぐって中間貯蔵施設の交渉が難航していたことが、こうした発言となってあらわれたといえる。

いずれにせよ、交付金をめぐり水面下の交渉が続けられ、七月二八日、国は県と大熊、双葉両町に対して、住民説明会での意見を踏まえて、全県的に交付金を交付する方針と地上権を設定して用地の賃貸借を容認する考え方を提案し[10]、八月八日、交付金の詳細を明らかにした。それは「中間貯蔵施設交付金」一五〇〇億円、「原子力災害福島復興交付金」一〇〇〇億円、「電源立地地域対策交付金」年一七億増額分（三〇年間総額五一〇億円）である[11]。そして、八月二六日、石原環境相は両町議会全員協議会において、「中間貯蔵施設交付金」一五〇〇億円のうち八五〇億円を両町に直接交付する方針などを示した。また翌二七日には、井上信治副環境相が両町の行政区長会に対して、「中間貯蔵施設交付金」の内容などを説明した。なお、上記の議会全員協議会と行政区長会への説明会では五月から六月にかけて行われた住民説明会で出された意見への対応策が国から示された。一つは用地に地上権を設定することで賃貸可能にすること、また一つは三〇年後の県外処分を法制化すること、という方針が明らかにされた。なお、以上の経過と前後して、八月二五日、県は大熊、双葉両町に建設候補地の地権者にたいして計一五〇億円を支払う方針を伝達した。これは原発事故前の価格での買い上げを希望する地権者と、それよりも低い現在の価格を基準とする国との開きを調整／補填するためのものであった。

ともあれ、このような経過を辿って、八月三〇日、佐藤知事は大熊、双葉両町長と会談し、建設受け入れで合意し、そのことを表明するに至った。なお、その際、以下の五項目、すなわち、①県外最終処分の法案成立、②「中間貯蔵施設交付金」の予算化、自由度確保、③国による搬入ルートの維持管理など周辺対策の明確化、④施設や輸送に関する安全性確保、⑤県や大熊、双葉両町との安全協定案の合意、の実現を条件に受け入れを容認することになった。

(四) 第Ⅳ期——建設受け入れから中間貯蔵施設法の成立へ

さて県が中間貯蔵施設受け入れの条件としてかかげた五項目のうち③および④に関連して、九月一八日、環境省は東電第一原発事故に伴う除染で生じた県内の汚染土を中間貯蔵施設に輸送する際の「輸送基本計画」案を有識者検討会に提示し、了承された。基本計画案では、市町村に「積み込み場」を確保するよう求めている。市町村が仮置き場から廃棄物を積み込み場まで運び、国が用意する一〇トントラックなどの大型車両に載せ替えるというプランである。[12] ちなみにこの基本計画案は一一月一二日、県と関係市町村などで構成される連絡調整会議で了承され、同月一四日、基本計画として発表された。なお一二日の連絡調整会議では、市町村にたいして当初「三年をめど」としていた仮置き場の使用期間の延長を要請した。

ところで以上の「輸送基本計画」の決定に至るまでのプロセスにおいて、二〇一四年九月二九日から一〇月一二日にかけて、一二回にわたって中間貯蔵施設の用地補償等に関する地権者説明会が開催された(延べ九〇一人参加)。参加者からは「補償額があまりにも低すぎる」などの不満が相次ぎ、国の算定基準の見直しを求める声が強く出されたという(『福島民報』二〇一四年一〇月一六日、『東京新聞』二〇一四年一〇月一三日)。にもかかわらず、小里泰弘副環境相は一〇月二三日、地権者と個別交渉に入ることを明らかにした。これにたいして、大熊、双葉両町長は、補償内容に関して十分な理解が進んでいないことや全体の参加者が全体の半数にも達していないことをあげて、環境省に地権者への丁寧な説明をおこなうよう申し入れた。いずれにせよ、個別の地権者交渉は一一月段階で未だなされておらず、竹下亘復興相は一一月七日、二〇一五年一月の搬入目標を見直す必要があると言及した。

他方、受け入れの際に県が条件として掲げた項目のうち①に関連して、二〇一四年一〇月三日、閣議で中間貯蔵施設整備の関連法案(JESCO法の改正案)を決定し、国会に提出した。そこでは施設整備や安全確保について国の責務を規定するとともに、「中間貯蔵開始後三〇年以内に県外で最終処分を完了するために必要な処置を講ずる」ことを明記した。この法案は、一一月四日、衆議院本会議で賛成多数で可決され参議院に送られた。そして参議院で審議入りしたものの、衆議院解散に伴い、一時廃案の可能性が出ていたが、一九日、成立した。ここで先の国の責務と廃棄物の県外最終処分が明記された。

こうして一応、中間貯蔵施設に関する制度的枠組みの一つができあがったわけであるが、そこに至るまでには、いわゆる「中間貯蔵施設と大熊町民」として総称される問題構制《プロブレマティック》、そして何よりも原発被災の内質として語り得るものが見え隠れしている。次節では、このことについて少しばかり言及することにしよう。しかしその前に、大熊町民が中間貯蔵施設にどう向き合っているのかについて、本年（二〇一四年）の五月から六月にかけて開催された住民説明会（既述）の直後に、筆者が会津若松市のみなし仮設住宅（借り上げ住宅）に住む大熊町民四四人にたいしておこなったヒヤリング結果*に基づいて一瞥しておこう。

*会津地区みなし仮設住宅の自治会である会津会会長および会計の全面的な協力の下に二段階で実施された。なお、ここで援用するものはあくまでも中間集約段階で得られたものをベースに据えている（詳細は吉原　二〇一四）を参照のこと）。

三　大熊町民の中間貯蔵施設へのまなざし

まず、四四人のうち正式に回答を得たのは三六人であった。このうち、説明会に出席したのは、二〇人であった。さらに二〇人のうち、「まったく納得できなかった」とか「ますます不信感が強まった」などと答えたのは、一五人であった。この一五人について、それぞれ理由を述べてもらった（ただし、一人は回答拒否）。**表2**は、それ

表2　説明会に出て「納得できなかった」「不信感が強まった」理由

	年齢・性別・職業	理由
①	64歳・男・フリーター	「説明が不十分。住民の要望がまったく反映されていない」
②	63歳・男・無職	「最初から、東電、国にたいして期待していない。不信だらけである」
③	70歳・男・無職	「信用できない。中間貯蔵施設は結局最終処分場になる」
④	69歳・女・無職	「国は信用できない。その場かぎりの説明に終始している」
⑤	65歳・女・無職	「説明になっていない。中間は最終になるような気がする。国の言うことはまったく信用できない」
⑥	63歳・女・専業主婦	「国の説明に納得できないし、質問者への回答が『検討する』の一点張りで何ら意味がなかった」
⑦	42歳・男・会社員	「説明会での環境省の担当者の説明内容と遠くで石原大臣がマスコミにたいして発言している内容がまったく違っている」
⑧	37歳・男・派遣社員	「具体的な判断材料が何も与えられなかった」
⑨	NA・男・NA	「最後は金目でしょう、という大臣発言で不信感が一挙に高まった。私らは古里を返してもらいたい、元の暮らしがしたいというのがホンネである。心の叫びが聞こえないのかと言いたい」
⑩	59歳・女・専業主婦	「施設の必要性は理解できるが、ただお願いすると頭を下げるだけで、質問事項には答えず、不信感が強まるばかりです」
⑪	61歳・男・無職	「施設の必要性はわかるが、具体的にこれはこうであるという説明ではなく、ただ漠然とした話をするばかりで、一歩踏み込んだ話にはなっていない。応答も同じで、持ち帰って検討するの繰り返しで、明確な答えは出てこなかった」
⑫	68歳・女・無職	「以前のような安心な暮らしが取り戻せていない」
⑬	60歳・女・無職	「実際同じような目にあわないと、こちらの不便な生活、不安な毎日、不自由な暮らしなど、少しもわかってくれないと思わせる発言が多かった」
⑭	60歳・男・無職	「説明に具体例がなかった。数値をもって説明すべきではなかったか」

らを概括したものである。

何よりもインフォーマントの属性として注目されるのは、「無職」が多いことである（②③④⑤⑪⑫⑬⑭）。ちなみに、かれら／かの女らの３・11直前の仕事を聞いたところ、「会社員（管理職）」一人（①）、「会社員」四人（⑦⑩⑪⑭）、「派遣社員」一人（⑥）、「公務員」一人（②）、「自営業」一人（⑬）、「無職」四人（③④⑤⑫）、「専業主婦」一人（⑧）、「不明」一人（⑨）、となっている。３・11をはさんで無職が倍増している。詳述はさておき、そこでは原発爆発によって雇用を喪失し、それが未だ十分に回復していないといった状況が読み取れる。

とはいえ、やはり同表において最も注目されるのは、型通りの、内容のない説明に終始する国にたいする信頼感／不信感が喪失し横溢していることである。ヒヤリングに応じたほぼ全員が国の説明／質問にたいする回答が不十分であり、信用できないと述べている。ちなみに、出席しなかった人のなかにも、国にたいする不信感をあらわにする人がいる。たとえば、以下のようなケースがあげられる。

⑮（七〇歳・男・無職）

「国は当初から中間貯蔵施設は大熊町ありきで進めている。したがってそうした国の説明会に出席しても結果は決まっている」

⑯（六一歳・女・専業主婦）

「国は説明会ではっきりしたことは言わないので、出席しても意味がない」

⑰（七八歳・男・無職）

「新聞やテレビの方が国のよくわからない説明よりも理解しやすい」

いずれにせよ、大熊町民の国にたいする不信感（信頼の欠如）はある種臨界局面に達している。いうまでもなく、こうした不信感は、⑨⑫⑬の理由からうかがいしれるように、中間貯蔵施設の設置が被災者の生活再建／回復に必ずしもリンクしていないという苛立ちと表裏一体をなしている。

四　終わりなき「中間」の隘路

前節でみた大熊町民の国に対する不信感／信頼の欠如は、中間貯蔵施設の設置を通して上からのガバメント（統治）の論理に馴致させようとする国、県のスタンスに向けられている。二でみたように、国の大熊町ありきの中間貯蔵施設設置／建設に向けての姿勢は一貫している。しかもそれが周到な帰還政策と一体となって展開されている点に本事例の際立った特徴をみることができる。そもそも除染の効果がはっきりしないにもかかわらず、帰還とセットで中間貯蔵施設の配置／建設をおしすすめることは大いなる矛盾である。したがって、二で辿った建設受け入れまでの諸過程において、国としては数々の説明会をはさみ、中間貯蔵施設を用地買収↓金額の問題に回収／解消することでそうした矛盾が大きくなるのを回避しようとしてきたのである。そこで重要な役割を果たしたのが県、そして町の「調整」である。それがいまのところどの程度効果を発揮しているかはにわかに判断しがたいが、国が県そして町を「動員」して自らの意思を貫いてきた／いることは、たしかである[13]。

しかし結果としてみれば、中間貯蔵施設をめぐって「帰る人」と「帰らない人」との分裂を生み出している。それればかりか、賠償・補償に関連して「地権者」と「そうでない人」との分裂ももたらしている。さらにこうした多重的な分裂は、地域間の分断へと発展する可能性をはらんでいる。もっとも、こうした分裂／分断は、「犠牲にされる人」が「犠牲にする人」と同体化した、まさに「原子力ムラ」を「うち」／地域の側から支えるような「原発さまの町」が維持・継続されるなかで、より複雑な様相を呈し見えにくいものになっている。

他方、ひとつの節目を迎えたようにみえる中間貯蔵施設法の成立も、最終処分地を決定しないままでの法制化という点でいうと、いまからその実効性に疑問を抱かざるを得ない（すでに骨抜きになるだろうという意見が出始めている）。実際、多くの人びとは、中間貯蔵施設法が「中間貯蔵開始後三〇年以内に県外で最終処分を完了するために必要な処置を講ずる」と明記しているにもかかわらず、中間貯蔵施設が最終処理施設になるだろうと考えている。鳴り物入りで制定された「中間貯蔵施設交付金」についても、それが自分たちの生活再建／復興に直接使われるであろうとは考えていない。自分たちとは遠くのところで新自由主義的な経済「復興」を下支えするものとして使われるのではないかと疑っている。ちなみに、それが巨額復興利権につながる惧れがあることも否定できない。いずれにせよ、「巨額の交付金は新たな試練を被災地に課している」（『東京新聞』二〇一四年九月五日）のである。

こうしてみると、先に山本が「構造的な問題」と指摘したことが、国の要請から中間貯蔵施設法の成立までのプロセスを通底していることがわかる。それとともに、中間貯蔵施設自体、一つが頓挫すれば全体がうまくいかなくなるという不安のシステムのうえにある。その場しのぎであることも否定できず、終わりがまるでみえない。冒頭でも述べたように、いつまでも「中間」であるしかない。まるで原発そのものである。というよりは、原発の隘路を見事に「身体化」しているといえる。いうまでもなく、そうしたなかで人びとは揺れ動き、翻弄され続ける。そしてメディアはといえば、相変わらず愛郷心[14]と帰還幻想を鼓吹し続けている。だからこそ、当事者たちの怒りはどこにも回収されず、ただ空転するばかりである。

むすびにかえて

筆者は、二〇一四年一一月二四日、中間貯蔵施設について住民の側から主体的にかかわってきたK氏に、今後の見通しについて聞いた。K氏によると、受け入れと帰還の矛盾が今後いっそう激化し、先にとりあげた山本が指摘する「構造的な問題」、すなわち帰還、除染、賠償の三つの要素が複雑に絡み合う事態が深化し、収拾のつかない状態に陥るのではないかということであった。筆者は、それとともに、中間貯蔵施設の受け入れ、建設によって住民＝避難者の生活回復／再建がより後景化するのではないかと考えている。ちなみに、K氏は大熊町の現況を次のように述べている。

「用地買収における国のカネの提示のしかたや、これにたいする県の上乗せ補償のやりかたをみていると、原発立地のときと同じ構造が浮かび上がってくる。この国はちっとも変わっていない。何が大事か。国、県、そして東電がしっかりと謝罪し、事故の原因と現状を説明することからすべてが始まる」

中間貯蔵施設はそのためのリトマス試験紙のような役割を果たすのかもしれない。しかしここでより重要なのは、中間貯蔵施設が原発体制の要石のようなものとしてあり、したがってそのゆらぎとともに、原発体制の矛盾を最大集約的にあらわすものとしてあるということである。原発があるかぎり、事故が起こることは避け得ないのだから、原発廃棄物を「収容」する中間貯蔵施設の配置も避け得ない。だが、問題はそこから先だ。中間貯蔵施設は地域を壊し、人びとを分断し、あまつさえ住民＝避難者の自立を後回しにしてしまう。だからこそ、「最初から原発を受け入れなかったほうが良かったのではないか」という恨み節も聞こえてくるのだが、それをいうのなら、「原発さまの町」からの離床のプロセス⑮を示さなければ説得力に欠けるだろう。

なお、国、県そして町にたいして「帰還方針⑯」の撤回をもとめる声が根強くある。前掲のK氏もこの立場である。中間貯蔵施設の受け入れとの関連でいうと、むしろこちらの方が整合性はある。要は、「帰る」、「帰らない」は当事者の選択にゆだねるべきであって、そのうえで永久の住処、半永久の（当面の）住処を確保することが、国、県そして町に強くもとめられることになろう。それにしても、この方面での対応があまりにも遅れている。小手先の対応に住民＝避難者は憤っている。中間貯蔵施設が復興のために不可欠であることは、誰も認識している。問われるのは、復興が誰のため、何のために行われるかである。

この点についての国、県の明晰な回答は未だない。大きなテーマ／課題に戻ってしまったが、この点を外して、中間貯蔵施設は語れない。

最後に、「独居にあるということは活動能力が奪われていることに等しい。活動と言論が行われるためには、その周囲に他人がいなければならない」（アレント　一九五八＝一九九四：三〇四）というアレントの言葉をリフレインしながら、本稿を閉じることにする。

注

（1）ここでは、「安全だ」と一方的に流される情報が加害者のデマだと決めつけることはしない。ただ、放射線の「安全神話」は被害を生み出した側が何らかの意図をもって築き上げたものだとする高橋博子の主張には耳を傾けておきたい（高橋二〇一一：一二一－一二）。「安全神話」におけるリスク隠しの意図は明白であるが、結局のところ、リスク隠しにはなっていないのである。

（2）いうまでもなく、「中間」が中間であるかぎり、被災には「終わり」がない。最終処分地の決定が先送りされていくなかで、中間貯蔵施設をできるだけ早く決着させようとする国のスタンスは、拙速という以上に「政治的」である。またそれだけに深いジレンマを伴わざるを得ない。なお、本稿の表題は、それが適切か否かは別にして、まさにこうした事態への着目から思いついたものである。

（3）本稿ではＮＩＭＢＹについて深く言及しない。もともとＮＩＭＢＹというネーミングに異議を唱える人が少なからずいる。また「地域エゴ」のような含意で軽侮して用いられることもある（Burningham 2000）。だがここでは、いわゆる「加害－被害」の構造が一方向的に作用しているものとしてＮＩＭＢＹをとらえる。したがって、ＮＩＭＢＹは過程面からみても構造面からみても原発体制の暗部をさらすことになる。

（4）ここで遅ればせながら中間貯蔵施設についての公式の定義をみておこう。環境省によると、それは「除染で取り除いた土や放射性物質に汚染された廃棄物を、最終処分をするまでの間、安全に管理・保管するための施設」である（http://josen.env.go.jp/soil/interim_storage_facility.html）。

（5）ちなみに、以下の経過説明の部分は、主に『福島民報』二〇一四年八月三一日号に掲載されている「中間貯蔵施設をめぐる経過」および『政経東北』五一〇に所収の無署名記事「中間貯蔵受け入れ　住民の戸惑いと不信」のなかの経過説明の部分を参照し、これに筆者がさまざまな新聞、インターネット等で入手した情報を付け加えて作成したものである。なお、国の側に立った経過説明については、環境省のホームページを参照されたい。

(6)　なお、二〇一二年二月一二日に、草野孝楢葉町長が平野達男復興相に「原発立地町である双葉、大熊、富岡、楢葉の四町に分けて建設してはどうか」と提案している(『政経東北』五〇三：二三)。

(7)　ちなみに、二〇一三年九月六日、環境省は有識者検討会において大熊、楢葉両町の調査結果を示し、固い地盤と低い地下水位をもって中間貯蔵施設設置は「可能」、と報告している(『政経東北』五〇三：二三)。

(8)　楢葉町ではかねてより「復興・帰還に向けた準備が具体的に進みつつあるのに、中間貯蔵施設が建設されれば帰還をあきらめる人が増える可能性があるため、受け入れを拒んでいた」といわれるが、一月二七日、松本町長が佐藤知事に「一キロ当たり一〇万ベクトルを超える高濃度の汚染廃棄物は受け入れられない」として、施設配置の再検討を政府に求めるよう要望した(『政経東北』五〇三：二三)。

(9)　「石原環境相は、六月十六日、中間貯蔵施設建設をめぐって難航している県との交渉について「最後は金目でしょ」と述べ、最終的に用地買収価格や交付金など金額で解決するだろうという見通しを示した(『福島民報』二〇一四年六月一七日)。

(10)　地上権は民法が定めている借地権の一つであるが、賃借権に比較して借り主の権利が優越しているといわれている。たとえば、賃借権は二〇年が上限だが、地上権には制限がない。場合によっては、半永久的に土地を使用することができる。また土地の相続や売却などで地主が変わっても、借り主は引き続きその土地を使用することができる。なお、この点については、『政経東北』五〇九に所収の無署名記事「中間貯蔵施設『地上権案』の是非」が詳しい。

(11)　財源をどうするかが取沙汰されている。財務省によると、「中間貯蔵施設交付金」と「原子力災害福島復興交付金」は、国の東日本大震災復興特別会計から拠出される。その大半は、復興公債や復興財源確保のために国民が負担している復興特別税が充てられる。「電源立地地域対策交付金」は、エネルギー対策特別会計から捻出される。それは国民が払う電気代に上乗せされている(『東京新聞』二〇一四年九月五日)。

(12)　これには、廃棄物輸送時の運転や荷積み等において作業員が被曝する惧れがあるという。さらに「各市町村で仮置き場の設置が難航している中で、さらに積込場を確保するのは難しいのではないか」とする懸念も広がっているという(『福島民報』二〇一四年一〇月一八日)。

(13) 後述するK氏の発言に注目されたい。詳述はさておき、県および大熊、双葉両町が中間貯蔵施設受け入れを決定するまでのプロセスをみていると、原発立地決定時点での構造がそのまま再現されているようにみえる。とりわけ国の意思が貫かれる際、地域権力構造（community power structure）がどのような役割を果たしたか／果たしているかを検討することは不可欠であるように思われる。

(14) 愛郷心を鼓吹する動きが顕著になっている。それとともに高齢者の間で「ふるさと願望」が強まっているという。この動きが注目されるのは、除染の実態あるいは効果が正確に伝えられないで、一方的にフレームアップして（されて）いることである。この先にみえてくるのは、被曝強制という事態であるが、ここではあえてその言葉を用いない。しかし、愛郷心と「帰還幻想」が共振して立ちあらわれていることにある種の懸念を覚えることだけは指摘しておきたい。

(15) 何度も述べてきたが、「原発さまの町」には原発による受益構造が染み渡っている。筆者は、それがもっとも象徴的に立ちあらわれているのが町民の私化＝私事化（privatization）の進展であると考えている（吉原　二〇一三）。もちろん、こうした状況をとらえかえす動きがまったくみられないわけではないが、全体としてみれば、多くの町民＝避難者はプレ3・11から続く受益構造のなかに依然として組み込まれているようにみえる。

(16) 国の「帰還方針」に確たるものがあるわけではない。たしかに、日野行介が指摘しているように、「除染や県民健康調査、復興など［は］、一言で言えば、住民の帰還を後押しする安心を得る『武器』と言ってよい」（日野　二〇一四：九八）。しかしそれらが決め手になる「武器」でないことが問題なのである。

参考文献

Arendt, H., 1958, *The Human Condition*, University of Chicago Press.（＝清水速雄訳、一九九四、『人間の条件』ちくま学芸文庫）

Burningham, K., 2000,"Using the Language of NIMBY,"*Local Environment*, 5-1, 55-67

日野行介、二〇一四、『福島原発事故被災者支援政策の欺瞞』岩波新書

梶田孝道、一九八八、『テクノクラシーと社会運動』東京大学出版会

斎藤貴男、二〇一二、『「東京電力」研究　排除の系譜』講談社

高橋博子、二〇一一、「『安全神話』はだれが作ったのか」『現代思想』三九‐七、一一四‐一二二
山本俊明、二〇一四、「中間貯蔵施設と〝帰還幻想〟」『世界』八六一、一七四‐一八五
吉原直樹、二〇一三、『「原発さまの町」からの脱却――大熊町から考えるコミュニティの未来』岩波書店
――、二〇一四、「もうひとつの避難者たち――おおくま町会津会の人びと」『専修人文論集』九五、三六七‐三八七

建設業の公共性と地域性
——東日本大震災復興事業調査の中間報告

千葉昭彦

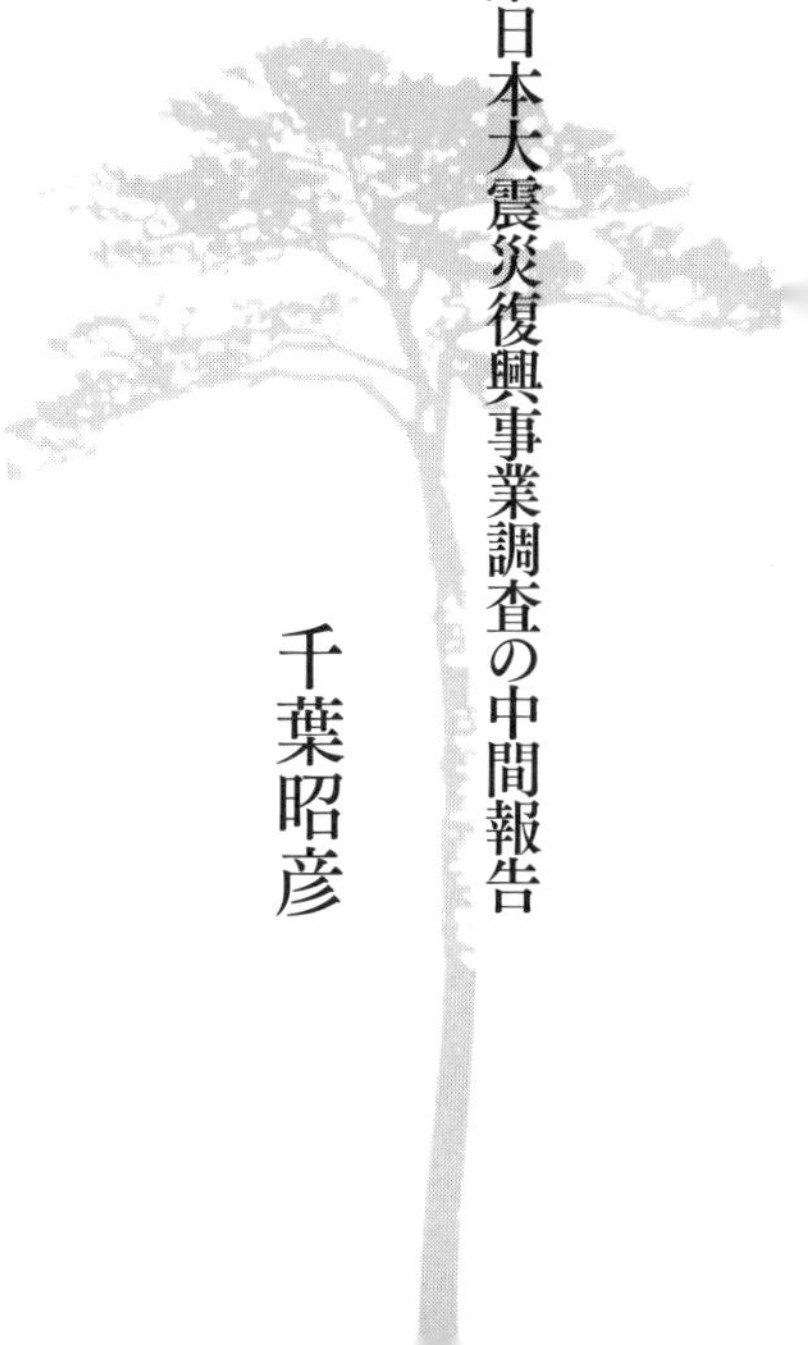

はじめに

東日本大震災の被災内容は、主として震災、津波被災、原発被害とこれに伴う風評被害（経済的実害）から構成される。それらの被災に伴う死者・行方不明者は約二万人を超しているし、経済的被害に至っては現在も進行しているため、総額を推し量ることもできない状況にある。そして、大震災への復旧・復興への取り組みの過程では、これらの被災への直接的な対応に加えて、被災地で大震災発生以前からみられた諸問題への対応も求められている。

例えば津波被害が大きかった岩手県と宮城県の三陸沿岸の一六市町村のうち、一〇市町村が過疎地の指定を受けている。また、大震災発生時に過疎地に指定されていなくても、石巻市と合併したうちの四町が、久慈市と合併した一村が過疎地の指定を受けていた。これらの地域の多くは購買力が縮小・低下していることから、大型店の撤退や個人商店などの倒産・廃業が数多くみられ、生活環境の悪化が指摘されていた[1]。同様の傾向は医療や教育機関などの公共施設の整備・運営状況や公共交通の運行状況などにおいてもみられ、大震災発生以前から地域問題としてそれへの対応が求められていた。また、石巻や気仙沼をはじめとする水産業地域では、大震災発生以前から減船や魚価低迷などへの対応が求められていた。いずれも地域経済や地域生活を左右する問題であるが、大震災が発生したことによってこれらの問題の進行や深化が一〇～二〇年、あるいはそれ以上早まったとみられるし、このことから問題への対応は急を要している。

建設業に関してもこのことは例外ではない。建設業は長期的に構造転換を迫られていて、業界としてその工事施工能力が低下しつつある中で大震災の復旧・復興による膨大な需要が出現した。そのため、復旧・復興事業は多くのところで滞り、全体の復旧・復興の遅れをもたらしている。ただ、このことの中では、単純に需給ギャップとは言い切れない、大震災発生以前からの地域問題としてとらえる必要のある課題も潜んでいるように思われる。

ここでは、大震災発生以前からそれぞれの地域で指摘されていた建設業に関する問題に焦点を当て、それが大震災の復旧・復興過程でより顕在化した状況をみていく。そのために、次節では建設業界の近年の変化を示し、現在のこの業界の概況を確認する。それを踏まえて、二では大震災の復旧・復興への取り組みとして、大手ゼネコン、地元中堅企業、被災地への進出企業、地元小規模企業の事例をみていく。ここで取り上げる企業は限られたものであり、これら以外の対応も数多くあるだろう。そういった意味ではここでは調査の「中間報告」として位置づけて検討を進めたい。そして、三では、復旧・復興への取り組みの中で顕在化した地域問題への対応の方向性、より具体的には地域社会の維持を見据えた建設業のあり方とその課題を考える。

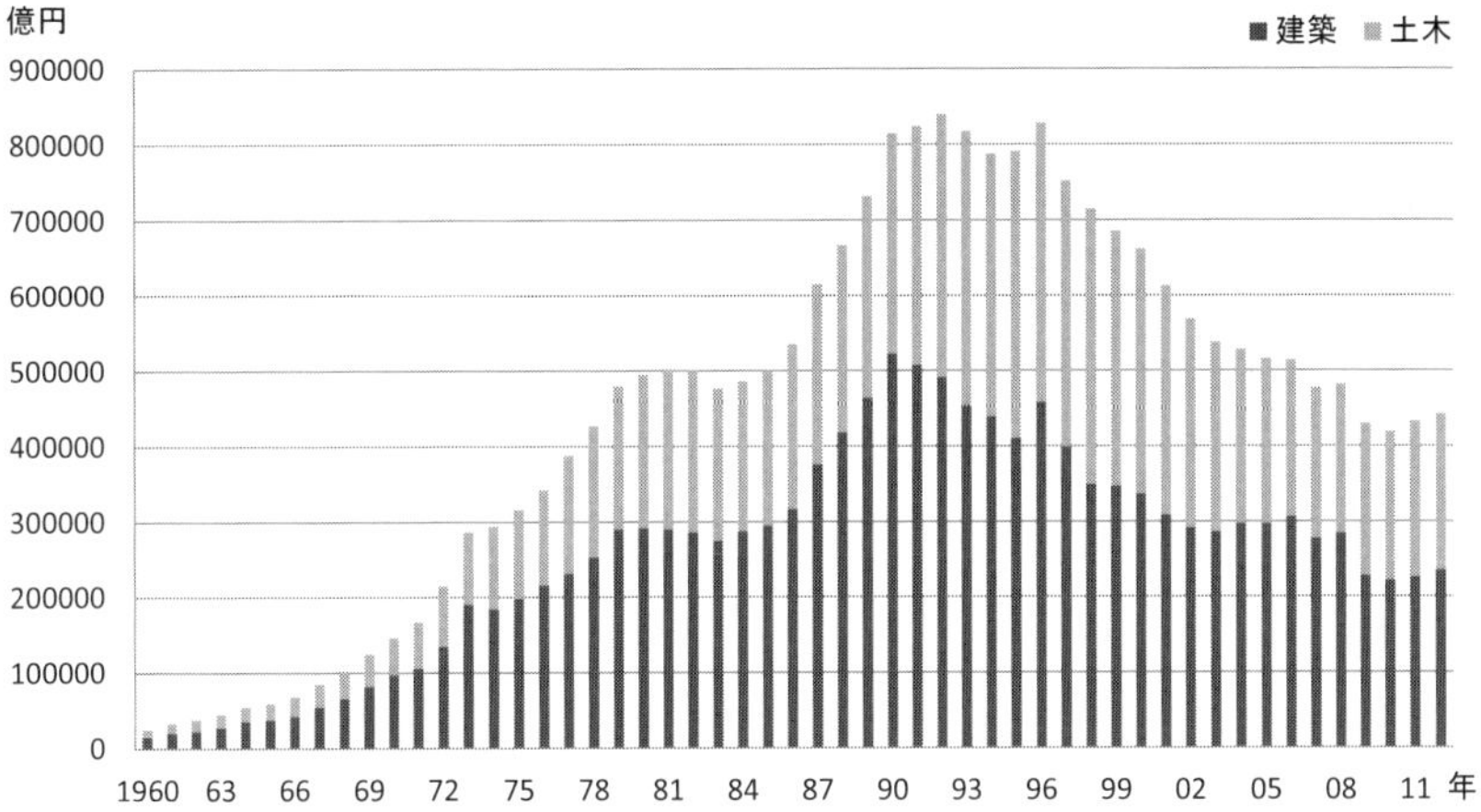

図１　建設投資額の推移

出所）国土交通省・建設投資見通し

一　建設業をめぐる概況

建設業界は大震災発生まで、長期にわたって低迷し、業界として構造転換を迫られていた。その状況を、投資額や就業者数の推移などを通じて確認しよう。**図１**にみられるように、政府と民間を合わせた建設投資総額は、戦後ほとんどの時期に増加を続け、一九九二年に約八三・九兆円でピークとなっている。その後は、一九九六年の例外はあるものの、漸減し、大震災発生直前の二〇一〇年には約四一兆円にまで減少している。ピーク時と比べて半減以下であるが、その後の復旧・復興による工事量の急増を加えてもピーク時と比べると大幅な減少となっている。

詳細を確認するならば、バブル経済後には景気対策として政府による財政支出が増加し、一九九五年は最高支出となる三五兆円を超えている。その後、一九九八年ころから財政再建路線を明確にし、政府建設投資を削減している。二〇〇一年には三〇兆円を切り、さらに二〇〇五年からは二〇兆円をも下回り、ピーク時の半分以下となっていた。

他方、民間ではバブル経済期とその後しばらくの間は五〇

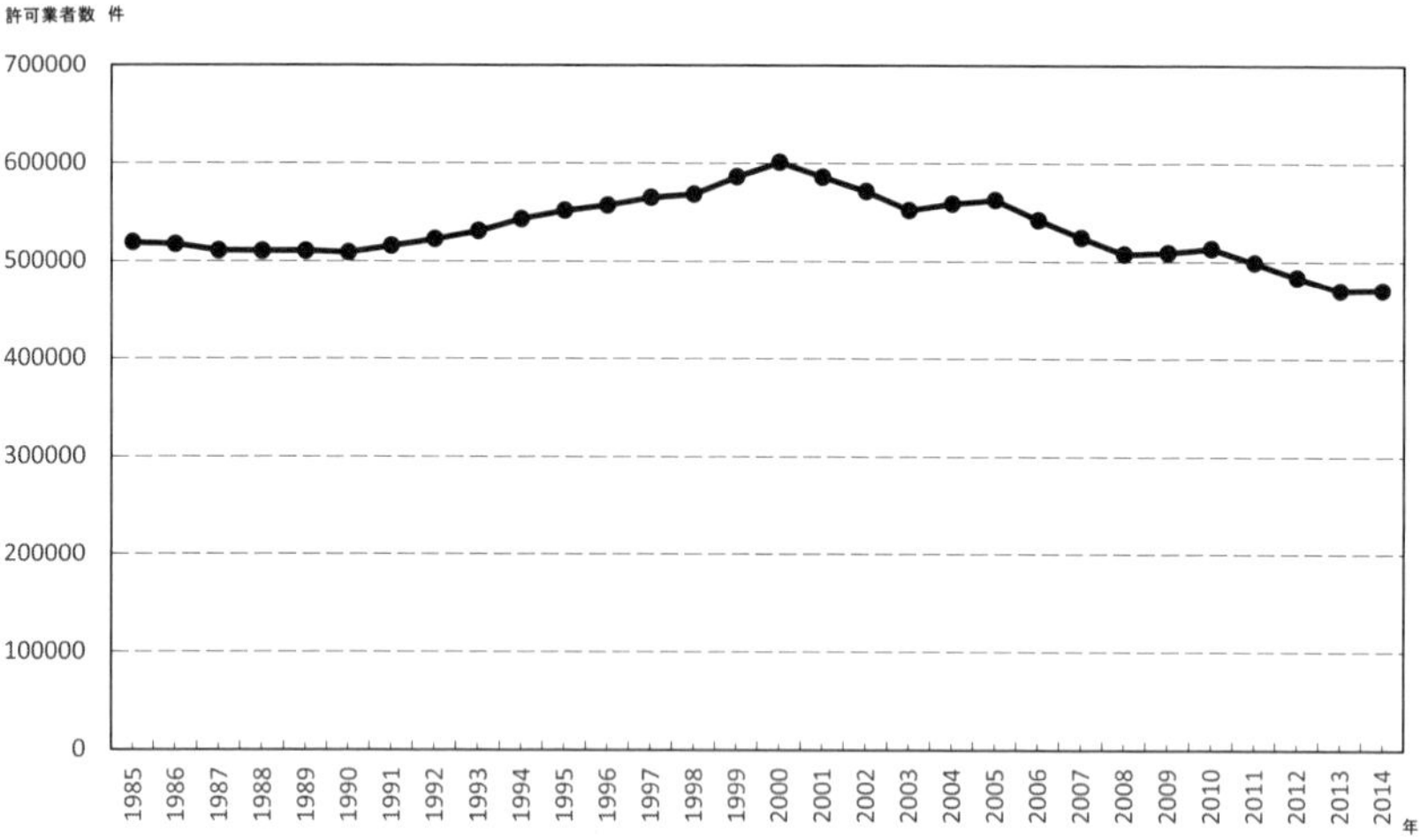

図２　建設業者（許可業者）の推移

出所）国土交通省・建設許可業者数調査
注　2011年は岩手県、宮城県及び福島県を除いたデータ

兆円を超える建設投資が続いていた。しかし、景気低迷の中で民間建設投資も減少し、一九九五年から約四八兆円となり、翌一九九六年から二〇一〇年までは三〇兆円台で推移していた。その後、二〇〇九年から二〇兆円台に落ち込み、大震災発生後も増加はあまりみられない。なお、この建設投資の中の建築と土木の構成比の推移を確認すると、バブル期以降は建築投資が減少し、五〇%代後半から五〇%前後にまで減少したのに対して、土木は比率を高めた。その後、二〇〇三年ころから建築の割合の増加がみられ、二〇〇六年には六〇%に達したが、その後は大震災復旧・復興事業が発生する中でも五〇%代前半の割合で推移している。[2]

　このような工事量の変化は建築業者数や就業者数を左右する。建設業者（許可業者）の団体数はバブル経済のころには五〇万前後で推移したが、その後増加の一途をたどり、一九九九年には六〇・一万となっている。しかし、これをピークとして、その後は漸減し、二〇一〇年に五〇万台を割り込んでからはさらに急激な減少がみられ、二〇一二年には四七万となって、ピーク時の七八・二%になっている。変化としては建設

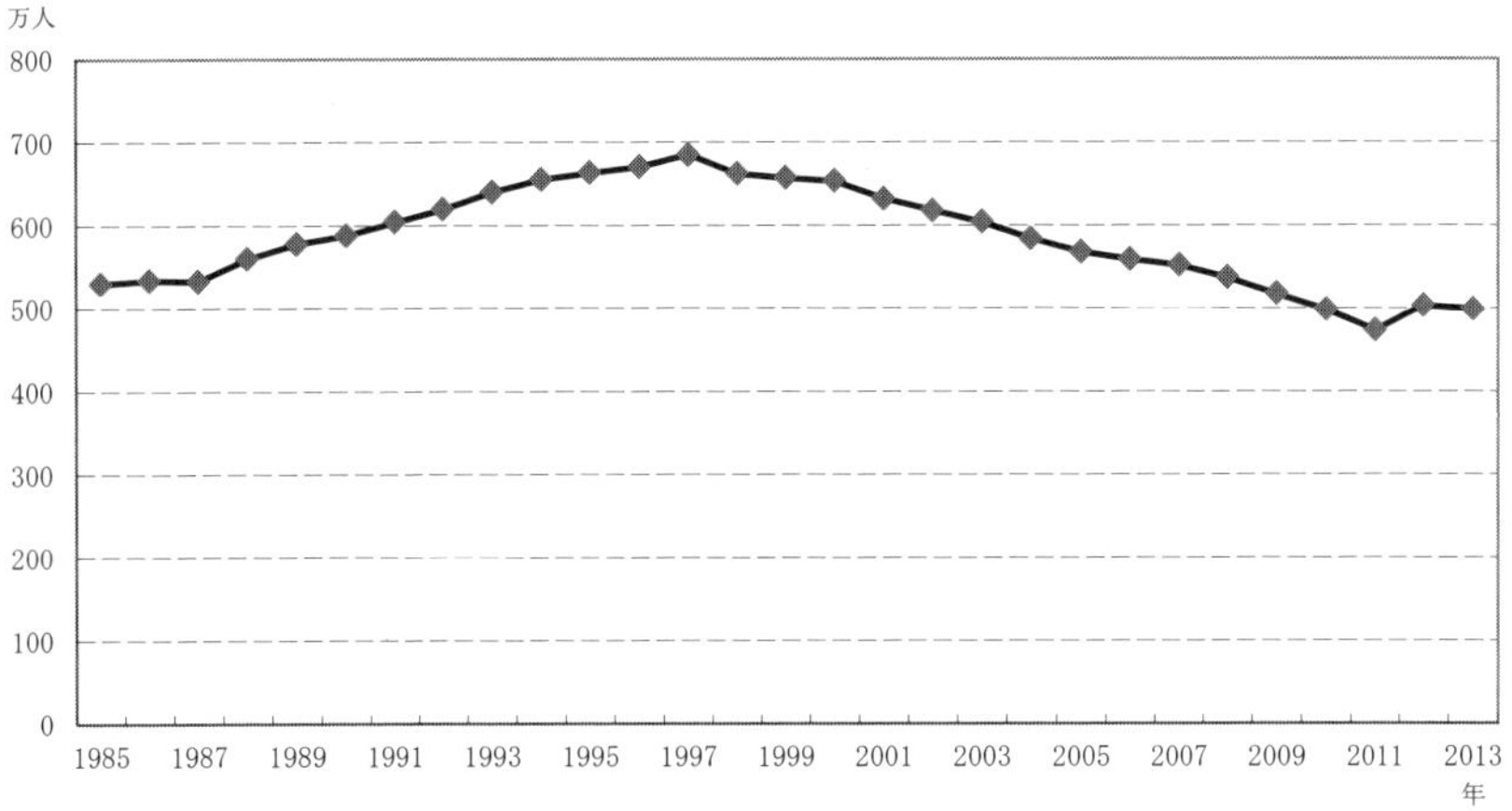

図3　建設業就業者数の推移

出所）総務省・労働力調査

投資総額の変化の二〜三年後に増減が現れる傾向にあり、大震災発生の二年後になる二〇一三年には一〇〇〇程度の建設業者の増加が確認されている（図2参照）。

ただ、建設業就業者に関しては必ずしもこれと同じに推移しているわけではない。就業者数のピークは一九九七年の約六八五万人であるが、その後減少が続き、二〇一〇年以降は五〇〇万人前後でほぼ横ばい状態にあった。大震災発生後の二〇一三年時点でピーク時の七二・八％、約四九九万人となっていて、増加は確認されていない（図3参照）。このことを反映して、建設業では就業者の年齢構成が以前と比べて大きく変化している。一九九七年には、三四歳以下が三〇・二％、三五〜五四歳が四五・七％、五五歳以上が二四・一％であったが、二〇一三年には三四歳以下が一九・二％、三五〜五四歳が四六・五％、五五歳以上は三四・三％となっている。つまり、建設需要が減少する中で、全体として新規若年層の雇用を控えてきた結果がこのような状況をもたらしている。後述するが、建設労働においては、職人としてであれ、重機等のオペレータとしてであれ、一定期間の訓練が必要となり、早急な人員確保は困難となる。このことが復旧・復興事業への早急な対応を困難としている要因のひとつになっている。

これらのことはさらに建設業界の経営の変化にも現れている。建設投資が減少する一方、就業者はそれと同じペースで減少しないため、倒産・廃業の件数も高い水準で推移していた。その中で、多くの会社では収益確保のために新たな分野への進出が試みられた。例えば、『中小企業白書　二〇〇五年版』によると、中小建設業が新たに進出した分野としては、民間新築・リフォームなどという建設分野内での展開が四八・五%、介護などを含むサービス業が二四・二%、卸・小売業は九・二%、製造業八・二%、農林水産業一・五%などとなっている。いずれも既存の技術やノウハウが生かせる領域への進出であるが、大震災後には太陽光発電などの自然再生エネルギーの分野への進出も目立っている。

いずれにしても、建設業は一九九〇年代半ば以降、長期停滞状況にあり、その中で業界の構造変化が進みつつあった。そのような中で大震災からの復旧・復興需要の急激な拡大に直面している。次節では、主としてヒアリングで得られたいくつかの企業の復旧・復興への取り組みとそこで直面した課題などを紹介する。

二　大震災の復旧・復興への取り組みの事例

以下においては大震災の復興事業への取り組みとして、大手ゼネコン一社、地元中堅企業二社、仙台への進出企業一社、地元小規模企業一社の事例を見ていく。いずれも二〇一三年に行った調査でのインタビューならびに提供された資料等から筆者が整理したものである。記載内容に誤り等があった場合には、それは筆者に起因するものである。

(二) 大手ゼネコン A社

A社はスーパーゼネコンのひとつで、ピーク時の売り上げは会社全体で二兆円程度あったが、現在ではその半分くらいになっているとのことであった。特に「民主党政権下での『コンクリートから人へ』の政策方針の中で急激な縮小が見られた」との認識が示された。また、バブル経済期後の工事量の減少の中で、特に下請けなどの倒産・廃業が多くみられ、このことが長期的にはゼネコン各社の業務停滞をもたらしているとも述べていた。このような状況の中での突如発生した大量の震災復興需要はゼネコンの活動領域を拡大したことは間違いないが、それは長くても五年くらいのものであるとみている。そのために会社や業界は長期的には構造転換が必要な状況にあることには変わりがないとの認識であった。

従来の制度やシステムが復興事業の中で緩和・調整されることなどはゼネコンにとってプラスに働くものが多いが、他方、復興推進の足枷となっている変化・事象も少なくない。とりわけ、建設資材の高騰はそのもっとも大きな要因のひとつになっている。例えば、生コンの発注は工事計画を受注した後に行われる。この価格高騰が著しく、震災発生前には一立方メートルあたり七五〇〇円であったものが、震災発生後には一万四〇〇〇円となっているために、コストが合わなくなっている。とはいっても、たとえ高価格であっても必要量が確保できればまだ良いほうで、最悪の場合には必要とする量の確保ができないこともあるとのことである。

建築資材に関しては、価格高騰のほかにも確保の困難がA社のホームページ上の座談会(二〇一一年六月)で述べられている。建築資材の調達は困難を極めていたことに加えて、さらにその輸送ルートの確保が困難であったことが記されている。最終的には山形経由のルートを活用し、さらに富谷町内に建築資材の物流拠点を作り、そこに仮置きした資材を被災地現場に持っていける体制にしたとのことである。

工事を担当する人材も確保が困難になっている。工事は主として技術者、技能者(職人)、作業員によって担われているが、業界全体としていずれも恒常的・構造的に不足状態にある。そのため、復興事業といえども受注困難になったり、受注できても工期延長が発生したりと、影響が拡大してきている。多くの会社では人員を増やすのではなく、地域的移動によって対応している。この点、A社も同様の対応をしていて、東京を中心に全国各地から土木系・建築系技術者を仙台に派遣し、対応に当たったとのことである。とはいえ、その多くを下請けが担っている技能者や作業員などの不足は解決困難な状況にある。さらに、今日すすめられようとしている国土強靭化政策はこのような動きの阻害要因となり、この点において明らかに復興事業と矛盾しているとの指摘が聞かれた。

(二) 地元中堅企業　B社

一八七八(明治一一)年に創業されたB社は、現在資本金三億円で、宮城県内に営業所を三カ所、盛岡市に一カ所有する中堅建設業者である。ここでも震災前の仕事量の減少が指摘され、民主党政権時代にはピーク時の半分程度にまでなっていたとのことであった。そのため、受注に当たってダンピングが横行し、これが下請け業者の中での賃金引下げとなって現れ、さらには現在の人手不足に結びついていると指摘していた。このことは一で指摘した年齢構成の問題としても深刻な状況にあり、特に大工と土木作業員、とりわけ重機のオペレータでは深刻な状況にあると述べていた。例えば、ブルドーザーの運転手は、全国的にほとんど五〇歳以上で、後継者が育っていないので、十数年後にはブルドーザーの利用に支障が予想されるとのことであった。

このような状況下で発生した大量の震災需要ではあるが、多くの会社では就業者や機材などの増加の動きはほとんどみられない。これは、以前の阪神・淡路大震災の時に各社は大量投資をして需要増大に対応したものの、震災需要自体は三年程度で縮小し、過剰投資となった企業が多数倒産する結果を招いた。この経験から、今回、各社においては投資を増やす動きはみられず、そのため人手や資材、機材などの不足が解消しない状況にあるとのことであった。この状況を踏まえて、業界各社は震災需要増加といった短期的変動には積極対応はせず、それ以前から取り組んでいた長期的な変動に対する対応として他分野への展開を積極的に進めている。B社においてもすでに全体の業務の三割程度が他分野に振り向けられている。このことが復興事業への対応をさらに鈍くしているということもできる。

これまでの建設業界の動向の中ですでに企業間の棲み分けが出来上がっていて、震災復興事業を通じてもその秩序は基本的には揺るがされてはいない。そのため、除染作業やがれき処理、都市計画などは大規模事業であるがゆえに大手企業以外では受注が困難であり、地元企業が参入するに当たってはこれらの企業とジョイントベンチャー（JV）を組むことになる。とはいえ、今回の復旧・復興事業に際して、宮城県と岩手県では地元企業優先の発注方針を示している。もちろん規模の大きい工事は地元企業だけで対応することが困難なものもあるので、そのような場合には大手企業も入札対象となりうる。また、各県で地元企業を対象に入札を行っても、それが不調に終わったならば、大手企業なども含めて再入札を行っている。こういったことから、復旧・復興におけるこの発注方針に対して大手企業などから特に苦情が出ているといった話は聞こえてこないとのことであった。なお、このB社は港湾での作業の専用船を有しているので、港湾工事は専門的に受注しているとのことであった。

(三) 地元中堅企業　C社

一九二五（大正四）年創業のC社は、資本金九三四七万円で、宮城県以外にも新潟県・富山県に支店・営業所等を四カ所有している。ここでも、業界全体として、震災前には建設不況のために倒産等が多く、各企業は銀行からの借り入れも困難な状況にあったが、震災後は人手不足が深刻な状況にあるとの指摘があった。そのために復旧・復興事業への緊急対応が困難であるために、C社を含む宮城県内の企業などは全国各地の知り合いなどを通じて人材（他企業社員）確保に努めている。その結果、人材不足はまず、山形・秋田・青森などの東北各県で顕著になり、さらに現在では全国に広がっているとのことである。実際に現場で協力して作業を行うに当たっては、多くの場合には〝日ごろのお付き合い〟を通じた安心感、信頼関係が前提になるので、派遣労働などは素人ができる仕事に限定されることになる。

C社は、主として仙台市内に本社を置く建設業者八一社で構成されている仙台建設協会の副会長でもあるので、業界としてのコメントも少なくなかった。例えば、震災直後の事業にがれき処理があったが、ここでは重機を稼動させるために一日当たりドラム缶一つのガソリンが必要であったが、その確保が困難であったこと。沿岸部を中心として、遺体処理が建設業の仕事となっていて、六月中旬まで七〇七人の遺体埋葬を担当したこと。停電が発生した結果として水産（加工）業では冷蔵庫内の腐敗物が大量に発生し、その処理が石巻地区だけで四万六〇〇〇トンにのぼったことなどが指摘された。また、最も危険で慎重を期したのは化学薬品の処理であったとのことである。これらの対応は、仙台市内はすべて地元業者によって対応したが、県内他市町村では地元業者が小規模であるために、大手・準大手業者の参入もみられた。

ＪＶに関しては、C社にも大手企業から要請があるし、他の地元企業の中にもはじめて要請されたところも少なくないとのことである。これまで、業界として大手企業と地元企業との間には棲み分けがあったが、震災復興事業を機に今後このような協力関係（ＪＶ）を試行する可能性もあるとみている。

C社は復旧・復興事業は仙台市とその周辺部では二年程度で終了すると見込んでいる。しかし、沿岸部では現場担当者だけでは解決できない人材不足から終了のめどが立たないのが実情である。資材の不足も改善が遅れているし、価格高騰も続いているが、砂や土砂に関しては山の利用が許可されたので、不足解消のめどが立ち始めているとのことである。一部でこのような改善がみられるとはいえ、復旧・復興事業にはいずれ終了があるため、業者の中で新規設備投資や人材拡張のための新規投資を行うところはみられない。むしろ、B社でもみられたように他分野への進出が活発にみられ、C社も以前から手掛けていた仙台市内で住宅の建設・販売・賃貸を積極的に進めている。ただ、最終的には建設分野での設備・人材などへの新規投資が復旧・復興の進捗状況を左右すると言えるとのことである。

仙台建設協会副会長として、建設業全体に関して次のようなコメントもあった。建設需要全体が縮小した中で、市場の競争が激化し、その中で特に収益性の低い市場、例えば農山村部や重機製造業などの分野では撤退する企業が数多くみられた。その結果、地域社会のインフラ維持や技術継承などが困難になってきている。今回の震災はこのような実態を顕在化させている。復興・復旧事業に限らず、今後の地域社会のインフラ維持や技術継承を確実にするためには、建設業界内での最低賃金保障や就業者の準公務員化なども検討する余地があるのではないかとのことであった。

(四) 進出企業　D社

札幌に本社を置くD社は資本金二億八〇〇〇万円で、北海道内に七つの本店・営業所を有するほか、仙台、東京、千葉に支店・営業所等を配置している。仙台には一九七一年に進出している。ここでも民主党政権以前から現場担当者の確保が難しい状態になっていたとの指摘があった。D社は北上川下流の築堤工事や七ヶ浜での防波堤工事を地元企業と復旧建設工事共同事業体（ＪＶ）を組んですすめている。けれども、D社の仙台での支店では下請けを抱えることはできないので、復旧・復興事業においては北海道のD社の下請け企業に人材派遣をお願いしている。すべてが北海道からの長期出張になるので、戸建て住宅やアパートを賃借しているし、作業員以外にもその賄い担当者や交通誘導員まで北海道からの長期出張になっている。そのため経費が膨らむ一方であるが、国土交通省が二〇一三年三月からこれら費用を経費として認めたので、状況が多少緩和したとのことであった。

一般的に、今日では作業レベルが昔と比べて格段に高くなっているので、作業員には専門技能が求められているので、かつての農家などからの出稼ぎのような兼業者はほとんどみられないとのことである。作業員のほとんどが熟練工であり、かつ複数の免許を取得している。このような状況であるためにフリーターなどが入り込む余地はなく、また、事故などの可能性もあるのでフリーターの雇用は考えられないとのことである。そのため、宮城県内の地元中堅企業では「地元のお付き合い」や「長年の付き合い」などを通じて人員を確保しているようである。震災需要を見込んで突然参入した業者もみられるが、人材が確保できないため作業をすすめられず、県の入札指名停止になったところもみられる。D社に関しては、政府による国土強靭化計画推進のために長期出張している作業員を北海道に戻してほしいという要請が日に日に強まっているとのことである。他の会社でも同様のことを聞くので、その結果が特に土木分野での事業の滞りとして現れているようだとのことである。

重機を含む様々な機材が全国から被災地に集められているが、その結果全国各地で不足状態が顕在化している。特に工事用船舶に関しては大手企業であっても不足が著しい。また、コンクリートの不足は深刻で、必要量が確保できないために多くのところで工事が通常の三分の二くらいのスピードになっている。結果として工事が遅れるので、その分人件費が膨れ上がるし、最悪の場合にはストップしてしまうこともあるようだとのことである。価格高騰も著しく、生コンは一立方メートルあたり震災前には九〇〇〇円程度であったのが、震災後には一万四〇〇〇円を上回っている。入札によって工事費自体は固定化されているので、原材料高騰は収益性を悪化させるが、ときとして高価格でも調達できないこともある。特に生コンに関しては中堅企業のみならず、大手企業でも十分確保できていないとのことである。

震災需要に対しては、大手企業と地元業者の独占状態にある。今回の震災に際して進出してきた企業の多くは住宅建設を中心に受注していて、復旧事業に対してはD社のように地元企業とのＪＶで参入せざるを得ない。ただ、ピーク時には七〇～八〇社くらいの参入があったようだが、二〇一三年夏の段階では撤退もかなりの数になっているようである。

(五) 地元小規模企業　E社

東松島市にあるE社は東松島市や石巻市を中心に主として道路などの土木工事や水道衛生工事などを行っている。震災に際して自社の工事施工能力が五割ほど低下したとのことである。にもかかわらず、復旧・復興のために要請されている工事量は以前の七倍ほどに達しているとのことであった。そのため、親戚や先輩などの伝手を通じて、北海道や秋田、新潟などから一五〇人ほどの人員を確保している。被災地企業においてはどこも同様の対応がみられ、沿岸での作業には九州や四国からの人員確保が多いといわれている。この人員確保に際して、被災地全体としてはある程度の調整がみられるが、業界全体としての調整は困難であろう。これは専門的な工事に関して重機のオペレータなどの専門家や熟練工が圧倒的に不足しているからである。現在は〝被災対応〟ということで域外からの支援があるけれども、それでも宿泊費や出張手当などを含めてコスト高となるので、トータルとしては収益性の悪化が加速している。今後、アベノミクスによって各地の公共事業が増加したならば、状況はさらに悪化すると予想される。

人件費の高騰も復旧・復興事業の入札不調の原因のひとつであるが、さらに資材不足がこれを決定的にしている。民主党政権下での「コンクリートから人へ」による公共事業削減の結果、公共投資規模は三〇～五九％減少し、そのなかで生コン供給能力は三〇～四〇％低下している。このようなことから資材価格が一・五～二倍に上昇している。大手企業はこれに呼応して公示価格を引き上げるので問題はないのだろうけれども、地元中小企業の多くはその結果として赤字転落となる。また、公共事業は発注から着工まで期間を取るので、コスト上昇、特に人件費上昇をもたらされる。これは特に国の発注で顕著になってきている。いずれにしても、こういったことから現在の復興予算が消化しきれない状況が生み出されている。

震災発生以前の工事量減少の中で、E社でも建設以外の分野への事業展開を進めていた。E社の場合、建設工事を行う従業員として兼業者やフリーターは想定できないとのことで、正社員・専業従業員を雇用し、育成・技能向上に努めているとのことである。ただ、従業員すべてを雇用継続するだけの収入が本業だけでは見込まれないので、太陽光発電（売電）や押入れ倉庫など副業に進出している。震災発生前にはその割合は四：六で副業の割合が大きくなっていたが、震災後発生後の現在は逆転しているとのことである。

東松島市では震災発生直後からがれきの分別処理を開始している。その結果、全体の約九七％をリサイクルにまわすことができ、がれき処理の費用を当初予算から三五％軽減させている。このがれきの分別作業＝手作業による選別作業には仮設住宅居住者を中心に地元被災者を雇用し、被災者対策・コミュニケーションの醸成を意図すると同時に、E社を含む地元建設協会会員で対応している。この対応は阪神・淡路大震災での経験から来ているという。すなわち、神戸ではトップ二〇社が仕事を独占していて、地元業者はその下請け化していて赤字受注が続いていた。その結果、三年後には地元業者の倒産が多発している。おそらく宮城県内でも内陸部を中心に二年後くらいからこのような状況が発生すると予想される。そのため、東松島市では地元の利益を域外に持ち出されないことを復興事業の方向性のひとつとした。このことが、地元企業による復旧・復興事業対応となっている。具体的には事業を大規模プロジェクトとしてではなく、地元企業も応札できる規模のプロジェクトとして発注している。こういったことに対して一部の大手企業から圧力はあるが、長期にわたる復興事業計画が可能となり、市民の声を反映したプロジェクトになる可能性があるとE社では評価している。

以上のような各社からのヒアリングの概要を整理するならば、次のようになるであろう。震災発生以前から建設業界では需要の縮小を反映して業者や就業者の大幅な減少がみられたし、重機を含む資材などの供給能力も低下していた。その中で会社の維持存続も難しいので、各社それぞれ他分野への進出を模索していた。このような状況下で大震災の復旧・復興需要が発生した。けれども、阪神・淡路大震災のとき工事量の急増に対する急激な投資拡大とその後の倒産多発の経験から、今回の工事量急増に対して同様の行動をとる会社は多くはない。そのため、人材不足に関しては各社が様々な経路を通じて全国各地から調達している。ただ、これは国土強靭化計画などが現実化するにつれてその確保が困難になると見込まれている。また、重機等の確保も類似の対応となっているが、生コンなどの資材に関しては確保が難しく、高騰が続いている。そのため、工事費が当初の見込みを上回り、赤字になったりすることもあるし、さらにはそれでも確保できないこともある。これらの状況から復旧・復興事業の進捗は順調とはいえない状況にある。もちろん、それぞれの会社の置かれた状況による相違はあると思われるが、復旧・復興に際して建設業界の置かれた構図を以上のように描くことができるであろう。

三　復旧事業停滞への対応と地域問題への対応

(一)　復旧事業停滞への対応

各企業のヒアリングから人材や重機の不足、資材供給能力の低下が入札不調の要因となり、復旧・復興事業の停滞をもたらしている状況が明らかになってきている。むろん、復旧・復興の推進のためにはこれらの諸課題を解消する必要がある。そこで、国土交通省東北地方整備局においてこれらの状況改善に関するインタビューを行った（二〇一三年一二月）。以下はその概要である。筆者による整理であるので記載内容に誤り等があった場合には、それは筆者に起因するものである。

まず人材確保に関しては、大震災発生直後には下請け業者が元受業者に依頼されて各地から確保していたようであるが、一年ほど経ったころから元受業者自らが直接全国各地から調達するように変わってきているとのことである。ただ、いずれにしてもこのことが人件費の高騰につながっているのは間違いない。ただ、人件費の高騰によって人材が確保できないならば、そもそも入札に参加することはない。したがって、事業受注後に人材不足が問題となって工事が中断したとの話は聞いていないとのことであった。とはいえ、特に技能労働者の逼迫感は慢性状態にあり、それへの早急かつ十分な対応は困難であるとのことではあった。

生コンの供給体制に関しても改善の兆しがみられるとのことであった。岩手県三陸沿岸道路の復旧工事に対しては宮古や釜石での国による公共プラントの新設手続きが開始されたとのことであったし、大船渡でも民間プラントの建設が検討されている。宮城県では広域調達により生コンの供給は比較的安定的に供給されるようになっているとの認識であったが、海岸工事急増などにより、一部で需給バランスが安定していないところがみられた。これに対しては県が公共プラントの新設手続きを開始したし、民間プラントも稼動準備中である。福島県沿岸部でも広域調達とコンクリートミキサー船の導入によって比較的需給関係は安定してきているが、さらに民間プラントが建設されているとのことであった。このように生コン供給に関しては問題が解決されつつあるとの認識が示された。

ただ、重機の不足に関しては解消が難しい状況にある。全国の建設会社の機材自己保有台数は一九九一年に四九万四三七五台、一九九五年に五四万三八六〇台、そして一九九九年に五九万六七八台とピークとなり、その後減少の一途をたどっている。二〇〇九年には三三万九五九五台まで減少し、ピーク時の約四三%となっている。この減少した分を各業者はリースによって調達しているので、おそらく国内に存在する総建設機材の台数は相当減少しているだろうとのことである。この問題の早急な解決は困難であり、急激な工事量の増加への対応を不可能にしている。

このように復旧・復興事業の停滞要因のすべてが改善に向かっているわけではないが、一部地域においては事業の入札不成立率に改善がみられるとのことである。二〇一二年度と二〇一三年四月~八月期を比較すると、仙台市で五〇%から三四%へ、宮城県で三七%から二二%へと改善がみられる。ただ、福島県では二五%から二四%、東北地方整備局では一六%から一五%と改善はわずかであるし、岩手県では一四%で変化がみられない。つまり、仙台市と宮城県を除く地域では事業の停滞状況改善の進展はみられないということになる。

(二) 地域社会維持の条件としての建設業の意義

復旧・復興事業に対応するために人材や重機の確保や資材の供給体制を改善しようとしても、大震災発生以前から建設業界が停滞状態にあったことは一で示したことから明白である。この状況をそのままにしておいて復旧・復興事業に対応することは困難であろう。そもそも、大震災発生以前の建設不況の中で、建設業者の倒産・廃業は地域社会の維持にとって様々な問題をもたらしていた。

例えば、二〇〇九年に南会津のある町でただひとつの建設会社が倒産した。このことによって、ここでは町の除雪作業の担い手が不在となり、冬期の住民生活の困難が増大した。このことが契機となって、この町を含む南会津の宮下地区の一二の建設業者は共同受注体制を発足させている(現在は一〇社)。すなわち、これらの会社が加盟する宮下地区建設協同組合が建設業許可を取得し、共同受注を行えるようにしている。つまり、この地域内の道路や橋の維持・補修や冬場の除雪作業、道路や河川のパトロール・除草・路面清掃などの業務を受託し、それぞれの業者に業務を割り振り、業者の仕事の確保と地域のインフラ維持を担っている。このような取り組みがあったために東日本大震災関連の復旧公共事業でも、同年七月の新潟・福島豪雨による只見川水害での復旧工事でも、共同受注によって対応が可能であった。[3]

とはいえ、この共同受注によって加盟業者は安定的な経営を保障されるわけではない。公共事業それ自体は低迷状態にあることに変わりがないため、各業者ともにそれぞれ様々な分野に進出している。いわゆる「兼業化」であるが、この建設協同組合の中心的な業者は日帰り温泉施設の経営やイチゴ栽培、古民家再生などの事業を手がけている。ただ、どれもが順調というわけではないとのことでもある。

この業者でのインタビューによると、結局のところ各地域の道路や橋、上下水道などの状態やがけや河川などの地形的特性などをよく知っているのは地元業者であって、その業者が継続的にそれらのメンテナンスなどに対応することは、あたかもかかりつけの医者が定期的に診断をするようなものとなる。日常的なチェックをしているならば、平常時はもちろんのこと、災害などの非常時の対応も、迅速かつ的確に行えるはずであるとのことであった。逆の言い方をするのであるならば、一般入札によって受注して他地域から参入した業者は、たとえ大手であったとしても必ずしも的確な工事ができるとは限らないということになる。つまり、効率性や技術力だけでは推し量れない、地域の諸条件に対する知識や理解もあるだろうし、既存インフラの修繕状況などに関する知識なども重要になる。これらを踏まえたうえで、その地域で継続的に事業を行うことによる社会的役割ということもあるのではないかとのことであった。確かに、建設業の社会的役割・存在意義としてインフラ維持は地域社会の維持に不可欠なものである。とはいえ、ここでの共同受注のような取り組みは、適切に機能していれば有効ではあるが、ひとつ間違えれば「馴れ合い」になりかねない可能性も潜んでいるように思われる。このように、地域社会の中で果たすべき公共的役割とそこで発生するかもしれない「馴れ合い」の可能性をどのように調整するのかは、大きな課題であろう。

大震災の復旧・復興への対応としては福島県相馬市での動きも注目する必要がある。相馬市では大震災発生以前から市の公共事業は市内の二〇弱の業者に対する指名入札で発注していた。公共事業自体は新規のものは多くはなく、修繕工事が多くなっている。そのため、工事を担当した業者はそのノウハウを蓄積していて、場合によっては市役所の担当者が変わったときに状況を教えることもあるとのことである。このような地域社会維持のための公共的役割を担っているものの、そこでの収益性は必ずしも高くはない。そこで、各社それぞれの得意とする分野や地域を前提としながら、市は指名入札を通じて業者の維持・育成に努めている。また、業者も一件ごとの工事で収益を確保するのではなく、長期的な観点から応札することも少なくないとのことである。

地元建設業者が維持されていることから、相馬市では復旧・復興事業はこれらの業者への発注で対応している。大震災発生時に人材以外にも重機五二台、ダンプカー一〇八台などがあったため、復旧・復興への対応にはスムースに移行することができたし、これまで入札の不調もないとのことである。もちろん、除染などを含めて規模が大きい工事もあり、地元業者だけで対応しきれない工事も存在するが、それらは地元業者と大手企業によるJVで対応するようにしているとのことである。地域社会のインフラ維持機能は、そのまま災害復旧・復興にも機能している。とはいえ、ここでも「馴れ合い」などが発生する危険性が残ると推測することはできる。したがって、地域社会の中での公共性とこれらの問題発生の可能性を調整するという課題はここでも残されることになる。

むすびにかえて

東日本大震災の復旧・復興事業の停滞要因のひとつが建設業界の今日の状況にあることは多くのところで指摘されている。具体的には人材、機材、そして建築資材の不足であり、工事が急増したことによるそれらの高騰にある。こういった状況、多くの業者からは民主党政権下においてとの声が聞かれたものの、実際には一九九〇年代半ばからはじまる建設界の構造の変化を通じてもたらされる。そのため、C社でのインタビューや南会津での事例にみられるような農山村部などでの業者の撤退・消滅は早晩あらゆる地域で生じる可能性がある。つまり、東日本大震災がなかったとしても様々な地域で建設業をめぐる問題が発生したと考えられるが、東日本大震災が発生したために特に被災地では普及・復興の遅れとして問題がクローズアップされている。大震災発生によって将来起こるであろう問題が一〇~二〇年程度早く現れたととらえることができる。

復旧・復興の遅れに対して資材供給体制などの見直しが行われているものの、人材や重機の確保などは十分な対応ができているとはいえない状況である。そして、この人材確保や重機の生産体制などは短期間に解決することができない課題でもある。復旧・復興事業の停滞要因の解消だけではなく、インフラ維持などによる地域社会の維持機能の存続のためにもこれらの課題への取り組みが急がれる。各業者は事業継続のために様々な分野に進出し、兼業化の度合いを強めている。このような方向性も選択肢のひとつではあるだろう。けれども、この他の分野での活動が十分な収益性を保障するとは限らない。さらに、たとえ収益性が確保されたとしても、建設業としてのウエートが下がることになり、業者としての作業技能の維持が困難になることも考えられる。これは技術者、技能者の高齢化が進む中では今後一層深刻になる可能性がある。

このようなことを踏まえるならば、南会津での共同受注やC社のインタビューで指摘された「準公務員化」、さらには相馬市での指名入札制の維持なども検討の余地があると思われる。とはいえ、地域社会維持機能の存続が必要であるとしても、そこでは「馴れ合い」などの問題発生への対処のしくみを考えることも必要となってくる。いずれにしても、復旧・復興事業対策にとどまらない、より将来の業界のあり方を見据えた取り組みが求められるであろう。

注

（1） 千葉　二〇〇四：一四三－一六二

（2）　国土交通省総合政策局　二〇一三
（3）　平成二四年第七回建設トップランナーフォーラム資料「福島県における中産間地域等維持補修業務モデル事業――地域に根ざした宮下型共同受注の概要」

参考文献

千葉昭彦、二〇〇四、「東北地方における人口動向と商業集積の変化」『東北文化研究所紀要（東北学院大学）』三六
国土交通省総合政策局、二〇一三、「平成二五年度建設投資見通し」

震災からの商業地の復興
——田老地区仮設商店街・たろちゃんハウスを事例として

岩動志乃夫

はじめに

東日本大震災の被害は特に津波によるものが大きく、被災地三県の浸水面積は、宮城県三二七平方キロメートル、福島県一一二平方キロメートル、岩手県五八平方キロメートルとなっている(1)。日本政策投資銀行によれば、この三県に茨城県を加えた四県の資本ストック被害は、一六兆三七三〇億円で、最も被害の大きいのは宮城県であり、被害率では岩手県沿岸地域が四七・三%で最も高いとしている。岩手県の流通・小売業における被害は四四五億円とされ(2)、被害率の高い沿岸地域の小売業者は、仮設商店街での経営を余儀なくされる状況に陥っている。

商業地の復興・再生に関する研究は、震災直後しばらくは、増田（二〇一二）が主張するように浸水地域で期間限定の仮設店舗営業を認めるべきとの政策的提言や磯田・他（二〇一二）が指摘するように商業地復興調査の要点に関する主張が散見される。岩動（二〇一二）は宮古市の中心商業地復興の事例の中で地元小売業者主導による復興が有効に機能していることを指摘し、さらに岩動（二〇一三a：二〇一三b）は同市田老《たろう》地区を取り上げ、津波で家屋店舗を失った小売業者が仮設店舗で経営を営み、その機能や効果について論述した。しかし仮設商店街の立ち上げに関する設立経緯やその後の店舗展開について述べた研究例は少ない。

そこで本研究では宮古市田老地区の仮設商店街「たろちゃんハウス」を事例として、設立の経緯や業種構成の特性を指摘し、同施設がこれまで果たしてきた機能と震災復興に挑む経営者意識について明らかにすることを目的とする。研究方法は二〇一二年八月二七日から三〇日にかけて、「たろちゃんハウス」に入店する二二店の事業者への聞き取り調査を実施した。そこでは仮設商店街開設の経緯、震災前後の店舗特性、来店する消費者特性とその効果等について得た結果に基づいて論を進める。

一　中小企業基盤整備機構の支援と仮設店舗

独立行政法人中小企業基盤整備機構（以下「中小機構」）は、東日本大震災による地震と津波被害からの復旧・復興に大きく貢献した。[3] 中小機構は震災前から存在し、商工業を中心とした中小企業への事業支援を目的としているが、今回の震災でその機能が注目されるようになった。ここでは仮設施設の中で「店舗」を含んだ仮設商店街を取り上げる。[4]

中小機構による仮設商店街数は、岩手県一二八、宮城県四八、福島県一一と岩手県が最も多い（表1）。岩手県では区画数九以下の商店街が一〇四（八一・三％）と宮城県三二（六六・七％）、福島県八（七二・七％）と小規模な商店街が多数を占めている。仮設商店街の開業年は、二〇一一年が岩手県五四（四二％）、宮城県二二（四六％）、福島県七（六四％）、二〇一二年は、岩手県六二（四八％）、宮城県二三（四八％）、福島県四（三六％）、二〇一三年

表1　岩手・宮城・福島県の仮設商店街数

	全体数	名称付き商店街	2011年開業の商店街	2012年開業の商店街	2013年開業の商店街	二階建の商店街	区画数9以下の商店街
岩手県	128	36	54	62	12	54	104
宮城県	48	26	22	23	3	18	32
福島県	11	9	7	4	0	2	8

中小機構HP・仮設施設整備事業より作成

は、岩手県一二（一〇％）、宮城県三（六％）、福島県は〇である。福島県、次いで岩手県で比較的早期に仮設商店街が整備されたといえる。

岩手県の二〇一一年に完成した仮設商店街五四のうち二六（四八％）が平屋建て仮設商店街であったが、二〇一二年では六二のうち四一（六六％）と、二〇一一年では半分以下であった平屋建て仮設商店街の割合が増えている。二〇一三年も一二のうち九（七五％）が平屋建て仮設商店街で、年々二階建て仮設商店街の割合が減り、平屋建て仮設商店街の割合が増え、年を追うごとに平屋建て仮設商店街が増えている。被災沿岸地域における仮設商店街は、地元消費者への小売機能の提供という地域経済活動の復興ということにあるが、加えて小規模仮設商店街の多い岩手県では、地元住民の日常生活での消費が重視されるため、高齢者などが利用しやすい平屋建ての仮設商店街が求められていった結果であろう。

次に岩手県の仮設商店街を市町村別にみると、沿岸一二市町村で仮設商店街が存在しないのは久慈市のみである（表2）。山田町一六、大船渡市二六、陸前高田市六二と、この三地域が県全体の仮設商店街の約八割を占めており、沿岸南部に集中している。区画数九以下の商店街をみると、陸前高田市五八（九三％）が最も多く、同市の大半は小規模な商店街である。全仮設商店街の半数以上が二〇一一年に開業したのは、大槌町七（一〇〇％）、洋野町・田野畑村・岩泉町・宮古市の各一（一〇〇％）、釜石市六（七五％）、野田村三（七五％）である。

表2　岩手県における市町村別仮設商店街数

	全体数	名称付き商店街	2011年開業の商店街	2012年開業の商店街	2013年開業の商店街	二階建の商店街	区画数9以下の商店街
洋野町	1	0	1	0	0	0	1
久慈市	0	0	0	0	0	0	0
野田村	4	2	3	1	0	3	3
普代村	1	1	0	1	0	0	1
田野畑村	1	0	1	0	0	0	1
岩泉町	1	1	1	0	0	0	1
宮古市	1	1	1	0	0	1	0
山田町	16	3	3	13	0	7	13
大槌町	7	6	7	0	0	3	4
釜石市	8	6	6	2	0	7	2
大船渡市	26	8	13	12	1	4	20
陸前高田市	62	8	18	33	11	29	58
計	128	36	54	62	12	54	104

二　宮古市田老地区の仮設商店街「たろちゃんハウス」の設立と業種特性

(一) 巨大津波による宮古市の被害と仮設住宅

宮古市は岩手県沿岸のほぼ中央、本州最東端に位置し、市域面積一二五九・八九平方キロメートルと岩手県の総面積の約八・二%を占め、全国八番目、東北では二番目に広大な面積を誇る。二〇〇五年に旧宮古市と旧田老町・旧新里村、二〇一〇年に旧川井村と合併し、現在の人口は五万六九一一人である（二〇一四年一一月一日現在）。三陸沖合の好漁場に恵まれ、古くから漁業基地として栄え、特に養殖ワカメの生産、サンマやサケ漁が盛んである。

二〇一一年三月一一日に発生したマグニチュード九の巨大地震による津波遡上高は、宮古市重茂姉吉地区で四〇・四メートル、田老小堀内地区で三七・九メートルを観測し、死者五一七人、行方不明者九四人にも

写真1　津波により破壊された防潮堤

2012年8月撮影

及んだ。[5]「津波防災の町」を掲げる同市田老地区は、巨大な防潮堤が市街地中心部を城壁のように囲んでいたが、巨大津波により田老中心部の市街地は壊滅し、死者一八一人、行方不明者四一人を記録した（**写真1**）。

同市の被害推計総額は、二四五六億六〇八八万四〇〇〇円に及び、中でも最も被害が大きかったのは住宅で一四九六億五一一万円である。次いで商工労働関係施設の二八一億七〇〇万円、水産関係の二一五億五四二万六〇〇〇円、漁港施設の一五〇億三三〇八万七〇〇〇円、観光施設の一三六億五〇万四〇〇〇円、公共土木施設の七七億三八二五万八〇〇〇円、社会福祉施設の一七億四五一六万七〇〇〇円、医療・衛生施設の一六億九二三六万五〇〇〇円、農地農業用施設の一六億二九三二万五〇〇〇円、文化施設の一一億一五〇〇万円と続いている。[6]

市内の仮設住宅は二〇一一年三月二五日に建設着手が開始された田老地区の「グリーンピア三陸みやこ」を皮切りに、宮古市立第二中学校グラウンド、県立宮古水産高等学校第二グラウンド、荷竹農村公園および民有地、愛宕公園（旧愛宕中学校）、赤前小学校グラウンド、新里生涯学習センターグラウンド、田鎖地区民有地、高浜高台開発地、近内地区センタ

写真2　グリーンピア三陸みやこ敷地内の仮設住宅

2012年8月撮影

ーグラウンドなど、市内六二か所、全二〇一〇戸の仮設住宅が建設された⑦。

田老地区で津波により住居を失った人々は、田老地区北部の「グリーンピア三陸みやこ」敷地内に建設された仮設住宅をはじめ、その他いくつかの仮設住宅で生活している（**写真2**）。「グリーンピア三陸みやこ」は、旧厚生省所管の特殊法人であった年金福祉事業団（現年金積立金管理運用独立行政法人）が、一九八〇年代に開業したリゾート施設「グリーンピア」のひとつである。敷地内にはプールやゴルフ場、ホテル等が立地する複合施設であったが、徐々に経営が悪化し、廃業寸前まで追い込まれていた。旧田老町が同施設の土地と建造物を購入し、二〇〇五年の旧宮古市との合併に伴い、「グリーンピア三陸みやこ」は宮古市の所有になった。このような経緯によって、同市が保有する比較的広大な公有地に仮設住宅を建設することになった。同敷地内に約四〇〇戸、三〇〇世帯からなる仮設住宅が開設され、約一〇〇〇人が居住する大規模な仮設住宅となった。

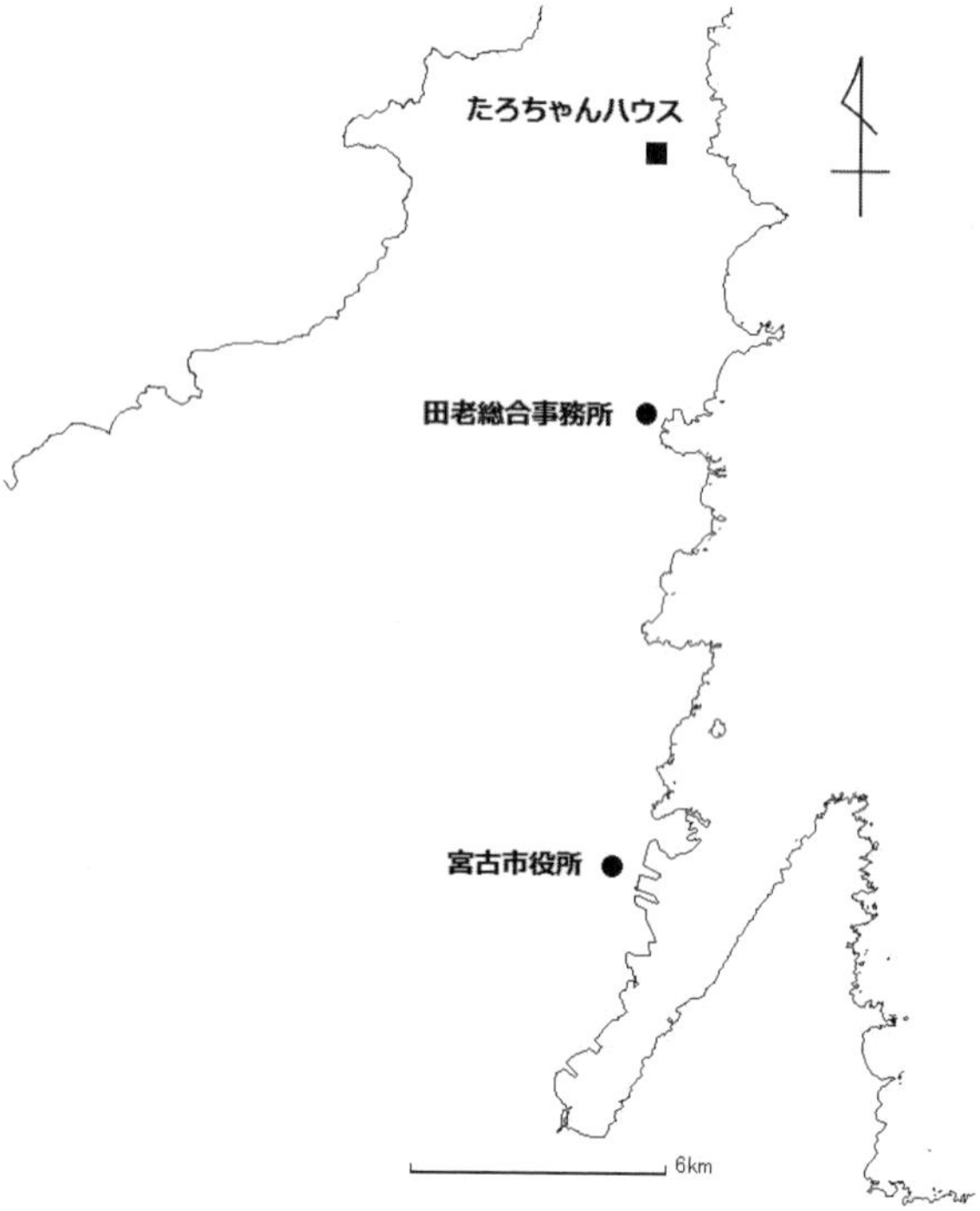

図1　宮古市とたろちゃんハウスの位置

(二) 「たろちゃんハウス」開業のあゆみ

宮古市田老地区には同市で唯一の仮設商店街である「たろちゃんハウス」がある（図1）。同商店街は「グリーンピア三陸みやこ」の敷地内に二〇一一年九月二五日に開業した。仮設住宅と仮設商店街が同じ敷地内に大きな規模で隣接するのはきわめて珍しい例であり、市が広い土地を所有していたために実現できたといえる。

「たろちゃんハウス」には、従来より田老地区中心部で小売業等事業を営んでいた業者が入店している。震災前、田老地区の小売業をはじめとする各種事業経営者が加盟する「田老スタンプ会」が存在していた。二〇一〇年には三九事業者が加盟しており、主に客の購入金額によってポイントを付与する

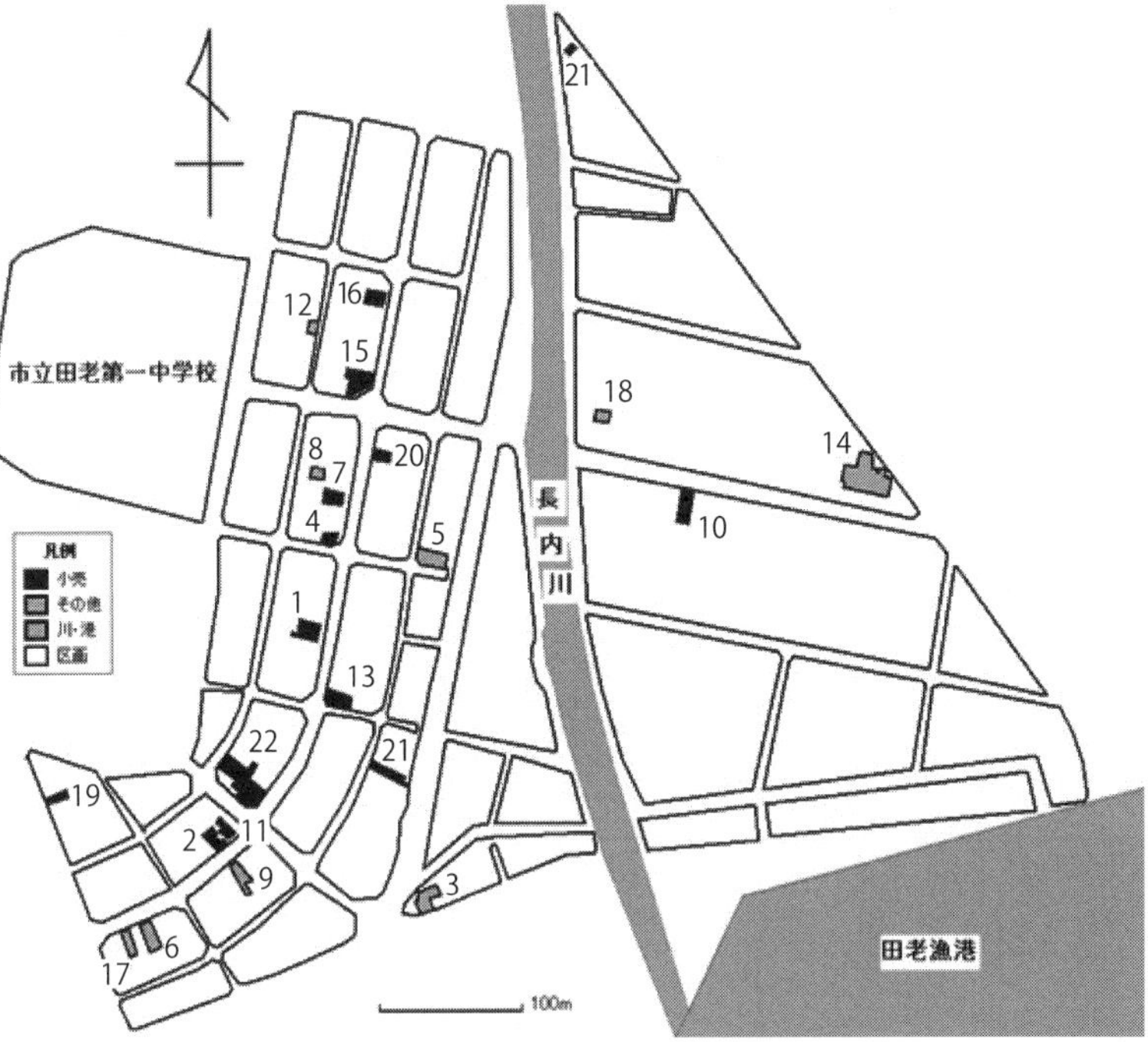

図2　たろちゃんハウス入居店舗の震災前の立地場所（2010年。番号は図5に対応）

聞き取り調査により作成

というものであった。震災以前から商業者間のまとまりがみられたといえる。震災前まで国道四五号線を中心に田老の中心街が形成され、中心商店街も形成されていた（**図2**）。二〇一一年の大震災により全三九店中三七店が流出し、現地での営業は不可能になってしまった。

　二〇一一年三月一一日の震災後、店舗が流出した田老スタンプ会の有志のメンバーが集まり、四月七日に仮設共同店舗に関わる意見交換会がもたれ、その後「たろちゃん協同組合」を設立した（**表3**）。「仮設住宅で生活する多くの地元住民を買い物難民にさせない」という方針にもとづき、宮古商工会議所とも相談を重ねながら、仮設住宅が立地する「グリーンピア三陸みやこ」敷地内で共同店舗を開業する計画が浮上した。

表3　たろちゃんハウス設立年表

年月日	事　業　内　容
2011年4月7日	第1回仮設共同店舗に係る意見交換会開催
	・グリーンピア三陸みやこ内に仮設住宅が建設されていることから、同地にて商業施設を早期再開することで意見集約
4月14日	第2回仮設共同店舗に係る意見交換会
	・仮設店舗ができるまでの間は、仮設テントにて営業する方向で合意。国の仮設施設設備貸与について説明
4月21日	第3回仮設共同店舗に係る打ち合わせ会
	・共同店舗は協同組合方式（個店方式）にすることで合意。出店の意思確認。協同組合の定款例を提示。許認可のあり方について説明
4月22日	仮設共同店舗参加申込書配布および出店意思確認
	・田老支所会員、田老スタンプ会会員100企業へ配布
4月25日	・43企業より回答あり。うち出店希望は21企業
4月27日	第4回仮設共同店舗に係る打ち合わせ会
	・協同組合について岩手県中小企業団体中央会より説明。5月10日前後から営業可能な店舗より順次営業することで合意
5月6日	第5回仮設共同店舗に係る打ち合わせ会
	・仮設共同テント出店計画（案）とそのレイアウトについて
5月9日	秋田商工会議所経営支援部商業まちづくり課長 伊藤公一氏講演
	・協同組合化に向けた定款やスケジュール作成を支援
5月10日	仮設テント設営
5月11日	第6回仮設共同店舗に係る打ち合わせ会
	・仮設共同テント出店計画（案）について。オープニングセレモニーについて
5月14日	宮古保健所による確認検査
5月15日	「たろちゃんテント」のオープニングセレモニー（来場者数130人）
5月23日	（仮称）田老商業協同組合設立に向けた打ち合わせ
5月30日	（仮称）田老商業協同組合第1回発起人会
6月6日	（仮称）田老商業協同組合第2回発起人会
6月21日	（仮称）田老商業協同組合第3回発起人会
6月30日	（仮称）たろちゃん協同組合全体会議
7月28日	仮設店舗着工
8月4日	宮古市へ許可申請
8月10日	宮古市より認可
8月19日	盛岡地方法務局へ登記申請書提出（同日登記済）
8月26日	たろちゃん協同組合第2回理事会
9月6日	仮設共同店舗完成検査（1回目）
9月8日	仮設共同店舗完成検査（2回目）
	仮設共同店舗開業に係る打ち合わせ会
9月9日	仮設共同店舗建物引き渡し
9月10日	仮設共同店舗の鍵を組合員へ引き渡し
9月25日	「たろちゃんハウス」オープニングセレモニー（来場者数150人）
11月2日	「たろちゃんテント」の撤去

『田老地区仮設共同店舗の概要』（2012）、『商工会議所の取り組みと今後の課題について』（2012）より作成

写真3　たろちゃんハウス（プレハブ建築物の左からA棟、B棟、C棟）

2012年8月撮影

しかし、プレハブ店舗での開業には数か月を要するため、この時点ではテントを設置しての共同店舗開催をめざした。同年五月一五日の仮設住宅開設日に合わせるように仮設商店街「たろちゃんテント」を開業した（**表3**）。「たろちゃんテント」はグリーンピア三陸みやこ駐車場に一〇メートル×一〇メートルのテント二張を設置し、一七店が入店して営業を開始した。テント前にはテーブルと椅子を置き、住民の情報交換の場としての利用を念頭に、できるだけ早く住民が元の生活リズムに戻せるよう配慮した。「たろちゃんテント」に入店した店舗の業種は、「食品スーパー・各種食料品店」「生活関連事業所」「衣服・身の回り品・履き物販売店」「カメラ・写真・時計店」「飲食店」「その他業種店（宅急便取扱い、自動車整備）」であった。「たろちゃんテント」は震災から約二か月後にできた仮設商店街であり、このテント内店舗には住民が生活する上で必要不可欠な業種が多く入店したといえる。

九月二五日、中小機構が無償で提供する仮設建築物に、仮設商店街「たろちゃんハウス」が開業した。これは「グリーンピア三陸みやこ」駐車場に二階建てのプレハブを三棟併設して建設されたもので、全二二店舗が営業を開始した（**写真3**）。その結果「たろちゃんテント」はその使命を終えて閉

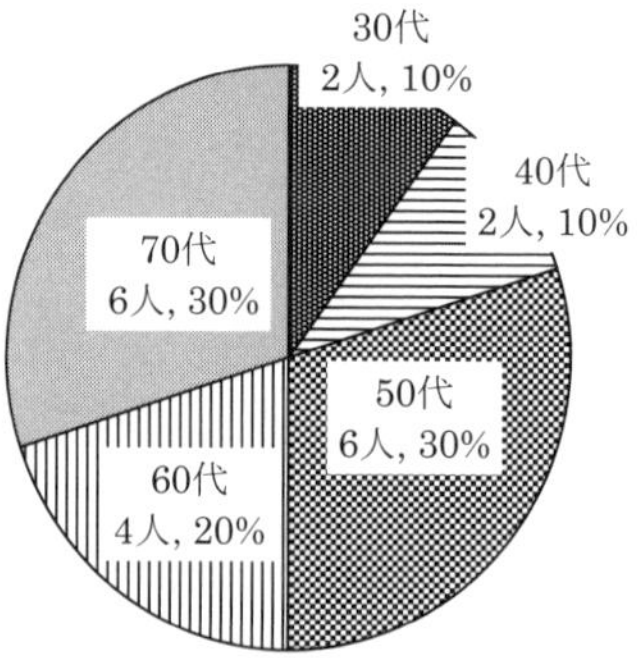

図3　店舗経営者の年齢層（全20人）

現地での聞き取り調査により作成

店した。「たろちゃんハウス」が入店する建造物は、当初二年間は中小機構が無償で提供し、その後は市へ所有権が移行するとされた。津波被災地の中でもたろちゃんハウスの開業はきわめて早かったといえる。そのため、この段階では仮設建築物の基準がきわめてあいまいな状況でもあった。比較的広い土地に二階建てのプレハブ建設で開業したのであるが、居住者や施設訪問者の駐車場確保のため、スペースは制約され、二階建て建築物になったという(8)。

(三)「たろちゃんハウス」店舗経営者の特性と業種構成

入店する店舗経営者の年齢層は、五〇代と七〇代が各六人（三〇%）と最も多く、次に六〇代が四人（二〇%）であった（**図3**）。全二〇人中一〇人（五〇%）は六〇代以上が半数に及ぶことから、店舗経営者は高齢化の傾向が強いといえる。津波被災前の場所での店舗創業の時期をみると、昭和二〇～三〇年代に創業した店舗が九店（四五%）と最も多く、昭和戦前期と平成期が各四店（二〇%）、大正期以前二店（一〇%）、昭和四〇～六〇年代一店（五%）と続いている。従業員の人数は、「四人以下の店舗」が一九店（九五%）で大半を占めている。このほとんどは家族経営の店舗である。

経営者の住居に関しては、「グリーンピア三陸みやこ」敷地内の仮

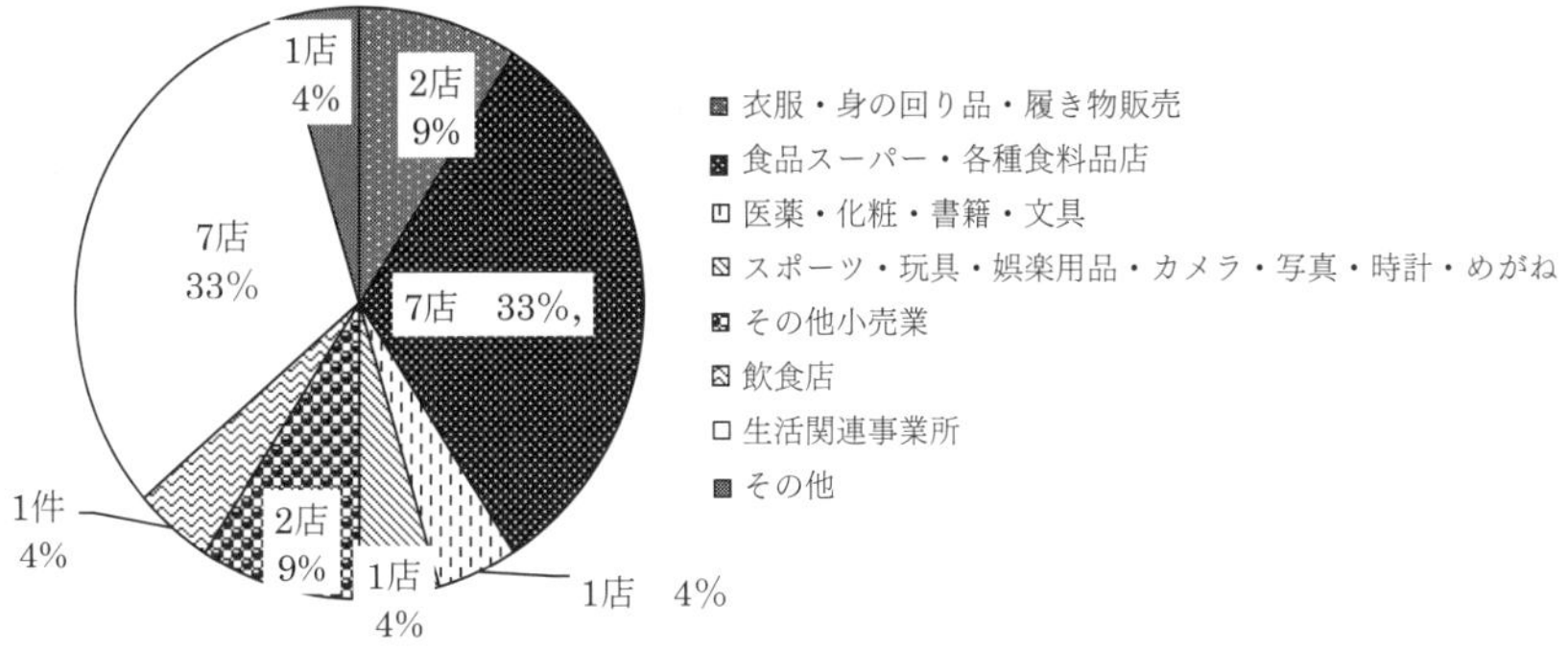

図4　たろちゃんハウスの業種構成

現地での聞き取り調査により作成

設住宅居住者が一七人（八五%）であった。震災以前は店舗兼住居で商売をしていたが、津波被害に遭い店舗と住居をともに失ってしまったことが理由に挙げられる。その他の三人中二人は他の仮設住宅に居住し、残りの一人は店舗と自宅が別々で自宅が高台にあったため、震災前から居住する自宅から仮設店舗へ通っての経営となっている。

次に「たろちゃんハウス」の業種構成を考察する。「食品スーパー・各種食料品店」と「生活関連事業所」がそれぞれ七店（三三%）と最も多く、「衣服・身の回り品・履き物販売」とその他小売業がそれぞれ二店（九%）ずつと二番目に多い（図4）。棟別に業種をみると、A棟の一階にはコンビニエンスストア、スーパーマーケット、牛乳販売店の小売業と理容店が入店し、二階の小売店は衣料品店のみで、美容院、電器・電気工事店、ガス・水道店等の生活関連事業所から構成されている（図5）。B棟一階は食品・日用雑貨店とカメラ・写真店、飲食店、共同トイレからなり、二階に食肉店、学習塾、協同組合の事務所、宿泊施設の事務所が入居している。C棟一階は、家具・日用雑貨店、食料品店、理容店、美容院、二階に靴屋、金物・日用雑貨店、和菓子店、電器店が入店する。「グリーンピア三陸みやこ」敷地内の仮設住宅居住者は、「たろちゃんハウス」を利用することにより生活必需品を揃えることが可能であるといえる。

A棟

2階	5 ガス・水道店	6 電器・電気工事店	階段	7 衣料品店	8 美容院
1階	1 コンビニエンスストア	2 牛乳販売店		3 理容店	4 スーパーマーケット

B棟

2階	12 学習塾	協同組合事務所	階段	13 食肉店	14 宿泊施設
1階	9 飲食店	共同トイレ		10 食品・日用雑貨店	11 カメラ・写真店

C棟

2階	19 電器店	20 靴屋	階段	21 金物・日用雑貨店	22 和菓子店
1階	15 家具・日用雑貨店	16 食料品店		17 理容店	18 美容院

図5　たろちゃんハウス業種構成（番号は図2に対応）

現地での聞き取り調査により作成

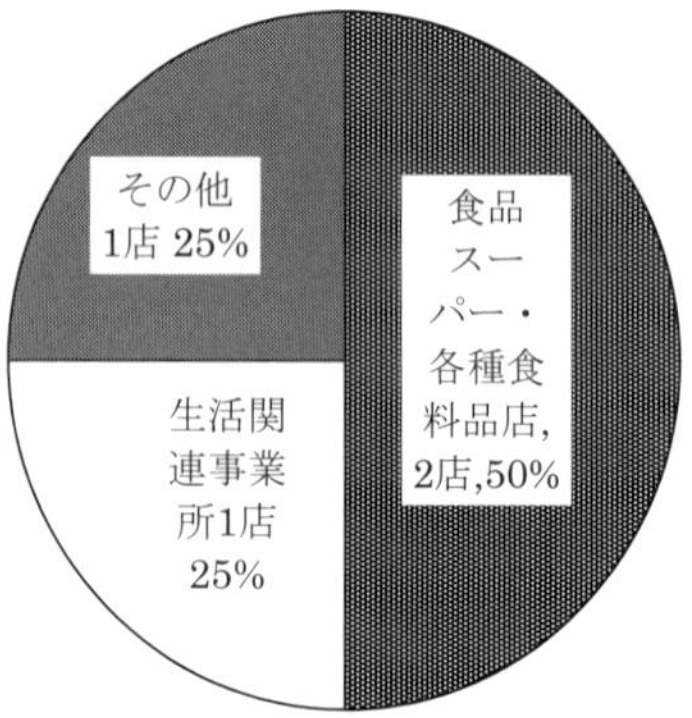

図6　店経営以外の事業（業種別）

現地での聞き取り調査により作成

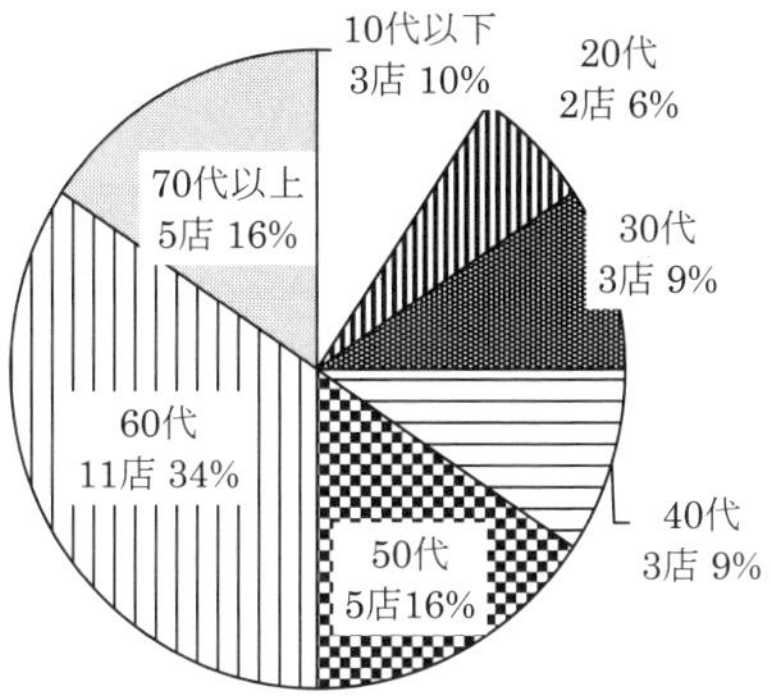

図7　来店者の年齢層

現地での聞き取り調査により作成

店舗での販売以外の事業をしている店舗は、「食品スーパー・各種食料品店」二店、「生活関連事業所」一店、その他一店の計四店である（図6）。「食品スーパー・各種食料品店」二店はいずれも市内で商品の配達業務を行っている。さらに「生活関連事業所」一店、その他一店は美容院とガス・水道整備会社であり、市内に支店を展開している。

(四)「たろちゃんハウス」店舗経営者による来店消費者層の変化

「たろちゃんハウス」に来店する来店者特性を各小売店経営者に尋ねてみた。それによると主な顧客のうち六〇代三四％、七〇代一六％となっている[9]（図7）。一方、一〇代以下一〇％、二〇代六％と二〇代以下の顧客はわずか一六％である。したがって同施設の商店街を多く利用するのは六〇代以上の高齢者であることがわかる。主な利用者の来店範囲をみると、一七店（八一％）の店舗経営者が主なる来店者は「グリーンピア三陸みやこ」敷地内の仮設住居から来店すると回答した[10]（図8）。他地区住民や観光客が多く訪れると回答した店舗は一九％と少なく、「たろちゃんハウス」は同じ敷地内の仮設住宅に居住する消費者を対象にした施設

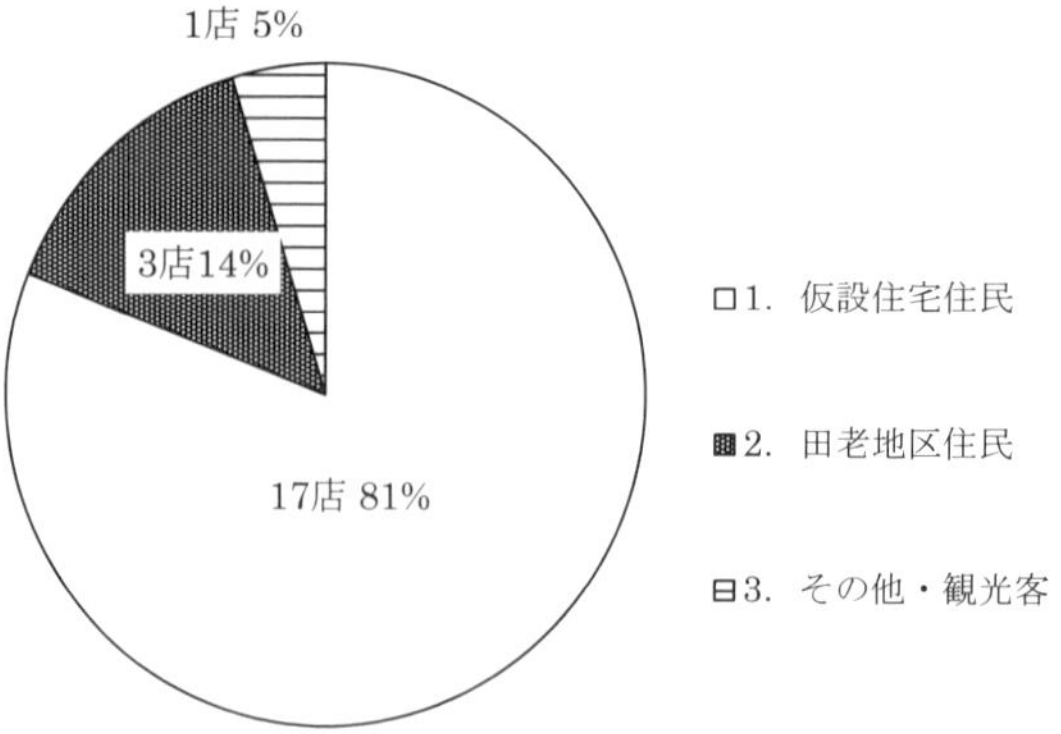

図８　来店者の居住特性

現地での聞き取り調査により作成

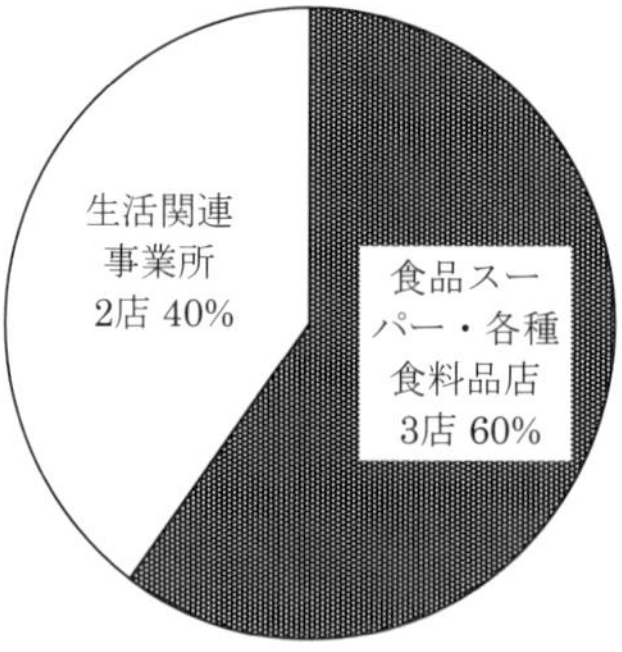

図９　たろちゃんハウス入店前後での顧客に変化のあった業種

現地での聞き取り調査により作成

であることが大きな特徴といえる。

それでは震災の前後で各店舗の客層に変化はあったのかについてであるが、有効回答数一三店中五店（三八％）で変化があると回答した。その内訳は、「食品スーパー・各種食料品店」三店（六〇％）、「生活関連事業所」二店（四〇％）である（**図９**）。これらの店では以前田老地区の中心街での経営時には観光客や車利用の営業マン等による利用があったが、現

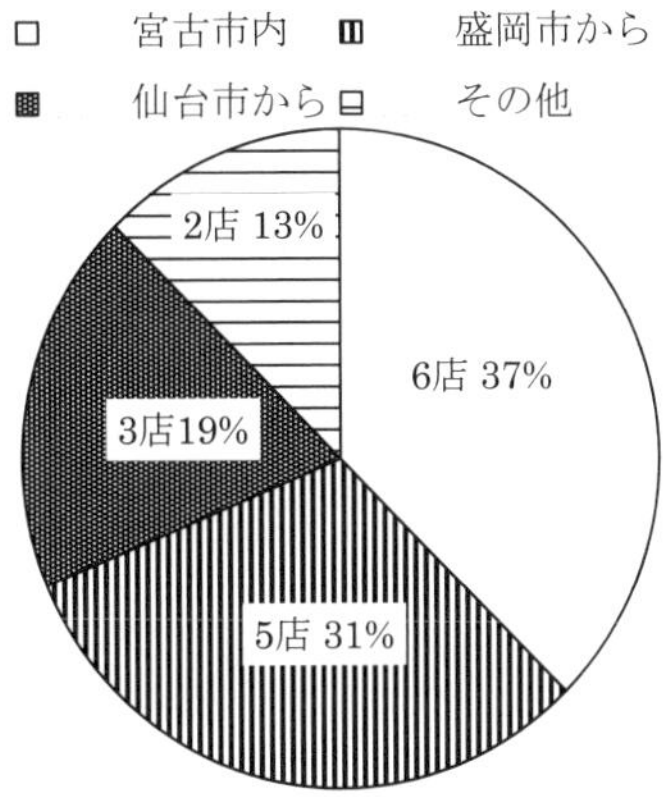

図 10　現在の商品仕入れ先

現地での聞き取り調査により作成

在では仮設住民が主な対象であるため、高齢者の利用が圧倒的に多くなったと回答している。具体的には「世間話をするために来店し、帰り際に商品を購入していく」といった利用も多い。スーパーや食料品店、また理容店・美容院など生活に密着した業種において客層が変化したことが読み取れる。

(五)「たろちゃんハウス」の各店舗における商品の仕入れ変化

震災は商品仕入れ先にどのような変化をもたらしたのであろうか。まず仕入先業者を特定してみると有効回答数一四店中、一一店(七九%)が卸売業者から商品を仕入れている。この内六店(三七%)が宮古市内の業者から仕入れており。五店(三一%)が盛岡市の卸売業者から仕入れている[11](**図10**)。このことから、岩手県内の卸売業者からの仕入れに依存しているが、中には仙台市の業者から仕入れると回答した店舗も三店存在した。

次に震災の影響により震災前後で仕入れ内容に変化はあったのであろうか。有効回答数九店のうち六店(六七%)の店舗は仕入れが減少したと指摘している(**図11**)。この主な理由

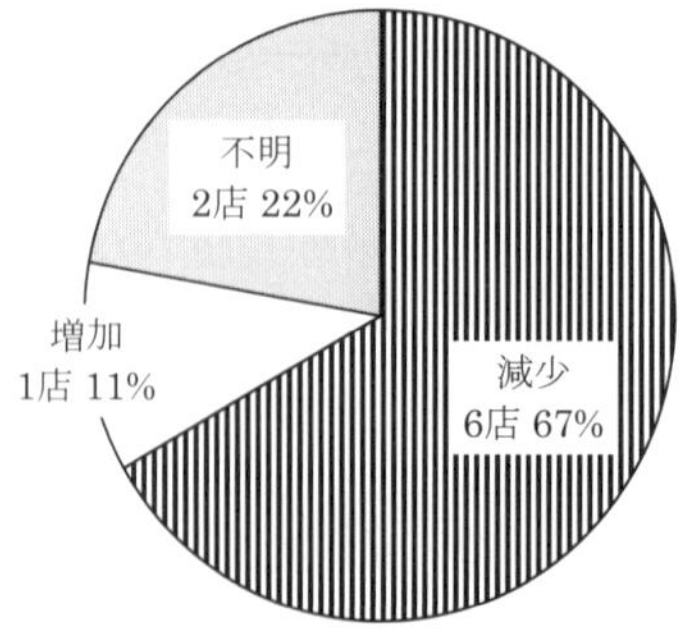

図 11　各小売店の商品仕入れ数の変化

現地での聞き取り調査により作成

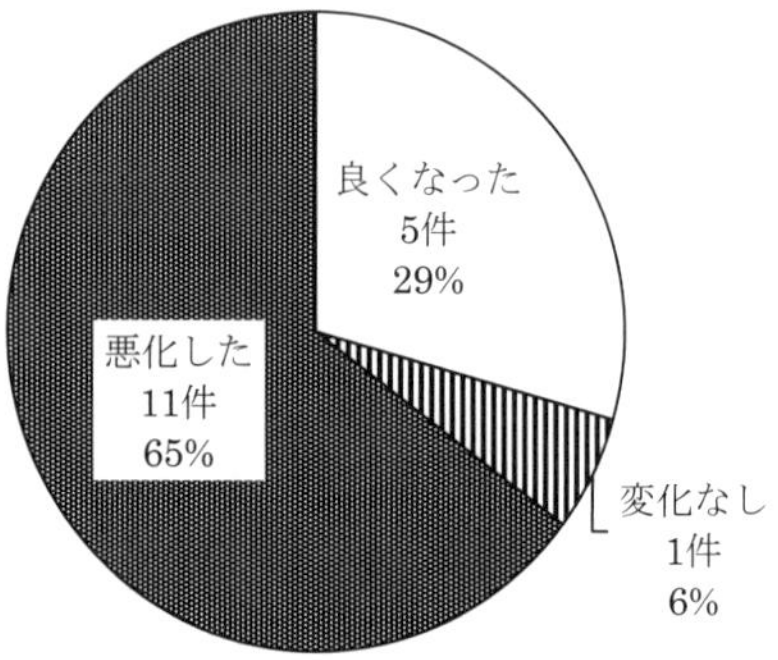

図 12　震災前後の経営状況

現地での聞き取り調査により作成

は、仮設店舗での売場面積は著しく制限され、震災前の店舗より狭くなった店が大半であり、仕入れ商品の数や種類も制限されるためである。それでは震災前後の経営状況はどうなのだろうか。有効回答一七店中、一一店（六五％）が経営状況は「悪化した」と回答した（**図12**）。売り場面積の縮小や消費者の高齢化といった店舗施設や消費者層の固定化による売り上げへの影響はきわめて大きな影響がある。その一方で五店（二九％）は「同業者が減少し、顧客が集中したことにより経営状況が良くなった」や「以前は取り扱ってなかったが、取り扱っていた店が震災で無くなったため、代わりにその製品を仕入れて販売したことにより売り上げが上がった」という理由で経営状況が良くなったと回答した。後者の例として、「震災で花卉販売店が消失したため、新たに花の販売をしたことで売り上げが上がった」という回答が挙げられる。これは、同業者が減ったり、新しい商品を扱ったりすることで、顧客からの需要が増加して売り上げが上がるということである。

三「たろちゃんハウス」にみる仮設商店街の課題

(一) 経営者が現在抱えている問題

たろちゃんハウスの経営者、または従業員が仮設商店街に対して、あるいは経営上抱える課題は何であろうか。有効回答数二二件中、経営面の不安に関する回答として一二件（五五％）であり、施設・設備面を挙げる店舗は六件（二七％）であった。経営面ではまず「今後の転移先が未定（七件）」「今後商売を続けていくか未定（二件）」、以下「少子化社会による消費者数の減少」「現在の顧客が離れていくことへの不安」（各一）などの回答があった（表4）。調査した時期が二〇一二年八月であったため、この段階ではまだ移転先が明確になっていなかった。「今後商売を続けるか未定」という回答の背景には、経営状況と後継者問題も関与する。「たろちゃんハウス」に入店する小売店で後継者が現在「決まっている」のは全二〇店中五店（二五％）にすぎず、後継者が「未定・なし」と回答した店舗は一五店（七五％）であった。震災前と後の経営状態についての質問では、多くの店舗が「悪化した」と回答した。経営悪化の要因に二つのことが考えられる。最初に仕入れの変化による品数の減少である。

表４　仮設商店街で経営する上での課題

	現在抱えている問題	回答数
経営面	今後の転移先が未定	7
	今後商売を続けるか未定	2
	少子化社会による消費者数の減少	1
	現在の顧客が離れていくことへの不安	1
	商業の復興を明確にしてほしい	1
施設・設備面	建物に対する規制が厳しい	1
	１か所の入口しかなく不便	1
	暑さ対策がされていない	1
	2階には備品設備の重量制限がある	1
	トイレが少ない	1
	仮設商店街のデザイン	1
その他	今のままで良い	1
	新しく仕事をしたいが、補助金が出ない	1
	特になし	2

※有効回答数22件（複数回答あり）
現地での聞き取り調査により作成

仮設店舗で設置できる設備には限りがあるため、経営規模を縮小せざるを得ない店舗も多く、商品の仕入れが減少するという結果に結びついているようだ。二つ目は、来客範囲が仮設住宅入居者に限定されることである。仮設住宅居住者の中には、自宅を再建・新築して転出する人もおり、人口が減ることはあっても増えることはない。そのため、仮設住宅の住民が主な対象である、たろちゃんハウスのみの経営で売り上げを伸ばすことは難しいと考えられる。加えて今後の移転先が未定ということであるため、震災後一年以上をへた時点で将来設計に不安を感じている小売業者が多いことが明らかになった。

(二) 施設・設備面の課題

仮設商店街の施設・設備面では建物に関する要望が多く「一か所の入口しかなく不便」「共同トイレが少ない」「二階には備品設備の重量制限がある」「暑さ対策がされていない」など

表5　現在の仮設商店街の利点と改善点

	現在の仮設商店街の利点と改善点	回答数
利点	商売をすることができる	3
	建物を建ててもらってありがたい	1
	生協利用者が多い	1
	仮設住民のためになっている	1
	住民も商売人も皆同じ気持ちでまとまっている	1
	住居と小売店が近接しており便利	1
改善点	建物の階数は2階建てにすべきではない	6
	各棟にトイレを設置するべき	4
	バリアフリー化にするべき	3
	入口が一つしかないため不便	2
	住民同士の派閥争い	1
	田老に残っている人との間に意識のずれ	1
	安価な店に客が流れてしまう	1
	業種によって店舗スペースを変えるべき	1
	ゴミが臭い	1
	業種間トラブル	1
その他	特になし	1

※有効回答数30件（複数回答あり）
現地での聞き取り調査により作成

が挙がった。「一か所の入口しかなく不便」については特に飲食店で深刻な悩みであり、客と従業員は同じ入口を利用しなければならず、厨房で調理中に発生した残飯を持ち出す際に、客と同じ出入口を利用することで、店舗イメージにも影響が生じている。「二階には備品設備の重量制限がある」というのは、仮設の建築物では大型冷蔵庫などの重量が制限されるため、置くことができず、経営に支障をきたしている。震災前は生鮮品を扱っていたが、大型冷蔵庫を置くことができないため、常温で保存可能な商品に切り替えて販売せざるを得なくなった店舗があった。店舗や、以前工場で使っていた機材が入らないので機材がなくても製造可能な商品に変えて販売をしている店舗、商品である家電が置けないために注文販売を始めた店舗などもあった。出入

写真４　たろちゃんハウス内の階段

2012年8月　佐藤京香撮影

口に関しては裏口を計画段階で最初から設置することにより解決できる内容であり、「暑さ対策がされていない」についても質の良い断熱材の使用により軽減され、同時に防寒対策にもつながる。いずれも建築物に対する課題に対して真摯に受け止め、今後の対策とし生かしていくことが重要である。

そこで経営者に対して仮設商店街についてその存在メリットと改善点を具体的に挙げてもらったものが**表5**である。これを検証することで仮設商店街の存在について考察してみたい。仮設商店街の存在に対して、各経営者はやはり商売を続けられる感謝の念を有していることを指摘できる。震災の有事での緊急対策として有効な機能を有していることを示す指標としてとらえることができよう。

それに対して「仮設商店街の改善点」の回答では、「建物を二階建てにするべきではない（六件）」「各棟にトイレを設置するべき（四件）」「バリアフリー化にするべき（三件）」「田老地区に残っている人との間に意識のずれ（一件）」などが挙がった（表5）。「仮設商店街の改善点」では全三〇件中一七件（七七%）が施設・設備に関してであり、回答数の大半を占めた。[12]「各棟にトイレを設置するべき」という意見は、現状での共同トイレの設置は中央のB棟のみであり、各棟は独立した造りになっているため非常に不便である。

なお、筆者が調査を進める中で、非常に気になったのは「たろちゃんハウス」建物内の階段である（写真4）。「建物を二階建てにするべきではない」という意見は、改善点に寄せられた中で六件と最も多い回答数であった。急な階段で荷物を持ちながら上り下りすることは高齢者にとって負担が大きく、消費者の大半が高齢者であることを考慮すれば好ましくない。しかも経営者自身も経営上の不都合が多すぎる。「バリアフリー化にするべき」という回答からも、「たろちゃんハウス」建設に際して当初から歩行スペースにスロープを付けるほうが望ましいし、廊下に手すりを付けて高齢者対策に万全を期すことが望まれる。より多くの人に利用してもらうには、車椅子でも来店できるようにするなどの工夫が強く必要であると考える。

（三）田老地区商店街の方向性

今後の商業施設の設置場所については「たろちゃんハウス」入店の経営者は、「田老地区中心部希望」が全二六件中一二件（四六%）、「高台移転希望」が一〇件（三九%）と意見が分かれた[13]（図13）。また宮古市の住民意向調査によれば、田老地区の住民の約半数が、今後の住居について同地区以外を希望している。[14]この意向調査によると、今後の住居について三六四世帯（四八%）が「地区外」を希望し、「地区内」希望は三四八世帯（四五%）であるという。住宅造成や災害公営住宅の完成は数年後であり、復興が進まない現状に不安を感じ、地区を離れる人が増えているようだ。便利な都市で早急に住まいを再建しようとする動きは止まらず、四〇〇戸が並ぶ市内最大の仮設団地からは一割が転出した。しかしそうはいっても小売店経営者は「田老地区住民とまた同じ場所で商売をし

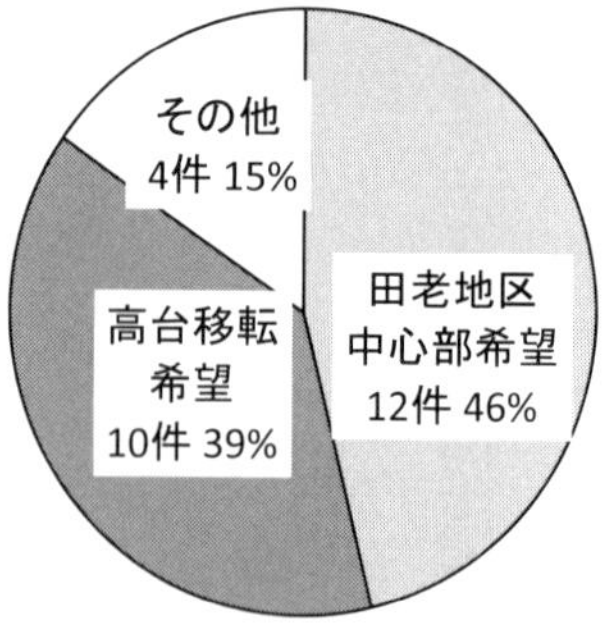

図13　今後の商業施設の開設場所について

現地での聞き取り調査により作成

たい」という気持ちが強くみられるのも事実である。仮設建築物に入居して「たろちゃんテント」と「たろちゃんハウス」での経営を余儀なくされた経営者は、やはり田老地区での再建を希望しており、それを前提とした計画を立てるべきであろう。

おわりに

宮古市の田老地区は東日本大震災で津波により甚大な被害を受けた。宮古市が保有する「グリーンピア三陸みやこ」敷地内に仮設住宅を設置し、それに隣接する形で中小企業基盤整備機構に支援されながら仮設商店街「たろちゃんハウス」を早急に建設することができた。軽量鉄骨二階建て三棟に、被災した田老地区の小売店など二二店が入居している。被災後、約半年で開業できたことは仮設商店街の中では早期に実現できたといえる。それは被災以前の商工業者による「田老スタンプ会」の組織活動によるまとまりが強い絆となって展開したことが非常に大きく、地元小売店再建のカギであったといえよう。しかも仮設住宅居住地区の隣接地域での小売施設の開業は住民にとっても、また小売店経営者にとってもメリットは大きく、被災した際の緊急時には有効に機能したといえる。

しかし、課題も山積しており、なにより消費者の多くが高齢者であることを考慮すれば、施設内の階段の急傾斜や歩道の段差解消のためのスロープの設置など、バリアフリー対策を施した建築物の建設は当初から実現すべき事項であったであろう。入店希望者の業種にあった仮設商店街の建造物建設を計画的に早急に実現することが有事の商業活動には重要であることを「たろちゃんハウス」の事例は教えてくれた。

二〇一二年八月に実施した調査の際には、多大なるご協力をいただいた「たろちゃん協同組合」の箱石英夫理事長をはじめ、同施設に入店する経営者各位、宮古市産業振興部、宮古商工会議所に対し厚く感謝の意を表する次第である。

注

（1）『市区町村別津波浸水範囲面積（概略値）第五報』（国土地理院）による。
（2）『岩手県東日本大震災津波復興計画』
（3）同機構は経済産業省所管の独立行政法人で中小企業総合事業団、地域振興整備公団、産業基盤整備基金の三特殊法人を統合して設立された。事業内容は中小企業者向け高度化融資、小規模企業共済、中小企業倒産防止共済、中小企業大学校の運営等、中小企業を対象として事業活動活性化のための基盤の整備が主である。
（4）仮設商店街の大半は建築コストが安価で、工期の短い軽量鉄骨造（プレハブ工法）による建設が多い。しかし中には木造建築によるものが岩手県に四戸、宮城県に六戸存在する。他にも宮城県の「コンテナ村商店街」はＮＧＯ「難民を助ける会」から提供されたコンテナハウス一〇棟からなり、同県の「石巻まちなか復興マルシェ」はトレーラーハウス三棟から建設されている。
（5）二〇一二年一一月現在の数値。宮古市（二〇一三：一一三）による。
（6）『東日本大震災宮古市の記録　第一巻津波史編』による。http://www.city.miyako.iwate.jp/kikaku/koho/higashinihondaishinsai_miyako-shi-no-kiroku/shinsaikirokushi1_download_pdf.html（最終閲覧日：二〇一四年一一月一日）
（7）二〇一二年七月六日現在、宮古市内の仮設住宅入居者は三八八三人である。

（8）たろちゃん協同組合では、毎月共同費として一階入店者から一万円、二階入店者から六〇〇〇円を集金し、この共同費は、たろちゃんハウスの維持費・管理費に充てられている。
（9）複数回答である。
（10）複数回答である。
（11）複数回答である。
（12）複数回答である。
（13）複数回答である。
（14）二〇一三年二月二日発行『河北新報』による。

参考文献

岩動志乃夫、二〇一二、「東日本大震災による商業地の被害と復興——岩手県宮古市中心商業地の事例」『日本地理学会発表予稿集』八二、五四
——、二〇一三a、「宮古市田老地区における仮設店舗の展開と課題」『日本地理学会発表予稿集』八三、一九六
——、二〇一三b、「仮設店舗の役割と課題——宮古市田老地区の事例から」『日本地理学会発表予稿集』八四、三五
磯田弓・岩間信之・岩動志乃夫・高木亨・岩船昌起、二〇一二、「津波被災地の商業機能再建モニタリング調査に向けた調査項目の整理」『季刊地理学』六四－三、一三九－一四〇
岩手県、二〇一三、『岩手県東日本大震災津波の記録』、二五六
東北学院大学地域構想学科岩動ゼミナール、二〇一三、『商店街復興にみる宮古の底力——震災にもマケズ』、一四〇
増田聡、二〇一二、「復興（都市）計画の課題——土地利用と産業再生」『季刊地理学』六四－二、八二－八四
宮古市、二〇一三、『東日本大震災の記録　第一巻津波史編』

震災遺構の保存と防災教育拠点の形成

高橋雅也

一　保存の時代と震災遺構

(一) 震災遺構とは何か

ここ二〇年間でわが国が経験した大震災として、阪神・淡路大震災、新潟県中越地震、東日本大震災を挙げるとき、「震災遺構」という語をもっとも頻繁に目にしたのは、管見のかぎり、3・11以降であるように思う。もとより遺構とは、歴史的過去に生きた人びとによる生活の痕跡を指し、個人や共同体、国家のあらゆる営為、すなわち居住、生業、信仰といった暮らしの諸相から、統治や開発のあり方にいたるまで、「人の来し方」を刻印し、今日に伝え残すメディアである。

震災遺構もこの「遺構」に包含される概念にはちがいないが、日常的な感覚に照らせば、震災遺構は人びとが思い描く従来の「遺構」とは趣を異にするのではないだろうか。これまで遺構といえば、アカデミックな考古学調査や、自治体が文化財[1]の包蔵地開発に対して義務付けている発掘調査などで出土する構造物の痕跡、あるいは、砲台や工廠、防空壕[2]といった戦争遺構などが、想起されやすい対象の中心であったように思う。

考古学上の遺構の多くは、有り体にいって、地中に埋もれるに任せつつも、朽ち果てずに残ったものである。過去に破壊されなかったものともいえる。その意味では、保存の意思決定にいたるまでの非分解・非破壊の時期が十分に長い。端的にいって「古く」、いかに歴史解釈上の連なりや心情的な親和感を語るとしても、そこに看取されるのは、現代から切り離された「過去」である。これに対して、今般の震災遺構が伝えるのは未だ「過去」化していない出来事であり、震災以前の暮らし、被災経験、震災以降の展望までを時間的な射程に入れて論議が進んでいる。この点は大きな差異である。

また、上に挙げた戦争遺構などは、文化庁の近代遺跡調査における「政治軍事に関する遺跡」、あるいは近代化遺産総合調査の対象に含まれる「近代化遺産」に分類されるものであり、近代という「時代」を象徴する文化遺産とみなされる（十菱・菊池　二〇〇二）。他方、今般の震災遺構は大震災という「出来事」の象徴ではあるが、現代の時代的象徴とまでするには、解釈学的な補強が必要であろう。少なくとも保存運動の当事者にそこまでの意図はない、と考えるのが妥当であろう。しかし、二〇一三年一一月、復興庁から「各市町村につき一箇所までを対象として、震災遺構の保存に必要な初期費用を支援する」との記者発表がなされて以来、何のために保存するのかという「目的論」や、何の役に立つのかという「機能論」を越えて、継承すべき価値とは何かをめぐる価値合理性[3]が問われている点は見逃せない。

震災遺構が保存（あるいは解体）されるという経験の意味、そして震災遺構が誰の手によって、どのような形態で保存され、いかに語り継がれるのかという諸相に、モダニティの内包と外延をみてとるというのが、本章における筆者の方法論的な視角である。こうした問題関心を読者と共有したうえで、議論を前に進めようと思う。

(二) 阪神・淡路大震災の震災モニュメント

東日本大震災から四年が経過してなお、震災遺構の保存可否に関する個別の論議は未だすべて決着してはいない。早々に保存が合意され、事業主体・管理者・補助金支出も決定している事例と、それこそ価値合理性がせめぎ合っている事例も散見させる。その中には、復興後の生活環境において遺構がどんな佇まいをみせるのか、十分に思い描けないことに起因する議論の不調もあろう。そこで、実際の震災遺構の保存や、復興の記念行為(コメモレイション)のあり方をイメージするために、発生以来一〇年が経過した阪神・淡路大震災関連の遺構やモニュメント群[4]を類型的にみていこう。

阪神・淡路大震災では、人口密集地の都市部、市街地での被害が大きかった影響もあり、大規模な市街地再開発の過程で、遺構保存の道が選択された事例は思いのほか多くない。激しく損壊した現物を残し、震災の猛威・破壊力をいまに伝える保存の事例は、メリケン波止場の被災した岸壁(六〇メートル分)と傾いた街路灯(神戸市中央区・神戸港震災メモリアルパーク)、損壊した橋脚・伸縮装置・支承(神戸市中央区・浜手バイパス被災構造物展示モニュメント)、下水処理場の折れ曲がった基礎杭(神戸市東灘区・市建設局東水環境センター)、焼け焦げた電信柱[5](神戸市長田区・御蔵北公園)などの保存や、台座から落下した地球儀型の石製モニュメント(神戸市須磨区・須磨浦公園)を戻さずに保存してあるケースなどが挙げられる。

学校の敷地内での保存もみられ、壊れた赤レンガ製焼却炉を児童がモニュメント化したもの(神戸市長田区・旧二葉小学校)、被災したフェンスと傾いた手洗い場(神戸市中央区・湊小学校)などが残されている。被災した鳥居や瓦が神社に残されているケースは複数あり、御崎八幡神社(兵庫区)、東武庫須佐男神社(尼崎市)などが挙げられる。また、文化財が被災したことで、文化財の展示と震災モニュメントを併せて行っている事例があり、萌黄の館と相楽園の旧ハッサム邸（ともに神戸市中央区）では、屋根から落ちた煙突が修復不可能なため、前庭に残されているほか、伝統的レンガ造りの酒蔵を活用した博物館が、酒樽などの展示物とともに倒壊し、残された木造蔵に被災した展示物を移して再開しているケース（西宮市・白鹿記念酒造博物館）などが特徴的である。

神戸の地域性を反映した事例では、戦災（神戸大空襲）と震災の二度にわたって被災を経験していることから、度重なる猛火に耐えた公設市場の防火扉「神戸の壁」がいくつかのパーツに切断されて、アスタくにづか、フレール・アスタ若松（ともに神戸市長田区）や北淡震災記念公園（淡路島・野島断層も保存）に残されている。同じく、二度の被災に耐えた大輪田橋の飾り柱（神戸市兵庫区）のモニュメント、大輪田橋の修復で廃材となった戦災で焼け焦げた石材のモニュメント（神戸市兵庫区・薬仙寺）が保存されている。[6]

実のところ、阪神・淡路大震災の震災遺構やモニュメントで、大きな構造物が保存されている事例は少なく、石製の慰霊（鎮魂）碑、復興記念碑、記念樹などがほとんどである。[7] 再生への誓いや復興後の感謝など、震災の乗り越えという「心の作業」の画期を標すものが多く、各所で遺構保存の可否が議論されている今般の状況とは異なるといえる。

（三）宮城県の震災遺構——事例比較の参照点

震災遺構の保存に向けて、実効的な検討を行っている先進事例として、宮城県震災遺構有識者会議の取り組みがある。同会議はこれまでに五回の会合を重ねるなかで、保存の対象として複数の候補地を挙げ、それらが有する価値について個別に検討してきた。その際、震災遺構のもつ意義として、「鎮魂」「災害文化の伝承」「地域を越えたメッセージ性と次世代への継承」の三つを挙げ、これらに対応した評価項目を明確に掲げている。「津波の破壊力を示す痕跡が残されているか」「どのような教訓が導き出し得るか」「発信力はあるか（その可能性があるか）」「鎮魂の場としての性格を有するか（その可能性があるか）」、というもので、観点が明示的である（宮城県　二〇一四）。

個別の事例をみていくと、鉄筋コンクリート二階建ての旧女川交番は、一五メートル弱の津波により基礎杭が引き抜かれ、引き波で横倒しになったまま、現在も残されている（第一部扉写真参照）。被災時には警察官の適切な対応も奏功して、この交番では直接の犠牲者は出ておらず、地域住民に反対意見がないこと、復興まちづくりにおいて観光交流エリア(8)に位置するため、メモリアル公園の核となることが期待されることなどから、保存が決定している。

この遺構に対して有識者会議は、横倒しになった建物に「破壊力の痕跡」を見出し、鉄筋コンクリートの被災という稀少なケースゆえに、固有の「教訓」と技術者への「発信力」をもちうると評価している。また、直接の被害者はいないが(9)、町全体のシンボルになれば町内の犠牲者の鎮魂の場になりうるとしている。この事例では、技術的な稀少性とシンボル化への期待込みで、保存の価値が語られている点が興味深い。

つぎに、東松島市にあるJR仙石線・野蒜駅プラットフォームと、野蒜小学校および浜市小学校をみてみよう。駅舎の一階が浸水したほか、線路が弯曲するなどの被害もあり、「トモダチ作戦」の舞台にもなった野蒜駅プラットフォームは、地域住民から保存意向が示されているが、現時点で検討中である。なお、旧駅舎は既に観光拠点として整備されており、震災遺構を保存することで、観光交流(10)の拠点性を高めようというのが地元の考えである。また、野蒜小学校と浜市小学校は、いずれも一階が浸水したが、付近の東名運河が津波を弱めたとされる野蒜小学校と、川が津波を遡上し、横から津波を受けたとされる浜市小学校では、被害状況に差異が生じている。両校舎とも、現時点で保存は検討中である。

これらの遺構に対して有識者会議は、野蒜駅が鉄道関連施設の遺構として稀少であること、野蒜小学校と浜市小学校について、地理によって被害が左右されることの「教訓」が得られるとして、評価している。その一方で、野蒜駅は「鎮魂」の要素が弱く、小学校はいずれも「発信力」が弱いとしている。この点を補うために、近代化遺産として注目を集めている野蒜築港[11]や東名運河などの歴史的資源と合わせて、管理コストを考えながら一体的に整備する道などが模索されている。

このように宮城県の有識者会議では、個別の震災遺構にどのような稀少性があり、そこで得られる固有の「教訓」とは何か、それは誰に訴求するのかといった詳細な論点が提起されており、議論が深まりをみせていることがわかる。

二　震災遺構の保存運動——いわき市薄磯地区の場合

(一) 保存運動のおこり

福島県いわき市沿岸部の薄磯地区は、東日本大震災において壊滅的な津波被害を受けた[12]。八メートルを超える大津波の浸水区域では、一般の家屋をはじめとする建物のほとんどが流失した。この深刻な被災状況下で、津波を被りながら流失せずに残ったのが市立豊間中学校校舎と体育館である。

薄磯地区には当然ながら同校の卒業生が多く、薄磯では唯一津波に耐えた建物としての象徴性も高いことから、校舎の存在を心の支えに復興を期する人びとが少なからずいた。それは被災直後から具体的な行動として表れ、五月には実に二〇〇人以上の卒業生や周辺住民が個別の声掛けに応じて集い、校舎の一階部分に流れ込んだ砂を取り除くなどの清掃活動を行っている。その際、体育館で涙ながらに校歌を歌った[13]参加者の間で、校舎の保存への意思が確認・共有されたという。

同地区の復興に取り組む薄磯復興協議委員会は、二〇一二年七月にまとめられた『東日本大震災を受けた防災教育・防災管理等に関する有識者会議最終報告』をふまえて、豊間中学校校舎に関する意見書を作成している。校舎を防災教育の拠点として活用することを提案する内容であり、地域住民の立場からその背景と意義を論じている。「防災教育については学校だけではなく、防災教育の拠点となるべき施設が不可欠」としたうえで、児童・生徒への防災教育を含む安全教育、教職員への防災教育法や学校の危機管理に関する研修、地域や企業の防災リーダーを養成する講座などを提供する施設として、校舎の利用可能性を説いている。それは地域を問わない普遍的な方法論の共有のみならず、いわきの地域性とローカルナレッジを反映した防災文化の形成と定着につながる、とする。

薄磯復興協議委員会のメンバーは、「未曾有の惨事を後世に語り継ぐ」という点において、この校舎をしばしば広島市の原爆ドームになぞらえる。原爆ドーム（当時の「広島県産業奨励館」）の保存に際しては、幼児期に被爆し、のちに白血病で亡くなった女子生徒が「あの痛々しい産業奨励館だけが、いつまでも、おそるべき原爆のことを後世に訴えかけてくれるだろう」と書き残した日記が広く知られるようになり、地元住民による署名活動が本格化して[14]、戦後二〇年を経て、原爆ドームの保存が決定した。薄磯復興協議委員会では、この広島と同様に、いかに長い時間がかかっても、住民主導による草の根運動で震災遺構の保存を実現する、との意思統一が図られている。

豊間中学校校舎という「生き証人」に惨事の記憶を語らしめ、かねて懸念される首都直下型地震、南海トラフ地震に備えて、全国民に生きた防災教育教材を提供することは、被災直後から受けてきた支援への「恩返し」と位置づけられている。

また、同委員会ではこの保存運動が、社会的に受け入れられやすい素地があると考えており、まず保存を望む地域住民の声が多く聞かれること、豊間中学校では犠牲者が出ていないこと、後述する「奇跡のピアノ」が全国的に注目を集めた経緯があり、一定の認知度を活かした拠点利用が期待されることなどを挙げて、保存の正当性を訴えてきた。

(二) 合意形成という課題

それでは豊間中学校校舎(および体育館)の保存をめぐり、薄磯復興協議委員会を中心とした住民の要望に対して、公立学校施設の整備を担ういわき市教育委員会はどのような見解を示してきたのであろうか。

二〇一二年四月より、教育の空白は許されないことから、豊間小学校に間借りして中学生への授業が行われてきた。教育環境の整備が急がれるなか、校区の地域住民、保護者ほか関係者の間で、豊間小中学校のあり方について意見交換がなされてきた。その結果として、豊間小学校の西側に、中学校として独立した機能をもつ校舎を連結し、小中一体型の併設校とすることが決まった。こうした校舎の形態だけでなく、教育内容においても小中の連携教育を推進し、保育園と放課後児童クラブもあわせて整備することで、「薄磯の子ども」に対する息の長い、より生活時間に密着した教育的サポートの提供を射程に入れている。二〇一六年四月からの供用開始に向け、整備を進めることになっている(いわき市教育委員会・保健福祉部 二〇一四)。

ただし、公立学校施設災害復旧事業は現地での復旧を原則としており、新たに小学校に連結させる形での校舎新設は例外的な対応である。これは津波を被った豊間中学校校舎とその立地に対する安全上の懸念があり、文部科学省が現地での復旧と供用は適切でないと判断したためである。(構造的な補強を行うにしても)同校舎を保存し、防災教育の拠点として供用するとなれば、文部科学省の判断との間に齟齬を来し、新地での校舎建設の正当性を阻害する、という見解である。[15] こうした見解は、いわき市教育委員会を経由して、意見書への回答という形で薄磯復興協議委員会に伝達された。

上述の経緯を、保存運動の第一の困難とするならば、第二の困難は建設予定の防災緑地が中学校校舎にかぶる、ということであった。当該地区の津波対策は優先事項のひとつであるだけに、薄磯復興協議委員会のメンバーは頭を抱えながらも、日大院生の岩井都夢氏らに協力をあおいで校舎の模型を製作し、たとえば防災緑地から校舎が突き出るような形での保存はどういう恰好になるかなど、保存イメージを具体的に描き出すことに努めてきた。

ここにきて、薄磯復興協議委員会による保存運動が一定の効果を生みつつある。六月の時点で市側は、断層跡（田人）、秋葉神社（久ノ浜）、防波堤がれき（岩間）など、いくつかの候補から、震災遺構の保存対象を豊間中学校にしぼり込み、地元住民の合意を模索してきた。しばらく保存・活用の具体的なあり方は明示されなかったが、秋口になって薄磯・豊間・沼ノ内の地元住民を対象に説明会が開かれた⑯。

そこで示された構想（いわき市行政経営部 二〇一四）は、上述の防災緑地や区画整理などに影響のある体育館と校舎の一部を解体したうえで、校舎と防災緑地を擁壁などで分離して保存するというものである。具体的な活用方法としては、波をかぶった一階には人を入れず、アルバムや写真などの記録の保管庫として、二階は防災研修や市民活動スペースとして、三階は震災前・後の地域の様子を伝える各種展示とともに、語り部による伝承活動の場として活用するという。三つの行政区は一一月末をめどに、保存の可否に関する地域住民の意見集約を市から求められ、保存運動を推進してきた薄磯も、合意形成という課題に向き合うことになった⑰。

（三）体育館解体

行政との一連のやりとりの過程で、上述のように体育館の解体は既定の事柄になっており、中学校校舎を保存するか否かによらず、受け入れざるを得ない側面があった。とはいえ、様々な記憶が蓄積された校舎の一部、また防災教育拠点の構成要素をひとつ失うという経験は、復興協議委員会メンバーにとって身を切る重たい意味をもっていた。

二〇一四年一〇月中旬からの解体工事を控えて、「海まち・とよま市民会議」の企画・主催により、九月二一日に体育館の「お別れ会」が行われた[18]。卒業生をはじめとして約二〇〇人の参加者が集い、卒業生で現在は高校生の女子生徒による「奇跡のピアノ」の伴奏に合わせて校歌を歌った。奇跡のピアノとは、豊間の地元企業の会長が、一九九九年、孫の中学校入学を機に寄贈したグランドピアノで、震災におよんで体育館の中で津波をかぶり、横倒しになっていたという。のちにガレキの撤去に訪れた自衛隊の配慮で、体育館の中央に置かれていたピアノを、市内の調律師が許可を得て持ち帰り、半年かけて部品の取り換えを行い、復活させたものである。このピアノはＮＨＫ紅白歌合戦でも演奏され、「奇跡のピアノ」として全国的に知られている。海外でも演奏されたピアノが約三年ぶりに体育館に戻り、卒業生らが歌声を響かせたことは、象徴的な出来事である。

薄磯復興協議委員会メンバーで、「海まち・とよま市民会議」の会長でもある瀬谷貢一氏は、震災遺構の保存活動にもっとも注力してきた人物[19]であり、お別れ会の呼びかけ人として「皆さんの三年半の思いを込めて校歌を歌ってください」と挨拶した。幅広い年代の参加者らはピアノを取り巻いて並び立ち、高らかに歌う光景を目にして、メンバーが校舎の保存に向けて意を強くしたことは疑うべくもない。

津波の第二波が到達した時刻（一五時二七分）をさしたまま止まっている時計があり、校歌の額とあわせて取り外された。当日、豊間中学校校長はインタビューに答えて、「子どもたちの活動を、見守ってくれた体育館であり、時計であり、校歌ですから、それをきちんと保存して、将来にですね、震災の悲惨さ（の記憶）を残す、ひとつの手立てになれば、意義のあることだと思います」と述べている（福島テレビ）。被災時刻をさした時計の保存は、阪神・淡路大震災関連のモニュメントにも数多くあり、これが博物館や新校舎で保存される[20]のは地域住民の「心の作業」にとって意義深いことであろう。

この後、体育館（およびプール）の解体工事は一〇月初旬には足場が組まれ、一六日に工事が始まり、ちょうど二週間後に完了した。「壊し始めると早い」とは復興協議委員会メンバーの率直な感想であり、解体工事と震災の語り継ぎ行為を重ねているかに聞こえる。記憶の伝承は、ひとたび断絶すると瞬く間に風化・忘却してしまい、想起することはままならない。これについては、高台造成工事が行われる間、古峯農商神社の仮移転で周辺の森林が伐採された折にも、あっという間に姿を変える「天狗様」にメンバーが同様の感慨をもらしている。区画整理を始め、すべての復興関連工事が急ピッチで進む中で、保存という営為は、そのような直線的な時間の流れを見つめ直すものとなる。復興の加速と遺構の保存が、アンビバレントな関係にあることが意識されよう。

三　防災教育拠点形成の補助線

(一) 防災教育と社会科——薄磯モデルのために

ここでは薄磯における防災教育のあり方を構想するうえで、僅かなりとも有効な補助線を提示してみたい。薄磯は防災教育の展開に必要な素材には事欠かない。圧倒的な説得力をもつ出来事や記憶があり、それを伝えうる話者の多様な語りがある。震災のみを切断面とするには勿体ない郷土史があり、そこに織りなされた生業文化がある。貝塚から信仰習俗まで有形無形の文化遺産がそこかしこに見出され、そして象徴的な校舎もある。

ただし、教育であるからには、シンボルや遺構の佇まいの存在感に委ねすぎず[21]、上述の要素群を相互に関連づけて、体系的に示すことが肝要である。その体系性を、筆者は「社会科」に求めたい。防災教育の構想について、復興協議委員会の方々と幾度か話し合い、提案や話題提供を行うなかで、防災教育と社会科の共通性を意識するにいたった。そこで埼玉県と明治大学危機管理教育センターが共同開発した『中学生向けの危機管理・防災に関する教材』を大いに参照しつつ、個々の教育項目を地理・歴史・公民に対応させる形で新たに分類し、項目を加えて再構成する作業を行った。これを薄磯で行う場合、どのようなコンテンツになるのだろうか。以下、分野ごとに概観してみよう。

地理的分野では「薄磯の地理を知る」ことを目標とする。まず地形の特性を調べ、その移り変わり（浸食や隆起など）を追うことで、薄磯の自然地理を把握する。つぎに家屋、事業所などの配置を調べ、開発状況や景観の移り変わりを追うことで、薄磯の建造環境を把握する。[22] そして自然地理と建造環境をふまえて、薄磯はどんな災害に強い／弱いのかを調べ、防災上の地理的特性について理解を深める。まとめとして、これらの知見を活かし、防災マップづくりに取り組む。たとえ既存のマップがあっても、学習者自身の体験を大切にしながら、道路、水のある場所、広い場所、安全な場所のほか、防災倉庫、水槽、コンビニなどを書き入れたマップを作成する。こうして地理的知識の現働化を行っておくことによって、迅速な避難行動に結びつくことが期待される。

歴史的分野では、主として社会史アプローチによって「薄磯の歴史を知る」ことを目標とする。社会史アプローチとは、[23] 為政者や統治権力の変遷を記述した「大文字の歴史」とは異なって、外交史、技術史、女性史などのように、人間活動の特定領域に照準した歴史叙述をさす。社会史は一般的に親しみやすく、ある事柄や性質が「歴史的である」ということが何を意味するかについて考えるのに適している。そこでまず薄磯の人びとの生業、信仰（祭りなど）、共同体（ムラ）の姿をたどり、薄磯の生活の記憶、伝統・伝承を洗い出すことで、薄磯の生活史を把握する。つぎに薄磯にとって大切なシンボル（指定文化財である必要はない）を洗い出し、薄磯の文化遺産とその来歴を把握する。まとめに、薄磯が経験した災害の歴史を調べ、前近代の災害との比較を通じて、阪神・淡路大震災、新潟県中越地震、東日本大震災の歴史性について考え、現代災害の特性を理解する。

公民的分野では「薄磯の共助を担う」ことを目標とする。まず消防団の被災前後の働きについて調べ、自主防災組織の働きについても調べることで、薄磯の既存の防災組織について意義と限界を知る。つぎに「誰が、どの段階で、どんな支援をしたか」を挙げていき、ボランティアをする／受け入れるうえで生じた問題を整理することで、薄磯で行われたボランティア活動を実態的に把握する。(24) また避難所における自治の実相をたどり、そこで生じた問題を念頭において、避難所に必要な生活上の配慮を挙げながら、自治に必要なルール、組織づくり、運営方法について考える。あわせて、復興計画・実施のフローを整理し、復興段階に応じて必要な組織、運営・調整を挙げていく。

以上のように概観してくると、防災教育の要点は、避難行動に直結する地理的な知識を身に付けることを大前提として、以下の三つに集約できるように思う。

①普段の暮らしを歴史的にみつめる

地域の歴史があって、現在の生活があることを理解し、普段の暮らしは当たり前ではなく（被災すれば失われる）、記録に値することを知る。

②地域社会のしくみについて教える

町内会・自治会などの地域住民組織や消防団の働きについて理解する。いざというときに機能する社会関係とはどのようなものかを知る。

③ボランティア活動について教える

ボランティア活動に感謝し、自分もボランティア活動できる人間を育てる。被災直後、復興期における助け合いに感謝し、自分で考えて行動し、助け合えるようにする。(25)

これらをふまえると、薄磯を防災教育拠点とするために取り組むべき作業課題が、三つの要点に対応した形でみえてくる。

①生活史教育

豊間中学校にまつわる出来事や、生活の記憶を丹念に掘り起こし、三区（豊間・薄磯・沼ノ内）の生活史を描き出す。出来事、伝承、生業[26]、知恵がキーワード。

②住民自治教育

どんな町内会・自治会・消防団の働きが被災時・復興期に奏功したかについて、薄磯はもちろん全国の事例を集積し、薄磯を「防災住民自治の学校」とする。

③ボランティア教育

被災地ボランティアを行う側と受け入れる側に生じる様々な困難や課題について、薄磯の経験と全国の事例を集積し、効果的なボランティア方法を提示する。

こうした作業課題にもとづくソフトの取り組みは、豊間中学校校舎の保存が実現するか否かを問わず行われるべきものであり、児童・生徒への教育はもちろん、成人対象の防災教育や地域リーダー研修、地元学にも適した教材の豊富化につながると考える。校舎が拠点なのではなく、それらの実践が先行・蓄積する場所が拠点になっていくのである。

(二) ジオパーク的保存

防災教育拠点にとっての集客性は、地域経済への還元という側面はもとより、数多くの旅行者に学習機会をもたらすという点で重要である。薄磯において体験的学習とツーリズムの融合を考えるとき、島原半島ジオパークの事例が大いに参考になる。薄磯のケースとの共通点は、被災（雲仙普賢岳の土石流／火砕流）しながら構造を保った学校校舎の遺構があり、半ば土に埋もれたような展示形式がみられる点であり、古代以来の歴史も魅力である点も同様である。実際のところ、薄磯復興協議委員会は、外部の有識者からジオパークに関するレクチャーを受けた経緯もある。[27]

ジオパークとは、UNESCOの支援下に設立された「世界ジオパークスネットワーク」が認定する自然公園で、「大地の遺産」を保護しつつ、地域の教育や科学振興、観光事業に活用し、持続可能な方法で地域振興を行うことが求められる（島原半島ジオパーク推進連絡協議会事務局・公式ホームページ　二〇一四）。また、ジオツーリズムは自然のみならず、自然と人間の相互作用に注目し、その正しいあり方を楽しみながら学ぶ点に特徴がある。ただ、ジオパーク認定の基準は厳しく、とりわけメインの自然環境が学術的に稀少であるか、学習体験を提供する仕組み（案内・解説板やパンフレットの充実、優れたガイドの養成など）が十分に整備され、しかも持続可能であるかが問われる。自然環境を活かし、気候風土に合った生産諸活動や生活様式が定着していることを示す、良質な地場産品や気の利いたお土産も必要である。くわえて、定期的に審査も受けねばならない。ここでジオパーク的保存としているのは、無理を強いてまで認定を目指す必要はないが、ジオパークの考え方や見せ方に学ぶこと自体は有益と思われるからである。

島原半島ジオパークを少し詳細にみていくと、半島の地質学的な成り立ちや火山の噴火と人の関わりを示すジオサイトだけでも数多くあり、前項で論じた防災社会科教育と比較して、（地理的な環境・条件というよりも）大地の物語／ドラマ(28)にひとつの強調点がある。薄磯にもちょうど地層があらわに見えるサイトがあり、海と人の関わりとともに、大地の物語を語ることができる。また、島原半島ジオパークでは周辺の温泉、変化に富んだ景観を「火山の恵み」としており、自然の両義性（恩恵と脅威）をよく伝えている。自然の脅威に晒された被災地が、自然の恩恵を説く意義は大きく、来訪者に対してスパリゾートや小名浜港などへの回遊をうながすうえでの大義ともなる。

島原半島ジオパークがさらに示唆的であるのは、災害の予防と復興のために用いられてきた、伝統的工法や先端的な施工などの技術的な努力が、技術による自然の克服というのではなく、生活環境主義(29)に近い立場から来訪者に紹介されている点である。薄磯の場合は、防災緑地がこの技術的な努力に相当するだろう。そのように考えると、防災緑地が校舎にかぶるのは、遺構保存を阻害する悩みの種などではない。先述のように防災緑地と校舎を擁壁で区切ることで対応できるならば、生活環境主義の技術的な努力と、語り継ぎの努力という、人が自然と向き合う際の同根異株の営みが、うまく折り合った肯定的な局面とも呼びうることを教えてくれるのである。

(三) スタディ・ツアーへの対応

豊間中学校校舎が残っている現時点で、大型観光バスが何処からやってきて横付けし、ツーリストが車窓から震災遺構を眺める、といった様子が幾度かみられている[30]。薄磯復興協議委員会がこれらすべてを把握してはおらず、地元の語り部やガイドの詳しい解説なしで、しばし眺めるだけで通過していったケースも多いものと思われる。薄磯が防災教育の拠点性を高めるうえで、先述のように社会科の枠組みやジオパークの視点を摂取して豊富化したコンテンツを存分に提供するために、体験的学習を主な目的とする修学旅行を含めたスタディ・ツアーの来訪ニーズに対応することが肝要である。その点で、阪神・淡路大震災後の神戸における、修学旅行の受け入れに関する組織化の過程や、実際に提供してきた体験メニューなどが大いに参考になる。

神戸市における修学旅行の受け入れ事業に関与し、積極的に発言してきた都市民俗学者の森栗茂一(森栗 二〇〇四)によれば、たとえば真陽地区は、大正時代からコリアンや奄美の移住者を受け入れてきた経緯があり、地域の開放性が高いことから、被災におよんで数多くのボランティアを受け入れてきた。そこから生まれた地域間交流が縁となって、長野県の修学旅行の受け入れに着手したという[31]。また、被災度にバラつきがあった本町筋商店街と新長田駅前再開発地区では、「被災と復興」に特化したまちの見せ方には賛否両論があり、修学旅行でも生徒に対して「食のまち」であることをPRしているという。

さらに、震災直後にボランティア村が設置され、定住するにいたったボランティアが少なからずいる御蔵地区では、NPOと地域住民組織が協働して、修学旅行を受け入れているという。このように、地域の開放性や閉鎖性、被災度の濃淡、市民活動の浸透度によって、修学旅行の受け入れ方針や運営方法、そこで提供される体験的学習の内容に大きなちがいが出るということがわかる。

薄磯の場合、歴史的に住民の流動性が高かった地域ではないが、西会津との交流事業も継続しているほか、被災直後から多くのボランティアを受け入れ、現在も問い合わせをしてきた各種ボランティア団体や見学者のグループの来訪にこまめに対応している。そのような機会には、薄磯の現状に対する感想や今後のまちづくりに関して意見交換などを行い、地域外の人びとや考え方に対して開放的である。被災度の濃淡に関しては住民間で大きな差異はなく、「被災と復興」という地域表象をめぐって地域を二分する賛否はないように思われる。ただ、市民活動の浸透度については、どちらかといえばボランティアを受け入れる側であり、地域住民の多くが市民活動にコミットしているとはいえない。こうした薄磯の地域性をふまえると、スタディ・ツアーの受け入れにあたって、地域住民組織と連携を図り、地域住民の協力をとりつけることが課題とされよう。

再度神戸の事例に立ち戻れば、修学旅行において児童生徒に語り継がれるのは「災害の記憶」であるという[32]。具体的には、①自然の大きさと恐ろしさの記憶、②自治体消防・自主防災の意義と限界に関する記憶、③地域連携、ボランティア連携、世界的友情の大切さに関する記憶、④「争い、折り合う」ことの連続であった復興過程の記憶、⑤市民と行政の困難な協働を切り拓いてきた記憶、⑥災害の伝承が危ぶまれたことの記憶であるという。そこでは、「絆」の強調とは異なった②のような分析的な視点に加えて、③④⑤のように、被災直後から復興期にわたるネットワークの重要性と困難さが率直に語られており、被災や復興という経験それ自体に限定されない、ガバナンスのあり方を問う内容になっている。また⑥などは、当の伝承活動の困難さについて語る[33]という、徹底した自己対象化が際立っている。

薄磯の場合にも、自然への畏怖と脅威に関する記憶や、避難や救助活動における消防団・自主防災の意義と限界などについて、語り継ぐべきエピソードには事欠かない。くわえて、薄磯復興協議委員会の取り組みに関する限りでも、薄磯・豊間・沼の内の三区協議会における意見調整や、防災緑地のあり方や校舎保存をめぐる行政とのやりとりから、現実的なガバナンスの様相を語ることも吝かではあるまい。伝承の困難さについても、震災遺構の保存運動の過程で経験している。スタディ・ツアーの参加者が児童・生徒であれば、個別の社会的文脈は呑み込めないとしても、人間関係の複雑さ、それゆえの大人の真剣さが伝わるであろうし、地域リーダー研修には恰好の素材である。

なお、神戸の事例では修学旅行の受け入れを継続するうち、肯定的な効果が生まれたという。まず自分たちが提供した体験的学習を経て、児童・生徒の表情や態度が変わるのを感じることで、自己効力感が増して高齢者が元気になってきたという。また、まち歩きの案内で女性が活躍しており、若返ってみえるそうである。「若返る」ということの内実は、自分が日常生活でまちに向けている眼差しや、空間的経験のセンスが支持されることへの自信ではないだろうか。また、修学旅行の受け入れを推進するNPOが、地域住民組織から信頼されるようになったという。田中重好（田中　二〇一〇）が議論しているように、わが国では「官の公共」が長らく幅を利かせ、市民的公共性が痩せ細っているとすれば、そうした国民の目には、市民活動の担い手には責任主体とは映りづらく、個別の利害関心や権利意識ばかりが強い人びとと映るのだろうか。しかし、参加と連携こそがサブ政治を実質化するのであり、実際に関わり合ってみれば、信頼に値するNPOは数多い。そうしてNPOが信頼されれば、歴史の掘り起こしや草の根の伝承活動も活性化するのである。[34]

他方、スタディ・ツアーの受け入れ事業において、行政や商工関係者の意向を反映しすぎると住民中心にならず、住民中心になりすぎても、諸団体や産業間の連携が生まれないといった、反省材料も神戸の事例から示されている。[35]また、受け入れ規模を拡大しすぎると、住環境や人権への配慮、真正性が損なわれることや、ツアーの参加者とのコミュニケーションの質を重視しすぎても、[36]スタッフが一団体にかかりきりになり、人手不足になるといった運営上の問題も指摘されており、示唆的である。

薄磯ではすでに、修学旅行を含むスタディ・ツアーを展開する場合、どのような形態になりうるかについて、大手旅行代理店と検討する機会をもつなどしている。今後にわたっては、スタディ・ツアーの成立可否に関する議論の向こうに、地域の共同／公共性を左右しうるコミュニティ・インパクトが考慮されるべき点を心に留めておきたい。

(四) 受容可能性を考える

さて、ここまで論じてきて、震災遺構のニーズとは何かを再度問い込まねばならない。なぜならば、震災遺構を防災教育拠点としたいのは、地元住民の意向であり、より限定すれば薄磯復興協議委員会や、メンバーの校舎保存運動に賛同してきた参与観察者[37]としての筆者の意向であるからに他ならない。「薄磯の歴史・文化、そして被災経験、この震災遺構に、本当にニーズがあるのか」。そのすべてに共時的／通時的、あるいは公共的／歴史的な価値があると確信するがゆえに、このことを問い込む必要がある。

ところで、薄磯の訪問者はいったい何をしに来るのか。被災地の実態や防災について詳細に知りたいからであろうか。否、そのような次元ではなく、もっと本質的な部分を掘り下げてみる。来訪者はツーリストにはちがいない。観光心理学の知見によれば、観光動機は緊張緩和欲求、社会的欲求、知的欲求に集約される（林・藤原 二〇〇八）。リラックスしたい、他者から承認されたい、見聞を広めたいというわけである。健康回復欲求や自己拡大欲求などを挙げる所論もあるが、上述の三欲求が満たされることで、人は健康や成長を実感するのである。

いずれにせよ、ここで確認すべきことは、欲求を満たしたツーリストは日常生活に戻るという当然の事実である。いかに非日常経験を楽しむとしても、日常性への否定的評価を増幅させるために旅をする者は（旅に生きる者を除いて）いない。ツーリストは旅先の人や社会、文化・慣習、経験の異質性を享受したがるが、自分の日常的な生活感覚とあまりに乖離したものは理解できない。すなわち、日常的な感覚を動員して理解できる「異質性」との邂逅を求めているのである。疎外感[38]や恐怖を与えるだけの異質性は受容できないわけであり、そこには「共通性」も担保される必要がある。

その「共通性」として、人間が生活のなかで笑ったり、泣いたりすることが挙げられる。ツーリストは、薄磯や豊間中学校にそのような喜怒哀楽に満ちた生活や学びの場があったこと（過去形ではないが）を、自分の故郷や母校を眺めるように感じ取りたいのである。他方で、被災・復興過程における限界状況での泣き笑いは、同じく喜怒哀楽とはいっても理解できるものと、到底想像がおよばないものがある。そのような異質性を、ツーリストが受容可能な範囲にコントロールすることも、現実的に考慮されねばなるまい[39]。

さらに、ツーリストは日常生活の肯定的な再評価をも旅に求めている。たとえば旅先で、城郭や桜花のような日本的美の風情にふれると、「この国も捨てたものではない」と感じたり、地元の方々と温かい交流をもてたり、献身的な郷土の偉人に関する逸話などにふれると、「人間も捨てたものではない」と思うことがあるだろう。それは不安社会に信頼を取り戻そうとする切実な欲求であり、今日高まりをみせているニーズといえるだろう。

比較的新しい観光形態であるボランティア・ツーリズムも含め、ツーリストは、被災地に行けば深刻で、リアルな、しかし人間的な何かがあることを予感しながら薄磯を訪れるにはちがいない。そして、実際に想定以上の現実を目にする。しかし、そのような状況下でも「（人や社会が）捨てたものではない」という思いを持ち帰りたいと考えるのがツーリストなのであり、薄磯と彼らの日常をうまく架橋することが肝要である。

おわりに

薄磯・豊間・沼ノ内の三区における意見集約を二〇一四年一一月末にひかえた時期に、本稿は執筆されたものであるが、豊間中学校校舎の保存に反対する意見が少なからず出ているとのことである。薄磯復興協議委員会とともに、校舎の保存と防災教育拠点形成について幾度か議論する機会をもってきた筆者としては、合意形成の推移を忸怩たる思いでみている。

新たな潮流としての「公共社会学」が、たんに分析的であるよりは、公共的な価値とは何かを正面から問おうとするとき、筆者もまた薄磯のフィールドにおいては価値表出的であることに吝かではない。すなわち、防災教育拠点としての公共性の高い豊間中学校校舎を是非とも保存していただきたい。筆者が本事例にみてとるのは、世代継承性のためにいまを生きるという選択が、個別の利害を超えてなされるべき局面に他ならない。

注

（1）文化財、文化遺産、遺構の三語について、文化財保護法が定める歴史上・芸術上の価値を有するものを「文化財」、多様な保存の欲望を満たすものを「文化遺産」、生活の痕跡を示すものを「遺構」という具合に区別して用いる。

（2）積極的に保存されている防空壕もあるが、自治体の地籍調査の遅れから埋戻しなどの対策が講じられず、結果として残っているにすぎない防空壕も少なからずある。

（3）復興庁の根本大臣（当時）は、二〇一三年一〇月八日の記者会見で「一番大事なのは、震災遺構を残すかどうかという、ひとつはそういう価値の合理性ということも十分検討しなければいけない」と発言し、目的合理性に対置される価値合理性という語を用いて、合意形成過程で検討すべき内容を示している。

（4）遺構とモニュメントの区別であるが、遺構のもつ生々しさを脱色し、出来事の記憶を共有しやすいよう記号化したものを「モニュメント」とする。なお、阪神・淡路の震災モニュメントについては、NPO法人阪神淡路大震災一・一七希望の灯り・毎日新聞震災取材班（二〇〇四）を参照のこと。
（5）当該地区のまちづくり協議会が、新たに整備された公園に傾いた電信柱を残すことを決めた。後述のとおり、御蔵では修学旅行の受け入れを行っている。
（6）神戸の地域性には、外国人居住者が多いことも挙げられる。外国人犠牲者の名を標したモニュメント（神戸市長田区・華僑留学生犠牲者慰霊碑など）が見られることも特徴的である。
（7）復興記念碑には、八つの石を配して八のまちづくり協議会による協働を表現したり（神戸市灘区・復興モニュメント）、西宮と秋田の老人会の交流について秋田県産の石碑に刻印したり（西宮市・三つの石組）など、被災前後の社会関係を反映したものがある。
（8）復興まちづくりにおいて、集客が期待される観光交流エリアに位置する震災遺構の保存には反対意見が出にくいとすれば、遺構の価値はあくまで文脈に依存する相対的なものとも思われる。
（9）犠牲者がいると遺構を見て辛い思いをする人びとがいると考えそうだが、同有識者会議では、直接の犠牲者がいることで鎮魂の場になりうると評価する。
（10）同駅舎は被災前から人の集まる展示スペースなどがあったが、現在、「野蒜地域交流センター」になっている。
（11）明治期の港湾建造事業であり、台風襲来のため突堤が流失したのち、再着工が放棄されてしまった「幻の港」である。とりわけ土木技術者の注目を集めている「近代土木遺産」である。
（12）地域住民の約一五パーセントにあたる一二〇人が死亡し、家屋の九八パーセントが流失した。福島県の震災関連報道は原発に集中しがちであり、あまり報道されることがないが、甚大な被害が出ている地区である。
（13）この五月の清掃活動に集った卒業生らは再開を期し、後述のとおり、体育館の解体にともなう「お別れ会」で再び校歌を歌うことになった。
（14）この署名活動では、地元の児童・生徒が活躍しているが、次世代の訴えで保存が叶ったという点に、同委員会メンバーはとくに注目している。
（15）文部科学省が相手の交渉であるがゆえに生じる特殊事情であり、防災に関わる国土交通省や復興庁の事業として保存を行うのが得策ではないか、などの議論がなされた。

(16) この住民説明会の参加者は少なく、校舎の保存に対する関心度の低さを表しているようにも思われる。
(17) 薄磯復興協議委員会はかねてより校舎の保存に関する提案を行ってきたが、保存のあり方は市が決めるとの回答を受けて、行政からの提案待ちの状態がしばらく続いた。そこへ来ての住民説明会、地区内の合意形成の要求という流れは急展開であった。市の提案を叩き台にして、住民が検討を深めるプロセスはもちえなかった。
(18) 当日の模様については、二〇一四年九月二二日付の『福島民報』および『産経フォト』を参照のこと。
(19) 高校教師である瀬谷氏は、修学旅行の受け入れに向けた大手旅行代理店との交渉など、校舎の保存と防災教育について意欲的に取り組んできた。
(20) ともあれ、止まった時計や校歌の額をほかの場所に移すことは、記憶の生々しさを脱色する「脱コンテクスト化」として作用するにはちがいない。
(21) 薄磯復興協議委員会メンバーからは、「震災遺構に語らせる」という表現がしばしば聞かれるが、校舎の佇まいがもつ無言の説得力もさることながら、語り部と「語り」の錬成に取り組んでおくことは、校舎保存の可否を問わず重要であろう。
(22) 同委員会では岩井氏らの協力を得て、平素からジオラマの作成や、防災教育拠点のイメージを模型にするなど、環境の空間的把握のセンスに長けている。
(23) 社会史アプローチは、「大文字の歴史」の相対化という点では、生活者の視点からする地方史とも親和的であると思われる。
(24) 被災当時から復興期にかけて、様々な物的支援やボランティア活動を受け入れてきた経験から、効率的で、喜ばれるボランティアや支援活動のノウハウが蓄積している。
(25) 豊間中学校教諭(当時)である小野覚久氏の被災直後から書かれた手記は、自分で考え、行動することや、助け合いの大切さを学ぶには格好の教材である。
(26) 生業に関しては、漁民史の掘り起こしが叶うとたいへん興味深い。その点で、豊間の地域リーダーには漁師の方々も含まれており、地域連携が有効であろう。
(27) 同委員会は専門家との交流にはたいへん熱心であり、委員長の鈴木勝氏が語るとおり、「(個々の目的で)薄磯を利用してくれればいい」という組織の開放性がみてとれる。
(28) むろん、かの大震災も大地の物語の一頁であると考えるような、超然としたものの見方は容易にできるものではないが、「出来事を歴史的に考える」という方法の一端を示唆してくれるものと思われる。

(29) 生活環境主義とは、近代技術が生み出した環境問題を技術的に克服するといった考え方や、人間の生活を抑圧してでも自然環境を保護すべきといった両極の考え方の「中庸」にある立場であり、居住者の視点を優先する環境主義である。
(30) 筆者自身も、被災後の薄磯を最初に訪ねたのは、学術学会のスタディ・ツアーであり、豊間中学校の校舎はバスの車窓から眺めた。
(31) 一教師が奔走したとされるが、やがて教育委員会が窓口になり、マスで流すようになると、内容が定型化してしまうなどの問題点も指摘されている。
(32) 実際、神戸のスタディ・ツアーでは、高齢者や障がい者などの施設をまわり、介助体験などをしながら、社会的弱者とされる当事者の被災経験を傾聴する、といったメニューになっている。
(33) 活動の困難さを語ることは、十全さを語るよりも、聞く者をして「参加と協働」へ動機づける作用があるといえるだろう。
(34) ここでサブ政治とは、経済・技術といった従来における非政治領域が政治化することで現れる「政治」である(ベック一九九八)。そのような政治では、生活や生命が主題化される。
(35) 「住民主導」の連呼はしばしば聞かれるが、そのことで団体間や産業間の連携が生まれにくくなるという指摘は鋭いものであり、一考の余地がある。
(36) コミュニケーションの質向上が人手不足を招き、運営を阻害しうるという視点も、上記の注と同様に盲点なのではなかろうか。
(37) 薄磯のフィールドにおいて、筆者の関与はきわめて限定的であり、微力にして、役に立てていない。その点で、アクションリサーチにはなりえていない。
(38) 被災者の当事者性は圧倒的なものであり、被災経験の語りにふれることは、震災を経験していない者にある種の疎外感を抱かせる側面があることは否めない。
(39) 防災教育について、小中学校の教諭にたずねると、児童生徒の心理的負担を考慮すると震災の教材化は難しいという意見が多い。その点でも、受容可能性の検討が必要である。

参考文献

いわき市教育委員会・保健福祉部、二〇一四、「豊間地区『学校のあり方』」

いわき市行政経営部、二〇一四、「旧豊間中学校校舎の今後のあり方について」
十菱駿武・菊池実、二〇〇二、『しらべる戦争遺跡の事典』柏書房
田中重好、二〇一〇、『地域から生まれる公共性――公共性と共同性の交点』ミネルヴァ書房
NPO法人阪神淡路大震災一・一七希望の灯り・毎日新聞震災取材班、二〇〇四、『思い刻んで――震災一〇年のモニュメント』どりむ社
林幸史・藤原武弘、二〇〇八、「訪問地域、旅行形態、年令別にみた日本人海外旅行者の観光動機」『実験社会心理学研究』四八（一）
ベック・U、一九九八、東廉・伊藤美登里訳『危険社会』法政大学出版局
宮城県震災遺構有識者会議、二〇一四、「（資料一）震災遺構対象施設個票」「（資料二）遺構評価検討シート」
森栗茂一、二〇〇四、「見えない都市遺産：神戸の震災復興現地体験型修学旅行の試みから」『国立民族学博物館調査報告』五一

災害記憶とその継承のための仕組みに関する考察
――東日本大震災の記憶継承に向けて

金城敬太

はじめに

二〇一一（平成二三）年三月一一日に東北地方太平洋沖地震が日本の東北沖で発生した。その地震、誘発されて引き起こされた地震、地震による津波により甚大な被害が生じている。福島県では、地震の直後に福島第一原子力発電所において原発事故が発生している。これに伴い住居を手放し、移住せざるを得なかった人々もいる。この震災では、「地震」のみならず、「津波」「原発事故」という様々な災害が複合的に発生している。なかには自然災害によるものだけではなく、人災による被害もある。日本のみならず、世界各国でも種類は違うものの大規模な自然災害、人災による被害が多く発生している。そのため、この大きな災害の経験やその記憶には、日本人のみならず多くの人類にとっても大きな教訓が含まれている。

その一方で、これらの災害の記憶は風化・忘却にさらされる。忘却などの現象は、人々が過去に囚われずに生きたり、現在の状況に対応するために過去の情報がある程度不要になったり、限定された記憶容量を効率的に利用したりするために必要な機能のひとつである。しかし、単純にすべての記憶を忘却していいわけではない。災害についてはその記録を残したうえで、分析し重要なものについては次世代に伝えていくことで、同じような災害にあった場合に対応ができるようにする必要がある。そのために「記憶の継承」は重要である。ここで本研究における「記憶の継承」をより具体的に定義したい。記憶の継承とは、災害に関する体験や教訓を次世代に伝えていき、防災に関する意識をつくり、行動を変えていくことで最終的に災害による被害を低減させることを指している。単純に記録するだけではなく、それらが人々へと伝達されて、行動に影響が出るまでを含んでいる。このように広範囲に記憶の継承を定義している理由は、災害における記憶の継承は、これらが最終的に災害による被害を低減させなければ意味がないと思われるからである。継承は、法律の整備や社会インフラの変更など社会システムとしての継承から個人の意識レベルでの継承まで様々なものがある。例えば、前者に関していえば、建築基準法の改正、防災基本法などの法整備、防波堤の整備などがある。本研究では、このなかで主に個人の防災・減災行動への影響を想定しながら記述する。

さて、このような災害の記憶の継承について過去に多くの研究がなされている。複数の災害において「災害ミュージアム」がどのように記憶の継承に役立っているのかをその設備の比較を通じて行っている研究がある（坂本・矢守 二〇一〇）。この研究において、災害ミュージアムの多くは、災害という出来事を忘れないことやその教訓を伝えていくという目的があるにもかかわらず、災害に関する様々な記憶を表象するところとして機能しておらず、災害の記憶の継承が難しいのではないかと指摘している。これは災害ミュージアムのみの検証であるが、災害記憶の継承が難しいという側面を表している。実際、災害においては多様な情報や教訓が存在している。しかし、これらが限定されていたり、逆に情報量が多すぎることで、最終的な目的である、将来における災害への対策としてどれほど機能しているかについては不明な点も多い。

そこで本研究では人々が忘却していくなかで、そもそも災害の記憶を継承していくときに、どのような仕組みでそれらを維持していけばいいのかについて既存の知見をもとに考察を行う。そして、大規模な災害の記憶の継承における事例を検討し比較することで、継承する際に注意すべき点、および継承するための具体的な提案を述べたい。

以下、一では記憶の風化や忘却などについての様々な分野の知見を横断しながら取り上げる。それらを踏まえたうえで二ではフレームワークを提示する。次に三では日本における主要な災害における事例を取り上げながら、災害記憶の継承がどのようになされてきたかを提示する。四では二で述べたフレームワークを再検討し、五で東日本大震災における取り組みを見直し、結語でまとめを行う。

一 忘却・風化と記憶の継承

(一) 個人や社会における風化や忘却

まず、人間の忘却や社会における風化、さらに記憶を継続するための一般的な話について述べる。忘却について述べる前に「記憶」について考えてみる。記憶とは物事を忘れずに覚えておくことであるが、これにはいくつかの種類が存在している。スクワイヤによれば、感覚記憶、短期記憶、長期記憶の三つに大きく分類される(Squire, L. R. 1987)。感覚記憶というのは、視覚や聴覚などの感覚的な記憶で一から二秒ほどの記憶とされている。短期記憶というのは、二〇秒程度保持される記憶で限られた情報量しか保持できず、その場で処理されるもののことである。一方で長期記憶というのは、短期記憶を経て長期的に記憶が保持されるものであり忘却されにくい

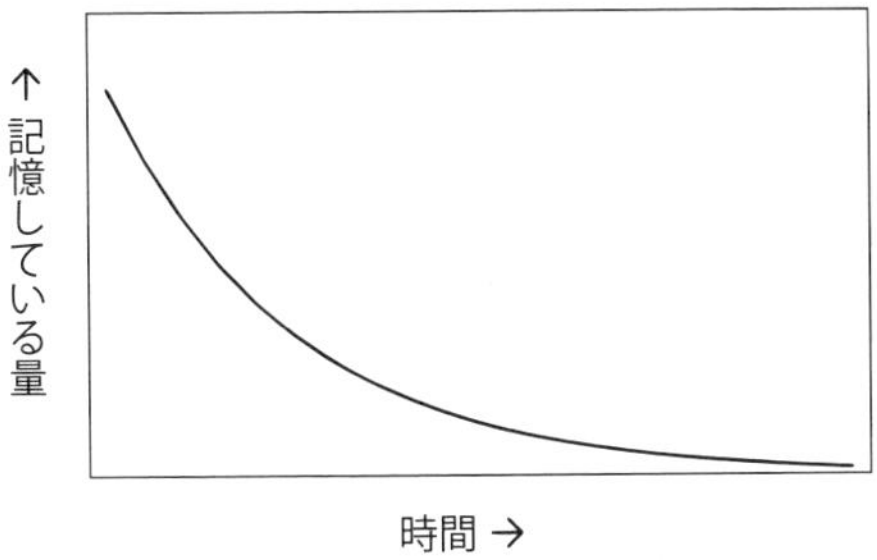

図1　忘却曲線

ものである。個人においては脳における海馬がこれらの処理を行っているとされている。

心理学者のヘルマン・エビングハウスの忘却曲線というものがある(Ebbinghaus, H. 1885)。忘却曲線とは、中長期記憶についてその再生率を調べることによって導きだされた曲線のことである。具体的には経過時間とともに節約率(記憶した内容を再度記憶しなおすのに必要な時間もしくは回数を表した指標。再度記憶する際に短くなった時間・回数を最初に要した時間で割ったもの)が指数関数的に減少してくことを示したものである(図1)。厳密には記憶量ではないがその代理指標としてこれを用いている。ある種の記憶している量が指数関数的に減少していくという現象は、数多くの実験でも確かめられているほか、数理的なモデルも提案されている。この忘却曲線は、さきほど述べたような短期的な記憶から長期的な記憶へと移行する場合に、どのタイミングで復習を行ったほうがより効率的かということも示唆している。その事象が起きた短期のうちに復習をすることのほか、定期的に復習をすることで、記憶している量を維持することが可能であるということも推論される。

上記で述べたものは人の忘却の構造であるが、これらの構造は集団においてもあてはまる。杉森らの研究では災害の集団における風化も同様の構造になっているとされている(杉森・岡田　一九九五)。この研究では、集団における防災意識の低下について取り上げている。直接的に集団の意識の低下を計測することは継続的な調査が必要であり、非常にコストがかかるために間接的にこれらを測定する手段として新聞報道における量を指標として取り上げている。具体的に一九八二（昭和五七）年の長崎大水害をもとにした防災意識の変化について取り上げており、被災後一〇年にわたる追跡調査の結果、防災意識の減衰モデルを導出している。これによれば、報道の量を縦軸、時間の経過（月）を横軸にした場合、縦軸を自然対数変換した場合に、線形回帰直線によって近似できることを示している。すなわち、時間の経過とともに報道の量（社会的な記憶）が指数関数的に低下していくということが示されている。ただし、集団の場合は、個々人間のインタラクションやメディアの影響などがあるために単純に個々人の記憶が低下していくだけではなく、記憶の低下に歯止めをかけるような動きもあることに注意されたい。

なお、記憶を継承していく際に注意すべき点もある。災害で被害にあった人のなかには心的外傷後ストレス障害などのような問題を抱えている人もいる。このような場合は、被害そのものの記憶とある程度距離をおく必要もある。記憶が必要な一方でこうした点にどう取り組むかも問題である。ある程度時期を経て心の整理がついた後で記憶の継承に係るという方法も考えられる。

（二）一般的な記憶の継承

通常の忘却に対する対抗としては、心理学や特に教育心理の分野でいくつか知見がある。例えば、英語などの学習で、定期的に復習や反復を行って、短期的な記憶から長期的な記憶へと移行させるという方法がある。具体的には、「リハーサル」と呼ばれるものがある（山口　一九九七）。これには主に二つあり、短期的な記憶においてその記憶を維持することで忘却を防ぐ維持リハーサルと呼ばれる方法と、短期記憶から長期記憶に記憶を送り、長期記憶のなかで「構造化」していく精緻化リハーサルと呼ばれるものがある。それ以外にも記憶すべきものを視覚的に思い浮かべたりする視覚的なリハーサルというものもある。個人の学習における知見は、災害のように社会的な問題とは異なってはいるが、記憶の継承するための手段としてヒントになるものがある。例えば、「リハーサル」の知見から考えられるのは記憶の長期化には、復習およびそのタイミングが重要ということである。社会的な文脈では災害などがあった場合にも、毎年その日に慰霊祭などが行われ、年に一度はそのことを想起するタイミングがある。一方で、タイミングや頻度がこれで十分なのかというのは問題がある。加えて、記憶の定着のためは、知識同士の関連性を考えたうえで記憶を行う、「構造化」を行う必要がある。具体的には、情報をカテゴリー分けする方法、記憶同士の関連付けを行う方法、チャンキング（複数の記憶をまとめてひとつの記憶にする）という方法などがある。災害に関する記憶や情報というものは災害から復興、防災に至るまで膨大であり、それらを個人が記憶しようとしてもなかなか定着できるものではない。これは社会においても同様で、災害に関する情報や教訓をいかにして整理・構造化して提供し、必要な人に必要な情報を伝えていくかを考える必要がある。

次に社会における記憶の伝承を考えたとき、その個々人の生涯における記憶も重要となる。多くの場合、その地域における災害の学習は小中などの義務教育においては頻繁に行われている。しかし、その時期以降はあまり学習しないことが多い。このような現状において、どの年齢まで記憶が強く残っており実際に行動に移せるのか、さらに記憶の「継承」という観点から考えると、それらを子孫に対して継承できるところまで記憶できているかについては未解明な点も多い。そこで個人の生涯における学習と記憶の関係についての知見を、災害に対しても応用していくことも重要であろう。なお、社会的な文脈で記憶を継承していく際に参考にできるものとしては歴史の学習がある。歴史は社会的・政治的な影響下にあるため、災害の記憶の継承に応用するのは難しい面がある。しかし、ある事実が長期的に忘却されずに継承されてきたことを鑑みれば、歴史の継承の方法もこれらに応用することが可能であろう。

これ以外にも運動などの学習や記憶も災害と切り離すことはできない。災害時において、避難という行動を起こすにはなんらかの運動が伴うからである。運動における学習では、意識的な行動や反復、修正をはじめの段階では繰り返して、そのうち無意識的な行動へと移行させるといった知見が存在している。こうした知見は、避難訓練を繰り返すことで避難行動がある程度無意識にできるようにする、といったような場面で活用していくことができるであろう。

二　記憶の継承のための枠組み

(一) 災害記憶の継承のための仕組み

ここでそもそも何のために記憶を継承する必要があるのかを考えてみたい。「はじめに」でも述べたがそれは社会全体として、将来の災害による被害の低減が大きな目的であると考えられる。災害における悲劇を伝えていくということは単純に出来事を記憶するだけではなく、その悲劇を繰り返さないことが大きな役割であろう。では、この将来の災害による被害を低減させていくためにはどのような要素が必要となるのであろうか。

そのためには大きく三つの観点が考えられる。まず、災害データを保存するということであり、次にそこからいかにして教訓などを抽出するかということ、最後にこれらを記憶し継承し、災害が起こった場合に対応できるようにシステムをつくるということである（図2）。これまでの研究でも災害の教訓を得ることから、災害文化を継承することが重要であるという観点は示されている（島・片田他　二〇一〇）。ただし、この教訓を抽出するためには災害に関してのデータを保存する必要があるため、本研究では第一段階としてデータの保存を挙げている。また災害文化のような継承のための社会的な動きを、より広くとらえるために「(災害についての教訓を）継承するシ

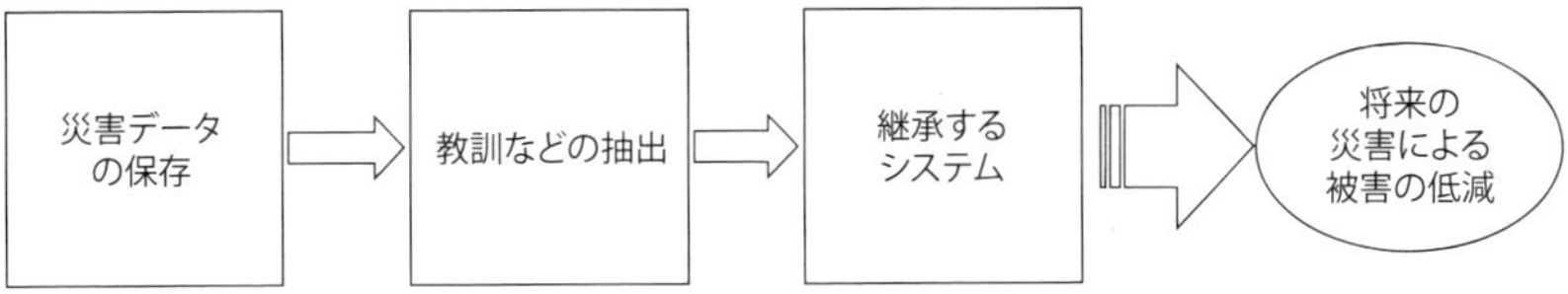

図２　記憶の継承システムとその目的

ステム」と本研究では表現している。このフレームワークに基づいてそれぞれ具体的に取り上げてみたい。

（二）災害データの保存

はじめに災害に関するあらゆるデータは記録・保存する必要がある。次にあるように次世代のためにどのような教訓が必要となるかは事前に明らかではない。そのため、災害や人々の言動、その後の復興過程の変化などあらゆる記録やデータを残しておく必要がある。データとしては、計測データから、災害遺構のような実物、人々の言動の調査、発言など様々なものが存在している。坂本らは記憶の継承に関連するものとして主に三つを取り上げている（坂本・矢守　二〇一〇）。

まず、個人的記憶を伝える現物資料があるとしている。被災者のメモ書き、音声テープ、動画などの映像、災害の際に着ていた服、地震のときに壊れた時計など、出来事に関する個人の記憶を伝えるものがこれにあたる。次に、ハザード現象に関する現物資料である。活断層や地震動により破壊された建物などのようなものである。三つ目に出来事を伝える写真、映像などの二次的な資料である。写真や文章、新聞、書籍などがこれにあたる。

これ以外にも時間に沿って、災害時、災害直後、復興期などに分けてデータを分類する方法もある。このように人や組織、自然に関することや時間的な違いで多くのデータが存在している。データの分類などを用いてなるべく網羅的に多くのデータを保存する必要がある。

(三) 教訓の抽出

次に、そこから具体的な教訓などを抽出しなくてはいけない。今回の震災においても教訓が様々なレベルで抽出されている(岡安・湧川 二〇一二)。教訓というのは、計測に関するレベルのものから、国や地方などの行政、さらに地域の組織や住民などの防災に対する取り組み方に至るまで多岐にわたっており、それらを利用する人々によって大きく異なってくる。これらの教訓は二でも述べたように複雑であるために「構造化」も重要である。実際、教訓はすでに得られているにもかかわらず、必要な人や組織にそれらが伝わっていないことも多い。そのため、これらを一旦整理し、構造化する必要がある。例えば、岡安らの研究では、「地震や津波などの外力」「防災対策や復興の在り方」「災害に強い施設整備の考え方」「避難行動・計画、防災体制・計画の見直し」「将来の巨大災害への備え、情報発信」「復興の基本的な考え方」「災害に強い国土、地域、都市の形成」「土地利用や住まい方、復興体制、仕組み」などに教訓を分類している(岡安・湧川 二〇一二)。それ以外にも防災対策を分類して整理している研究もある(中林 一九九六)。こうした知見が参考になるであろう。

(四) 継承するシステム

最後に災害の教訓を伝達させる仕組みが必要である(島・片田他 二〇一〇)。具体的には防災教育や、災害を想起させるような定期的なイベントや慰霊祭などがこれにあてはまる。またミュージアムや災害遺構をつくることで継承をしていくような仕組みもある。さらには「災害文化」「防災文化」のようなかたちでその地域が独自につくり上げた文化もこうした継承のシステムに含まれている。この継承するためのシステムというのは、様々な方策が可能であり、特に解答があるわけではない。しかし、最終的には単に記憶の継承のみならず、「教訓」をもとに今後、災害における被害の低減をしていくという目的は存在していると考えられる。

また、さきほど述べた膨大な量の「教訓」をいかにして必要な人に伝達していくかは重要な視点である。ただやみくもに情報を提供するだけでは、記憶に定着しない可能性がある。そのため、必要な人に必要な情報をどのようにして提供するかという観点が重要である。このシステムにおいては、先に述べたような忘却のメカニズムや長期記憶の保存のための知見が利用可能である。

それ以外にも社会全体のシステムの変更を考えた継承であれば、「法」制度を変えることによって半永久的に災害に対して対抗する方法も数多く存在している。例えば、建築の際の基準や、防災のための設備の設置などがある。これらは、法にして義務化することによる一種の教訓の継承とも考えられる。ただし、法律というのは多くの場合は最低限のものであり、それぞれの地域におけるより細かな防災のための教訓の継承、特に本研究で述べているような個人の行動に影響するような記憶の継承についてはカバーがしにくい面がある。そのため、法のみならず各自治体や、各組織、各家庭などの様々なレベルで記憶の継承のためのシステムを考えていく必要がある。

次は以上の三つの観点から過去の災害における事例を取り上げてその問題点や参考になる点を考察する。

三　戦前・戦後の災害における記憶の継承事例とその問題

(一) 関東大震災

関東大震災とは、一九二三（大正一二）年九月一日一一時五八分に神奈川県相模湾北西沖八〇キロメートルを

写真１　復興記念館（筆者撮影）

震源とした地震（マグニチュード七・九）による災害である。建物への被害は全壊が約一〇万九〇〇〇棟、全焼が約二一万二〇〇〇棟となっている。人に対する被害では、一九〇万人が被災しており、一〇万五〇〇〇人以上が死亡や行方不明になっている。具体的な被害は、神奈川県内では建物の崩壊や液状化による地盤沈下、沿岸部では津波による被害、東京においては火災による被害が数多くを占めている。これ以外にも、朝鮮人による暴動が発生しているといったような流言やデマが発生し、それを警戒した民衆によって自警団が結成され、朝鮮人との衝突が発生するという被害も発生している。震災後の復興の際には、第二次山本内閣の内務大臣に就任した後藤新平による「帝都復興計画」が定められ、帝都復興の計画過程で区画整理などの復興計画の骨格が形成された。これらは、近代日本の都市の基礎となっている。

関東大震災に関するデータは数多く残されている。そのなかに被災者らによって建てられた「復興記念館」がある（**写真１**）。これは、本所区本所横網町の陸軍本所被服廠地と呼ばれた場所に建てられており、かつて被災者が避難した場所である。現在は横綱町公園となっている。この場所は、火災から避難してきた人々が、地震発生時の強風で発生した火災旋風に襲われ、甚大な被害が発生したという悲劇の場所でもある。

展示物としては、震災被害の一次資料や統計資料、さらに災害の記憶を後世に伝えるために油絵なども展示されている。それ以外にも震災による遭難者の遺骨を納めるための霊堂として東京都慰霊堂などの施設もある。

関東大震災では、多くの教訓が得られている。近年の事例では二〇〇七年に、災害教訓の継承に関する専門調査会（内閣府）でまとめられ公開されている（内閣府　二〇〇八）。具体的に発災とメカニズムについての報告がまとめられている。これら以外にも、朝日新聞や日経新聞などの各種報道機関において、一〇年などの節目節目において教訓の一部が取り上げられ、報道されている。特徴的なものとしては、流言やデマなど情報に関する教訓のほか、復興計画に関する教訓も多数存在している。

教育・定期的なイベントや報道もなされている。教科書により全国的に学習する機会があるほか、小・中・高等学校において防災教育がなされ、場所により上記のような施設も利用されている。加えて、九〇周年にイベント（関東大震災九〇周年・首都防災ウィーク　http://www.bosaijoho.jp/topnews/item_6564.html）が開催されたように定期的なイベントも存在している。

続いて、上記の調査を通じての考察を述べる。まず、これらの施設やモニュメントにおいて、出来事としての記憶の継承についてはある程度効果はあるものの、災害の際にどのようにすればいいかという教訓の抽出やその情報の伝達は十分ではない。防災館など他の施設での防災への取り組みはみられるが、上記の施設との関連・連携は少ない。関東大震災の再検証も行われているがこれらを恒久的に人々へ伝達していくために、防災訓練施設や教育現場のみならず、データを記録した施設やそのほかのモニュメントなどでこれらの情報を提示していくことも必要であろう。詳細はのちに述べるが、兵庫県にある「人と未来の防災センター」のようにこれらが一体となっている事例が参考になる。

また教訓の観点からは、九〇年近く経て都市機能自体が大きく変化しており、それにより必要な教訓そのものも変化してきている。具体的には、かつては少なかった地下鉄などの地下の機能のほか、東日本大震災の際にも問題となった帰宅難民の発生など現代に合わせた教訓を検証する必要がある。

加えて該当地域の出身者（東京都墨田区、中央区）に聞き取りを行った結果、定期的なイベントが行われており、また小さいころから家族経由などで災害の情報を得ており、記憶の継承がある程度なされていることが明らかになった。一方で、東京においては首都圏以外の他地域からの流入者が多い。このように特に都市圏など、その地域で義務教育を受けておらず他の地域から移住してきた人には、その地域における過去の災害、災害文化や具体的な防災情報などが伝達されていない可能性が高い。移住者とその防災意識の希薄化も一つの問題である。

（二）伊勢湾台風

伊勢湾台風とは、昭和三四年台風第一五号のことである。一九五九（昭和三四）年九月二六日に日本に上陸し、紀伊半島から東海地方など全国にわたって甚大な被害を及ぼした台風であり、阪神・淡路大震災や東日本大震災が発生するまでは、第二次世界大戦後の自然災害では最多の被害者を出したものである。最低気圧八九五ヘクトパスカルで、最大風速秒速七五メートルともされている。被害は、死者四六九七名、行方不明者四〇一名、負傷者三万八九二一名である。伊勢湾沿岸の愛知県・三重県における被害が非常に大きい。建物などへの被害は、全壊家屋三万六一三五棟・半壊家屋一一万三〇五二棟、流失家屋四七〇三棟、床上浸水一五万七八五八棟となっている。名古屋市南部には海面下の地域があり、その地域における高潮による海岸堤防の破壊により被害が大きくなっている。この災害は、一九六一年一月に災害対策基本法などが成立するきっかけにもなっている。

現在において、これらの記憶を継承する様々なものが存在している。伊勢湾台風記念館（三重県桑名市）、伊勢湾台風資料室（愛知県名古屋市南図書館内）、名古屋市港防災センターなどがあり、そこでは伊勢湾台風時の洪水の雰囲気を体験したり、展示などで被害を伝えることもなされている。これ以外にも伊勢湾台風関係の碑がいくつか建設されており、災害の記憶を残すものも存在している。具体的には、一四二名の児童が犠牲となった白水小学校では一九六四年に、「友情の碑」が運動場に建てられている。この「友情の碑」の台座の高さは、伊勢湾台風での水位にあわせてつくられている。

教訓についても取り上げられている。これについては、中央防災会議の「災害教訓の継承に関する専門調査会」により、報告書として二〇〇八（平成二〇）年三月にまとめられている。そのなかに、伊勢湾台風災害の総括と継承すべき教訓が記載されている（内閣府　二〇〇八）。これ以外にも、関西大学の河田惠昭によれば次の七つが取り上げられている。これらは、現代でも通じるような教訓を抽出しているほか、災害の際に避難が遅れたという事例やそれ以外にも現状の都市機能をふまえた教訓となっている（河田　二〇〇九）。例えば、一．公営住宅とそこからの避難路の安全性の緊急点検、二．避難準備情報、避難勧告の発令の自動化、三．避難勧告発令時の情報内容の改善、四．地球温暖化による人工島（埋立地）とその背後の旧臨海市街地における高潮脅威の増大の公表、五．暴風被害の発生と予防策の推進、六．道路浸水の長期化と初動広域対応の円滑化、七．広域・複合・長期化災害としない公的努力とＧＩＳを用いた情報連携の推進、などがある。

また、伊勢湾台風からの教訓の抽出もしくはその継承システムとして重要なものとしては、先ほど述べたように災害対策基本法の制定がある。具体的には防災についての責務を明確化し、さらに組織や防災計画、防災対策、金融措置や緊急事態における措置についても明記されている。これらは教訓の抽出と同時に、継承していくための有効な方法であると考えられる。

具体的な教育や定期的なイベント、報道もある。例えば、五〇年目には五〇周年特別企画展など多くのイベントが開催されている（伊勢湾台風五〇年連絡会 http://www.cbr.mlit.go.jp/kawatomizu/18.htm）。また五五年目においては、「それぞれの伊勢湾台風」と呼ばれる映画も製作されており、時代の節目において様々なイベントが開催されている。学校に設置されている慰霊の塔において毎年慰霊に関するイベントを行うといった事例もある。

上記の取り組みを通じて学べることは複数ある。教訓の観点からは、例えば避難情報や勧告の自動化、さらにGISの利用といったような昨今の技術をふまえたうえでの教訓を抽出することが大切である。継承するシステムについては、これらはほぼ自明ではあるが、法律化することで社会に継承していく仕組みをつくるというのがもっとも強力である。また、学校などにモニュメントなどをつくり、さらにそこで定期的にイベントを行うことにより、記憶を継承していくという自主的な取り組みも重要である。

(三) 阪神・淡路大震災

阪神・淡路大震災とは、一九九五(平成七)年一月一七日午前五時四六分に淡路島北部沖の明石海峡付近を震源とした地震(マグニチュード七・三)による災害である。兵庫県を中心に、大阪府や京都府においても被害が発生している。特に神戸市においては甚大な被害があった。建物に対する被害は、全壊が一〇万四九〇六棟、全焼が七〇三六棟。さらに人に対する被害は、死者が六四三四名で、行方不明者が三名、負傷者は四万三七九二名となっている。具体的な死因としては、木造の家屋や家内家具の転倒などによる下敷きになって即死をした人が七割以上を占めている。特に一階部分において亡くなった人も多い。これらは冬の早朝に発生し、就寝中であったものも多く、圧死した人が多いとされている。関東大震災においては焼死が多く、東日本大震災においては津波による水死が多かったこととは異なっている。

阪神・淡路大震災に関する情報やデータを保存した施設や、その痕跡を残した建造物は数多く残されている。例えば、震災の教訓の継承とともに防災・減災の研究などの拠点となることを目的に創設された、「人と未来の防災センター」がある。このなかに、防災未来館があり、阪神・淡路大震災と防災をテーマとした科学館となっ

写真２　神戸港震災メモリアルパーク（筆者撮影）

ている。ここでは災害の追体験ができるほか、震災や復興についての記憶をするコーナー、さらに防災や減災を行うフロアーもある。また特徴として、語り部ボランティアがおり、直接、被災体験を聞くことが可能となっている。これ以外の施設としては、「神戸港震災メモリアルパーク」などがある（写真２）。神戸港の一部であり、阪神・淡路大震災で被害を受けたメリケンパークの岸壁の一部や湾港の様子を被災当時のままで保存している。これ以外にも震災の際に、被害にあって変形した高速道路の橋脚をモニュメントとして神戸市の道路のわき等に設置している。

阪神・淡路大震災においても教訓は数多く残されている。これについても、内閣府（当時の国土庁）によって、一九九七から一九九九年度の間に実施された「阪神・淡路大震災の教訓情報分析・活用調査」に基づいて、『阪神・淡路大震災教訓情報資料集』が作成されている（内閣府　二〇一四）。そこでは、教訓や知見を、四つの時期に分類して整理を行っている。具体的には、第一期：初動対応（初動七二時間を中心として）、第二期：被災地応急対応（地震発生後四日から三週間）、第三期：本格的復旧・復興始動期（地震発生後四週間から六カ月）、第三期以降も続く課題（地震発生後六カ月以降）の四つの時間的なフェーズで分類している。また、兵庫県は復興一〇年総括検証（二〇〇三から二〇〇四年度）の際に、阪神・淡路大震災復興フォローアップ委員会などでの意見に基づいて、阪神・淡路大震災の重要な教訓一〇〇項目を抽出している（兵庫県二〇一三）。一．いのち＝自助、共助、公助で、被害を最小限に抑え、被災者の命を守る、二．暮らす＝被災者・被災地の生活条件を整え、その自立を支援する、三．創る＝ひとと地域の活力を取り戻し、災害に強いひと・まち・文化を創る、四．支える＝今後の高齢社会、成熟社会、減災社会を支える仕組みをつくる、という四つの側面が取り上げられている。例えば、一においては、大地震への備えのために備蓄をするほか、減災のために、「地域の危険を知る」「地震に強い家」「家具の固定」「日ごろからの備え」「家族での防災会議」「地域とのつながり」などの具体的な教訓を提示している。

続いて、継承していくための教育やイベントなどはどのようなものがあるかをみる。まず、教育面では多くの取り組みがある。阪神・淡路大震災以降、全国的な一九九八年の学習指導要領改正によって新しく設けられた「総合的な学習の時間」によって防災の教育面で大きな変化があったとされている（矢守　二〇一〇）。この総合的な時間を利用して、防災教育プロジェクトが始まったり、またそれらを支援する全国的なプログラムも誕生している。さらに兵庫県の舞子高校では、環境防災科が設置されている。総合的な学習の時間や選択科目で防災教育を行う通常の学校とは異なり、専門科目で十分に時間をとって防災について学んでいる。こうした「人材」の育成も重要な観点である（防災教育チャレンジプラン　二〇〇四）。

イベントとしては、「阪神淡路大震災一・一七のつどい」という神戸市が行っているものもある（http://www.city.kobe.lg.jp/safety/hanshinawaji/revival/hanshinawaji/）。震災で亡くなった人を追悼し、さらに震災の際の協力体制を次世代へ語り継いでいくことが目的とされている。この際、東遊園地にある「慰霊と復興のモニュメント」を利用している。それ以外にもキャンドル点灯を行ったり、さまざまなメモリアルイベントが二〇一四年の現在でも開催されている。

これらの事例から学べることについて述べたい。人と未来の防災センターや遺構のように、膨大なデータを展示していることは多くの人々にとって有益であると考えられるし、さらにここから新しく研究を行い、教訓を抽出するという意味でも重要であろう。ただし、逆に情報が多すぎてしまい、具体的な教訓がみえにくいという側面もある。そのため、人々の防災行動に対してどれほど影響しているかは未知な面がある。そこで、教訓についての構造化・単純化が必要となってくる。さきほど述べたように、すでに教訓を整理をする取り組みがなされているため、これらを参考にしながら情報をより厳選や順位づけを行い、適切な人に伝えていく必要もあろう。

また、これらの教訓を恒常的に学習していくような仕組みについては学校で行われているものの、そこ以外ではあまり多くない。さきほど述べたようなモニュメントを利用した慰霊のためのイベントなどは定期的に行われているが、一歩進んで教訓やそれを通じた防災行動とのリンクはあまりみられない。これら慰霊などの出来事の記憶の継承と、教訓など未来への記憶の継承は基本的には異なるものであるため一緒にすることは難しい。しかし、前者が定期的に行われるため、教訓を活用するための何らかの連携があると本研究における記憶の継承につながる。例えば、伊勢湾台風の事例では、「友情の碑」の台座の高さが、伊勢湾台風での水位にあわせてつくられているがこうした方法も参考になろう。

継承していくための仕組みとして、参考になる点として「人材育成」というものがあることが挙げられる。具体的に専門的に学ぶ人を育成したり、それ以外でも語り部ボランティアなど人から人への直接的な伝達は、記憶の伝承において大きな役割を担うと考えられる。

四　記憶の継承のための社会的な取り組みについての再考

これまでの事例をふまえて、データの保存、教訓の抽出、継承するシステムの三つの要素においてどのようなことが重要であるのかについて再考したい。

(一) 何を残すのか——災害データの保存

まずは具体的にどのような情報を残すのかということが問題である。二(一)でも述べているように基本的には一次的な情報から二次的な情報まであらゆる情報をできるだけ残したほうがよい。いつどのような情報が必要になるかがわからないからである。それに加えて、人と未来の防災センターのようにこれらを恒常的に管理する施設をつくることも重要になってくると考えられる。またこのセンターの取り組みであるように、人々の生の声やそのイメージを具現化したデータを残していくことも重要であろう。

また、モニュメントについては、伊勢湾台風の例にもあるように教訓とも関連づけることで記憶の伝承を促すと考えられる。ただし、災害遺構については維持費やネガティブな記憶を呼び起こしてしまうなどの様々な側面があるためすべてを残すことは困難でもある。一方で、観光資源ともなることもあり、多様な観点から意思決定をしていく必要がある。維持の方法では、北淡震災記念公園(兵庫県淡路市)のように維持をしていく方法もあれば、阿古小中学校・溶岩埋没跡(東京都三宅村)のようにそのまま保存して維持管理をしない方法もある。

(二) 学ぶべき教訓はなにか——教訓の抽出

事例から明らかになったことは教訓の抽出はある程度、行われているものの教訓が多すぎてそれらの選択が難しいという点である。すでにいくつかの事例で分類・構造化もしくはシンプルにまとめていくことが行われているがこのような取り組みが必要であろう。具体的にどのように分類するかも難しい問題である。天災か人災かでも異なる。また、地震についても直下型か、海溝型かで異なってくる。災害にもその土地や環境特有のものやそうでないものもある。例えば、海沿いでは津波などの被害があるし、山地においては土砂災害や火山による被害などがある。福島原発事故のように天災や人災が複雑に関係している場合もある。多くのケースであるように災害直後から復興までの時系列で分類する方法もある。これらの抽出や分類には四（一）の施設との連携や、教育・研究機関の連携が必要となろう。また具体的に教訓を、その地域のみならず全国の人々が活用するにはどうしたらいいかを考える必要もある。地域の特徴による類似性から、教訓が利用できるかどうかを検証し、その土地に必要なものをある程度選んでいく方法もあろう。このために、「地域の特徴」と「教訓」を一体化したようなデータベースをつくっていくことも有効である。

上記の構造化と関連するが、子供と大人、地域特有なものか国民全体に共通するものなのかといった、〝誰にとっての教訓か〟を考える必要もある。具体的には、一般市民と医療関係者、公務員、防災関連者などでも教訓は違ってくる。ただし、受け止めたり解釈をしたり学習するのは人それぞれであるため、必ずしもこれらを細かく限定する必要はない。第一段階としてはより多くの教訓を伝達すべきである。しかし、それらをすべて伝えるにはあまりにも情報が多すぎるためかえって個人にとって何が教訓になっているかを把握するのが難しい。そのため、様々な情報に触れる機会を一度は与える必要があるが、人々に合わせてどのような記憶が必要か、具体的には優先順位を設定する方法もあろう。

また、時代や都市空間に合わせて新たな教訓を編集することも大切である。例えば、現在の首都圏は地下の発達やそのほかのビルの構造の変化など関東大震災当時とは大きな変化もみられる。さらに支援するための技術の発達もある。GPSなどのほか、携帯電話やスマートフォンなどの利用率の増加により教訓も変化してくる。

(三) どのように継承していくか——継承するシステム

継承については、教育の面から考えると地域ごとに様々な取り組みがみられる。特に学校教育で多くのことが取り組まれている。防災教育についても一通りではなく、多様な方法がある。防災教育開発機構(兵庫県教育委員会、神戸市教育委員会、神戸学院大学、県立舞子高校、人と防災未来センター(事務局)の五機関で構成)を中心にした「防災教育推進委員会」で、全国の防災教育の分類が行われている(防災教育開発機構 二〇〇九)。訓練・体験・サバイバルによるアプローチ、既存のプログラムや防災教育ツールを体験して学ぶアプローチ、成果物を作成する過程で学ぶアプローチ(作って学ぶ)などに分類している。これらを通じて、「ハザード」「災害対応」「社会背景」「体験と教訓の語り継ぎ」がどのように教育されているかを調べている。いずれが効果的かという評価は難しいがこれら多様な方法やその分類は、各地域においてどのように取り組むべきかの参考になる。

一方で、中・高齢層になってからこうした災害・防災について学習・想起する仕組みはあまりみられない。学校教育では多く行われるが、一部の企業においてもこうした教育や訓練はされているかもしれないが一般的ではない。そのため、これら全世代にとって災害や防災の記憶が伝承される仕組みを考えていく必要もある。例えば、忘却のメカニズムにおいて、通常の忘却に対する対抗としては、学習方略というものがあると述べたがこれらの知見を利用して、定期的なタイミングで想起するような方法が考えられる。災害以外の事例であるが沖縄県の沖縄戦の「慰霊の日」のように「休日」にすることで定期的に想起する仕組みもある。

以上と関連して人材育成も重要である。語り部による直接的な伝達という方法もあるが、それ以外にも専門家を育成するという方法も考えられる。兵庫県立舞子高校での取り組みを取り上げたが、このように恒常的に専門的な知識を持つ人材、特に若い世代を育成していくような仕組みは記憶の継承にとって効果的であろう。ただし、語り部については災害時の苦痛を思い出してしまう問題もあるため、早急な課題ではなく長期的にどのように協力してもらったり、育成していくかという観点も重要である。

教育以外の定期的なイベントについては、数多く実施されているが、より単純で効果的な教訓については施設や遺構やモニュメントでも提示していく必要もある。悲劇的な体験など災害自体の記憶と、より具体的な防災に必要な方法や教訓、それらを同時に伝えてよいのかというのは異論もあると想定される。慰霊と防災は、別であるという考えもあろう。しかし、災害を思い出すと同時に未来への防災へと結び付けていく方法については連携を考えることは決して悪いことだけではない。さきほど述べた防災教育の例では、「ハザード」「災害対応」「社会背景」「体験と教訓の語り継ぎ」などが一体となっている方法もあるほか、伊勢湾台風の事例におけるモニュメントのように教訓と結び付ける方法もある。こうした方法は参考になる。

また、多くの取り組みはその地域においてなされていることが多い。しかし、ある地域に新しく移住してきた人に対しても、記憶を伝達させる必要がある。特に東京においては地方出身者も数多くおり、関東大震災の記憶の伝承が十分になされているわけではない。具体的には、移住してきた際に災害情報を提示するほか、災害に関するイベントを定期的に開催していくことも考えられる。さらに広く地域外の人にも災害情報に触れる機会をつくるために、広島県の原爆ドームや沖縄県のひめゆりの塔などの戦争遺構でよくみられるような観光地化も考えられる。これらは、ダークツーリズムと呼ばれ研究が行われているが、災害についても同様の取り組みを行うことで地域内外の人に記憶の継承をしていくことに繋がる（Korstanje 2011：井出 二〇一二）。

以上のように三つの要素と事例研究から記憶の継承のための方法について検証してきたが、より効果的に進めるにはこれら三つの要素の「連動性」が重要である。例えば、兵庫の事例では、四（一）の施設と四（二）の活動と、四（三）の継承が人と防災未来センターを中心に一貫して行われていることにも注意されたい。このような一連の動きがそれぞれによりよい効果を与えると考えられる。

五　東日本大震災に関する現在の取り組み

ここでは東日本大震災における被害の状況と、現在までの取り組みについてまとめておきたい。二〇一四年九月一〇日の時点では、死者・行方不明者は一万八四九〇名、建築物の全壊・半壊は四〇万六八四戸とされている。この震災での犠牲者の死因は、九割が津波による水死であった。さらに、地震やそれに伴う津波により東京電力の福島第一原子力発電所において、炉心溶融など放射性物質の放出をともなう原子力事故も生じている。これらをふまえて、二〇一一年四月一一日の閣議決定で東日本大震災復興構想会議が設置され、六月二四日に東日本大震災復興基本法が公布・施行されている。同年一二月九日には復興庁設置法が成立し、復興を目的とした機関である復興庁が具体化され、翌年二月一〇日に復興庁が発足している。

「はじめに」でも述べたように、東日本大震災といっても地震による災害、津波による災害、さらには原発事故によるもの、加えて人災などがあり、非常に複雑な構造になっている。これらのデータや情報を保存している大きな施設についてはまだ少ないが、アーカイブ（デジタルを含む）はいくつかつくられている。特に近年の情報機器の発達により、動画などの情報が数多く残されている。例えば、国立国会図書館と総務省が、二〇一三年三月に東日本大震災に関するデジタルデータを一括して、検索や活用ができるようなポータルサイト「国立国会図書館東日本大震災アーカイブ」（愛称：ひなぎく：http://kn.ndl.go.jp/）を公開している。そこでは写真や動画なども数多く残されている。また、東北大学防災科学研究拠点（現：東北大学災害科学国際研究所）が、東日本大震災に関連するあらゆる情報を集めて、国内外や未来に共有する東日本大震災アーカイブプロジェクトである「みちのく震録伝（しんろくでん）」（http://shinrokuden.irides.tohoku.ac.jp/）を推し進めている。同様にＮＨＫでも東日本アーカイブスというサイトがある（http://www9.nhk.or.jp/311shogen/）。

これらに加えて現在でも議論中ではあるが、震災遺構についても各地域において保存する動きもある。宮城県で一五カ所ほど、岩手県では八カ所が検討されてきている。例えば、岩手県宮古市のたろう観光ホテル（高さ一七メートルを超えるとされる津波によって、二階までが柱以外は流出している）は、国による支援が決定しており、保存されることが決まっている。一方で、職員ら四三名が犠牲になっている宮城県南三陸町の防災対策庁舎は町が解体を決めているものの県が手続きを中断しており、いまだ未定なところもある。

これらの現象からすでに数多くの教訓が抽出されている。教訓には災害のプロセスに沿って様々なものがあるほか、政府か個人かなど多様なスケールで教訓が存在している。発災・初動対応期、応急復旧・被災地応急対応期、復興期の三つの時期にわけて行政における対応などを中心に教訓を分類したものがある（東北圏広域地方計画協議会　二〇一二）。それ以外にも、数多くの教訓を抽出し、それらを細かく分類した研究も存在している（岡安・湧川　二〇一二）。また災害について恒常的に研究を行い、教訓などを抽出する研究機関もある。具体的には、東日本大震災を契機に東北大学で災害科学国際研究所と呼ばれる機関が設立されている。

これらをもとにどのように伝えていっているかという動きについて述べる。具体的なものとしては、宮城県において、「3・11　伝承・減災プロジェクト――「ながく」伝承、「ひろく」伝承、そして「つなぐ」伝承」という取り組みがある（http://www.pref.miyagi.jp/site/0311densyogensaip/）。この取り組みは、本研究とも密接に関連している事例である。詳細には、津波浸水表示板設置、モニュメントの設置、さらにアーカイブ化についての取り組みがなされている。加えて、これらを広く伝達するためにシンポジウムを開催し、防災教育に取り組むという動きもある。ただし、教訓の抽出のために研究機関との連携も今後はより必要となってくるであろう。また、複数の事例であったように定期的にどの程度継承できているかを検証しつつ、忘却を防ぐための仕組みを考える必要があろう。これには一で述べたような研究も参考になる。加えて、これまでも述べてきたようなミュージアムを通じた継承や、遺構やモニュメントを利用した継承についても参考になると考えられる。

こうした政府によるシステムとは別に、災害に関する文化や芸術として継承する動きもある。東日本大震災においては震災を題材とした芸術作品も複数誕生している。具体的には小説も複数制作されている（菊地 二〇一三）。文化や芸術としての継承はより広く人々に伝達し、災害を知らせるきっかけになるという意味でも重要な役割を担っていく。古い例ではあるが、宮城県気仙沼市に伝わる津波の恐ろしさを伝える昔話である「みちびき地蔵」などのように長期的に災害についての情報を伝えるような事例もある。

おわりに

本研究では、災害の記憶の継承をテーマとして、具体的な事例を取り上げるとともに、これまでの理論的な研究もふまえて考察を行った。災害の記憶の継承に関する過去の研究、忘却やその対抗策、様々な事例研究をふまえて、本研究では、記憶の継承のために次の三つの観点が重要であるとした。

（一）災害データを保存するということ
（二）教訓などを抽出するということ
（三）最後にこれらを記憶し継承し、災害が起こった場合に対応できるようなシステムを構築するということ

の三つである。そして、この要素をもとに事例研究とその考察から明らかになったのは下記の点である。（一）

については、できるだけ多くの情報を残す必要がある。一方で、遺構については、維持費などの問題を鑑みて検証していく必要もあることが明らかとなった。(二)については、「構造化」が重要であることが明らかになった。さらに、時代に合わせて再検証を行うことも重要である。(三)については、多くの災害においては定期的に想起するような仕組みがある程度形成されている。ただし、(二)で述べているような教訓と関連させたうえでの想起は十分ではない。上記のように慰霊のみならず、同時にどのような教訓があるのかを提示・教育する仕組みも必要である。特に伝達していくために人材育成は有効であろう。加えて、その地域外からの移住者に対する記憶の継承という問題があることも明らかとなった。

最後に、重要なのはこの三つの要素の「連動性」である。一連のシステムとして機能した場合、記憶を継承していくために有効であると考えられる。類似の事例として、宮城県の「3・11伝承・減災プロジェクト」のように連動を考えた伝承のためのプロジェクトもある。今後は、これらの取り組みから学ぶことも多いであろう。

本研究の考察では、多岐にわたるため、検証が難しい部分もあり仮説的な部分も多く含んでいる。また幅広い範囲を取り扱ったために十分に深掘りすることができていない点もあろう。記憶を効率的に継承していくための方法は未知であるほか、厳密にこれが正しいというものはない。しかし最終的に未来の人々が災害から避難できるようにそれぞれの地域が知恵を絞ってシステムを形成する必要がある。特に現在進行形の東日本大震災における記憶の継承に対して一助となることを期待している。今後は記憶の継承に関する調査および実証も含めて検討していきたい。

参考文献

Ebbinghaus, H., 1885, *Memory: A contribution to experimental psychology* (translated by H. A. Ruger & C. E. Bussenues, 1913). New York: Teachers College, Columbia University.

Squire, L. R., 1987, *Memory and brain.* Oxford University Press.

Korstanje, M., 2011, Detaching the elementary forms of Dark Tourism, An international *Journal of Tourism and Hospitality Research,* Vol.22, No.3, 424-427

井出明、二〇一二、「日本におけるダークツーリズム研究の可能性」『進化経済学会論集』一六、進化経済学会

岡安徹也・湧川勝己、二〇一二、「東日本大震災の教訓と災害に強い国土づくり」『JICE REPORT』二二

河田惠昭、二〇〇九、「伊勢湾台風災害の教訓を今後の防災・減災に生かす」『消防防災情報誌「季刊消防科学と情報」』消防科学総合センター

菊地夏也・時事公論、二〇一三、「フィクションで震災を描く」http://www.nhk.or.jp/kaisetsu-blog/100/165628.html

坂本真由美・矢守克也、二〇一〇、「災害ミュージアムを通した記憶の継承に関する一考察——地震災害のミュージアムを中心に」『自然災害科学』ＪＳＮＤＳ二九－二、一七九－一八八

島晃一・片田敏孝・木村さやか、二〇一〇、「被災経験の風化と災害文化の定着家庭に関する一考察」『土木計画学研究講演論文集』四一

杉森直樹・岡田憲夫、一九九五、「防災意識の風化過程のモデル化に関する基礎的考察」『土木計画学研究・論文集』一二、三〇五－三一五

中部地方整備局水災害予報センター、二〇〇九、『伊勢湾台風五〇年連絡会』http://www.cbr.mlit.go.jp/kawatomizu/18.htm

東北圏広域地方計画協議会、二〇一二、『東日本大震災教訓集「広域大災害に備えて」——国民の安全・安心の確保に向けて準備すべき二九の要点』

内閣府、二〇〇八、二〇一四、『歴史災害に関する教訓のページ』http://www.bousai.go.jp/kyoiku/kyokun/index.html

中林一樹、一九九六、「阪神・淡路大震災の全体像と防災対策の方向」『総合都市研究』六一

兵庫県企画県民部防災企画局復興支援課、二〇一三、『伝える——阪神・淡路大震災の教訓』https://web.pref.hyogo.lg.jp/kk41/tsutaeru-kyoukun.html

防災教育開発機構、二〇〇九、『防災教育支援事業平成二〇年度報告書——大震災が生んだ新たな防災教育を全国に普及』http://www.dri.ne.jp/bousaikyouiku/index.html

防災教育チャレンジプラン・兵庫県立舞子高等学校、二〇〇四、『阪神・淡路大震災の教訓を生かした新たな防災教育の展開

（実践：兵庫県立舞子高等学校）』
山口快生、一九九七、『記憶のリハーサル機構』九州大学出版会
矢守克也、二〇一〇、「防災教育の現状と展望――阪神・淡路大震災から一五年を経て」『自然災害科学』ＪＳＮＤＳ二九‐三、
二九一‐三〇二

震災まちづくりにおける官民連携の課題——福島県いわき市平豊間地区を事例に

磯崎匡・松本行真

はじめに

東日本大震災から三年半たった現在、応急的な復旧から中長期的な復興へと段階は移行している。被災各県において作成された復興計画には、住民主体の復興、関連機関との協働による復興が基本理念の一つとして示されている[1]。

第二次世界大戦後の我が国の都市計画の進展、あるいは地方分権の流れからもこれまでに住民自治の重要性は指摘されてきた。田中重好によると、一九九五年以来の地方分権改革によって地域（地方自治体）が「地域社会における公共性のありよう」をみずから規定する主体となりうる可能性を獲得したことは分権化の決定的成果であり、地方分権化は「多元的な参加の場」を作り出すことにつながる（田中　二〇一〇：一四七）。また都市計画の進展から、昨今頻繁に言われるようになった、住民参加を基盤とした自治的なまちづくりは、再び田中によると、市場メカニズムによらない私的な利害調整を通した「共同のルール」を形成する可能性、「公と私との新しい関係性の構築」の可能性、「新しい公共性」が生み出される可能性、絶対的な土地所有の観念が市民レベルから修正されてゆく可能性を持つ（田中　二〇一〇、二二二）。

地方自治体の公共政策面での変化として、行政と市民の協働すなわちパートナーシップ政策が顕著となった契機として、広原盛明によると、阪神・淡路大震災以降のボランティアの台頭がある（広原　二〇〇一）。地域ガバナンスという概念を、「地域社会に存在する様々な主体が絡み合って統治が実現する」こと（玉野　二〇〇六）と理解するならば、NPOなど多様な主体が台頭し、行政による特権的統治だけでは不十分である現在の状況から、これからのまちづくりには地域ガバナンスが追求され、さらに統治の正統性が問題となるといえる。復興まちづくりにおいてもこれは同様のことがいえる。

このような住民主体による復興、協働による復興を可能とするものとして、本稿では市民会議に着目する。筆者がフィールドとしている福島県いわき市豊間地区においても、震災後の地区復興のためのグランドデザインを示すために、地区を構成する豊間、薄磯、沼の内の三区が合同して二〇一三年に市民会議として「海まち・とよま市民会議」が立ち上がった。そのような震災後のまちづくりにおける官民連携の課題を、筆者がフィールドとしている福島県いわき市豊間地区を事例として明らかにすることが目的である。

そこで、まず一で復興まちづくりの歴史を阪神・淡路大震災から明らかにし、住民参加型のまちづくり方式が取られたことを指摘する。次に二では市民会議について論じるが、そのために二（一）において市民会議そのものについて説明した後、二（二）でいわき市内の市民会議について論じる。三で筆者がフィールドとしている海まち・とよま市民会議の活動と抱える課題を明らかにし、そこから四において官民連携の課題を明らかにする。

一　復興まちづくりの歴史と市民会議

災害からの復興まちづくりに関しては様々なものがあるが、中でも一九九五年に発生した阪神・淡路大震災からの復興では、従来の土地区画整理事業などの従来の都市計画の手法とともに、住民参加型のまちづくり方式である「協議会方式」の活用が模索された[2]。

神戸市では震災以前から協働によるまちづくり活動が行われていた。一九八一年には「神戸市地区計画及びまちづくり協定に関する条例」通称「神戸まちづくり条例」が制定されている。それによると、まちづくりの主体は「まちづくり協議会」であり、そのまちづくり協議会は「住み良いまちづくりを推進するため、住民等の総意を反映して地区のまちづくりの構想に係る提案をまちづくり提案として策定」することができ、市長はまちづくり施策を推進するにあたり、「まちづくり提案を配慮するよう努める」ものとしている。このような背景から震災後すぐに神戸市では、復興まちづくりのためにまちづくり協議会が活用されるようになった。

中井浩司らによると、神戸市の震災復興区画整理事業地区における協議会は四五団体存在した（中井　二〇〇三）。それら協議会によるまちづくり提案の内容を久保光弘は五つに分類している（久保　二〇〇五）。すなわち、区画整理事業の事業計画に反映されるまちづくり提案、街路や公園などのデザインに関するまちづくり提案、地区全体のビジョンに関するまちづくり提案、そして広義のまちづくり提案として建築基準の認定申請とまちづくり組織の届け出の五つである。阪神・淡路大震災後の神戸市長田区野田北部地区を事例としてまちづくり協議会による復興まちづくりを論じた清水亮によると、復興まちづくりにおいて、「まちづくり協議会は私的な利害関係の領域に足を踏み入れ、『個』と『全体』との利害調整にかかわりながら、さらに個人と行政との間を繋ぐ中間組織として機能している」と述べている（清水　二〇〇八：一八九）。

そのよう活動と機能からなるまちづくり協議会方式による復興まちづくりであるが、新長田駅北地区のまちづくり協議会を調査した久保によると、阪神・淡路大震災の復興まちづくりには二つの転換点があった。一つ目は仮換地行うためのまちづくり提案終了時である。開始から三年ほどで提案は終えることができたが、それ以降まちづくり協議会の総会数、会員数が減少していることを久保は明らかにした。二つ目は現在進行形の地区変容に対応する時期である。都市構造の変化により住工商混合地区から住宅中心の地区となり、新住民も増えまちづくりへの関心が薄らいできた。これは協議会の役員にも反映しており、さらに高齢化によっても活動の担い手が減少している（久保　二〇〇五）。

後者に関してはまちづくり協議会に限った課題ではないが、前者に関して、まちづくり協議会に特有の課題であると考えられる。そしてその原因はまちづくり協議会の活動がまちづくり提案で区切られてしまっているからではないだろうか。

先行研究では復興まちづくりにおけるまちづくり協議会の活動と課題を指摘していたが、本稿では復興まちづくりにおける市民会議について着目する。次節以降で詳しく述べるが、市民会議では提案にとどまることなく、まちづくりに関して様々な活動を行うことが特徴としてあげられる。その意味では、復興まちづくりにおいても、より長期的な活動を行っていく可能性を持つものである。

二　市民会議

ここでは、市民会議についてその概略を述べた後、福島県いわき市内にある市民会議について紹介する。

(二) 市民会議とは

そもそも、市民会議には法的な定義は存在しない。条例制定や計画策定に伴って設置され、まちづくりの実践活動をしたり、条例案や計画案を提言したりする。佐藤徹はそのような市民会議について以下のとおりに定義づけを行っている。すなわち、市民会議とは「地域的公共的課題の解決に向けて、行政と協力・連携して、市民が主体的・継続的に活動を行う中間的な組織または場の総称」である(佐藤 二〇〇五)。

また佐藤は、市民会議の特徴と機能を次のように整理している。特徴の第一として、「地域的公共的課題の解決」に取り組んでいること。この時、地域的公共的課題とは高齢者への生活支援や防犯・防災対応、景観形成といったものを含んだ、地域性・公共性を有する課題のことである。第二に、何らかの形で「行政と協力・連携」しながら活動を行っていること。市民会議において行政は市民活動を支援し、市民と対等に議論する協働形態を取る、いわば「協働型の政策形成ないし実践活動の場」である。第三に、実質的な主導権(イニシアチブ)が市民側にあること。原則的に市民が自ら決めたルールに基づき会議を運営し、議論して意思決定を行う。第四に、一度きりのイベントではないということ。市民会議では何度かの学習やワークショップを通じて得られた成果を行政へと提案する。もしくは地域課題解決のための活動を永続的に展開する。第五に参加者の顔ぶれが多彩であるということ。市民は一般公募で選ばれる場合、NPOや自治体から推薦を受ける場合などがあり、多様な属性の市民が参加する。また行政職員や学識経験者が関与する場合もある(佐藤 二〇〇五:三―五)。

そして他の市民参加手法と以下の三つの機能を比較して、市民会議の有効性を指摘している。一つ目は合意形成機能である。市民会議ではKJ法やワークショップ形式で、参加者が対等な立場で自由に意見を述べ、それをもとに提言や条例案を作成する。異なる意見を調整し認識を共有することで、合意形成が促進されることが市民会議の特徴である。その一方で、行政機関に付属し、行政機関が意思決定を行う際に意見を求める合議制の機関である審議会は議論の進め方が異なる。審議会では専門知識を有する学識経験者や各種団体の代表が中心となって、事務局である行政が作成した素案を検討する。市民が参加しても審議会の運営は行政が行う。二つ目は協働促進機能である。市民会議では市民が日常生活を送る中で感じる疑問や課題から出発し、当事者として地域の課題を共有し解決を図る。課題解決に向けたプロセスを経ることで参加者に信頼関係が生まれ、協働の礎となる。審議会では個々の案件について審議するが、課題解決に向けた活動を行うわけではない。あくまでも審議機関のため、当事者意識が希薄となる。そして最後に自治力向上機能である。市民会議では課題の所在やニーズを探り、自ら解決の方向性を見出す。そこから市民会議参加者は地域運営の主体である自覚が生まれる。つまり市民会議は地域課題を自ら解決しようとする自立した市民を養成する「インキュベーター」としての機能がある（佐藤二〇〇五：一一－一八）。

復興と市民会議の関係について、新潟中越地震からの復興に際して開かれた中越復興市民会議を分析した関嘉寛は、災害復興期の公共性として公的な利害による私的な利害の一義的な管理統制ではなく、私的な利害の調整が多くのメンバーに開かれた状態を目指す、オープンな公共性が重要であり、その公共性が市民会議によって被災者と中間支援組織が連携することで実現される可能性を示している（関　二〇〇六）。

以上までで、佐藤の議論をもとに市民会議の定義と特徴を述べるとともに、関による市民会議の可能性を示した。

（二）　いわき市内の主な市民会議

ここではいわき市内にある、主な市民会議について触れる。

いわき市は福島県の海側、いわゆる浜通りの中で南に位置する。いわき市は一九六六年の市町村合併により、かつての五市九町村が合併して成立した、当時は最も広い市であった。東日本大震災の被害は死亡者数四五八人、建物被害は全壊から一部損壊まで含めると九万五四一棟に及ぶ。現在の人口は三二万六一五七人で震災前二〇一〇年の人口である三四万二一九五人と比較して減少している。

いわき市には「海まち・とよま市民会議」以外にも東日本大震災以前から小名浜まちづくり市民会議、四倉ふれあい市民会議、内郷まちづくり市民会議、勿来ひと・まち未来会議、夢わくわくゆもと市民会議があり、活動を行っている。これは四倉を除き、いわき市が成立する以前の旧市に当たる部分にそれぞれ市民会議が設置されていることになる。本論文を執筆するにあたり、いわき市内の市民会議の中でも「小名浜まちづくり市民会議」「四倉ふれあい市民会議」「内郷まちづくり市民会議」に対して聞き取り調査を行った。これらの団体はいずれも、まちづくりに関してグランドデザインを策定したのと前後して、市とパートナーシップ協定を結び、現在でも継続的にまちづくり活動を行っている。その意味では現時点での成功事例といえる。そこで、それらの団体について、設立の経緯、活動内容、各種組織との連携などを聞き取り「海まち・とよま市民会議」と比較することによって、「海まち・とよま市民会議」が抱える課題を明らかにし、復興における官民連携の課題を提示する。

小名浜まちづくり市民会議

小名浜まちづくり市民会議には、市民会議会長であるSに対して聞き取りを行った。

①活動の経緯

小名浜まちづくり市民会議は、それまで小名浜地区に存在していた各種まちづくり団体を統合し、小名浜唯一の市民参加型まちづくり組織として、二〇〇〇年に設立された。二〇〇一年には「港とまちとが一体となったまちづくり」をテーマに「港まちおなはまのグランドデザイン」を策定した。二〇〇二年にはいわき市と「パートナーシップ協定」を締結。同年グランドデザインをベースに具体的な基本計画と事業展開の提案である、「基本計画アクションプログラム」をまとめた。それにより、いわき市の都市計画に関する基本方針を定めた「都市計画マスタープラン」に基づいて、より詳細な具体性の高い計画を地区ごとに定めた、「地区まちづくり計画」にグランドデザインのコンセプトを反映させた。

②組織

小名浜まちづくり市民会議には活動やイベントを企画・実施する部門として、「歴史と文化づくり委員会」「パートナーシップ委員会」「まちなか潮目委員会」の三つの委員会があり、さらに必要に応じてプロジェクトチームを設置することになっている。週に一回市民会議の会長・副会長、員会の委員長が集まって、ヘッドクオーター会議を開き、事業の管理などを行っている。また、月に一回役員会と全体会議を開き、事業方針の審議やまちづくりに関するコンセンサスの形成、勉強会を行っている。

③活動内容

委員会活動としては、歴史と文化づくり委員会では、かつての漁港の歴史的建築物を広めながら観光として古いエリアのまちづくりをコンセプトに活動を行っている。例えば、アクアマリンふくしまの一角に昔の漁具を展示している。パートナーシップ委員会では、主に広報活動を行っており、基本的に毎月一回広報誌を出して市民会議の情報を対外的に提供している。広報誌以外にもホームページやSNSを利用した広報活動を行っている。まちなか潮目委員会では、市街地と旧漁港周辺が一体となるイベントを企画している。例えば、日本フィルハーモニーを招いて市街地で演奏する「まちなかコンサート」や一一月に行われている「小名浜魚市場祭り」の支援を行っている。

④連携

住民

会長Sによると、小名浜まちづくり市民会議と地区住民との関係性は特に問題は感じられない。小名浜住民は市民会議のことを自分たちのまちの代表者だと思っていない、と市民会議では考えている。住民がそう思っていると市民会議が考えていたら、それは組織としておごっているとも考えている。そのために、情報のフィードバックを住民に対して行っている。住民には市民会議に参加してもらいたいと考えている。構成メンバーの中には行政区の区長が副会長として参加しており、役員会にも出席している。そこで、市民会議の活動や今後の動きを報告しており、小名浜商店連合会の会長も同様に市民会議の副会長として参加している。

市民会議同士

勿来市民会議や湯本市民会議は、同時期に設立したため交流がある。できた時期が離れている四倉市民会議についても交流はある。しかし、各市民会議では活動内容、スピード、考え方がそれぞれの団体で異なるため、市民会議同士が連携して何かをやることまでは考えていない。現在では市民会議同士で各総会に呼んだり、呼ばれたりする程度の交流を持っている。

官民

行政との関係にはあまりこだわっていないと会長は述べている。市民会議に行政が参加することもあるが、拒まず、気にせず活動を行っている。市民会議では行政は要望できるほど役職がある人は出席しないが、都市計画などで県や市は説明に来る場合がある。会長によると、市民会議が市民の代表だととらえて利用しようと行政は考えている。むしろ行政とのパートナーシップ協定を結んだので、行政は市民会議で作った計画に基づいてほしいとSは考えている。また、Sは自分たちがやりたいことをやって自分たちがしたいように行政のほうが動いてほしいと考えている。

四倉ふれあい市民会議

四倉ふれあい市民会議には、市民会議元会長Sおよび元副会長Wに対して第一回の聞き取りをし、現会長のKに対して第二回の聴き取りを行った。

①活動の経緯

四倉ふれあい市民会議は、二〇〇四年「市民の力で四倉に活力を取り戻そう」とそれまであったまちづくり団体を統合し設立された。二〇〇六年に「賑わいとふれあい・笑顔と優しさが交差する、魅力あるまち四倉」をコンセプトとして、「四つの倉のまちづくり」（グランドデザイン）を策定した。二〇〇七年度にはいわき市と「パートナーシップ協定」締結し、グランドデザインの実現に向けた取り組みの一つとして、「観光と交流の拠点づくり」と位置づけた四倉漁港周辺に、二〇〇九年に道の駅よつくら港をオープンさせ、運営主体となる「ＮＰＯ法人よつくらぶ」（理事長を当時の市民会議会長が兼任）を市民会議が中心となって設立した。

②組織

グランドデザイン策定時には市民会議のもとに、広報委員会、まちづくり委員会、イベント委員会の三つの委員会を設置した。まちづくり委員会は主にグランドデザイン作成を担当した。さらにまちづくり委員会を四倉にちなんで四つの小委員会に分割し、地区をゾーニングしてグランドデザインを策定した。イベント委員も各イベント毎に小委員会を設置し実行する。小委員会からあがってきたものを一つの計画として委員会がまとめ、役員会で取りまとめる。

③活動内容

まちづくり委員会によるグランドデザインの作成では、四つの小委員会がそれぞれ、海岸・漁港に関する計画、里山農村部の街づくり計画、山間部に関する計画、そして市街地の中の計画に分かれて策定した。

グランドデザインを策定した現在では、グランドデザインをもとにまちづくりに関する様々な活動を行っている。前述の道の駅よつくら港がハード面での活動であるならば、ソフト面としては四倉の砂浜を利用した凧揚げ大会やビーチバレー、コンサートをイベント委員会で実施した。山間部と海岸部が併存する四倉地区ならではの活動としてグリーン＆ブルーツーリズムなども実施している。

④連携

住民

元会長Sによると、住民には広報誌を回覧板で回しているが、住民が全員閲覧しているわけではないため市民会議は住民にとって「知る人ぞ知る存在」である。ただ、市民会議自体は住民全員のものだと思っている。現会長Kによると、震災時に前会長と区長会との間に軋轢が生じた。市民会議のメンバーには区長会の人もいるため今後の関係改善が求められる。

市民会議同士

四倉ふれあい市民会議設立に際して、勿来ひと・まち市民会議、小名浜まちづくり市民会議に来てもらい話を聞いた。しかし、現在では交流はない。現会長Kが青年会議所の中での行事で他の市民会議のメンバーと会う程度である。これに関しては前述した小名浜まちづくり市民会議の認識と違いが生じている。

官民

四倉ふれあい市民会議では会議設立当初から行政と関わってきた。そもそも市民会議の立ち上げのきっかけとして、行政があった。行政が様々な団体からまちづくりに関する意見を集約することから、多くの団体が一本化して意見を集約する一つの団体になったほうが良いのではないかと行政からアクションがあった。グランドデザイン策定時にも行政内部の情報を収集するために行政の地域担当員を入れて活動を行ってきた。四倉ふれあい市民会議も行政とパートナーシップ協定を結んだのだが、それによって単なる要望陳述をするのではなく、互いに対等なレベルで知恵を出し合う関係として協力する体制を目指した。「行政が来て、協力しながらより良いまちづくりを目指していくこと」がふれあい市民会議の役割であると元会長Sは述べている。

内郷まちづくり市民会議

内郷まちづくり市民会議には、市民会議会長であるYに対して聞き取りを行った。

①活動の経緯

内郷まちづくり市民会議は二〇〇九年に市民の意見を集約し、反映していく場として、内郷のまち全体を総括的に管理・運営していく場として設立した。現会長はもともと青年会議所のOBが中心となって活動していた「内郷ふるさと振興協議会」に所属しており、内郷にあるそのようなまちづくり団体をすべてまとめる形で市民会議を作った。二〇一二年六月にいわき市と「パートナーシップ協定」を締結した。二〇一二年度内には「内郷地区グランドデザイン」を策定した。これは震災前から行っていた各区での懇談会の内容などをもとに協議したものである。そしてこのグランドデザインをもとに二〇一四年七月に地区まちづくり計画を策定した。

②組織

市民会議設立にあたり、以前から活動していたまちづくり団体を四つの委員会としてまとめた。具体的には近隣の環境保全活動や清掃活動を行う環境委員会、いわき市とのパートナーシップ協定の締結とグランドデザインを検討するまちづくり計画委員会、グランドデザインをもとにしてイベントを行う交流委員会、そして最後に各種事業の調整や広報を担当する総務委員会である。それらの委員会に市民会議のメンバーを貼り付けさせた。連絡会を毎週一回行っており、そこで情報交換をしたり役員会の日程を決めたりする。役員会は新しい事業を始める前に開かれる。

③活動内容

委員会を中心にソフトを重視した活動を行っている。地域の歴史を活かしたまちづくり、健康を中心に考えたまちづくり、まちなかでホタルが見られる環境を中心としたまちづくりである。内郷地区には福島県で唯一の国宝建造物である「白水阿弥陀堂」や、いわき市常磐炭田発祥の地である弥勒沢があり、歴史的遺産が多く存在する。そうした歴史遺産の保存活動をしたり、案内を行ったりしている。また、高福祉のまちを目指している内郷には病院が多くあり、市民会議では病院をマッピングした地図を各家庭に配布している。市民会議では、上流が石炭の地区で汚れてしまった近隣の河川の清掃活動を行い、子どもたちに川の生物やホタルの案内を行っている。

④連携

住民

会長Yによると住民は市民会議の活動に対して興味があるわけではなく、一つ一つの活動が住民に受け入れられているかは不明である。区会と市民会議は連携して活動をしている。例えば地区まちづくり計画を策定した際には、地区内の区会で人を集めて区ごとの課題を明らかにした。そして、区の代表者に市民会議に出席してもらい、活動を行っている。しかし、現状は区ごとによって興味関心が異なり参加する活動も区ごとによって異なる。例えば、他地区のいわき駅周辺に位置する区では歴史遺産に関して興味は薄いため、食に関する取り組みとして地区の食べ歩きマップ作成を行っている。

市民会議同士

内郷としては小名浜や四倉に聞きながら活動をしてきた。小名浜まちづくり市民会議とはボランティアガイド同士の交流を行い、ガイドの在り方を研究してきた。そもそも、他の地区の市民会議を運営している人と、内郷市民会議の会長は知り合いが多い。そのため、市民会議以外での交流が存在する。

官民

会長Yは市民会議と行政の関係は良好であると考えている。前身であるふるさと振興協議会の時にはいわき市内郷支所で事務局をやってもらっており、市民会議では現在、商工会に事務局の場所を借りているものの、皆が集まりやすい支所で会議を行っている。会議には行政も参加しているが、口出しや指示はされていない。「市民会議は行政の手の回らないところを補完する面もあるが、計画を作ることによって行政と協力し様々な事業を行うことができる」とYは述べているが、グランドデザインを策定し地区まちづくり計画を策定することで、行政の使い走りになる可能性がないこともない、と危惧してもいる。

海まち・とよま市民会議

海まち・とよま市民会議へは、筆者自らが月二回の頻度で行われている会議に出席し、その内容を参与観察している。

①活動の経緯

豊間地区とは南から豊間区、塩屋埼灯台を挟んで薄磯区、沼の内区の三つの区からなる地区である。一つの区では解決できない問題、三区が一緒になり解決すべき課題に対応するために、これまで共同での活動がほとんどなかった豊間・薄磯・沼の内地区が合同で、二〇一三年の夏に「三区協議会」を立ち上げた。その後「海まち・とよま市民会議」と名称を変え、二〇一三年度内に豊間地区の復興に関する計画「とよま地区復興未来計画（グランドデザイン）」を策定した。現在は、グランドデザインで取り上げたプロジェクトをもとに部会を設置し、具体化を進めている。

②組織

市民会議を中心としてその下に部会を設置して、三区が抱える課題を解決するための活動を行おうとしている。本稿執筆時点では、ロゴ作成、子育て、イベントに関する部会を設置している。また、三区の役員会には市民会議での活動を適宜報告、相談することになっている。

③活動内容

現在、海まち・とよま市民会議では子育て、イベント、ロゴ作成の三つの部会による活動が行われている。イベント部会では、市民会議主催で九月二一日に開催された、旧豊間中学校体育館の取り壊しに際した、お別れ会を企画した。[3]

④連携

住民

住民に対しての広報活動は、回覧板を利用した広報活動を地区内で行っている。ただ、区によっては土地所有者に対してのみなので、実際に地区に住んでいて情報を入手できない世帯も存在する。市民会議のメンバーは区会から推薦された者で構成される。グランドデザイン策定に際して、区会を通じて住民説明会を開催した。[4]今後部会を設置し、具体的な活動を企画する段階では、より区会と市民会議が連携することが、区長から要請された。

市民会議同士

現在のところ海まち・とよま市民会議と他の市民会議の間での連携は存在しない。市民会議同士での連携は今後の課題といえるだろう。

官民

いわき市が事務局となり、福島県、UR都市機構も含めてグランドデザイン策定および具体化に向けて支援体制が成り立っている。官民連携の実態については後述する。

以下に、これまでに述べたいわき市内の市民会議についてまとめると**表1**のようになる。次節では海まち・とよま市民会議について具体的に述べ問題点を明らかにする。

三　海まち・とよま市民会議の活動と課題

前述のとおり、筆者は現在、月二回開かれている海まち・とよま市民会議に出席することで、参与観察を行っている。前節では、市民会議の説明および、いわき市内における市民会議についての聞き取り調査、参与観察の結果を述べた。本節ではそこから明らかになった、海まち・とよま市民会議が抱える課題を明らかにする。そのためにまず、海まち・とよま市民会議の活動について再び整理する。**表2**では海まち・とよま市民会議のこれまでの議題を、正式な会議発足以前の準備期間から順に時系列に沿ってまとめている。

海まち・とよま市民会議では現在、地区復興のためのグランドデザインを策定して、それをもとに、部会を設置して復興のための活動を行っている。表からもわかるとおり、二〇一三年度まではグランドデザイン策定が市民会議の主な活動であった。二〇一三年度末にグランドデザインを公表した後、二〇一四年度からはグランドデザインをもとにプロジェクトを始め、部会を設置して具体的な活動に重点を置くようになった。

次に、市民会議への参与観察によって明らかとなった、海まち・とよま市民会議の課題について述べる。第一に、行政と市民会議参加者との間で取り上げる課題の優先度が違うということである。グランドデザイン策定後の部会設置に関して、行政はロゴ作成やイベントといった、より人が集まりやすい部会を設置することを市民会議で促していた。その一方で市民会議参加者は緊急性の高いもの、例えば小学校の通学路の問題や災害公営住宅入居後の買い物問題、子育ての問題に関する部会を設置することを望んでいた。行政の意図は定かではないが、人が集まりやすい部会を設置し参加者が増えることで、より市民会議が活発になることを狙ったのか、あるいは、動員数という目に見える成果を狙ったのか、いずれにせよ、市民会議参加者と行政の間での問題意識に差が生じている。

第二に、市民会議が実質的に行政によって主導されているということである。司会進行は市民会議の会長が行ってきたが、会議の次第や議事録は行政側が作成している。次第が作られることによって、会議で何を議論するかを実質的に行政が決めてしまい、議事録が作られることによって、参加者側が会議のフィードバックを受けにくくなってしまう。さらに、行政からの提案を参加者が断れないという事情もある。イベントプロジェクトにお

表１　いわき市内にある市民会議の概要

	小名浜	四倉	内郷	豊間
活動経緯	2000 年設立 2001 年グランドデザイン策定 2002 年パートナーシップ協定 地区まちづくり計画	2004 四年設立 2006 年グランドデザイン策定 2007 年パートナーシップ協定 2009 年道の駅よつくら港 OPEN	2009 年設立 2012 年パートナーシップ協定 グランドデザイン策定 2014 年地区まちづくり計画	2013 年設立 グラドデザイン策定
組織	三委員会 週一回ヘッドクオーター会議 月一回の役員会、全体会	三委員会＋小委員会 委員会で計画をまとめ、役員会で全体取りまとめ	四委員会 週一回の連絡会 新規事業開始時の役員会	三部会 区会に報告・相談
活動内容	歴史的建造物への観光案内 SNS を用いた広報 市街地と漁港一体となったイベント	小委員会でグランドデザイン策定 海岸部でのイベント企画 グリーン＆ブルーツーリズム	ソフト重視の活動 歴史を活かしたまちづくり 高福祉のまちづくり 環境を活かしたまちづくり	イベント実施 旧豊間中学校体育館お別れ会
住民	問題ない 区長、商店連合会会長も参加	知る人ぞ知る存在 区会と一部軋轢も	受け入れられているか不明 区会と連携、 区の代表者が参加	回覧板を通じた広報誌 市民会議メンバー区会からの推薦 区会との連携課題
市民会議	勿来、湯本、四倉の市民会議と交流 連携はない	設立当初、勿来、小名浜の市民会議と交流 現在は別の集まりで会う程度	小名浜、四倉の市民会議と交流 小名浜とボランティアガイドの研究	今のところ存在しない
官民	あまりこだわりはない パートナーシップ協定を結んだので、自分たちの計画通りに動いてほしい	互いに対等なレベルで協力 グランドデザイン策定時も行政参加	関係良好 計画策定で行政と協力可能 行政の使い走りになること危惧	いわき市、福島県、UR 都市機構による支援

表２　海まち・とよま市民会議の活動経緯

回	開催日	テーマ	報告事項	検討内容	結果
プレ	2013/9/12	現状と目的	経過報告・資料説明	市などとの意見交換	
		グランドデザイン	経過報告・資料説明	市などとの意見交換	
		今後の進め方	経過報告・資料説明	進め方、日程	進め方、日程
		組織立ち上げ	経過報告・資料説明	市などとの意見交換	
プレ	2013/9/19	住まいを中心とした工程表	経過報告・資料説明	市などとの意見交換	
		三地区共通のテーマ・課題	経過報告・資料説明	市などとの意見交換	
		組織立ち上げ		市などとの意見交換	
		その他		進め方、日程	進め方、日程
プレ	2013/10/10	災害公営住宅アンケート	経過報告・資料説明	市などとの意見交換	
		組織名称	経過報告・資料説明		
		市民会議進め方		開催頻度、日程	開催頻度、日程
1	2013/10/23	組織		組織名称、会長・副会長	組織名称、会長・副会長
		震災遺構・メモリアル・慰霊碑		市などとの意見交換	
		災害公営住宅アンケート	経過報告・資料説明	市などとの意見交換	
		その他	セミナー、樹木医ツアーなど		
2	2013/11/14	グランドデザイン	イメージの説明		
		事務局体制	経過報告・資料説明	事務局長の検討	事務局長の決定
		震災遺構	経過報告・資料説明	遺し方、活用方法	遺し方、活用方法
		災害公営住宅	経過報告・資料説明	市との意見交換	
		買い物	経過報告・資料説明	市などとの意見交換	
		農業再生セミナー	経過報告・資料説明		
3	2013/11/28	グランドデザイン	経過報告・資料説明	テーマ内容	意見集約
4	2013/12/12	グランドデザイン	経過報告・資料説明	テーマ内容	意見集約、進め方、日程

回	開催日	テーマ	報告事項	検討内容	結果
5	2013/12/26	グランドデザイン 会則 三区への報告、今後の日程	経過報告・資料説明 経過報告、資料提示 経過報告、進め方	テーマ内容 取りまとめ時期 進め方、日程	意見集約 取りまとめ時期 進め方、日程
6	2014/1/16	グランドデザイン 会則 三区への報告、今後の日程	経過報告・資料説明 経過報告・資料説明 経過報告、進め方	テーマ内容 内容、文言のチェック 進め方、日程	意見集約 進め方、日程
7	2014/1/30	グランドデザイン 会則 三区への報告、今後の日程	経過報告・資料説明 経過報告・資料説明 経過報告・資料説明	テーマ内容、部会 内容、文言のチェック 進め方、日程	意見集約 一部文言の削除 進め方、日程
8	2014/2/13	グランドデザイン	経過報告、進め方	内容、文言のチェック	内容、文言の加筆修正
9	2014/2/27	グランドデザイン プロジェクトの選定 その他	経緯説明、文言・表現チェック依頼 進め方、日程	 実施する優先順	 トライアルとして「ロゴプロジェクト」選定
10	2014/3/13	プロジェクトの順番 ロゴをつくろうプロジェクト グランドデザイン その他	前回の確認 経緯説明、事例紹介 経過報告・資料説明 三区報告会の日程	 コンセプト、デザイン、リーダー、進め方 内容、文言のチェック	 コンセプト、デザイン、リーダー、進め方 内容、文言の加筆修正
11	2014/3/27	グランドデザイン ロゴをつくろうプロジェクト 4月以降の進め方 その他	経過報告・資料説明 経過報告・資料説明 人事異動報告	会則、内容、プロジェクトの進め方 リーダー、進め方、関係部署依頼 進め方、日程	会則、内容、プロジェクトの進め方 リーダー、進め方、関係部署依頼 進め方、日程

回	開催日	テーマ	報告事項	検討内容	結果
12	2014/4/10	ロゴをつくろうプロジェクト 市民会議全体のこれから 情報発信 メンバー拡大 追加プロジェクト その他	経過報告・資料説明 工事の進捗状況	進め方、日程 三区役員会への報告方法、日程 配布、発信方法 声かけ方法、対象 プロジェクト選定	進め方、日程 三区役員会への報告方法、日程 配布、発信方法 声かけ方法、対象 「子育て」の選定 報告日程
13	2014/4/24	ロゴをつくろうプロジェクト 情報発信 メンバー拡大 子育てプロジェクト 若者へのPR その他	経過報告・資料説明 経過報告・資料説明 経過報告・資料説明 防災緑地、仮設店舗他	進め方、日程 配布、発信方法 声かけ方法、対象 メンバー、プロジェクトの内容、進め方 SNSの使用の是非	進め方、日程 配布、発信方法 声かけ方法、対象 メンバー、プロジェクトの内容、進め方 SNSの使用
14	2014/5/8	ロゴをつくろうプロジェクト 情報発信 メンバー拡大 子育てプロジェクト 追加プロジェクト	経過報告・資料説明 SNSの概要 経過報告・資料説明 経過報告・資料説明 仮設店舗経過報告	進め方、日程 情報発信の方法、担当者 声かけ方法、対象 日程 商業買い物プロジェクトの可否	進め方、日程 担当者、進め方 声かけ方法、対象 日程 新プロジェクト見送り
15	2014/5/22	子育てプロジェクト 情報発信 追加プロジェクト 追加メンバー 市民会議進め方	経過報告・資料説明 経過報告、進め方 前回（仮設店舗）のおさらい 参加希望者の説明 経過報告・資料説明	進め方、日程 進め方、日程、 プロジェクト選定 参加希望者への対応 反省会の実施	メンバー、進め方、日程 日程 「イベント」の選定 対応決定 反省会実施

回	開催日	テーマ	報告事項	検討内容	結果
16	2014/6/12	情報発信	メンバー紹介、作業フローの確認		
		子育てプロジェクト	プレ開催報告	部会リーダー、進め方、日程	リーダー、進め方
		イベントプロジェクト		部会リーダー、年中行事	リーダー、イベントの種類
		メンバー拡大		今後の参加希望者への対応	対応決定
		その他	3区への報告、市民会議進め方		
17	2014/7/10	情報発信	実施報告・アクセス数など		
		ロゴをつくろうプロジェクト	経過報告・資料説明	配布チラシ、日程	配布チラシ、日程
		イベントプロジェクト	3地区伝統風習のまとめ資料	3地区共通イベント（どれを誰に）	3つのイベントに集約
		子育てプロジェクト	経過報告・資料説明		日程
		新豊間中学校	経過報告・資料説明		
18	2014/7/24	ロゴをつくろうプロジェクト	学校への依頼状況	今後の進め方	今後の日程の決定
		イベントプロジェクト	前回議論した3つのコンセプトの確認	アイディア出し、日程	実施回数の決定
		子育てプロジェクト		サブリーダーの選出、部会の位置づけ	サブリーダーの選出
		その他	開催日程、懇親会、ジオパーク説明会		
19	2014/8/7	イベントプロジェクト 子育てプロジェクト その他	意見集約資料 担当者不在 ジオパーク説明会、暑気払い、その他	アイディア出し、日程	実施形式の決定

回	開催日	テーマ	報告事項	検討内容	結果
20	2014/8/28	子育てプロジェクト 市民会議１年間の振り返り ロゴをつくろうプロジェクト	進捗状況報告	市民会議の課題、会議体のあり方 回収した作品からロゴの決定	市民会議の位置づけの共有 後日最終決定
21	2014/9/11	ロゴをつくろうプロジェクト 子育てプロジェクト 旧豊間中学校 その他	前回開催報告 旧豊間中学校説明会	候補の選定、外部への委託 体育館撤去の際のお別れ会の実施 日程	候補をデザイナーに委託 プログラム、市民会議の役割の決定 日程

いて、地区の新しい祭りを開催することについて議論していた際に、イベントの具体例を行政側が提示して、市民会議参加者が追認するかどうか協議する場面があった。また、行政側がイベントのプログラム案を提示することで、参加者がそうせざるをえないと意見する場面もあった。

第三に、市民会議と行政・区会の関係性が不明確であるということである。グランドデザインを策定した後、市民会議では、市民会議と区会、行政の関係性について問題となった。つまり、市民会議は何をどこまで行えるか、その権限が不明確であったためである。市民会議で決定したことを行政に対して、区会に対してどのように展開するのかが明らかでなかった。この原因の一つとして、海まち・とよま市民会議はいわき市とのパートナーシップ協定を締結していないことが考えられる。パートナーシップ協定を締結することによって、市民会議で策定したグランドデザインを行政によるまちづくり計画に反映させることができ、市民会議の活動も明確化することができる。しかしながら、そうしたパートナーシップ協定を締結していないことで、阪神・淡路大震災後の復興まちづくりでまちづくり協議会が備えていた、個人と行政を繋ぐ機能を海まち・とよま市民会議が持つことは現時点では難しいと考えられる。次節ではこれら海まち・とよま市民会議の問題点を他の市民会議との場合と比較し、復興まちづくりにおける官民連携の課題を明らかにする。

四　官民連携の課題

本節では前節までの海まち・とよま市民会議の活動および課題を他地区の市民会議と比較することによって、復興まちづくりにおける官民協働の課題を明らかにする。

はじめに、前節のまとめとして、海まち・とよま市民会議には、「行政と市民会議参加者との間で優先度に違いがある」「行政による主導」「行政と市民会議の関係の不明確性」の三つがあることがわかった。

「優先度の違い」に関して、市民会議と行政との間の問題意識の差から活動の優先度が異なっている市民会議はなかった。あくまでも市民会議の活動に対して、行政側から課題を提示することはなかった。それはおそらく海まち・とよま市民会議と他の市民会議での設立の経緯が違っているからであると考えられる。豊間地区を除く他の地区では設立が東日本大震災以前であり、震災復興に関係しないまちづくり全般が市民会議の目的であった。そのため、優先的に特定の事業を行うという事情が存在していなかったと思われる。翻って、豊間地区では震災からの復興が急務として取り上げられ、かつ、三区の間でも被害状況が異なり、活動の優先順位づけを行うのが困難であった。市民会議内、行政との間にも問題意識がそれぞれ異なり、何を優先的に行うのか合意を形成することが困難であった。

「行政による主導」に関して、行政が議論の内容を決めたり、行政が提案したことを市民会議が追認したりすることは他の市民会議ではなかった。あくまでも行政はオブザーバーであり、市民会議の議論を左右することはなかった。この違いの理由として、市民会議の規模の違いがあると考えられる。いわき市内にある市民会議は四倉を除いてすべて旧市単位で設立されていた。そしてそれらの市民会議はそれまでまちづくりに関わっていた団体が前身となって、震災以前から活動していた。しかし、豊間地区では震災後にそれまで合同の取り組みがなかった三つの区が合同して市民会議ができた。規模も小さく、経験も豊富ではないため、行政による主導が生じたのではないだろうか。

「行政と市民会議の関係性の不明確性」に関して、他の市民会議ではそのような事態は生じていない。関係性の違いは、行政と市民会議とのパートナーシップ協定締結の有無によって生じている。海まち・とよま市民会議以外の市民会議ではいずれも、グランドデザインを策定した後、パートナーシップ協定を結び、その後多くの市民会議で地区まちづくり計画を策定している（内郷まちづくり市民会議の場合、グランドデザイン策定とパートナーシップ協定締結の順番が前後しているが、結果として問題は生じていない）。海まち・とよま市民会議では現在グランドデザインを策定したところで、行政とパートナーシップ協定を結ぶという段階にはない。パートナーシップ協定を結ぶことによって、名目だけでなく実質的にも、様々な場面で市民会議と行政が対等な立場で協力することが可能となる。

ただ、これらの課題に対応する回答は一対一で対応しているわけではない。設立の経緯や地区の規模、行政との関係性の違いは優先度の違い、行政による主導、行政と市民会議の関係の不明確性といった課題いずれにも結びつきうる。諸事情が複雑に絡み合って現在の海まち・とよま市民会議が抱える課題を生じさせている。

以上では、海まち・とよま市民会議の抱える課題、特に官民協働の課題について考察してきた。そこで、次にまとめとして復興まちづくりにおける官民協働の課題について考えてみたい。復興まちづくりにおける官民協働の課題とは、特にそれまでまちづくりなどが問題となってこなかったような小規模の地域において、災害が発生し復興を目指すにあたって緊急性の高い問題が山積し、行政と対等な関係性を結ぶことなく問題解決が求められ、その結果、官民両者の立場が明確でないために、行政による住民の誘導・主導が生じることである。

このような課題を解決するためには、官と民の関係性を明確化し、立場や役割を明確化する必要がある。いわき市内の市民会議を考えると、市民会議と行政の関係性は明確である。課題解決のためにはいくつかの必要なプロセスを経る必要があると考えられる。ここでは、グランドデザイン策定、パートナーシップ協定締結、地区まちづくり計画策定などである。こうしたプロセスを経ることで、官民両者の立場が明確化し、行政による誘導や主導が生じることなく、住民主体の復興が可能となる。[5]

むすび――結果と課題

以上では、筆者がフィールドとしている福島県いわき市豊間地区を事例として、震災後のまちづくりにおける官民連携の課題を明らかにしてきた。「むすび」ではその結果をまとめるとともに残された論点について言及する。

震災まちづくりにおける官民協働の課題とは、特にそれまでまちづくりなどが問題となってこなかったような小規模の地域において、災害が発生し復興を目指すにあたって緊急性の高い問題が山積し、行政と対等な関係性を結ぶことなく問題解決が求められ、その結果、官民両者の立場が明確でないために、行政による住民の誘導・主導が生じることである。そして、今後の震災まちづくりでは以上のような課題を克服するためのいくつかのプロセスが必要である。

筆者のフィールドにおける今後の研究課題としては、二節の市民会議の特徴で関嘉寛が述べたような、オープンな公共性が市民会議によって生じるのかどうかを検証することである。公共性に関して、本稿ではハーバーマスの公共圏の特徴を挙げて、今後の分析視角とすることにしたい。すなわち、ハーバーマスによると公共圏の特徴とは、一つ目として、公共圏は「意見についてのコミュニケーションのためのネットワーク」（ハーバーマス　一九九二：四三六＝二〇〇三：九〇）である。境界線を引くことにより公共圏の内部と外部の限定は可能であるが、その境界は可変である。

二つ目に、公共圏の空間的構造を強調している。公共圏には自身による問題処理能力が限定されており、例えば政治問題を対象とする場合には問題処理を政治システムに委ねていた。むしろ公共圏は「コミュニケーション構造によって特徴付けられる。つまりコミュニケーション構造は日常的コミュニケーションの機能や内容ではなく、コミュニケーション的行為によって産出される社会的空間にかかわる」（ハーバーマス　一九九二：四三六＝二〇〇三：九一）

最後に、公共圏は影響力を形成する場である。「公共圏において集約された意見、すなわち公共的意見は議会や政府での意思形成へ影響を及ぼす潜在的な政治的影響力である。この影響力は平等な素人からなる公衆の同意によって支持される」（ハーバーマス　一九九二：四三九＝二〇〇三：九四）。

これらの特徴から公共圏を理解することによって、市民会議が公共圏として、オープンな公共性を生じさせることができるのかについて考察したい。例えば、現時点の海まち・とよま市民会議を考えるならば、ネットワークに関して現時点では、会議に参加するためには三区の区会から推薦される必要がある。しかし、海まち・とよま市民会議では三区住人以外でも見学は可能である。また、SNSなどを用いて会議の内容を一般に公開をしている。こうした機会を利用することで市民会議の内外の境界を乗り越えていくことは可能であろう。

また、影響力に関しては現時点では形成が難しいと考えられる。本稿で述べたように、海まち・とよま市民会議では行政とパートナーシップ協定を締結しておらず、会議の権限が不明確なままである。市民会議で集約された意見についても、特に住民の利益に直接関わるような問題であるならば、今後住民からの支持を得て行政などへ政治的影響力を及ぼすことは困難であろう。今後の市民会議の展開が期待される。

注

（1）例えば宮城県の『宮城県災害復興計画』には基本理念として「2、県民一人ひとりが復興の主体・総力を結集した復興——未曾有の大災害で犠牲になった方々への追悼の思いと、宮城・東北・日本の絆を胸に、県民一人ひとりが復興への役割を自覚し主体となるとともに、国・県・市町村・団体等が総力を結集して、県勢の復興とさらなる発展を図ります」と記されている（宮城県　二〇一一：二）。

（2）復興まちづくりにおけるその他の先行研究に関して、例えば、災害弱者と住民参加の関係について武田丈によるものがある（武田　二〇〇五）。また、復興まちづくりに関する制度的障壁について、横田尚俊らの先行研究がある（横田・浦野　二〇〇六）。

（3）津波の被害にあったものの、修復され注目を浴びた「奇跡のピアノ」の伴奏によって、豊間中学校の卒業生が校歌を合唱した。報道によると約二〇〇人の卒業生が参加した（『福島民報』二〇一四年九月二二日）。

（4）中間報告を一月二八日、グランドデザイン報告会を三月二九日に開催した。

（5）こうした課題に対応するために、吉川忠寛は「事前復興」の必要性を述べている（吉川　二〇〇七）。土地区画整理事業といった復興事業では住民や権利者に負担を強いることになり、そのような重要な意思決定を震災後の非常時に行うのではなく、震災前の冷静な時期に検討するべきであるとしている。その際の検討事項について、防災・復興ビジョンや事業プロセスのあり方などを挙げている。

参考文献

Habermas, Jürgen, 1992, *Faktizität und Geltung: Beiträgezur Diskurstheorie des Rechts und des demokratischen Rechtsstaats*, Frankfurt am Main: Suhrkamp.（=河上倫逸・耳野健二訳、二〇〇三、『事実性と妥当性——法と民主的法治国家の討議理論にかんする研究　下巻』未來社）

広原盛明、二〇〇一、『開発主義神戸の思想と経営——都市計画とテクノクラシー』日本経済評論社

久保光弘、二〇〇五、『まちづくり協議会とまちづくり提案』学芸出版社

宮城県、二〇一一、『宮城県災害復興計画』
中井浩司・小出治・加藤孝明、二〇〇三、「神戸・区画整理事業地区の復興まちづくりの実態」『日本建築学会計画系論文集』五六九号、一一七－一二四
佐藤徹、二〇〇五、『市民会議と地域創造――市民が変わり行政が変わると地域も変わる！』ぎょうせい
清水亮、二〇〇八、「〈居住の論理〉に基づくコミュニティ形成――野田北部地区の復興まちづくり」似田貝香門編著『自立支援の実践知――阪神・淡路大震災と共同・市民社会』東信堂
関嘉寛、二〇〇六、「災害復興期における公共性と市民活動：『中越復興市民会議』の分析に向けて」『大阪大学大学院人間科学研究科紀要』三二号、二一一－二二九
玉野和志、二〇〇六、「地域政策と地域ガバナンス」岩崎信彦・矢沢澄子監修『地域社会学講座　地域社会の政策とガバナンス』東信堂
武田丈、二〇〇五、「参加型まちづくりによる災害復興の必要性――社会的に不利な立場に置かれている住民に関する災害復興研究の結果より」関西学院大学COE災害復興制度研究会編『災害復興――阪神・淡路大震災から一〇年』関西学院大学出版会
田中重好、二〇一〇、『地域から生まれる公共性――公共性と共同性の交点』ミネルヴァ書房
横田尚俊・浦野正樹、二〇〇六、「災害とまちづくり」岩崎信彦・矢沢澄子監修『地域社会学講座　地域社会の政策とガバナンス』東信堂
吉川忠寛、二〇〇七、「事前復興の到達点と災害教訓から見た課題」浦野正樹、大矢根淳・吉川忠寛編『復興コミュニティ論入門』

東日本大震災復興に向けた組織の現状とその類型——いわき市被災沿岸部豊間・薄磯・四倉地区を事例に

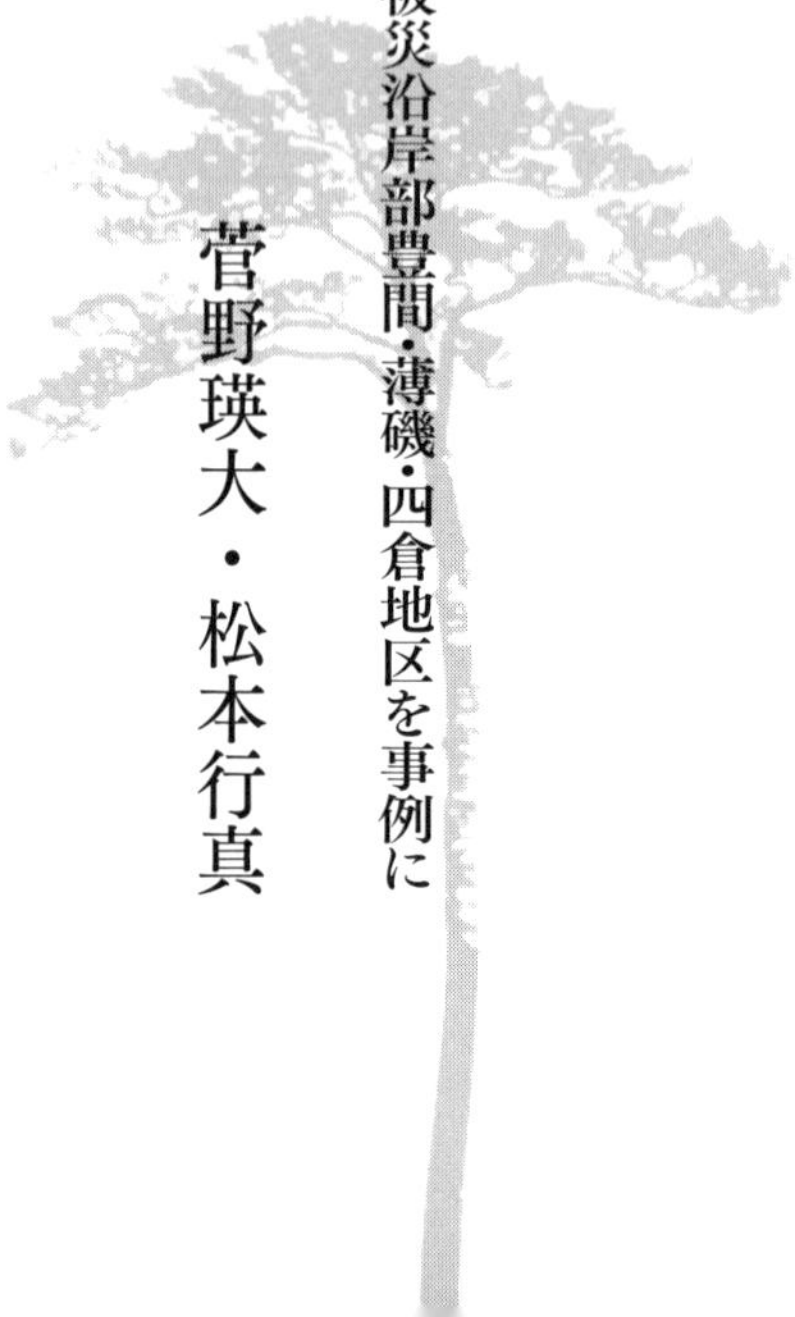

菅野瑛大・松本行真

はじめに

(一) 研究背景

二〇一一年三月一一日に発生した東北地方太平洋沖地震による津波や東京電力福島第一原子力発電所事故は福島県内にも大きなダメージを与えた。復興庁が発表した「復興の現状と取組」（二〇一三年七月二日）において、福島県の現状や課題、対策などについては原発事故関連によるものが中心である。しかし、福島県いわき市沿岸部においては津波によって四〇〇名を超える犠牲者が出ており、原発事故以外にも大きな被害を受けている。そうした中、震災から二年が経過し、いわき市の復旧・復興はようやく本格化しようとしている（「都市再生機構と協定締結いわき市豊間、薄磯区画整理で」『福島民報』二〇一三年二月九日）。福島県土木部の「浜通り地方の復旧・復興加速化――事業概要」（二〇一三年七月三一日）では、福島県内の津波被災地域の中でも復興まちづくりを実施している一一か所の復旧・復興の状況やそれぞれの復興に向けた基本的視点などをまとめている。この資料では、現在、復旧・復興が完了しているものはない。

ところが、復興に向けた大きな動きがある地域もある。いわき市四倉地区では復興まちづくりの基本的視点の一つ「『道の駅よつくら港』を復興のシンボルとした再生」を実現するために、震災後一時営業を停止していたが、二〇一一年四月からは被災した店舗の一部を用いて仮営業を開始し、二〇一二年一月二七日からは仮設店舗に移っている。そして、二〇一二年八月一一日に直売所とフードコートからなる交流館をリニューアルオープンした（「『道の駅よつくら港』再開いわき、水産物直売所にぎわう」『福島民報』二〇一二年八月一二日）。このように同市内の津波被災地域であっても、震災から一年五か月後には復興に向けた大きな動きがある四倉地区は、各津波被災地域ではそれぞれ被害規模が違うため一概に比較はできないものの、復興のスピードは非常に早く感じる。それでは、地域によるこの〝差〟はどこにあるのだろうか。

差の要因を考えるにあたり、誰が復興を進めているかを明らかにする必要がある。復興庁によると、「東日本大震災から復興を担う行政主体は、住民に最も身近で、地域の特性を理解している市町村が基本となるものとする。国は、復興の基本方針を示しつつ、市町村が能力を最大限発揮できるよう、現場の意向を踏まえ、財政、人材、ノウハウなどの面から必要な制度設計や支援を責任を持って実施するものとする。県は、被災地域の復興にあたって、広域的な施策を実施するとともに、市町村の実態を踏まえ、市町村に関する連絡調整や市町村の行政機能の補完などの役割を担うもの(1)」とし、さらに「東日本大震災からの復興にあたっては、被災地域のそれぞれの個性に着目して、地域の資源を活かした地域・コミュニティ主体の復興を基本とする(2)」と示されている。復興に関して国や県は支援や各市町村間の調整が主となるため、実際に復興を進めていくのは各市町村、もしくは各地域住民となる。現在までだけでなく、今後も想定される地域〝差〟が生まれる要因の一つとして、復興を中心

に進める組織（以下、復興組織）の実態をとらえる必要があるといえる。(3)

復興組織の実態をとらえるにあたり、本稿では、類型化を通してそれぞれがどのような組織構造をとっているかという点について明らかにしていく。

(二) 本研究の位置づけ

復興組織の実態をとらえていく上で、まず、〝復興〟の定義について考える必要がある。宮原（二〇〇六）は、被災者の「くらし」や「すまい」に中核を置いた再生型復興概念においては、「復興（＝災害によって衰えた被災者及び被災地が再生する）のために、通常不可欠なのが都市インフラや公共施設の復旧である。復興が目的であり、復旧はそのための手段であるため、これまで『災害復旧』と呼ばれてきた活動はすべて広い意味の『災害復興』活動のうちに包括される」としている。

また、日本災害復興学会「復興とは何かを考える委員会」の日本災害復興学会・室崎（二〇〇九）では、広義と狭義の二つの復興が提示されている。前者を「被災からの機能回復の運動」であり、後者は「大変革を伴う機能回復の運動で、大規模な被災の場合にこれを選択する」と整理した。広義の復興は、宮原（同）より災害復旧に相当するものだと考えられる。しかし、今回の震災による被害は非常に大規模なものであるために、復旧というよりむしろ後者の意味合いが強いように思われる。また、一般的な復興としては、「一度衰えたものが、再び盛んになること。また、盛んにすること（『大辞林』第三版）」とあるように、活気を取り戻すもしくは活気づけることでもある。

以上の議論をふまえて、本稿では、宮原（同）の「一度衰えた被災者及び被災地が再び盛んになること」を復興の定義とし、再び活気を取り戻す（若しくはかつてあった以上の活気を獲得する）ために活動している組織が復興組織であると考えることができる。

次に、復興組織への組織論の視点の適応を考えるにあたり、その主たる構成員を地域住民と考えて議論を進めると、この組織を地域住民組織と置き換えることができるだろう。こうした着眼点をもつ既存研究に、石栗（二〇一二）がある。ここでは、自治会・町内会に関してこれまで経営学以外の学術分野から得られた研究成果や、各種の政府・自治体などの調査に加え、筆者の実施したアンケート調査結果などを元に、自治会・町内会の実像の一端を描き出し、そこに組織論の適用を試み、四つの自治会・町内会の組織構造モデルとその特徴を提示した。本研究の対象としている地域住民組織が通常時のものではなく、災害復興を進める組織としてとらえているため、このフレームを用いることは適さないと考える。

そこで、災害関連組織の類型を行うものに大矢根他（二〇〇七）がある。ここでは、災害時に活動する組織を、カバーするエリアの範囲と遂行する活動の専門度、機能を拡張するか否かにより六タイプに分類したが、本研究において対象としている組織は、ある地域に特化した復興活動という限定されたものであるため、この枠組みを適用して分類することは沿わないだろう。

この六タイプを整理して四タイプに分類した研究に田村他（二〇〇八）がある。ここでは、災害対応組織[4]の構造（Structure）が「日常とは変化がない（Old）／日常とは変化している（New）」という軸と、災害対応機能（Tasks）が「日常からある（Regular）／日常にはない（non-Regular）」の二軸からなるものであり、以下の四タイプに分類される。タイプⅠは「既存の組織が平時から期待されている役割を果たす」、タイプⅡは「事前に組織的な活動計画が練られており、災害時に計画に則り機能を実現する」、タイプⅢは「既存の組織や集団がその機能を発揮して、災害時に必要となった役割を果たす」、タイプⅣは「発災時に結成され、被災地で展開される様々な活動の要として調整役を果たす」というそれぞれの組織の特徴をまとめた。

さらに、これら四タイプを①林（二〇〇一）では機能について、②大矢根他（同）では組織構造についてそれぞ

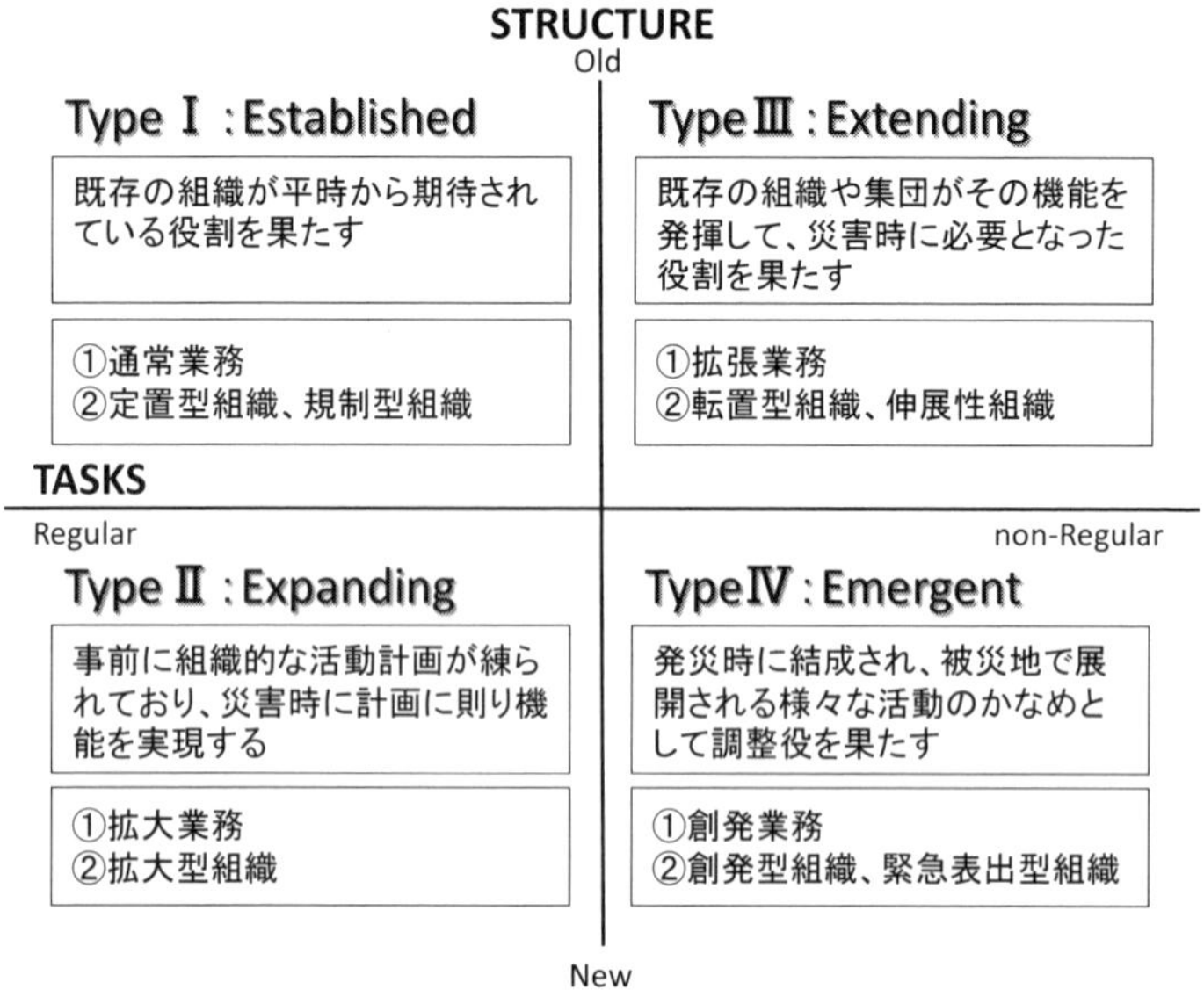

図１　災害対応組織の４分類（田村他 2008 より）

れの視点からまとめている（**図１**）。田村他（同）では、二〇〇七年に発生した新潟県中越沖地震に対する、第一義的な災害対応組織として行政をあげ、それを支援する組織について類型化を試みた。このように、災害対応組織の四分類では、ある程度限定された範囲の災害対応組織に対して適応することができ、各復興組織の実態をとらえる一つの有効な手段であると考えられる。特に、今回は組織構造についての類型化が目的であり、大矢根他（同）によるラベリングを用いた分析が可能であると考えるため、このフレームを採用する。

　また、同著では主体を行政としているが、本稿では各地域の復興を具体的に取り組む、よりミクロな組織を対象とする。さらに類型においては周辺組織に対するものであったが、ここでは、主体そのものを類型化し、それらを比較することによって、復興組織の違いが復興の進捗状況の〝差〟を生み出す要因となりうるのかを検証していく。また、組織が復興の差の要因となるかを考察するため、それぞれの業務すなわち取り組みについての分析も必要であると

図２　対象地区の位置関係

考えられるが、これに関しては本稿では扱わず今後の課題とする。

（三）研究対象

本稿では、いわき市沿岸部の三地区[5]を研究の対象にする。はじめに、一つ目の対象地区とするいわき市四倉地区（以下、四倉地区）を説明する。ここは震災以前、世帯数二八六八世帯、人口七四六五名の（相対的に）大規模な地域であった。比較をするために、近隣の地域かつ中・小規模の地域をそれぞれ一地区ずつ取り上げる。まず、いわき市平豊間地区（以下、豊間地区）を説明する。震災以前、世帯数六三三世帯、人口二二一二名であり中規模の地区とする。次に、同薄磯地区（以下、薄磯地区）は震災前の世帯数二六六世帯、人口七六一名であり小規模の地域として研究対象にする。

また、これら三地区を対象とする大きな理由は復興組織と復興の進め方に違いにある。具体的には、薄磯地区は現役世代の若手からなる薄磯復興協議委員会（以下、委員会）がある。役員の年齢層が高い薄磯区の下部組織ではあるが、復興に関しては基本的に独立して進めている。豊間地区では、薄磯区と同様に区役員の平均年齢は高く、その多くはふるさと豊間復興協議会（以下、協議会）との兼任である。四倉地区は復興に特化した組織を特に立ち上げてはいないが、震災以前からの区長会と四倉ふれあい市民会議（以下、市民会議）との協働による「四倉地区津波被災地の復興に向けた検討会」が立ち上げられたものの、実質的には市民会議が中心となり復興を進めている。

このように、各地区によって規模や復興に向けた体制に違いがあるため、薄磯・豊間・四倉の三地区を対象とする。

（四）調査方法

本研究おいては二つの調査を実施する。まず一つが文献調査であり、行政はじめ各地区が独自に発行している広報誌やそれぞれのホームページなどのオープンデータを収集・整理するものである。もう一つがインタビュー調査である。これは各復興組織構成員を対象とした、インタビュー時には以下の項目について質問した。

①協力者のプロフィール
②組織構成（構成人数、年齢層、連携している組織や団体の有無等）
③組織が立ち上げられた経緯
④活動内容（どのように計画の進行を決定するか等）
⑤組織運営上の工夫（組織内の情報伝達や他組織との連携方法等）
⑥現在の課題と今後の目標

一　各研究対象地区の被害状況

はじめに、いわき市の津波関係を中心に被害や復旧・復興状況を概観する。いわき市では、市全体面積の約一・四%にあたる一七・七五平方キロメートルが浸水区域となった。また、この区域の約六二%が一・五メートル以下の浸水深となり、被災建物のうち約一三%が流出し、全壊を合わせると全体の被害のうちの約二八%を占めている。

次に各研究対象地区（以下、各地区）における津波による被害状況を紹介する。薄磯地区では、全壊となった建物が全体の約八七%を占め、全壊と大規模半壊を合わせると三二〇棟であった。死者は一〇三名であり、数字だけ見ると二～三世帯につき一名が亡くなるという大きな人的被害も受けた。豊間地区では、全壊となった建物が全体の約七二%を占め、全壊と大規模半壊を合わせると六一七棟であり、死者は七四名となった。四倉地区では津波被災市街地において、全壊と大規模半壊を合わせて二四四棟となり、死者は一六名という被害である。

二　各地区の復興組織とその取り組み

(一)　各復興組織の立ち上げ経緯

薄磯地区の復興組織

薄磯地区の復興組織設立経緯は、以下の通りである。震災後すぐに、薄磯・豊間・沼ノ内の三地区(6)合同で復興に向けた会議を実施し、各区長が復興の方向性についての考えを提示した。その中で、薄磯区長は「高台移転を実施」することを明らかにしたが、同地区の四〇代男性が「その件については初めて聞いた。住民の意向は確認しているのか」という質問をしたところ「緊急時であるからトップダウンで進めることは仕方がない。もしそれが嫌ならば自分たちで活動したらどうか」という内容の回答を受けた。そこで、この男性が中心となり年齢が近い区民を集め、行政を交えながら復興に向けた勉強会を二〇一一年の夏より開始した。勉強会を進めている様子などを見ていた当時の区長から「次世代を担う若い世代が中心となり復興を進めてほしい」という要請を受け、同年九月一八日に意見交換会を兼ねた準備会を実施し「薄磯復興協議委員会」が発足となった。翌月一〇月二日には活動計画を策定し、同月二三日の区民懇談会の場で正式に承認され、先の男性が委員長へ就いた。

委員会は同行政区の下部組織として位置付けられたが、復興について基本的に独立して活動を行っていたため、情報共有などは委員会から区や区長に対する一方的なものであった。結果として上部組織からの情報が得られず、連携によって、効率よく進めることはできなかった。そこで、区との連携を強めるために、二〇一三年五月の役員改選を契機に一部の委員が区役員となった。これにより、以前よりも区と委員会が密に情報交換などをできる体制となり、復旧・復興を円滑に進めることができるようになった。実際に区が持っている情報が委員会側に入ってくるようになり、復興活動の際の資源として活用することができるようになってきている。

また、委員会と連携などしている組織（以下、周辺組織）を整理する（図3）。委員会は、薄磯区と復興に向けた情報共有や議論をした上で意思決定を行っている。市内のIT企業とは情報発信において連携をとっており、各研究機関とは現時点（二〇一三年一〇月末）では協定などを結ばずに意見交換などを実施している。さらに、復興を進めるにあたり各関連行政機関との情報共有などは必要不可欠であるため、協働という体制をとっている。

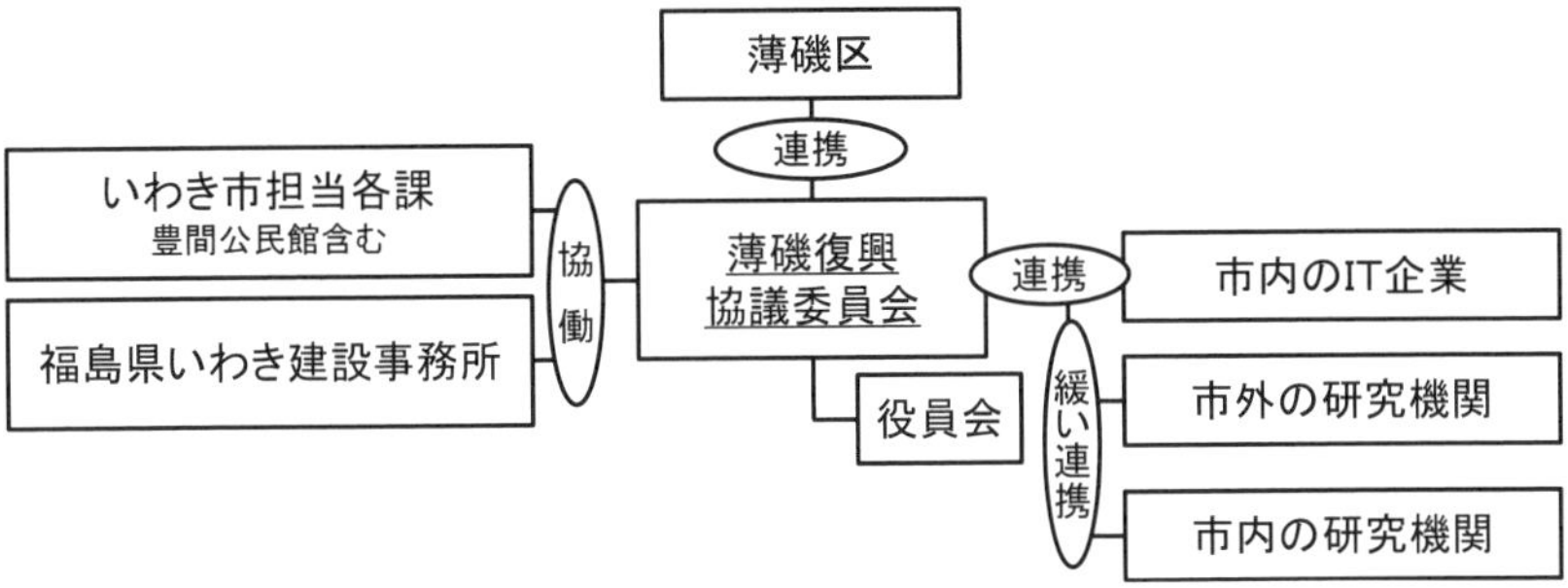

図3　委員会と周辺組織の関係図

豊間地区の復興組織

次に、豊間地区の復興組織設立経緯を述べる。震災直後の安否確認などをはじめ、復旧・復興活動は豊間行政区が中心となって活動を行っていた。具体的には「復興計画は市に任せきりにするのではなく、自分たちも積極的に関わっていくべきである」という方針のもと、区民の意見は区長をはじめとする区役員が聞き、それらを取りまとめて市に対して復興案を提出した。また、二〇一一年四月の総会時には、区が保有する資金の一部を復興に使うという了解を区民から得た。

このような活動を積極的に行うも、提出していた案は市が考えているものとは大幅に違ったためか、一部からは豊間区長は市に対して反発しているととらえられることもあり、思ったように復興活動を進めることができなかった。このような状況の中、同年八月中旬にボランティアとして豊間地区を支援していた有識者から「復興に特化した組織をつくったほうがよい」というアドバイスを受け、同月二八日にメンバーを集め準備会を開催し、翌月五日には第一回の全体集会を開き会則の承認を行ったほか、四つの部会の設置をし、正式に「ふるさと豊間復興協議会」を立ち上げることになった。その後、協議会で改めて豊間地区復興案についてまとめ、再度、市に提出した結果、承認されて本格的に復興活動に入ることとなった。

また、協議会における周辺組織を整理する（図4）。協議会は、豊間区や婦人会などの区内の団体と情報共有や議論をした上で意思決定を行ってい

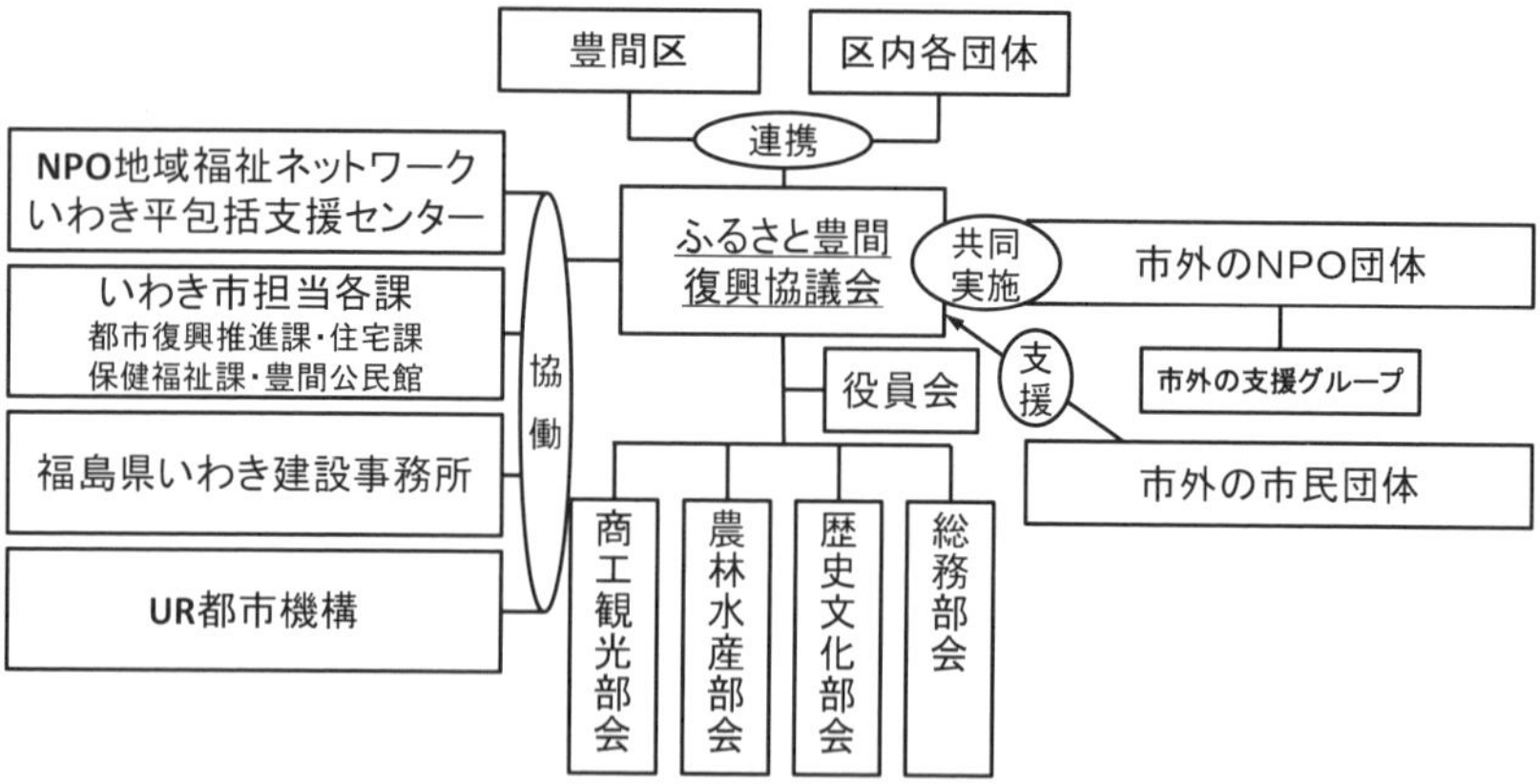

図４　協議会と周辺組織の関係図

る。市外のＮＰＯ団体はそのメンバーの一部が復興組織へ参加しているため、共同実施という体制をとっている。また、市外の市民団体からは復旧・復興に向けた支援を多く受けている。さらに、薄磯区同様に各関連行政機関とは協働によって活動を進めている。

ちなみに、二〇一四年五月の豊間区役員改選に合わせて協議会のリーダーもかわっており、前リーダー同様に区長と兼務する形になった。ただし、新リーダーが後任となる条件に、協議会中心メンバーは残留することとしたため、そのほかのメンバーは継続して活動を行っている。

四倉地区の復興組織

四倉地区はこれまでの二地区とは復興組織の設立経緯が異なり、今回の震災を機に立ち上げられた組織ではない。四倉地区内には区長会をはじめ商工会やＪＡ、企業など多くの組織があり、それぞれが緩やかな連携をとっていた。しかし、各組織がそれぞれ独立して（地域に対する）活動を行っていたため、地域活性化という面では連携をとることができていなかった。そこで窓口を一つにまとめることにより、互いに連携をとれる体制を整えようと、先に述べた各組織に加えて個人も含め「四倉ふれあい市民会議」を二〇〇四年一一月に立ち上げた。

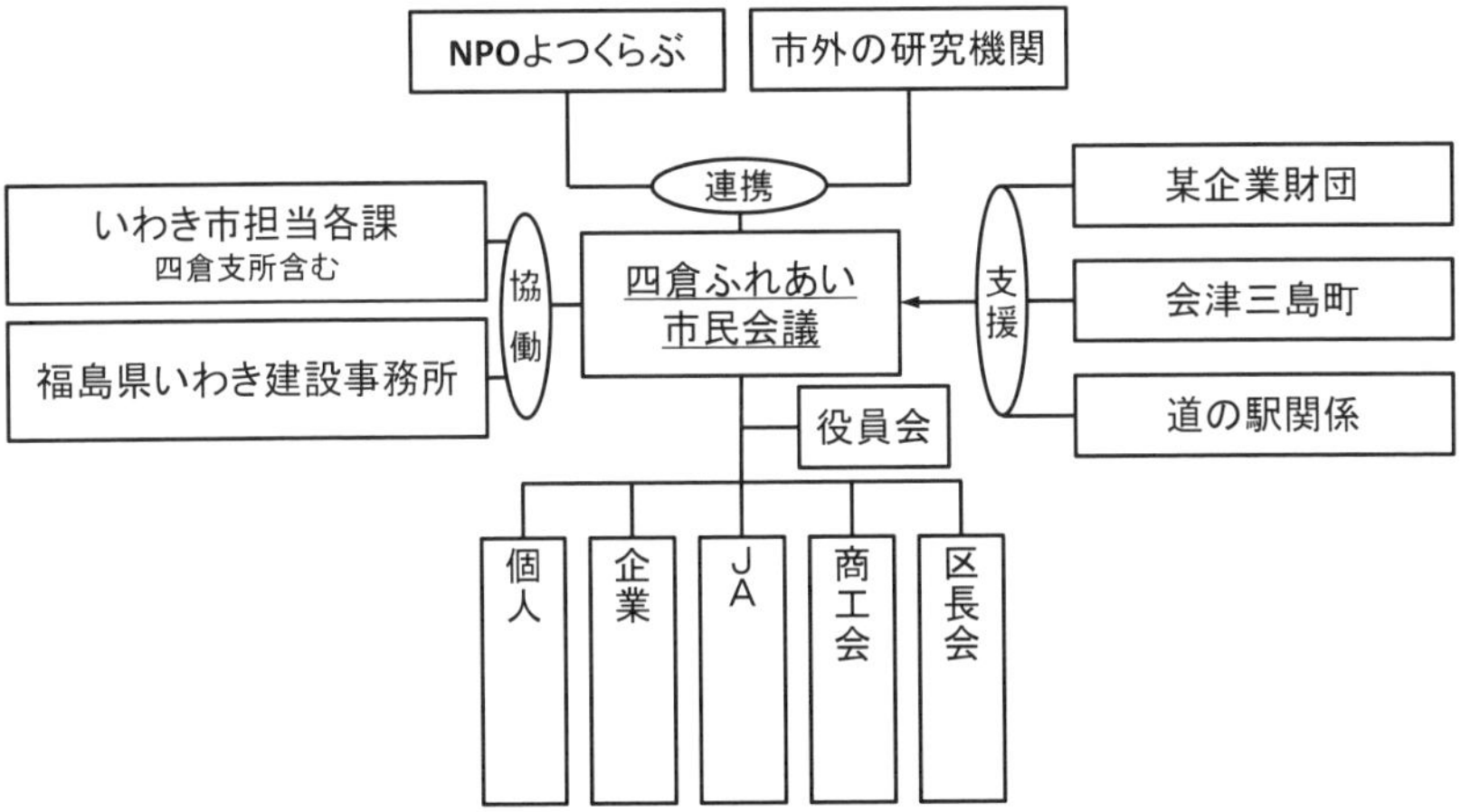

図5　市民会議と周辺組織の関係図

市民会議の活動の一部をまとめた金子他（二〇一一）によると、二〇〇五年五月に四倉地区グランドデザインの策定に着手し、二〇〇六年一〇月には市長に対して、市民会議・四倉町区長会・四倉町商工会・いわき市漁業協同組合四倉支所が道の駅建設要望書を提出した。二〇〇八年三月には四倉地区グランドデザインが策定され、重点目標として、国道六号沿いで唯一漁港に隣接している四倉漁港区域を「観光と交流の拠点づくり」に位置づけた。そして、道の駅よつくら港（以下、よつくら港）として二〇〇九年一二月の仮オープンを経て、二〇一〇年七月にグランドオープンした。ところが、今回の震災によりオープンから約八か月で、よつくら港は営業が困難な状況となった。

市民会議は、震災後すぐに独自のネットワークを活用して炊き出しなどの支援活動を実施したほか、活動の中心的存在であるよつくら港を復興させるべく検討会を開始した。よつくら港復興に向けて行政と意見を交換する機会も多く、これまでの市民会議の活動実績などを把握・理解しているいわき市四倉支所から、復興活動への参画要請を受けた。そして、二〇一一年一一月八日に四倉区長会との協働で「四倉地区津波被災地の復興に向けた検討会」を立ち上げた。しかしながら、区長会が市民会議に含まれるため、実質的に四倉地区の復興は市民会議が進めている。

また、市民会議における周辺組織を整理する（図5）。市民会議は復興に向けて、よつくら港の管理・運営を行っているNPOよつくらぶや市外の研究機関と取り組む活動の項目ごとに連携をとっている。加えて、震災以前の活動において関係があった団体などからは復旧に向けた支援を受けたり、某企業財団がよつくら港復興に向けた支援を行った。さらに、四倉地区においても各関連行政機関とは協働という体制をとっている。

ちなみに、四倉地区も豊間地区同様に二〇一四年五月をもってリーダーが代わることになった。ただし前リーダーは顧問として市民会議をサポートすることに加えて、NPOよつくらぶの理事長は継続している。

(二) 各組織体制の概要

本項では、各組織体制を構成人数、意思決定を行う人数、平均年齢やメンバーの選定方法などの項目別に比較しながらまとめる（表1）。

構成員

薄磯地区は、立ち上げ時から現在に至るまで一三名で活動を行っている。その中でも中心メンバー[7]となっているのが、毎週日曜日の定例会議へ参加する約八名である。豊間地区は、立ち上げ時は四一名だったが二〇一三年八月末時点では八一名にまで増えた。中心メンバーは豊間区連絡事務所へ常駐している約六名である。この中の半分は設立時から豊間行政区役員を兼任していた。四倉地区は、団体・個人合計すると約一五〇名にのぼる。中心メンバーは基本的には役員を含めた約一〇名である。彼らはどの取り組みにも基本的に参加するが、その他メンバーは参加を希望する取り組みのみ意思決定に関わっている。以上のことから、復興組織に参加している地域

表1　組織体制の概要

	薄磯地区	豊間地区	四倉地区
名称	薄磯復興協議委員会	ふるさと豊間復興協議会	四倉ふれあい市民会議
人数	13名	立上げ時：41名 現　　在：81名 （2013年8月末時点）	約150名（団体・個人）
中心メンバー	ミーティングへ参加する約8名	事務所に常駐している6名	役員を含めた約10名
平均年齢	40代半ば	50代後半	40代後半
メンバーの選定方法	・震災による失職をしていない人 ・比較的若い世代	・区の役員 ・豊間まちづくり協議会メンバー	・区長会、商工会、JA ・その他企業、地元住民等
メンバー間の情報共有	・ミーティング時（毎週日曜朝） ・電話、メール ・Facebookを活用	・ふるさと豊間だより ・電話、メール ・豊間区連絡事務所で直接行う	・月1回の役員会 ・役員会時の議事録公開 ・電話、メール ・回覧板などの活用
運営上の工夫	・住民合意の下で進める ・ミーティング時、出席をとらない ・インターネットを活用した情報発信を積極的に取り組む	・市と歩調を合わせる ・市からの要請にはすぐ応える ・行政などとの信頼関係の構築 ・資金を常に準備しておく	・自分たちでできることは、積極的にやる ・自分たちでできない範囲を行政などに要望する
その他	・2013年度より区との連携強化 ・インターネットを活用した情報発信、情報共有を強化	・区の役員が、協議会の中心メンバーを兼任 ・市外研究グループとの連携	・道の駅よつくら港の運営を行うNPOよつくらぶとの連携 ・市外の研究機関との連携

住民が多いからといって、積極的に参加し意思決定に常に関わるような人が増えるわけではないということがいえる。

薄磯地区は立ち上げ時に若い現役世代を中心に集めたため平均年齢は四〇代半ばと比較的若い。また、中心メンバーの平均年齢も同様に四〇代半ばである。豊間地区は組織全体としての平均年齢は五〇代後半であるが、中心メンバーの平均年齢は六〇代後半から七〇代であり、比較的年齢層が高い。四倉地区は組織全体としての平均年齢は四〇代後半であるが、中心メンバーの平均年齢は五〇代半ばである。薄磯地区以外の二地区は、全体の年齢層に対して意思決定を行う中心メンバーの年齢は比較的高いことがわかる。

選定方法

薄磯地区では、委員長が直接声をかけ集める形をとった。その際に、「現役世代である」ことと、震災後も「安定した収入を得ることができている」ことを満たすことを基準とした。一点目は区の「若い世代で立ち上げてほしい」という意向に沿ったものであり、二点目は長期にわたってボランティアのような形で復興活動を継続するためには、各人の生活が確保されている必要があるという考えから、参加者の選定基準を定めることになった。豊間地区はまず、震災直後から対応にあたっていた区の役員が中心となった。さらに、以前から豊間地域にあった「豊間地域まちづくり協議会」のメンバーから豊間地区住民を選定した。また、いわき市外の支援グループ構成員の一部も参加している。四倉地区は、区長会をはじめ、商工会や各地区内の企業、そして個人も参加している。豊間地区と四倉地区は、母体となる組織があるが、薄磯地区は新たに募っており、これが組織構成人数に違いがある要因の一つとも考えられる。しかし、全体の人数こそ少ないものの、中心メンバー数は他とほとんど差がないという点は、委員長が直接集めているという点も影響しているのではないか、と考えられるだろう。

情報共有

薄磯地区は、毎週日曜日の朝に実施する定例会やメールでの情報共有のほか、Facebookなどを活用し地区内外への発信も積極的に行っている。豊間地区は、連絡事務所において直接情報交換をする他、独自に発行している広報誌「ふるさと豊間だより」による情報共有・発信を行っている。四倉地区は、月一回実施される役員会の他、役員会時の議事録を公開しているほか、内容によっては回覧板によってメンバーや住民へ広く情報を共有することもある。薄磯地区では復興組織メンバーの年齢が若いこともあり、インターネットによる情報共有・発信を積極的に行っているのに対して、豊間地区及び四倉地区では、広報誌や議事録、回覧板などのアナログでの情報共有・発信という形で違いが出ている。

運営上の工夫

薄磯地区では、住民合意のもとで進める点が第一の基本方針である。そのほかに、三年以上かかる復興活動がそれぞれの負担にならないように毎週日曜の朝に行われる定例会の出席をとらず、参加できなかったメンバーにはメールなどで情報共有をするなどしている。また、先でも述べたように区との連携を強化することで活動を効率よく実施できる体制を整えた。しかしこれだけでは、復興に関する検討・意思決定等を円滑に行うことが難しかったため、二〇一四年一一月に委員会・区・周辺組織を含めた小委員会を立ち上げることが決定した。また、情報共有方法なども検討している段階である。

豊間地区は、市との歩調を合わせることを重要視している。さらに市からの要請にはすぐに対応することで、信頼関係を構築・維持することを心がけている。また、どのような状況でも独自にある程度動けるように、資金を常に準備しておくことも運営上の工夫としてあげている。

四倉地区は、自分たちでできる範囲のものは積極的に取り組み、それが困難な場合のみ行政などに要望するようにしている。資金の調達も行政頼りではなく、自分たちで財団からの支援を受けるために動いている。薄磯地区は内部に対するものが中心である一方で、豊間・四倉地区は周辺組織などの外部へ対する工夫が多くみられた。

(三) 各地区の復旧・復興の現状

薄磯地区の復旧活動については、二〇一三年度末に予定していた災害公営住宅への入居開始が二〜六か月ほど遅れ、二〇一四年六月一日に第一次入居、同年一〇月一日に第二次入居がそれぞれ行われた。また、二〇一五年度までに土地利用が完了することを目標に復旧・復興の事業を進める予定である。豊間地区では、薄磯地区と同様に災害公営住宅の整備を進めていたものの遅れが生じ、二〇一四年六月一日に第一次入居、同年一〇月一日に第二次入居となり、同月末までには戸建て住宅も完成し全戸入居可能な状態となった。また、土地利用においても薄磯地区同様である。四倉地区では、二〇一四年度当初の災害公営住宅入居に向けて整備を進めていたが、こちらも三～五か月の遅れが生じ、二〇一四年六月末に第一次入居、同年一〇月一日に第二次入居開始となった。また、海岸道路より海側は、堤防と防災緑地を整備し現位置での復興を基本として事業を展開する予定である。さらに復興計画の中核としてある「道の駅よつくら港復興」は二〇一四年四月一日に情報館が再オープンしたことにより完了し、現在はその周辺の利便性向上等に活動が移っている。

前節で示したように、それぞれの地区で被害状況が違い、さらに、高台移転を実施する地区（薄磯・豊間）と原位置復帰を目指す地区（四倉）という差もあるため、復旧や復興の状況を一概に比べることが難しい。そこで、三地区共通で行われている復興事業の一つである「防災緑地に関する取り組み」をもとに進捗状況についての比較を試みる。

豊間地区及び四倉地区は二〇一三年四月からワークショップを開始した一方で、薄磯地区は少し遅れて五月から開始した。現在は各地区共通して、ワークショップによる住民の意見を集約したという段階にある。三地区共通した防災緑地に関する取り組みにおいては、薄磯地区ワークショップ開始が一か月遅れたものの、進捗状況としては、他二地区との大きな〝差〟はないと考えられる。(8) しかし豊間地区だけは、最終的に「豊間防災緑地住民ワークショップ提言書」を福島県いわき建設事務所に提出したことが唯一の違いとしてみられた。

(四) 各地区における独自の取り組み

本項では、各復興組織による独自の取り組みをまとめる。薄磯地区では震災当時、同地区に立地する豊間小学校が避難所になったが、主要道路（県道一五号線）につながる道がすべて寸断されてしまったために陸の孤島と化してしまった。そこで、最初の取り組みとして小学校から主要道路へつながる道までの避難路の確保を行った。これにより、区民や小学校に通う児童などが安心して生活できる環境を提供した。

復興計画に関してはスマートシティ構想を練ったり、まちづくりワークショップで出された意見が実現可能かを検討したり、行政に対してその意見を計画に組み込むことが可能なのかなどの確認を行った。また、豊間中学校を震災遺構として残す案もあがっているが、いずれも、まだ何も進んでいないか実施不可能となっている。理由としては、各行政機関へ確認や要望を行ってもはっきりとした回答を得ることができなかったり、提案に対して認可が下りない、実行に向けた資金の確保などができなかったということがあげられる。

情報発信に関する活動においては、Facebookを有効に活用して委員会のページを一〇〇〇名以上が常にチェックをしているほか、ホームページとの連携も行っている。さらに、Facebook上で「何とか豊間中の校舎を残せないか」という記事の拡散とそれに対するコメントを求めたところ、二〇〇以上のシェアと二〇以上のコメントを得ることができた。こうした面から、広く情報を発信することに関しては成功しているととらえられるだろう。

また、今回の震災経験や震災以前の薄磯地区の記憶や歴史などを残していく必要があるということで、同地区全体をジオパークとして活用できないかという構想が持ち上がり、連携している市外研究機関から講師を招き勉強会を実施した。

豊間地区では、区が所有する資金の一部を復興関係に使うことが二〇一一年の四月の段階で決まったため、それを活用して各世帯に一〇万円ずつ見舞金を出したほか、神社仏閣の修理費用を寄付することをまず大きな活動として行った。その後は、助成金などを活用していわき市内の仮設住宅や雇用促進住宅などにバラバラになって避難生活を送っている区民のために、「とよま絆号」という区民との交流を兼ねた情報発信用の車をいくつかのポイントに巡回させた。そこでは豊間の現状などを発信するほかに、区民の要望などを集める場としても活用された。

復興計画の中では、二〇一四年度内の災害公営住宅への入居開始が決まっていて、豊間地区に戻ってくる人たちが便利に生活できるように、仮設商店街の開設を検討している。そして、二〇一三年六月から仮設商店街開設の足掛かりとして毎月第一日曜日に日曜市を開催しており、復興協議会関係者によると、日曜市は二〇一四年一月まで実施した。仮設店舗については、年末開業に向けて建設工事が始まっており、地域住民等から名称を公募の後、決定した。

情報発信では、助成金を活用して「ふるさと豊間だより」という独自の広報誌を毎月発行している。また、最近では薄磯地区と同様にFacebookを活用した情報発信にも取り組んでおり、二〇一四年五月に入ってから更新が増えたことで、同年一〇月末時点で常時チェックしている人は七〇名程度である。

四倉地区では震災直後から、四倉ふれあい市民会議が中心となり炊き出しなどの支援活動を行った。また、独自のネットワークを活用し、例えば会津三島町の協力のもと、がれきや泥の撤去など早期復旧に取り組んだ。さらに、市民会議の活動の中心的存在である道の駅よつくら港は津波による被害を受け、営業が不可能になったものの震災の翌月から残った建物の一部を使い、仮営業を開始した。

復興計画では、よつくら港復興を軸に動き出し、二〇一一年一二月には仮設店舗での営業を開始し、翌年の八月一一日に、震災から一年五か月でリニューアルオープンを果たした。その後は前述の通り、情報館が再オープンしたことにより施設が全面利用可能となった。また、仮設店舗として利用していたテントを子どもたちが無料で遊ぶことができるスペース「キッズランド」として活用し、これを発展する形で、音楽ユニットCOMPLEXによる復興支援基金を活用して常設施設を建設することが決定し、二〇一四年四月二六日に「チャイルドハウスふくまる」としてオープンした。このように道の駅を中心に一つずつ着実に進めていることがわかる。

情報発信は回覧板で地域の住民との情報共有を図る以外に、毎月行われている市民会議の定例会の議事録を公開している。インターネットを活用した情報発信はよつくら港のホームページとブログ及びFacebookページがあるものの、あくまでも道の駅としての情報発信のため復興活動などはほとんどみえてこないのが現状である。

(五) 各組織の現状と課題

各地区の取り組みをまとめると、以下の通りである(表2)。薄磯地区は安心安全面での取り組みや検討のほか、スマートシティ構想などの大きな議論もあることがわかる。また情報発信についてはインターネットを活用したものが中心である。豊間地区では、区民との交流に重点を置いた取り組みが多いほか、内部資金や助成金を効果的に活用している。四倉地区では道の駅よつくら港を中心とした取り組みが多い。さらに、町歩きなどの住民の目に触れるような取り組みを行っていることもわかる。薄磯地区は、成果が出るまでに時間がかかったり、現段階で住民に直接影響を与える取り組みが比較的少ないと考えられる。一方で豊間・四倉地区は、目の前にある自分たちができるものを実行していたり、住民に取り組みが目に触れたりなど、既に直接影響を与えているものが比較的多い。

豊間・四倉には復興活動の成果が〝形〟となって表れているものが多いが、薄磯地区には〝みえる〟取り組みがほとんど進んでいない。結果として、復興組織の中心メンバーが復興の進行に対して以下のように感じることになるのだろう。薄磯地区では副委員長が「まだ何も進んでおらず、ほかに比べて遅れている」、豊間地区では会長が「全て見通しはついていて、あとはそれぞれ実行する時期が来るのを待っている」、四倉地区では副会長が「被害の程度が違うから一概には言えないが、復興への動きは早い」というように、薄磯地区以外は、ある程度復興が進んでいると感じているようである。

これまで各復興組織の体制や取り組みについてまとめたものをふまえて、各地区の課題をあげる。薄磯地区で

表2　各地区独自の取り組み

	薄磯地区	豊間地区	四倉地区
復旧	塩屋崎灯台トイレ復旧要望	神社仏閣の修理費用寄付	会津三島町の協力の下、がれきや泥の撤去
			道の駅よつくら港　仮営業
整備	小学校から北方面への避難路の整備	市外研究グループと連絡事務所建築	道の駅よつくら港　仮設店舗営業
	復興協議会独自の名簿作成	生活再建サポートセンター開所	
		災害公営住宅入居についての説明会（予定）	
支援	合同葬儀	合同葬儀	震災直後から、炊き出しなどの支援活動
	復興支援イベント	見舞金の配布	道の駅よつくら港復興のための資金集め
		墓地の集団移転	復興支援イベント
		伝統文化（獅子舞や神輿）を残す活動	
		復興支援イベント	
打合せ勉強会	Facebook 活用のための勉強会（委員会内部）	市外研究グループとの勉強会（協議会内部）	放射線の勉強会を実施（一般住民向け）
	ワークショップ等に向けた事前打合せ		道の駅よつくら港復興に向けた検討会
情報発信と共有	to-U 通信の発行	HP 開設	議事録の公開
	HP 開設	ふるさと豊間だよりの発行	回覧板などによる情報発信
	Facebook を活用した情報発信	とよま絆号での豊間区民との交流情報共有	
復興計画	スマートシティ構想検討	仮設商店街開設に向けた日曜市の開催	キッズランド　オープン
	ワークショップ案が実現可能か行政側に質問	中央台までの道路開通のための準備	道の駅よつくら港　リニューアルオープン
	豊間中学校震災遺構化計画	ワークショップまとめの提言書を市長へ提出	道の駅よつくら港情報館復旧に向けて整備
			キッズハウス開設に向けた整備
その他	避難訓練時のボランティアとの連携		市外研究機関と児童の町歩きワークショップ
	薄磯地区整備後のイメージジオラマ制作		これまで実施していたイベントを継続

は、まず自分たちができる範囲で形として成果が残るものに取り組む必要がある。さらに、年齢層の高い住民が多いため、インターネット以外での情報発信も充実すべきだと考えられる。豊間地区では、復興が長期にわたって行われるため、若い世代をどのように巻き込んでいくか、組織の運営ノウハウなどをどのように継承していくかを検討する必要があるだろう。四倉地区においても、豊間地区同様に若い世代を取り込む方法を考えるほか、道の駅よつくら港を軸にして今後どのように復興を展開していくかという長期的な検討も必要である。

むすびにかえて

(一) まとめ

福島県いわき市の復興においては、各(行政区単位での)地域住民が主体となり進めてられており、文献調査やインタビュー調査から対象地区の各復興組織に関する整理した結果、同市内の隣接した津波被災地域であっても、復興組織の立ち上げ経緯やその体制、取り組みなど異なる点が多いことが明らかになった。

例えば、復興組織の設立経緯においては、薄磯・豊間地区が震災を機に立ち上げたものであり、一方で四倉地区は既存組織がそれを担う形となり、その実施体制は各地区によって異なった。また、復興に向けた取り組みは、薄磯地区は比較的外部からは認識されにくいものが多い一方で、豊間・四倉地区は区民に直接影響があったり、その成果が目に見えてくるものが比較的多いという違いもあることがわかった。

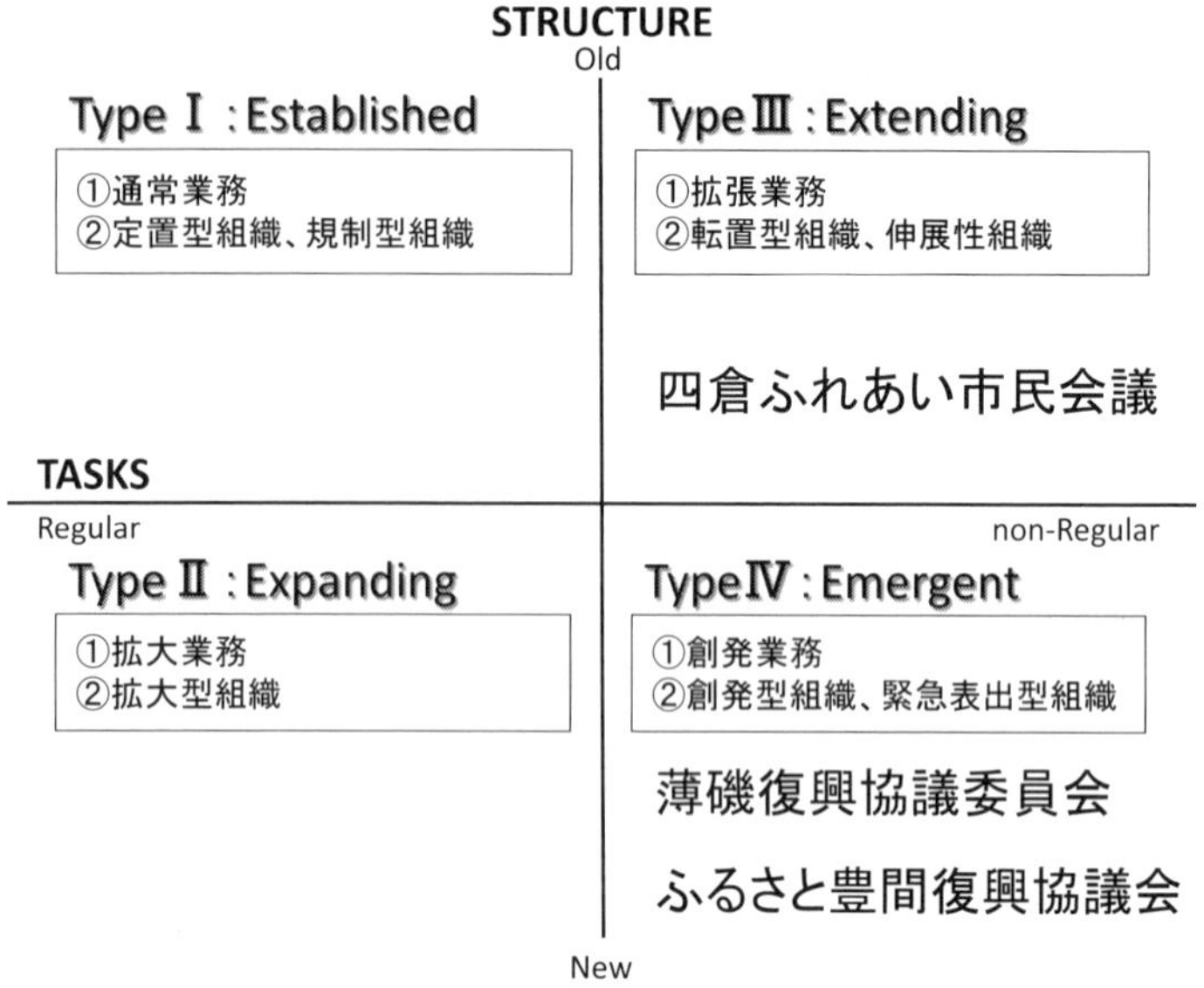

図6　災害対応組織の四分類の適応

（二）災害対応組織の四分類の適応

ここでは、「はじめに」の（二）で紹介した災害対応組織の四分類によって各組織構造をまとめる。はじめに、薄磯地区の薄磯復興協議委員会である。これは震災後、復興に向けて新たに立ち上げられた組織であるため、Structureは“New”となる。また、Tasksに関しては復旧・復興という、平常時では行われない活動に取り組んでいるため“non-Regular”である。したがって、委員会はタイプⅣの「創発型組織、緊急表出型組織」に分類される。

次に豊間地区のふるさと豊間復興協議会は薄磯地区同様に復興に向けて立ち上げられた組織であるため、Structureは“New”となる。また、Tasksに関しても復旧・復興という、平常時では行われない活動に取り組んでいるため“non-Regular”である。したがって、ふるさと協議会はタイプⅣの「創発型組織、緊急表出型組織」に分類される。

最後に、四倉地区の四倉ふれあい市民会議だが、これは震災以前から存在する組織であるため、

Structure は"Old"となる。Tasks に関しては、本来取り組んでいた活動に加えて、他の二地区同様に平常時では行われない復旧・復興活動が加わったため"non-Regular"である。したがって、市民会議はタイプⅢの「転置型組織、伸展性組織」に分類される。

以上の分析（図6）から、復興組織メンバーが〝復興が早い〟と感じていた四倉地区のみ組織構造が異なることが明らかとなった。ところが、復興組織のメンバーが〝復興が早い〟と感じていた豊間地区と〝遅れている〟と感じていた薄磯地区の復興組織の構造が同タイプとなり、今回の分析フレームからは組織構造が〝差〟の要因となることをはっきりと示すことはできなかった。

(三) 今後の展開に向けて

本稿では、東北地方太平洋沖地震によって発生した津波被害を受けたいわき市内の薄磯・豊間・四倉地区の復興組織の組織構造について、災害対応組織の四分類にしたがって類型化を試みた。しかし、今回の類型化からは組織による復興における〝差〟というものを明白にすることはできなかった。その理由として組織構造とその機能という表面部分だけでの分析となったことが原因として考えられ、同タイプであった薄磯・豊間地区の復興組織立ち上げ経緯を比べると異なる部分がある。ここでこの二地区の共通点は前組織が各区であるということ一点のみである。加えて唯一別タイプとなった四倉地区を比較すると、薄磯地区と類似した点はほとんどなく、豊間地区とは多くの共通点がみられる（表3）。

例えば、リーダーは豊間・四倉両地区において震災前から地域のまちづくりを主として担ってきている。さらに、中心メンバーの多くもリーダー同様に震災以前から活動を行っている人である。また、既存のネットワークも含めて活用し、活動当初より復興を効率よく進めるために周辺組織等との情報共有を密にしている。

表3　三地区の復興組織立ち上げ時の状況比較

	薄磯地区	豊間地区	四倉地区
前組織	薄磯区	豊間区	—
リーダー	新リーダー	前組織から引継ぎ	震災前から継続
メンバー引継ぎ	なし	あり	震災前から継続
メンバー選定	個別に依頼	ほとんどを豊間まちづくり協議会メンバーの中から依頼	地域内の個人をはじめ企業や団体を中心に参加
人数	13名	41名	約150名
前組織との情報共有等	情報共有はほとんどなく、各周辺組織とは新たに関係を構築	密に情報交換を実施し、前組織で得たつながり等を活用	既存のネットワークを活用したり、各人が得意分野にて活動
資金力	助成金が中心	内部資金が中心	外部資金が中心

資金面においても薄磯と豊間・四倉地区では違いがみられる。薄磯地区は行政からの助成金を主な活動資金としており、活動費等は必要最低限しか得ることができない。一方で豊間地区は、協議会と連携している豊間区が伝統的に貯めてきた資金を復興に活用することを決めたことによって、制約が多い助成金に加えてある程度自由に活用できる資金を得ることができた。四倉地区は、これまで会費に加えて外部資金を獲得することによって活動資金を賄っていた。そこで震災後も、培ってきた資金獲得のノウハウを活かし活動の基盤整備等を行っている。

このように、薄磯地区は復興が早いと感じている二地区に比べて復興組織立ち上げ時における条件の共通点が少ない。豊間・四倉地区は、これまでに多くのノウハウを蓄積した人材が中心となり取り組むことで効率よく活動を進めることができたと考えられる。さらに資金面においても、内部留保や獲得した比較的大きな外部資金がありそれも効果的に活用することができている。薄磯地区も前組織の薄磯区は震災以前からの組織であるため、様々なノウハウを持った人材は少なからずいた。しかし、これを活用できなかったことが今回のような差が生まれた要因ではないだろうか。また、豊間・四倉地区では体制の変更が行われたため、同様の問題が生まれる可能性もある。

以上の議論より、復興を早く進めるためには、まちづくりやそれに関連する知識等を持っている人材をどのように確保し、そのノウハウをどのように共有・活用するかが重要になるのではないか、という仮説を得ることができた。

以上のように東北地方太平洋地震によって発生した津波被害を受けたいわき市内の薄磯・豊間・四倉地区の復興組織の組織構造について、災害対応組織の四分類にしたがって類型化を試みた。しかし、今回の類型化からは組織による復興における〝差〟というものを明白にすることはできなかった。その理由として組織構造と機能という表面部分だけでの分析となったことが原因として考えられ、同タイプであった薄磯・豊間地区の復興組織立ち上げ経緯を比べると異なる部分が明らかになった。

そして、復興を早く進めるためには「人材をどのように確保し、そのノウハウをどのように共有・活用するかが重要ではないか」という仮説を得ることができたため、組織構造や機能以外の顕在化していない部分や地域の特性等も含めて分析していく必要があると考えられる。

これを明らかにしていくためには、まずリーダーシップ論やノウハウ継承に関連した先行研究のサーベイを実施する。そして、人材確保に向けてどのようなリーダーシップが発揮されたか、各個人が持つノウハウをどのように共有・活用したか、体制変更時に資源の継承をどのようにするかといったことを調査していく必要があるだろう。

注

（1）　復興庁、二〇一一：一

（2）　復興庁、同：三

（3）　地域住民が主体となった協議会などによる復興活動として、阪神・淡路大震災に対するものがあげられる。国土交通省

（二〇一二）によると、神戸市では一九八一年一二月に全国初のまちづくり条例である「神戸市地区計画及びまちづくり協定等に関する条例」を制定し、阪神・淡路大震災前まででこの条例により認定されたまちづくり協議会は一二地区（認定されていないものも含めると二二地区）となった。このまちづくり協議会は、高度成長期に大都市への人口流入や活発な産業活動による用地ニーズに応えるため、都市経営を行政デベロッパー方式で取り組む中で発生した、一九六〇年代の公害反対運動が活発化し、住民参加によるまちづくり活動へと発展したものである。阪神・淡路大震災直後、まちづくり協議会による「地域住民への情報伝達や市との情報交換、食料の手配・配給などが活発に行われており、震災直後の混乱期に迅速かつきめ細かな対応がなされていた（鈴木　二〇〇八：九二－九三）」。このような成果もあり、神戸市ではまちづくり協議会が具体的な復興まちづくりを支えるシステムとして重視され住民主体のまちづくり協議会設立の動きが活発化し、一〇〇地区以上で設立された。また、震災復興市街地整備事業において、事業の決定自体は行政が行ったが、具体的なまちづくりについては、まちづくり協議会で検討を重ねてまとめられた「まちづくり提案」に基づいて進められている。

（4）本稿では〝復興組織〟ととらえ議論を進める。

（5）ここでの薄磯地区・豊間地区・四倉地区は、行政区上の薄磯区・豊間区・四倉町のことを指す。

（6）いわき市によると、これら三地区に住民票がある小・中学生は、いわき市が定めている通学区域により豊間小・中学校に通うことになっている。震災以前は、この三地区による「豊間地域まちづくり協議会」が立ち上がっており、これにより地域活性化を図ろうと考えていたようだが、ほとんど活動は行われていなかった。また震災後、この三地区による今後のまちづくりグランドデザインを検討・実現するための団体「海まち・とよま市民会議」が二〇一三年九月に発足し、現在も活動している。

（7）最終的な意思決定を主に行う構成員のことを指す。

（8）共通の復興に向けた取り組みにおいては、復興の進捗状況の〝差〟がみられなかった。しかし、『各組織の現状と課題』で論じたように、復興組織メンバーや地域住民がどのように感じているかという、定性的な部分では〝差〟もみられる。そこで、進捗状況をどのような数値でとらえていくかということが今後の課題の一つとなる。

参考文献

金子研一他、二〇一一、「『ＮＰＯによる道の駅』は可能か――道の駅よつくら港の取り組みから」『道の駅よつくら「交流館」

等利用実態調査業務　平成二二年度調査報告書』
林春男、二〇〇一、『率先市民主義』晃洋書房
宮原浩二郎、二〇〇六、「〈特集〉〈災害復興制度の研究〉「復興」とは何か：再生型災害復興と成熟社会」『先端社会研究』五、五－四〇
宮本匠他、二〇〇九、「災害復興における物語と外部支援者の役割について――新潟県中越地震の事例から」『実験社会心理学研究』四九（一）、一七－一九
桑田耕太郎他、二〇一〇、『組織論　補訂版』有斐閣
高橋真吾、二〇〇八、「組織デザインと社会シミュレーション〈特集〉エージェントベース社会シミュレーションの動向と展望）」『オペレーションズ・リサーチ：経営の科学』五三（一二）、六八六－六九一
石栗伸郎、二〇一二、「自治会・町内会への組織論適用に関する予備的考察（非営利組織の経営研究）」『関東学院大学経済経営研究所年報』三四、一四七－一六五
太田敏一他、二〇〇八、「神戸市復興計画策定過程の評価と考察」『地域安全学会論文集』一〇、二一五－二二四
大矢根淳他、二〇〇七、『災害社会学入門』弘文堂
田村圭子他、二〇〇八、「課題解決型災害対応を実現するための活動支援体制の検討――新潟県中越沖地震の対応組織の活動を事例として」『地域安全学会論文集』一〇、四八三－四九三
藤田誠、一九九九、「経営資源、組織能力と組織デザイン（二一世紀の企業経営）」『經營學論集』六九、二四六－二五一
鈴木克彦、二〇〇八、「地域コミュニティが拓く個性ある都市環境の再生について――神戸市における『まちづくり協議会』と住宅共同再建事業を事例に」『政策科学』一五（三）、八九－一一〇
いわき市・国土交通省、二〇一一、「東日本大震災による津波被災現況調査結果」
いわき市、二〇一三、「いわき市復旧計画（平成二三年一〇月策定）の進捗状況について」
――、二〇一三、「いわき復興事業計画（第二次）」
――、『ふるさとだより』創刊号～第三九号
日本災害復興学会・室崎益輝、二〇〇九、「復興とは？」
国土交通省、二〇一二、「まちづくりにおける地域の担い手に関する実態検討調査（復興まちづくりにおける担い手）報告書」

復興庁、二〇一一、「東日本大震災からの復興の基本方針」
ふるさと豊間復興協議会、『ふるさと豊間だより』第一号〜第二六号
福島県いわき建設事務所、二〇一三、「第一〜三回豊間地区防災緑地ワークショップかわらばん」
――、二〇一三、「第一回薄磯地区防災緑地ワークショップかわらばん」
――、二〇一三、「四倉地区海岸・漁港復興実行委員会　かわらばん　第一号」
いわき市ホームページ　http://www.city.iwaki.fukushima.jp/
厚生労働省ホームページ　http://www.mhlw.go.jp/
ＩＷＡＫＩふるさと誘致センターホームページ　http://www.iwaki-furusato.jp/index.htm
『福島民報』

付記　本稿は菅野瑛大・松本行真・杉山武史「東日本大震災復興に向けた組織の現状とその類型」『日本都市学会年報』四七号、二〇一四年五月の掲載論文を加筆・修正したものである。

第II部 コミュニティ・ネットワーク・ボランティア

写真：塩竈市港町のフランス料理店シェヌーによる炊き出しの様子
(宮城県塩竈市立第二小学校・2011 年 3 月 26 日)
シェフの赤間さん自身も避難者で、避難生活 3 日目から炊き出しを行う

災害の避難空間を想像するフィールドワーク——内部者として、外部者として

小田隆史

はじめに

東日本大震災は、未曾有の地震、津波、原子力発電所事故、余震、そして「風評」被害をも含む類例をみない複合災害であり、現在に至るまで多数の避難者を生み出すことになった。本稿では、被災地域と縁ある地理学研究者である筆者の、震災直後からの体験と地理学的な実践の記録を通じて、住む場所を失った人々が経験した避難の様態の一端を地理空間的に考察し、報告する。空間スケールの重層性を地図化しながら想像するという地理空間的な考察の実践は、必ずしも地理学というディシプリンを修めた研究者だけの所作ではない。しかし、同時に、地理学の外側において一般的に共有されている実践というわけでもない。ここで述べる地理空間的な考察とは、社会構造をマクロに、そして精緻な観察を通じて個々人の経験をミクロに把握し、それを可視化することである。フィールドワーカーとしてある土地に入ることは、地理的に、また心理的にも離れた場所（土地）で起こ

っている人々の経験や状況を記述、発信し、知識や情報として提供する実践を伴う。さらにその先には、よりビビッドな想像力を受け手に喚起することによって、被災した地域の人々との心理的距離を近づけ、彼らに寄り添うために、人々を結びつける媒介者にもなりうる地理学研究者の役割が見えてくる。この災害を通じて筆者は、期せずしてその役割の重要性を痛感することとなった。

一 「フィールド調査」と外部者・内部者

本稿は筆者自身の震災発生後の体験と「フィールド調査」をもとに、東日本大震災と原発事故による複合的な災害と、それに伴う避難や移住をめぐる地理的空間の諸相を論じていく。「フィールド調査」と括弧書きにするのは、筆者がこの災害を研究対象として捉え、従前の経験や論考を踏まえた調査活動と位置づけてきたわけでないからである。

知人、友人が被災した場所は、地理学をおさめた己の知見と経験に基づき、支援や調査の実践をしてきた場所でもある。しかし、筆者自身が育ち、学んだ東北の沿岸を「被災地」と呼び接することには違和感がある。換言すれば、本稿において、個人的な体験やつながり、すなわち自分という存在と、対象となる土地との関係や体験の描写は、筆者にとって不可分であることをまず断っておく必要がある。

また、本稿における「フィールド」体験は筆者自身の従前からのフィールドワークと異質なものであった。人文地理学を含む人文社会科学のフィールド調査では、フィールドワーカーは現地では「よそ者」として扱われがちである。特に、筆者のように、海外地域研究を主たる活動としてきた者は、たいていフィールドにおいて「外部者」「異人《ストレンジャー》」(1)として捉えられるのが一般的である。しかし、自国(地域)における調査では、地域や人々についての理解を深めるほど、その地域に関する知識人であり、一方では「よそ者」であるという、どっちつかずの「居心地の悪さ」[2]を覚える。東日本大震災の被災地と筆者、あるいは「被災者」と筆者の間では、これまで携わってきた海外調査などとは一線を画す「フィールド」との関係性が存在し、それがしばしば、筆者に「居心地の悪さ」を感じさせた。

例えば、震災後まもなく現地を訪問した際に得た情報や、「被災者」体験の語りの多くは、家族、親類、友人など、筆者にとって親しい人々によるものであった。本稿で後に扱う、原発事故後、市内北部の一部地域が屋内退避区域に指定されたいわき市での混乱、物資不足、支援忌避などの状況については、土地に縁を持つ者として親類、友人らを案じつつも、他方で研究者（フィールドワーカー）として現地の状況を把握し、それを記述、発信する必要性を感じていた。そして実際、不思議な葛藤を覚えつつも、海外での報告や、在米日系人の英字紙への寄稿[3]を通じて、こうした体験を筆者なりに解釈し、共有、発信していくこととなった。被災地との縁が深いゆえに内部者として、一方で被災当時東京に住みながら、被災地域を訪問して客観的に事象を分析・報じる外部者としての二面性を持ち合わせながら、被災地域で生じていることや、支援のニーズに対する想像力を、被災地以外の人たちに喚起させるという地理学者としての役割を、期せずして負うことになったのである。

地理(学)的想像力

地理（学）的想像力 geographical imagination という概念は、地球上の諸実践における場所と空間、風景と自然の関係性・重要性に対し敏感になるということから、学問としての地理学において長年、独占的に議論の対象となっていた[4]。そのなかで例えば、ハーヴェイ[5]は、地理（学）的想像力を「個人が生活を積み重ねて人生を構築するうえで、空間や場所が果たしてきた役割を認識し、人生を自分の周りに見える空間に関係づける能力」とし、これは大学での専門的科目としての地理学に限定した地理学者固有の能力としては捉えていない。(6) geographical imagination の邦訳を、学問としての地理学的想像力とするものと地理的想像力とするものが存在すること自体、それを、アカデミーの内外での作用として考える余地を示すものである。また、大城・荒山らによる『空間から場所へ――地理学的想像力の探求』(7) においては、そのサブタイトルの含意につき、近現代における社会が空間・風景・場所をつくりだすと同時に、空間・風景・場所が社会形成の契機となってきたこと、他方では、そうした社会の経験的事象に対する調査研究、記述といった地理学（という学問）や地理学者の具体的な実践そのものを意味する、と位置づけている。

本稿では、地理（学）的想像力という概念を用いるに際し、地理学的視点から思考してきた筆者のそれまでの経験に裏打ちされた、東日本大震災以降における具体的実践を含意することとしたい。

それは、第一に、被災地に否応なく向き合うことになった一人の地理学研究者である筆者が、地理学的な知見・経験の蓄積を踏まえながら実践・発揮したイマジネーションである。災害の空間スケールの重層性を地図化・可視化して表現すること、そして、マクロな構造とミクロな個人体験の双方から現象を把握することにより、被災地から遠く離れた人々が、一過性の知識や情報にとどまらず、被災地に想いを馳せ、行動と実践に結実できるように喚起させる媒介としての、送り手の側の地理（学）的想像力である。

第二に、送り手が地理的想像力を発揮させ、駆使することによって喚起する受け手のイマジネーションである。この地理的想像力を喚起することは、被災地域の外部にいる人々が内部の人々の状況を理解、共感し、それを己のものとして捉え、状況の改善に向けて動き出す力の一助となるだろう。

東日本大震災は、ポスドクとして駆け出しの地理学研究者だった筆者に、送り手としての地理的想像力の重要性はさることながら、受け手の地理的想像力を喚起する媒介者としての役割を痛烈に再認識させる契機ともなった。本稿では、その経緯と実践の提示を通じて、地理学研究者の一人として、大規模な災害発生時における、実態把握や社会との往還、発信について、どのような可能性や限界があるのかを問いかけたい。

子どもと避難の地理空間

本稿で具体的に取り上げるのは、避難をめぐる地理空間である。ここでいう地理空間とは、自然災害後にみられた社会と空間の関係性を包摂するものである。そのなかでも緊急時、そして中長期的な避難に伴う人々の移動や、それらの背景、ホスト－ゲスト関係を捕捉する際の具体的な考察対象として設定する。さらに、避難をめぐる地理空間を把握するにあたり、その重層性を帯びた空間スケール、そしてそれ自体が災害発生後の変化する時間フェーズ毎に異なる避難空間として現出することの二点に留意する。

避難や移住をめぐってとりわけ対象としたのが、子どもたちと学校をとりまく移転、移住、避難についてである。筆者は従前から、米国における難民定住とその受け入れにかかる諸問題についての研究(8)を行っている。「緊急人道支援」を要する被災者の発生要因には、自然災害によるものと、紛争に起因する人為的災害とにわけられ、自然災害を起因とする人為的災害や二次災害など、それらの多くは複合的に生じる(9)。本稿における移住の問題への着眼は、こうした研究についての知見と、後に述べる筆者の親類の避難への関与に由来している。自らの意志に反し郷里を離れ、移住を強いられる現象の発生や諸問題、またそれに関する支援については、難民研究や国際人道支援の分野で論じられてきた。地理学においては、出移民現象やその分布、そしてホスト社会との関係や諸問題に関する論考が多い。国際的な移住をする難民と、国内の避難者には性質上異なる点も多い。しかし、一定期間、地の利や土地勘の不足する場所において受け入れられるゲストと接受するホストとの関係性が発現することや、職住の斡旋支援を得たり、新天地のコミュニティとの社会関係の構築を必要としたりする点では共通する部分もある。

避難は、その発生要因自体からも当事者に大きなストレスやトラウマを抱かせるが、それを回避すべく行き着いた先でも、「仮住まい」のゲスト、弱者として甘んじなければならない「二重の悲劇」[10]に直面させる。この強いられた移住を余儀なくされた人々の刻々と変化する実態を正確に把握して、支援スキームを確立していくことが必要である。自主避難を含めると、原発事故を主たる要因とする避難は、子どもを伴った世帯の移住が多い。特に、父親を仕事の関係で県内に残したまま、県外に母子避難している世帯が多いという報道も少なくない。[11]突然の転居、転校を余儀なくされた子どもたちへのケアの必要性が、早くから訴えられ、行政やNPOによる活動が広がりをみせた。[12]地震、津波、原発事故などに恐怖感を抱いた心理的ストレスに加えて、新たな学校に転入したり、分散設置された仮設校で学習したりと、それまでとは異なる環境での生活、学習を強いられる子どもたちの状況は過酷である。刻々と変化する状況を正確に把握し、少しでも安定的な学習生活環境に資する活動につなげていく方途を見いだすことが、避難世帯の「二重の悲劇」の軽減につながる。以上のような経緯から、筆者の出身地であり、本書第Ⅰ部の磯崎・松本、菅野・松本、そして第Ⅱ部の山田・松本の論文でも扱われている福島県(全体)と福島県いわき市(市域)を事例として、子どもと避難、さらに教育の問題に関して、特に注目して論じたい。

二 「被災地」入りの個人体験と地理的想像力

震災発生時、東京にいた筆者が、母とようやく連絡がついたのは、震災発生四時間後の夜七時過ぎだった。[13]大きな余震が続き、恐怖におののきながら、早く帰ってくるよう頼む母に対して、交通手段を調べてすぐに向かう旨を伝えた頃、地震と津波により福島第一・二原発で全電源が失われ、異常事態が告知されたことをテレビのニュースで知った。当初、一両日中に実家の様子を見にいこうと決めていたが、原発事故の深刻化と後に述べるいわき市内の混乱により、数日後には、むしろ一時的に自主避難してきた親類を東京に受け入れることとなった。その間も、外国のウェブサイトを含め、あらゆるリソースから、放射線量、津波被害などの情報収集をしつつ、親戚、知人、友人の安否をインターネット上で検索したり[14]、災害対策本部や警察へ照会したりする日々が続いた。

市内に残った親戚から現地の状況が落ち着いてきたという話を受け、自家用車でいわき市へ向かったのは、震災発生一六日後の三月二七日であった。後に全壊と診断された実家本宅を確認し、親類との再会を果たした後、浄水場へ飲料水の配給を受けるなどして、被災地入りが始まった。

その頃、被災地における現地調査に関する学会関係者とのやり取りも始まった。過去の災害発生時に、複数の研究者が個々に現地に入ることで、現地への負担が大きく、その調査活動が復旧作業を阻害する一面があったため、日本地理学会や同学会をメンバーとする日本地球惑星科学連合から、「学術調査実施時期のガイドライン」[15]が出されていた。災害発生時における研究者の調査活動についての本ガイドラインに留意しながらも、できるだけ早く現状を発信する必要性を感じていた。翌二八日には、震災に伴い一時失業することとなった親族をハローワークまで送り届けた後、筆者は小名浜港へ向かった。足下に広がる、その変わり果てた光景に筆者は絶句した。観光客で賑わっていたアクアマリンパーク付近の交通量は少なく、時折、パトカーの巡回に気づく程度で、閑散とした様が物悲しさを強めた。さらに魚市場の方角に歩き続けると、津波で倒壊して流された信号機が目前に迫った。外国を訪れたときに感じるのに似た混沌さに圧倒され、緊張を感じた。福島第一原発から直線距離にして南南西約五三キロにあるいわき市小名浜支所で当時観測された放射線量は、毎時一マイクロシーベルト程度であった。現地入りする前から、複数の機関が独自に観測公表する放射線量を確認していたので、被曝に対する恐怖はあまりなかった。むしろ、災禍の景色、たちこめる異臭、相次ぐ余震、そして震災後半月に及ぶ避難生活により、家族が感じ始めていたストレスの軽減に心を砕く日々となった。こうして、人々の生活実態を地理学的に究明していくことを決意し、自分なりに今後の長い「被災地」とのかかわり《コミットメント》を確信した。

二〇一一年三月から四月にかけて縁ある人たちと再会を果たしながら、岩手県、宮城県、福島県の被災地入りした経験を、地理（学）的想像力を総動員して俯瞰してみると、この大地震がもたらした被害の大きさや、その空間的範囲の広大さ、そして、それにも増して事態が混沌していることを、改めて体感した。同時に、多くの人々が見慣れた風景を失い、住み慣れた場所を追われるという場所の喪失《ディスプレイスメント》と、避難を経験している現象について検証し、発信、記録していく必要性をより強く感じるようになった。

以降では、以上の背景で筆者が取り組むに至った今回の複合災害における避難にかかる地理空間的な理解について、災害発生直後の緊急段階と、その後の中長期的避難にわけて明らかにする。その際に、地理空間的分析にあたって地理的想像力が不可欠であること、さらに、受け手の地理的想像力の喚起を意識した実践、情報発信が送り手であるフィールドワーカーの役目であることにも言及していく。

三　震災直後の避難空間

(一) 複合災害を被った広域合併都市いわき

いわき市は、一九六六年に新産業都市建設促進法により、一四市町村が合併し成立した。成立当時から二〇〇三年に旧清水市が静岡市に合併するまで、市域面積としては一二三一・一三平方キロという我が国で最大の面積を有する市であった。太平洋岸に約六〇キロの海岸線があり、茨城県との境にある勿来《なこそ》地区までは第一原発から六五キロの直線距離がある。現在、東北地方では、東北経済の中心都市で人口約一〇四万人の宮城県仙台市（政令指定都市）に次いで二番目に人口が多く、震災と原発事故後も約三三万人が居住する中核都市である。[16]

三月一一日には、震度六弱を記録する地震と津波により、海岸に面する地区（のべ約六〇キロ）が壊滅的被害を受けた。また、四月一一日、[17]一二日[18]の余震（いずれも最大震度六弱・内陸活断層を起因とするもの）により、復旧しかけていた市内のインフラが再び被害を受けた。二〇一二年八月六日時点で、震災関連死、死亡認定を受けた行方不明者を含む死者は四三〇人、建物の被害は、同年九月一〇日時点で、八万九八三三棟に及ぶ。[19]そして、地震と津波の被害に加え、福島第一原発による警戒区域の設定と、本稿で議論する、リスク情報の誤認による「風評」被害の混乱も起きた。東北で二番目の人口を誇る地方都市が、東北地方太平洋沖地震の発生直後、このような複雑性・複合性を帯びた災害に見舞われた。

（二）「風評」と混乱の避難空間

いわき市では原発事故の深刻化による混乱で、支援者の来訪忌避、物資不足などの問題が生じていた。ここからは、「風評」に起因する問題を空間的視座から取り上げる。具体的には、地理的な情報・知識の不足によってもたらされた誤解やそれによる行動というものが、どのようなものだったのか、そして、その影響を受け、いわき市から自主避難した人々の姿の一端を、筆者の親類の避難経験を通じて明らかにする。これらの混乱を軽減するためには、情報を伝達する側である政府、マスメディアが、日頃から地理的感覚にセンシティヴである必要がある。同時に、地理学的な状況把握を必ずしも持ち合わせていない、被災地外の市民や支援者、そして土地勘のない人たちに対して、地理的想像力を喚起し、またその啓発に、地理学研究者や地理教育に従事する者の負う責任が大きいと感じたということを、教訓として提示しておきたい。

①避難指示拡大と情報伝達——広域合併都市いわき・南相馬での混乱

本節では、主に「風評」により起こった現象について述べる。「風評」が広まり、それに伴う諸問題に関する描写は、当時のニュース報道や新聞記事などから筆者が再構成したものである。

二〇一一年三月一二日に福島第一原発一号機が水素爆発を起こす前後から、避難や屋内待避の指示対象圏内ではなかったいわき市北部地域に居住する世帯（特に子どものいる世帯）が遠方の親類宅などに自主避難したという。その後も水素爆発や火災等が発生し、状況が一向に好転しない中、指示警戒区域の圏外にいる住民の間でも、放射線に対する不安が増した。三月一五日一一時に、同心円状に第一原発より半径二〇キロ以内の住民の圏外退避、半径二〇キロから三〇キロ圏内の住民に対しての屋内退避の指示が発出された。さらに、この新たな屋内退避指示を受け、ＮＨＫニュースなど報道各社[20]が一斉に対象地域として、半径二〇キロから三〇キロ圏内にいわき市が含まれる旨を報じた。

この指示の発出およびその報道、そして、その後の地理的位置関係を踏まえていない避難・退避区域の印象や放射線測定量に関する情報不足によって、いわき市では結果として以下に述べるような物資搬送や民間技術者等の派遣・来訪忌避が生じたと考えられる。

前述の通り、いわき市は、広域合併自治体の先駆けとして発足し、おおよそ東京二三区の二倍ほどの広大な面積を有する。**図1**は、一九二〇年と二〇一一年の、福島県の自治体境界と、福島第一原発から半径二〇キロ、三〇キロの同心円を示したものである。ここから、屋内退避の指定を受けた地域は、いわき市の北部の一部に限られることがわかる。それにもかかわらず、右記にある報道経緯や情報の誤認によって、まるでいわき市「全体」が政府の指示対象地区に含まれたかのような印象が独り歩きした。そのことが、「風評」問題の発端のひとつとなったと考えられる。自治体空間の大きさに関する情報がないまま「いわき」という自治体名が右記のごとく報じられたことで、民間の運送業者等が「いわきは危険だから」と、中通りの郡山市や、至近の県境茨城県北茨城

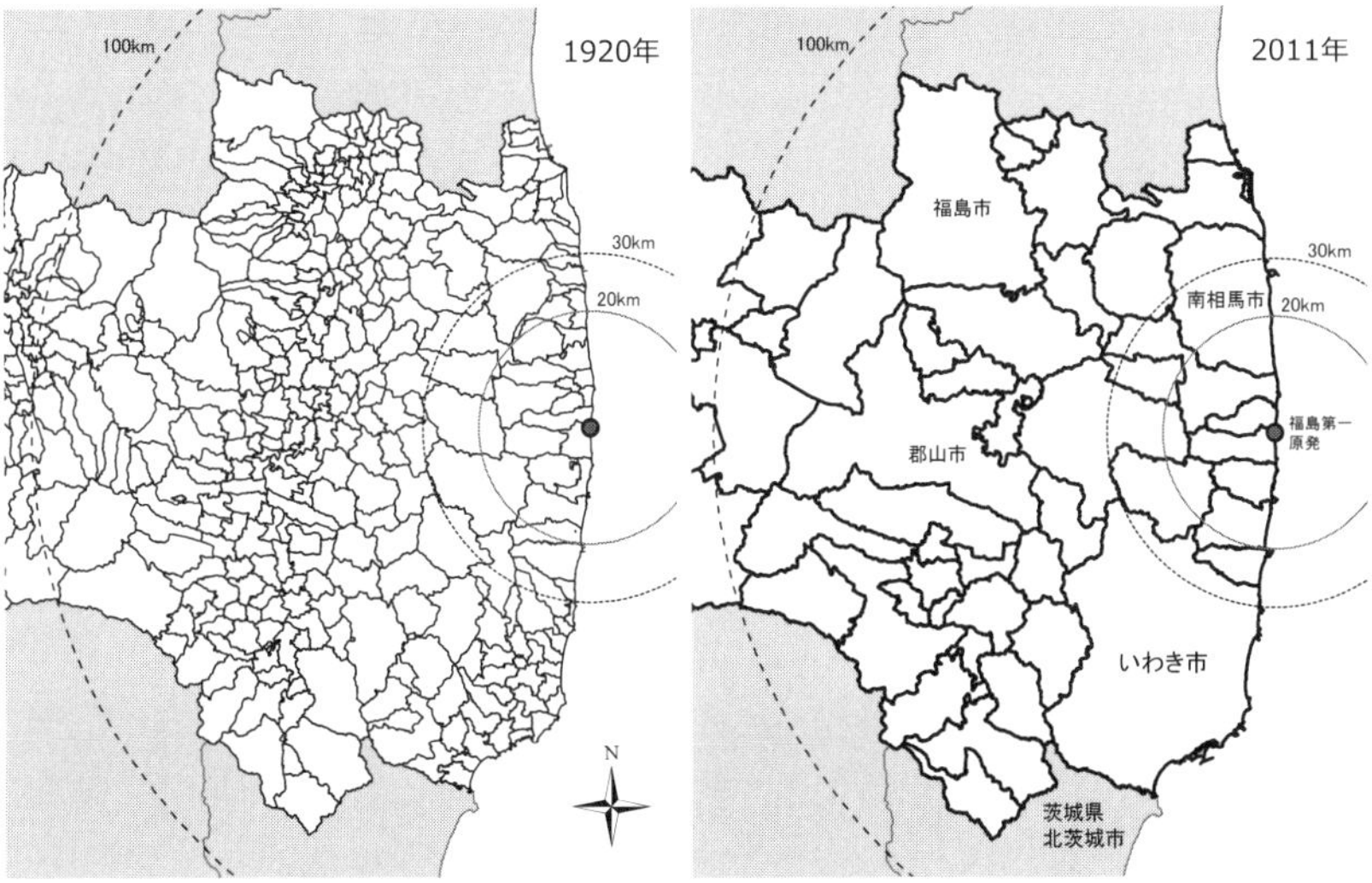

図1　1920年と2011年における福島県内の自治体と福島第一原子力発電所からの距離

国土交通省国土数値情報（行政区域）をもとに作成

市まで来て引き返すというような事案が相次いだ。

さらに、空間放射線量の情報も、国や自治体などが公開していたものの、支援者などには正確に伝わらず、実際には観測線量がいわき市内での値と比較して高かった郡山市から来たトラックが、いわきへの物資運搬を拒み、市内へは別途運転手を手配したという事案も生じたという[21]。同様の問題は市域の一部が避難指示・屋内待機圏内に指定されている、同じく合併都市の南相馬市でも生じた[22]。一九二〇年に同様の警戒区域が設定されたと仮定した場合と比較しても（図1）、「市町村名」が独り歩きしてしまったこの問題は、リスクコミュニケーションにおける空間的情報の送り手の不全と受け手の誤認という、避難にかかる地理的理解・誤解に起因していたところが大きいと考えられる。まさに、地理的情報を持ち合わせていない人々に対し、空間スケールの重層性、本事例に即すならば、福島県といわき市がそれぞれ広大な面積を有する中で、そのリージョナルやローカルなスケールごとの地図化・可視化などを通じて、受け手の地理的想像力を喚起できるような情報伝達をすることの重要性を指摘できる。

むろん、目に見えない放射線の人体へのリスクには様々な議論があり、その時点で、被災者や支援者はそれらに対する知識を十分に持っていたわけでもない。また、放射線の観測データに、誰もがリアルタイムでアクセスできたわけではない。そうした未知の恐怖感や集団心理が混乱を悪化させたことは既に指摘されている[23]。しかし、放射線の情報、警戒指示の区域の情報にかかわらず、人命がかかる緊急段階の地理的な情報伝達の不全が引き起こす集団的パニックをどう軽減できるか、再検証が求められる。いわき市、あるいは南相馬市が広大であること、どの部分が警戒区域に指定され、そのリスクがどの程度であるかなど、より正確な地理リスク情報の公開があったならば、ここで示したような混乱が軽減できたはずであり、この教訓に学ぶところは大きい。

②自主避難と帰還

右記の通り、福島第一原発から比較的離れているいわき市南部地域においても、原発事故の混乱に伴って、物資、ガソリン不足が深刻化した。知人、友人のその後の証言によれば、次々に近所の灯りが消え、自主的に一時避難を開始する様子がみてとれたという。それまで自宅に待機していた筆者の親類四名も県外への避難を決め、三月一八日、緊急車両と被災者に対し、無料で開放されていた常磐自動車道を利用して、筆者宅と都内の親戚宅一軒に一時身を寄せた。さらに、その避難先の親戚宅も計画停電の対象地域となり、灯りのない夜を過ごした。高齢の祖父らは、自身が避難することよりも被災した自宅を案じていわき市にとどまり、その間はインターネット電話等を通じて親類の避難先と実家とを結んだ。都内でも買い占めによって、必要な物資の枯渇が心配されたが、一人につき数個までと限定販売された調理不要なレトルト食品や衣料品を少しずつ買い出し、帰郷に備えた。

その後、福島県から「風評」による支援来訪忌避の問題解決への要請が政府に対してなされ、三月一六日には枝野幸男官房長官（当時）から記者団を通じて民間の物流業者に対して理解と協力が呼びかけられた頃から、マスコミによって「風評」問題が取り上げられるようになった。市内にはガソリンのタンクローリーが入り始めたり、スーパーマーケットが再開されたりといった残った親戚からの情報により、いわきに戻って生活ができる状況になりつつあると判断し、三月二七日午前一〇時頃、筆者と親類らは常磐自動車道を北に向かった。発災後一六日目にして初めて筆者が「被災地」に足を踏み入れることになったのは前述の通りである。途中立ち寄った茨城県の友部《ともべ》サービスエリア(24)には、留守を預かる家族のために首都圏で調達したのであろう衣料品や、食糧を積載した多くのいわきナンバーの車両が、ガソリンスタンドで給油するために列をなしていた。この光景は、筆者に大きな衝撃を与えた。それぞれの家族や知人、友人を案じながら一時避難をし、そしてまた戻って生活を再開することを決意したそれぞれのストーリーが、そこにある車の何十倍もの数で存在し、我々家族が覚えた不安や葛藤を共有していたはずだからである。そして、この複合的な災害の中、情報不足や集団心理による不安と「風評」の混乱に、多くの人々が翻弄され、一時的とはいえ大移動を強いられたことから得られる教訓がいかなるものかを検証していく必要性を感じた。そして、本稿の冒頭で述べた沿岸部の光景に衝撃を受けながら帰宅し、同日午後一時半過ぎ、留守番をしていた祖父らと再会し、つかのまの安堵を覚えた。

以前から移住を強いられた人々の生活世界を地理学的に研究してきた筆者にとって、一時的ではあったが、この自分の、そして周りの人々の避難の経験が、過酷な避難民の生活を彷彿とさせた。幾ばくかの難民研究の知識に照らしても、避難者とそれを受け入れる側、そして、避難する/しないの決断をする家族の人間模様を、筆者は親類の避難の過程において、「参与観察」というよりは、当事者として実体験したと言ってよい。情報不足やそれに伴う「風評」の拡大により、被災者たちはそのたびに決断を迫られ、短期間に移動を繰り返さざるを得ない状況に身を置くことになり、それらの被災者の中には、多くの学齢期の子どもたちの姿があった。その様子を現場で「観察」し、さらに身をもって体験した者として、筆者は、今回の複合災害に端を発する大規模人口の移住過程で生じた避難空間と「仮住まい」の実態について、さらなる地理学的究明を進めた。次節では、その試みの中から、本節までの議論も踏まえ、特に学齢期の児童・生徒に焦点を当てて「仮住まい」の実態について考察したい。

四　中長期的な避難と「仮住まい」の地理空間と学校

福島第一原発の事故においては、地震と津波という自然災害発生後、それに伴う原子力災害が二次的に生じていることは顕著な事実である。本稿の冒頭で述べた、避難者の「二重の悲劇」を阻止し、長期化するであろう被災地の復興を支える将来的人材育成においても、子どもたちの安定した教育環境を確保することが喫緊の課題である。そこで筆者は、震災直後から、全国、福島県内、そして、相馬郡と双葉郡（これらは「相双《そうそう》地区」と呼ばれる）から避難者を多く受け入れているいわき市における避難者の状況について、その空間的重層性に着目しながら、地図化・可視化を通じて、被災地から遠く離れた人々に地理的想像力を喚起させることを意図した実践を続けてきた。これらの活動を通して、国内外を問わず、被災地の外にいる人々に、この災害による避難、移住の実態や空間的広がりに関する知識を提供するのみならず、彼らが被災地の現状に思いを馳せ共感し、被災者と寄り添い、さらには行動につなげるための材料を提供したいと考えたからである。

二〇一一年六月から、福島県教育庁やいわき市教育委員会の協力を得て、区域外就学の実態について聞き取りや資料収集を実施した[25]。さらに入手した各種データにつき、ＧＩＳを用いて地理空間的分析を施した。調査結果の一部は、複数の学会で討議したほか、国内外の支援機関にも情報提供している[26]。ここからは、それらの分析結果を論じていきたい。

(二) 福島県民の県外避難

福島県から県外への避難者数の推移を示したデータ[27]によれば、二〇一一年六月三〇日の四万五二四二人から、ピーク時の二〇一二年四月五日頃には六万二七三六人まで増加したが、その後、徐々に減少している。関東甲信越地方を中心に全国へ避難しており、主に都市圏に多くみられる。同じデータによれば、沖縄への避難者が比較的多いことも特筆すべき点であり、二〇一二年四月五日の時点で七〇〇人が避難した。避難者らはインターネットの情報交換サイト[28]などを通じて、自主避難の条件を縷々考慮し、避難先を選定しており、現在でもそれらの情報の一部について確認できる。福島県からの避難者の中には、震災による被災者や原発警戒区域内に居住していた人をはじめ、小さな子どもを持つ世帯が自主的に避難している世帯もある。[29]

二〇一二年五月に文部科学省が実施した調査[30]によれば、宮城、岩手、福島の三県の幼稚園から高校まで[31]の幼児、児童、生徒(以下、「子ども」と称する)で、他の都道府県の学校において受け入れられた数は一万四二六三人、そのうち、福島県から避難した子どもの数は、一万二三一六人であった。ゆえに、県外に避難している子どもの大部分が福島県出身であることがわかる。県外避難する子どもを受け入れた都道府県(各一〇〇人以上、上位二二都道府県)と、福島県避難者の受け入れの総数を多いところから順に並べて示したものが**表1**である。子どもが多く避難している地域は福島県の周辺と都市圏であり、福島県から離れると減少する傾向がある中、沖縄県には子ども一三五人が避難しており、前述の避難者数の傾向とあわせると、子どもを連れた世帯が沖縄に避難していることが推察できる。この二つは、データソース[32]が異なるので単純に比較できないが、総避難者数と県外避難した子どもの数の順位は一致しない。子どもを持つ親を含む成人は、近接性の高い山形や新潟だけでなく、より多くの就業機会が見込まれる関東地方への避難を選択する傾向もみられる。このように、避難先の選択をめぐっては、職業、住居、サポート体制、そして、家族関係などの様々な要素の結果が、こうした空間分布に現れている。

表1　福島県から県外への避難者の状況（2012年1学期）（人）

順	子ども		総数	
1	山形	1,709	山形	12,391
2	新潟	1,398	東京	7,803
3	宮城	1,215	新潟	6,440
4	埼玉	1,057	埼玉	4,251
5	東京	1,051	茨城	3,814
6	神奈川	661	千葉	3,183
7	茨城	609	栃木	2,728
8	栃木	532	神奈川	2,514
9	北海道	508	宮城	2,467
10	千葉	493	北海道	1,872
11	群馬	280	群馬	1,797
12	秋田	266	秋田	1,025
13	大阪	223	長野	1,002
14	静岡	191	大阪	961
15	愛知	185	静岡	884
16	京都	165	愛知	811
17	長野	165	京都	747
18	青森	155	山梨	742
19	山梨	144	沖縄	691
20	沖縄	135	青森	613
21	岩手	130	兵庫	577
22	兵庫	130	岩手	523

子どもの数は文部科学省調査（2012年5月）をもとに作成
総数は復興庁調査（2012年6月）を福島県がとりまとめたものを入手して作成

（二）避難と移住

①高校生の仮設における学習

震災と原発事故の影響で、避難を余儀なくされた児童、生徒などの学習の遅れが心配されるなか、こうした子どもの就学機会の確保について、文部科学省が通知[33]や事務連絡[34]を発出し、「弾力的な対応」による受け入れの確保を呼びかけ、現場での対応が行われた。

ここからは、前述の県外に避難する子どもの状況に引き続いて、福島県内にて避難生活を送る子どもたちの状況について、福島県内の空間スケール（県立高校を事例に）と、市内の空間スケール（いわき市立小中学校を事例に）

から、それぞれ実態を分析していく。

そこでまず、高校生の移住に関しては、その離散の実態について空間的な把握を試みた。二〇一一年四月時点で、原発警戒区域に所在した県立高校八校（分校含む）に通う高校生三二四六人のうち、一三七八人（四二・五％）が転校を希望し、うち県外に転校を希望した者は、八三七人であった。その時点で未定だった者を除く、一八三六人（五六・六％）は、従前の高校に在籍し、福島県内の各地に仮設された「サテライト校」に通うことを希望した。[35] 福島県教育委員会は、二〇一一年四月五日に、「相双地区県立高校生徒の学習機会の確保について」という文書を生徒と保護者に送付し、「サテライト方式」という形で、「サテライト協力校」の空き教室や体育館などを使って授業を行う方法を説明した。その中では、原則として、県内五地区（県北、県中、会津、いわき、相双各地区）ごとに、一地区に一学年一〇人の希望者が出れば開設するとした。四月に新学期が始まり、その時点でのサテライト校通学希望者について、希望者が出た県南地区を含めてその分布をまとめたものが**図2**である。**図2**では、さらに福島県を七の地方振興局管轄に区分し、その中に所在する移転した高校と、サテライト校の受け入れ先協力校について、高校名とその位置を示した。また、同地区別に、サテライト校に分けた円チャートで示し、生徒数に応じて、その大きさを表している。[36] **図2**からは、原発の南北にわたる、いわき地区と相双地区、中通りを中心に、子どもたちが県内各所に分散しての学習を余儀なくされたことが確認できる。こうしたサテライト校では、生徒らが部活動での練習ができなくなったり、教科によっては教員数が確保できず、教員らが各地区のサテライト校を日替わりで行き来したりするなど、負担も大きいという。[37] また、商業、農業、工業などの職業系高校は、実験や実習などを要する施設にも制約があり、転校処置とは別の困難が伴った。とはいえ、子々孫々と続く家族の伝統に基づいて、親と同じ学校を卒業したいという思いを持つ世帯では、強いられた移住によって転校を選択するよりも、サテライト校で卒業したいという思いが強かったようだ。[38] これは換言すれば、突然後にした土地、学校への彼らの愛着の強さを示すともいえる。ここにおいても、地理的想像力を働かせることで、教師た

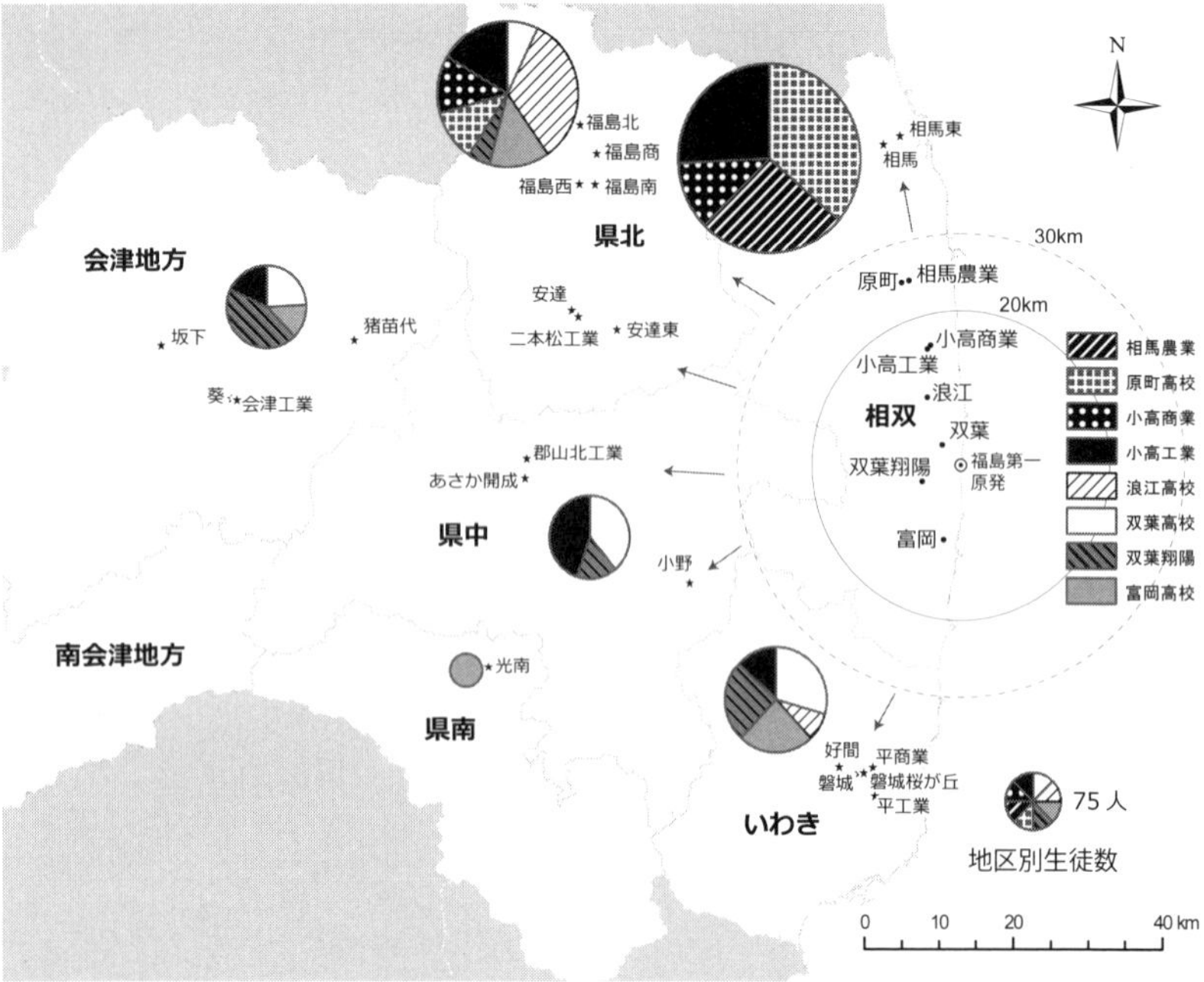

図2　サテライト高校と協力校が所在する地区別生徒数（2011年度）

2011年4月19日付　福島県教育委員会提供資料（注35）をもとに作成

ちが頻繁な空間移動を果たし、生徒たちは時にスペースや機材の不便をしのぎながら、それでも生徒たちの思いを汲む形で日々運営されているサテライト校の現状がそこに関わる人々の思いを伴った形で現れでてくる。その後、二〇一一年九月三〇日以降、一部警戒区域が解除されるなどして二〇一一年度いっぱいでサテライト校実施を終了して二〇一二年度の新学期から、元の学校に復帰したり、点在していたサテライト校を集約し、集約先付近の旅館などに生徒たちの寄宿舎を用意したりして、再び新たな体制で新年度をスタートさせた高校もある。二〇一二年九月一日時点で、サテライト校で学んだ高校生在籍数は、一〇九五人だった[39]。今後、長期にわたることが推測される避難生活の中で、移転した生徒、それを支える教員らを実質的に支援していくためには、外部の人々が彼らの日常に共感できるようにするための、表現と伝達方法が重要になってくることを指摘しておきたい。

②小中学生の区域外就学

ここからは、市域を地理的スケールとし、いわき市内の移住と区域外就学の事例から、避難地域とホスト－ゲスト関係を考えていきたい。いわき市は福島県浜通りの最南端にあり、一時屋内退避区域に指定されたが、二〇一一年四月二二日に解除された。福島第一原発がある浜通りにありながら、他地区と比して線量が低いことや、浜通りの気候、生活習慣に共通点が多いことなどから、相双地区からの避難者が多く流入した。二〇一二年八月三一日時点で、いわき市への避難者は、双葉郡八町村の小計二万二八二九人、南相馬市七九八人、田村市三四人、川俣町三人、飯舘村一七人の合計二万三六八一人にのぼる[40]。先に述べた、サテライト高校のいわき市内における在籍者数は、三二六人にのぼる。

いわき市教育委員会は、学校教育法施行令に基づく区域外就学[41]の制度を利用した避難者の小中学校への就学事務を行っている。聞き取りと資料収集のため二〇一一年八月中旬、再度訪れた教育委員会庁舎の窓口では、二学期を前に、子どもの転入手続きに訪れる保護者への対応をしている様子が確認できた。

いわき市では一部を除き、通常より遅れて、二〇一一年四月一八日に新学期を開始した。震災と原発事故の影響を考慮して、教員の人事異動は延期された。四月二二日になると、それまでの警戒区域が見直され、いわき市北端の一部も含まれていた屋内退避区域が解除されるとともに、より詳細な検討に基づき、「警戒区域」「計画的避難区域」「緊急時避難準備区域」に再区分されることとなった。

図3は、いわき市内の小中学校において、区域外就学をした相双地区に住民票を置く児童生徒数について、二〇一一年度四月、八月、そして、二〇一二年度四月、九月にわけ、その推移を表したものである。また、グラフ

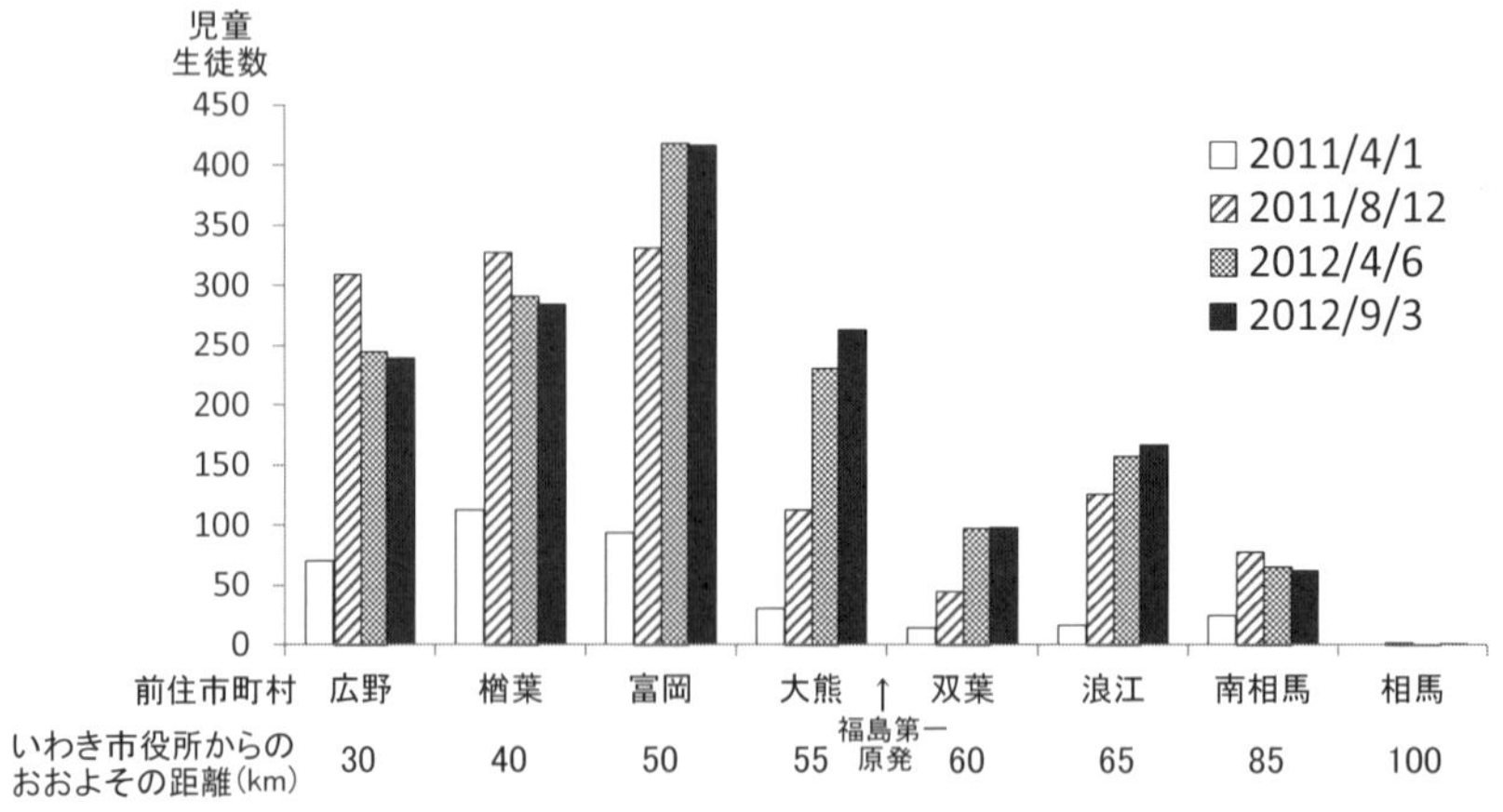

図3　いわき市内の小中学校における相双地区からの区域外就学児童・生徒数の変遷といわき市中心部から各役所までの道路距離

いわき市教育委員会提供資料をもとに作成
いわき市役所（平地区）から各市役所・町役場までの高速道路を使っての推定距離

の左端をいわき市がある南側、右端へ向かうほど自治体が北に位置していることを示す。さらに、いわき市中心部の平《たいら》地区にある、いわき市役所から各市役所・町役場までのおおよその距離を数値で示した。福島第一原発は、大熊町と双葉町の境に位置する。

この図から既に、二〇一一年四月の新学年度開始前から、原発南側の楢葉町、富岡町などからは、約一〇〇人の児童、生徒に対して区域外就学の手続きが行われていたことがわかる。その後、新学期が少々遅れて開始された後、いわき市への避難者の増加とともに、同年八月まで、軒並みいわき市内で就学する避難児童、生徒が三倍近くに増加した。

この間、いわき市内でも、地震、津波などにより閉校する学校や、市内の他校に間借りしている学校があった中、さらに、こうした児童、生徒を受け入れる対応にあたった。そして、これらの児童、生徒が通学していた学校に勤務していた教職員に対して、出身市町の学校といわき市公立学校教員として併任発令がなされ、受け持っていた児童、生徒の様子を確認してまわるなどの巡回指導にあたった。いわき市教育委員会によれば、高校受験を控えた中学三年生の学習の遅れについて、保護者から懸念の声があがったという。また、転入してきた生徒の中には、新たな学校の制服や体操着ではなく、元の学校のものを着用したいという生徒もいたという。多感な時期に、前触れもなく郷里をあとにし、友人とも離ればなれになりながら、新たな地区、学校での生活を余儀なくされた子どもたちが強い葛藤を感じたことは想像に難くない。

その後、同年九月三〇日に、他の警戒区域等に含まれない、楢葉町、南相馬市の一部、広野町全域ほかが対象となる「緊急時避難準備区域」が解除された。それに伴い、一部の住民が帰還、またはその準備のためにより近くのいわき市への移住や暫時定住を決めるなどし、仮設住宅やみなし仮設の提供も増えることで、出身自治体ごとに、区域外就学をする子どもたちの数も変動した。年度をまたいでいるため、卒業と入学による増減を考慮しなければならないが、前年度と比して、「緊急時避難準備区域」の適用が解除された広野町や楢葉町、南相馬市からの児童生徒数は減少傾向にある。他方、依然として放射線量が高く、近い将来に帰還を望めないという方針が報道などで示された大熊町や双葉町や浪江町などでは、町外コミュニティをつくる構想も持ち上がっている。このように避難生活、仮住まいの生活の長期化が見込まれる大熊町、双葉町、浪江町から転入した児童生徒数の増加が顕著である。

複合的な災害で、心理的にもストレスを感じた児童・生徒らへのケアが叫ばれる中、避難と離散に伴って、転校、移住を余儀なくされている子どもたちの実態を把握し、そこで生じうる、また実際に生じている課題の解決策を見いだすことが必要である。その際に、外部者に対して彼らの地理的想像力をどのようにして喚起させるべきか、それは、現象スケールの重層性や、災害の複合性、避難の複雑性等に配慮した上での実践でなければならない。

むすびにかえて

災害による緊急避難、そしてより中長期的な避難、さらに移住は全て、物理的な空間の移動現象である。これらの意に反した空間的移動にはストレスが伴う。ましてや、親しんだ土地を離れることを強いられ、突如として、それまで構築してきた人間関係やコミュニティを物理的に引き裂くような移動はとりわけ、大きな苦痛を生じさせることとなる。本稿で扱った3・11複合災害では、福島第一原発における状況の悪化と、それに関する「風評」が、人々の移動に伴う意思決定、その様相、痛みをさらに複雑化させた。災害による移住は、緊急時の一時的な避難に始まり、「みなし仮設」を含む応急的な住宅における中長期的な避難、そして帰還や、もしくは高台や新天地などへの移転に至るまでの長いプロセスを要する。本稿で示した事例からは、この過程である緊急時の一時避難においても、短期間のうちに複数回の避難先の変更を迫られた人々の姿が浮かび上がってきた。

本稿は、東日本大震災と原発事故による避難空間の実態について、親類の被災や自主避難の受け入れを経験した筆者自身の体験も交え、地理学的視点からその一端を再構成して提示した。そして、以前から関心があり、研究してきた難民の移住やホスト社会側の受け入れをめぐる諸問題と慎重に照らし合わせながら、災害によって移住を強いられた人々の実態の空間的な把握を試みた。長期化する避難により、県内外に移転した行政機能や、被災者の実態を空間的に分析する中で、転校やサテライト校での学習によって、不安定な環境にあることに着目した。空間スケールを県内、そしてホストする側の市内への流入という視点から、子どもたちの中長期的避難の実態を検討すると、その様相も刻々と変化していることがみてとれる。

変化、すなわちそこに転居、転校があり、それに伴う出会いと別れが繰り返されているのである。地理的想像力を発揮するということは、そうした空間（の移動）がもたらす社会、人々への影響の諸相に対しても、イマジネーションを働かせるということだろう。福島県での事例を通じて、災害と避難空間のマクロな構造と、そこでの個人的体験というミクロな経験の双方を重ね合わせて再構成することで、断片的な報道からはみえてこない、避難空間のいくつかの姿を提示した。

繰り返し述べた通り、3・11複合災害における空間スケールの重層性を把握するためには、地図化、可視化によるマクロな構造の把握と、聞き取りなどによるミクロな体験を記録する作業が必要とされる。ここから得られた地理学的な知見を提示することにより、被災地から空間的に離れた人々に、この大災害が遠い他所《よそ》での話として消費されてしまうことを回避することへつなげることができる。さらには、自己と他者という二元論を乗り越えて、遠くの人々の苦しみを、より身近なものとして共有する感覚が必要であることは、東日本大震災とその後の経過が示す教訓であり今後取り組むべき課題の一つであろう。地理的想像力、すなわち、外部者である受け手に対して、一過性かつ断片的な情報や知識として消費・消化されるものではなく、空間的には離れていても、心理的に寄り添い、実践として何らかの形で行動につなげられるような地理的想像力を喚起させ、両者を媒介させることこそ、フィールドワーカーに期待される役割である。

東日本大震災での経験は、「収奪型」の調査研究を越え、被災者に寄り添い、被災した土地や人々と外部者を結ぶ媒介者としての役割、そして地理的想像力の必要性をより切実なものとして、改めてあぶりだしてみせた。筆者自身、被災地域の内部者でありながら、外部の研究者として往還し、葛藤しながら、期せずして地理的想像力の紡ぐ作業の一端を担った。結果、筆者らによる、この地理的想像力を内外に喚起させる取り組みは、いくつかの被災者支援の実践として成立していった。

二〇一一年の暮れ、本稿で扱った被災地の子どもたちの状況を知った東京の大学生らが、相双地区から区域外就学をする児童、生徒が多く通う、いわき市の小中学校での学習支援ボランティアに参加した。短い時間ではあったが、被災した子どもたちや、それを支える教師たちとの触れ合いを通じた忘れることのできない経験から、その後の進路を決める上で影響を受けたと述べた者もいる。

遡って二〇一一年一〇月末には、いわき市で仮設住宅が多く建設された中央台地区にある小中学校に元関脇・高見山大五郎氏とフィギュアスケート・オリンピック金メダリストのクリスティ・ヤマグチ氏がダンサーやミュージシャンなど一四人からなる「プロジェクト・アロハ親善訪問団」を率いて訪れ、避難生活を送る子どもたちとの交流会が開かれた。複合災害に耐え生きる子どもたちに、歌と踊りで少しでも笑顔をもたらそうと、サンフランシスコの日系人らを中心として活動するNPOが、東日本大震災救済基金を立ち上げ、その後以前から親交のあった筆者らと調整を進め、同年の夏頃から企画したものであった。このような被災者の苦境に何らかの形で関わっていきたいという思いから芽生えた、地域、国を超えた支援のネットワークの広がりには、避難空間をめぐる新たなつながりの展開を見いだすことができる。これこそが、空間的に遠く離れた土地の人々が、イマジネーションを発揮して、共感し、行動した地理的想像力の産物と言えまいか。

注

(1) 佐藤　一九九二
(2) 佐藤（同）の四六頁
(3) T. Oda, 2011
(4) D. Gregory *et al.* 2009
(5) ハーヴェイ　一九八〇
(6) 西部　二〇〇一
(7) 大城・荒山　一九九八
(8) 小田　二〇〇九
(9) 内海・中村・勝間　二〇〇八
(10) 加藤　一九九四

（11）朝日新聞デジタル「福島からの母子避難」二〇一二年七月二四日（http://www.asahi.com/special/10005/TKY201207220421.html）
（12）大橋　二〇一一
（13）固定電話や携帯電話は一切つながらなかったが、唯一、インターネットの回線が復旧し、インターネット電話「Skype」を通じてようやく交信ができた
（14）Google社のPerson FinderやNHKホームページ上の避難所避難者名簿などを利用し、数名の無事が確認された。
（15）日本地球惑星科学連合「東北地方太平洋沖地震の現地調査についてのお願い」二〇一一年三月一六日付（http://www.jpgu.org/whatsnew/110312EQ/onsite.html）
（16）いわき市「地区別世帯数・男女別人口：現住人口調査結果表」（二〇一二年九月六日）（http://www.city.iwaki.fukushima.jp/tokei/004869.html）
（17）二〇一一年四月一一日一七時一六分　震源　福島県浜通り　マグニチュード七・一
（18）二〇一一年四月一二日一四時〇七分　震源　福島県浜通り　マグニチュード六・三
（19）いわき市災害対策本部週報（二〇一二年九月一二日付）（http://www.city.iwaki.fukushima.jp/info/dbps_data/_material_/info/zhigai20120912.pdf）
（20）「三〇キロ屋内退避・一三万六千人が対象――新たに飯舘、いわき」『福島民報』二〇一一年三月一六日付第二面
（21）二〇一一年三月一六日一八時〇〇分時点、福島県が測定した環境放射線測定結果によれば、いずれもマイクロシーベルト毎時を単位として、いわき市中心部（平）では一・七三、南相馬市で三・六三、白河市で三・三〇、郡山市で二・九四、福島市で一四・六〇だった。
（22）南相馬市も、二〇〇六年に、旧原町市、旧相馬郡小高町、旧鹿島町が合併して誕生した自治体である。同様の「風評」による問題解決のため連日、桜井勝延南相馬市長が各局のテレビでその誤解解消と政府によるより正確な情報発信を訴えたところが確認されている。
（23）徳田　二〇一一：関谷　二〇一一
（24）いわき陸運局は、いわき市だけでなく、双葉郡、石川郡、東白川郡、田村郡の一部の車両に対して「いわきナンバー」を発給しているため「いわきナンバー」をもって、浜通りのどこの地域出身かはわからない。

（25）国際緊急人道支援の分野で、教育復興につき調査研究を進めてきた内海成治京都女子大学教授の助言と協力を得つつ現地調査を実施した。

（26）例えば、国際赤十字・赤新月社連盟（ＩＦＲＣ）の「World Disaster Report」、民間支援組織（Visions Sprout）、米ニューヨークタイムズ紙、英国放送協会（ＢＢＣ）ドキュメンタリー番組「Horizon」などの活動、報道に協力した。

（27）総務省が設立した全国避難者情報システム（http://www.soumu.go.jp/menu_kyotsuu/important/kinkyu02_000082.html）

（28）「福島原発事故★自主避難者として生きる」（http://ameblo.jp/human1-cat1/）や「福島県避難者支援　ブログ」（http://plaza.rakuten.co.jp/fukushimahinan/）などがある。

（29）本書第Ⅲ部の川副・浦野、磯田、佐藤、瀬谷の論文に、福島県民の県内外での避難生活について詳述されているので参照されたい。

（30）文部科学省「東日本大震災により被災した幼児児童生徒の学校における受入れ状況について」（二〇一二年五月一日現在）（http://www.mext.go.jp/b_menu/houdou/24/06/1323059.htm）

（31）中等教育学校（前期・後期）、特別支援学校（幼稚部〜高等部）を含む。

（32）避難者総数は、復興庁「震災による避難者の避難場所別人数調査」等をもとに福島県が取りまとめたもの。

（33）文部科学副大臣発通知　二二文科第一七一四号（二〇一一年三月一四日付）（http://www.mext.go.jp/b_menu/houdou/23/03/1303644_1537.html）

（34）文部科学省初等中等教育局事務連絡「東北地方太平洋沖地震により被災した児童生徒等の公立学校への弾力的な受入れ等に関するＱ＆Ａの送付について」（二〇一一年三月二四日付）（http://www.mext.go.jp/a_menu/saigaijohou/syousai/1304392.htm）

（35）福島県教育委員会提供資料（二〇一一年四月一九日付）（二〇一一年八月一七日に福島県教育庁いわき教育事務所より複写入手）。

（36）入手できたデータ時点では、希望者の人数だったため、その後の事情で年度内に変化したことも考えられる。

（37）高橋正人福島県教育庁いわき教育事務所長（当時）への聞き取り（二〇一一年八月一七日）

（38）前掲注17

（39）福島県教育庁高校教育課提供資料（二〇一一年八月一七日に福島県教育庁いわき教育事務所より複写入手）

（40）前掲注20
（41）学校教育法施行令第九条（昭和二八年一〇月三一日政令第三四〇号）
（42）いわき市教育委員会学校教育課への聞き取り（二〇一一年六月三〇日）

参考文献

佐藤郁哉、一九九二、『フィールドワーク――書を持って街へ出よう』新曜社、四四－四七
内海成治・中村安秀・勝間靖編、二〇〇八、『国際緊急人道支援』ナカニシヤ出版
小田隆史、二〇〇九、「ミネソタ州ツインシティ都市圏における非政府・非営利セクターによる難民への職住斡旋支援」地理学評論、八二巻五号、四二一－四四一
T. Oda, 2011, Citizens of Iwaki City, Fukushima must be heard, *Nichi-Bei Weekly*, San Francisco, 7 April.
D. Gregory *et al.* eds., 2009, *The Dictionary of Human Geography*, Wiley-Blackwell, p.282
加藤節、一九九四、「国民国家と難民問題」（加藤節・宮島喬）『難民』東京大学出版会、一－二〇
デイヴィッド・ハーヴェイ、一九八〇、（竹内啓一・松本正美訳）『都市と社会的不平等』日本ブリタニカ、二四－二五
西部均、二〇〇一、「都市計画濫觴期の地理的想像力をめぐるポリティクス――「大大阪」の都市範囲と高速度交通機関路線への投影」『人文地理』五三巻四号、三六九－三八六
大城直樹・荒山正彦編、一九九八、『空間から場所へ――地理学的想像力の探求』古今書院
大橋雄介、二〇一一、『3・11被災地子ども白書』明石書店、一三九－一六〇
徳田雄洋、二〇一一、『震災と情報――あのとき何が伝わったか』岩波新書
関谷直也、二〇一一、『風評被害――そのメカニズムを考える』光文社新書

付記

本稿は、『三・一一複合災害における避難の地理空間――「フィールド」体験と実践の記録から』と題して、雑誌『史林』九六巻一号に掲載された論文（初出）をもとに紙幅の都合上、大幅に割愛・再構成したものである。当該初出原稿の転載を快諾いただいた史学研究会に感謝申し上げたい。また調査・執筆に際し、関係行政機関や学校関係者をはじめ多くの方々に並々な

らぬ御協力を賜った。ここに記して御礼申し上げたい。

ここで典拠としたウェブサイトは全て、二〇一二年一一月一〇日時点を最終閲覧日とする。また、距離・面積はメートル法で表記している。

災害支援NPOと地域コミュニティ——越境する災害文化と鍵を握る平時からの協働

伊藤嘉高・千川原公彦

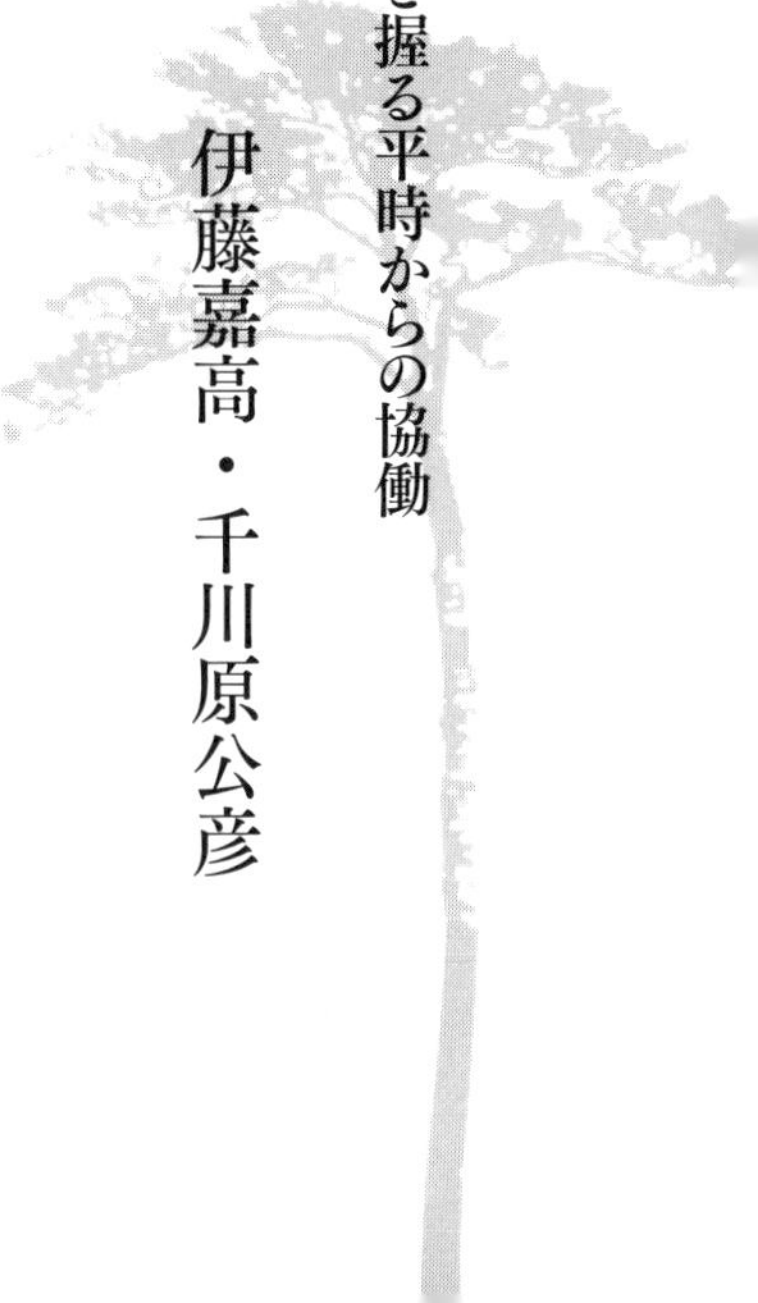

東日本大震災の発災後には、数多くのボランティア・NPOが全国各地から被災地に向かった。その数は、社会福祉協議会が把握しているだけでも、被災後二か月間で三〇万人、被災後約一年間で一〇〇万人近くに達した（全国社会福祉協議会　二〇一一a：二〇）。ただし、災害NPO関係者たちの実感では、阪神・淡路大震災の規模とボランティア数（一年間で約一三七万人、震災復興調査研究委員会　一九九七：三一九）から想定される数値と比較すると、半数程度にとどまった。その原因のひとつとして指摘されるのが、「迷惑ボランティア」論の流布によるボランティア自粛とともに、その背景をなしてもいる被災地の「受援力」の問題である。

そこで、本稿では、第一節で全国から集まったボランティアの主たる引き受け手となった被災地の社会福祉協議会（社協）の性格をその歴史的経緯を踏まえて確認した上で、東日本大震災時に社協（広くは地域コミュニティ）とNPOの連携がどのようにして行われたのか／行われなかったのかを検討する。続く第二節では、震災時における地域とNPOの連携のために必要な平時からの連携について検討し、第三節では、東日本大震災で培われた災害文化が越境的な人と知のネットワークによって継承されていく可能性を指摘してむすびとしたい。

一　災害支援に取り組む社会福祉協議会とNPO

(一) 社会福祉協議会とボランティア

社会福祉協議会（社協）はGHQによる「社会福祉行政に関する六項目」提案（一九四九年）のひとつである「自発的に行われる社会福祉活動に関する協議会設置」に応えるかたちで一九五一年に設置された。ただし、その母体となったのは、日本社会事業協会など戦前からの旧官製団体であった。そして、他の「地域団体」の多くに見られるように、一九五五年頃には中央社協（現在は全国社会福祉協議会）を頂点とした都道府県社協と市町村社協からなるヒエラルキー型組織となった（山口　二〇〇〇）。人事・財政面でも行政との結びつきは強く、そうした面でみればNPO等のボランタリー・アソシエーションとは対照的な性格を有している。

社協の役割に大きな変化が見られるようになったのは、核家族化と急速な高齢化による福祉ニーズの増大と多様化によりコミュニティケアが喫緊の課題とされた一九七〇年代中葉以降であり、各地でボランティアセンターが常設されるようになった。とりわけボランティアセンターが全国的なうねりとなって広がる嚆矢となったのが、一九八五年に厚生省が開始した「福祉のまちづくり事業」（ボラントピア事業）である。同事業では、やはり行政のトップダウンによってではあるが、社協のボランティアセンターが「ボランティアによる在宅福祉サービス供給の事業所」として位置づけられたのである（岩本　二〇一一：一〇八）。

ところが、近年では、介護保険制度の創設やNPOの成長といった流れのなかで、右記のように在宅福祉サービスに偏重した社協の存在理由が希薄化し、社協の固有性やアイデンティティが問われるようになった（岩本　二〇一一）。佐藤（二〇一二）にしたがえば、今日の社協のボランティアセンターが果たすべき機能は、①調査・研究（地域のボランティアに関する調査および研究）により地域のニーズや課題を把握し、②情報収集・提供（ボランティア情報の収集および必要な情報の提供）、③ネットワーク・連携（公私関係機関との連携）により適切なコーディネートを行い、④福祉教育・学習（学校や地域を基盤とした福祉教育の展開）、⑤人材育成（ボランティア等人材の育成）により地域のボランティアの裾野を広げることからなる。つまり、日本赤十字社など広域的に取り組む民間のボランティアセンターとは異なり、地域に密着し地域の課題の解決に向けて、地域のボランティア活動を推進しようとする点に社協の固有性が見いだされるのである。

（二）災害支援に取り組む社協とNPO

東日本大震災時には、各地の社協が、こうして平時から培われてきた地域密着型の中間支援機能を活かしながら、災害ボランティアセンターの設置と運営を進めた。全国社会福祉協議会（全社協）の総括では、地域内外からさまざまなボランティアを受け入れ、コーディネートすることで、避難所を中心とした炊き出し、住居の片付けなどの環境整備、避難物資の対応など、被災者に対するさまざまな支援活動に取り組む姿が見られたとされている（全国社会福祉協議会　二〇一一a）。

もちろん、全社協が総括するように、各地の社協は多大な役割を果たした。しかし、実際には、社協に色濃く残るヒエラルキー文化が、とりわけ被災直後において外部NPOやボランティアとの連携の阻害要因となる局面も見られ、被災者に必要な支援がなされない事態も起きていた。以下では、筆者（千川原）が代表を務めた山形県の災害支援NPOであるディーコレクティブが大震災直後から宮城県で行ってきた被災地支援活動を中心に、NPOによる社協との連携、地域コミュニティに対する支援について検討してみたい。

未曾有の被害をもたらした東日本大震災では、社協の職員もまた亡くなったり行方不明になったりするケースが至るところで見られた。さらには、事務所や事業所が流出するなど、甚大な被害を受けたケースも数多くあり、インフラの復旧もなかなか進まなかった。それでも、共同募金会の災害等準備金の活用(約九億円)や災害ボランティア活動支援プロジェクト会議の支援などによって、コンテナハウスなどが設置され、電源やIT環境も整備されるなど、災害ボランティアセンターの環境が整備された。結果、東北三県では、計一〇四のセンターが設置されることになった(岩手県・二七、宮城県・三九、福島県・三八。全国社会福祉協議会 二〇一一a:八)。

とはいえ、被災直後は、ライフラインが断絶し、食糧やガソリンも手に入らず、とくに沿岸部はアクセス困難区域や立ち入り禁止区域が広がり、避難所では物資、食糧不足が発生し、支援の格差も生じていた。被災直後の社協では、被害の状況把握、関係者の安否確認などの対応に追われ、ボランティアセンターを運営する余裕もなかった。結果として、「外部からの支援も限られ、地元中心のボランティア活動となった」(全国社会福祉協議会 二〇一一a:一八)。

実際、震災直後の被災地域の社協や行政は「どんな人が来るかわからない」「ボランティアに何ができるのか」「ボランティア、NPOは混乱の元」という認識が支配的であった。人手不足やライフラインの未復旧、危険区域の存在などの理由から、多くのボランティアが入ってきてもケアできない、マネジメントできないといった理由から受け入れを拒否する地域が多く見られた。筆者(千川原)は、被災地を眼前にして、ボランティア元年から一六年が経っていながらも、協働に対する学びが広がっていないことに大きなショックを受けた。

この背景として考えなければならないのは、社協や行政が、公平性の原則に立って、すべての活動に目を行き届かせようとして、自分たちのみですべてを管理しようとしたことである。自身も被災していたなかでそうした態勢をとろうとすれば、当然のことながら自らのキャパシティを超えてしまう。したがって、確実な管理体制ができあがるまでは、受け入れようにも受け入れられなかったのである(初動の遅れについては、渥美(二〇一一)も参照されたい)。

ここでポイントとなるのは、行政や社協がボランティアを一律に扱ってしまい、災害支援に関する専門知識を有さないボランティアと専門知識を有するNPO等を区別する視点を持っていなかったことだ。実際、阪神・淡路大震災でも、一般のボランティアと経験者が区別されず入り乱れたために大混乱が起きたのだが、そのときの経験が「ボランティア迷惑論」という誤ったかたちで継承されてしまったのである。したがって、本来であれば、被災直後は、ボランティア・コーディネートや避難所運営に関する専門知識と実地経験を有するNPOのみを受け入れ、協働してボランティアセンターの体制づくりを速やかに行い、その後に一般のボランティアを受け入れるという態勢をとる必要があったのではないだろうか。

実際のところ、各地の災害ボランティアセンターが軌道に乗り始めるまでには、被災からおおよそ一か月以上の月日がかかっている[1]。この頃には、遺体の回収などが依然続くなかで、立ち入り禁止区域が解除され、東北自動車道はもちろんのこと各地の道路の復旧も進んでいた（ガソリン不足は続き、道路も大渋滞を引き起こしていたが）。自宅などの片付けも始まり、被害の状況、全体像が見え始めてきていた。

こうして、各地の社協でも、ボランティア受入体制づくりと並行しながら、ボランティアのマッチングがなされ始め、やがて被災地内外からのさまざまな支援、応援が活発化するようになったが（宮城県では連休前半がピーク）、依然として、ボランティアの受入体制がままならず、県内や市町村内からのボランティアに限定するケースも広く見られた（ボランティアセンター設置を非公表とした市町村もあった）。やはり、NPOとの連携がなされていなかったからである。三〇人で対応しなければ回らないのに、四〜五人の職員で回そうとしたために、ボランティアを受け付けるだけで終わってしまうといった具合であった。仮設住宅の建設も始まる一方で、避難所での生活が長期化し、支援の格差が埋まらない状況も続いていたのである。

他方で、被害が甚大な地域でも被災当初から支援を受け入れる仕組みを整えていたところもあった。その代表的な例が石巻災害ボランティアセンターと災害支援復興協議会である。三月二〇日に第一回のNPO連絡会が開かれるなど、当初から外部NPO（ピースボート）を運営者として受け入れており、NPOの支援により行政や社協はコーディネーター役として活躍し、外部のボランティア団体（約二〇〇団体）について、そのスキルや性格等をチェックした上で受け入れ、自分たちが把握してきた地域の情報ネットワークを活用し、外部からの支援に不慣れな住民に段階的につないでいくことができたのである（詳しくは、中原 二〇一一）。

こうしたNPOとの連携によるボランティアセンターの設置がなされず、十分な支援が行き届いていなかった地域では、社協の災害ボランティアセンターとは別にNPOやボランティアによる独自の活動も展開されるようになった。しかし、そこではさまざまな問題が発生した。地域との継続的な関係を結ぶことのできないNPOが直接地域に入り込むことによって生じる問題である。

そうしたNPOの独自支援を受けた被災者やコミュニティでは、そのNPOに対して「ずっと支えてくれるのだろう」という期待を抱くことになり、NPO側も非日常のなかで、そうした被災者による「ずっと支えてほしい」という切実な要望を受ければ、つい「頑張ります」と言ってしまう。しかし、被災者の生活のニーズは移り変わるし、いつまでも支えることはできない。結果として、再訪がかなわず、被災者を失望させ、NPO一般に対する信頼が失われてしまうケースが多々見られた。また、地域の真のニーズを把握せず、自分たちのNPOの役割であるからと、過剰な支援を行うことで、逆に地域の人びとの自立を削いでしまうケースも見られた。

たとえば、支援物資提供の段階が過ぎた現段階でも、依然として復興住宅の住民に支援物資を提供しているNPOなどが、そうしたケースに該当する。ただし、その場合であっても、復興住宅と受け入れ町内会とのあいだで軋轢がある場合に、両者の話し合いの場に支援物資を活用するといった対応であれば問題はない。そうした状況を把握するという点においても、社協のような継続的な中間支援組織が介在することが重要なのである(2)。

また、社協とNPOの連携がなされなかったことについては、NPOやボランティアの側にも問題があったことを見落としてはならない。被災者の生活に土足で入り込むボランティアの存在はいうまでもなく、NPOの数が急激に増えたことからNPO同士で誹謗合戦がなされることもあれば、とりわけ被災後一か月は、被災地域に対して上から目線で地域の取り組みを否定して、アドバイスや提案だけをして帰ってしまうNPOも見られた（現地では「アドバイス・提案地獄」と形容され、被災地域の人びとを疲弊させるだけであった）。

阪神・淡路大震災の時は、災害支援NPOの数も限られており、支援のスキルや経験のばらつきも大きくなかったために、対等なコミュニケーションによる連携がなされたが、ボランティアの裾野が広がり、レベルに大きな差のある団体や人がひとつに集まるようになったために、マネジメント・スキルがいっそう重要になってきている。その意味でも、被災直後から信頼のおけるNPOと連携することが大切であり、信頼のおけるNPOをどのように見極めるのかがポイントとなる。そこで、次節で見るような平時からのNPOとの連携が重要になってくる。

市町村社協が外部NPOと連携する態勢になく、地域コミュニティ（地区社協）のレベルでも「よそ者の力を借りることが必要」との認識をもたず、ボランティアによる支援や避難所運営が不十分であった地域の場合、筆者（千川原）のような災害支援NPOは、その地域と社協の信用をひとつずつ得ていくところから始めなければならなかった（千川原　二〇一三も参照）。まずは、地域にとって役に立つ存在であることを認めてもらえるよう、数週間にわたって物資、資財を提供するなど、地道な活動を行った。こうして個人同士が顔見知りになるところから始め、センターや避難所の運営に協力できるまでには、二、三か月かかるといった状況であった。しかしながら、そうした関係を地道に積み重ねてきたにもかかわらず、ひとつの出来事だけで出入り禁止になってしまうこともあった。それは、ある日たまたま入ってきたボランティア二人が、被災者の悲痛を察することができず、笑顔を見せたり写真を撮ったりして、場の空気を乱したからであった。ボランティアの核をなすのはボランタリーな自発性ではなく、そうした自発性を対象者の世界に合わせる際の苦労（折り合い）にこそあることを認識しなければならない。

いずれにせよ、さまざまな理由から行政や社協とNPOとの連携が見られなかったところでは、「行政や社協は硬直的」としてNPOから距離を置かれ、「NPOは勝手に動く」と行政や社協から距離を置かれ、地域コミュニティはその狭間に置かれるといった構図がみられた。そうした際には、「行政は平等性の原則で動き、NPOは不平等性の原理で動くため相容れない」というロジックで、一応の納得が得られていた。

しかし、平時から地域の実情（高齢者福祉等）を把握してきた社協等の地域組織こそが、自分たちが管理できる範囲内で閉じてしまうことなく、ヒエラルキー構造を超えて、コーディネーター役として積極的に外部の支援を引き入れなければならない。とはいえ、たとえコーディネーター研修は受けていても、実際に被災時の混乱と人員不足のなかでは十分なコーディネーター機能を発揮できるとは限らない。そこで、避難所運営アドバイザーとして必要物資の先読みコーディネーターや避難所環境改善といった能力を有するNPOと連携することが必要になる。

ネットワークという視点でみれば、行政の平等性の原理とNPO・ボランティアの非平等性の原理は相克をきたすことはなく、互いの長所を活かした連携が可能になる（今日、行政の災害本部内にボランティアセンターを位置づけようとする動きがみられるが、この点を考えると、慎重に進めるべきであろう）。あくまで大切なことは、組織の論理（ヒエラルキー、ボランタリズム）に囚われきることのない人の存在であり、組織の論理に囚われないためにも（そして、多様なアクターとその論理があることを市民に理解してもらうためにも）、平時からの多組織との連携が不可欠なのである。(3)

（三）宮城県塩釜市寒風沢島における復興支援

以上の論点を確認するために、本節では、筆者（千川原）が行った被災地の復興支援のなかから、宮城県塩釜市寒風沢島《さぶさわじま》のケースを取り上げたい。寒風沢島は浦戸諸島のひとつであり、面積一・四五平方キロメートル、人口約二三〇人である。江戸時代には塩釜港の外港として栄えた後、幕末には日本初の西洋式軍艦開成丸が建造され、また戊辰戦争時には土方歳三が立ち寄るなどさまざまな歴史的な痕跡が残る島でもある。しかし、平成に入り少子高齢化と過疎化が大きな課題となり、さらに東日本大震災で大きな津波被害を受けることになった。

東日本大震災当初、筆者（千川原）は宮城県本土にて被災地支援活動に従事していたが、東日本大震災前より地域社会と連携して浦戸諸島で福祉活動を行なっていたNPO法人浦戸福祉会より、「浦戸諸島で支援者（NPO・ボランティア）が少ないため、協力してほしい」との要請をうけた。そこで、二〇一一年五月二〇日に現地入りすることになった（その後、二〇一四年一二月現在まで約六〇回の訪問を続けている）。

二〇一一年は主に住家・非住家の汚泥および瓦礫除去が必要であったため、山形県内の大学・高等学校・企業等の協力を得ながら、現在まで延一〇〇〇人のボランティア・コーディネートを行い、寒風沢島の復旧支援に携わった。この時期に、寒風沢島のキーパーソンである行政区長、民宿を営む民生委員と知り合い、丁寧な関係づくりをこころがけた。というのも、阪神・淡路大震災がそうであったように、地域・島の復興には一〇年単位の長い期間が必要であることを踏まえて、中長期的な支援を考えた場合、キーパーソンとの関係づくりが何よりも重要であると考えたからだ。

また、人と情報のネットワーク化の視点から、寒風沢島の被災状況や復旧の進捗などの情報を被災地外の土地に発信する必要を感じていた。そこで、山形県内のラジオ放送局で月に一度コーナーを持ち寒風沢島および宮城県内の情報を発信した（**写真1**）。さらには、シンガポールのテレビ局や米国のドキュメンタリー映像作家を案内するなどの対応も行った。

二〇一二年に入ると、住民やボランティア・業者等による活動の結果、寒風沢島の瓦礫や汚泥はかなり少なくなっていた。この時点で住民が必要としているニーズは瓦礫や汚泥の除去から、震災により失った仕事（寒風沢島は漁業と農業が主）・生活面へと徐々に移行していた。ところが、県外のボランティアにとっては「被災地でのボ

写真１　YBC ラジオのディレクターも寒風沢島を何度も訪問し、住民の声を拾った

ランティア活動は瓦礫や汚泥を除去すること」との認識が既に広がっており、徐々に被災地のニーズとボランティアが求める活動とのあいだには大きなミスマッチが発生していた。

また、被災地のニーズを理解していたとしても「ボランティアが住民の仕事支援や生活支援を行うことは難しい」と判断したＮＰＯ・ボランティアも少なくなかったようである。しかし、被災地支援の根幹は、住民の生活が安定し地域が再生することにあり、いかにこれからも継続的にＮＰＯ・ボランティア活動が寒風沢島で行えるのかが筆者たちのあいだで大きな課題になっていた。

二〇一三年に入ると、筆者（千川原）らスタッフと寒風沢島のキーパーソンとのあいだで、ようやく親密なコミュニケーションが取られるようになった。そこで、行政区長より「住民が集まる機会を震災で失った。古くから伝わる祭りを再開したい」と、被災したお神輿の復旧の相談を受けた。また、民生委員からは、「高齢者が家にこもりがちになっている。健康被害が心配である」といった住民の生活課題を聴くようになる。

そこで、筆者（千川原）がサポートするかたちで、山形

写真２　天童高校ニーズポケット（現地訪問後のふりかえりミーティング）

県から継続的に寒風沢島の支援活動に関わっていた山形県立天童高等学校の生徒会内部に、「復興支援チーム・ニーズポケット」が発足した。一年生から三年生までの一〇数名で構成され、時間をかけて現地訪問し、ワークショップを行いながら「私たちの活動は瓦礫・汚泥除去ではなく、住民の生活や地域が再生することに寄り添うこと」とテーマを生徒自らが決めた。そして、生徒と教師が寒風沢島に足を運び、住民宅を訪問しながら生活課題を直接聴くことで、現地に合った支援活動をプランニングしていくことになった（**写真２**）。

ニーズポケットのメンバーが寒風沢島を訪問できるのは年に数回であり、プランニングを経て生徒たちがチームを組み四〇名程度でボランティア活動をするのだが（**写真３**）、実際に活動できるのは年に一、二回程度である。回数は多くはないが、住民と高校生がともに食事を作り、掃除等を行いながら笑顔で対話をすることで、一方的な支援活動ではない空間づくりが行われている（**写真４**）。

こうして築かれてきた関係は、東日本大震災の復興の枠を超えている。二〇一四年の夏は寒風沢島でも田畑が豪雨被害を受けた。大震災後も寒風沢島では大雨や余震が続く

写真３　天童高校生と寒風沢島の島民

写真４　寒風沢島の住民と食事を作る天童高校生

など、大きな被害はないものの住民が不安を感じる気象現象が続いている。その際に被害の有無にかかわらず、筆者（千川原）らNPOのスタッフは寒風沢島のキーパーソンに連絡し、外部の誰かが見守っていることを伝えるべく会話をするよう心掛けている。

また、同年七月には山形県南陽市が豪雨に見舞われ、災害救助法が適用され、筆者（千川原）は南陽市社協が運営する災害ボランティアセンターをサポートした。そこで、南陽市の南陽市社会福祉協議会と、梨郷地区にある梨郷小学校の校長が寒風沢島を訪問し、行政区長・民生委員と意見交換をする機会を設けた。ともに受けた災害の性質は異なれども、ともに共感する点があったのであろう、一〇月には梨郷小学校の小学生たちと教諭、梨郷地区住民、南陽市社会福祉協議会等が寒風沢島を訪問した。この時は梨郷小学校で栽培した野菜を届けるなどの活動だったが、山間地域の梨郷地区と沿岸地域の寒風沢島との継続的な交流を視野に入れた訪問活動となった。

二　平時からの連携——宮城県栗原市の事例などを通して

東日本大震災を経て、防災活動や災害救助、避難生活の際に地域組織による「自助・共助」が重要であることを指摘する声がいっそう高まっている。ただし、その核とされる自主防災組織については、災害発生時に実質的に機能するのはせいぜい一〜二割にとどまるという指摘があり、実際に、その母体となる町内会は、東日本大震災時にも「あったけどなかった」（吉原　二〇一三）と指摘される状況も見られた。一部の熱心な町内会で結成された自主防災組織を除き、ほとんどの自主防災組織では、行政等が作成した統一の手引きに従い、役員名簿を作成し、避難場所など最低限のルールを策定するレベルにとどまっているからだ。熱心なところでも、災害時の避難訓練の実施が精一杯な状況なのである（伊藤　二〇一一：二一六、さらに、浦野　二〇〇八も参照）。

震災後、自主防災組織の結成率向上を掲げる都道府県も増えているが、市町村によっては、地区の自治会長を集めて一斉研修を行い、形式だけを整えさせて、結成率一〇〇%を達成しているところもある。そうして結成された自主防災組織では、「作ってはみたものの、何をしていいのか分からない」状態に陥っている。したがって、自主防災組織の結成率それ自体に本質的な意味を見いだすことはできない(伊藤　二〇一一：二一四、さらに、庄司　二〇一一も参照)。

こうした状況の背景には、自主防災組織が、実質を伴わない形式レベルでの結成にとどまっていることもさることながら、地域に対する上からのまなざしが極めて機能論的な視点にとどまっていることが挙げられよう。つまり、地域コミュニティを制度論的、機能論的に捉える限り、そこに参与する人びとはその機能に資する「手段」として扱われることになってしまう。人びとの全体的な生の非制度的なつながり(日常的なインフォーマルな付き合い)があって初めて、フォーマル／制度的な自主防災組織は動き出す。防災なり災害弱者支援は、本来的に、教育や福祉といった他の日常的な「暮らし」の課題と不可分のものとして考えていかなければならないはずなのだ。

実際、筆者(千川原)が防災コミュニティへの関心を抱く契機となった二〇〇〇年の北海道・有珠山噴火による災害支援ボランティアと、二〇〇四年の中越地震の経験が、マニュアル作りの限界をあらわにするものであった。

北海道・有珠山噴火では、災害時の避難から復旧・復興に至るまで、地域住民の生活に数多くの困難が生じることになった。しかし、そうした困難に対して、行政の手はほとんど及ばず、地域住民組織やNPO、青年会議所などが一体となったチームを組織し対処することになった(この時期は、ちょうど災害支援NPOの叢生期にあたる：渥美　二〇〇七)。

ところが、有珠山での被災者支援の枠組みを全国にそのまま敷衍することはできなかった。二〇〇四年の中越地震では、地域住民組織とNPOの連携が必ずしもうまくいかなかったのである(松井　二〇〇八も参照)。被災者支援はマニュアル化できるものではなかった。被災者支援のチーム作りには、各種組織の組織横断的なネットワークが必要になるが、それは一朝一夕にできあがるものではない。そこには、災害文化に根ざした社会的関係資本（social capital）の時間的蓄積が必要なのだ。有珠山では、三〇年周期での噴火の経験があった。

災害の経験を有した地域社会であれば、程度の差はあれ災害に対する社会的関係資本（災害文化）が蓄積されている。しかし、災害の経験がなければ、そのための社会的関係資本は自然に蓄積されない。そうした地域では、NPOの関与や自ら進んで外部の刺激を受けるといったきっかけによって、はじめて社会的関係資本が蓄積され始める。実際、東日本大震災では「協働の不慣れ」が改めて露呈し、震災後の全国社会福祉協議会等が企画する災害ボランティア運営者研修では、それまで事例で扱われる程度であった地元社協とNPO等の連携が重要視されるようになっている（本間　二〇一四）。

筆者（千川原）は、かねてより山形と宮城において公私にわたる多組織間のネットワーク作りを進めてきた。二〇〇三年にはNPOを法人化し、山形県社会福祉協議会の災害支援ボランティア育成事業に携わり、災害ボランティア・コーディネーター研修も実施している。さらに、地域社会での独自の社会的共通資本の蓄積の重要性に気づいた中越地震後をきっかけとして、自治会や町内会の「内部」へ入り込み、東日本大震災後の今日までその活動を続けている。

そうした活動で大切にしていることは、単なる災害支援の専門知識の提供ではなく、地区社協を含む地域コミュニティに防災や要援護者支援に必要な地域のつながりを生み出していくことだ。そこで重要なのは、東日本大震災でその限界が明らかとなったような手引きに従った型どおりのルールの策定ではなく、人びとの生のつながりを生み出すダイナミズムに対するまなざしである。このダイナミズムを地域に生み出すのに必要な契機のひとつとして、災害に対する現場感覚を有した「部外者」たるNPOによる関与・支援があると考えている。(4)

(二) 防災福祉マップによる要援護者支援

震災対応において一定の取り決めは必要だが、あくまで重要なのはそうした取り決めを支えるインフォーマルな社会関係資本である。たとえば、役割分担をルールとして決めたとしても、それだけでは、実際の災害時にその役割が充てられたメンバーが集まらなかったときに、逆に混乱してしまう。非固定的な人間関係と臨機応変の対応力こそが必要である。では、災害時の経験がない町内会や自主防災組織が、非固定的な人間関係と臨機応変の対応力を身につけるにはどうすればよいのだろうか。

そこでNPOの役割が重要になる。防災マップの自主作成の支援がその格好の例である。行政の作成するハザードマップは、あくまで「参考資料」にしかならない。それに対して、筆者(千川原)が社協等と協力して作成の支援に当たるのは「次につながる防災マップ」である。

この「次につながる防災マップ」を作成する際には、まず、行政の作成した防災マップ(水害ハザードマップなど)について町内会で検討してもらうことから始める。すると、往々にして、指定避難所が自分たちの地域よりも標高の低い場所に指定されていたり、幹線道路を越えたところにあったりなど、実態に合わない箇所が複数発見され、実際の避難には使えないマップであることがわかる。こうして、「自分たちで作らなければならない」ことが自覚され、防災マップに関心が向かうことになる。したがって、行政の作成するハザードマップは、あくまで「参考資料」なのである。

しかし、そこで白紙の地図を広げて、「皆さん、地域の危険な箇所について自由に指摘してください」という場を設けても、話は進まない。そこで、その代わりに、町内会の人びとと一緒に「実際に災害が起きたら」という視点を持ちつつ実際に地域を歩きながら、その地域の歴史も含めた話を聞くことにしている。そうすると、いろいろな話が出てくるので、NPOのメンバーが聞き逃さずメモにしていく。そのメモに基づいてシミュレーションを行いながらマップを共同で作成することで、自分たちの地域固有の問題点が浮き彫りにされ、講じるべき対策も明らかになるのである（Disaster Imagination Game など図上訓練の詳細については、大矢根　二〇一〇を参照）。

こうした自主作成の防災マップがあって初めて、災害に対する意味のある訓練や取り決めも可能になる。実際に、支援した地域の人びとからは、「自分たちのマップのないところで、いくら訓練しても意味がなかった」との声が一様に挙がってくる。そして、意味のある訓練や討議を経て、防災マップもまた不断に作り直されていくのである。

つまり、大切なのは、防災マップの共同作成によって、コミュニケーションが生まれ、役割が生まれ、ルールが生まれるという創発性であり、この創発性にこそ「次につながる防災マップ」の本義があるのだ。[5]

東日本大震災でも問題になった災害時要援護者支援を有効に機能させるための条件も防災マップと同様である。NHKが東日本大震災で被災した沿岸部三一市町村に行った調査によれば、住民全体の死亡率は〇・七八％であったのにたいして、障害者（高齢になってから手帳を取得した人も含む）は一・四三％とほぼ倍近い数字であった（立木　二〇一三：一三七）。災害時要援護者の支援は隣近所・地域の手助けが何よりも頼りとなるとの認識に基づき、要援護者がどこに住んでいるのか、どのような支援を必要とするのか等のデータをまとめたものが要援護者名簿である。[6]そして、災害時にすみやかな避難支援が行えるよう、要援護者名簿は、本人や家族の同意のもとに、町内会や自主防災組織、さらには、消防署などで共有することで日頃から地域で理解を深め災害に備えておくことが必要であるとされてきた。

しかし、実際には、東日本大震災以前から要援護者支援にはいくつもの課題が指摘されてきた。すなわち、援護を必要としている人を必ずしもカバーしていないこと、支援者の登録が進んでいないこと、個人情報の保護が優先され集められた台帳の情報が十分に活用されない懸念があることなどだ（伊藤　二〇一一）。そして、東日本大震災では、以上の課題が如実に表れ、多くの犠牲者を生み出すことになった（内閣府　二〇一三：一〇）。

こうした課題が山積する状況にあって要援護者支援を本当に実効的なものにしようとするのであれば、要援護者とその支援者の登録作業に工夫が必要である。そこで、筆者らが進めているのが、各地の町内会や自主防災組織で防災マップを自主作成したり、避難経路や後述の避難所生活についての議論や体験を深めたりするなかで、要援護者とその支援者の登録作業を行うことである。

その具体的な手段として「防災福祉マップ」の作成が挙げられる。具体的には、前述した「次につながる防災マップ」の作成時に、地域の人びとの話し合いをベースに、高齢者等の要援護者やその支援者の自宅に印をつけていくとともに（本人の同意が前提）、避難所となる福祉センターや保健センター、消火栓や防火水槽などの社会資源を地図に記載するのである。実際に要援護者支援に必要な情報は、避難準備情報の提供、避難行動の支援、安否確認、避難生活における要援護者のニーズの把握、生活必需品の把握などである。したがって、避難経路や避難所生活の取り決めと一体となっていてこそ、要援護者名簿は有効に機能する。

支援者についても、「防災福祉マップ」の作成が有効である。名簿に記載されるだけでは、自分に全責任が被せられるように感じるため、支援者にはなりたがらないという現実がある。ただでさえ、災害時には、住民からの要望や依頼、批判が町内会等の役員層にのしかかる。支援者が臨機応変に対応できるような柔軟な役割を果たしていくためにも、防災マップの共同作成を契機としたコミュニケーションの蓄積が重要となるのだ。

（二）宮城県栗原市における連携と東日本大震災時の対応

ここで、宮城県栗原市社会福祉協議会と筆者（千川原）の連携を取り上げて、以上の点を確認しておこう。筆者（千川原）が栗原市に初めて入ったのは、二〇〇八年の岩手・宮城内陸地震のときであり、このとき、栗原市社会福祉協議会の運営する災害ボランティアセンターのサポートを二か月間行ったのである。栗原市は二〇〇五

写真５　防災福祉マップ作りの様子

年の大合併によって二五五の行政区（数十世帯から数百世帯をひとまとめにした、ほぼ大字を一単位とする住民自治組織）で構成されるようになっていたが、安否確認の方法を決めていない行政区も少なくなく、安否確認や要援護者の把握に多くの時間を要することになった。また、安否確認を行わない行政区もあった。

以上の事態を受け栗原市社協と筆者（千川原）が協議することになったが、そこで危惧されたのが宮城県沖地震への対応である。当時三〇年以内の発災確率は九九％と言われていたことから、一日も早く少なくとも二五五の行政区内において安否確認の方法を確立させることが必要であった。その手段として「二五五行政区で防災福祉マップを作成する」という手法をとり、二〇〇九年から事業を展開することになった（**写真５**）。

二〇〇九年度は防災福祉マップを作成した行政区は五か所であったが、二〇一四年一一月時点では通算九五か所にまで広がった。行政区の白地図に記載するのは危険箇所のほか主に「要援護者宅・声がけする協力者宅・避難経路・一時避難場所」である。そこでの軸は、まずは地震等の発災から一五分以内に安否確認を完了するという「自治会の初動」にあった。これができれば、仮に家屋が倒壊しても行政区内でいち早く人命救助が展開され救命率が高まるということが、住民にとってはインパクトがあったからである。

たとえば、二〇〇八年の内陸地震の際には、栗駒上野地区の行政区長は一人で三〇〇世帯の安否確認をしていた。内陸地震の前から自主防災組織を立ち上げ、防災訓練を積極的に行ってきた行政区であったが、安否確認の役割分担・訓練を行っていなかったため、区長や役員は多いに苦労した。行政区長が最終的に安否確認を終えたのは発災から六時間後だった。そこで、阪神・淡路大震災の神戸では家屋の倒壊から一五分以内に多くの人命を失った事実を行政区長に伝えたところ、「何とか一五分以内に行政区内で安否確認を完了させたい」との目標を掲げたのである。

そこで栗駒上野地区では、筆者（千川原）と栗原市社協と当区の行政区長とで話し合い、まずは防災福祉マップを作成することから始めた。この段階ではまだどのような効果があるかは手探りであった。そしてマップを作成し、三〇〇世帯を一〇班に分け、住民が避難しやすい場所を設定した。そして班長が住民の点呼をとり、行政区長へ無線を使い結果を報告する訓練を行った。その結果、当初六時間を要した安否確認は二六分にまで大幅短縮されることになった。さらに、二〇一一年の東日本大震災では栗原市は震度七を記録したが、この際も栗駒上野地区では訓練と同等の時間で安否確認を終えている。そして二〇一四年一〇月の訓練ではついに一〇分に収まった。

栗駒上野地区のようにマップを作成したことで、その後の地域の動きが変わった行政区は少なくない。東日本大震災前にマップを作成したことで、それまで防災意識がなかった住民が、東日本大震災時には自発的に地域を点検したり要援護者宅を訪問するなど、大震災前と動き方が変わったケースが見られた。

他方で、マップを作成したが目立った動きがない行政区も見られる。しかし、いずれにせよマップ作りを行ったことで行政区と社協とのあいだで「なぜ動きに変化がないのか、改善策はどこにあるのか」話し合うきっかけを作ることができる。以上のようなマップ作成による地域づくりは、東日本大震災で被災した地域の復興過程においても広く展開されることが期待される。

ちなみに、東日本大震災時には、全国に先駆けて要援護者支援の防災ネットワークを作り上げてきた石巻市八幡町も被災した。八幡町では一七人の災害時要援護者が登録されており、それぞれに原則二人の支援者がつき、災害時にはどちらかが駆けつけて安否の確認や避難所への移動を助けることになっていた。しかし、実際には半数近くが支援者と避難できなかったものの何らかの支援によって命が助かっていた。つまりは、制度的な要援護者支援ネットワークを成り立たせていた家族や近隣のつながりが、制度的なネットワークが働かないなかでも有効に作用し、要援護者の救助につながったのである。

他方で、避難支援者が要援護者の救助に赴いた先で避難の説得に時間がかかるなどしたために、支援者自身も津波に巻き込まれ、犠牲者となったケースも多く見られた（内閣府 二〇一三も参照）。防災福祉マップ作成とともに要援護者名簿を作成する際に、地形等も考慮して、撤退のルールなどを定めるといったコミュニケーションが積み重ねられるまでには至っていなかったのである。

（三）避難所生活への備え

自主防災組織結成の本当の意義は、避難時の行動ではなく、災害発生後の避難生活への対応にこそある。東日本大震災でも明らかになったように、要援護者は被災前から存在するだけではなく、避難時や避難後にも新たなかたちで生まれていく（避難時に負傷した者や避難所生活に困難を抱える者など）。しかしながら、この避難生活まで視野に入れた検討を行っている自主防災組織はほとんどなかった。住民も行政も避難生活の経験がないために、避難生活に関する議論を行う土壌がないからだ。

ここでは、被災時の避難所運営の支援とは別に、筆者（千川原）のNPOなどが提唱し実施してきた平時からの「避難所生活体験プログラム」の提供を取り上げたい。災害に対する備えとして本来は二か月程度の避難生活を想定する必要があるが、このプログラムは、その手がかりとして実際の避難所で一泊の寝食をともにするものである。

このプログラムを受けようとする町内会・自主防災組織は他と比べて意識は相当に高いところであるはずだが、それでもプログラムの当日には大混乱してしまう。しかし、そうした混乱のなかから、NPOのアドバイスを受けながら、「就寝時に、頭の向きや足の向きはあらかじめ決めておいたほうがよい」といった細かなことから、「自分たちの」避難所となる公民館等の設備・備品の不備やアレルギーやプライバシーなどの問題点について、身をもって知ることになる。こうして、秩序が混沌のなかから生まれるのである。

「社会の問題」は「自分たちの問題」であると実感されない限り、それに応じようとする動きが生まれることはない。防災は、生死に関わる共通のテーマであり、間違いなく地域に共通の「自分たちの問題」である。しかし、災害弱者支援の問題は、要援護者と支援者の名簿だけでは、「自分たちの問題」とはならない。

繰り返しになるが、いま行うべきことは、防災コミュニティ形成のための形式的な支援ではなく、防災コミュニティの形成を支え外部との防災ネットワークによる連携を可能にする人びとの社交を触発することである。そして、その手段として、NPOが支援するかたちでの「防災福祉マップの共同作成」や「避難所体験プログラム」を位置づけることができるだろう。

むすび——越境的な災害文化の形成に向けて

筆者らは、東日本大震災前に著した別稿のなかで、地域防災への対応は、制度化された既存の地域住民組織を再生させる新たな地域コミュニティの創発、新たな連帯の創発と不可分の課題であるとの視点から、上からのガバメント型＝制度的再編とは根本的に位相を異にする、「開かれた」コミュニティ・ガバナンス形成の問題であることを指摘した（伊藤　二〇一二）。

今回の東日本大震災は、このコミュニティ・ガバナンスが公私や地域の垣根を超えた平時から連携によって初めて成り立つことを示した。本稿でみてきたように、その鍵を握る社協は、被災時には自らもまた被災者となり、量質ともに人員不足に陥るため、マニュアルに沿ったヒエラルキー型の人員配置による業務の遂行が極めて困難になる。そこで、他地域の社協やNPO等の人材を積極的に活用し、ネットワーク型の柔軟な災害支援体制を構築するために（ネットワーク型であれば指揮系統のひとつが機能不全に陥っても全体の機能は維持される）、全体のコーディネート役となり外部からの人材を積極的に受け入れる役割を果たすことが求められる。

東日本大震災では、必ずしもそうした外部の人材が有効に活用されたわけではなかった。その意味では、ボランティア元年はいまだに元年のまま今日まで続いている。東北の被災県でも沿岸部以外では大きな意識の変化が生まれたとは言いがたい。そこで市町村社協は、平時から自らの守備範囲を定め、専門的な知見を有するNPO等とあらかじめ連携の協定などを結び、継続的な関係を築くとともに、本稿でみてきたような地域コミュニティ（地区社協）とNPOとの連係を促すことが必要である。[7] とりわけ、NPOは、人事異動が数年でなされる行政と異なり地域との継続的な人間関係を結ぶことが可能であることも大きな利点だ。そうすることで地域の受援力を高め、被災時には「ボランティア迷惑論」に陥ることなく、それまでに構築したネットワークを活用することができる。

ここまで、災害に対する専門知識を有するNPOの活用という視点から論を進めてきたが、考えてみれば、専門知はNPOの専権事項ではない。被災地の人びともまた、地域に根ざした当事者としての固有の知を形成している。宮城県塩釜市寒風沢島の事例で見たように、こうした長期的な復興支援によって築かれる、地域を越えた人間関係の醸成からは、それぞれに災害文化を有する地域同士が（時としてNPOが媒介して）広域的につながり、一方の地域が被災した時には他方の地域が支援に入るという相互支援協定を結ぶという姿の萌芽となるかもしれない。実際に、山形県内では、県の事業として防災アドバイザー育成事業に取りかかり、地域内にリーダーを育てる取り組みも始めている。

もちろん、東日本大震災時には、社協同士の連携も広くなされていた。東日本大震災ではじめて広域的な連携が継続的に行われ、北海道・東北ブロックでは、北海道（札幌市）、青森県、秋田県が岩手県を、山形県が宮城県を支援し、支援側が社協職員を派遣し、被災地の災害ボランティアセンターの運営支援を行うことになった。二〇一一年八月末までに全国すべての都道府県・政令指定都市から延三万六八五人の社協職員が被災地に派遣された（全国社会福祉協議会　二〇一一a：七六）。

また、震災対応が進むなかで、被災地内外のボランティアセンター同士の連携も見られるようになった。たとえば自らの地域の災害対応に一定の目処がついた内陸部の市町村のボランティアセンターが、後に、当該地域内で募集したボランティアとともに、沿岸部のボランティアセンターに協力するといったかたちである。

しかし、被災当初から機動的な対応を見せたのは、震災以前から社協同士の個別的関係が築かれていた社協同士であった。そして、物理的な支援はもとより、支援者側の社協が自らの地域のNPOやボランティアの特性を判断することができたために、そうしたNPOやボランティアを一律的に門前払いにすることなく、有効に連携し、効果的なボランティアセンターと避難所の運営をすることができたのである。

いずれにせよ、こうした持続的かつ越境的な支援／受援関係こそが行政、社協、NPO、コミュニティといったアクターの違いを超えて折り重なり合うことで、さまざまな垣根を越えた人と知のネットワークが生まれる。そして、実際に、東日本大震災では、持続的かつ越境的な支援／受援関係がさまざまなかたちで生まれている。わたしたちは、東日本大震災の悲痛な経験に根ざした災害の文化をひとつの地域にとどまらせてしまうことなく、大きな集合的記憶として受け継いでいかなければならない。

注

（1）二〇〇三年の宮城県北部地震でも地元社協とNPOの連携に長時間を要した事例が報告されている（渥美ほか 二〇〇四）。

（2）自立支援型の地域支援について、宮城県ではサポートセンター支援事務所と中間支援NPOによる連携がなされており（全国社会福祉協議会 二〇一一b）、平野ほか（二〇一四）では、コミュニティの変化に対応できるコミュニティづくりのマネジャー的人材の育成、三県を横断するネットワークの必要性などの課題が指摘されている。

（3）「災害ユートピア」（ソルニット 二〇一〇）の文脈のなかで、無数のランダムな相互作用によって「カオスの縁」に立ち現れる即興的な創発秩序が無批判的に称揚される傾向がある。しかしながら、「創発の社会学」が明らかにしているように、（自然界と異なり人間社会の場合）かかる即興的創発は、暗黙知や集合的記憶、身体儀礼、役割意識などの（時間的持続性を有する）協同的創発によって支えられ、そうした協同的創発を生み出していくことではじめて成り立つものである（人間社会は、主体の相互作用と構造のあいだをこのふたつの創発態がつないでいる。伊藤 二〇一五）。つまりは、ボランティア精神だけでは人びとは真につながることはできず、対象世界の即興的創発と協同的創発の動的循環を理解し適切な「役割」を果たすことが求められ、そうすることで創発の循環の変容が引き起こされるのだ（さもなければパターナリズム）。逆に見れば、創発の循環を固定させるような厳密なルールやマニュアルの整備は（震災時にボランティアセンター設置のマニュアルが機能しなかったように）機能しない。ボランティアが寄り添い声を聴くことの重要性については、似田貝（二〇〇一）。災害ボランティアを含む救援活動における即興的創発については、渥美（二〇〇一）を参照されたい。

（4）以下、本節の内容は、伊藤（二〇一一）を簡略的に再構成した内容に東日本大震災前後の動きを加えたものである。

（5）ただし、豊田・鐘ヶ江（二〇一二）が実証しているように、不参加者へのマップ配布については、マップ上に載せた情報は認知されるものの、それに基づいた行動にはつながらず、その効果は限定的である。

（6）要援護者台帳は、住民基本台帳のデータ等から一定の基準（たとえば、福島市の場合、①要介護三～五認定者、②六五歳以上独居高齢者、③身体障害者手帳一級、二級交付者、④療育手帳A交付者、⑤精神障害者保健福祉手帳一級、二級の交付者）で対象者を抽出し、登録申請書を配布し希望者が申し込む「手上げ方式」と、行政からの情報あるいは地域独自の情報に基づいて地域の民生委員等が対象者に直接働きかけ登録の同意を得る「同意方式」が採られている。とくに高齢者の場合は、高齢者福祉施策の基礎資料となる高齢者名簿作成のために民生委員が世帯調査に訪れる際に、要援護者台帳への登録を呼びかけるというかたちがとられていることが多い。また、各要援護者には、それぞれ二～三名程度の「支援者」が登録されることになっている。具体的には、本人が個人的に依頼したり、あるいは、要援護者の登録を受けて、要援護者本人が了解した上で、町内会等自治組織や自主防災組織、民生・児童委員、社会福祉協議会などが協議しながら支援者の選定と支援計画（個別計画）を進める。

（7）本稿でみてきた事例以外でも同様の報告がなされている。たとえば、天野（二〇一三）は、地域の任意団体を母体とし行政や被災地と個人的な信頼関係があった「遠野まごころネット」の場合、発災後の協働にとくに問題は生じなかったのに対して、発災前に東日本大震災の被災地と連携を結んでいたわけではなかったCivic Forceの場合には、地域との信頼関係を築き協働関係に入るまでにさまざまな支障があった点を明らかにしている。

参考文献

渥美公秀、二〇〇一、『ボランティアの知——実践としてのボランティア研究』大阪大学出版会
——、二〇〇七、「災害ボランティアの動向——阪神・淡路大震災から中越地震を経て」『大阪大学大学院人間科学研究科紀要』三三号
——、二〇一一、「災害ボランティア活動——被災地で望まれる活動の仕方」『アニムス』六八号
——、二〇〇四、鈴木勇・菅磨志保・柴田慎士・杉万俊夫「災害ボランティアセンターの機能と課題——宮城県北部地震を事例として」『京都大学防災研究所年報』四七B号
天野徹、二〇一三、「コミュニティ・ネットワークによる被災地支援活動の展開——広域・創発型CNが拓いた新たな災害支援

の可能性」『社会情報学』二巻二号
伊藤嘉高、二〇一一、「災害〈弱者〉と防災コミュニティ」吉原直樹編『防災コミュニティの基層――東北六都市の町内会分析』御茶の水書房
――、二〇一五、「創発する場所」吉原直樹・掘田泉編『交響する空間と場所II　創られた都市空間』法政大学出版局
岩本裕子、二〇一一、「社協と民間ボランティアセンターの関係に見る社協ボランティアセンターの課題――歴史的経緯と設立時の論争が、現代に問いかけるもの」『人間福祉学研究』四巻一号
浦野正樹、二〇〇八、「自主防災活動の組織化と展開」吉井博明・田中淳編『災害危機管理論入門』弘文堂
大矢根淳、二〇一〇、「災害・防災研究における社会関係資本（Social Capital）概念」『社会関係資本研究論集』一号
佐藤哲郎、二〇一二、「社会福祉協議会が展開するボランティアセンターの評価方法について――プログラム評価によるロジック・モデルの活用」『松本大学研究紀要』一〇号
庄司知恵子、二〇一一、「町内会と自主防災組織」吉原直樹編『防災コミュニティの基層――東北六都市の町内会分析』御茶の水書房
震災復興調査研究委員会、一九九七、『阪神・淡路大震災復興誌第一巻』二一世紀ひょうご創造協会
ソルニット、R、二〇一〇、『災害ユートピア』亜紀書房
全国社会福祉協議会、二〇一一a、『東日本大震災　災害ボランティアセンター報告書』
――、二〇一一b、『東日本大震災　被災地社協における被災者への生活支援・相談活動の現状と課題――大規模災害における被災者への生活支援のあり方研究報告書』
立木茂雄、二〇一三、「高齢者、障害者と東日本大震災――災害時要援護者避難の実態と課題」『季刊消防科学と情報』一一一号
千川原公彦、二〇一三、「東日本大震災――避難所の管理・運営とボランティア」『消防科学と情報』一一一号
豊田祐輔・鐘ヶ江秀彦、二〇一二、「住民参加型防災マップづくりのコミュニティ防災への効果に関する研究」『立命館国際地域研究』三五号
内閣府、二〇一三、『災害時要援護者の避難支援に関する検討会報告書』
中原一歩、二〇一一、『奇跡の災害ボランティア「石巻モデル」』朝日新聞出版
似田貝香門、二〇〇一、「市民の複数性――今日の生をめぐる〈主体性〉と〈公共性〉」『地域社会学会年報』一三号

平野隆之・小木曽早苗・児玉善郎・穂坂光彦・池田昌弘、二〇一四、「東日本大震災における被災者支援の課題と今後の展開——自立支援を目指す地域支援の視点から」『日本福祉大学社会福祉論集』一三〇号
本間照雄、二〇一四、「災害ボランティア活動の展開と新たな課題」『社会学年報』四三号
松井克浩、二〇〇八、『中越地震の記憶——人の絆と復興への道』高志書院
山口稔、二〇〇〇、『社会福祉協議会理論の形成と発展』八千代出版
吉原直樹、二〇一三、『「原発さまの町」からの脱却——大熊町から考えるコミュニティの未来』岩波書店

顕在化した都心のディバイド——仙台市中心部町内会と避難所の関わりから

菱山宏輔

はじめに

東日本大震災は、「避難」の重要さをこれまで以上に強く印象づけた。それは、発災直後の津波からの避難、原子力発電所の事故からの避難であり、長期にわたる仮設住宅への避難生活として生じた。避難者は、県をこえ、さらには国境をこえて、移民としての生活をとるまでに広がりをみせている（高橋 二〇一四：吉原 二〇一三）。これら避難をめぐる自助と共助のバランスや新たなコミュニティの模索あるいは「過剰」（金菱 二〇一四）は、避難に関する主要な論点のひとつといえよう。

被害が比較的軽微であった仙台市都心部等でも、沿岸部や原子力発電所に関連する避難とは異なる状況を背景として「避難」が大きなトピックとなっている。例えば、震災を契機に着目された防災訓練として避難所設営・運営がある。その必要性は、指定避難所に「想定外の避難者が押し寄せた」ことにより地域住民は指定避難所を使うことができず、そのため、「それまでの訓練が役に立たなかった」という一連の状況認識に立脚するものである。

震災当日の仙台市中心部における避難所の状況として、例えば、長町南小学校の事例に着目しよう。長町南小学校は、仙台駅から直線距離で南におよそ三・五キロメートルの地点に位置し、仙台駅から地下鉄で一〇分ほどの地下鉄長町南駅からおよそ五〇メートルの距離にある。この仙台市立長町南小学校には、最大で約二〇〇〇人が避難してきた。そこでは「児童を引き取りに来た保護者ではなく、隣の二つの大型ショッピングモールと地下鉄長町南駅からの大勢の避難者」（宮城県小学校長会・仙台市小学校長会　二〇一三：八三）がおしよせてくるという状況であった。

他方で、仙台市中心部と沿岸部の中間地点にある高砂小学校においては、避難者の状況はやや異なるものであった。高砂小学校は、仙台駅から東に約六・五キロメートル、沿岸から西に約五・五キロメートル、JR仙石線で約一三分の福田町駅から一〇〇メートルほどの距離である。高砂小学校には、長町とほぼ同様、最大で約一八〇〇人が避難した。しかし避難者の特徴は異なるものであり、「学区内の家族のほか、津波で被災した中野地区や行き場を失った外国人や近隣学区の住民もいた」（宮城県小学校長会・仙台市小学校長会　二〇一三：九三）。

このように、地理的な状況から避難者の特徴が一定程度規定される。しかしながら本稿において論じるように、同じ仙台市中心部かつ同様の避難者を集めた場所であっても、その地区が従来もってきた社会構造に影響を受け、異なる避難所運営がみられた。そのため本稿は、震災直後の仙台市中心部における指定避難所の状況と近隣住民組織の対応、そこから生じた問題に着目し、指定避難所における包摂あるいはディバイドの分水嶺を探ることによって、地域社会において顕著となった課題を明らかにすることが目的である。

事例として、仙台駅を中心としてほぼ同心円状に分布する五つの避難所、榴岡、東二番丁、東六番丁、連坊小路、荒町および五橋の各避難所と地元町内会の動きをとりあげる（**表1**）[1]。第一節において、榴岡地区はマンショ

表1　2011年4月1日時点の各地区の特徴

小学校区	仙台駅からの距離	最大避難者数推計	校区人口	世帯数	15歳未満人口割合	65歳以上人口割合	地区の特徴
榴岡	東3.3km	2,500	13,635	6,918	9.5%	14.8%	再開発によるマンションの増加
東二番丁	西3.3km	1,200	3,592	2,087	9.8%	17.3%	オフィスビルと大規模商店街
東六番丁	北2.7km	1,800	11,727	6,904	9.6%	17.2%	東照宮と古くからの商店街
連坊小路	南東5km	600	16,322	7,673	8.6%	28.0%	寺社と路地からなる古い街並
荒町（五橋中学校）	南5km	1,300 (2,000)	10,863	6,044	9.8%	17.6%	商店街と路地からなる古い街並 平成元年の区政施行により分立

出典：仙台市教育委員会提供資料より筆者が作成

ン住民と高齢者との非関与が顕在化した事例、東二番丁地区は商店会が町内会の代わりとなったが、人口の流動性により避難者の把握が困難であった事例として描写する。第二節において、東六番丁は学校と地域社会との共同の事例、連坊小路は避難所と地域社会、高齢者と若い世代とのディバイドが顕著となった事例として描写したい。第三節において、荒町および五橋地区については、行政区敷設による町内会連合会の分立という歴史的経緯ゆえの地域社会の重層性と、震災以後の避難所運営の組織形成の紆余曲折に着目し、新たな試みとして描写したい。

まず、それぞれの避難所の小学校区について、近年の特徴を高齢化率と一五歳未満人口の推移から把握したい。**図1**は仙台市と各小学校区における高齢化率、**図2**は仙台市と各小学校区における一五歳未満人口の割合を示している。仙台市との比較では、連坊小路の高齢化率が相対的に高いこと、全体として一五歳未満人口が少ないことをあげることができる。連坊小路ではそのなかでも特に一五歳未満人口が少なく、このことが相対的に高い高齢化と相まって、後にみる避難所と地域社会のディバイドの一因となっていると考えることができる。榴岡は高齢化率が最も低い一方

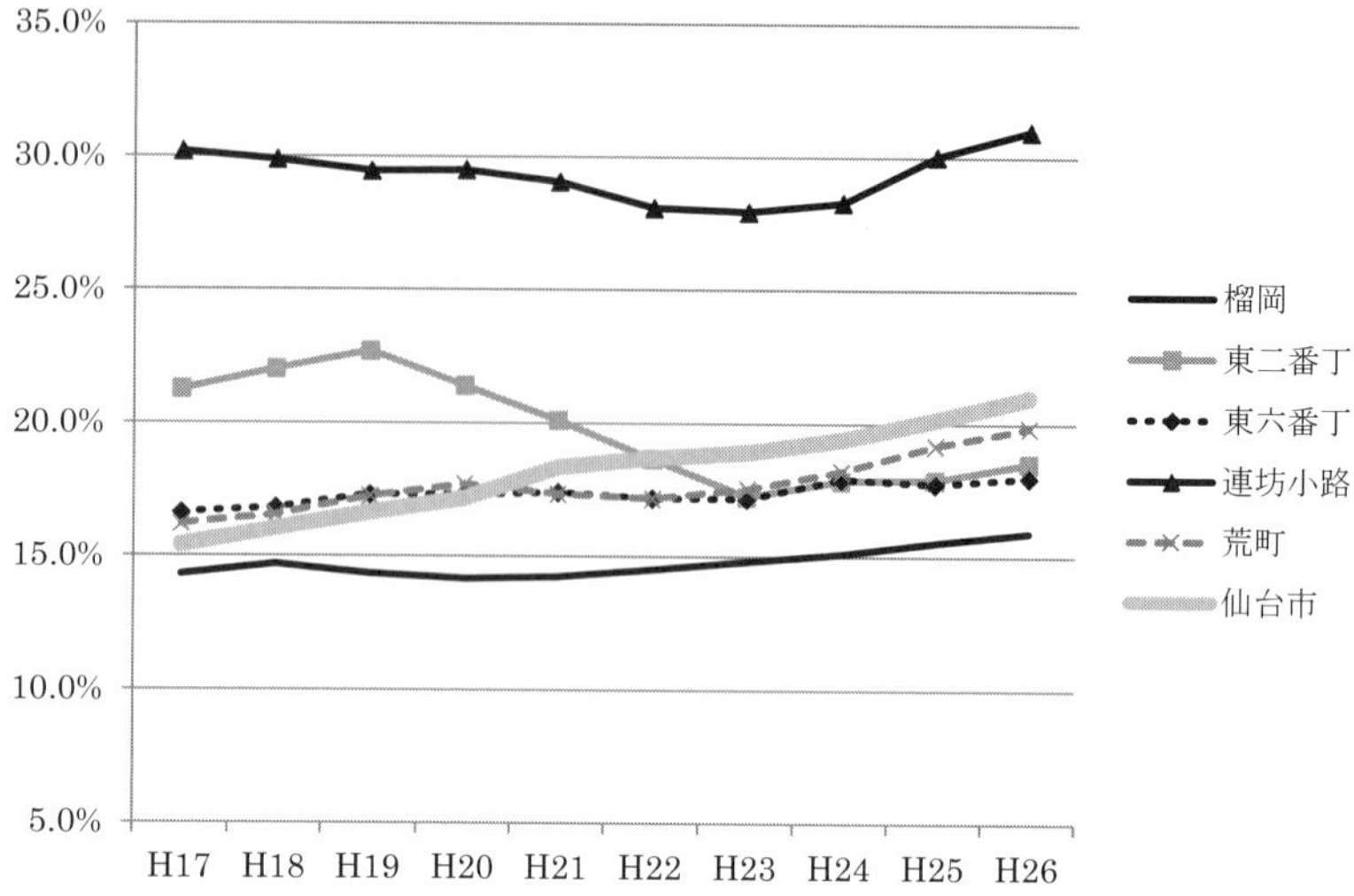

図１　仙台市と各小学校区における高齢化率

出典：仙台市教育委員会提供資料より筆者が作成

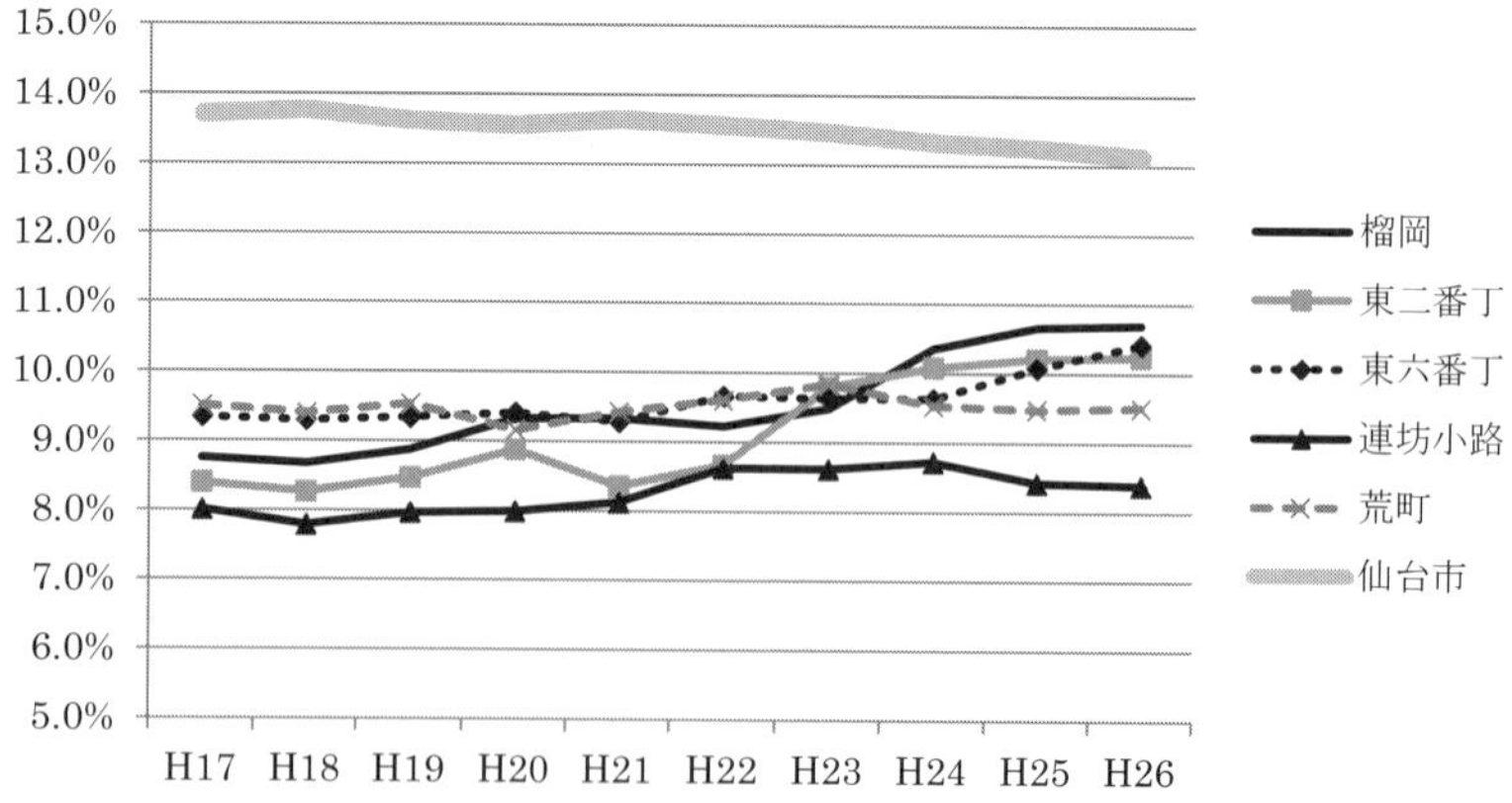

図２　仙台市と各小学校区における 15 歳未満人口の割合

出典：仙台市教育委員会提供資料より筆者が作成

で、一五歳未満人口の割合が増加している。小学校教員の話によれば、近隣のマンション開発が加速しており、榴岡小学校では毎年約五〇人ずつ児童数が増加しているというほどである。他方で、地元町内会に非加入の世帯も増加している。東六番丁と荒町地区はそれらの中間ほどに位置することがわかる。

一 高い流動性

ここで着目する二つの地区、榴岡と東二番丁はそれぞれ、駅前開発地区およびCBDとしての特徴が強く、地域社会の影響力が比較的弱い。どちらも至近に大通りを有し、仙台駅からのアクセスにも恵まれている。そのため、この二つの地区では被災後、通勤者の出入りなどにより避難所の構成人口が流動的であったことが特徴となる。

(一) 榴岡地区

榴岡小学校は仙台駅から東に直線距離で約三・三キロメートルの地点に位置する。近年は仙台駅から西へと伸びる目抜き通りをはじめとした地区開発が急速に進み、マンションの数も増加している。

発災当時は全学年の児童が在校しており、その後三〇~四〇分後、校庭に児童を引き取るために保護者がやってきた。そのなかでも続々と人が押し寄せていた。校庭は、近隣の会社、イベント会場からの人びと、卒業式中だった専門学校生、JR駅からの人びとなど、「お互いに顔を知らない人びと」で埋め尽くされた。それとは対照的に、震災以前に避難者として想定されていた「地域の人びと」は、自宅や近隣の安全確認の後、小学校にやや遅れて到着しており、校庭が埋め尽くされている状況をみて帰宅せざるをえないと判断した人びとが多かったという。ここに、帰宅困難者と地元住民との空間的なディバイドが生じることとなった。初日の夜で二五〇〇人が避難しており、体育館では膝を抱えて座るくらいのスペースしか取ることができなかった。

備蓄していた非常食数は、六〇〇人が二回食事をとることを想定した一二〇〇食であった。しかし、避難者数はその数を大幅に上回った。発災当日の夜、小学校職員と地元町内会からボランティアとして動いてくれていた人びととの協議により、非常食の提供は翌日の午前中からとすることが決定された。「見知らぬ人どうしのなかで、わずかな食料を分け合うことは不可能ではないか」との判断からであった。コミュニティセンターと宮城野消防署原町出張所の協力により、近隣から食料をどうにかかき集め、翌日には三〇八〇食を提供した（仙台市立榴岡小学校　二〇一二）。しかし、それでも足りず、長い行列ができていた。学校内の避難者だけでなく、周辺住民や会社で夜を明かした人たちも加わったためである。食料の十分な確保が可能となったのは一二日の夜であった。ボランティアや市からの配給があり、避難者数も落ち着きはじめていた。

三月一四日には避難者カードを利用して名簿の作成を行ったが、避難者人口は流動的であり把握しきれなかったため、出した食数での把握となった。三月一六日に災害対策本部が発足、その後、避難所の運営は学校職員と近隣住民組織の人びとにより行われた。その際、特に、同地区の地域六団体、社協・民生・連合町内会、日赤、防犯協会、社会を明るくする運動実施委員会が分業体制をとった。三月一八日にはようやく市の指示により他県からのボランティアが二名派遣されてきた。この間も、避難者からの自主的な動きはなく、むしろ苦情を言われることが多かったという。避難所は三月二四日に閉鎖し、二五日に卒業式が行われた。

近隣住民組織では、震災以前に実践的な防災訓練をしておらず、あくまで消防への届け出のためのものであった。そのため、震災後に避難所運営を盛り込んだ防災訓練をどのようなものとするのかが問題となりつつも、同時に、増加する若い世代との関わり、町内会加入率の低下などへの取り組みも必要とされている。

(二) 東二番丁地区

東二番丁小学校は仙台駅から西に、直線距離にして約三・三キロメートルに位置し、南北に走る国道東二番丁通に面する。周辺は大規模な商業施設やオフィスビルが立ち並び、地域社会は比較的目につきにくい地区である。

震災当日の午後三時には保護者が来校し始めていた。それと同時に、近くの商業施設、オフィスからも避難者が集まり、校庭がいっぱいになった。それらの人びとはある程度、どこの会社の人ですねというようなゆるいつながりがあり、その後、会社やオフィスの安全確認ができ次第戻っていった。それに続いて、仙台駅からの帰宅困難者が押し寄せてきた。その人たちは「地域とは全く無縁」だった。小学校職員たちは、JRからそのように人が回ってくるという取り決めがあったことも知らなかったという。小学校は原則としては地域の人のための避難所のはずだった。しかし、「その当ては外れていた。もともとのコンセプトでは予定されていない外部の人たちがどんどん入ってきた」という状況であった。

そこで、避難場所に指定されていなかったが、小学校に併設されている市民センターと幼稚園も急遽開放された。多くの小学校では体育館を避難所として開放していた。しかしながら、東二番丁小学校の体育館は三階にあり上るのが大変ということ、いざとなったときにすぐに外にでることができないこと、落下物があったことを踏まえ、開放しなかったという。避難者は一二〇〇人ほど、校舎の一階には立っているのがやっとというほどにびっしりと人が入った。駅から来た人たちからは苦言を呈されることが度々であった。それは「宮城沖のような地震が来るといわれていた、準備していたはず、何をやっているんだ」というような批判であり、最終的には校長が一身にうけとめるかたちとなった。

その後、校舎は体育館をのぞき三階まで開放することとなった。しかし、上にいくほど滞在する人は少なかった。余震がくるたびに避難者は外に出て安全を確保するという状況であり、「その点で、一階のほうが安心できたのかもしれない」という。備蓄の毛布を配布したがすぐになくなった。教室のつくりはオープンスペースであり廊下も教室も絨毯敷きだったとはいえ、夜の寒さはきつかったという。

二日目、非常食の配給をしていたところ、大通りから次々人が入ってきて終わらないという状況になった。朝だけ避難所に来て配給をもらいそのまま仕事へという人がいた。そのため、ある程度してからはそのような動きはお断りすることとした。

三月一五日、後々の授業復帰も考慮して、避難者には子どもたちが使わないホールへと移ってもらった。とにかく避難者の入れ替わりが激しく、「いろいろな避難所をまわって、居心地が良い場所を探すという人もいたらしい」。そのため、避難者の名簿をつくることができたのは一六日以降だった。二四日には、避難者にいったん三階のホールにまとまってもらい、子どもたちと導線がかぶらないようにして卒業式を行った。

青森から受験のために来ていた高校三年生たちは帰宅困難になってしまったものの、避難所に滞在中、ボランティアを熱心にやってくれたことが印象的だったという。商店街の人、消防団、神戸から派遣されてきた人もボランティアに含むことができるだろう。他方で、空洞化が生じているため町内会は機能していない。マンションが増えてきており管理組合はあるが、町内会には入らないし既存のものにも入らないという状況である。しかしながら、消防団と商店街（商興会）はボランティアでもあり、同時に地域社会の役割にもあたる。商店街の人たちは保護者でもあり、卒業生のつながりもある。町内会はなくても、ボランティアだったりそのようなつながりや役割の意識が、東二番丁での避難所運営に貢献したのではないかとのことである。

二　地域社会の包摂とディバイド

次に、東六番丁地区と連坊小路地区に着目する。前者は、東照宮に通じる宮町通りに面し、後者には複数の寺社が立地する。どちらも比較的古い街並や住民のつながりが特徴となる地区である。とはいえ、震災以前の地域社会の動きにはやや異なる特徴がみられる。東六番丁においては地域住民と小学校が積極的に関わり、異年齢間の交流が行われていた。連坊小路は、地域社会、特に町内会構成員の顕著な高齢化に直面し、若い世代との関わりの機会が限られていることに頭を悩ませていた。このことが、震災直後の避難所をめぐる動きにも影響を及ぼすこととなった。

(一)　東六番丁地区

①避難所運営における自立と安心

東六番丁小学校は仙台駅から北方向、直線距離にして二・七キロメートルほど、仙台駅から徒歩圏の商店街として人を集める宮町通りに位置する。小学校に一六日間宿泊したW校長のリーダーシップと、地元住民の協力、「自立した避難所」という標語が特徴となる。東六番丁小学校は仙台市中心部における避難所運営の成功例として着目され、毎日新聞政治部編集員三岡昭博による一〇回の連載「小さな握り飯」、仙台市教育委員会発行『学校とまちがつながる情報誌「まなのわ」』(二〇一三年三月発行)の巻頭特集などにおいて注目を集めてきた。

震災直後、児童の引き渡しを行うなか、キャリーバッグや大きなバッグを持っている人たちがどっと来て校庭がいっぱいになった。保護者、子どもたち、地域住民もまざり、大きなカバンの人たちを誘導するなか、植え込みの縁石に地域住民が座っており、「私たちも入っていいんですか」と、尻込みし、遠慮しており、それをみた校長は「あぁ、なんてことだ」と思ったという。当日、体育館のなかは七〇〇〜八〇〇人、校舎のなかは一〇〇〇人近くに達した。体育館は古く、通常の半分の規模のものであったため、人がひしめいている状況であった。

コミュニティセンターに地域の人たちをできるだけ移すために、暗いなか教員が中心となり大きな声で呼びかけた。翌日、学校にいるほうが良いということで残る人もいたものの、コミュニティセンターは最大で三六〇人ほどになり、運営は連合町内会を中心に行われた。その後もなお旅行者、会社員、帰宅途中の人、学生などで学校内には一六〇〇人、ほかにも二〇〇人がいる状況であった。

震災当日の夜、校長はハンドマイクですべての部屋をまわり「ボランティアをやってほしい」と呼びかけた。ボランティアの最初の仕事は避難者の数を数えることだった。その結果、一八〇〇まで数えることができた。避難者の状況についての詳細な調査は三月一八日あたりから始めた。一九日、二〇日に関東圏のバスがとれたということで帰宅困難者がどっと帰っていった。校長の記録によれば、一二日六時五五分に一五〇〇人、九時四七分に通電、一五時に六〇〇人、一三日の八時一〇分で二七一人が滞在していた。

一三日か一四日には、今後の教育活動に向けて合同校長会が一五日に開かれる旨の指示があった。卒業式や修了式のことを考えると避難所運営を続けるにも限界があった。そこで、午後に役員会を行い、連合町内会長と話し合い、町内会の助けを得て担任以外は避難所を離れ、業務の復帰へと動き始めた。同時に、「ここには何もないけれど真心はある、東北に来て、仙台の旅行でここは冷たいと感じさせてしまったらいけない、安心できること、心だけはおもてなしをしたい」という校長の考えが共有された。そこでうまれた言葉が「自立した避難所にしよう」だった。被災者でありながらも、同時に、世話をする側にもなることができるということから、ボランティアは「世話人」となった。各教室から一人、体育館からは四人を世話人として出してもらい、食料・水の準備や運搬、具合が悪くなった人の世話などを担ってもらった。

備蓄は六五〇食であった。まずは三日間もたせる必要があることが予想された。アルファ米をプラケース（屋台で容器に使っているようなもの）で配ると足りないので、小さなおにぎりをつくろうということになった。震災当日一一日の二二時すぎに準備ができた。乳幼児、お母さん、お年寄りを優先とした。通電してからは校長室のテレビを持ち込んで、職員も避難者も一緒にラジオ体操をした。パンが届けば「ごめんなさい、ここの避難者の人からわたします、地域の人も並んでください」と語りかけ、「あまったぶんはおこさんへ、またあまったらみなさんへ」と丁寧に、心から接し、時には感謝の言葉をもらうことができた。カバンを残していなくなってしまった認知症の人がいた。その人がいない間も、周りの人たちはみかんやパンを残しておいてくれた。お互いに気遣いができていたようにみえた。

以上のような光景の一方で、いくつかの問題も生じ始めた。保健室は具合が悪い人優先としていたが、居座るような人もいた。避難所でも、焼き鳥をする人、こたつを持ち込む人も現れるようになった。校長はそれをみて、避難所もそろそろ潮時、早く撤収できるようにしないといけないと考えた。そこで、徐々に規模を縮小した。最終的に、三月三一日まであけており、このあたりでは最長となった。避難者に移ってもらうときは、一緒に掃除を手伝ってくれる人もいた。全体としては、「みんなで運営していくんだ」と説明して、わかってもらっていたのではないかという印象であったという。

東六番丁では震災以前から、学校、親、地域において子どもの成長を共有できること、同時に、子どもが地域の人、文化から学ぶということを重視し、地域と共同の教育を行ってきた（仙台市立東六番丁小学校　二〇一三）。その延長に、震災後一年目、震災のときにお世話になったことを地域の人から教えてもらうために学校に多くの人を呼び、話をしてもらった。地域の人は、自分から子どもたちが学んでいるということで自尊心をもつことができる。二年目、三年目には、助けてくれた人びとが普段どうやって生活しているのかという点から、地域の文化、つながりがについて児童の関心を広げた。このようにして、東六番丁小学校では地域との継続的な関わりを保ち続けている。

②行政による安心安全ステーション整備事業

東六番丁地区の事例は、日頃の交流が非常時にも有効に働いたことを示すものであるといえよう。他方で、隣接する小学校区である宮町地区について、東六番丁と同様の地域構造を一部共有しながらも、行政による地域防災の制度化との連携・対応に支障をきたした事例として論じたい。東日本大震災以前から、宮町地区の町内会連合会においては高齢化や世代間の隔絶が問題としてあげられ、交流を促すような防災活動の必要性が意識にのぼっていた。しかし実際には、行政から提案された地域防災の企画（安心安全ステーション整備事業）に方向づけられ、その結果、震災に対して物品面では限定的に貢献があったものの、当初の問題意識はなお具体化されていない。

上述東六番丁は東照宮へと通じる商店街の南半分に位置し、ここで着目する宮町地区はその北半分に位置する。同地区には日本初の民間交番[2]が存在するなど、地域の活発さを窺うことができる。宮町地区においては、県営住宅一階に設置されている中江地区町内会連合会のサロンが、二〇〇七年に「安心安全ステーション」に指定された。その二軒隣りの同県営住宅一階には、宮町地区防犯協会の事務所が全国初の「民間交番」として二〇〇二年に設置されており、安心安全ステーションと地域防犯活動との連係が特徴である[3]。もっとも、一見活発にみえる防犯・防災活動においても、高齢化は継続的な問題となっている。

安心安全ステーション代表U氏によれば、かつて地域社会に動ける人びとがいた時代の防災組織の目的は、「火が出たら消せ」で良かった。しかし高齢化が進む現在、その目的は「救助する・避難させる」というものに変わってきている。そのための連絡体制が必要であり、民生委員、社会福祉協議会等と連係してプライバシーの問題などを含め調整できる組織づくりが必要であるとの声が町内からあがっていた。そこで二〇〇六年に、町内会連合会において防災組織をつくろうという話しが出たため、当時町内会連合会長U氏と三役が消防署に相談に行った。しかしそこでは逆に、消防署から新しい制度のモデル地区に指定したいと持ちかけられ、それも組織づくりに役立つかもしれないと考え受け入れることとした。

その結果、一〇〇万円相当の防災グッズが配備された。内訳として、市民センターにテント、連合町内会のふれあいサロンにテーブルと椅子、発電機と回転灯は町内会連合会の倉庫に保管・設置することとなった。そのほか、ヘルメットやジャンパー等は当時の一四町内会に割り振った。トランシーバもあったが、出力は弱く、役に立つようなものではなかった[4]。U氏にとって、「安心安全ステーション整備モデル事業」は、あくまで物品の支給の企画でしかなかった。その後、同年に町内会連合会の自主防災組織づくりも行われたが、当初考えていたようなものにはならなかった。消防署からのアドバイスもあったかもしれないが、十分なものではなく、結局は「あたらず、さわらず」というものであった。

その後、東日本大震災においても防災組織はみえなかったという[5]。組織は紙に図示されてはいたが、それだけのものでしかなかった。むしろ、町内会の役員や民生委員が要を成し、社会福祉協議会や日赤奉仕団が先頭に立ったという点からすれば、「ステーションはむしろ連合町内会長宅だった」というほうがあてはまりがよいという。

(二) 連坊小路地区

次に、本稿でとりあげる事例のなかで最も高齢化が顕著である、連坊小路地区の事例に着目したい。連坊小路小学校区は、仙台駅から南東方向に直線距離にして約五キロメートルの地点に位置する。校区内には複数の寺社が立地し、細く古い路地などを残す。町内会連合会は一五の町内会からなる。近年では、高等学校・専門学校・大学等の施設を有するが、地域の高齢化率は周辺と比べても高く、若者と高齢者の交流の機会がないことが震災以前から問題となっていた。ここでは、そのような震災以前の状況に端を発する認識が、帰宅困難者への対応のなかで強化され、震災以後の地域の評価を導いた事例について描写したい。

①地域社会とコミュニティセンター

この地区では、コミュニティセンターが防災センターとして登録されており、同所がさらに上述宮町地区と同様「安心安全ステーション」に指定され、かつて消防分団の車庫・倉庫となっていた場所に各種の防災グッズが配備された。町内会連合会長へのインタビューでは開口一番、「これまでの防災訓練や計画は全く役に立たなかった」ということが提示された。それは、町内の状況に対してではなく、避難所であった小学校に隣接するコミュニティセンターでの出来事を中心に生じた評価であった。

震災発生後、同日一六時三〇分頃には雪が降り始めたため、一七時には、避難所に指定されてはいなかったものの、コミュニティセンターを開放し避難者を受け入れた。それは、町内会連合会長とコミュニティセンター管理人の判断であった。隣接する小学校は避難所に指定されていたが、多くの帰宅困難者が押し寄せたため、座ることができずに立っている人びとが多数存在した。センター管理人が中心となり町内会関係者に声をかけ、それらの人びとのなかから町内の知り合いをみつけ、特に足腰が弱い人、車椅子の人を優先して小学校からコミュニティセンターへと連れてきた。はじめの避難者は町内の住民三五人であった。その後断続的に、コミュニティセンターに直接避難してくる町外の人びとがいた。そのため、最終的な避難者は六五人となった。そのなかには、自宅が津波の被害にあったという塩釜出身の女性など遠方からの避難者もおり、二晩泊まっていった。

震災当日の夜からコミュニティセンターにて活動した人員は、センター管理人（近隣の町内会長・町内会連合会副会長）、センター管理委員会長（近隣の町内会長）、民生委員、消防分団であり、ほとんどの活動の指揮はセンター管理人により行われた。

コミュニティセンターによる炊き出しは、アルファ米の分量⑥から、当日の夜と二日目の朝の二回であった。一回目は震災当日の夜九時であった。このとき、はじめに出した食事は、「小学校のほうからわっと来た若者」五人くらいにかき集められ、抱えるようにしてほとんど持っていかれてしまったという。突然の出来事であり誰も対応できなかったが、状況を鑑み、炊き出しは続けられたという。その後、配給の際、リストに名前を書いてもらったが、高齢者が漢字でフルネームを書いたことに対して、三〇歳代をはじめ若い人はカタカナで名字のみを書いていた。二回目の炊き出しのときには「こんなものしかないのか」という声が聞こえてきた。このことが発端となり、町内会役員、その後は町内の高齢者において、若者は「レストランのお客様感覚」「自分が地域にお世話になっているということを感じていない」という印象が共有されるようになった。さらに、地区内にある専門学校は何も対策をせず、そこからあふれ出した若者が足の速さで小学校の避難所を占拠し、「飯だなんだとはじまって住み着いてしまった」という認識が生じることとなった。四日目にセンターの避難者には全員小学校へと移ってもらった⑦。避難者が小学校に移った後、コミュニティセンターの部屋は散らかり、パンの食べ残し、ペットボトルなどが散在していた。このこともまた、町外の人びとや若者への厳しい評価を導くこととなった。

震災以後も、防災訓練に出る人は変わらず地元の高齢者ばかりだという。若者はボランティアをしているというが、「学生は夜中に手助けできるだろうか」。要援護者等に対しても結局は「隣組でやらないといけない」。震災直後、学生ボランティはコミュニティセンターには来なかった。小中高校生がお手伝いのために地域を回っていたらしいが自分の所には来ず、徹底されていなかった。お世話になったことをお礼に来ることもない。これらの点を踏まえると、「若者には期待できない」。日常的なボランティアといってゴミ拾いでも、「多くはぷらぷら歩いているだけ」である。近年、町内を通る道路では、自動車が自分の灰皿をひっくり返して道ばたに棄てて行くので、「むしろゴミが出ているくらい」であるという。普段から、小学生は子供会でふれ合いがあるが、「中学になるとぽっとぬけてしまう」のでつながりもない。

以上のように、連坊地区町内会連合会役員の間では、若者との隔絶や否定的評価が顕著なものとなった。他方で、コミュニティセンターと隣接する小学校においては、全く異なる光景が生じていた。

②小学校の状況――若者とボランティアの包摂

M教頭によれば、震災直後、午後三時前、とにかく寒かったことをはっきりと覚えているという。電気もストップし、非常用放送で呼びかけ、とにかく児童を外に出そうとしていた。しかし揺れが断続的に起こり、なかなか動くことができなかった。それでも五分くらいで児童を校庭に出すことができた。幸いなことに、一・二年生はすでに下校していた。保護者に児童を引き渡す訓練は日頃からしていたのだが、電話も通じず連絡がつかなかった。しかしほどなくして保護者全員が小学校に集まり、児童の引き渡しを始めることができた。それとほぼ同時に、周辺の会社、専門学校、住民たちが集まりだした。校庭と周辺の道路に四〇〇〜五〇〇人、もっといたかもしれないという。しかし小学生とまざったり混乱するようなことはなく、児童を地区ごとに整列させ、ハンドマイクで保護者を呼びだしていった。

寒さはさらに増し、集まった人びとからは体育館を開放してほしいとの要望が出始めた。しかし体育館については倒壊の危険や落下物等についての不安があったことから、校舎の一階を開放することに決定した。その夜、女性教員には帰宅してもらい、男性教員のなかで可能な限り泊まり込んでもらうこととした。夜になり、コミュニティセンターの備蓄分もあわせた毛布、ビニールシートなどを配備してようやく教室を開放し、避難場所とすることができた。

その後、シフト表をつくりローテーションを組んで男性教員が対応にあたった。校長と教頭は一日交替で避難所に泊まり込んだ。人が多く、電気がつかないことによる不安はあったが、灯油は十分にありストーブで暖をとることができた。混乱はなく、避難者は話しも聞いてくれ、整然と動いていたという。近くの高校生、大学生、医療関係の人びと等も駆けつけてボランティアとして動くとともに、地域にも出て、高齢者の片付けを手伝ったりもした。地域の人びとも、毛布やお湯を持ってきてくれたり、あるいは民間のマンションがひとつ空いている部屋があるので使ってくださいと言ってきたり、近隣のお寺からもさまざまな差し入れがあった。なかには、小学校に一泊した後に福島にもどり、母親と一緒に差し入れを持ってきてくれた人もいた。近くのマッサージ店の人びとがマッサージのコーナーをつくったり、保険・医療関係の人たちは足湯コーナーをつくったりもしていた。女性防火クラブは炊き出しを行った。山形の人たちは近年最寄りの商店街でイベントをするようになったことをきっかけに、トラックでガスボンベや鍋を持ち込んで炊き出しをしてくれた。

M教頭の話によれば、「みんな家のこともあるし、町内会では動けないんじゃないですか」ということであった。それとは逆に、「小学校の先生たちは心のケアや話しをすることに慣れているし、若者を動かすのがうまい。町内会ではできないでしょう」との評価であった。そこから「むしろ、小学校の先生たちを地域に取り入れた動きをすると良いかもしれない。もちろん、学校からお手伝いを出し、地域の人たちのサポートをするということでもある」という小学校と地域社会との相互関係の展望が見出された。役割としてみれば、「町内会の自力にこだわらず、広く、フレキシブルに」「小学校は若者の集まる場にもなる。例えば、夜寝ながら話していて、これならできるといって友達を呼んできたりしていた」というように、それぞれの役割分担も見据えられている。以上のように、小学校では若者やボランティアが非常に積極的な関わりをしていたことがわかる。

③民生委員と婦人防火クラブ

ここで、民生委員をはじめとした女性の動きにも注目したい。連坊地区には婦人防火クラブが存在したものの、連絡手段の欠如とリーダーシップの弱さという点から、発災直後から組織として動くということはなかった。しかしながら、一部の構成員としての役割意識をもとに、一部の成員は二日目の朝から小学校およびコミュニティセンターへと向かい、炊き出しの手伝いを行っていた。三日目には徐々に婦人防火クラブ内の連絡がつきはじめ、その後約一カ月間、部員が交代で当番にあたることによりお手伝いが続いた。

それら部員の評価によれば、町内会の役員の多くは避難所に来て何かをするということはなく、その意義もあまりなかったかもしれないという。帰宅困難者が多ければ、結局その世話は民生委員か防火クラブになる。町内会役員にしろ、町内会の誘導係、炊き出し係などが動くのは、あくまで町内会の会員がたくさん避難していて、集団として、あるいは組織として動くというときに限られるだろう。小学校にしても、責任が校長に集中しすぎており動きがスムーズではなかったため、ある程度責任者を分散する必要があるという。この点でいえば、町内会長は責任の一端を担う役割をすることができるかもしれないとのことである。

最後に改めて、連坊地区には町内会を基盤とした古い近隣住民のつながりがある一方で、指定避難所での町内会の姿は目立つものではなかったといえる。町内会連合会の役員の一人は、まず自分の家のことが大事であるということを強く主張し、何らかの活動や指揮をとるということはなく、一部住民や役職者との温度差が顕著になったという。この役員は三世代居住世帯であった。ある町内会長もまた三世代居住のため、震災直後はそれら家族の安全の確認、その後の安全確保に力を注いだという。

もっとも、そのような三世代居住世帯ゆえの幅広い情報収集能力は、乳児のおむつから介護用品までを含むさまざまな日用品の入手を容易にした。さらに例えば、子ども・孫の助言から電源を外まで引っぱり「充電等にお使いください」と書いた札をたて、実際に携帯電話を充電にやってきた若者と高齢者が話しこむこともあったとのことである。小学校における比較的落ち着いた子どもたちの様子もまた、三世代居住ゆえの利点として語られるところである。以上の点において、連坊地区では、古典的な拡大家族型のネットワークがセーフティネットとして働く可能性もある。都市中心部に生じる流動的な被災者との関わりという点からも、既存の近隣住民組織の位置づけを捉え直す必要があろう。

三　避難所指定における重層的な地域構成

(一) 五橋・荒町地区

仙台市の区政敷設以降、五橋中学校は青葉区と若林区の二つの区にまたがる学区をもつとともに、より遠方から学区をこえて通学している生徒も多く、通常の中学校と比べ特殊な状況にあった。中学校と近隣住民組織との関わりはほとんどなく、周辺の近隣住民組織は、隣接する若林区の荒町小学校において防災訓練を行っていた。五橋中学校も避難所に指定されているものの、震災以前は地元町内会による防災訓練は行われていなかった。その後、五橋中学校と地元町内会との連携の構築が決定され、近隣住民組織は中学校における主体的な活動が求められるとともに、それまで関わりのあった隣接学区・行政区の荒町小学校との関わりに再考を迫られることとなった。中学校の側もまた、近隣住民組織との連携の可能性を新たに模索する必要に迫られている。

①五橋中学校

ここではまず、仙台駅から南へおよそ五キロメートル、地下鉄でひとつめの駅に位置する五橋中学校について、震災直後の状況を明らかにしたい。発災後、生徒を保護者へと引き渡すうえで、来校した保護者に直接引き渡すか、小学校区単位で自宅に戻すために教員が引率して徒歩で各地区に向かい、帰宅させた。五橋中学校の親師会（PTA）に町内会組織はなく、生徒においても普段、自分の家が所属する町内会については意識したことがない状況であった。そのため、避難訓練も、町内会単位で集合したり保護者に引き渡したりということは行っていないなかった。学区をこえて通学している何人かの生徒が帰宅困難となったが、それら生徒と教職員が避難所の運営に貢献した。地元町内会から協力が必要かどうかの打診があったものの、校内だけで対応可能との判断から、連携には至らなかった。

他の指定避難所と同様、多くの帰宅困難者が駅方面から訪れ、二〇〇〇人ほどに達した。その後、さらに近隣の病院や市民センターからの受け入れの要請があるなど対応に追われ、全体の避難者の名簿を作成することはできなかった。指定避難所として防災訓練などがされてこなかったこと、『避難所開設・運営の支援マニュアル』が標準化されすぎていたこと、青葉区役所との事前協議が二年間開催されていなかったこと、地元町内会との関わりがなかったことなど問題点は多かった。しかし職員と避難所に滞在していた生徒の連携により、正門前にテントを設営して受付をする、プールからトイレの水を補給する、校内の巡視など多くのことは迅速に対応可能となった（仙台市立五橋小学校　二〇一二）。

②荒町小学校

荒町小学校は五橋中学校から南におよそ三〇〇メートルに位置する。荒町小学校には一三〇〇人ほどが避難し、教員が対応した。三日目以降はそこにいた人びとで役割を決めて動いた。五橋地区連合町内会長K氏は、同会の地区内に立地する五橋中学校ではなく、昔から行き来のあった荒町小学校に自分の町内会の人を探しに来た。しかし避難所に入れないほどの人であり、倉庫には段ボールも何もない状態であった。しかしながら二日目には交通も復旧し、ほとんど人はいなくなっていた。四月から入学式だったがそれでも出て行かない人もおり、それらの人については小学区に隣接する市民センターに移ってもらった。

同じ町内会に立地するマンション住民のなかでも、荒町小学校と五橋中学校に避難する人がいた。一概にマンションからの避難者といっても、とにかく怖いということで避難する人、屋上のタンクや水回りが壊れて浸水し避難する人、あるいはマンションの敷地内で炊き出しを行って自分たちでどうにかしのぐ人など、必ずしも一様ではなかった。

荒町小学校では二〇〇六年以降、町内会による防災訓練は行われていなかった。そのため、いきあたりばったりで避難所運営するしかなく、マニュアルに従うこととした。マニュアルによれば、まずは要援護者、次に倒壊家屋、何もなかったら役員は緑地公園へとなっていた。しかし実際には、市民センターに八人集まり、鍵がなくて開かないので建物の前で話しあった後に要援護者をまわった。電話もできなかったので直接玄関を叩いてまわった。自分の町内は問題がなかったので、次に連合町内会の範囲をまわった。その後、当時の連合町内会長と一緒に五橋中学校へと向かった。以前の約束では、近隣住民に食料を分けてもらえるという話しがあったとのことだった。しかし実際には、外部からの帰宅困難者を優先することになり、分けてもらうことはなかった。会長は話しが違うよと言っていたが、後ではむしろ、町内会のアルファ米とビスケットを中学校に届け使ってもらった。

自主防災組織については、以前から仙台市からのアナウンスがあり、それを受け、K氏の町内会においても二〇一〇年に前町内会長がつくるということになった。避難所として五橋中学校が想定されていたが、そこで訓練を行うまでには至っていなかった。消火活動などの防災訓練は緑地公園で行っていた。震災時には自主防災組織として動くことはなく、町内会として動いた。

③校区・行政区・町内会の重なりとその後の防災

中学校に隣接する五橋地区連合町内会（町内会五、マンション一の計六町内会）は、現在、五橋中学校との連携に奔走している。二〇一二年に現在の連合町内会長K氏がまとめ役となり、本格的な活動が始まった。

一九八九年から施行された区政以前、同連合町内会は、隣接する荒町地区連合町内会（一八町内会）の一部として活動していた。区政が敷かれた一九八九年から、連合町内会は二つに分立し、小学校区はそのままに青葉区と若林区にまたがることとなった。そのため、K氏は町内会の仕事は青葉区内で、二〇年間継続している体育振興会会長の仕事は若林区にて行うことになった。さらに、荒町小学校区には太白区からも二つの町内会が加わっているため、小学校区は青葉区・若林区・太白区の三つの区にまたがることとなった。五橋町内会連合会の構成町内会のひとつは二つの行政区にまたがっている。以上のように、五橋中学校および荒町小学校をとりまく地域構成は重層的な状況にある。このことが、防災訓練や避難所運営の難しさ、さらに現在の五橋中学校の新たな避難所運営に関する問題へと影響をあたえている。

荒町小学校においては荒町地区連合町内会によって二〇〇六年に防災訓練が行われていたものの、避難所運営はプログラムとして存在しなかった。しかも組織構成としては、防犯の下で防災が行われていた。連合町内会の構成町内会のうち、半分には防災組織があったが、もう半分と温度差があった。話しあいを重ね、二〇一三年にようやく一本にまとまった。震災以後の訓練は専ら避難所運営となり、荒町小学校に隣接する市民センターも災害弱者・要援護者向けの避難所として指定された。災害時要援護者については、連合町内会長、社会福祉協議会、民生委員に市の登録の情報がくるものの、実際に動くのは町内会なので、独自にもチェックを行っているという。

二〇〇六年の荒町小学校での防災訓練については、区が異なるため五橋地区連合町内会には声がかかっていなかった。五橋中学校は震災以前から避難所として指定されていたが、防災訓練・避難所運営はされておらず、規約もなく、地域との連携もない状態だった。震災後、市民センター地域懇談会において今何かたいへんなことはあるかという話しになったとき、やはり防災であるということにまとまり、二〇一二年からK氏が、区は違うものの荒町小学校区の避難所運営委員会として座長を頼まれた。五橋中学校の校長、教頭にも入ってもらい勉強をしていた。

五橋中学校については、二〇一三年七月から五橋地区連合町内会を中心に協働をすすめることになった。青葉区連合町内会長会議でエリアも決められた。そこでまずマニュアルづくりを行い、中学校のマニュアルとリンクして地域版として完成させた。市のマニュアルはすべて職員向けであったため、それを住民向けに書き直すこととなった。実際には、市から中学校にフォーマットが提供され、中学校と地域の工夫をあてはめて地域版をつくりなさいということになった。オリジナルの部分として、避難所開設のための「地域委員」をいれた。

この過程において、荒町小学校避難所運営委員会の役員は、五橋中学校の委員会へと移り、「活動班」も分けることとなった。三つの町内会が荒町小学校の委員会から抜けたがっているが、いざとなったらどちらに行くかわからない。K氏の町内会は荒町小学校に近いが、連合町内会の北のほうは五橋中学校が近いため、連合町内会のなかでも人の流れは半々になることが予想される。このような状況において、運営の大部分は五橋中学校へと移ることとなったため、「活動班」は何があっても良いように双方で人を交流させ、同時に「総務班」に人を多く入れることとした。新しい避難所運営では「活動班」は入れ替わり流動的である一方、「居住組」において避難者自らが活動しようという意識を持ちやすくする点で新たな試みである。「いっとき避難所」として民間の企業の建物を使うことも可能としている。さらに、五橋中学校は中学生に動いてもらうこともできるので、簡易トイレの組み立てや車椅子介護などいろいろできる可能性があるという。

全体として五橋中学校と荒町小学校とで人的な交流をしようという基調があるが、食料については、別々の区なので行政側からみれば難しいし、仕方がないかもしれないという。こうしたなか、K氏は「今、荒町と五橋のなかで新たに防災の取り組みをしており、勉強になるが、荒町を強制的に縛りつけているようなところがあるので心配もある」とのことであった。

おわりに

榴岡小学校（第一節）では内部と外部の区分が明確であり、そのことは発災当日の夜、見知らぬ人ばかりというこ とに不安を覚え、食事を提供することを見合わせた点に現れている。帰宅困難者と地元住民とは避難の段階で空間的なディバイドが生じていた。近隣住民組織による避難所運営への関わりは三月一六日の災害対策本部設置の後であり、比較的系統だった運営による制度的な対応であった。

東二番丁小学校（第一節）は、指定避難所ではあったものの、体育館が校舎の三階に造られていたという点で、他の避難所とは異なる運営の仕方が求められることとなった。商店街からの関わりは、他の地区の近隣住民組織の役割を果たした。避難者の入れ替わりの激しさ、一時的な滞在などによって流動的な様相を呈してはいたものの、ボランティアの関わりが一定の役割を担った点に特徴がある。

地域住民の関わりがなかったという点では五橋中学校（第三節）をあげることができ、地域社会と避難所は完全に分離していたといえる。しかし同時に、五橋中学校では町内会を意識したことがない生徒たち、東二番丁小学校では「顔の見えない関係」であったはずの他県からの帰宅困難者が、ボランティアとしての役割をしている点に注目できる。日常的に、近隣住民組織との関係が比較的深い場合、外部からの帰宅困難者との共同の関係をいかに形成できるのかが重要となる（第二節）一方で、そのような関係を日常的にもたない場合、流動的な滞在人口のなかで動くことができる人的資源と即席のボランティア形成の可能性を担保することも必要となる。この点で、空間的ディバイドがむしろ一定の機能を果たしたといえる。

東六番丁小学校（第二節）では地元住民も同時に避難していること、連合町内会も当初から避難所運営に関わっていること、発災の夜から食事を配給していることに特徴がみられる。しかも、食事や校長による語りかけなどをとおして、避難者との状況の共有、避難所運営への主体的な関わりを可能としている。そうした地域社会とのかかわり、学校の外への気遣いは、地域社会とともに育つという震災以前からの教育方針の延長に位置づくものである。

これとは対照的に、連坊小路小学校に隣接するコミュニティセンターと地域社会（第二節）においては、社会状況に対する評価として、若者や外部の者に対する非常に厳しい意見が相次いだことに注目したい。このことは、震災以前の町内会における構造的問題、端的には高齢化と町内会加入率の低下等が、震災を通していっそう明確となった故の評価であるといえよう。同時に、行政による安心安全ステーション事業をとりいれ災害に備えていたにもかかわらず、想定外の状況に直面したことも影響しているといえよう。この延長には、異年齢間や地域内外のコミュニケーションがいっそう閉ざされていく可能性さえある。ディバイドが震災をとおしていっそう強まった事例といえよう。

東六番丁の事例の後にみた宮町地区（第二節）では、高齢化をみすえ交流を促す防災組織・活動の必要性が提示されていた。しかしながら、行政による安心安全ステーション事業による制度化は、そのような当初の問題関心を反映するものではなかった。しかも、震災に際しては従来どおりの体制のうえに町内会で動くこととなり、ステーションは町内会長宅であるという評価をうむこととなった。連坊小路と宮町の事例では、どちらも安心安全ステーション事業の実施地区であるものの、震災時にはその効果はほとんど意識されなかったことがわかる。上述ディバイドの強化の事例とあわせ、防災体制の構築において町内会に依拠することの限界が生じているといえよう。

最後に、五橋中学校は、一九八九年の区政の施行以降、複雑で重層的な地域構成のうちにある。近年では、二〇一二年から区をまたぎ荒町小学校区避難所運営委員会を組織しようとしていたところ、二〇一三年から五橋中学校での組織化が求められるというように、新たな地域防災をめぐり揺れ動いている。しかしながら、そのような中にあっても、人的交流により流動性に対応しつつ、地域性・領域性も持たせようとする努力が垣間見える。

以上のように、非常時の空間的ディバイドが震災ユートピアを形成し、人びととの関わりを肯定的に評価できる空間となる可能性もある。しかし、都市中心部においては避難者の流動性が高いため、その可能性は限定的であり混乱を来すこともあり得る。さらに、日常的なディバイドの延長に、想定外とされる接触がその後のコンフリクトやいっそうの隔絶を招く可能性さえある。そこではむしろ、通常時からの交流のうえに、避難所運営の担い手意識を避難者といかに共有するのか（避難所の場所性の創起）、同時に、地域社会の側に空間的・社会的境界をこえる意識やしくみをどのように準備するのか（流動性を担保する空間形成）という問題が、避難所運営の防災訓練にも求められるべきであろう。

注

（1）以下、榴岡小学校教頭と地元連合町内会長、東二番丁小学校教務委員、東六番丁小学校校長および連合町内会長、五橋中学校教務委員へのインタビュー（それぞれ二〇一四年二月実施）、五橋町内会連合会長K氏へのインタビュー（二〇一四年二月、七月実施）、連坊小路については、小学校教頭と地元町内会連合会長・前会長・コミュニティセンター管理人、センター近隣の町内会長、民生委員、婦人防火クラブ部員へのインタビュー（二〇一二年八月・一二月、二〇一四年二月・七月・一二月年実施）、宮町地区の安心安全ステーションについては中江地区町内会連合会長へのインタビュー（二〇一二年一二月実施）を中心に論を進める。

（2）宮町地区民間交番と地域防犯の詳細については菱山（二〇一三）を参照。

（3）中江地区町内会連合会の安心安全ステーションについては、代表者U氏および民間交番役員へのインタビューによる。なお、宮町地区民間交番と中江地区町内会連合会の活動範囲は、それぞれ宮町交番の管轄、町内会の連合組織であるため、一部重複している。

（4）トランシーバを使った防犯・防災パトロールは、当時の『南日本新聞』にもとりあげられた。しかしながら、防犯・防災に関わる住民は、実際の性能や使用状況を必ずしも反映していなかったという印象をもっているという。

（5）一部の人びとは、民間交番の備蓄品を利用して、地域の安全巡視にあたるなどの活動をしていた。組織構造として、ステーションの活動主体である町内会連合会と民間交番の役員は重複しており、一人の行動が複数の組織の行動として意味されることになるが、それでも、民間交番や防災組織として動くということは頭になかったという意見が聞かれた。むしろ、日常的な町内会の役員として動き、震災への対応にあっては、民間交番や防災組織での活動がどのように役に立ったのかはわからないという。筆者の分析（菱山 二〇一一、二〇一二）によれば、個々人のさまざまな経験は、新たな安全・安心コミュニティを練り上げていく契機と成り得たにもかかわらず、既存の限定的な町内会構造・道徳意識・セキュリティの技術に回収されるかたちで排他的言説を生みだし、活動の閉鎖的な特徴を強める傾向にある。

（6）コミュニティセンターの食料備蓄は二〇〇人分であった。そこに隣接小学校や近隣の病院からも要求があった。

（7）ただし、四月まで消防分団はセンターに寝泊まりし、沿岸部の支援へと向かっていた。

参考文献

菱山宏輔、二〇一一、「安全安心コミュニティと防災」『防災コミュニティの基層——東北6都市の町内会分析』御茶の水書房、一三一－一六四

———、二〇一二、「防災と地域セキュリティの論理」『防災の社会学［第二版］』東信堂、二五五－二八六

———、二〇一三、「安全・安心コミュニティの転換——防犯をめぐるセキュリティの技術・主体像と管理される環境」『安全・安心コミュニティの存立基盤』御茶の水書房、九三－一三三

金菱清、二〇一四、『震災メメントモリ——第二の津波に抗して』新曜社

宮城県小学校長会・仙台市小学校長会、二〇一三、『3．11からの復興——絆そして未来へ——東日本大震災二年間の記録』

仙台市教育委員会、二〇一三、『学校とまちがつながる情報誌「まなのわ」』Vol. 3

仙台市立東六番丁小学校、二〇一三、『学校要覧』

仙台市立五橋中学校、二〇一一、『東日本大震災に際しての避難所の管理・運営等の記録』

仙台市立榴岡小学校、二〇一二、『震災から一年…未来へ——榴岡小学校の記録』

高橋正仁、二〇一四、「コンコルドの誤謬——フクシマ問題に寄せて」『西日本社会学会年報』一二、一〇三－一一二

吉原直樹、二〇一三、「バリとフクシマ」、近畿大学日本文化研究所編『日本文化の明と暗』風媒社、七三－八八

災害対応におけるイノベーションと弱い紐帯

——仙台市の官民協働型の仮設住宅入居者支援の成立と展開

菅野　拓

一　背景と本論の目的

東北地方で唯一、人口一〇〇万人を超える仙台市は二〇一一（平成二三）年三月一一日に起こった東日本大震災において多くの被害を受けた。二〇一二年三月六日時点の人的被害は死者八七二名（男性四九一名、女性三八一名）、行方不明者三二名（男性一七名、女性一五名）、負傷者は重傷二七五名、軽傷一九九四名であり、死者の人口比は〇・一パーセント未満であるが、建築物が密集する都市であったため建物被害はかなり大きく、二〇一二年二月二六日時点で全壊二万九四六九棟、大規模半壊二〇万六〇六四棟、半壊七万八〇八六棟、一部損壊一万一五九四九棟、浸水世帯八一一〇世帯と非常に大規模な被害であった（仙台市　二〇一三）。避難所は震災三日後の三月一四日には二八八か所となり、避難者もピーク時には一〇万人を超えていた（仙台市　二〇一一）。

その後に大量の仮設住宅入居者が生み出されることとなった。震災後速やかに災害救助法に基づいて県が設置するプレハブによる応急仮設住宅建設が進み、仙台市では四月三〇日に第一回の仮設住宅入居者説明会と鍵の引き渡しが行われ、二七世帯があすと長町三八街区に入居したのを皮切りに、次々と入居が進んだ。プレハブ住宅に加え、公営や公社等の賃貸住宅、あるいは国家公務員住宅や民間企業（NTT、JRなど）の社宅等を借り上げた応急仮設住宅への入居も順次進んだ。また、すでに新たに民間賃貸住宅を借りて避難している世帯が相当数に及ぶこと、および、被害にあっていない住宅ストックの有効活用を理由として、東日本大震災における特徴的な制度である借り上げ民間賃貸住宅による応急仮設住宅が四月三〇日に仕組み化された。[1] 二〇一一年一一月三〇日の段階で、プレハブ仮設住宅一四八六世帯、公営住宅等七一四世帯、借り上げ民間賃貸住宅八四三七世帯の合計一万六三六世帯が入居に至っている。当然のごとく行政政策上も、NGO／NPO・ボランティアなどの民間支援団体や個人においても、仮設住宅入居者をどのように支援するかが大きな問題となった。

二〇一一年六月一日に仙台市はプレハブ仮設住宅入居者に対しての孤立防止・福祉的支援の事業を開始した。仮設住宅入居者へ生活支援員が訪問するタイプの事業は行政が実施する福祉的な支援の基本路線になっていくが、東日本大震災の被災地において最も早く事業を開始した事例の一つであると考えられる。発災から三か月も経っておらず、仙台市における最初の仮設住宅供給が四月三〇日であったことを考えると、きわめて迅速であったといってよいであろう。仙台市においては、その後も仮設住宅入居者・被災者に対する生きがいづくりや就労支援などの分野で、諸種の施策を他の市町村に先立って実施している。これらの事業の多くは仙台市が直接もしくは専門機関に委託して行ったが、場合によっては市とNPOが費用を持ち寄って実施する協働事業という枠組みで実施することもあった。

ここで本論の目的を述べておきたい。複数のNPOが被災者に対する事業を上記の枠組みで実施しているが、仮設住宅入居者の支援事業を実施している中心的なNPOの取り組みのケーススタディから、いかにして速やかに事業を成立させ、また新たな事業を展開していったのかを分析し、今後への示唆を得ることを本論の目的とする。結果を先取りしていえば、いささか古典的ではあるが三つの概念がこの事例を説明し、また将来への知見へと橋渡しする鍵となると筆者は考えている。一つ目は様々な業界に精通した「対境担当者」の存在であり、二つ目は新しい情報をもたらす「弱い紐帯」であり、三つ目は「イノベーション」である。当然、仙台市の中心市街地の被害が軽微であり、都市の諸種の施設が比較的早く復旧・稼働し、またそれらを活用して行政職員やNPOのスタッフが震災後すぐに活動できたことは、仮設住宅入居者向けの事業が速やかに成立したことと大きく関係がある。しかし、それを踏まえたとしても、この三つの鍵概念で捉えられる諸種の事象が有効に機能したことも、非常事態において新しい枠組みの事業展開を他地域よりも早く成し遂げていくことに大きく貢献したことは疑い得ない。

二　官民協働型の仮設住宅入居者支援事業の立ち上げと展開の流れ

具体的な分析に入る前に、仙台市の官民協働型の仮設住宅入居者支援事業がどのように成立・展開していったかを簡単に述べる。二〇一一年六月一日に仙台市内の仮設住宅入居者への見守り事業として「安心見守り協働事業」が、仙台市と仙台市に主たる事務所を置くNPOである一般社団法人パーソナルサポートセンター（以下、PSC）の協働事業として開始された。この事業は国の緊急雇用創出基金事業を活用して実施され、震災の被災者から新たに雇用された支援員が応急仮設住宅入居者を個別訪問し、生活の困りごとや悩みごとなどの相談を受け、必要に応じ行政機関や関係機関等の専門的な機関へのコーディネートを行うことにより、応急仮設住宅入居者の暮らしをサポートするものである。主に住民自治組織が結成されていないプレハブ仮設住宅や借上げ公営住宅等を中心に、最大で八〇〇世帯程度をカバーする事業として展開した。

その後、仙台市とPSCは再び協働事業として、様々な困難を抱え、自力での就労等が困難な被災者を対象とした「コミュニティの場づくり」と「就労へのつなぎ」を行うコミュニティ・ワーク創出事業を二〇一一年一〇月から開始した。国の「地域支え合い体制づくり事業」を活用した取り組みで、当初は手づくり品製作等の手仕事や軽作業を共同で行うコミュニティ・ワークサロン「えんがわ」を運営し、仙台市の被災者向け情報である「復興定期便」の封入作業や、クッキーやマスコットの製作などを通じ、生きがいづくりや居場所づくりを行った。二〇一二年の六月からは本格的な就労支援に乗り出す。福祉的な相談支援を行いながら、各種トレーニングやインターンシップを行いながら、最終的には無料職業紹介事業所を通じた斡旋も行える本格的な就労支援事業である（仙台市　二〇一三、前掲）。

ところで、PSCは震災のわずか八日前の二〇一一年三月三日に登記された団体であり、発災当初は無報酬の理事と定款のみが存在していた、いわば「ペーパーカンパニー」であった。そのペーパーカンパニーが初の事業を開始するのが二〇一一年六月一日であり、本格的な就労支援事業を開始する二〇一二年六月まで、わずか一年しかかかっていない。二〇一〇年度の事業費も雇用者も全くなかったところからスタートし、翌二〇一一年度には総事業費二億円を超え、雇用者も六〇名を超える規模となる。以下では震災前のPSC設立時から、仙台市との協働事業を開始し、本格的な就労支援事業に乗り出す二〇一二年六月までの約一年四か月を分析することとなる。なお、主として分析に用いるのは筆者の参与観察データおよび関係者へのインタビューデータである。

三　対境担当者の立ち位置とネットワーク

ここで本論の登場人物を紹介しておくべきであろう。通常、何らかの事業というものは様々な機能を担う各種の人物が多くの資源を有機的に結びつけ連動させることで運営される。当然、仮設住宅入居者の支援事業も多くの人物がかかわるものである。ただし、事業の成立や展開を追う際に注目すべき人物は限られてくる。なぜならば、何らかの意思決定を行うことができたり、他組織と交渉を行い自組織の立ち位置を調整したりする権能を持つ人物は限られるからである。そのため、本論では「対境担当者（boundary personnel）」という概念で捉えられる人物に焦点をあて分析を進めたい。対境担当者とは経営学のうち特に組織関係論の中で唱えられた概念であり、相手組織との交渉や相手組織についての情報収集等を担当し、自組織と外部組織との結節点に位置する人物のことである。山倉によれば、対境担当者は「他組織に対して組織を『代表』し、「他組織に対する影響力の行使者であるとともに、他組織による自組織への影響の目標ともな」り、「組織間の他のメンバーから心理的に、組織的に乖離している」という特徴を持つという（山倉　一九九三）。つまりは、自組織内や他組織とコミュニケーションをとりながら、何らかの事業の成立に資する資金、人物、情報などの資源をコントロールする位置にいる人物ということになる。本論では組織のみにこだわらず、ある業界の資源をコントロールすることができる人物も対境担当者として分析を進めることとする。本論で登場する対境担当者の人物像を説明する（表1参照）と、大きくはＮＰＯ運営者、大学関係者、行政職員、国際ＮＧＯ中間支援担当者(2)という四つの属性の対境担当者が事業の成立・展開に寄与していた。震災直後の時点では前述の通りＰＳＣは「ペーパーカンパニー」として存在していたのであるが、その設立時理事として、弁護士のＮ氏や他のＮＰＯ理事長Ｔ氏およびＳ氏の三名の対境担当者が存在していた。他のＮＰＯ関係者としてＰＳＣから事業の再委託先となるこども支援のＮＰＯの理事長Ｋ氏や地

表1　対境担当者の人物像

属性	イニシャル	震災前		震災後（変化があった項目のみ記載）		専門性を持つ業界
		立場	居住地	立場	居住地	
NPO 運営者	N	弁護士、PSC 代表理事	宮城県			法曹界
	T	ホームレス支援 NPO 理事長、PSC 理事	宮城県			NPO、生活困窮者支援
	S	障がい者支援 NPO 理事長、元民間企業社長、PSC 監事	宮城県			NPO、営利企業
	G	元障がい者支援 NPO 事務局長	福島県	PSC 事務局長	宮城県	NPO、障がい者支援
	K	こども支援 NPO 理事長	宮城県			NPO、こども支援
	I	地域福祉 NPO 理事長	宮城県			NPO、地域福祉
	O	ホームレス支援 NPO 理事長	福岡県			NPO、生活困窮者支援
大学関係者	筆者	大学院生、元コンサルティング会社社員	大阪府	PSC 事務局次長など、大学院生は継続	宮城県 大阪府	大学、生活困窮者支援、事業の企画立案
	F	大学教授	兵庫県			大学、就労支援、生活困窮者支援
	J	大学准教授	大阪府			大学、韓国の社会的企業
行政職員	N	仙台市職員（市民協働部局の管理者）	宮城県	震災後すぐに異動		行政、NPO
	S	仙台市職員（他部局の管理者）	宮城県	仙台市N氏の後任として市民協働部局の管理者		行政、NPO
	T	仙台市職員（市民協働部局の管理者）	宮城県			行政、NPO
国際 NGO 中間支援担当者	M	国際 NGO 中間支援組織の管理者	東京都	国際 NGO 中間支援組織の東日本大震災部門の責任者	宮城県	国際 NGO

域福祉NPOの理事長I氏、元障がい者支援NPO事務局長G氏、人物や情報の仲介役となるホームレス支援NPOの理事長O氏（福岡県在住）がいた。また人物や事業開発上の情報源となった生活困窮者支援の先進組織や韓国の社会的企業の仲介役・情報の提供元として機能するのが大学関係者であり、大学教授F氏や大学准教授J氏がおり、そこに筆者も含まれることになる（筆者の立ち位置は後述する）。行政職員としては仙台市におけるNPO関係の事業を所管する市民協働部局の管理者N氏、T氏およびNPO運営者との個人的ネットワークを豊富に持っているS氏がいる。彼らは仙台市とPSCの協働事業を展開していく際の企画の練り上げ、予算確保、契約実務などで重要な役割を帯びることとなった。最後に国際NGO中間支援担当者M氏は事業を実施する際の公費以外の資金確保に大きな役割を果たすこととなる。

ここで、筆者の立ち位置が研究の枠組みを複雑にしてしまっていることもお断りしなければならない。当時の筆者の立ち位置は実務者兼研究者というアンビバレントな立場であり、そのような立ち位置で東日本大震災発災直後から約三年間、現場の支援実務者として活動をしてきた（本論執筆時点もPSCの運営に理事としてかかわっている）。研究者の立場としてはアクションリサーチであったと考えて差し支えないが、個人的な体感としては実務者としての活動のほうが主であったと感じている。現在の筆者は人文地理学や災害復興をテーマとする研究者であるが、以下の分析の背景として専門性を持つ業界という観点から略歴を記載しておきたい。修士課程までは農学部で公園の設計や風致計画を専門領域とする造園学を学んでいた。その過程で野宿者排除の問題や公園の住民参加型設計にふれ、都市問題、生活困窮者支援、NPOといった領域に接近していく。修士課程を修了後、民間のシンクタンク／コンサルティング会社に勤め、経営コンサルティングの作法や中央官庁や民間企業のふるまいについての理解を深めていった。三年後に都市問題に関する研究者をめざし地理学の博士課程に入り、都市問題という文脈から民間ホームレス支援団体の調査に加わり、全国の生活困窮者支援団体とのネットワークを構築する。その調査の終了間際、大学院一年目の期末が近づく三月一一日に東日本大震災が起こり、支援現場に実務者

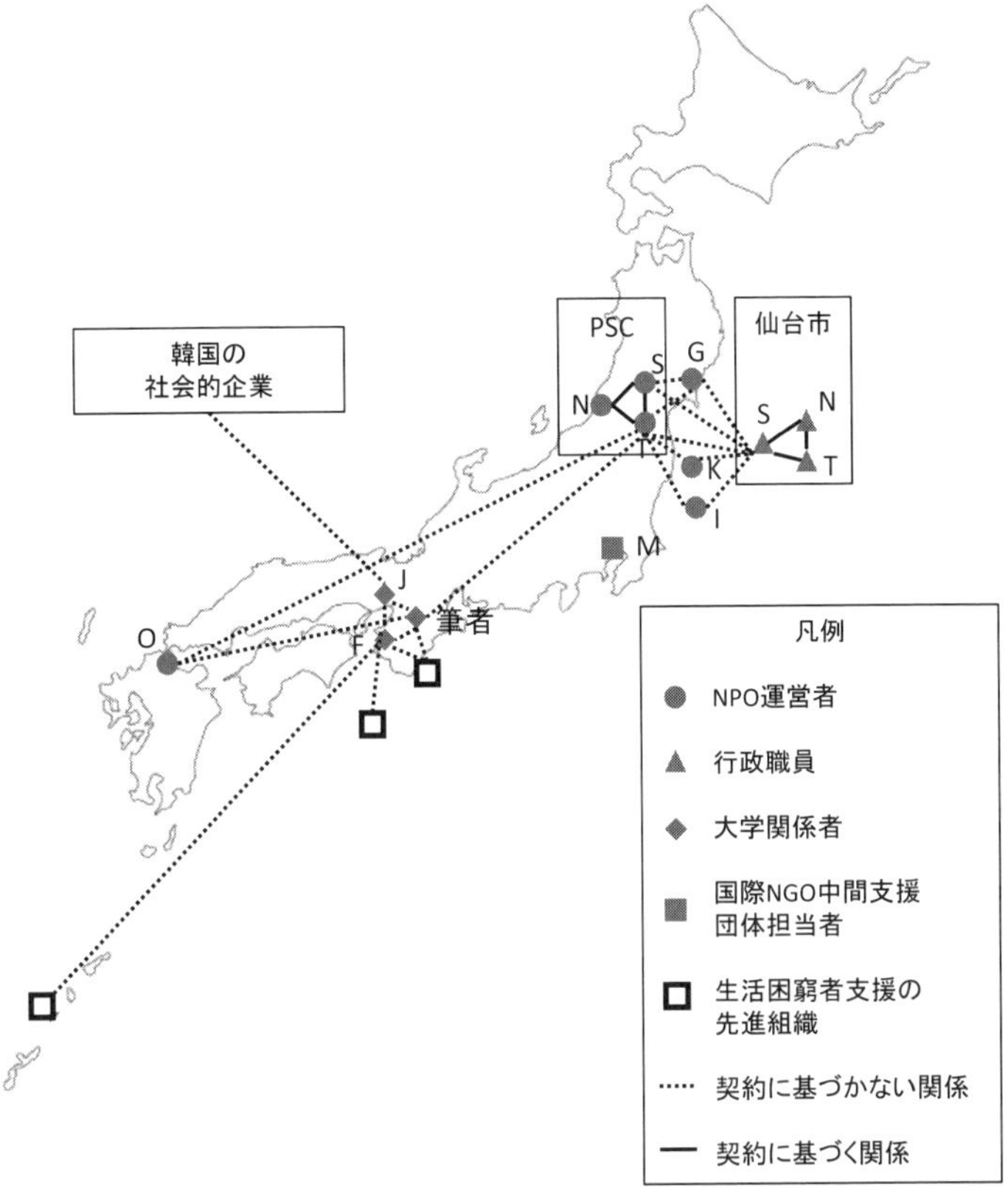

図１　震災前の対境担当者および先進組織間のネットワーク（2011年3月10日時点）

として参入していくこととなる。

ここからは震災以前に形成されていた対境担当者同士のネットワークをみておきたい。ここではネットワークの強さを二つに分類しておく。一つは何らかの契約関係に基づく強いネットワークである。もう一つは契約関係に基づかない弱いネットワークであり、何らかの情報交換・相談・依頼が可能であるといった知人との関係のことである。これはマーク・グラノヴェッターが「弱い紐帯」と呼ぶものと類似していると考えてよい（グラノヴェッター一九七三＝二〇〇六）。

震災前の具体的なネットワークは以下のようにまとめられる（図1参照）。何らかの契約関係に基づく強いネットワークは限られていた。NPO運営者のうちPSCの理事であるN氏、T氏、S氏の三名の間のネットワーク（法人の役員同士の関係）および行政職員N氏、S氏、T氏の三名のネットワーク（仙台市の雇用契約および組織上の上司部下の関係に加え、二人とも女性管理職であり、組織上の上下関係以前に長年インフォーマルなネットワークを結んでいた）である。残りのネットワークは何らかの契約関係に基づかない弱いネットワークである。弱いネットワークのハブとなっていたのはNPO運営者のT氏であった。対境担当者のうちNPO運営者はすべてT氏との弱いネットワークを結んでいた。また行政職員のS氏もT氏を含む多くのNPO運営者との弱いネットワークを結んでいた。これはS氏が一九九八年の特定非営利活動促進法の施行以前からNPO分野で積極的に活動していたためである。また福岡県のNPO運営者O氏が仲介者となり宮城県におけるNPOのハブであったT氏と大学関係者の筆者を引き合わせている。T氏と筆者はO氏が震災の五日前に開催した会合ではじめてしっかりと話をしたのであった。筆者は大学関係者であるF氏、J氏と弱いネットワークを結んでいた。F氏は就労支援や生活困窮者支援における先進的な組織と多数のネットワークを結んでおり、また、J氏は韓国の社会的企業とのネットワークを多数結んでいる。震災前は全くネットワークを結んでいなかったのが国際NGO中間支援団体担当者のM氏であった。

四　事業の立ち上げ前

ここまでに官民協働型の仮設住宅入居者支援事業の立ち上げと展開の流れおよび震災前の対境担当者の立ち位置やネットワークを整理してきた。ここからは具体的な分析に入る。特にネットワークの変化、および、それに伴う事業の立ち上げや展開に活用された資源の変化を、基本的に時系列にそって追いかけながら分析していくことする。適宜事業の展開上、決定的であったイノベーション[3]に焦点をあてていく。本節では事業の立ち上げ前の経緯をみていきたい。

ＰＳＣの設立時理事であるＮ氏、Ｔ氏、Ｓ氏らは震災以前に内閣府が実施していたパーソナル・サポートモデル事業（二〇一三年に成立した恒久法である生活困窮者自立支援法を立案する際の試行的な事業）を宮城県もしくは仙台市で実施したいと考えていた。彼らは宮城県における反貧困運動[4]の主な担い手たちであった。ただしパーソナル・サポートモデル事業は自治体が実施する事業であり、ＮＰＯなどの民間事業者だけが実施意向を持っていても実施できないものであった。彼らは宮城県や仙台市に働きかけるものの結局実施には至らなかった。ただし、恒久法になることが予想されていたため、せめて制度化された際にその事業を担える高度な福祉的な支援技術を持つ職員を育成することだけは実施しようとの結論に至り、東日本大震災発生のわずか八日前である二〇一一年三月三日にＰＳＣを設立することとなった。ただし、実際に行ったのは定款の作成と登記のみであり、職員は一人もおらず、銀行口座もない状態であった。当然、社会保険や雇用保険の手続きは行っておらず、また就業規則に代表される各種の規程は一切なかった。「ペーパーカンパニー」といってよい状態であった。

そのような状態のなか東日本大震災が起こった。当然に宮城県に在住している対境担当者たちは個人的な事柄であれ組織的な事柄であれ対応に追われた。そのなかで初期に支援に動いたのはＮＰＯ運営者のＴ氏であった。彼はホームレス支援団体を運営していた。ホームレス支援の典型的な支援メニューとして炊き出しがある。そのため炊き出しの機材や備蓄してあった食糧を活用できる状況にあった。震災翌日の三月一二日に炊き出しを開始し、以下の報告を彼の知人が多く参加するメーリングリストに三月一三日の午前一時ごろに流した。「Ｔです。無事でした。いやぁ〜、生きているだけでよかったと思います。早速、街中（県庁と市役所そば）にある事務所は一二日夕方、電気が復旧。県庁ロビーや市役所ロビーで待機しているＪＲ等を利用できず帰宅できない七〇〇名近くの方々への炊き出しを開催（とりあえずは一〇〇食分）。明日は三回実施したいと考えています。今日、配給したおにぎりですが、ホームレスのおっちゃんたちがビラまきや運び方等でお手伝いをしてくださいました。やはり皆、役に立ちたいと思っているということをあらためて感じたしだいです。(中略)これからがいつも以上にハードな復旧への取り組みになります。ご支援、ご協力を多々お願いしたいと思っていますので、よろしくお願いします」ここからT氏がネットワークのハブとなり様々なNPOが連携した民間の物資支援がスタートする。

支援初期には炊き出しを行っていたのであるが、地元のNPO関係者や全国のNPO関係者がT氏のもとに集まりながら、支援は拡大していった。筆者も上述したメールに触発されT氏のもとに集まったうちの一人で、同じく何かしなければならないと考えていた福岡県のNPO運営者のO氏をトップに、現地の統括を筆者が行い、福岡と東京に本拠地を置く大手生活協同組合と提携して、物資を供給する事業を、T氏の運営するNPOを中核としながら他のNPOも連携し実施していった。福岡や東京から大型トラックで物資を供給し現地で小型トラックやバンなどの車両に積み替え配送する。最大時には計八台の車両を現地で使い、主として公的な避難所指定を受けていなかったために行政からの物資供給を受けられなかった民設の避難所を中心に物資を供給した。民間の物資配送支援としては比較的規模が大きなものであった⑤。

この支援にはNPO運営者T氏や筆者のほか、NPO運営者のS氏やG氏が参画していた。いずれの対境担当者たちも実際に沿岸部に行き物資を配送することよりは、物資や機材などの提供者、行政、他の支援団体など各種主体との交渉や調整が主たる業務であったので、時折集まっては様々な企画の練り上げや情報共有を行っていた。その際に喫緊に起こる事柄として話題に上っていたのが仮設住宅入居者の社会的孤立や自死の問題であった。

五　第一のイノベーション――仮設住宅入居者支援への生活困窮者支援スキームの適用

さて問題は把握できたが、その問題に対してどのような手を打つべきなのかということが次に考えるべき事柄であった。特にNPO運営者T氏、G氏および筆者は、三月二三日ごろからは昼間は物資支援、夜は企画立案という日々がスタートする。その際に重要な情報源となったのが福岡県のNPO運営者のO氏であった。彼はその実績から国の社会保障審議会の委員も務めるホームレス支援の第一人者であり、ホームレス支援や生活困窮者支援の方法について造詣が深かった。筆者は彼と福岡県にて物資支援の事前調整をしている際に、彼から仮設住宅入居者支援は生活困窮者支援と似た様相を帯びるのではというアドバイスを受けていた。NPO運営者O氏などのホームレス支援の第一人者や他の生活困窮者支援の第一人者たちがつくり上げていった支援方法が「伴走型支援」や「パーソナルサポート」と呼ばれる相談者が抱える課題に応じて、提供するサービスの計画を一人ひとり個別に立て、その計画に従って行政やNPOなどが持つ福祉サービスを組み合わせながら支援を実施する、何らかの法制度に縛られない包括的な福祉的支援であった[6]。このアドバイスと支援方法を仮設住宅入居者支援に適用するというイノベーションが起こった。「被災者に対するパーソナルサポート」が事業のコンセプトとして企画立案が進んでいった。

NPO運営者T氏、G氏および筆者は福岡県のNPO運営者O氏のアドバイスに触発されながら企画を立案し、二〇一一年三月末には宮城県の福祉部局に対して提案をしていた。同じく四月の初頭には仙台市の市民協働部局の管理者である行政職員のN氏およびT氏に提案していた。NPO運営者T氏、G氏、筆者および行政職員N氏、T氏の交渉は何度も繰り返され、四月の下旬には行政職員N氏を中心とした判断のもとに仙台市で事業を実施する方向性で話を詰めていくことを合意していた。ただし、その際に問題になったのがどの組織が事業を実施するのかであった。当初は「準備会」の名前で企画を提出していたが、いよいよ実施となると、そうはいかなくなる。ここで浮上したのがペーパーカンパニーであったPSCであった。企画した事業を単独のNPOで実施することは専門領域が多岐にわたるため不可能であったこと、昼間に実施していた民間の物資支援に参画していたNPO運営者T氏、S氏はともにPSCの理事であったこと、またPSCが定款に定めていた理念と企画した事業が大きくずれないことなどが大きな理由であった。NPO運営者N氏、T氏、S氏などのPSC理事もこの企画を実施することに合意し、PSCを受け皿として、企画を進めていくことが決定された。この後、様々な支援分野のNPOがPSCの会員となり、そのなかでもNPO運営者K氏が運営するこども支援NPOやI氏が運営する地域福祉NPOとは、これから雇用する職員向けの研修や事業へのアドバイザリーを再委託することで契約に基づく強いネットワークが組まれることとなる。なおNPO運営者N氏、T氏、S氏に加え、企画立案を支えたNPO運営者G氏や筆者がPSCに職員として参画することとなり、具体的な業務手順の設計はもとより、銀行口座の開設、最終的には六〇名を超える職員の雇用やそれに伴う各種保険の手続き、就業規則などの規程の整備、雇用する職員への研修計画の策定と調整などを行い、事業の準備を進めていった。

六　第二のイノベーション——NPOと行政の新たな協働事業スキームの開発

さて、企画を実現する方向性までは合意したが、資金をどのように調達するのかが大きな問題となる。四月の下旬から五月の上旬ごろは、対境担当者たちはこの問題に奔走することとなる。このころには行政職員のN氏は市民協働部局の管理者を退き、新たな管理者としてS氏がその任に就き、仙台市はS氏およびT氏を中心に企画の実現を図ることとなっていた。NPOからの提案に対して行政として財政支出を行い得るのかというのが焦点になる。通常状態であると、公金を公正に使用する観点から大規模な行政委託は競争入札や公募型プロポーザルで実施することが一般的であり、ある事業者を指名しての随意契約は難しい。ただし震災直後の緊急事態であり、また、仮設住宅の入居は四月末には開始され、悠長なことは言っていられない状況であった。また、PSCの会員として様々なNPOが参画しており、強いネットワークが構築されつつあるなかで、地元組織のなかには、このような新しい事業を実施可能な団体は見当たらないというのが実情であった。多くのNPOとのネットワークを結んでいたS氏はその状況をよく理解していたであろう。そのなかで一つのイノベーションが起こる。新しい協働事業スキームの開発である。

具体的な中身はPSCと仙台市長が東日本大震災からの復興において「応急仮設住宅入居者の孤立を防止し、暮らしに安心や生きがいを育みながら、自立支援及びコミュニティづくりに寄与する」という目標を共有し、『絆と安心プロジェクト――安心見守り協働事業』の実施に関する協定書」という包括的な協定を取り交わし、PSCと仙台市で事業費を折半するというものである。具体的な費用負担項目を定め、仙台市の費用負担する部分はPSCに業務委託を行い実施することになる。つまりはPSCにも費用負担の義務が生じ、このような費用負担を行ってまで事業を実施する団体は他にはいないことが、仙台市から事業者を指名して契約することを可能ならしめる一つの条件になった。この協定は二〇一一年五月一六日に結ばれ、仙台市契約事務に関する審査委員会で査定を受けたうえで、六月一日から事業を実施することを定めた委託契約を取り結ぶことになった。ペーパーカンパニーであったPSCはもちろんのこと、仙台市にとってもこのような協働事業のスキームを実施することは初めての経験であった。

ここで、次の問題が起こる。PSC側の費用負担分をどのように資金調達するかということである。資金調達しなければならない額は四〇〇〇万円程度で、通常状態の寄付や助成金などの市場規模を考えると実績を持たないNPOにとっては至難の業であった。ここで鍵になる対境担当者は国際NGO中間支援担当者のM氏であった。

M氏は震災が起こったあと、三月の半ばに仙台市に入り、M氏が所属する組織として、どのような支援を実施すべきかを模索していた。NPO運営者のT氏や筆者は企画の練り上げ過程において支援団体同士の情報交換の場でM氏に出会い、企画の要諦を説明していた。元来M氏が所属する組織は国際人道支援や開発援助を行う会員組織への資金供給を実施していたが、東日本大震災の規模や民間支援の動向をみて、組織として会員以外の組織にも資金供出をすることを決め、具体的な助成プログラムを準備していた。M氏はPSCと仙台市の官民協働事業の枠組みを知り、助成プログラムへの応募をNPO運営者T氏および筆者に進め、M氏自身は助成の決定権を持っているわけではないものの、T氏や筆者に対し応募に関するアドバイスも随時行った。事業を開始する二〇一一年六月には助成決定を受け、結果として費用負担分にあてる四〇六七万円の資金を調達することが可能となった。

七　第三のイノベーション――仮設住宅入居者への就労支援事業の開発

二〇一一年六月一日から事業を実施することになり、様々な困難はあったものの比較的順調に事業は推移していた。本論では事業の内容については触れないが[7]、事業を実施する中でPSCの運営にかかわるNPO運営者T氏、G氏、筆者や、行政職員S氏、T氏は夏ごろには仮設住宅入居者の生活再建を果たすための焦点は失業や貧困の問題であることが具体的な支援事例から実感するに至っていた。これは被災地域が広大であり、また仙台市は仙台市以外の地域の被災者を受け入れざるを得ない被災地域唯一の大都市であることを考え合わせれば当然のことでもあった。なぜならば、仙台市へ移住する被災者の中には、被災地域での仕事を離れたり、被災地域で仕事を失ったりしたものが相当数いると想像されるからである。この事実はのちに後述する調査によって実証されることになるのであるが、仮設住宅入居者の支援が、すなわち、入居者一人ひとりの生活の再スタートを支援するということであるならば、入居者の見守りや福祉的な支援だけでなく、失業や貧困の問題にダイレクトにアプローチする支援が必要となってくる。

ちょうどこの時期に、行政が被災者支援に活用可能な財源も固まりだした。仮設住宅入居者への見守り支援に活用される財源はいくつかあるのだが、そのうちで最もはっきりと仮設住宅のサポートに活用することを目的にうたっている財源が、厚生労働省の「地域支え合い体制づくり事業」であり、その活用がこのころから始まった。仙台市はPSCと協働して他市町村に先行して仮設住宅支援を行っていたが、その財源は「地域支え合い体制づくり事業」とは異なる「緊急雇用創出事業」を用いていた。そのため、「地域支え合い体制づくり事業」財源を用いてどのような支援が必要かということをNPO運営者T氏、G氏、筆者や、行政職員S氏、T氏などで打ち合わせる際に出てきたキーワードが「仕事の支援」というものであった。同時に「コミュニティ形成」という言葉も様々な方面から聞こえてきており、この二つを組み合わせる事業を、再び協働事業という枠組みで実施することとなった。これが上述した、様々な困難を抱え、自力での就労等が困難な被災者を対象とした「コミュニティの場づくり」と「就労へのつなぎ」を行うコミュニティ・ワーク創出事業というものであり、具体的には集会所のような施設であるコミュニティ・ワークサロン「えんがわ」を運営しながら、手づくり品製作等の手仕事や軽作業などを通じ、生きがいづくりや居場所づくりを行った。

ただし、この事業だけでは仮設住宅入居者が何らかの収入を得て生活を再建させていくことは難しいという感覚も、NPO運営者T氏、G氏、筆者、行政職員S氏、T氏の間では共有していた。本格的な就労支援をどのように行っていくのか、これこそが二〇一一年の秋ごろに上記の対境担当者間で共有する課題となっていた。

そこで、PSCの運営者であるNPO運営者T氏や筆者を中心に企画し実施したことは、先進事例を視察し各地のノウハウを取り込み、独自の就労支援スキームを開発することであった。その際に重要な役割を果たす対境担当者が大学関係者のF氏やJ氏であった。もともと大学関係者である筆者と弱いネットワークで結ばれていた

表2　先進事例の視察先

視察日	視察先	組織形態	事業内容
2011年9月28日	大阪府箕面市	NPO、行政	福祉的支援、コミュニティ支援
2011年9月29日	大阪府豊中市	行政	就労支援
2011年12月9日	大阪府大阪市	行政	就労支援
2012年2月13日	兵庫県神戸市	行政、自治組織等	災害公営住宅
2012年2月14日	兵庫県神戸市	NPO	就労支援、NPOの中間支援
2012年2月23日	韓国ソウル市など	社会的企業	就労支援、福祉的支援、コミュニティ支援
2012年2月24日			
2012年2月25日			
2012年3月22日	沖縄県那覇市	NPO、行政	就労支援
2012年4月3日	韓国ソウル市など	社会的企業	就労支援、福祉的支援、コミュニティ支援
2012年4月4日			

のであるが、主として彼らを通して生活困窮状態に陥った人々に対する就労支援を実施している先進的な組織を把握し、視察を実施していくことになる。F氏に特に日本の就労支援を実施する組織、J氏に韓国の社会的企業のうち生活困窮者や社会的な弱者を支援する組織の紹介を受け、その組織の担当者に仲介をしてもらうことになった。先進事例の視察先は**表2**に掲げる。NPO運営者のT氏や筆者は彼らのノウハウを貪欲に吸収しながら、どのような就労支援スキームがよいかを模索していくこととなった。

その動きと同時並行で、本当に就労支援事業が必要なのかの裏付けをとる作業も実施していた。つまりは、仮設住宅入居者がどのような社会経済状況にあるのかを把握するアンケート調査を実施したのである[8]。そのアンケートは大学関係者のF氏と筆者が中心に企画したもので二〇一二年四月には一定の成果が取りまとめられていた。その結果は仙台市の仮設住宅入居者の失業率は高く（**表3**はみなし仮設住宅入居者の例）、平均世帯収入も低いというものであり、就業支援の必要性が高い結果であった。このような調査データが就労支援事業の必要性を裏付けることになった。

上記のような視察を通したノウハウ獲得による就労支援

表３　みなし仮設住宅に住む稼働年齢層人員の震災１年後の労働力状態

		人数	割合
労働力人口		1,696	100.0%
	正規の従業員	640	37.7%
	非正規の従業員	579	34.1%
	自営業主・家族従事	116	6.8%
	役員	35	2.1%
	完全失業者	326	19.2%
非労働力人口		1,074	100.0%
	家事	239	22.3%
	通学	190	17.7%
	その他	645	60.1%
		2,770	—

2012年２～３月に調査実施。

公表入居世帯数8,437世帯のうち2,581世帯に配布し回収率53.0%であった。

完全失業者割合（失業率）はハローワークの登録状況を反映したものではないため公式統計と直接比較できるものではない。


スキームの模索と学術的な調査による就労支援の必要性の裏付けは、営利企業でいうところのR&D（リサーチアンドディベロップメント：開発）とマーケティングのような関係性のもと進められていき、最終的には二〇一二年六月からPSCと仙台市の協働事業として仮設住宅入居者向けに本格的な就労支援事業を実施することになった。この事業は「就労支援相談センターわっくわあく」という施設を運営するもので仮設住宅入居者への福祉的支援のノウハウを生かした相談支援、独自のトレーニングプログラムやインターンシッププログラムを備え、他組織の無料職業紹介事業所と連携し、最終的には職業の斡旋まで可能な本格的なものであり、本論執筆時点においても仙台市において継続的に実施されている。

八　対境担当者を結ぶ弱い紐帯を育むことが地域のレジリエンスを高めるのか

以上の分析を簡単にまとめておく。東日本大震災以前から様々な分野に精通する対境担当者同士が弱いネットワークで結びついていた。震災は大きな環境変動であり、多くの問題が噴出すると同時に、資金・情報・技能といった様々な資源が動員される条件を形成する。その際の資源獲得は対境担当者同士の弱いネットワーク、特にNPO運営者、大学関係者、行政職員、国際NGO担当者といった異業界間＝マルチセクターの弱いネットワークをうまく結びつけるハブとなる対境担当者を中心に行われ、獲得した資源を活用し、震災という環境変動によって生じた問題に即応していく複数のイノベーションが社会に生み出され、それを用いて官民協働といったマルチセクターの枠組みで問題に適応していった。仮設住宅入居者向けの本格的な就労支援事業が開始された二〇一二年六月時点の対境担当者および先進組織間のネットワークを**図2**に示す。**図1**と比較するならば何らかの契約関係に基づかない弱いネットワークの一部は、何らかの契約関係に基づく強いネットワークに置き換えられ、また弱いネットワークはPSCという組織を中心に複雑化したことがわかる。これらのネットワークを通じてPSCが資源を獲得していったということである。

これはあくまで事例研究であるので、ある命題を一般化することはできないものの、今後への示唆は提示できる。これを本論の得られた成果として整理してみたい。大規模な災害は急激な環境変化である。ある地域を一つの組織としてみるならば、その組織を取り巻く環境が急激に変化し、それは組織自体にダメージを与える。さらに、様々な制度が新たに創設され、大きな環境変化は継続し、組織には柔軟な対応が求められる。組織が生き残るためには、環境変化に対応するための新しい技術を生み出すこと、つまりは地域経営や地域自治でのイノベー

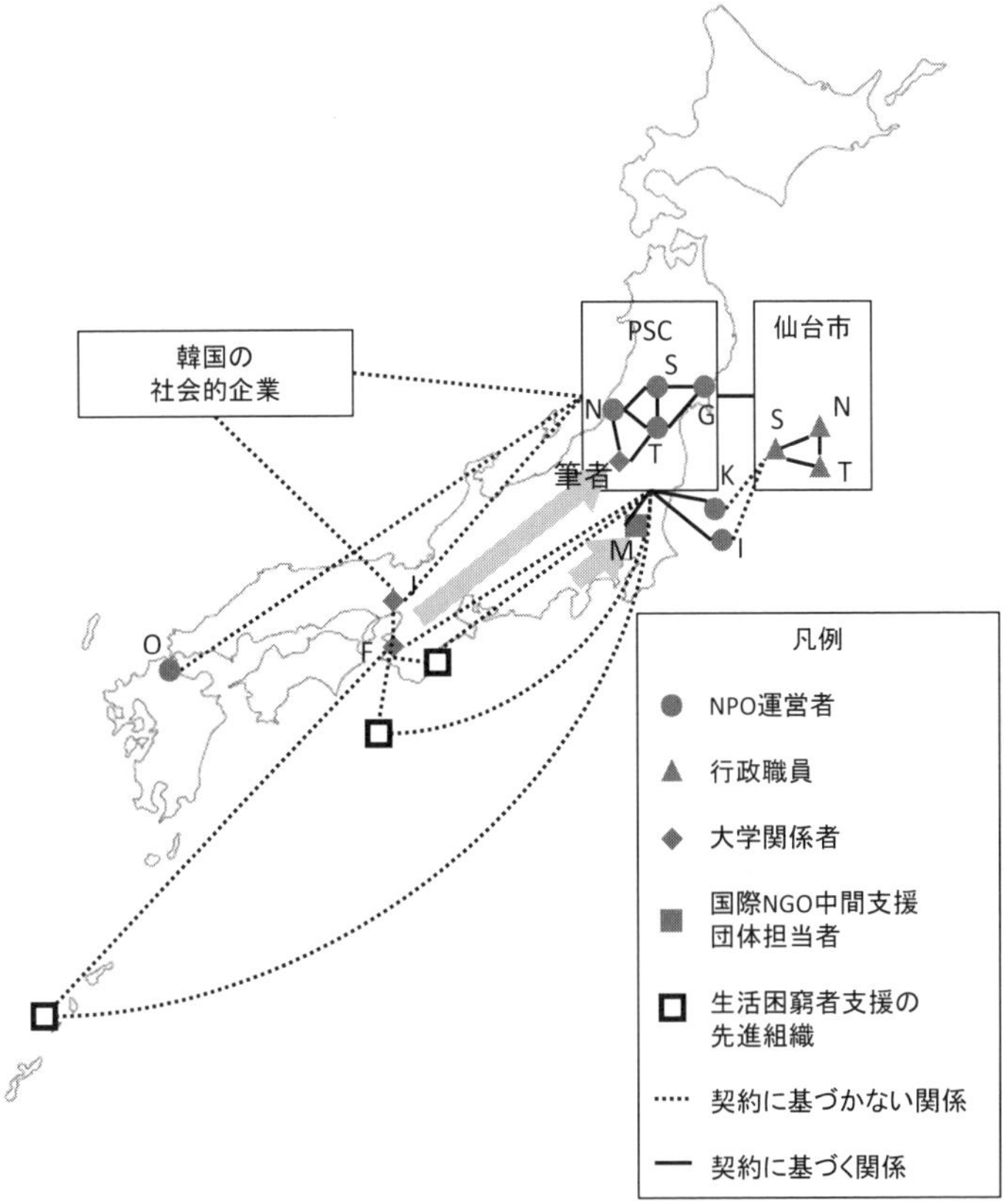

図２　震災後の対境担当者および先進組織間のネットワーク（2012年６月時点）

ションが必要になる。このように捉えると、事前の備えとしてきっちりとした計画を策定しておくことだけでは不十分であることがわかる。なぜならば環境変化は限定的な範囲でしか予測できないため、十分な計画を策定することはそもそも難しいからである。むしろ、どのような環境変化が来ても即座に対応していける柔軟な組織＝地域をつくることこそ必要な戦略であると考えられる。環境変動に対応する柔軟な組織＝地域を生み出すにあたり、この分析からみえてくることは、ある業界に精通しながら他の業界ともネットワークを結ぶことができる対境担当者が地域に育っていること、および、彼らが他地域や他の業界とネットワークを結んでおくことが重要であるという示唆である。なぜならば、このような経路から必要な資源を獲得し環境変動に即応したイノベーションを生み出していくと考えられるからである。異なる地域や異なる業界を結ぶ対境担当者同士を結ぶ弱い紐帯＝マルチセクター型の弱いネットワークを戦略的に育むことがインフラ整備などのハード事業によらないソフト面の地域のレジリエンス（回復力）を高める施策となるのではないだろうか。

最後に、本論で扱った対境担当者はもともと災害対応・防災・復興の分野に明るいものは一人もいなかった。この点から考えるならば、対境担当者同士を結ぶ弱い紐帯は、大規模災害による環境変動への対応だけではなく、他の環境変動においても重要な役割を果たすのではないだろうか。急激な産業構造の転換や急激な人口流出などは地域が影響を受ける環境変動の例であろう。地域振興の文脈でソーシャルキャピタルなど人同士のつながりや信頼に関係する議論が様々に行われているが、対境担当者同士を結ぶ弱い紐帯が育まれているという条件は地域の変化への対応能力を決定づける一要素ではないだろうか。(9)

注

（1）通知は以下（厚生労働省社会援護局長、二〇一一、『東日本大震災に係る応急仮設住宅としての民間賃貸住宅の借上げの取扱について（社援発第〇四三〇第一号）』）。本通知に先立って四月二五日にはすでに民間賃貸住宅に入居している場合も仮設住宅として取扱いをする旨が仙台市から記者発表された（仙台市『既に入居している民間賃貸住宅も応急仮設住宅として認められることになりました（記者発表資料）』二〇一一）。

（2）国際NGO中間支援担当者はNPO運営者に含めることもできると考えられるが、東日本大震災の被災地の行政や支援担当者の間では国際NGOとNPOは似た概念ではあるものの、明確に概念を使い分けていたため、分けて表記している。具体的には国際NGOはNPOの中でも国際人道支援や開発援助などを主たる活動とするNPOで、東日本大震災ではそれらのノウハウや独自の資金をもとに活躍していた。国際NGOの分野は外務省や企業の資金を国際NGOに分配する中間支援組織（特定非営利活動法人ジャパン・プラットフォーム）が成立しており、東日本大震災発災時に当該組織が国内外の寄付金の受け皿・供給機関として機能し、他分野のNPOに比べ大規模な資金を消費していた。国際NGOやNPOの実態は以下を参照（菅野拓、二〇一四、「東日本大震災における被災者支援団体の収入構造」『地域安全学会論文集』二四号、および、一般社団法人パーソナルサポートセンター、二〇一四、『東日本大震災で生じた地域福祉資源の実態および社会的企業化を促進する仕組みに関する調査研究事業報告書』）。

（3）通常は「技術革新」と訳されることが多いが、この語の使用には論者によって異なる定義が用いられているようにみえる。本論ではこの語を最初に定義したヨーゼフ・シュンペーターにならい、「新しい財貨の生産、新しい生産方法の導入、新しい組織の実現」の意味で用いている（ヨーゼフ・シュンペーター、一九一二＝一九七七、『経済発展の理論』岩波書店）。

（4）反貧困運動の基本的な考え方は以下を参照（湯浅誠、二〇〇八、『反貧困――「すべり台社会」からの脱出』岩波書店）。反貧困運動の活動家であった湯浅氏はパーソナル・サポートモデル事業自体の実施に内閣府参与として深くかかわっていた。

（5）緊急的な物資配送事業の詳細は以下を参照（菅野拓、二〇一二、「復興という「都市問題」に都市はいかに応えるべきか――仙台市の震災支援のケースから学ぶ」『賃金と社会保障』一五五三＋五四号）。

（6）伴走型支援やパーソナルサポートの支援理念や支援内容については以下を参照のこと（奥田知志・稲月正・垣田裕介・堤圭史郎、二〇一四、『生活困窮者への伴走型支援――経済的困窮と社会的孤立に対応するトータルサポート』明石書店）。

（7）この期間の事業の内容は以下を参照（菅野拓、二〇一二、前掲）。

（8）調査結果は以下を参照（菅野拓、二〇一二、「東日本大震災避難世帯の被災一年後の状態と生活再建への障壁――仙台市の応急仮設住宅入居者へのアンケートに見る生活・居住・就労」『貧困研究』九号）。また、調査報告書は以下を参照（一般社団法人パーソナルサポートセンター、二〇一二、『仙台市内の仮設住宅入居世帯の被災1年後の状態と将来像』）。

（9）日本におけるソーシャルキャピタルの高い地域の例でしばしば登場する島根県の海士町は離島振興の先進事例として取り上げられることが多いが、まさにこのような地域であるのではないだろうか。以下の著作は弱い紐帯で結ばれていた対境担当者の実践例として読みうる（株式会社巡の環、二〇一二、『僕たちは島で、未来を見ることにした』木楽舎）。

参考文献

マーク・グラノヴェッター、一九七三＝二〇〇六、「弱い紐帯の強さ」『リーディングスネットワーク論——家族・コミュニティ・社会関係資本』勁草書房
仙台市、二〇一一、『仙台市震災復興計画』
仙台市復興事業局震災復興室、二〇一三、『東日本大震災　仙台市　震災記録誌——発災から一年間の活動記録』
山倉健嗣、一九九三、『組織間関係——企業間ネットワークの変革に向けて』有斐閣

長期避難者コミュニティとリーダーの諸相——福島県双葉郡楢葉町・富岡町を事例に

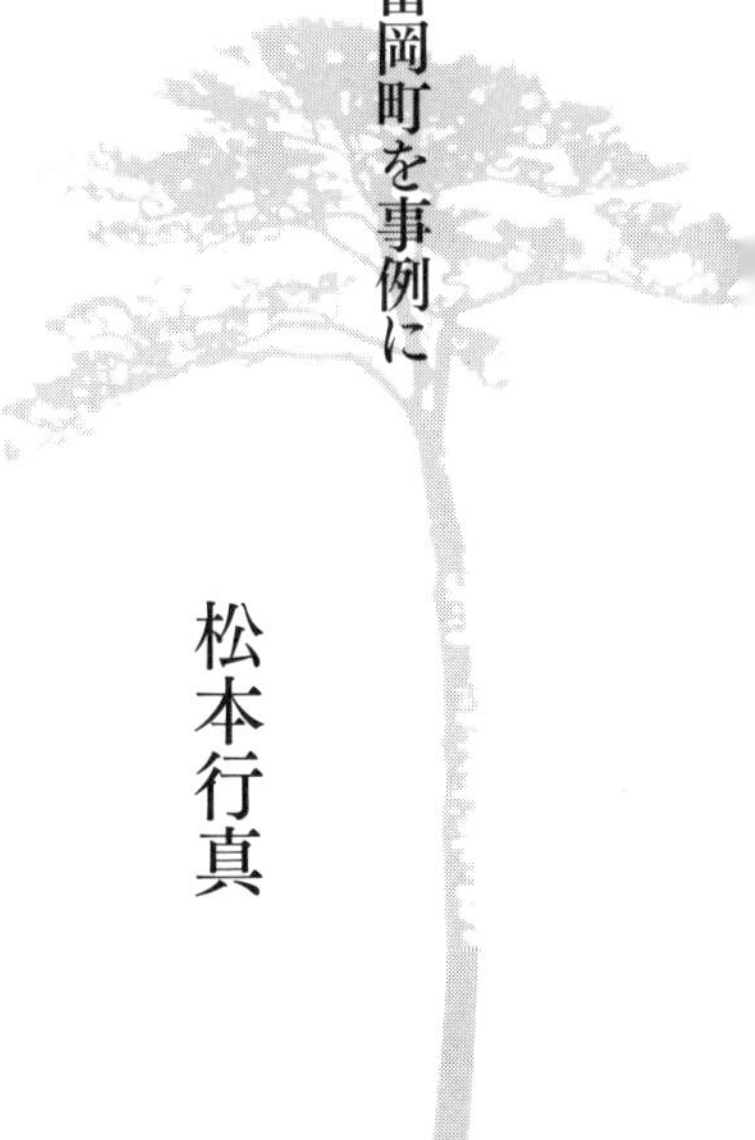

松本行真

一　問題意識の提起

東北地方太平洋沖地震で発生した津波や原発事故により多数の被災者を生み出したが、いまだに多くの人びとが今に至るまで原地（ないしはその周辺）での生活ができずに避難生活を仮設住宅や、借り上げや購入住宅（以下、借上）などで送っている。特に福島県双葉郡にあるいくつかの町では原発事故により、中長期にわたり帰還が困難になっている。そのために上記の自治体からの避難者による各々の地域での生活は恒常的なものになりつつあり、それにともなって復興庁の調査による各町村への帰還意向も低下傾向にある(1)。

これは裏返すと、それぞれの地域での生活が「仮住まい」というよりは、「そこに根づく」ことも視野に入れたものになっているといえる。町民の約八割が近隣のいわき市に避難している楢葉町民への聞き取り調査からも（筆者らの印象では二〇一三年から）、こうした傾向が強くなっている。そうした状況もあいまって、各々の移住先において避難者によるコミュニティ形成が進みつつある。[2] ところでここでいう「コミュニティ」とは、①空間的範域、②社会的相互作用、③共通の絆などといった主な要素（Hillery, 1955＝1978）を兼ね備えるものとさしあたり定めることにする。[3] 先に述べたコミュニティ形成とは、②や③がそれなりに生まれてきたものと考えられる。

ただしこの場合、仮設住宅または借り上げ住宅といった住居形態により、生活上の問題などの状況は大きく異なっており、具体的に前者では同じ町民が居住することによる孤立感は少ないものの、逆にそれによる近隣とのトラブルなどがあったり、（仮設住宅という）居住スペースの小ささによる不満がある。後者においては居住スペースへの不満は（相対的に）少ないものの、隣人は未知の場合が多いことによる孤立感が強いようである。[4] コミュニティにある①自律性、②問題処理力などといった機能をウォレンは指摘したが（Warren, 1972）、①と②は相互に関連するとともにこれら機能を有する要件としてのリーダーの存在が求められたりする。[5]

これらの背景をふまえて、本論文の目的を以下に定める。仮設住宅／借り上げ住宅生活者の現状と生活上の問題点を明らかにするとともに、仮設住宅内で設立された自治会の現状と課題を抽出する。手法としては質問紙調査と聞き取り調査を用いており、前者では全体と仮設住宅／借り上げ住宅生活者の動向を定量的に、特に仮設住宅については別で顕現する問題点・課題を分析する。次に聞き取り調査から、各仮設住宅自治会の実態と課題を見いだすとともに、避難者コミュニティにおけるリーダー像も検討する。

二 「楢葉町・富岡町アンケート調査」の概要
――二〇一二年夏の状況：楢葉町・富岡町

福島県双葉郡楢葉町は東京から約二〇〇キロメートル北東に位置し、人口約七〇〇〇名の町である。震災前は

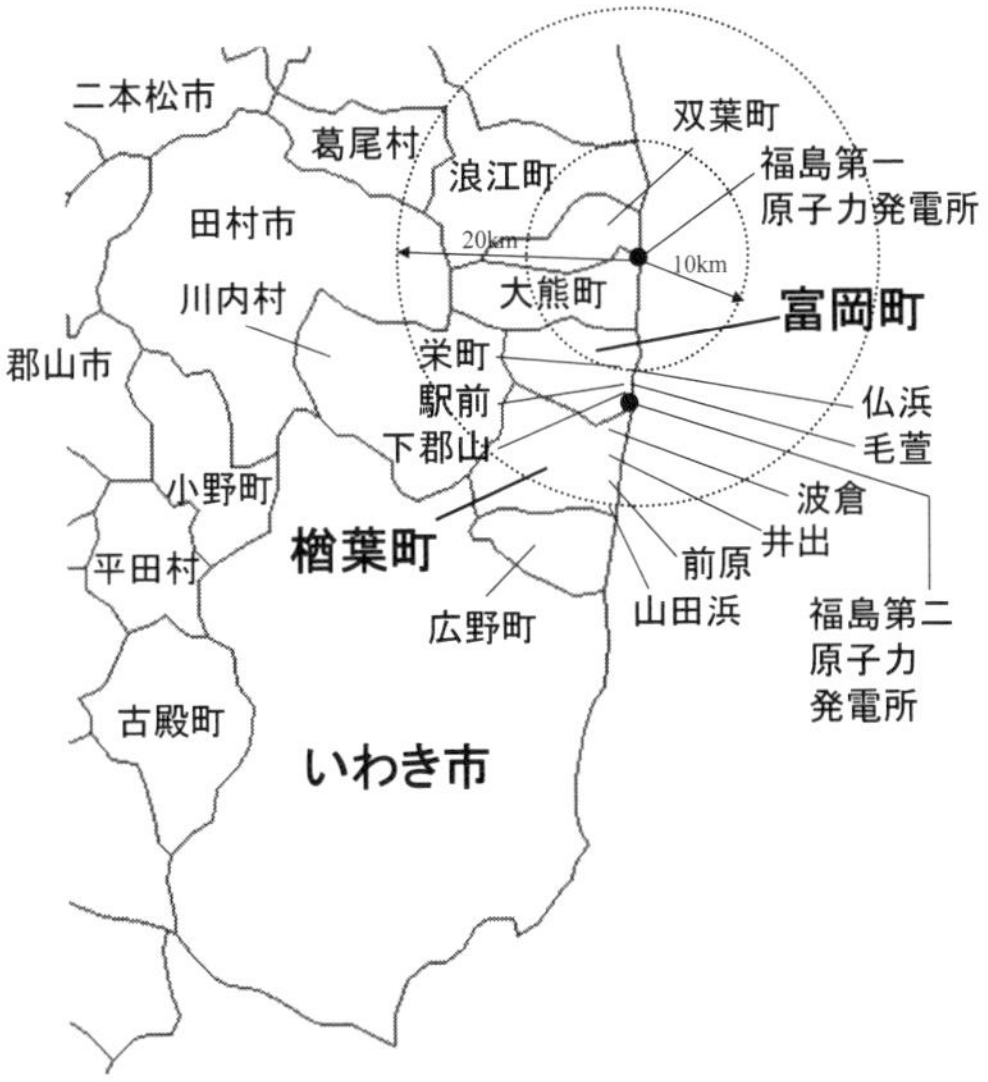

図 2-1　福島県浜通り地方の概略図

一〇三・四五平方キロメートルに、山田岡や上井出などといった行政区が一八存在していた。また富岡町は楢葉町の北側に位置し、人口約一万五〇〇〇名である。震災前は六八・四七平方キロメートルに、杉内、仲町などといった二七の行政区が定められていた。

市町村別避難者数についてであるが、楢葉町の人口（二〇一四年三月三一日）は七五二三名であり、福島県内での市町村別避難者をみると、いわき市では五七四八名、会津美里町二五八名、郡山市一二九名、会津若松市九九名などであり、楢葉町民の八割近くがいわき市に住んでいることがわかる。同様に富岡町について、人口（二〇一四年三月一日）は一万五三八七名で、同様にいわき市五六七一名、郡山市三〇五二名、三春町三九七名、福島市四一四名、大玉村二八六名であり、いわき市には約四割、郡山市に二割で町民の六割がどちらかに住んでいる。このように両町における避難者の多くがいわき市で生活していることがわかる。

こうした人たちを対象に「楢葉町・富岡町アンケート調査」を二〇一二年七月から九月にかけて実施した。具体的には、両町の全世帯（楢葉町三七〇〇世帯、富岡町

表 2-1　楢葉町の避難状況（単位：名）

	合計	県外計	北海道	青森・岩手・秋田・山形	宮城	東京・神奈川・千葉・埼玉	茨城・栃木・群馬	新潟
2012 年 3 月 31 日現在	7,674	1,366	16	31	44	650	361	96
2013 年 3 月 27 日現在	7,614	1,106	16	33	31	503	326	76
2014 年 3 月 31 日現在	7,523	1,055	15	20	29	519	310	63

	福島						
	小計	福島	二本松	郡山	会津若松	会津美里	いわき
2012 年 3 月 31 日現在	6,308	59	34	113	162	453	5,263
2013 年 3 月 27 日現在	6,508	53	18	126	118	310	5,722
2014 年 3 月 31 日現在	6,468	59	17	129	99	258	5,748

表 2-2　富岡町の避難状況（単位：名）

	合計	県外計	北海道	青森・岩手・秋田・山形	宮城	東京・神奈川・千葉・埼玉	茨城・栃木・群馬	新潟
2012 年 3 月 21 日現在	15,683	5,032	69	159	194	2,555	1,042	435
2013 年 3 月 1 日現在	15,537	4,509	66	128	213	2,244	968	356
2014 年 3 月 1 日現在	15,387	4,403	70	108	232	2,194	981	314

	福島						
	小計	福島	郡山	大玉	三春	会津若松	いわき
2012 年 3 月 21 日現在	10,651	489	3,200	325	499	208	4,863
2013 年 3 月 1 日現在	11,028	432	3,150	307	450	185	5,512
2014 年 3 月 1 日現在	10,984	414	3,052	286	397	177	5,671

七二〇〇世帯）[6]に配布し、世帯主もしくはそれに準ずる者から楢葉町四七七名、富岡町一三八九名の回答が得られている。

回収の内訳について、楢葉町は性別：男性六四・六％、女性三三・八％、不明一・七％、年代別：二〇代一・九％、三〇代八・〇％、四〇代一〇・七％、五〇代二五・六％、六〇代二四・五％、七〇代以上二六・二％、不明三・一％である。[7]富岡町は性別：男性六九・〇％、女性二八・四％、不明二・六％、年代別：二〇代三・五％、三〇代九・六％、四〇代一三・二％、五〇代一九・七％、六〇代二六・六％、七〇代以上二三・九％、不明三・五％である。[8]

つづいて回答者のうち「インタビュー協力可能」者（全体の五割程度）[9]への聞き取り調査を同年八月から開始、現在も継続している。本稿執筆時点（二〇一四年一〇月末）では楢葉町五〇名、富岡町五五名に行っている。両調査ともに主な調査項目は、①震災前の人づきあい・地域活動、②被災直後の動向、③現在（まで）の人づきあい・地域活動、④現在の生活評価と今後について、である。これらは質問紙・聞き取り両方で実施している。さらに聞き取り調査で仮設・広域自治会役員経験者に対しては、⑤自治会設立の経緯、⑥自治会組織と活動・行事、⑦現状の課題と今後の意向などの項目を設定した。聞き取り調査については三節で論じる。

住居別による実態

原発事故による避難生活が現在も含めて長期にわたっているが、居住形態や居住地による違いが生じている。前者について仮設住宅で生活する人は「隣の音が気になる」、「部屋が狭い」であったり、借り上げ住宅では「周りの人は誰も知らない」、「情報が入ってこない」などである。仮設住宅は同じ町民がまとまって居住しているが、借り上げ入居者にとっては住んでいる場所も重要である。先にも述べたが、多くの人が避難しているいわき市であればまだ情報が入ってくるかもしれないが、一時期は楢葉町の拠点となった会津美里町や現在も富岡町役場が置かれている郡山市以外の福島県内、更には福島県外に住む人たちにとって、後述する広域自治会のような組織に入っていなければ、町関係の情報ネットワークから孤立した存在になりかねない。このように居住形態・居住地により、置かれる状況と課題が異なるといえよう。

そこで本節では質問紙調査による結果から、「仮設住宅・雇用促進住宅」（以下、「仮設・雇用」）というまとまったかたちで避難生活を送る人たち、それ以外の借り上げ（または購入）住宅の入居者については「県内いわき市」、「福島県内のいわき市外で住む」、「県内その他」、「県外」の四つの居住セグメントにより、震災後の生活やコミュニティなどへの関与を確認するために、①現在のつきあい、②話す内容、③現在よく利用する情報源、④自治会有無・加入状況、⑤生活上の問題点のそれぞれについて論じることとする。[10]

【楢葉町】

①現在のつきあい

調査対象者の全体からみていくと、「親兄弟等の親戚」（七八・〇％）や「友人・知人」（七五・五％）が多く、「震災前の隣近所」（三四・八％）は四割にも満たず、狭い範囲での交際に留まっている。居住地域別でみると、「仮設・雇用」で「転居後に知り合った人」（七二・二％）、「震災前の隣近所の人」（四八・六％）、「避難所で知り合った人」（三七・五％）、「仮設住宅等へ転居後に加入した町内会の人たち」（一七・四％）と交際範囲に幅がある一方で、「県内いわき市」では「親兄弟等の親戚」（八四・二％）や「友人・知人」（七九・七％）などと、その幅が狭い。

②話す内容

全体でみると「一時帰宅」（六九・二％）、「町内等の震災状況」（六五・〇％）、「自分や家族の健康」（五八・一％）、「補償問題」（五五・一％）がいずれも五割以上である。居住地域別においては、「県内いわき市」で「自分や家族の人間関係」（五八・二％）や「自分や家族の仕事」（四四・一％）などと、自分たちの身の回りに関する話題が多い。一方で「県外」で特徴的なのは「サークル活動」（二六・一％）であり、つながりを維持させるために何らかのテーマ型・コミュニティに属していることがうかがえる。

③現在よく利用する情報源

震災後に使う情報媒体（メディア）をみていくと、「テレビ・ラジオ」（九三・三％）や「新聞・雑誌」（八五・一％）というマスメディアの他に、「友人・知人」（六〇・〇％）や「家族の話」（四五・五％）といった口コミが多い。居住地域別では、「県内いわき市」で「家族の話」（五五・九％）、「県内その他」は「テレビ・ラジオ」（一〇〇・〇％）、「県外」で「ネット上のニュース」（三八・〇％）を震災関係の情報も含めてよく使っている。

④自治会有無・加入状況

現在住んでいる地区に自治会が「ある」と答えた人は全体の五割未満であり、「仮設・雇用」や「県外」でやや多い傾向にある。一方で、「県内いわき市」や「県内その他」では「知らない」の割合が高かった。加入有無については、加入者は全体の六割に達し、「仮設・雇用」では九割近くになっているものの、「いわき市」や「その他」においては未加入が五割前後と、全体平均に比べても明らかに高い。

⑤生活上の問題点

震災後に住まう地域における生活上の問題について確認すると、「家族や親戚が離れて居住」（一八・九％）、「友人・知人が離れて居住」（一七・四％）という「散住」が上位にあり、また異なった環境に住んでいることから「名前を知らない人の増加」（一二・八％）が三番目になっている。しかしながら、全体での数値ではいずれも二割未満であり、楢葉町の町民の半数以上がいわき市に住んでいるという二〇一二年夏の調査時点では、さほど問題として顕在化に至っていないように考えられる。居住地域別では、「仮設・雇用」で様々な問題が（全体の平均より）多くあらわれている。「いわき市」や「県外」では特徴的な問題は見られない。その一方で「県内その他」

表 2-3　楢葉町アンケート調査結果（単位：%）

①現在のつきあい

	全体（人）	親兄弟、従兄弟などの親戚	友人・知人	震災前に住んでいた隣近所の人たち	仕事関係でのつきあい	仮設住宅等の転居後に知り合った人たち	避難所で知り合った人たち
合計	477	78.0	75.5	34.8	34.2	33.3	19.5
仮設・雇用	144	74.3	77.8	▲ 48.6	▽ 25.0	▲ 72.2	▲ 37.5
県内いわき市	177	△ 84.2	∴ 79.7	37.3	▲ 45.2	▼ 15.3	▼ 10.7
県内その他	62	79.0	72.6	27.4	38.7	▼ 11.3	↓ 9.7
県外	92	72.8	↓ 67.4	▼ 14.1	↓ 25.0	▽ 22.8	15.2

	全体（人）	震災前に加入していた町内会の人たち	仮設住宅等へ転居後に加入した町内会の人たち	クラブ・サークル等の趣味や習い事の仲間	NPO 等の団体の人たち	電子メールや掲示板等、インターネット	ひとつもない
合計	477	10.5	9.0	7.1	3.1	1.9	3.1
仮設・雇用	144	11.8	▲ 17.4	6.3	4.2	1.4	1.4
県内いわき市	177	12.4	▼ 2.8	6.2	1.7	1.7	2.8
県内その他	62	11.3	6.5	6.5	—	1.6	∴ 6.5
県外	92	↓ 4.3	9.8	∴ 10.9	↑ 6.5	3.3	4.3

②話す内容

	全体（人）	一時帰宅	町内・家周辺の震災状況	自分や家族の健康	政府等による補償問題	自分や家族の人間関係	帰町・集団移転先	自分や家族の仕事
合計	477	69.2	65.0	58.1	55.1	45.5	40.9	37.3
仮設・雇用	144	72.2	66.7	54.2	54.9	∵ 39.6	44.4	36.8
県内いわき市	177	68.9	65.5	59.3	56.5	▲ 58.2	44.1	↑ 44.1
県内その他	62	67.7	71.0	61.3	50.0	▽ 30.6	33.9	33.9

県外	92	67.4	58.7	60.9	57.6	41.3	34.8	↓ 28.3

	全体（人）	今後の住宅制度	買い物	高齢者・障がい者の介護・福祉	子どもの教育	趣味等のサークル活動	移動手段・交通機関	自治会等の地域運営・活動
合計	477	33.5	32.9	21.0	20.3	18.4	15.5	13.4
仮設・雇用	144	∵ 27.8	∴ 38.9	23.6	17.4	16.0	13.2	13.9
県内いわき市	177	↑ 40.1	34.5	20.3	↑ 26.0	19.2	16.4	13.6
県内その他	62	↓ 22.6	29.0	19.4	∵ 12.9	∵ 11.3	14.5	11.3
県外	92	38.0	↓ 23.9	19.6	19.6	↑ 26.1	18.5	14.1

③現在よく利用する情報源

	全体（人）	テレビ・ラジオ	新聞・雑誌	友人・知人の話	家族の話	ネット上のニュース	ネット上の掲示板	企業 HP	SNS
合計	477	93.3	85.1	60.0	45.5	30.2	8.4	7.3	2.5
仮設・雇用	144	93.8	86.8	59.7	▽ 35.4	▼ 19.4	5.6	∵ 4.2	2.8
県内いわき市	177	92.7	84.2	63.8	▲ 55.9	∴ 35.0	7.9	9.0	1.7
県内その他	62	△ 100.0	88.7	59.7	50.0	30.6	∴ 12.9	11.3	1.6
県外	92	90.2	82.6	∵ 53.3	∵ 38.0	↑ 38.0	10.9	6.5	4.3

④-1　現地区における町内会・自治会の有無

	全体（人）	ある	ない	知らない	不　明
合計	477	46.8	21.0	26.0	6.3
仮設・雇用	144	∴ 53.5	▲ 31.3	▼ 13.2	▽ 2.1
県内いわき市	177	▽ 38.4	22.0	∴ 31.1	8.5
県内その他	62	41.9	14.5	△ 38.7	4.8
県外	92	↑ 56.5	▼ 6.5	28.3	8.7

④-2　町内会・自治会加入有無

	全体（人）	加入	未加入	不　明
合計	233	64.6	31.8	3.6
仮設・雇用	77	▲ 88.3	▼ 6.5	5.2
県内いわき市	68	▼ 42.6	▲ 54.4	2.9
県内その他	26	▽ 46.2	∴ 46.2	7.7
県外	52	67.3	32.7	—

⑤地域生活上の問題点（上位18項目）

	全体（人）	家族や親戚が離れて居住	友人・知人が離れて居住	名前を知らない人の増加	ゴミ処理の問題	居住地区における放射能への不安	住民の高齢化	他地区との交流が少ない
合計	477	18.9	17.4	12.8	9.6	9.4	8.8	8.4
仮設・雇用	144	▲ 29.2	▲ 26.4	▲ 23.6	△ 16.0	△ 15.3	▲ 18.1	▲ 14.6
県内いわき市	177	▽ 13.0	∵ 13.0	10.2	8.5	7.9	▽ 4.5	7.3
県内その他	62	14.5	11.3	∵ 6.5	6.5	11.3	8.1	4.8
県外	92	16.3	16.3	▽ 4.3	▽ 3.3	▽ 2.2	▽ 2.2	↓ 3.3

	全体（人）	買い物施設の不足	移動や交通の問題	ひとり暮らしの高齢者への対応	高齢者や単身者などの孤立化	病院等医療・福祉施設の不足	生活費等の経済的な問題	相談相手の不足・不在
合計	477	8.2	8.2	7.1	6.9	6.3	5.9	5.7
仮設・雇用	144	∴ 11.1	10.4	▲ 13.2	↑ 10.4	6.9	6.9	∴ 8.3
県内いわき市	177	↓ 4.5	9.0	↓ 3.4	∵ 4.0	6.8	5.6	4.0
県内その他	62	△ 16.1	4.8	9.7	4.8	8.1	8.1	3.2
県外	92	5.4	5.4	∵ 3.3	8.7	3.3	3.3	6.5

	全体（人）	ルールを守らない住民の存在	一部のものだけが参加	行事への住民の参加の少なさ	住民間のトラブル	世代間のズレ	地域・地区のまとまりのなさ	異なった自然環境への対応
合計	477	5.0	5.0	4.4	4.0	4.0	3.8	3.4
仮設・雇用	144	▲ 10.4	▲ 13.9	↑ 7.6	▲ 8.3	△ 7.6	▲ 11.8	2.8
県内いわき市	177	4.5	↓ 2.3	4.5	2.8	2.8	▽ 0.6	↓ 1.1
県内その他	62	—	—	—	1.6	3.2	—	▲ 9.7
県外	92	↓ 1.1	—	2.2	∵ 1.1	∵ 1.1	—	4.3

	全体（人）	とりまとめ役の不在	治安・少年非行・風紀の悪化	声の大きい人の意見が尊重される	問題解決のためのノウハウ不足	体育施設等の不足	役員のなり手不足	教育施設の不足
合計	477	3.4	2.7	2.7	2.5	2.1	2.1	1.9
仮設・雇用	144	▲7.6	2.1	▲6.9	▲6.9	↑4.2	3.5	∴3.5
県内いわき市	177	1.7	3.4	1.7	↓0.6	2.3	1.7	1.1
県内その他	62	3.2	—	—	—	—	1.6	1.6
県外	92	—	4.3	—	1.1	—	1.1	1.1

	全体（人）	以前から居住の住民とのトラブル	文化交流施設の不足・老朽化	行政とのトラブル	活動が多すぎて負担である	周辺住民によるいやがらせ	幼児虐待等の子育て上の問題	困っていることはない
合計	477	1.7	1.0	1.0	0.8	0.6	0.2	12.2
仮設・雇用	144	2.8	△2.8	△2.8	∴2.1	△2.1	—	9.0
県内いわき市	177	1.1	0.6	0.6	0.6	—	—	13.6
県内その他	62	—	—	—	—	—	△1.6	11.3
県外	92	2.2	—	—	—	—	—	15.2

では「買い物施設の不足」（一六・一％）や「異なった自然環境への対応」（九・七％）と居住地という環境が変化することによる問題がある。こうして見ると「仮設・雇用」に特有な現象が生じていることがうかがえる。

【富岡町】

①現在のつきあい

「親兄弟等の親戚」（七八・五％）や「友人・知人」（七二・四％）が多く、「震災前の隣近所」（二五・八％）は三割にも満たず、楢葉町と同様に狭い範囲での交際に留まっている。居住地域別でみると、「仮設・雇用」で「転居後に知り合った人」（七七・〇％）、「転居後に加入した自治会」（四一・一％）、「避難所で知り合った人」（三八・八％）と震災後につくられた交際の範囲に幅がある。「転居後加入自治会」が富岡町の場合で多いのは、楢葉町が入居開始と仮設自治会設立にラグがある仮設がある一方で、富岡町の場合はほぼすべての仮設ですみやかに自治会が設立したからであると推察できる。一方で、「県内いわき市」では「親兄弟等の親戚」（八二・五％）、「友人・知人」（八一・〇％）、「仕事関係」（四三・七％）とその幅が狭い。「県内その他」で「震災前に加入していた自治会等の人」（二七・九％）が多いのは、同町からの避難者がいる仮設でもなく、同じ浜通りで（相対的に）近接しているいわき市と異なって、それ以外に町とのつながりがないものと考えられる。更に「県外」で「電子メールや掲示板等」（三・八％）や「ひとつもない」（六・〇％）は、リアルな関係が希薄化したという意味で象徴的な結果ともいえる。

②話す内容

全体では「一時帰宅」（六三・七％）、「町内等の震災状況」（六二・二％）、「補償問題」（五八・二％）、「自分や家族の健康」（五六・二％）がいずれも五割以上であり、二〇一二年夏までは楢葉町も富岡町も立ち入りが制限されていたこともあり、ほぼ同様な傾向にあるといえる。居住地域別で「仮設・雇用」は「帰町・集団移転先」（五二・六％）や「自治会等の運営」（二四・四％）が多い。楢葉町と比べて自治会運営が出ているのは、調査時点で富岡町の仮設自治会が始動しているなかで、諸問題が顕在化しつつあることを示しているものと考える。「県内その他」で「一時帰宅」（六八・六％）が多いのは、富岡町よりも離れた場所に住んでいる人たちに特徴的といえよう。

③現在よく利用する情報源

「テレビ・ラジオ」（九三・四％）や「新聞・雑誌」（八五・五％）というマスメディアの他に、「友人・知人」（五七・二％）や「家族」（四〇・八％）といった口コミが多いのは楢葉町と同様である。居住地域別について「いわき市」で「新聞・雑誌」（八九・九％）であるのに対して、「県外」は「家族」（四五・七％）、「ネット上のニュース」（四二・一％）、「掲示板」（一二・四％）、「SNS」（六・五％）と多様なのは楢葉町と異なっている。

④自治会有無・加入状況

現在住んでいる地区に自治会が「ある」と答えた人は全体の五割程度であるが、「仮設・雇用」は九割以上と高く、楢葉町と大きく異なるのは自治会設立状況の違いである。一方で、「県内いわき市」や「県内その他」では「ない・知らない」の割合が高い。加入有無について、加入者が全体の約六割であるなかで「仮設・雇用」は九割近くである。一方、「いわき市」、「県内その他」や「県外」は未加入が約五割と、全体平均に比べて明らかに高い。

⑤生活上の問題点

「家族や親戚が離れて居住」（三八・九％）、「友人・知人が離れて居住」（三七・七％）という「散住」が上位にある。そして、異なった環境に住んでいることから「地区のことがわからない」（三一・一％）や「地区の人との交流がない」（二六・一％）といった項目も高く、家族や友人・知人だけでなく、地域とのネットワークからも孤立している様相がうかがえる。居住地域別では「仮設・雇用」が「家族や親戚が離れて居住」（四七・四％）という個人的なことから、「名前を知らない人の増加」（二九・二％）、「住民の高齢化」（二六・三％）、「ルールを守らない住民」（一九・一％）や「行事への住民の参加の少なさ」（一三・九％）等のように仮設自治会での問題点をあげているのは楢葉町と同様の傾向にある。「県内いわき市」は「地区のことがわからない」（三八・六％）や「地区の人との交流がない」（三一・五％）と、地域からの孤立感がうかがえる。「県内その他」で「異なった自然環境」（一八・五％）、「居住地区における放射能」（一〇・六％）が多いのは、この時点では中通り（大玉、郡山、三春）に仮設が多かったことを示しているのではないか。

表 2-4　富岡町アンケート調査結果（単位：%）

①現在のつきあい

	全体（人）	親兄弟、従兄弟などの親戚	友人・知人	仕事関係でのつきあい	仮設住宅等へ転居後に知り合った人たち	震災前に住んでいた隣近所の人たち	避難所で知り合った人たち
合計	1,389	78.5	72.4	34.1	28.7	25.8	18.4
仮設・雇用	209	▼ 67.9	▽ 64.6	▼ 19.6	▲ 77.0	↑ 31.6	▲ 38.8
県内いわき市	378	↑ 82.5	▲ 81.0	▲ 43.7	▼ 17.5	27.2	▽ 14.0
県内その他	379	79.9	∴ 75.7	36.9	▼ 20.3	↑ 30.1	18.2
県外	418	79.2	▼ 65.6	↓ 29.9	▼ 22.5	▼ 17.7	▼ 12.0

	全体（人）	震災前に加入していた町内会・自治会の人たち	仮設住宅等への転居後に加入した町内会の人たち	クラブ・サークル等の趣味や習い事の仲間	NPO 等の団体の人たち	電子メールや掲示板等、インターネット	ひとつもない
合計	1,389	13.7	11.3	10.6	4.7	2.2	3.3
仮設・雇用	209	∴ 16.7	▲ 41.1	9.6	▲ 9.1	1.4	—
県内いわき市	378	14.6	▼ 4.2	10.8	▼ 1.6	1.6	2.4
県内その他	379	△ 17.9	▼ 6.6	11.9	4.5	1.6	3.2
県外	418	▼ 7.4	▼ 7.2	9.8	5.5	△ 3.8	▲ 6.0

②話す内容

	全体（人）	一時帰宅	町内・家周辺の震災状況	政府等による補償問題	自分や家族の健康	今後の住宅制度	帰町・集団移転	自分や家族の人間関係
合計	1,389	63.7	62.2	58.2	56.2	44.5	43.5	39.8
仮設・雇用	209	60.8	60.3	55.0	▼ 47.4	∴ 49.3	▲ 52.6	▽ 33.0
県内いわき市	378	64.6	∴ 65.6	60.1	57.7	47.4	∴ 46.8	40.5
県内その他	379	△ 68.6	∴ 66.0	60.2	58.3	45.9	42.2	43.0

県外	418	∵ 60.3	▽ 57.2	56.7	57.4	▽ 38.3	▽ 37.3	40.0

	全体（人）	自分や家族の仕事	買い物	趣味等のサークル活動	子どもの教育	高齢者・障がい者の介護・福祉	移動手段・交通機関	自治会等の地域運営・活動
合計	1,389	37.6	28.3	20.2	19.5	18.6	18.1	12.1
仮設・雇用	209	▼ 26.8	∴ 32.5	21.1	▼ 12.0	19.1	19.1	▲ 24.4
県内いわき市	378	40.2	26.5	∵ 17.5	∴ 22.5	17.7	17.5	∵ 9.8
県内その他	379	39.8	27.4	21.6	18.7	20.3	16.9	11.6
県外	418	38.3	28.5	21.1	21.3	17.5	19.1	▽ 8.4

③現在よく利用する情報源

	全体（人）	テレビ・ラジオ	新聞・雑誌	友人・知人の話	家族の話	ネット上のニュース	ネット上の掲示板	企業 HP	SNS
合計	1,389	93.4	85.5	57.2	40.8	32.6	9.6	6.4	4.0
仮設・雇用	209	91.9	83.7	∴ 61.7	↓ 34.4	▼ 14.8	▼ 4.3	∵ 3.8	2.4
県内いわき市	378	94.4	△ 89.9	57.4	41.5	35.2	10.1	6.3	3.4
県内その他	379	94.7	86.8	57.3	38.5	∵ 29.3	9.0	6.3	2.9
県外	418	92.6	▽ 81.3	55.0	△ 45.7	▲ 42.1	△ 12.4	7.9	△ 6.5

④-1　現地区における町内会・自治会

	全体（人）	ある	ない	知らない	不　明
合計	1,389	53.9	16.2	28.8	1.1
仮設・雇用	209	▲ 94.7	▼ 1.0	▼ 1.9	↑ 2.4
県内いわき市	378	▼ 40.2	▲ 21.2	▲ 38.4	∵ 0.3
県内その他	379	▼ 45.1	▲ 22.2	∴ 32.2	0.5
県外	418	54.1	∵ 13.9	30.9	1.2

④-2　町内会・自治会加入有無

	全体（人）	加入	未加入	不　明
合計	749	59.9	36.7	3.3
仮設・雇用	198	▲ 86.9	▼ 6.1	▲ 7.1
県内いわき市	152	▼ 48.0	▲ 48.0	3.9
県内その他	171	▽ 50.9	▲ 48.5	▽ 0.6
県外	226	▼ 51.3	▲ 46.9	∵ 1.8

⑤地域生活上の問題点（上位 18 項目）

	全体（人）	家族や親戚が離れて居住	友人・知人が離れて居住	地区のことがわからない	地区の人との交流がない	名前を知らない人の増加	移動や交通の問題	相談相手の不足・不在
合計	1,389	38.9	37.7	31.1	26.1	17.3	14.0	13.2
仮設・雇用	209	△ 47.4	37.3	▼ 18.2	▼ 17.2	▲ 29.2	12.9	10.5
県内いわき市	378	36.5	37.3	▲ 38.6	△ 31.5	17.2	12.2	11.1
県内その他	379	∵ 35.6	34.6	31.4	27.2	▽ 12.9	14.0	14.5
県外	418	39.7	∴ 41.1	30.6	24.9	15.3	∴ 16.5	15.1

	全体（人）	住宅ローン等の経済的な問題	異なった自然環境への対応	買い物施設の不足	居住地区における放射能への不安	他地区との交流が少ない	住民の高齢化	高齢者や単身者などの孤立化
合計	1,389	11.6	9.7	7.3	7.2	7.0	6.8	6.7
仮設・雇用	209	12.0	∴ 12.4	▲ 12.9	▲ 12.0	▲ 14.8	▲ 26.3	▲ 18.7
県内いわき市	378	11.4	▼ 0.8	6.3	7.1	∵ 5.3	▼ 2.6	5.3
県内その他	379	∵ 9.0	▲ 18.5	7.1	△ 10.6	8.2	▽ 4.0	5.3
県外	418	∴ 13.6	8.4	∵ 5.5	▼ 1.9	▼ 3.3	▼ 3.1	▼ 3.1

	全体（人）	ゴミ処理の問題	独居高齢者への対応	ルールを守らない住民の存在	病院等医療・福祉施設の不足	世代間のズレ	一部のものだけが参加	住民間のトラブル
合計	1,389	6.2	5.5	5.5	4.8	4.8	4.6	4.2
仮設・雇用	209	△ 10.0	▲ 15.8	▲ 19.1	6.7	▲ 9.1	▲ 13.9	▲ 8.1
県内いわき市	378	5.3	∵ 4.0	▽ 2.6	4.2	4.2	↓ 2.6	2.9
県内その他	379	7.1	4.2	▽ 3.2	5.0	3.7	4.5	4.0
県外	418	∵ 4.3	▽ 2.9	↓ 3.6	4.1	4.1	▼ 1.9	3.6

	全体（人）	行事への住民の参加の少なさ	治安・少年非行・風紀の悪化	公園・運動場・体育施設等の不足	声の大きいものだけの意見を尊重	地域・地区のまとまりのなさ	周辺住民によるいやがらせ	問題解決のためのノウハウの不足
合計	1,389	3.9	3.7	3.5	2.5	2.4	2.4	2.2
仮設・雇用	209	▲ 13.9	∵ 1.9	△ 6.2	△ 5.3	△ 4.8	▲ 5.7	▲ 6.7
県内いわき市	378	▽ 1.9	4.2	2.6	2.1	3.2	2.6	1.6
県内その他	379	2.9	∵ 2.1	4.0	3.2	2.6	1.8	1.6
県外	418	▽ 1.7	△ 5.5	2.4	▽ 1.0	▼ 0.5	↓ 1.0	∵ 1.2
	全体（人）	自治会・町内会役員のなり手不足	とりまとめ役の不在	保育園・学校等育児・教育施設の不足	以前から居住している周辺住民とのトラブル	集会所等文化交流施設の不足・老朽化	活動が多すぎて負担である	困っていることはない
合計	1,389	2.1	2.1	1.9	1.9	1.6	0.9	13.7
仮設・雇用	209	▲ 8.1	↑ 3.8	∴ 3.3	2.9	▲ 4.8	△ 2.4	▼ 7.2
県内いわき市	378	▽ 0.3	2.9	2.1	2.6	2.1	0.5	15.3
県内その他	379	∵ 1.1	2.1	1.6	1.1	1.1	0.8	12.7
県外	418	1.7	▽ 0.5	1.4	1.4	—	0.5	↑ 16.5

居住地域別による課題

前項では二〇一二年夏に実施した楢葉町と富岡町民を対象にしたアンケート調査を概観した。**表2－5**はセグメントごとの特徴を見るためにファインディングの基準を五％以下にして抽出したものである。

人づきあいについて見ると、両町ともに「仮設」でつきあいの幅があることは明白である。「いわき市」は仕事関係や同じ浜通りという立地から「親兄弟」（楢葉）、「富岡」（友人）が多く出ている一方で、いわき市外となる

表 2-5　居住地別の特徴

楢葉町	仮設・雇用促進	借り上げ・購入		
		いわき市	福島県内	福島県外
人づきあい	震災前隣近所、仮設での知り合い、避難所、仮設自治会	親兄弟、仕事		
話す内容		人間関係		
情報源		家族	テレビ	
自治会有無	なし		知らない	
加入有無	加入	未加入		
生活上の問題点	家族と散住、友人と散住、知らない人、ごみ処理、放射能、高齢化、他区との交流なし			

富岡町	仮設・雇用促進	借り上げ・購入		
		いわき市	福島県内	福島県外
人づきあい	仮設での知り合い、避難所、仮設自治会、団体	友人、仕事	震災前自治会	ネット
話す内容	帰町、自治会運営		一時帰宅	
情報源		新聞		家族、ネット、ネット掲示板、SNS
自治会有無	あり	なし、知らない	なし	
加入有無	加入	未加入	未加入	未加入
生活上の問題点	家族と散住、知らない人、買い物、放射能、他区との交流なし、高齢化、孤立化、ごみ処理、独居高齢者、ルール守らない	地区がわからない、地区と交流なし	自然環境対応、放射能	

と「県内」で「震災前自治会」（富岡）という震災前のつながりに依存するか、「県外」では「ネット」（富岡）と、「そのときのリアル」な関係が構築されにくい現状をあらわしている。

話す内容について、半数以上の避難者がいわき市に集中していた楢葉町ではセグメントでの差異は見られない。大玉・郡山・三春といわきに（楢葉町と比べれば相対的に）分散している富岡町では「仮設」で「帰町」と「自治会運営」、「県内」は「一時帰宅」とやや違いが見られるのは、楢葉町に比べて設立された自治会比率が高かったこと。更には事故を起こした第一原発が立地する大熊町に接しているという帰還が難しい事情があるのかもしれない。

情報源であるが、いずれも共通しているのはメディアによる影響力が強いことであり、口コミが際だっているのは「家族」（楢葉のいわき市在住、富岡の県外在住）のみと、人づてによる情報伝達はこうした居住地域に関係は弱いことがうかがえる。

自治会有無や加入について、両町に共通するのは「借り上げ・購入」入居者が現居住地の住民組織との関わりが弱い点にある（仮設で楢葉、富岡が異なる結果になるのは、設立のラグがあったからといえる）。ただ本稿では詳細には論じないが、二〇一三年以降、とりわけ二〇一四年に入ってから「賠償問題がある程度、見えてきたので（いわきなどへ）家を求めることにした」という楢葉町・富岡町の避難者たちが増えてきており、そうした場合は「班長に挨拶に行き、自治会加入の説明を受けた」となり、住民票の問題は依然として残るものの、その土地に根づきはじめているといえる。逆にいえば、借り上げ・購入住宅生活者への町によるサポートの薄さが、住民組織へのアクセスを高くするとともに、町への愛着・関心を低下させ、家を求める段になると住民組織へアクセスする＝根づこうとする意識を喚起させているのではなかろうか。

こうした背景には生活上の問題点を見ると、「仮設」では集住による様々な問題が山積しているものの、孤立からは（「借り上げ・購入」と相対的に）無縁である一方で、「借り上げ・購入」は散住による気ままさの反面にある

「孤立」とは無関係ではなかろう。

以上の結果等をふまえると、二〇一二年夏における居住地域別の課題について、「仮設」と「借り上げ・購入」のいわき市とその他の三つで以下のように考えられる。

「仮設」について、早急なコミュニティ形成が課題であろう。それにより詳細は後述するが、仮設住宅内の諸問題の解決を実現に結びつけられたといえる。「借り上げ・購入」（いわき市）では、町から近いことから親戚や知人が多く、かつ利便性が高いことから不満は少ないと考えられるが、その反面で「町民」としての意識が低下し、帰町への意欲が弱くなる。それへの対応策として、借り上げ・購入住宅生活者を束ねる組織が必要となり、そうした意味では広域自治会の設立や交流サロンの設置は理にかなったものといえよう。「借り上げ・購入」（その他）の人は地の利があるいわきから離れていることから、いわき市居住者よりも孤立感が高まるものと考えられ、より一層広域自治会のような組織が「網羅的」に求められるものと考えらえる。それが難しい場合は、居住先の住民組織への加入を促すしかけが町役場に求められたのではなかろうか。

三　避難者コミュニティの諸相と変容——二〇一二年からの変化

ここまで楢葉・富岡町民を対象としたアンケート調査から二〇一二年夏の段階において、仮設住宅／借り上げ・購入住宅というそれぞれの居住のかたちの違いにより、状況が異なることを明らかにしてきた。これら両町においては同年の夏に立ち入り制限が緩和され、楢葉町は全町、富岡町は夜ノ森以南で昼間に自由に立ち入りが可能になった。[11]また、仮設住宅への入居や自治会設立の動きも二〇一二年度末から二〇一三年にかけてある程度収束してきたといえる。こうした外部環境がある程度落ち着いてきた意味から、前節で展開した二〇一二年夏と

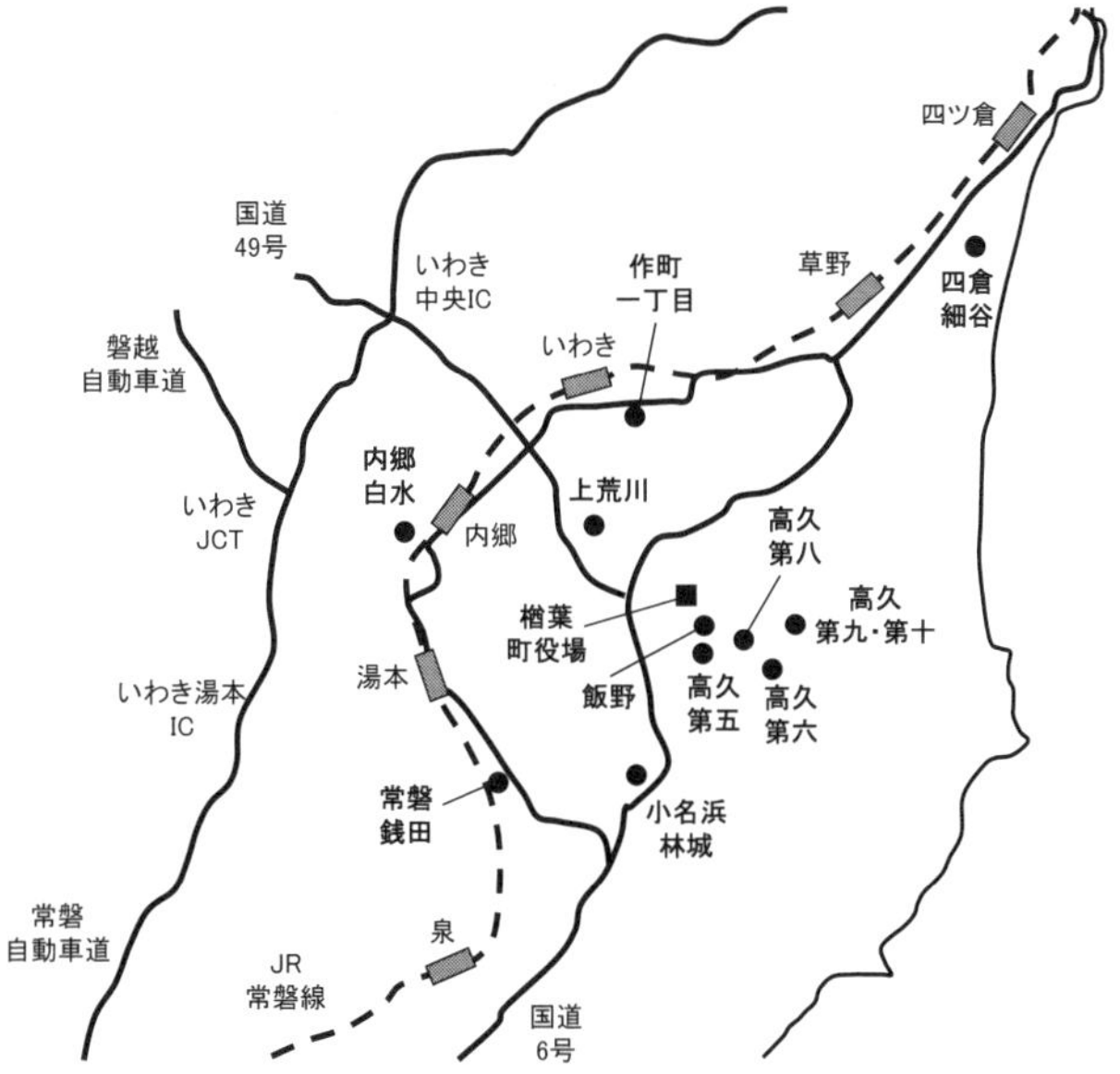

図3-1　楢葉町応急仮設住宅の立地

住環境や人びとの関係もやや変化してきたものと考えられる。そこで本節では仮設住宅で結成された自治会の実態と地域との連携状況などを、二〇一二年度までとそれ以降の二つのフェーズに分け、各仮設住宅自治会長・役員らに対して①設立経緯・ねらい、②組織体制、③活動、④行事・イベント、⑤その他に関する聞き取り調査等を通じて、コミュニティの諸相と変容を明らかにする。

楢葉町

楢葉町の仮設住宅の規模は一六戸（飯野）から二四一戸（上荒川）と大小存在しており、本表には示していないが会津美里町の一カ所（会津宮里）を除いて、すべてがいわき市に立地している（図3－1、表3－1）。入居開始時期は大きく三つに分けられるだろう。第一期は二〇一一年七月の飯野、高久第五～第十、第二期は同年九月～一〇月の上荒川、作町一丁目、内郷白水、四倉町細谷、そして第三期は二〇一二年以降の常磐銭田、林城八反田、小名浜相子島である。これらの仮設

表 3-1　楢葉町応急仮設住宅の入居者数等の概要[13]

仮設名	入居開始月	自治会設立	全戸数	決定戸数			決定人数		
				11年末	12年末	13年末	11年末	12年末	13年末
飯野	2011年7月3日	2013年7月26日	16	16	16	14	45	45	40
高久第五	2011年7月1日	2011年8月30日	18	18	18	18	43	42	38
高久第六	2011年7月4日	2011年8月30日	17	16	17	16	41	40	35
高久第八	2011年7月10日	2013年6月4日	123	122	123	123	313	297	254
高久第九	2011年8月3日	2013年3月25日	193	191	193	191	471	456	405
高久第十	2011年7月27日	2011年12月18日	200	200	200	200	533	506	463
上荒川	2011年9月5日	2012年7月4日	241	237	239	236	576	558	470
作町一丁目	2011年10月24日	2011年12月22日	57	57	57	57	135	136	126
内郷白水	2011年10月24日	2011年12月22日	61	61	61	60	138	140	125
四倉町細谷	2011年10月24日	2012年1月12日	40	40	40	40	90	89	81
常磐銭田	2012年3月31日	2013年7月11日	50		45	43		152	141
林城八反田	2012年7月13日	2012年12月21日	106		103	103		254	229
小名浜相子島	2013年2月24日	2013年5月24日	40		34	37		66	69
いわき市仮設住宅計			1,162	958	1,146	1,138	2,385	2,781	2,476

住宅はいずれも数字上はほぼ埋まっている状況にある[12]。

次に自治会設立については、これも大きく三つに分けられよう。入居開始から三ヶ月以内に設立した仮設は高久第五、第六、作町一丁目、内郷白水、四倉町細谷、小名浜相子島である。これらはいずれも一〇〇戸未満の中小規模のものである。次に半年〜一年程度のところは高久第十、上荒川、林城八反田であり、とりわけ前二者は二〇〇戸以上の大規模仮設である。そして、入居から一年以上要したところは飯野、高久第八、第九、常磐銭田であり、規模はまちまちである。こうした違いはどこから生じているのだろうか。

①設立経緯・ねらい

仮設自治会設立は入居住民による意思で決まり、アンケートなどの手法を用いて意思の確認を行ったうえで設立されることになっていた。二〇一二年度末には未設だった飯野、高久第八、高久第九、常磐銭田はいずれも自治会設立への住民の反対や消極的な姿勢によるものであるが、それらも高久第九や林城八反田が二度目の住民投票などで設立は決まっていき、現在では全ての仮設住宅に自治会がある。

設立のねらいについて、ほとんどは「町から要請を受けて」（飯野、高久第五、高久第六、高久第十、内郷白水、常磐銭田、小名浜相子島）であるが、「入居者間の親睦を図る」（上荒川、四倉細谷など）や「高齢者の孤独死防止」（高久第九）といった住民のニーズを取り込んだ積極的な理由もあった。

②組織体制

組織はほとんどが会長、副会長、班長（棟ごとが多い）などにより構成されており、役場から自治会への補助金が出るようになってから[14]、会計職を設けたところもある（高久第五、四倉細谷）。その他には会津宮里のように入居者減少により班を集約、集会所運営のための役員（副会長）を増員（上荒川）、相談役として顧問を設定（林城八反田）というように、複数年を経た住宅内の状況に合わせて統治方法の模索をする自治会もある。

③活動

ある程度の規模以上の自治会では役員会・班長会を開いていて、設立当初はほぼ月一回ペースで開催され（会津美里、高久第六、高久第八、高久第九、林城八反田）、定期的に会合を持つことによる会長－役員・班長－住民の情報伝達や意思疎通を図っている。その一方で必要に応じて招集をかける（四倉細谷、内郷白水、常磐銭田、小名浜相子島）自治会もあり、様々なかたちをとっている。時系列の変化を見ると、「定期的」↓「必要に応じて」となったのが、会津美里、高久第八、高久第九という大規模仮設であった。これはトラブルが減ってきた、または活動や行事などのルーティン化してきたことによるのと、役員の都合により定期開催が困難になってきた等の諸要因

表 3-2　楢葉町の応急仮設住宅概要(15)

住宅名	時期	①経緯・ねらい	②組織	③活動	④行事・イベント	⑤備考
会津宮里	2012年年度まで	・初代会長の呼びかけ	・会長1名、副会長1名、会計1名、監査1名、班長8名	・班長会は月1回行われるほか、イベントの度に実施 ・サロンのような感じで月1回程度で夜に飲み会をやっている ・週1回、仮設と借り上げの人たちが集まってサロンを開いている。男の料理教室も月1回実施している ・清掃活動、花いっぱい運動、最近はラジオ体操などである	・主な行事は「ならは夏まつり」と「ならは雪まつり」の2回	・イベントは今年は平日が多い。仕事している人はやりたくても参加できない。会長とA～Hの班長が集会所で集まって自分たちの都合に合わせて日程を決めるためである
	2013年年度以降		・班長7名。入居者が少なくなってきたので棟ごとではなく、集約した	・役員会は年2回。年度の始めと終わり、あとは行事の前である ・それまでは班ごとにやっていた清掃活動を、全棟対象に2ヶ月に1回、みんなでやることにした	・春には「さくら花まつり」を開催 ・秋に高田地区町民ふれあい運動会に自治会として参加	・入居者が減ってきたこともあり、トラブルも減ってきた
飯野	2012年年度まで	・町から要請されて設立	2013年7月末に自治会設立			
	2013年年度以降		・会長1名、副会長1名の2名	・2014年春から開始したラジオ体操 ・年2回（今は4回）の一斉清掃に参加	・花見を2014年春にこの談話室で開催した	・談話室、以前は部屋だった。住んでいた人が明治団地に引っ越したので、自治会設立後にそのまま談話室にした

住宅名	時期	①経緯・ねらい	②組織	③活動	④行事・イベント	⑤備考
高久第五	2012年年度まで	・町から要請されて設立	・会長1名、副会長1名	・基本的な活動はない ・近隣の第九・第十の「空の家」等の呼びかけによる体操に参加 ・入居者交流の場として談話室を開放	・2012年に流しそうめんを開催 ・参加率は低い ・ボランティアによる催し物を受け入れている	・楢葉町の仮設としては最初に出来たところ ・高齢者や障がい者を優先的に入居させていた
	2013年年度以降		・2013年11月から会計1名を加えた	・平日9時からラジオ体操 ・活動は色々やっていたのだが、月曜にサポセン（空の家）へ行くようになったのでここでやるのが少なくなり、一段落の状況	・清掃の後に花見や芋煮会を開いている ・ボランティアの人が来て炊き出ししてもらっていたが、2013年から来なくなった	・連絡員からも「ここは仲がいいね」と言われる
高久第六	2012年年度まで	・町から要請されて設立	・会長1名、副会長1名、会計1名	・集会所を使った井戸端会議程度 ・月一回の定例会の参加率ほぼ100% ・高齢者対策に注力	・マンパワー不足で行事実施不可能	・高齢者が多い ・世代の近さと小規模さゆえに密接な交流 ・地域からの声かけはあったが、交流はほとんどなし
	2013年年度以降		↓	・毎日、ラジオ体操をやっている。10時開始 ・会計報告は昨年からやり始めて、去年は2013年の春頃（補助金が入った段階）に開催 ・総会はやっていない。定例会を毎月やっているので、補助金の変わり目に報告するのが総会代わり	・2014年に入って色々なグループが来ている ・小回りのきくボランティア団体がちょくちょく来ている ・仮設独自のイベントは餅つき、花見、忘年会である。1～2名ほど欠席者がいるが、ほとんどの人が参加	・この仮設住宅はまとまりがよい。お年寄りが多いこともあるのだろうか

住宅名	時期	①経緯・ねらい	②組織	③活動	④行事・イベント	⑤備考
高久第八	2012年年度まで	・町から補助金を引き出すため	2013年6月に自治会設立			・ペット入居可 ・ペットのフンのトラブル ・「ゴミの分別が最悪の仮設」 ・「長」不在で問題解決が難しい
	2013年年度以降		・会長1名、副会長2名、会計、監査など	・役員会は2013年度には毎月1回やっていたが、2014年度から必要に応じて開催	・もみじ狩り、カラオケ大会。花見、忘年会など ・いわき市クリーン作戦へ参加	・行事やイベントに参加するのは40名くらいで固定化 ・ほかの仮設と違って隔離されていることもあり、地域との交流はない
高久第九	2012年年度まで	・年配者の孤独死を防ぐ	2013年3月末に自治会設立			・住民同士のコミュニケーションが取れていない ・イベントなどはNPOや町が行うため自治会は不要という意見も多い ・まとめられるリーダーもいない
	2013年年度以降		・会長1名、副会長2名、班長7名、会計1名、鍵管理人2名	・たこ焼き・焼きそばの無料提供（外部団体による） ・月1回の役員会の他に、「三役会」を開催 ・役員会は2013年度には月1回定例でやっていた。今年度から必要に応じて招集することにした	・2011年8月からのイベントや活動には外部のボランティアがやってくれたこともあり、独自のものはなかった ・たこ焼き・焼きそばの無料提供（外部団体による） ・芋煮会、餅つき、カラオケ大会 ・いわき市の清掃活動にも参加	・ゴミ問題、活動資金 ・いわきとはお世話になっている意識が強いので、何かの機会をつくっていきたいと考えている ・自治会が出来て変わったこととして、住民のメリットとして窓口が出来たこと。問題が起きたときに役場や連絡員との間に入ってくれる

住宅名	時期	①経緯・ねらい	②組織	③活動	④行事・イベント	⑤備考
高久第十	2012年年度まで	・町から要請されて設立	・会長含む役員は35名 ・各クラブに部長がおり、会長との連絡を密に取っている	・月1回「清掃の日」には参加者が200人程度と参加率は高い ・手芸クラブ、舞踊クラブがあり、カラオケクラブ設立予定とクラブ活動が盛ん	・年中行事中心 ・2012年4月開催の祭に200人程度参加 ・参加率高い	・各個人情報を役場に依頼し提供してもらっている ・相談役を高齢者に任せ、風通しを良くする
	2013年年度以降		・会長含む役員は33名	・会長、副会長、相談役で仮設住宅内の基本的な活動、役割分担を決めたり、議案づくりなどを必要に応じてほぼ2ヶ月に1回行っている。役員会は年2回実施 ・新しい取り組みとして、カラオケクラブがある。毎月第2、3、4木曜に開催している。開始当初は第2、4だったのだが、参加者が増えたのでもう1回増やした	・大きなイベントでは大体200名ほどの参加者で推移している。都合の悪い人には出てこなくてもよいという旨を文面に記しているのだが、出てくる人が多い	・告知の方法も文面を工夫している。なるべく文字を大きく、そして字数を少なくしており、全戸配布している（全戸配布にしないと不参加のいいわけになる） ・この仮設住宅ではもめ事は少ない。みんなが一生懸命やってくれることもある。コツとしてはみんなにやらせる、責任を負わせることだと思っている。 ・みんながここにいる理由としては2つあると思う。一つはコミュニティができあがったこと、もう一つは医療・福祉、買い物などといったソフトのインフラが満たされているから

住宅名	時期	①経緯・ねらい	②組織	③活動	④行事・イベント	⑤備考
上荒川	2012年年度まで	・入居者間の交流・親睦を図る	・会長1名、副会長2名、相談役5名、世話人10名	・各班ごとに「ゴミの分別の講習会」 ・美化運動 ・週に一度の運動、血圧測定 ・月に一度のボランティアによるマッサージ	・年中行事中心 ・参加率高 ・町青年団が中心となり祭を開催 ・食事会準備のために婦人部を設立	・パン屋、スーパー、床屋の仮設店舗あり ・大規模すぎて会長が把握しきれていないこと多々あり ・特に高齢者への対応が課題
	2013年年度以降		・副会長は1名増員して3名である。増やしたのは第1～第3集会所の代表としたから	・メインは三役会であり、総会に代わるものとして役員会がある。役員は事ある毎に集まって情報共有を行えば協力体制も生まれる ・ゴミ出し班結成により、ゴミ整理を行う ・男同士だけだと花見や芋煮の段取りがわからないので、女性の力を借りようとなって、婦人部を立ち上げることになった	・いわき市総ぐるみ運動に仮設でも参加した。市職員や町役場とやりとりをしながら進めた	・最近では、散歩に出かけるグループや個人の人が増えてきたしコミュニケーションも前よりとるようになっている ・2013年から1年間、この仮設住宅はいくらか落ち着いてきたのではないか。お互いの顔を知る人が増えてきたからだと思う
作町一丁目	2012年年度まで	・入居者同士の話し合いの場が必要のため ・親睦を図る	・会長1名、副会長男女1名、班長5名	・草刈り ・ボランティアや社協による元気up教室や介護予防教室 ・毎朝のラジオ体操は20名ほど参加	・昼食会など交流中心 ・作町の老人会による交流会 ・新年会、忘年会	・設置が遅いため、住民同士の雰囲気良好 ・仮設自治会長の横のつながりをつくりたい ・連絡員の活動強化を望む
	2013年年度以降		↓	・2013年、2014年の総会への参加は35名ほどであり、出る人は固定化 ・ラジオ体操は最大20名ほど来ていたが、今は大体12名ほど。これも集まる人は固定 ・カラオケを楽しむ会を第2・4水曜に開催	・新年会、花見、いわき市の清掃デイ（2014年は11月2日）であり、外部のボランティアもイベントをやってくれたりする	・当初、駐車場は1世帯1台で2台目についてもめていたが、今は問題となっていない ・仮設連絡会議を開いたが、結果的に役場主導の会合になってしまっている ・作町一丁目の老人会とのかかわりが当初あったが、その後声がかかってこないのでなくなった

住宅名	時期	①経緯・ねらい	②組織	③活動	④行事・イベント	⑤備考
内郷白水	2012年年度まで	・町から要請されて設立	・会長1名、副会長1名、班長2名の計4人 ・班長はいるが班編制はなし ・会則、役員任期は特になし	・毎朝9時30分からラジオ体操とその後のお茶飲み	・ボランティア等の支援団体絡みが多い ・2012年冬の鍋パーティは3割ほど（約50名）参加 ・参加率低い	・近隣自治会との交流はあり ・近隣で行われているクリーンアップ作戦には参加したい
	2013年年度以降		↓	・役員会というかたちはなく、何か話があるときにはラジオ体操（これに一番人が集まる）の時に話をする程度	・いわき市クリーンアップ作戦の参加者は多い ・2014年5月には白水小学校運動会に自治会として招待された。いわき白水地区の歩こう会では今度の10月18日のイベントにマミーすいとんを提供する予定	・仮設同士での交流はない。連絡協議会は1回あっただけ
四倉細谷	2012年年度まで	・入居者間の交流・親睦を図る	・会長1名、副会長2名、班長3名	・酒飲みを集会場で開催。常時15～6名が参加	・参加率は6割程度	・周辺（大浦・四倉）地区との交流はある ・四倉婦人会との交流有り
	2013年年度以降		・会計1名を新たに設置	・役員会は必要に応じて開いている。2014年度の4月以降は2回開催 ・平日はラジオ体操を10時前に集会所で実施 ・草刈り、地区の活動に参加 ・清掃活動をやっても17名ほど参加するくらい	・もみじ狩り日帰り旅行を検討	・2014年度から会費（1,000円／年）を取らないようにした。というのも、使途などを示す必要があるのと時間が取られるなどの理由があり、町からの補助金でしのぐことにした

住宅名	時期	①経緯・ねらい	②組織	③活動	④行事・イベント	⑤備考
常磐銭田	2012年年度まで	・町から要請されて設立	2013年7月に自治会設立			
	2013年年度以降		・会長1名、副会長1名、会計1名、班長3名	・役員会は必要に応じて開催。2014年度になってからは1回開いたのみ ・土曜の9時～17時に談話室を開放していて、人は集まっているようだ	・春秋のいわき市の清掃デイには参加している。集まるのはこの2回くらいではないか。あとは消火訓練くらい ・ボランティアの人がたまにきてイベントをやってくれている	・工業団地の中にあることもあり、地元自治会との交流もない ・他の仮設と連絡の取り合いや連携はない。年1回の集まりのみ ・今のところ問題はない。現状維持でよいのではないかと思う
林城八反田	2012年年度まで	・年配者の孤独死を防ぐ ・集会所を昼間に開放し、年配者の交流を図る	・会長1名、副会長1名、会計1名、監査1名、農事1名、班長9名	・月一回の班長会議を予定 ・2012年12月30日地域ゴミ拾いに30名参加 ・第二日曜に近隣地区ゴミ拾い	・2013年1月13日に近隣の老人ホーム入居者に呼びかけ餅つき大会開催 ・今後は花見、芋煮会、クリスマス会等を開催したい	・2012年10月に自治会発足のアンケートを行うも発足せず。2度目で発足 ・近隣住民との交流は必要不可欠
	2013年年度以降		・2014年度から顧問1名設定	・ゴミ分別のために班長を3ヶ月交替として、ゴミ分別担当を1ヶ月交替としている	・芋煮会を2013年11月頃に行い、50名ほど参加した ・イベントは会費制にしている ・地元のイベント（福祉祭、絆祭など）に参加 ・いわき総ぐるみ運動は、ふだんこの仮設では1ヶ月に1回草刈りなどをやっていることから、地元の区長と話し合って免除してもらった	・林城区、金成区、飯田区、鹿島区などの区長らとのやりとりがある。区総会の打ち上げ後の懇親会に招待されたりする ・他の仮設自治会との連携であるが、相子島とのやりとりがあり、モノの貸し借りをしたり、また絆祭りでも数名参加予定

住宅名	時期	①経緯・ねらい	②組織	③活動	④行事・イベント	⑤備考
小名浜相子島	2012年度まで	・町から要請されて設立	2013年2月に入居開始			
	2013年度以降		・会長1名、副会長1名、会計1名、監査2名	・役員会は定期的にではなくてその都度必要に応じて開いている	・イベントは2013年度に6回開催した。餅つきや鍋等 ・地域との交流は月1回、相子島行政区との合同で缶拾いをしている。2013年は矢田川の草刈りを年に2回実施	・区長とのやりとりは頻繁にある ・冠婚葬祭等に参加してもらうために会費を取ることを、出席者の過半数の賛成で可決

があり、いずれにせよ「緊急に集まるほどの必要性が低下した」ことの証しであるといえよう。

活動については「体操」や「清掃活動」が基盤的な活動になっている。高齢者福祉への対応は、楢葉町のサポートセンターが高久第九・第十仮設（「空の家」）に設置されてから、そちらが中心となっている（高久第五）。それらに加えて、「手芸、舞踊、カラオケクラブ」（高久第十）や「酒飲み」（会津美里、四倉細谷）などがある。

④行事・イベント

ふだんの活動とは異なり、これらを実行に移すにはある程度の規模と外部からの支援が必要である。「マンパワー不足で実施不可能」（高久第六）のような自治会であっても、同自治会では二〇一四年から外部団体によるイベントが行われているようだ。どの自治会にもある程度共通しているのは、「花見」、「芋煮」、「忘年会・新年会」のような年中行事であり、その前に役員会が開かれ、その役割分担を決定することが多い。役員会の他に婦人部が中心となってイベントを推進する自治会もある（上荒川）。

周辺地域との連携であるが、入居開始後数年経つとある程度の交流が出てくる自治会もある。林城八反田では

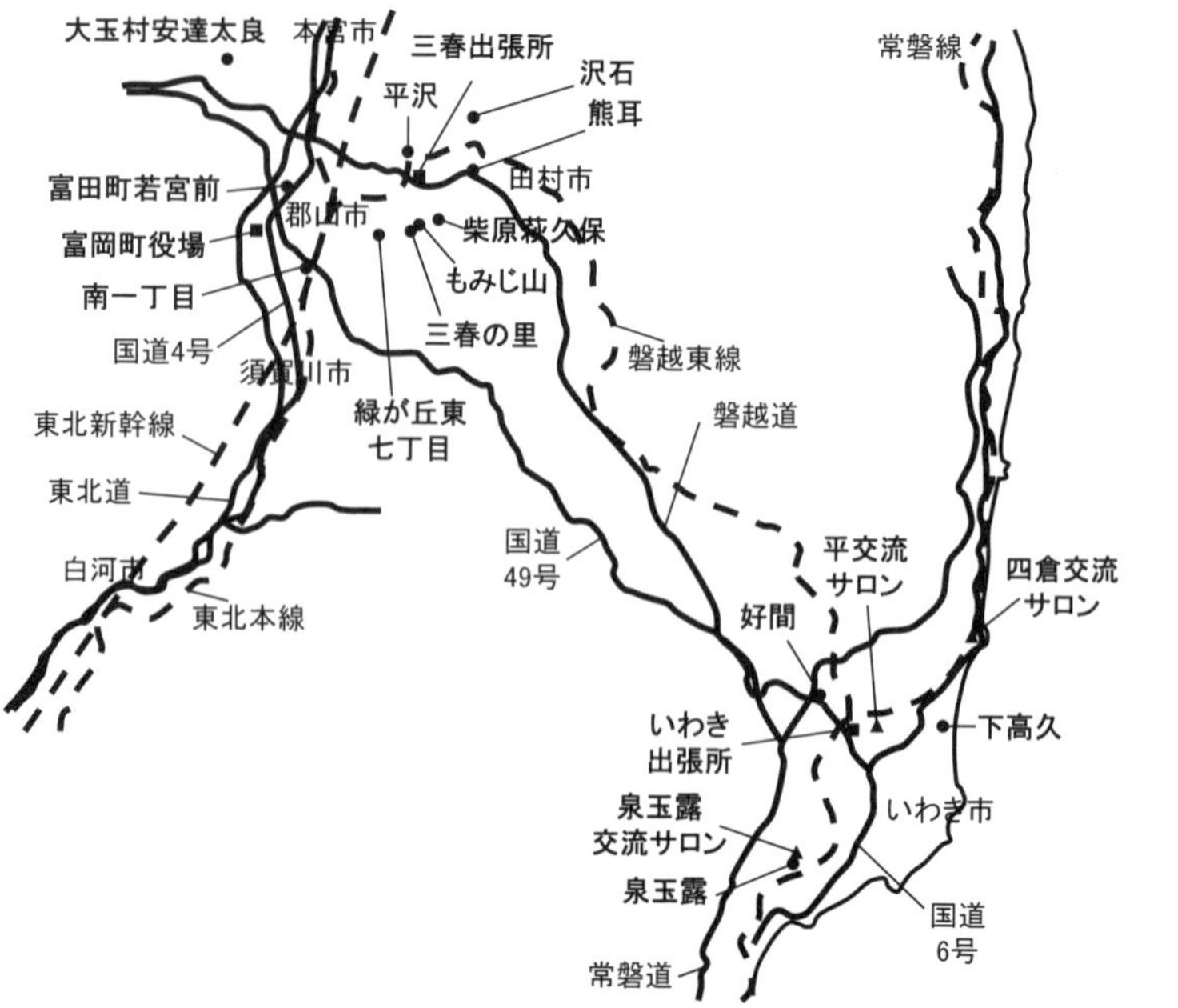

図3-2　富岡町応急仮設住宅の立地

近隣のゴミ拾いや近隣の老人ホームと餅つき大会開催など、積極的に進めているものの、そうした自治会は少数で殆どは、地元の清掃活動に自治会として参加している程度である。

富岡町

富岡町は設置戸数として三春の里（一一三戸）が最小で、最大は大玉村安達太良（六三〇戸）である。富岡町は現在、郡山に町役場（富岡町郡山事務所）を設置している他に、三春出張所、大玉出張所、いわき事務所があり、仮設住宅もこれらの事務所・出張所の周辺に設置している。同じ浜通りであるいわき市には三ヵ所の仮設住宅があり、特に下高久は二〇一二年秋とこれだけ入居開始日が遅い。仮設自治会は入居開始から設立までのばらつきはあるものの、すべての仮設住宅で設置されている[16]（図3-2、表3-3）。入居戸数を見ると、その充足率にばらつきがある。一番低いのが

表 3-3　富岡町応急仮設住宅の入居者数等の概要

地区	仮設名	入居開始月	自治会設立	全戸数	入居戸数			入居人数		
					11年度末	12年度末	13年度末	11年度末	12年度末	13年度末
郡山	南一丁目	2011年6月15日	2011年6月	166	165	161	155	316	289	282
	緑ヶ丘東七丁目	2011年6月15日	2011年10月	169	125	121	110	219	206	181
	富田町若宮前	2011年6月15日	2011年8月	287	282	275	269	449	413	421
三春	熊耳	2011年6月18日	2011年8月	86	75	64	55	132	111	94
	平沢	2011年6月18日	2011年8月	84	71	57	53	127	89	82
	三春の里	2011年6月18日	2011年夏	18	17	13	13	37	27	27
	もみじ山	2011年6月18日	2011年9月	34	29	29	26	54	51	46
	沢石	2011年6月18日	2011年9月	58	31	31	26	51	49	41
	柴原萩久保	2011年7月31日	2011年9月	50	39	34	32	86	73	66
大玉	安達太良	2011年6月22日	2011年9月	630	259	253	224	460	422	359
いわき	好間	2011年6月20日	2011年末	62	61	62	57	159	161	137
	泉玉露	2011年9月16日	2011年12月	220	220	219	200	492	453	405
	下高久	2012年10月22日	2013年3月	90		89	90		169	166
仮設住宅計				1,954	1,374	1,408	1,310	2,582	2,513	2,307

安達太良であり、六三〇戸を設置したものの立地の不便さや気候の問題もあり、二〇一一年度でも半数に達していない。ほとんどの仮設で二〇一一年度、一二年度、一三年度になるにつれて、入居戸数が減少傾向にあり、楢葉町でも論じた「倉庫代わりで借りている」世帯を考慮に入れると、入居戸数の実態はこれらの数値よりもより少ないものと考えられる。

先にふれた楢葉町と大きく異なる点は三つある。一つ目は入居開始時期が下高久を除いて二〇一一年六月から九月に集中していること、二つ目は自治会がいずれも半年以内に設立されていることであり、その設立プロセスの違いについて聞き取りを通じてこの後検討する。三つ目は規制区域が三つに分かれていることともあり、帰町への目処が本稿執筆時点でもまだ見えてこない一方で、賠償はある程度見えてきたことから、仮設や借り上げ住宅から新築や中古住宅を求める人が増えてきたからである。

①設立経緯・ねらい

設立の経緯は「町に要請されたから」の楢葉町と同様なものが多いと考えられるが、会長への聞き取りからは更に一歩立ち入ったかたちで、「苦情をまとめて役場に伝達する」（平沢）、「ボランティアの人たちの連絡窓口を一本化する」（沢石）、「要望などを出すときは、個人個人で行うよりもまとまってのほうが効率は良い」（安達太良）のように、窓口機能を持たせるねらいもある。

②組織体制

組織についても楢葉とほぼ同様なものである。二〇一三年度からの変化を見ると、三春地区にあるほとんどの自治会で役員数を減らしているところが多く（熊耳、平沢、三春の里、もみじ山、沢石）、これは元々規模が小さかったこと、退去による入居者数の減少によるものである。また、棟別に班長を置いていたのだが、入居者減の理由から班長を統合する仮設もある（緑ヶ丘東七丁目）。逆に増やしたところもあり（下高久）、この仮設は他地域からの流入が現在まであるいわき市に立地していること、活動が二年目に入って本格化してきたことが理由として考えられる。こうした住民組織における役員の高齢化も課題であるが、役員改選の時に全体的に若くした（富田町若宮前）自治会も存在し、楢葉町と同様に入居やコミュニティ形成の状況に応じた組織体制を模索していることが推察される。

③活動

役員会について、楢葉町は定期開催から「必要に応じて」という不定期開催へと変化する自治会があったが、

表 3-4　富岡町の応急仮設住宅概要

自治会名	時期	①経緯・ねらい	②組織	③活動	④行事・イベント	⑤備考
南一丁目	2012年年度まで	・情報伝達、住民同士の意思疎通、住民支援など	・会長1名、副会長2名、会計1名、班長9名 ・任期は1年	・月・火・土に喫茶店を開店 ・毎朝9時からのラジオ体操には50～70名が参加 ・リサイクル運動、クリーン運動も実施	・同敷地にある川内村仮設との合同で開催 ・餅つき大会、花見など ・年1回の盆踊りは緑が丘、富田、借り上げ居住者と合同で富田仮設で開催している ・他の仮設住宅や借り上げ住宅入居者との交流あり	・高齢者割合高
	2013年年度以降		未調査			
緑が丘東七丁目	2012年年度まで	・困っている人を助けたり、見守り・見回り・声かけといった最低限のことを行う	・会長1名、副会長1名（若い人）、会計1名、監査2名、班長9名	・防災訓練 ・週1回の筋肉体操やサロン	・年中行事中心 ・近隣住民及びその他の仮設との交流が多い ・支援団体絡み多	・高齢者割合高 ・住民たちが自治会長の知人 ・畑を借りている
	2013年年度以降		・監査の2名は班長と兼務している。仮設の流れ1列＝1班としているのだが、人が少ないところでは2棟～4棟で1班としたから	・役員会は2014年度に入って2回行った。大きな行事や問題提起があったときに開催。頻度が高くなったのは水道利用の問題があったから ・「絆」は月3名やってきて、草刈りなどをやっていたが、自治会として第一日曜に一斉に草むしりをやることになった ・毎週土曜13時～15時のカラオケ ・防災訓練は10～11月に1～2時間程度実施	・2014年8月土曜に生保会社によるイベントをやる。去年はフランクフルトやかき氷の屋台、窓ガラスふき、フラダンスをやってくれ、仮設から70～80名ほどが参加し、大変賑やかであった ・地元の自治会とのやりとりであるが、尚志幼稚園を通して夏祭りやイベントに参加している。会長との交流はある ・他の仮設住宅との交流は少ない。町のイベントには呼ばれる	・町は社協と絆の連携により孤独死対策をするようになった ・支援は少なくなっているが自治会長としての仕事は増えていると思う。情報発信も検討している

自治会名	時期	①経緯・ねらい	②組織	③活動	④行事・イベント	⑤備考
富田町若宮前	2012年年度まで	・互いのコミュニケーションをとる	・会長、副会長、会計、班長（各班1～2名）、幹事2名 ・役員は60代3名、70代7名、80代3名 ・任期は1年	・家族台帳の整理 ・住民への表札設置の依頼 ・年3回クリーン作戦 ・毎週金曜のゴミ分別収集	・ゴルフ大会 ・夏祭り ・ボーリング大会	・近隣住民との関わりを積極的に拡大を試みている ・借り上げ居住者も頻繁に出入り
	2013年年度以降		・幹事は高齢者だったので2名勇退し、新しい人に代わった。全体的に若くなった	・2013年度は文化的事業に力を入れた。DVDソフトをおだがいさまセンターで鑑賞したりした ・2013年度から『みんなの研修会』を開催。マグロ解体ショーや救急講習会などを実施	・8月には祭を開き、外部からの人が来たりして300名ほどが参加 ・富岡町と共催で葉山神社の夏祭り、スポーツ大会、町で90年以上続く『えびす講市』も開いた ・クリーン作戦として、生活道路や付近の川（逢瀬川）の土手周辺まで出てゴミ拾いや草刈りをしている。スポーツ交流を郡山老人会としている	・規模が大きい仮設であるが、大分落ち着いてきたものの細かいトラブルはある。自分でも顔と名前が一致しない人も結構いる。何らかのイベントがないと覚えない ・50台ほどの不法駐車とかが当初はあったが、今は98%位改善されたと思う
熊耳	2012年年度まで	・互いのコミュニケーションをとる	・会長1名、副会長1名（70歳）、班長4名（60前と70代） ・任期は1年	・お茶会や社会福祉協議会のさくらスポーツ会に参加 ・集会所を17時まで、お茶会や卓球などに使っている	・小中学生への「学習支援」 ・ボランティア団体によるマッサージ ・化粧品メーカーによる「エステ」サービス	・H25年から富岡町やおだがいさまセンターの支援を受けずに独自の事業計画で進める予定 ・熊耳行政区長、副区長との面談予定あり
	2013年年度以降		・役員は減らした。班長が4名だったのだが、入居戸数が減ったために2名に減らして、会長、副会長と合わせて計4名	・女性で活動に参加する／しない人は固定化してしまった ・社協が提供する健康サロンは隔週火曜、さくらスポーツクラブの体操は毎週木曜開催	・8月の盆踊りは自治会が主催。関与者は熊耳役員全員と小浜区の青年会10名、太鼓6名、サポセンとおだがいさまセンター3名、他支援団体等が3名であり、役割分担の上、ブース毎に独自に話し合いを進めている	・大分、落ち着いてきたようだ。仮設は使用期限の延長に延長を重ねるしかないのではないか。今の時点で仮設に入っている人の7～8割は自立できないのではないだろうか

自治会名	時期	①経緯・ねらい	②組織	③活動	④行事・イベント	⑤備考
平沢	2012年年度まで	・苦情をまとめて役場に伝達するため	・会長1名、副会長1名、会計1名、会計監査2名、役員1名（2011年度） ・会長1名、副会長1名、会計1名、役員1名、会計監査1名（2012年度）	・逐次開催の役員会 ・年1回の周囲のクリーン作戦、同じ行政区のクリーン作戦 ・8月に草刈り ・支援物資分配	・味の素による料理教室、宗教団体による映画鑑賞会など	・クレーマーが多い ・支援物資配分でクレームをいう人が多かったので、物資受け入れをしないことにした
	2013年年度以降		・会長1名、副会長兼会計1名、役員1名、会計監査1名	・さくらスポーツクラブによる毎週火曜の元気up教室 ・健康サロンを月2回、カラオケが月1回など	・三春の地元の人との交流は春の運動会、秋の文化祭、冬の餅つきなどである ・毎年新年会を開いているが、2012年40世帯、13年25世帯、14年20世帯と減ってきている ・事業計画として立ててはなかったが、2013年秋にバーベキューを行った	・今春から役員数を減らした。その理由は生活が落ち着いてきたので、自治会が前面に出て行わなくてもよいと考えたため ・空いている部屋が多くなったので、最近では一部屋を倉庫代わりなどにも使えるように役場から許可をもらった ・仮設での生活に慣れてきて、落ち着いてきたと思う ・3年を過ぎて、いくつかの人たちの好みの傾向がわかるようになってきた

自治会名	時期	①経緯・ねらい	②組織	③活動	④行事・イベント	⑤備考
三春の里	2012年年度まで	・町から要請されて設立	・会長1名、副会長1名、会計1名、監査を1名	・蜂の巣やアリとかの消毒、雪かき（オペレーションは自分が行う）、ジェットヒーター設置を会長が働きかけて実施 ・1戸あたり250～300円の会費徴収	・「三春の里」敷地内で春は桜、夏は花火、秋は収穫祭といったイベントがあるので、自分たちでやることは少ない	・会長自らが仮設内の草刈りをする ・小さいが故にまとまりやすいのだが、当初は大変だった。というのも、出身行政区が全てバラバラだったから
	2013年年度以降		・現在は会長1名、連絡員2名。連絡員は会長留守時に集会所の鍵を管理	・小さいアリの発生や、水道料金の高さなど、住民から指摘があり、会長が役場と交渉して解決した ・2013年から町から補助金が出るようになり、会費徴収はやめた	・毎週火・木13時半～16時までの勉強会を外部団体が支援 ・三春町にある富岡小学校児童との交流もあり、6回来てもらった。お年寄りと小学生との交流が目的	・「三春の時代まつり（行列）」には自治会宛に参加要請がある。2011年には三春、葛尾、富岡から300名ほど参加していたが、2012、2013年になるにつれてどんどん参加者が減っている
もみじ山	2012年年度まで	・町から要請されて設立 ・できるだけ人との交流をすることで、目標は元からのご近所さんのような関係、それに近付けるのが課題	・会長1名、副会長1名、会計1名、住民交流促進役3名 ・三役は30代、住民交流促進役は50代、60代、70代	・毎週水曜の10時～12時に行われるお茶会で各世帯一人以上の参加	・お茶会＋αのイベントで芋煮会、クリスマス会、もちつき会、忘年会、新年会、お花見会	・他の仮設との関わりは殆どない ・自主性が強い仮設
	2013年年度以降		・会長1名、副会長1名、会計1名、相談役1名	・総会はたまにやる。役員4～5名ほどしか集まらない。そこでは春から秋に何をやるのかといったことを議論。役員で決め回覧で回して、住民に実施是非を問う ・毎週水曜にこの談話室でお茶会（10時～12時）をやっていて、結構な人が参加	・花見を4月開催、ほぼ全員が参加した	・仮設の中ではトラブルはない ・他の仮設住宅との関わりであるが、柴原、三春の里、熊耳ではお互いの会長を呼び合ったりするが、これらは個人的な関係である

自治会名	時期	①経緯・ねらい	②組織	③活動	④行事・イベント	⑤備考
沢石	2012年年度まで	・ボランティアの人たちの連絡窓口を一本化すること	・会長1名、副会長1名、連絡員（班長）2名、会計1名、書記1名、監事2名	・逐次開催の総会 ・散歩時のゴミ拾い	・2012年7月に旅行、夏祭りを開催。それぞれ13名、25名参加 ・三春町のまちづくり協会から盆踊りや運動会に関して誘いあり ・近隣自治会との交流有	・住民同士も初めは全く知らない同士であったが、今では家族のようなつながりがある付き合いをしている
	2013年年度以降		・書記1名、監事2名いたのだが2014年度からなくした	・役員会は2013年あたりから行事の前に5名集まってやるくらい	・花見、花植え ・2013年度はクリスマス会（毎年）、花見であり、自治会が主催して役員を中心に準備している。両方とも20数名参加 ・沢石地区の秋のイベントである運動会に富岡班として8名ほど参加	・役員の補充が出来るか、そして自治会運営が出来るのかが課題
柴原萩久保	2012年年度まで	・町から要請されて設立	・会長、副会長各1名の計2名体制（当初は7名体制）	・折紙教室、3B体操、料理教室など	・三春町主催のゴミ拾いや行事に参加 ・花見、足湯	・毎月第三土曜の18時から懇親会を開催する予定 ・三春町とのつきあいが多い
	2013年年度以降		↓	・活動や行事は婦人部（2013年4月立ち上げ）が中心となって実施	・花見を行い、三春町、派出所の人、仮設内の回覧を通じて呼びかけを行い、35名ほどが参加 ・クリスマス＆忘年会 ・夏には熊耳仮設の声かけにより盆踊りを開催。この仮設からは7～8名参加	・2013年春に始めた「懇談会」はやめた。理由は2～3名しか来なく、集まりが悪かったから。4月と5月の2回だけだった ・みんなのことを一人ひとり、性格を含めてわかるようになってきた ・転居していった人たちとの交流はある

自治会名	時期	①経緯・ねらい	②組織	③活動	④行事・イベント	⑤備考
安達太良	2012年年度まで	・要望などを出すときは、個人個人で行うよりもまとまってのほうが効率が良いから	・会長、副会長、会計が各1名、監査が2名、班長が7名、相談役が3名 ・会長副会長は50代、班長は50～60代で相談役が70代	・独居高齢者対策の「黄色い旗」 ・草刈りや除雪 ・毎週火曜日にサロン、月水にパッチワーク ・毎朝集会所前でたき火を囲んでの情報交換	・田植え、稲刈り、もちつき等 ・クリーン作戦 ・演奏会 ・夏祭り	・公営住宅への移住問題 ・除雪作業などを仮設で請け負うための「さくら建設」を設立
	2013年年度以降		・「協力者」としてA棟4名、B棟3名（会長1名含む）、E棟2名、F棟3名（副会長1名含む）の12名を設けて、役員会にも出席してもらうことにした	・役員会は2013年から2ヶ月に1回、行事の一ヶ月前に開催し、イベント日程や役割分担などを議論	・2013年、3年に1回開催される大玉村運動会に仮設から参加 ・町の敬老会には参加、社協サロンの高齢者の集い ・パッチワーク、グランドゴルフ	・80～90代のひとり暮らしが多く、75歳以上は80人いる。この人たちの対応をどうするか、（問題発生などの）早期発見の体制をどうするのかが課題 ・班長でなくても芋煮会や夏祭りに協力してくれる人も多く、そうした人を「協力者」とした

自治会名	時期	①経緯・ねらい	②組織	③活動	④行事・イベント	⑤備考
好間	2012年年度まで	・町から要請されて設立	・会長1名、副会長1名、会計1名、監査2名、班長1名、顧問1名（元会長）	・交通安全パトロール「とみおか隊」（不定期で出来るときに行う） ・ゴミ出し管理は役員の仕事	・年中行事中心 ・イベントも交流を中心に実施、毎回50名位が参加。若い人はほとんど来ないため、高齢者中心で行事を運営 ・支援団体絡みは少ない ・イベント時には好間地区との交流はあり	・若い世帯が多く、独居老人は少ない
	2013年年度以降		↓	・役員会は第三土曜17時からだったのを、2014年度から平日18時半からに変更し、出来る範囲で月1回行うことにした ・草刈り、消毒	・芋煮会、新年会、餅つき大会 ・好間地区に年2回の草むしりに参加 ・平七夕祭り、好間地区との交流会	・入居者の中で仲のよいもの同士でいくつかのグループになっている ・上好間下組や好間支所や駐在所へ会長交代の挨拶へいった ・総会には30名ほどが参加。自治会を立ち上げた頃の総会は参加者からの質問が多かったのだが、最近は質問も出なくなりこちらから質問をするようになった ・会費を半期3,000円で2回徴収していたが、繰越金が多いと総会でもめることになるので、2014年度から年2,000円に減額した。外部の人との共同でイベントをやることが多くなり、資金を負担してくれるからである

自治会名	時期	①経緯・ねらい	②組織	③活動	④行事・イベント	⑤備考
泉玉露	2012年年度まで	・お互いにコミュニケーションを取る、健康状態を改善していくこと	・会長1名、副会長1名、会計1名、事務局1名、監査2名、班長7名（棟ごとにおき、小さいところは1名、大きいところだと2名）、防犯・夜警係が3名	・年1回の総会 ・休日実施の仮設周辺の清掃活動 ・逐次開催の役員会 ・役員達による夜警	・年中行事中心 ・正月にもちつき開催。ボランティアや寄付が集まり、100人ほど参加 ・子どもを対象とした「夏休み教室」 ・ボランティアや社協といった支援団体絡みが多い ・居住者以外の参加率高	・交流が出来てきたので全戸配布ではなく回覧板にした ・総会はあるが役員会でほぼ決定 ・比較的子どもが多い ・畑を借りている ・クラブ活動がある
	2013年年度以降		・2014年度は夜警係の1名が欠員。班長もこの数日前にやっと決まったくらい	・役員会はその都度やることになっていたが、定例会を今月から第三水曜日の午前中に開くことにした ・ラジオ体操には30名ほど参加 ・月1回のクリーン作戦	・イベント時に女性の力が強く発揮され、ボランティア頼みにはなっていない ・花見、七夕、芋煮会、クリスマス会、餅つき ・泉玉露区との関わりで、夏は草刈りや盆踊り、秋には泉の祭りに一緒に声をかけてやっている	・規模が大きすぎで、まとめようとしてもお茶会など40～50戸単位で動いてしまう。まとめようとするのが無理なのだろう ・高齢者の安否確認を目的とした「黄色い旗」は2014年になって、ようやくほぼ全員がやってくれるようになった ・他の仮設とのやりとりはほとんどない ・泉玉露交流サロンには行き来しているが、連携はとっていない

自治会名	時期	①経緯・ねらい	②組織	③活動	④行事・イベント	⑤備考
下高久	2012年度まで	・入居者同士を知るため		2013年3月に自治会設立		
	2013年度以降		・会長1名、副会長2名、会計1名、監査2名、理事4名、班長6名 A-C棟につき2名ずつ ・副会長と理事は2014年度から1名ずつ増やした	・役員会は第一金曜日に行っていたのだが、集まりが悪いので2013年12月から第一水曜に変更 ・ラジオ体操は毎朝8時45分からやっている。最大で60名ほどが参加 ・毎週金曜のカラオケ、第2第4火曜の折り紙教室 ・火災などの防災対策は実施済	・毎週金曜14時～16時のカラオケであり、集会所で行っている。最初は10数名来ていたのだが、今は5名くらい ・4月12日に歌手によるイベントを開催 ・夏祭り、芋煮会 ・市のクリーン作戦に参加	・下高久地区とは交流があり。区長とも電話で相談することあり ・養老院との三者交流会も継続 ・仮の住まいで「すぐに出る」のではなく、「ここにしばらく住むんだ」という気持ちで考えていく方向

富岡町ではその逆に頻度が高くなっているところがあったり（緑ヶ丘東七丁目、泉玉露）、出席率を高めるための試みを行っている（好間、下高久）。役員会の狙いで共通するのは、行事イベントの役割分担と仮設住宅内での問題解決のための会合となるのだが、「問題が少ない→定期的に開催する意義が低下→不定期開催」ではなく、「行事イベントや議論すべき問題が多い→都度が頻繁になる→定期開催」になっているところに、これら該当する自治会が置かれる状況の厳しさを示しているのだろうか。

檜葉町と同様に「体操」と「清掃活動」が活動の基礎となっているのはどの仮設住宅でも見られる。おだがいさまセンターが同敷地内に設置されている富田町若宮前では「文化的事業」を行ったり、同様なものとして「カラオケ大会」も開催されている（緑ヶ丘東七丁目、平沢、下高久）。

④行事・イベント

これらについても楢葉町と同様な取組がなされており、その他としては「月・火・土に喫茶店を開店」(南一丁目)、「子どもを対象とした「夏休み教室」」(泉玉露)などがあげられる。楢葉町の上荒川仮設のように婦人部がふだんの活動の他、行事・イベントの中心となって遂行しているところもある(柴原萩久保)。

地域との連携について、下高久仮設では入居開始当初から同地区の元いわき市議による個人的なサポートにより、仮設/地元住民との交流が進められていて、その他の仮設についても二〇一三年度以降から地域への行事・イベント参加が増えていることがわかる。

仮設自治会の課題

これまで楢葉町と富岡町で設置された仮設住宅自治会を概観した。設立経緯の起点が町役場からの(何らかの)依頼にあることは両町で共通しているものと考えられるが、楢葉町に比べて、富岡町の方に「互いのコミュニケーションをとる」や「対外的な窓口の一本化」といった明確なねらいを持つ自治会が多い。これは仮設での避難生活がある程度長くなることを想定し、そのために仮設でも震災前の行政区のような機能を持った組織づくりの必要性を感じたからではなかろうか。そう推察すると、楢葉町の仮設住宅で入居と自治会設立にラグがあることを説明できる。自治会を設立しても、それは持続可能でなければならないため、体制づくりに様々な工夫が見られた。多くあったのは役員会開催回数の減少、日程調整、情報共有による協力体制の創出などへの工夫である。「仮設」という仮の住まいの人たちにより形成された組織＝仮設自治会であるが、震災前の区会のような地域住民組織も盤石であったかというと、「コミュニティはあったけど、ない/なかった」(吉原　二〇一三)という議論のように、そうでない方が多かったのは松本(二〇一五)の調査結果からも明らかである。

上記の背景により、「仮の住まいだから自治会（のような面倒な組織）はいらない」という人が多かったため、楢葉町のいくつかの自治会で設立が遅くなったといえるのだろう。それでは何故に富岡町は入居・設立までのラグが小さかったのか。仮設住宅内での問題が多く、その解決のための組織が必要であるという（「問題処理力」に対する）住民ニーズが高いこと。そして、住民を束ねる資質をもつリーダーがすでに存在していた（「自律性」をもっための資源があった）こと、などが考えられる。次節では後者の視点から、個々のリーダーの実像に立ち入り、再編を余儀なくされる仮設コミュニティ形成に求められるリーダー像とその資質について検討を行う。

四　再編されたコミュニティに求められるリーダーの資質

前節までの議論をまとめると以下のようになる。

仮設住宅において生活上の問題で多かった「名前を知らない人の存在」であるが、各自治会による活動や行事の開催により、問題が解消されつつあるように見うけられる。次に避難先地域との交流については、清掃活動などを通じていくつかの自治会で進んでいる。

借り上げ住宅生活者については、避難者の約八割がいわきにいる楢葉町民と、郡山を拠点にしていくつかに散住する富岡町民と状況が異なっている。孤立しかけている借り上げ入居者の問題への対応として、富岡町では広域自治会やサロン設立によるネットワークができつつあり、入居者の不安・不満解消に寄与している。

それではこれらの活動を「束ねる・方向づける人」はどんな人なのだろうか。以下では仮設住宅自治会長＝リーダーに焦点をあて、長期にわたる避難者コミュニティにおけるリーダーの方向性、そして今後の研究課題を論じることで本論を終えることにしたい。

まず楢葉町のリーダー経験者をみてみよう（表4－1）[17]。これは両町の仮設自治会長（または経験者）について、震災前に住んでいた行政区がどんな活動状況だったのか（活動、行事、組織数、問題点の数）[18]、それに関与していたか（「区関与」（震災前））の関係を表すものである。仮設住宅が設置された二〇一一年から現在まで自治会長を経験したまたは現在も会長の人で聞き取りをした仮設自治会長一七名のうち、区長経験者一名、役員・評議員経験者六名、班長経験者一名である。つづいて富岡町について確認すると（表4－2）、楢葉町と大きな差異がある。同様に聞き取りをした一六名の仮設自治会長のうち震災前の区長経験者五名、役員・評議員経験者二名、班長経験者七名と、役員以上の経験者は七名と両町で変わらないものの、区長経験者が一名である楢葉町に対して、富岡町では三分の一と明らかに大きい。

これらの結果から両町にみられる差異として、まずあるのはコミュニティリーダーの出自である。富岡町が行政区長や役員経験者など、震災前から引きつづきリーダーの任を担っている。さらにいえば、持ち回りの班長を経験している人が富岡町には多く、何も関与していなかったのは二名である。その一方で、「震災前関与なし」が七名の楢葉町は震災を契機にリーダーになっている人も富岡町に比べて多いことがわかる。

また「震災前の行政区」を見ても、両町の違いをうかがえる。楢葉町は同一の行政区から複数の自治会長を輩出している。N1区四名、N3区二名、N6区二名、N7区三名、N9区二名と、二〇行政区あるなかで五区に集中していることがわかる。一方の富岡町ではT1区二名、T10区二名であり、二七行政区のなかで特に集中しているものはない。震災前の活動状況と重ねてみると、自治会長を二名ずつ輩出しているT1区やT10区は町の平均よりも活発だったことを示しており、ほとんどが「少」や平均である楢葉町とは対照的である。区長経験者が多い富岡町の自治会長は、震災前に活発な行政区である意味「鍛えられ」ていたことがうかがえ、そうした観点では震災前の資源を楢葉町との比較で活かしているといえるのではないか。

楢葉町が近年のうちに全町民の帰還を目指す一方で、富岡町はその一部に帰還困難区域を抱えていることから

表 4-1　楢葉町のリーダー経験者一覧

震災前行政区	活動	行事	組織	問題点	氏名	現居住地	区関与（震災前）
N1		少	少		NA1	NK1	なし
N1		少	少		NA2	NK2	役員経験有
N1		少	少		NA3	NK3	集会所の会計
N1		少	少		NA4	NK14	なし
N2		少			NA5	NK4	なし
N3	少				NA6	NK5	協議員
N3	少				NA7	NK6	なし
N4	多	多			NA8	NK7	なし
N5	少				NA9	NK8	班長経験有
N6					NA10	NK4	なし
N6					NA11	NK9	なし
N7					NA12	NK2	区長経験有
N7					NA13	NK10	評議員経験有
N7					NA14	NK6	なし
N8			多		NA15	NK11	役員経験有
N9				少	NA16	NK12	役員経験有
N9				少	NA17	NK13	評議員経験有

表 4-2　富岡町のリーダー経験者一覧

震災前行政区	活動	行事	組織	問題点	氏名	現居住地	区関与（震災前）
T1	多	多	多		TO1	TK1	班長経験有
T1	多	多	多		TO2	TK2	班長経験有
T2			多		TO3	TK3	区長経験有
T3					TO4	TK4	なし
T4	少		少		TO5	TK5	班長経験有
T5		多	少		TO6	TK6	区長経験有
T6	少				TO7	TK7	班長経験有
T7					TO8	TK8	評議員経験有
T8		多	多		TO9	TK4	なし
T9	多	多	多	少	TO10	TK9	班長経験有
T10	多	多	多	多	TO11	TK10	区長経験有
T10	多	多	多	多	TO12	TK10	役員経験有
T11	多				TO13	TK11	班長経験有
T12		多	多		TO14	TK12	区長経験有
T13		多		少	TO15	TK13	区長経験有
T14		多			TO16	TK1	班長経験有

数年内には帰還しないという、両町をとりまく環境が大きく異なるために一概にはいえない。しかしながら、リーダーの存在を着眼の基点にすえると、楢葉町はコミュニティの入れ替え／組み替え、富岡町が（広義の）コミュニティ維持の方向に向かっており、それに伴った施策の検討が課題となるのではなかろうか。今後にわたって提示されるであろう施策の起点であり中心になりうるのが、コミュニティをまとめる／束ねるリーダーであると考える。

こうしたことをふまえて、今後の研究課題については以下のように考えられる。一つ目は、これらのリーダーが関わるコミュニティの性質と評価である。各々のコミュニティにおいて、どのようなメンバーがどんな活動を行い、どんな機能を果たしているのかについて、役員だけではなく一般入居者への調査が必要となろう。そこでは、リーダーシップがコミュニティで顕現する問題をどう解決するかの道筋を見いだすことができるのではないか。

二つ目は震災前後において、いわゆる「コミュニティ資源保存の法則」といったものが成立するか、という問いである。とりわけ、富岡町では震災前で地域のリーダーが被災後のリーダーとなって、新しく組み直されつつあるコミュニティの「芽」の役割となっているのではないか。もう少し立ち入ると、震災後に結成されたコミュニティの自己組織的な形成プロセスとそこに潜在的／顕在的にある創発性をどうとらえるかであり、それを担保するのが震災以前からの資源保存がなされているかといえる。

最後にはコミュニティを形成する領域のねじれ（世代交代）の問題であり、両町における現在のリーダー出自の違いは、楢葉町の二〇一一年度前後がそのタイミングであったためとも考えられる。次のリーダーになるのはどんな世代で、どう交代するのかについても、時系列的に観察する必要があるといえる。

注

（1） 復興庁の調査（『原子力被災自治体における住民意向調査』）によれば、富岡町では「避難指示解除後の帰還の意向」として「現時点で戻りたいと考えている」＋「現時点でまだ判断がつかない」が五八・九％（二〇一二年一二月）→四七・三％（二〇一三年八月）→四二・六％（二〇一四年八月）と一六・三ポイントの減少となり、保留分を入れても帰還意向が低下していることがわかる。また、楢葉町も同様に「楢葉町にすぐに戻る」＋「条件が整えば、楢葉町に戻る」で四二・八％（二〇一二年一二月）→四〇・二％（二〇一四年一月）と、帰還意向者が漸減傾向にある。

（2）避難者同士によるものもあれば、避難者と居住する地域との連携・融合も進めているところもある。後者については四節で言及する。

（3）仮設住宅におけるコミュニティをこの要素を用いて簡単に説明すると以下のようになろう。ある一定の土地の上に「仮の」住宅が設置されるという「①空間的範域」。強弱や濃淡があるものの仮設住宅内の住民同士のやりとりとしての「②社会的相互作用」。そして、楢葉町、富岡町から避難してきた人同士、同じ境遇であるという意味での「③共通の絆」である。

（4）「東日本大震災」において、応急仮設住宅の居住者などを扱った既存研究のいくつかの方向をあげると、「コミュニティ形成・支援」、「生活支援・ボランティア」、「情報伝達」などである。一つ目については栁谷（二〇一二）、高橋・野口（二〇一二）、宮城・大島（二〇一二）、宮城・藤賀ら（二〇一三）などで、福島県双葉郡を対象としたものは菅野・高木（二〇一二）である。二つ目には、乙木・鈴木ら（二〇一三）、筒井（二〇一三）、長谷川（二〇一三）などがある。三つ目はたとえば近藤（二〇一二）がある。
　ちなみに過去の大規模災害でつくられた仮設住宅の入居者調査にかんする報告は数多く行われている。たとえば「北海道南西沖地震」は室崎（一九九四）、「兵庫県南部地震」では飯島・住吉ら（一九九六）、「有珠山噴火」では高橋・中村ら（二〇〇一）、「中越地震」では佐藤・澤田ら（二〇〇五）などがある。本研究ではこれらの成果をふまえながら、「震災前」のコミュニティとの関わりにも配慮しつつ、質問紙・聞き取り調査を行っている。

（5）補足すると、仮設住宅内で「自律性」があるとは、行政や外部のボランティア「だけ」に頼らず、住民側が主体的に連携して、活動や行事・イベントを進めたり、それを可能にする組織体制が構築されている状態といえる。諸活動などの総体が自律性を生み出す一方で、自律性が諸活動などを創出するという相互関係にあるのはいうまでもない。この関係の延長線上にプロセスであり結果でもある「問題処理力」があるといえる。諸活動などによりもたらされるこの能力は主に仮設住宅内で結成された自治会役員といったリーダーにより形成・蓄積されていく。

（6）先の世帯数よりも多いのは、広報などを配布する世帯数が避難によって増えたことによる。

（7）地域別では以下の通りである。宮里仮設四・〇％、高久第五仮設〇・六％、高久第六仮設〇・二％、高久第八仮設四・〇％、高久第九仮設五・〇％、高久第十仮設五・五％、飯野仮設〇・六％、上荒川仮設五・二％、四倉細谷仮設一・〇％、内郷白水仮設〇・六％、作町一丁目仮設二・一％、常磐銭田仮設〇・六％、下船尾宿舎（回答無し）、常磐宿舎〇・六％、いわき市三七・一％、福島県内一三・〇％、福島県外一八・九％、その他〇・四％、不明〇・四％。

（8）地域別では以下の通りである。富田若宮前仮設三・四％、泉玉露仮設三・一％、南一丁目仮設二・五％、安達太良仮設二・四％、緑ヶ丘東七丁目仮設〇・九％、熊耳仮設〇・六％、沢石仮設〇・四％、平沢仮設〇・四％、もみじ山仮設〇・四％、柴原萩久保仮設〇・四％、上好間仮設〇・四％、三春の里仮設〇・一％、いわき市借り上げ二七・三％、いわき市以外県内借り上げ二七・二％、福島県外三〇・一％。

（9）ちなみに楢葉町では「協力してもよい＋場合によって協力してもよい」が四九・〇％であり、富岡町では五一・二％であった。

（10）以下の数値の表記は断りがないかぎり「％」である。また、これ以降の分析は集計ソフトAssum for windowsで行い、全体との有意差を示す記号を▲▼：一％、△▽：五％、↑↓：一〇％、∴∵：二〇％とする。有意水準五％以下の項目については、灰色のハッチングを施している。

（11）楢葉町については二〇一一年九月三〇日に緊急時避難準備区域、二〇一二年八月一〇日に警戒区域が解除、「避難指示解除準備区域」に再編されて現在に至っている。富岡町は二〇一三年三月二五日に警戒区域から、「避難指示解除準備区域」、「居住制限区域」、「帰還困難区域」の三つの避難指示区域に再編されて現在に至る。

（12）「ほぼ」というのは、仮設住宅の部屋を倉庫代わりで住んでおらず、実質的には入居していない人が一定数存在しているからである。

（13）楢葉町役場からの提供資料から筆者作成（ただし、会津美里町の宮里仮設を除く）。富岡町も同様。

（14）『楢葉町応急仮設住宅自治会助成金交付要綱』によれば、助成金の基礎となる額は①防犯に関する助成：基礎額二五〇〇〇円＋建設戸数×一〇〇円、②清掃事業に要する助成：基本額二万円＋建設戸数×五〇〇円であり、二〇一二年四月一日から施行している。

（15）自治会長、役員、一般入居者への聞き取りに加え、可能な範囲で入手した自治会総会等の資料をもとに筆者が作成した。富岡町も同様である。

(16) 富岡町には借り上げ／購入住宅に居住している人たちによる自治会、「広域自治会」がいわき（さくらの会、すみれ会）、郡山（郡山方部居住者会）、福島（福島市及び県北地区在住富岡町民自治会）、会津（会津富岡さくら会）、柏崎（さくらの会イン柏崎）などにあるほか、各交流サロンも存在しており、筆者は仮設住宅と同様に聞き取りやアンケート調査を進めている。本稿では再編された集住形態のコミュニティに焦点をあてているため、散住形態で成立している広域自治会については、「原発事故避難者による広域自治会の形成と実態」（松本）を参照されたい。

(17) 聞き取り対象者の範囲であるものの、設置された仮設自治会すべての会長への聞き取りを行っている。

(18) 先の説明したアンケート調査から全体平均より多い／少ないで評価している。「問題点」については「少ない」方が問題はないといえる。

参考文献

飯島良子・住吉ゆう子・青野文江・宮野道雄、一九九六、「応急仮設住宅での避難生活に関する検討――一九九五年兵庫県南部地震における北淡町について」『地域安全学会論文報告集』六、二三五－二四二

乙木隆子・鈴木典子ら、二〇一三、「仮設住宅居住者を対象にした健康調理教室を実施して――被災地での「簡単減塩クッキング教室」の事例から」『岩手県立大学盛岡短期大学部研究論集』一五、六三－六七

柄谷友香、二〇一二、「〝移動〟に伴うコミュニティ形成の課題――仮設住宅自治会の発足経緯を例として」『建築雑誌』一二七（一六三二）、四－五

菅野昌史・高木竜輔、二〇一二、「東日本大震災における楢葉町の災害対応（一）コミュニティの再生に向けて」『いわき明星大学大学院人文学研究科紀要』一〇、三六－五一

近藤則子、二〇一二、「情報弱者の立場からの震災情報流通のあり方」『電子情報通信学会誌』九五（一〇）、九一五－九二〇

佐藤慶一・澤田雅浩・梶秀樹、二〇〇五、「新潟中越地震における応急仮設住宅の配分結果と居住満足感の分析」『地域安全学会論文集』七、一七一－一七七

高橋和雄・中村聖三・古賀克久ら、二〇〇一、「有珠山噴火災害における応急仮設住宅入居者へのアンケート調査」『長崎大学工学部研究報告』三一（五七）、一〇五－一一〇

高橋儀平・野口祐子、二〇一二、「応急仮設住宅における居住問題とまちづくり」『福祉のまちづくり研究』一四（一）、二六－

三二

筒井のり子、二〇一三、「東日本大震災における仮設住宅等入居被災者の生活支援のあり方——生活支援相談員に求められる役割と課題」『龍谷大学社会学部紀要』四二、五四-六七

楢葉町『楢葉町応急仮設住宅自治会助成金交付要綱』http://www.town.naraha.lg.jp/reiki/act/frame/frame110000878.htm

長谷川万由美、二〇一三、「震災から復興へ——あらたな仕事づくりの歩み」『福祉のまちづくり研究』一五（一）、三九-四二

Hillery, G. A. Jr., 1955, "Definition of Community," *Rural Sociology*, Vol.20, p.111-123（=山口訳、一九七八、「コミュニティの定義」鈴木編『都市化の社会学』〔増補版〕誠信書房、三〇三-三二一）

復興庁『原子力被災自治体における住民意向調査』http://www.reconstruction.go.jp/topics/main-cat1/sub-cat1-4/ikoucyousa/

松本行真、二〇一五、『被災コミュニティの実相と諸相』御茶の水書房

宮城孝・大島隆代、二〇一二、「被災住民のエンパワメント形成支援による地域再生の可能性と課題——岩手県陸前高田市におけるフィールドワークをとおして」『現代福祉研究』一二、二〇一-二一六

宮城孝・藤賀雅人ら、二〇一三、「被災住民のエンパワメント形成支援による地域再生の可能性と課題II——震災二年目を迎えた岩手県陸前高田市仮設住宅のインタビュー調査」『現代福祉研究』一三、九九-一二五

室崎益輝、一九九四、「応急仮設住宅における居住生活上の問題点——平成五年北海道南西沖地震後の奥尻町住民に対するアンケート調査から（その二）」『地域安全学会論文報告集』四、三九-四九

Warren, R. L., 1972, *The Community in America*, Rand McNally & Co.

吉原直樹、二〇一三、「ポスト3・11の地層から」伊豫谷・齋藤・吉原『コミュニティを再考する』平凡社

沿岸被災地における「安全・安心」の社会実装に向けた課題
――福島県いわき市平豊間地区を事例に

山田修司・松本行真

はじめに

二〇一一年三月一一日一四時四六分に発生した三陸沖を震源とする東北地方太平洋沖地震は、いわゆる「東日本大震災」として記録される被害を東北地方の太平洋沿岸を中心として全国各地にもたらした。東日本大震災からの復旧・復興は国をあげての最重要課題の一つであり、「安全・安心」は被災地の復旧・復興にとって喫緊のものである。近代科学技術の発展とともに、国や地方自治体は近代化した災害対策に取り組んできたにもかかわらず、東日本大震災では科学の限界が叫ばれている。被災地の災害対策あるいは復旧・復興とは、まさにかつてワインバーグが提起した「トランス・サイエンス（科学によって問うことはできるが、科学によって答えることのできない問題群からなる領域）」であることの一例であろう。科学技術を社会へ「実装」するために人文・社会科学の重要性が指摘されている一方、現状では復興まちづくりの場において人文・社会科学は遅れをとっている。具体的にいえば、住民により形成された民衆知のようなものが地域社会へ「実装」されておらず、かたちだけ（上からのガヴァメントという意味で）「実装」されているにすぎない。津波による被害が地域特性によって多様であったことは、それを象徴しているのではなかろうか。適切な「実装」の要件を見いだすことが、今後の復興まちづくりの場に求められているのである。そこで本稿では「安全・安心」の社会実装に向けた概念整理を行い、続いて筆者らがフィールドとしている甚大な津波被害を受けたいわき市平薄磯区において、復興まちづくりの要素である「津波からの避難体制づくり」に向けた取り組みを紹介する。津波災害からの「安全・安心」の社会実装の一要素である避難訓練の取り組みから、今後の課題を論じる。

本稿の構成は以下の通りである。一節では「安全・安心」と「社会実装」について概念整理を行う。二節では防災・災害対策において「防災まちづくり」が要請される背景を社会的理論的に論じる。三節では福島県いわき市において二〇一三年と二〇一四年に実施された「市総合防災訓練」のうち豊間地区を事例として紹介する。最後の四節では今後に向けた課題を論じることにする。

一　「安全・安心」と「社会実装」

本節では、「安全・安心」と「社会実装」について先行研究をもとに概念整理を行い、本稿の立脚する立場を明らかにする。

(一) 社会実装

「安全・安心」と「社会実装」は相互に関連した概念である。まず本節では「社会実装」について「社会技術」との関係から述べる。「社会実装」という言葉は、堀井(二〇〇四)、同(二〇一二)に代表されるような「社会技術」という研究分野で用いられている概念であり、「社会技術の実装」という意味付与がなされている。社会技術とは次のように定義されている。

「社会技術」とは社会問題を解決し、社会を円滑に運営するための広い意味での技術である。ここで技術とは、工学的な技術だけでなく、法・経済制度、教育、社会規範など、すべての社会システムを含んだものを意味する[1]。

科学技術の著しい発展によって複雑化した現代社会において、原因-結果の同定が困難となっているだけでなく、またそのような社会で生じる社会問題の解決枠組みの構築も困難な状況にある。そこで、複雑性を増した現代の社会問題の解決枠組みを構築するものが社会技術であるとされる。

本稿では、後述するように社会構成主義に立脚する。それによれば技術そのものが堀井の社会技術の概念を有しているという立場から、ことさら社会技術は用いず技術または科学技術を用いる。また社会実装について、おおむね堀井と同義だが、「社会への実装」程度のニュアンスで用いることにする。

実装とは、英語ではimplementationとも表記されるが、むしろJISSOとも表記される日本発の概念として、情報系や工学系の分野で用いられており、定義も多様である。本稿では実装の定義として、「設計された必要機能を具現化するため、ハード・ソフト両者を含む構成要素を、空間的・機能的に最適配置・接続することにより、システムを実体化する操作[2]」を採用する。この意味での実装には、設計と不可分に密接している。本稿では社会設計(社会の設計)をも含んだ概念として社会実装を用いることにする。

安全・安心の「社会実装」とは、まとめると次のようになる。「安全・安心」を具現化するために、ハード・ソフト両者を含む構成要素を、技術によって空間的・機能的に最適配置・接続することにより、「安全・安心」な社会を実体化する操作のことである。

この意味において、上からのガヴァメントという意味でのかたちだけの実装は、地域における正しい「安全・安心」の実装とは言えないだろう。ソフトとして避難訓練を行政が実施したとしても、それが地域住民の活動として機能せずに「訓練のための訓練」である状態や、ハードとしての防潮堤が津波発生時においてあたかも物見やぐらのように、津波の見物のために住民に利用される状態を想像すればよい。それらは、正しい実装とは言えない。地域への正しい実装のために、住民活動が不可欠な要件であることが見えてくる。次項では「安全・安心」の概念整理を行うことで、「安全・安心」の社会実装の要件を明らかにする。

(二)「安全・安心」と技術

日常的な文脈においても専門的な文脈においても、「安全」と「安心」そして「安全・安心」は、多義的に用いられている。本稿では、「津波災害に対する地域の安全・安心」という極めて限定された扱いをする。次節で、技術社会学や技術哲学における成果を背景に、あえて「安全・安心」を用いるその理由を説明する。

「安全」と「安心」、そして「安全・安心」のそれぞれの違いや意味の同定は難しい。吉川ほか(二〇〇三)は「安全」と「安心」についてそれぞれ、日常で用いられる文脈[3]と専門家での用いられ方を調べ、日常における用法の傾向からは、次の点を指摘している。①「安全」と「安心」が並列的に並べられていることが多いことから、「安全」と「安心」が異なる意味内容を持つ。②「安全」と「安心」は広範な分野・領域で使われているが、「安心」はより主観的または主体的、「安全」は科学的な関係が示唆される。

一方の専門家による安全についての考え方を吉川ほか（二〇〇三）は、大きく三つに分類している。第一に、「安全基準が達成されたことを持って安全が確保されたとする立場」。第二に「安全基準が達成されながらも社会の合意が得られないために、その解決できない部分の説明を『安心』の確保の問題として考える立場」。そして第三は「安全を技術的な安全だけでなく、社会への配慮とともに論じる立場」である。第三の立場の代表として村上（一九九八）をあげ、より学際的な分野に多いという。ここでは第二の立場と第三の立場の違いに注意する必要がある。第二の立場は「社会の不安」や「社会の合意が得られない」という部分を「科学者から見れば、合理的な判断をしない専門家」という見方に帰着させる立場であり、近年の科学技術社会論などで課題として指摘されている。

日常および専門家での用法の調査から、安全に「心理的な要因や社会的価値を含むかどうか」について議論がある一方、安心には「心理的要因が含むということについて、合意がある」ため、吉川ほか（二〇〇三）は、暫定的に「技術的安全」と「社会的安心」を提言している。安全について「技術的に達成できる問題として『技術的安全』と命名しておく」とし、安心については「安全とも大いに関わるけれども、それだけでは決定できない、心理的な要素を含むもの」としている。(4)

安全は技術によって達成されるという見方は共有されているようである。例えば次のものがある。二〇一〇年の『日本学術会議　日本の展望委員会安全とリスク分科会』の提言「リスクに対応できる社会を目指して」においては、リスク社会において安心できる生活を送るためのリスク管理のポイントに「技術的《安全》と社会的《信頼》により人々の《安心》を形成すること」（四頁）があげられている。

本稿で用いる「安全・安心」は吉川ほかの「社会的安心」とほぼ同義ではあるが、技術に対する認識が異なる。技術または科学技術とリスクは関連がある。リスク社会における安全・安心は次節で後述し、本節では本稿が立脚する技術概念とその背景について、その概説をする。

技術または科学技術と安全・安心の関係について、用法としては第二期科学技術基本計画にすでに登場している。第二期科学技術基本計画において、日本の目指す国の姿が三つあげられている。「知の創造と活用により世界に貢献できる国」、「国際競争力があり持続的発展ができる国」、そして「安心・安全で質の高い生活のできる国」である。ここでは「安心・安全」ではあるが、科学技術によって目指されるべき「安全・安心」な国とは次のように説明されている。

本格的に到来する高齢社会において国民が健康に生活できるよう疾病の治療・予防能力を飛躍的に向上させること、自然及び人為的な災害やそれによる被害を最小限にとどめること、人間活動の基盤をなす食料やエネルギーの安定供給を図ること、地球環境と調和した産業活動や経済的発展を実現すること、さらに、世界の中で安定した国際関係を維持するとともに、人々が安心して心豊かに、質の高い生活を営むことのできる国[5]

この文面上では「安全・安心」というように並列的には直接用いられてはいない。最後の「人々が安心して心豊かに、質の高い生活を営むことのできる」という箇所を除いた部分は「科学技術により達成される安全」とも読み取ることができるかもしれない。しかしこの文面では安全という語が避けられていることから、どのような安心を科学技術によって実現するかという社会的安心としての「安全・安心」として読むことにする。そして科学技術基本計画からも、「安全・安心」は広範な分野・領域にわたっていることがわかる。ここからは、自然災害に対する安全・安心に絞っていく。

いわゆる東日本大震災は、一〇〇〇年に一度ともいわれる東北地方太平洋沖地震によってもたらされた。東日本大震災からの復旧・復興には自然災害、特に津波災害からの安全・安心は大きな比重を占めている。災害からの「安全・安心」に科学技術はどう関わるべきだろうか。

二〇一一年に開催された日本地震学会による特別シンポジウム[6]では、「地震学の敗北」として、災害科学という側面から地震学の社会に対して果たしてきた貢献が不十分であったとされ、今後の研究の方向性や社会との関係性について議論がなされている。東北地方太平洋沖地震を予見できなかった、予見不可能であった、などの議論があるが、ここで注目するのは地震学といった科学の研究成果が技術として具現化され、社会へ防災・災害対策として実装される場面である。科学（者）内部での問題、そして科学コミュニティと社会との問題は、いずれも科学的合理性と社会的合理性、科学哲学における科学の不確実性といった問題として議論されている。本稿で論じる「安全・安心の社会実装」は、リスク・コミュニケーションあるいはリスク・ガバナンスの構築の問題と言い換えることもできる。そして技術哲学における技術のデザインの問題でもある。

本稿が立脚する技術概念は、技術の社会構成主義である。

> 構成主義は、どの選択肢が選ばれるかは最終的には技術的ないし経済的効率性によるのではなく、デザインの過程に影響を及ぼすさまざまな社会集団の利害関心および信念と、装置との「適合性」によると主張する……(7)

ここでいうデザインとは、単なる装飾のことではなく、設計や具体化といったプロセスをも含んだ広い概念である。技術を構成主義としてとらえる場合、従来の津波防災におけるハード対策の防潮堤やソフト対策の避難訓練は、社会において異なった位置づけがなされる。

二　防災まちづくりの背景

(一) 防災・災害対策の技術と社会

日本は、地質的特性から地震大国であり、有史でも津波地震は数多く記録されている。これらの災害に対し、対策の手をこまねいたわけではない。明治期以降の近代化とともに、対策もより近代化してきた。それにもかかわらず、人的・物的な被害は生じている。この被害が災害対策の結果か失敗かの判断には言及せず、その対策について概観する。

(二) 津波への総合対策

津波災害への対策は、いわゆるソフトとハードを組み合わせた総合対策として実施されてきた。以下、昭和以降の主だった対策について概観する[8]。一九三三年昭和三陸大津波後の震災予防評議会による「津浪災害予防に関する注意書」において「高地移転、防波堤、防潮林、護岸、防浪地区、緩衝地区、避難道路、津浪警戒、津浪避難、記念事業」といった総合対策が初めて提案された。次に一九六〇年チリ津波においては、「昭和三五年五月のチリ地震津波による災害を受けた地域における津波対策事業に関する特別措置法」に基づく「チリ地震津波対策審議会」において決定された「チリ地震津波対策事業計画」により、数多くの防潮堤が建設された。その天端高はチリ津波による津波高が基準とされ、それに背後地の重要度や過去の津波の大きさを考えに入れながら、さらに〇～二・二メートルの余裕高を加えた高さとされた。

また東南海地震への対策として一九八三年三月には、津波常襲地域総合防災対策指針（案）が公表された。ここでは①ハード対策としての防災構造物、②沿岸地域を津波に強い体質につくっていく地域計画、そして③ソフト対策としての防災体質という三つの特徴が見られる。この指針（案）は一九九七年に「地域防災計画における津波対策強化の手引き」として、国土庁、農水省構造改善局、農水省水産庁、運輸省、気象庁、建設省、消防庁によって合意がなされた。この手引きの特徴は二つある。①計画対象津波について既往最大か理論的最大のうち大きい方、そして計画対象津波は構造物で完全に防ぐ必要はない。②防災構造物、津波に強いまちづくり、防災体制の三つを土地の状況に応じて組み合わせる。

東日本大震災後の対策は現在進行中であるが、ソフト・ハードへ言及したものの一つに「津波防災地域づくりに関する法律」（二〇一一年法律第一二三号）がある。ハード・ソフトの政策を組み合わせた「多重防御」による「津波防災地域づくり」として、二〇一一年一二月に成立した。「人の命が第一」「災害に上限はない」という考えのもと、「減災」の視点に立ち、最大クラスの津波を対象に「逃げる」ことを前提として、ハード・ソフト施策を組み合わせた「多重防御」の発想による津波災害に強い地域づくりを推進する目的を有している。

ここでいうハードとソフトの適切な連携・組み合わせとは、次のように説明されている。すなわち、「ハードで防ぎきれない部分をソフトでカバーする」、「ソフトでもカバーできない部分をまたハードにもどって対応する」[9]。また、ソフトには「各種災害の監視・観測体制や災害・避難情報の迅速な伝達体制の充実・強化、地域が抱える災害リスクを共有化するためのハザードマップの整備・充実」などであり、ハードには「住宅や公共インフラの耐震性の向上や治水対策、海岸保全」などがあげられている[10]。

これらのソフトとハードを組み合わせた総合的な津波対策をしてきた地域に、岩手県宮古市田老地区（旧岩手県田老町）がある。田老地区は「万里の長城」とも称される防潮堤が有名だが、津波常襲地として、いわゆるソフトとハードの対策に積極的であった。二〇〇五年の宮古市への合併以前には、①防災行政無線（固定系、⑦と連携）、②防災行政無線（移動系）、③津波避難路、④潮位監視システム、⑤津波観測システム、⑥津波予測システム、⑦緊急情報衛星同報受信装置、⑧第一回全国沿岸市町村津波サミット、⑨明治三陸地震津波一〇〇周年追悼式典、⑩津波避難訓練といった対策を行っている。[11] さらに二〇〇三年には「津波防災の町」宣言を行い、（一）情報の共有化、（二）コミュニティの強化の推進に取り組んでいた。合併後にも、宮古市は岩手大学等への防災教育の開発要請や津波てんでんこの「啓蒙」、津波が防潮堤を乗り越えるシミュレーター結果の公表など、津波防災への取り組み、「宮古市で取り組まれてきた津波防災のうちどれ一つとして役立たなかったものはありません」と述べている。[12]

二〇一一年の津波により、田老地区では高さ一〇メートル、総延長二・四キロメートルの防潮堤を乗り越え、地区内の家屋の八割にあたる八〇〇戸以上の全半壊と、一八一人の死者という被害が生じた。地震後に津波情報が入手困難となり、気象庁の大津波警報第一報岩手県沿岸三メートルが最後の情報であったという。[13] 住民のなかには「防潮堤に安心」したものもいるという。[14]

さて、以上のような防災災害対策と被害の状況から、田老地区における「安全・安心」の社会実装はどのように判断・評価されるべきなのだろうか。仮に防潮堤にのみ注目してみよう。津波が防潮堤を乗り越えたことが防潮堤の設計において想定内か想定外の如何に関わらず、田老地区では防潮堤のみで地区の安全を達成しようとは考えられてはいない。人工物としての防潮堤が田老地区という社会において果たしている機能を防潮堤自体へ、つまり設計津波に対する機能の実現の可否へと還元することは不可能である。[15] 逆にいえば避難訓練などで適切な行動を住民が行ったことをないがしろにして津波が防潮堤を乗り越えたことのみを取り上げ「安全・安心」を論じることは工学知の傲慢といわざるをえない。

上述の田老地区における津波対策の評価には、これまで述べてきた「安全・安心」の観点から評価する必要がある。「安全」と「安心」はともに価値的であり、相互に関連している。狭義の技術が達成する機能のみでは、安全という価値を付与することはできず、安心とともに定義されなければならない。このようにして「安全・安心」は並列される。

(三) ソフトの実装

ソフト対策は、ハードの埋め合わせではない。防災教育は、広い意味ではソフト対策に位置づけられるが、実装へも関係している。本項では、学校教育における防災教育へ注目する。

学校教育において防災教育は（一部の高等学校を除いて）教科として組み込まれず、関連教科（体育科や家庭科）、総合的な学習や特別活動などに位置づけられる。そもそも防災教育は学校教育における災害安全の一つである。学校安全は、「安全教育」「安全管理」「組織活動」の三つの主要な活動から構成され、また「生活安全」「交通安全」「災害安全」の三領域からなる。防災教育は安全教育の一環として、また環境教育の一環として行われる。[16]

しかしながら防災教育の展開には、二〇〇七年の「防災教育支援に関する懇談会中間とりまとめ（案）」において、すでに次のような課題が指摘されている。[17]

・防災教育の指導教育を担う人材である「担い手」・防災教育の現場となる学校と地域や現場と担い手との連携・調整を図ってつなぐ人材である「つなぎ手」の育成
・防災への「気づき」のきっかけづくり
・素材・コンテンツの提供等
・防災科学技術の研究成果等を積極的に活用し、学校や地域等における防災教育を支援するための具体的方策

右記は学校教育における防災教育について論じているが、ここから防災教育が学校教育で完結できるものではなく、学校外教育との連関のうちで行われる必要性が見出されている。空間的には、児童や生徒の生活は学校だ

けに限られるものではなく、また学校自体が閉じたものではなく地域の施設の一つとして自然にさらされている。時間的には、児童・生徒はいずれ学校を卒業し、地域を離れる者も残り続ける者もいる。災害はいつ・どこで発生するとも限らない。まさにその発災時に、防災教育の機能が実現するためには、その検証をも含めて学校外教育との連関が必要不可欠なのである。「中間とりまとめ（案）」で指摘される課題とは、教育内容のみならず、その人材育成や形式・制度面における課題であり、防災教育の実装の必要要件として解すことができる。

ソフト対策の実装とは、すなわち単にソフト対策の提案と実施ではなく、ハードの埋め合わせではない。学校教育としての防災教育を例にすれば、児童・生徒にとって、地域の「安全・安心」に何を価値付け、どのように住民活動として組み込むかという観点から捉えなおさなければならない。田老地区はハード対策もソフト対策も充実していたが、「安全・安心」の定義理由により、正しく実装されていたかという観点から検証されなければならない。

(四) 防災まちづくりと「安全・安心」

前項までに、「安全・安心」について事例を交えながら概念を提示した。本項では、「安全・安心」と社会の関係について述べる。

近年、地域防災力の向上がうたわれる。政府や地方自治体の主導による防災・災害対策、つまり「公助」の限界が背景の一つにあげられる。発災直後には公的機関による被災者支援は十全には行うことができないため、被災者自身によって応急対応を行う必要がある。それに加え、行政による災害対策が進む一方で国民の防災意識の向上または持続が課題として指摘されている。[18] 地域防災力とは、「近隣社会の構成員が連携・結集して、どれだけ災害に対応できるかという総合的な自衛力」[19]と定義される。これらは「公助」に対応した呼び方としては、

「自助」「共助」と呼ばれる。共助の母体には、「自主防災組織」「まちづくり協議会」「消防団」「自衛消防組織」などが形としてあげられる[20]。

公助の限界は、「安全・安心」概念とも関係している。行政等の公的機関が実施する対策は、科学的・客観的な見地からの構成が試みられている。しかし対策が「安全・安心」となるためには、社会による評定を受けなければならない。いうなれば、安全・安心は社会が決定するのである。このような安全・安心を決定する社会とは、ベックによれば「リスク社会」とよばれる。

（五）「不安による連帯」と自助・共助

ベックは「リスク社会」について、「危険社会には『不平等』社会の価値体系に代わって、『不安』社会の価値体系が現れる」と述べている[21]。「安全・安心」は科学や技術の不確実性、決定不十全性といった性質により、非専門家としての一般市民による評定が不可欠となる。「安全・安心」はリスクという不確実性と結びついており、寄る辺なき市民には不安が常につきまとう。ベックはこのようなリスク社会の特徴は、「不安からの連帯が生じ、それが政治的な力となることである」[22]と指摘する。

矢守（二〇〇九）は、防災における自助・共助の強調について、ベックのリスク社会論を受けて次のように指摘している。「自助（自己決定・自己責任）・共助」とは「真理（何が正しい防災対策か）を研究者（専門家）ですら確定不可能なときに、何をなすべきかをより広範な関係者の判断・選択（多くの場合、その一致点としてのコンセンサス）に委ねる傾向性が現実化したもの[23]」であるという。矢守は医療におけるインフォームド・コンセントを例にあげ、自助と共助を説明している。インフォームド・コンセントには、医者と患者とによる参加的・双方向的なリスク・コミュニケーションが生じるというポジティブな側面がある一方で、専門家（＝医者）ですら判断できない問題についての素人（＝患者）による判断が選択と呼べるのかという、不安に帰着する側面もある。自己決定が賭けではなく選択であるためには、何らかの規範を必要とする。そしてここでの規範はテクノクラシー的な正統化ではもはやない。自助とは専門家による真理や規範の不安定によって要請される。そして共助とは専門家による真理・規範のオルタナティブとして、例えば地域コミュニティの形成を要請する。このように矢守は、リスク社会における自助・共助について、自助を要請するジレンマを共助へと落着させる試みと見ている。

ここまでをまとめよう。安全・安心は社会が決定する。一方でその社会は安全・安心を希求することによって形成される。社会を地域に限定すれば、自助・共助とは防災まちづくりの過程そのものである。防災・災害対策とは、社会の構成要素そのものへと組み込まれたうえで評価されなければならず、その問題構制の一つが、「安全・安心の社会実装」なのである。

三　事例――福島県いわき市沿岸地域における津波避難訓練の実装

本節では、事例として福島県いわき市の被災沿岸地域における津波防災訓練を扱う。防災・災害対策のジレンマとして、まさにその設計災害が発災しなければ検証できないというジレンマがある[24]。そこで、事例対象地域における訓練とその検証として、二〇一三年と二〇一四年の防災訓練を事例として論じる。両年ともにいわき市による主催・日程の指定という点では共通するが、計画立案や実施体制の面で、二〇一三年は地域主体、二〇一四年は市主体という違いがある。二〇一四年は八月二九日（金）、三〇日（土）との二日に分けられ、平日に実施することで平常時での検証という目的があったとされる。また市の危機管理課職員による区への説明では、市主体といいながらも、昨年実施された地域主体での避難訓練の検証、住民の自然体・自主的な避難の実態把握という目的もあったようである。[25]

次項からは、まず事例とする福島県いわき市と豊間地区の概要と被災状況を概略する。なお本稿では、福島県いわき市平豊間、同平薄磯、同平沼ノ内をそれぞれ、豊間区、薄磯区、沼ノ内区と表記し、また三区を合わせて豊間地区と表記している。

(一) いわき市の概要と被災状況

いわき市は、面積一二三一平方キロメートル、人口三四万二二四九人、一二万八七二二世帯[26]を有している。首都圏からは約二〇〇キロメートル、福島県の東南端に位置しており、東は太平洋、南は茨城県に接している。また北部には、二〇一一年の東京電力福島第一原子力発電所事故による警戒区域に指定されている双葉郡の町村が位置している。一九六四年に「新産業都市建設促進法」に基づく「常磐・郡山地区新産業都市」の指定を受け、一九六六年に五市四町五村の対等合併により「いわき市」が誕生した。旧市町村ごとの独自性が強く、市としての一体化と地域の独自性へのさまざまな取り組みにより発展してきた。[27]

二〇一一年の東北地方太平洋沖地震では最大震度六弱を記録し、津波が市内の海岸線全域へ到達した。また一月後の四月一一、同月一二日には誘発地震とみられる直下型の地震が発生し、いずれも震度六弱を記録している。四月以外にも誘発地震とみられる地震が発生しており、市内全域において家屋倒壊や井戸水枯渇、地割れや亀裂、斜面崩落などの被害が認められている。

いわき市における大津波は海岸線六〇キロメートルの全域に到達しているが、津波の高さや被害、浸水区域の状況は、地形や海岸の形状によって異なっている。市内の津波の高さ（東京湾平均海面からの高さ）をみると、最大で平豊間字下町《しもちょう》の八・五七メートル、最小は小名浜港の四・四メートルであった。[28]

表1：いわき市の被災状況

面積 (km²)	人口 (人)	世帯	死亡者数（人）※1			家屋被害（棟）※2		
			直接死	関連死	死亡認定を受けた行方不明者数	全壊	半壊	一部損壊
11,231	342,249	128,722	293	128	37	2,310	3,090	2,770

※1　いわき市災害対策本部（2014）　経過440【いわき市対策本部】11月5日17:00発表　をもとに作成
※2　いわき市・国土交通省（2011）東日本大震災による被災状況調査結果について　をもとに作成

表2　豊間地区の被災状況

		豊間区	薄磯区	沼ノ内区
人口（人）※1		2,147	766	2,082
世帯※1		644	259	720
死者数（人）※2	直接死	83	111	5
	関連死	6	4	4
家屋被害※3	全壊（%）	72	87	39
	流出	44	65	4
	撤去	19	17	27
	条件付き再生可	9	5	8
	半壊（%）	17	7	30
	一部損壊（%）	3	5	12
	被害なし（%）	8	1	19

※1　2010（平成22）年国勢調査より
※2　『いわき市・東日本大震災の記録と証言』35～36頁をもとに作成
※3　いわき市　いわき市復興事業計画（第二次）146頁をもとに作成

市内および豊間地区の人的被害（死亡者数）、および物的被害（家屋被害）を**表1**、**表2**に記す。被災状況の統計データは行政庁によって異なっているため、いわき市の情報に従った。**表1**について、死亡者数は市内全域の、家屋被害については津波浸水区域の建物被災状況を示している。**表2**について、家屋被害は津波被災の状況を示している。全壊は「流出」「撤去」「条件付き再生可」の合計であり、内訳を下に記してある。半壊は「大規模半壊」「半壊（床上浸水）」の合計を示している。一部損壊は床下浸水を示している。

また、市外からの避難者が二万四一一六人おり、そのうち双葉郡八町村からの避難者数が二万三三二八人であることを付記しておく[29]。

(二) 豊間地区の概要と被災状況

豊間地区とは、一九六六年の合併以前は平市に属し、一九五四年の平市への合併以前は豊間町(一八八九(明治二二)年に豊間村、薄磯村、沼ノ内村が合併し豊間村となり、一九四〇年に豊間町へ改称)であった地域のことである。現在の薄磯区に設置されている豊間小学校および豊間中学校[30]の学校区であることや、「海まち・とよま市民会議[31]」といった名称からも、豊間地区としてのつながりをうかがうことができる。

豊間地区とされながらも、三区の被災状況はまったく異なる。三区の被災状況を**表2**に記す。津波の高さは豊間区下町で八・五七メートル、薄磯区中街で八・五一メートル、沼ノ内区浜街で四・九二メートルをそれぞれ記録している。豊間区、薄磯区の津波の高さはいわき市内で最も高い。また薄磯区は全壊(流出)の割合が高く、いわき市内の各区における死亡者の総数、住民あたりの割合ともに最も高い。

豊間区、薄磯区では土地区画整理事業による高台移転が進められている。三区ともに災害公営住宅が整備され、豊間区では一九二戸(うち戸建住宅が二四戸)、薄磯区は一〇三戸(うち戸建住宅は一八戸)、沼ノ内区は四〇戸が建設されている。沼ノ内区の住宅は二〇一四年四月より、他二区は同年一〇月より、入居が開始された。

豊間区、薄磯区にはそれぞれ区会の他に復興組織として、豊間区には「ふるさと豊間復興協議会」が、薄磯区には「薄磯復興協議委員会」が設立されている[32]。

(三) 避難訓練の概要

本項では、いわき市において二〇一三年と二〇一四年に実施された「市総合防災訓練」のうち沿岸部での「津波避難訓練」を取り上げる。まず『広報いわき 二〇一三(平成二五)年八月号』と『広報いわき 二〇一四(平成二六)年八月号』をもとに、市による訓練の目的や概要を述べる。次に豊間地区の各区長等へのインタビューをもとに、各区への「津波避難訓練」の実装を論じる。

二〇一三年「市総合防災訓練」

二〇一三年「市総合防災訓練」は八月三一日(土)に行われた。「市民の皆さんの防災に関する知識の向上と、防災関係機関の技能の習得を目的」とし、東日本大震災の教訓をふまえ、沿岸部全域で「津波避難訓練」、また内陸部全域で「地区防災訓練」を実施するほか、久之浜・大久地区の区長や民生児童委員、消防団を対象として「原子力災害図上訓練」が実施された。訓練想定は、「午前八時三十分、いわき市で震度『六強』の地震が発生し、沿岸部に「大津波警報」が発表された。また、市内全域で、津波の河川遡上による洪水被害、土砂災害、建物倒壊、火災などが発生」というものである。訓練の流れとして、まず午前八時三〇分にサイレン吹鳴および対象機種の携帯電話へ「緊急速報メール」が届く。その後「最寄りの津波避難場所へ避難」し、「九時 高台避難完了」を目標としている。

二〇一四年「市総合防災訓練」

二〇一四年の「市総合防災訓練」は八月二九日(金)と三〇日(土)に行われた。「地域の住民の皆さんが主体となる実践的訓練」として、「市民の防災に関する意識の高揚と知識の向上」を目的とし、「地域の自主防災組織に加え、小・中学校、幼稚園、保育所、事業所および福祉施設などとの協力のもと、平日にも実施することで相互の連携協力を図りながら課題を確認」する訓練である。訓練想定は、「午前八時四〇分、いわき市で震度『六強』の地震が発生し、沿岸部に『大津波警報』が発表された」というものである。訓練の流れとしては、午前八時四〇分にサイレン吹鳴、および対応機種へ「緊急速報メール」と「防災メール」が届く。その後「最寄りの津波避難場所へ避難」し、「九時一〇分　高台避難完了」を目標としている。

豊間地区における避難訓練

①豊間区

二〇一四年に区長の改選があり、二〇一三年までの前区長の取り組みを引き継ぐかたちとなっているため、現区長および前区長へインタビューを行った。

【二〇一三年】

（前区長）

豊間区は、区－町内会－隣組という体制ができている。

区長になる前は町内会長を務めており、二〇〇三～二〇〇四年頃に町内独自の防災マニュアルを作成していた。隣組単位でお年寄りを連れて逃げる体制を構築し、避難が終わったら伝令役が区長へと連絡する仕組みとなっていた。この取り組みをもとに、二〇一〇年四月の区長就任後に三～四万円をかけて区のマニュアルを作成し、茶の間に貼ってもらうようにした。避難場所は区会、町内会ともに一～二回の頻度で議論していた。そこでは動員や消防本部・救急隊の指導、各町内が足並みをそろえるといったことが問題になり、体制づくりに時間がかかった。行政側はマニュアルと防災マップを作成し各戸へ配布していたが、訓練ではサイレンを鳴らす、消防車の手配、機材調達など調整事項が多く、町内会の総会時に絵に描いた餅だろうとされた。市防災訓練のマニュアルは作成済みで、区長↓三名の指揮者↓下部組織という伝達記録を記したものである。

（現区長）

豊間区では震災の半年後には防災マップを作成し、地域毎の避難場所（一次避難場所および二次避難場所）を選定している。住民の分布は大きく北部と南部に分けられ、南部が世帯数は多い。災害公営住宅への入居がほとんど行われていなかったため、参加者はまばらであった。

【二〇一四年】

市との事前打ち合わせは行われなかった。住民への連絡は一ヶ月ほど前の回覧板と五日前の回覧板での連絡が行われた。ただし、訓練の二〜三日前に市が旗などを準備し始めたことなどから、口コミで町内へ周知がされた。区が作成した防災マップに指定されている避難場所へ住民は自主的に避難した。避難場所には区役員とうち一箇所に消防署職員が配置された。人数報告を本部の区事務所へ行った。また署員はその場所で避難訓練後に講話を行った。

今後であるが、災害弱者となる高齢者や障害者の把握と移動手段が課題となる。移動は原則徒歩とされるが、自動車での移動が明らかに早く、また災害弱者の移動手段として検討の余地がある。個人情報保護法が壁となることもある。訓練は訓練であるだろうが、計画の達成状況等を見る必要がある。

②沼ノ内区

【二〇一三年】

初めての津波避難訓練であり、区役員で考え、一次避難場所および二次避難場所を指定した。ただし計画書類は市へ提出した。市との協議によって、当初に二次避難場所にしていた場所のうち、孤立の可能性がある場所は別の場所とへ変更した。また川向こうの地区は孤立する可能性があるため、別の場所へと変更した。車は使えない（使わない）。区役員は各地域の班長を務めているため、回覧板以外にも区→班長→隣組へと口コミで連絡を行った。実施状況は、土曜日だったからか一次避難場所へ五〇〇人、そのうち若い人・歩ける人が二次避難場所へ一三〇人ほど移動した。一次避難場所では点呼をとった。一次避難場所にリアカーなどを用意して二次避難場所へ移動。歩けない人は隣組で移動を手助けした。災害弱者を含めたスムーズな避難を行うため、隣組単位での体制づくりをしている。

【二〇一四年】

一ヶ月ほど前に、区長のみが市の連絡を受けた。市主体で行うとのことだったため、区としては特に打合せは行わなかった。住民への連絡は、一ヶ月ほど前に回覧板、そして当日の朝、防災無線を通じてなされた。区民にとって、昨年の避難訓練が参考になったようだ。各一次避難場所へ区民が自主的に避難し、計二〇〇人程が参加した。また当初の予定では設定されていなかったが、二次避難場所へは区役員が待機していたところ、七〇人程が移動してきた。市のアンケート（一次避難場所で記入）のフィードバックがあり、結果は好意的であった。

今回の感想と今後の課題などであるが、二〇一四年の避難訓練では平日にも関わらず参加者が多かったこと、そして昨年の訓練を参考に自主的に避難したことは喜ばしいことである。「区民の生命財産」を守るための対策を行わなければならない。区では防災地図の作成を昨年より進めている。区役員と隣組、一〇近い各種団体（消防団、子供会、老人会、母の会など）から三〜四人程呼びかけて集めた組織を作っている。災害弱者となる人の家や危険箇所、車いす移動の難しい場所を把握し、どうすればスムーズな避難が可能となるか、地図上に表す「防災地図」づくりを区長発案で行っている。地図は「あんばさま」[33]を参考にしている。沼ノ内区は（南北の）横の動きができないので、縦に避難するしかない。そのための避難道路を市へ要望する予定でいる。専門家の協力もいずれかの段階で欲しい。個人情報保護法も壁となっている。また他に、昨年は行わなかったが毎年一一月に区独自の防災訓練、主に火災、消火について実施している。市の消防署員を呼び内容の打合せ、講話も行っている。

③薄磯区

【二〇一三年】

市との打ち合わせでは第一案として第一次、第二次、第三次避難場所を設定したが、第二案では場所を減らして第一次、第二次避難場所を仮の避難所として設定した[34]。住民へは回覧板を用いて避難場所と地図を配布・告知した。注意事項として徒歩による避難と必要なものを入れたリュックサックの用意があった。前日には区長がテントと水を用意した。当日は区役員と駐在の四人で運営を行い、副区長が住民の避難場所への誘導を行った。避難場所のテントでは区役員が避難者名簿を作成し、副区長→区長へと報告し、一五分以内に完了した。また観光施設および事業所でも訓練は行われた。観光施設からは九時前に、事業所からは消防団員（復興協議委員会役員）から九時にそれぞれ区長へ報告があった。九時二〇分には消防本部へ確認・連絡が完了した。参加者は計六二名であった。課題としては、講話のタイミングが不明確、市側による避難所の旗の設置が遅かったこと、市–消防本部–区会での情報伝達と連携があげられる。

【二〇一四年[35]】

二〇一四年の薄磯区の津波避難訓練は、他地区とは異なる形式で実施された。薄磯区会が主体となりつつ、

「カケアガレ！日本」[36]の一環として、「カケアガレ！日本」関係部局および東北大学らの支援のもと、訓練の計画立案・実施が行われた。筆者も参加した。

訓練の計画・立案における主な検討事項は、①避難場所の選定と②訓練参加者の確認、③当日までの日程・実施体制である。まず①だが、当初いわき市の作成した「いわき市津波ハザードマップ（暫定版）」をもとに薄磯区会とカケアガレ、東北大学の協議のもと、②との兼ね合いによってハザードマップとは異なる場所に一次避難場所を選定した。②は二〇一四年現在薄磯区内に住居のある地区住民と、災害公営住宅への入居者、および観光施設の従業員と観光客である。観光客役として、実際の観光客以外に地元の福島工業高等専門学校の学生六名も訓練へ参加した。また薄磯区内で復興事業を行っている事業者一七名も参加した。③避難訓練の実施について、一ヶ月ほど前に市の回覧板によって地域住民へ連絡がなされた。薄磯区の訓練では、GPSロガーによる計測を行った。地区住民へは、訓練当日の二〜三日前に、一次避難場所の説明およびGPSロガーの配布・協力依頼等を、薄磯区役員およびカケアガレ関係者や筆者らが個別に訪問して行った。不在の住民へは後日、区役員が説明を行った。

当日の実施状況であるが、すべての避難場所へカケアガレ関係者および東北大を配置した。また地区住民の避難場所へは区長はじめ区役員が配置され、人数確認等を行った。また地区住民避難場所ではGPSロガーを回収し、その場で各参加者の避難経路や所用時間を記載した地図と暫定ハザードマップを配布した。

これまでの課題について、以下の二点を指摘する。まず薄磯区には小・中学校があるが、二〇一四年八月二九日の津波避難訓練での薄磯区と学校との連携等は行われなかった。また一次避難場所のみの指定であったが、二〇一一年相当の津波地震が発生した場合には、どの場所も孤立する可能性ある場所となっている。

上述の薄磯区の課題の原因には、薄磯という「まち」が未だ「仮のまち」であることが指摘できる。高台移転が決まっており、また災害公営住宅への入居は二〇一四年六月に一棟目、二棟目は同年一〇月から開始されるため、住民がほとんどいない状況にある。区役員のなかでは、訓練が「訓練のための訓練」という認識も少なからずあった。

四 「安全・安心」の社会実装へ向けた今後の課題

薄磯区は防災緑地の造営に加え、土地区画整理事業による高台移転により、まちが震災前後で大きく変化する。二〇一四年現在まちづくりの途上にあるうえ、住民もほとんど戻ってきていない。「安全・安心」を実装する社会の土台そのものが形成されていないといえる。避難場所の選定にあたり、孤立することが予測されながらも「仮の」場所として指定された背景のひとつであろう。薄磯区の「津波避難の体制づくり」への取り組みの課題の一つは、復興まちづくりのプロセスをどのように問題解決するかにある。

復興まちづくりは「自助・共助」の一形態である。「不安による連帯」の社会には、ベックによって次の課題が提起されている。

不安という連帯を生む力がどのように働くのか。不安の共有はどれほどの負担に耐えられるのか。その共有関係がどのような動機づけと行動エネルギーを生み出すのか。不安に怯える人々がつくる新しい連帯の行動形態はどのようなものか。不安のもつ社会的な力は個人の利害計算を打ち破れるのか。不安を作り出す危険状況の共有関係においては、どれほどの妥協の可能性があるのか。それはどのような行動形態で組織されるのか。不安は、人々を不合理で、過激で、狂言的にするのだろうか。かつて不安が合理的な行動の基盤となったことは一度もない。このような事実は、もはや危険社会では妥当性をもちえないのか。物質的な欠乏と異なり、不安は、政治的な運動の理由としては、不安定といえるのではないか。不安を共有したとしても、

反対の情報が隙間風のように少し入り込んだだけで、その共有は解消してしまうのではなかろうか[37]

災害からの復旧・復興には、不安の喚起によるコミュニティの形成が見られる。復興組織として区役員よりも若い世代による「薄磯復興協議委員会」の設立は、薄磯区にとって象徴的であるかもしれない。避難訓練の計画・立案に、復興組織の委員はほぼ関与していない。津波被災地における復興まちづくりのなかで、津波からの避難体制づくりは大きな比重を占めている。薄磯区ではハードとして防災緑地の造営と高台移転が事業として進められている。「ヒトが先か、モノが先か」とは、復興組織のメンバーがしばしば述べる言葉である。復興まちづくりとは、ヒトがモノを価値付けていくプロセスであり、「安全・安心」の社会実装そのものである。豊間区は区会と復興組織のメンバーが重なり、沼ノ内区では復興組織は設立されていないものの各種団体との協力体制が構築されている。薄磯区のハンディは、モノもヒトも甚大な被害を受けたことである。二〇一四年より、災害公営住宅への入居が開始され、暫定的ながらもヒトが戻って来る。その段階からの課題は、復興まちづくりのプロセスへ避難体制づくりを組み込むための体制づくりである。そこでは既存住民組織と復興組織、行政のガヴァナンスが、研究課題として浮上する。避難訓練の計画立案、住民周知、訓練の検証までをどのように行うことが可能であり、また、べきなのか。

「不安による連帯」へのゼロリスクを望むことは不可能でありつつも、震災の風化や忘却を望む声もある。また防災・災害対策よりも景観等を重視した防潮堤批難の論もある。ここからは「安全・安心」についてのより質的な研究が課題となる。地域の安全と安心はどのように結びつくのか。理学・工学的な防災・災害対策の実装にどのようにして人文・社会科学の成果を取り入れることが可能であり、また、べきなのか。例えば、いわき市は暫定的な津波ハザードマップを提示している。仮の避難場所や避難経路といった「暫定的」の意味合い、ハザードマップの情報的効果などを検証する必要があるだろう。

復興は長く険しい工程である。震災により甚大な被害が生じたが、人間のいわゆる本質といったものは根本的に変化することはない。かねてから指摘されていた問題が、改めて震災により顕著になったに過ぎない。住民により形成されたいわゆる民衆知は、住民活動を形式化するために必要なものであり、それらの解明に人文・社会科学は費やしてきたといえる。復興まちづくりという場は、それらが役割を果たすための知の現場でもあるのである。

注

（1） 堀井　二〇一二：一
（2） 東京大学実装工学分野研究室ウェブサイト　http://www.su.t.u-tokyo.ac.jp/ja/00-introduction-jisso/index.html
（3） 日常での用法として日経四紙（日本経済新聞、日経産業新聞、日経流通新聞、日経プラスワン）の見出し、および毎日新聞の記事があげられている
（4） また、社会における「信頼」と「安心」の関係についての議論に、社会心理学による研究として山岸（一九九九）、同（二〇〇八）がある。
（5） 内閣府　第二期科学技術基本計画（二〇〇一（平成一三）～二〇〇五（同一七）年度）　http://www8.cao.go.jp/cstp/kihonkeikaku/honbun.html また「安心・安全」という語は用いられていないが、この考え方は続く第三期科学技術基本計画（二〇〇六（平成一八）～二〇一〇（同二二）年度）では三つの理念の一つ（「安全が誇りとなる国」）に、第四期科学技術基本計画（平成一八～二二年度）では五つの目指すべき国の姿の一つ（「安全かつ豊かで質の高い国」）に継承されている。
（6） http://www.zisin.jp/pdf/Oct15_symposium.pdf
（7） フィーンバーグ　二〇〇四：一一四
（8） 以下の記述は、首藤伸夫　二〇〇〇、「津波対策小史」『津波学研究報告』一七：一－一九（津波ディジタルライブラリィ　http://tsunami-dl.jp/document/023#section-41a2b494d6fe9d8a5d90be67547f8474）を参考にした。
（9） 今村文彦編著　二〇一一：八
（10） 国土交通省『国土交通白書二〇一一』：七〇－七一

(11) 山崎正幸　二〇〇四
(12) 国立教育政策研究所監修　二〇一二、『震災からの教育復興：岩手県宮古市の記録』悠光堂、を参考に記述した。
(13) 『東日本大震災宮古市の記録第一巻《津波史編》』を参考に記述した。
(14) 「日本一の防潮堤、無念　大津波、圧倒的高さ　東日本大震災」『朝日新聞』二〇一一年三月二〇日付朝刊二八頁
(15) 人工物の機能に関する詳細な議論は、技術哲学において議論されている。例えば、直江（二〇一三）を参照。
(16) 文部科学省『学校防災のための参考資料「生きる力」を育む防災教育の展開　二〇一三（平成二五）年』
(17) 文部科学省　http://www.mext.go.jp/b_menu/shingi/chousa/kaihatu/006/shiryo/08012223/003.htm
(18) 『二〇〇二（平成一四）年防災白書』
(19) 梶秀樹・塚越功編著　二〇一二：一七三
(20) 同上掲書：一八一－一八三
(21) ベック　一九九八：七五
(22) 同書上掲箇所
(23) 矢守　二〇〇九：二八
(24) 防災への投資に対する埋没効果が指摘されている。
(25) 豊間区長へのインタビューより
(26) 二〇一〇（平成二二）年国勢調査より
(27) いわき未来づくりセンター『いわき市内地域別データファイル』の記述を参考にした。
(28) いわき市行政経営部広報広聴課および『いわき市・東日本大震災の証言と記録』プロジェクトチーム（二〇一三）『いわき市・東日本大震災の証言と記録』の記述をもとにした。
(29) 東京電力福島第一原子力発電所事故による避難が長期化するなか、新旧コミュニティの融合による安全・安心が、地域の重要課題の一つとなることが予想される。
(30) 豊間中学校は東北地方太平洋沖地震により浸水し、校舎は小学校に隣接して新設される。
(31) 二〇一三年に設立された住民組織。
(32) 復興組織の設立経緯や活動詳細、周辺組織との関係については菅野ほか（二〇一四）に詳しい。

(33) プロジェクト傳（二〇一三）『あんばさまの町図絵――豊間・薄磯・沼ノ内』を指す。「二〇一三（平成二五）年度いわき市まち・未来創造支援事業（災害復興支援事業）」として、日本民俗建築学会や多摩美術大学の教員、同大学の学生と豊間地区の有識者が協力して作成した一万五〇〇〇分の一の地図であり、震災以前の街並みと屋号などが掲載されている。
(34) 「仮」であるのは、地域の九割近くが津波による全半壊という被害を受け、地域内に一九世帯しかいないためと推測される。なかには二〇一三年は避難訓練を実施していないという認識の住民もいた。
(35) この年は筆者らが直接関わったことから、聞き取りベースではない。
(36) 二〇一三（平成二五）年度復興庁「新しい東北」先導モデル事業『いのちと地域を守る津波防災アクション「カケアガレ！日本」』。取り組み主体は、株式会社河北新報社、国立大学法人東北大学災害科学国際研究所、株式会社電通、株式会社電通東日本。
(37) ベック 一九九八：七六

参考文献

今村文彦編著、二〇一一、『防災教育の展開』東信堂
梶秀樹・塚越功編著、二〇一二、『都市防災学改訂版』学芸出版社
片田敏孝、二〇〇四、「津波防災の実態にみる安全・安心に関わる社会技術に関する基礎的研究」『社会技術研究論文集』二、一九一―一九八
菅野瑛大・松本行真・杉山武史、二〇一四、「東日本大震災復興に向けた組織の現状とその類型――いわき市被災沿岸部豊間・薄磯・四倉地区を事例に」『日本都市学会年報』四七、二一七―二二七
小林信一他、二〇一二、『社会技術概論』放送大学教育振興会
直江清隆、二〇一三、「技術の哲学と〈人間中心的〉デザイン」『知の生態学的展開二　技術――身体を取り囲む人口環境』東京大学出版会
フィーンバーグ・アンドリュー、二〇〇四、『技術への問い』（直江清隆訳）岩波書店
ベック・ウルリッヒ、一九九八、『危険社会――新しい近代への道』（東廉・伊藤美登里訳）法政大学出版会
堀井秀之、二〇〇四、『問題解決のための「社会技術」――分野を超えた知の協働』中公新書

――、二〇一二、『社会技術論――問題解決のデザイン』東京大学出版会
堀井秀之・奈良由美子、二〇一四、『安全・安心と地域マネジメント――東日本大震災の教訓と課題』放送大学教育振興会
村上陽一郎、一九九八、『安全学』青土社
――、二〇〇五、『安全と安心の科学』集英社
山岸俊男、一九九九、『安心社会から信頼社会へ――日本型システムの行方』中央公論新社
――、二〇〇八、『日本の「安心」はなぜ、消えたのか――社会心理学から見た現代日本の問題点』集英社
山崎正幸、二〇〇四、「『津波防災の町』宣言の取り組み」『消防科学と情報』八号（http://www.isad.or.jp/cgi-bin/hp/index.cgi?ac1=IB17&ac2=75winter&ac3=3298&Page=hpd_view）
矢守克也、二〇〇九、『防災人間科学』東京大学出版会
吉川肇子他、二〇〇三、「技術的安全と社会的安心」『社会技術研究論文集』一、一―八

自主防災組織と消防団との連携のあり方——宮城県東名地区の事例

後藤一蔵

はじめに

一九七八（昭和五三）年六月一二日に発生した宮城県沖地震は、都市構造のもろさを浮き彫りにした。当時、都市周辺から流入する住民を受け入れるため、低い土地の埋め立てや丘陵地の切り崩しによって新興住宅地が次々と建設された。宮城県沖地震により、仙台市緑ヶ丘地区では、液状化現象が発生し、ブロック塀の倒壊により多数の死傷者が出た。「地震の際、大半の住民は隣近所で入浴や炊事の面をはじめ、後片付けや応急対策などで助け合い、心理的な面でも近隣同士の連帯感を持った」（宮城県『七八宮城県沖地震災害の教訓——実態と課題』一九八〇）とはいえ、災害発生時はともかくとして、復旧に際しては地域住民の連帯感のなさが問題解決を遅らせることも少なくなかった。仙台市では、一九八〇年四月から「コミュニティ防災センター」の建設が始まった。地域コミュニティづくりの一環として防災活動を位置づける意図が感じられた。

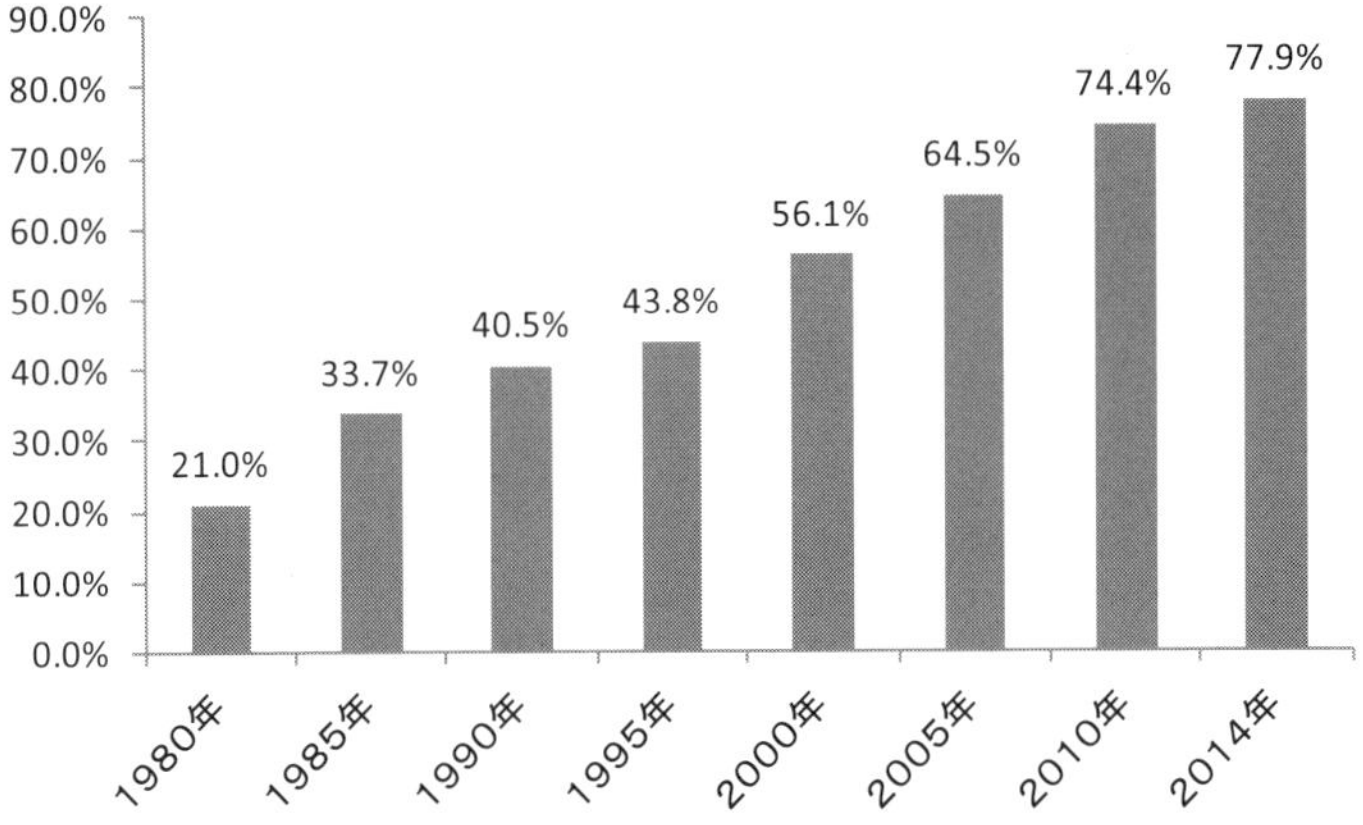

図１　自主防災組織率の推移

出典：『各年次の消防白書』より

宮城県沖地震から一七年後、阪神・淡路大震災が発生した。宮城県沖地震をはるかに上回る災害規模であった。そのような状況下にあって、震源地に近い淡路島の北淡町では、家屋の倒壊による即死者は三八名に上ったが、生き埋め状態となった多数の住民は、近隣住民、消防団、常備消防等の協力により救出された。突発的な大規模災害の発生において、消防団や自主防災組織を中心として救出活動や安否確認が組織的に行われたことは、その日の午後六時には災害対策本部に全町民の動向に関して報告されている（北淡町『阪神・淡路大震災の記録』二〇〇三）ことからもうかがうことができる。北淡町では日常の近所づきあいを通じて、様々な生活上のネットワークが構築されており、北淡町のような事例は淡路島の他町でもみられた。このような近隣の人間関係が、大規模災害発生における救助・救援活動において、有効に機能することが証明された。

阪神・淡路大震災を機に、災害対策基本法が抜本的に改正された。そのなかで、自主防災組織は「住民の隣保協同の精神に基づく自発的な防災組織」と規定されるとともに、市町村の責務として、自主防災組織の充実・強化を図ることが求められた（改正災害対策法第五条、第八条）。二〇〇〇（平成一二）

年一月二〇日、消防庁告示第一号による「消防力基準」の改正に伴い、消防団の業務として「地域住民等に対する協力、支援及び啓発に関する業務」として、「自主防災組織に対する協力、支援」が新たに加えられた。その結果、一定の範域において、自主防災組織と地元消防団とのかかわり方が「地域防災力の充実」にとって重要な意味を持つことが明示された。

地域住民は防災活動においては受け身的であったことから、「自ら災害に備えるための手段を講ずるとともに、自発的な防災活動に参加する等、防災に寄与するよう努めなければならない」（改正災害対策法第七条第二項）と、自主防災組織に対する積極的なかかわり方が求められた。

阪神・淡路大震災後、五年間の自主防災組織率は一二・三％も高くなったことは、それと無縁ではない（図1）。本稿は、東日本大震災における自主防災組織と消防団の関係が、災害の発生時から、どのような経緯をたどったのか、一事例をとりあげ明らかにすることが目的である。

一　東名地区の概況

本稿がとりあげるのは宮城県東松島市東名《とうな》地区である。二〇〇五年四月、東松島市は旧矢本町と鳴瀬町、二町の合併によって誕生した。東名地区は旧鳴瀬町に属する。東松島市は、仙台市から北東三五キロメートルほどの距離で、海岸線に沿って走るJR仙石線、それとほぼ並行する国道四五号が主要な交通路である。二〇一一年三月、三陸自動車道が東松島市内の中心部を通ることにより、三陸地方一帯を結びつける重要な交通アクセスの役割を担っている。集落は国道四五号と海岸線沿いに広がる。海岸線は南三陸金華山国定公園の南端に位置し、複雑に入り組んだリアス式海岸である。

合併時、東松島市は人口四万三二三五人、世帯数一万三五八二であった（東松島市『心輝き　自然輝く　東松島』二〇一四）。産業別人口では、二〇一〇年では、第三次産業の就業者が六割を超える。就業先は仙台市、塩竈市が多い。沿岸部では海苔や牡蠣の養殖業が盛んで、全国に出荷される。また市の南西部に突き出た宮戸島は磯釣りのメッカで、観光客用の民宿が軒を連ねる。

東名地区にあっては、行政区は東松島市の成立前は一行政区であったが、合併後は、市が「一行政区の戸数は一五〇戸前後を目安とする」との方針から、四行政区に分割された。とはいえ、行政区総会や自主防災組織（以下「自主防災会」）は以前同様に一本化されている。

海洋に面する新場、元場はかつての塩田地帯。その後、海苔や牡蠣の養殖業がさかんとなった。集落は中心道路に沿い路村状態で細長くのびる。一方、新東名東と新東名西の二行政区は丘陵性の地形である。新東名は新場と元場の分家が三割程度、その他は一九七五年に設立された鳴瀬町東名部土地区画整理組合が、約五ヵ年の歳月をかけて宅地造成を行い、そこに住む住民の多くは他地区から移住してきた。

地区内のほぼ中央部は県道奥松島公園線、さらにＪＲ仙石線が走る。また県道奥松島松島公園線と並行して、明治政府が東北開発の拠点としてとり組んだ野蒜築港[1]の関連施設として東名運河が約三・三キロメートルにわたって流れる。

二　東松島市自主防災組織の成立

二〇〇三年七月二六日、宮城県北部を震源とする、マグニチュード六・四の地震が発生、負傷者六七七人、全壊家屋一二七六棟、半壊三八〇九棟を数えた（消防庁『消防白書　二〇〇四（平成一六）年版』）。震源地に近い旧鳴瀬町では、被害は大きかった。地震の教訓として、日常から住民の防災意識を高める必要性が求められ、町主導で行政区単位に自主防災組織が組織された。一年ほどかけて、町内全域に組織された。自主防災組織の必要性は、合併協議会においても議論の俎上にのぼり、東松島市が発足した二〇〇五年四月一日、「東松島市自主防災組織育成指導及び活動助成実施要綱」(以下「要綱」)が作成された。

要綱の特徴を指摘したい。

第一は、自主防災組織の定義は、「地震、風水害、火災等の災害の防止及び被害の軽減する組織」と規定されている。文言上、津波はとりあげられていない。この点について、地震＝津波というとらえ方がなされていると解すべきである。

第二は、自主防災組織の組織範囲として行政区単独、あるいは複数の行政区で組織されることが認められたが、多くは行政区単独で組織された。行政区と一体化することにより、「隣保共助」の関係を最大限に生かすことが可能であり、緊急時の意思疎通を図るねらいが観取できる。

第三は、自主防災組織は、地域住民自らの自主的運営を最大限に尊重することに主眼が置かれている。要綱からして、行政の指導・育成、その後、住民自らの自主的運営というプロセスが描かれている。そのためにも、当初から地元消防団、民生委員等の防災関係機関との相互協力の推進が明記されている。

第四は、第三の指摘とも関連するが、自主防災組織の活動を活発化させるために、行政から補助金が交付される。その金額は年間当たり、加入世帯数に一〇〇円を乗じて得た金額(世帯数)に四万円(均等割、ただし複数の行政区により構成されている場合は一行政区につき四万円)を加算した額を限度とし、補助金交付期間は組織設立後三年間である。

この補助金によって、防災訓練を実施する際、炊き出し用の具材購入費、保存食、防災用資機材、防災用の研修会の費用に供される。

東名地区自主防災会において、規約が定められたのは二〇〇五年八月八日で、市内では最も早いほうに属す。この点については、前に述べたように鳴瀬町当時から、自主防災組織が組織されていたことと関係する。また「会長、副会長には、四行政区の区長がその任に当たる」ことが明記された。

二〇一〇年三月、東松島市自主防災組織連絡協議会が誕生した。その主要な目的は、「自主防災組織の活動、協力体制の充実」、「自主防災組織相互の情報交換」で、横の連携強化を図ることにより、全体的なレベルアップにつなげようとする意図がある。

三　震災時の自主防災組織の評価

二〇一一年一一月、市内全域の自主防災組織（八六地区）の活動に対して、アンケート調査が実施された。調査項目は二六（その他を含む）、回収率は八九・五％。

以下、五項目を中心として、アンケートに示された結果とこれからの課題について記述する。

(一) 役員の参集状況

役員の参集は六一・六％。参集できない理由としては、沿岸部では「津波の浸水により、避難することが精一杯であった」。内陸地域では、「地震発生時が昼間時のため、参集できた役員は限られたこと」が指摘されている。

市が事前の取り決めとしている「市民センターへ本部設置の報告」については、参集できた自主防災組織「五三」のうち「三三」で、六二・三％にとどまった。「報告できなかった理由」は、通信手段、被害規模の大きさによる混乱、市民センター自体が機能不全に陥ったことなどがあげられている。

(二) 安否確認の有無

安否確認の実施は、七二・一%。この点に関しては、隣組同士の「声がけ」、あるいは自主防災組織の役員、消防団、民生委員によって行われた。さらに、防災訓練が役立ったという回答が多かったが、地域によっては、役員が仕事の関係上、参集することができなかったり、あるいはアパートや借家の方々に対する安否確認は徹底さを欠いた。

安否確認は、高齢者や一人暮らしが増える傾向がみられる今日では、日常の近所づきあい、あるいはアパートや借家の住人については、情報がごく一部の関係者に限られることなどが問題視された。安否確認は最重要な問題であり、ひとつの方法に限定しないで、複数の方法による確認体制をどのように構築するかが課題として指摘された。

(三) 避難所の運営

避難所の運営に関しては、避難者数、避難期間によってかなり異なる結果が示された。避難者を把握する避難者カードの作成は開設された全ての避難所で実施された。自主防災組織の役員を中心として、少なくとも一日一回、定期的会合を持ち、情報の共有化が図られた。長期化の予想された避難所では、特定の役員に役割が集中することを避けるため、役割分担の確認が行われた。避難所生活では、予測できないような問題もしばしば発生したことから、自主防災組織の責任者にとっては、気の休まる時はなかった。その点に関して、「自主防災組織の役員の負担があまりにも多すぎた」という回答に示されている。

(四) 防災備蓄倉庫の整備

東松島市では、二〇〇九年度に市民センターのエリアごとに防災備蓄倉庫内の備蓄品の整備が始まり、二〇一四年度までに、すべての自主防災組織に対して、一定基準の備蓄食料、飲料水、資器材等の整備が完了する計画であった。だが、大震災の発生時には、整備がなされていなかったところも多く、食料品や飲料水は不十分であった。また、どのようなものが備蓄されているかについて、地域住民に対して、周知徹底を図るべきであるという意見も多かった。

(五) その他

防災行政無線の外部拡声器の津波情報の認識については、「認識できた」(四六・五%)、「認識はできなかった」(三六・六%)、「発災当時の夕方から外部拡声器からの放送が聞こえなくなかった」(一六・九%)という結果であった。大地震発生時の風向き、地震の強さの影響で、地域間でその受け止め方が異なっていた。放送途中で聞こえなくなったことについて停電であっても対応可能な機能を持つ設備の設置、拡声器の増設、放送の際の危機意識を訴える内容であってほしい、という要望も多かった。

指定避難場所の指定については、「適正」と「不適正」の割合が拮抗した状況であった。「不適正」という回答はすべて津波の浸水地域であった。今回の反省から、新たな避難場所の選定が求められている。新たな指定避難所の選定にあっては、より多面的な観点から検討することが望ましいことがうかがえる。

表1　2009年度東名部の活動実績

活動内容	出動回数	出動人員
地域内巡回活動	36	388
消火活動	9	79
警備	5	90
台風警戒	4	75
役員会	3	44
かまど検査	2	39
その他	8	129
計	67	844

出典：『東松島市第10分団東名部日誌』より集計

「災害は対応の弱点をつき、被害を拡大する」としばしばいわれるように、今回のアンケート結果はそれを証明している。防災訓練と避難所の定期点検の必要性、さらに日常からの地域住民のかかわり合いを通じた隣保共助の精神の醸成は必要不可欠である。

四　東名部の活動と東名区自主防災会との関係

東名部は二〇一〇年四月一日現在、分団長以下三二名である。隣接する大塚部と第一〇分団を構成する。長年の慣習から分団長は東名部、副分団長は大塚部から選出される。東名部の主な役職構成は分団長、部長、班長の五名である。これらの五名は建築業、自動車販売業、養殖漁業等の経営者であり、生業基盤は東名地区および市内である。その点からして、消防団活動が比較的し易い状況にある。しかも行政区とのかかわりも深い。二〇〇九年度の東名部の活動をまとめたのが**表1**であり、総計六七回、延べ出動人員は八四四名、団員一人あたりの出動回数は二七・二回を数える。

東名地区では、元場、新場の二行政区は海抜ゼロメートルの低地で、台風、高潮、大雨などで冠水し、大きな被害に見舞われることもたびたびみられた。その水量調節を担っているのが東名水門である。東名部は東名水門の管理を宮城県から委託されている。東名部は、例年少なくとも一週間程度は、夜を徹して水門管理にあたる。それに加えて、毎月一〇日、二〇日、三〇日の月三回、東名部所有のポンプ車で地区内の巡回と防犯対策、東名水門や東名漁港付近に点在する陸閘門の点検を実施している。東名水門は東名地区住民にとって、生活を左右する生命線的な存在であり、管理には細心の注意が払われている。その具体的作業としては、お盆過ぎに行われる牡蠣殻落とし[2]や周辺の草刈り作業がある。この他、東名部は地区内の二つの神社祭典の前夜祭および祭典日、特別老人ホーム（不老園）の花火大会、どんと祭などの警備、警戒活動、年に数回発生する林野火災[3]の消火活動、あるいは防災訓練の指導、などを行っている。

このような東名部と東名地区防災会の関係は、長年にわたって引き継がれており、東名部団員と東名地区住民は顔なじみの関係である。東名地区住民の多くは「この地区の安全・安心は東名部なしでは考えられない」と、一方、「東名部の活動は、長年の伝統であり、我々は先輩から受け継いだことを後輩に受け継いでいく責務がある」と分団長は語る。

なお、東名防災会から、東名部に対して年間二〇万円が補助されている。

五　震災当日の地区住民の避難行動と東名部の活動

(一)　地区住民の避難行動

東名地区防災会長・斉藤壽郎氏（以下「防災会長」）が東日本大震災に遭遇したのは、自宅から二キロメートルほどの距離に位置する市民センターであった。かなり大きな揺れを感じると間もなく、市の防災行政無線を通じて「大津波警報が発令されました。避難してください」という放送を耳にした。だが、地域住民の後日談によれば、「防災無線の注意の呼びかけはあまり聞こえなかった」という。防災会長は軽トラックで直ちに自宅に戻った。自宅に着いたのは午後二時五〇分ごろであった。妻は既に隣に住む体の不自由な夫婦の安否確認をし、避難所に向かう準備（長靴、防寒着、携帯ラジオ、位牌、懐中電灯を持参）はできていた。近くを走る県道奥松島松島公園線は車で渋滞し始めており、妻を新東名に居を構える弟の家の前で降ろし、会長は地区住民の一時避難所となっている、三〇〇メートルほど離れた長石神社に「大津波警報が発令されました。長石神社に避難してください」と車の中から叫びながら向かった。地区内では、事前に取り決めである安否確認を示す白い布が、何軒かの門口には掛けられていたことを確認できた。とはいえ、地震によって散乱した家財道具の整理をする住民も見かけたので、「大津波警報が発令されたから、大至急、避難所に移動してください」と声をかけて回った。海抜ゼロメートル地帯の元場、新場の住民は一時指定避難所である長石神社に、徒歩や自転車で向かった。だが、避難の遅れた住民は、宮城県漁業協同組合鳴瀬支所二階（以下漁協）、新東名の住民は自宅の二階に避難した。指定避難所となっている小学校に、職員の車で搬送された特別老人ホーム「不老園」の入居者や住民は地震で倒壊した家もあり、交通渋滞に巻き込まれ、命を落とした。

地震発生当時は小雪交じりの天候で、一時避難所となっている長石神社境内の一角に設置されている自主防災会の倉庫からテント二張り、発電機二台、灯光機二台を取り出し、避難して来る住民の受け入れ態勢を整えた。とはいえ、防災会長は「これまでの経験からして、津波はこの付近までは来ないだろう」という思いはあったと、後日話されていた。防災会長が長石神社に着いたとき、既に二〇名ぐらいの人が避難していた。また車で避難して来た住民は、寒さを凌ぐため車中にいた。

長石神社には一七〇名ほどの住民が避難した。すると間もなく、多少遅れて避難して来た住民から、「いま、津波が東名運河を超えて亀岡（隣接地区）に押し寄せてきた」という話を聞き、「テントの中は危険である」と防災会長は判断し、階段状となっている神社本殿に移動を指示した。その場所は、一七〇名の避難場所としては狭かったので、若い人は本殿の裏山に避難した。

暗くなり始めた頃、多少なりとも、津波は引き始めたが、ヘドロと大量のがれき、それに加えて寒さのため、長石神社から移動することは危険であり、神社境内の三ヵ所で、焚火で暖をとりながら、一夜を明かすことに決めた。余震は間断なく続き、防災会長は灯篭付近には近づかないように指示した。ほとんどの人は腰切のあたりまで濡れていたので、時間の経過とともに、寒さは身に堪えた。

長時間、じっとしていると、「寒く」「寂しさも増した」ので、一時でもその状況を解消するため、高い場所にいる住民から順番に、「一、二、三――一七三」と二度ほど、声を出し合ってお互いの存在を確認し合った。防災会長は、携帯電話を使って、災害対策本部に状況報告を試みたものの、なかなかつながらず、午後一一時頃には、電源が切れ外部との関係は切れた。避難した多くの人は家族の安否確認ができないまま、不眠状態で朝を迎えた。この間、寒さのため八〇代の女性一人が亡くなった。

翌朝、若い人たちが中心となり、即席の担架を作り、高齢者や体調不良を訴える住民を、神社から二キロメートル離れた定林寺に搬送した。間もなく、市の災害対策本部から連絡を受けた第九分団新町部の団員が支援に駆けつけ、軽トラックで搬送された。

(二) 団員の行動

大震災発生時、東名部にとって、組織的行動は全く不可能であった。東名部所属の団員中、東名地区に駆けつけることができたのは、三二名中七名であった。七名の団員は直ちに団服に着替え、行動を始めたが、お互いに連絡がとれない、詰所に近づくことができない状況下では、団員個々の判断によって活動しなければならなかった。その活動の最中、二名は犠牲となった。

東名部団員の当日の行動は、以下のような三パターンに分類できる。

【地元にいた団員】

部長　東名水門から五キロメートルほど離れた小野地区で自動車整備工場を経営する部長は地震発生と同時に、「間違いなく大きな津波が襲って来る」という思いで、東名水門に駆けつけた。居合わせた団員Aとともに、ディーゼル発電機で一五分ほどかけて水門を閉めた。それから一〇分ほど経過して、運河の海水が瞬く間に底が見えるほど引き始めた。すると間もなく、高い壁のようになって水門にぶつかって来る真っ黒い津波が目に入った。「映画のシーンを見ているのではないか」「このようなことが現実に起こりうるのだろうか、夢の世界にいるような気持ちになった」と、当時を振り返った。

団員A　地震に遭遇したのは、隣接する松島町高城から東名地区に帰る途中であった。ラジオで、大津波警報が発令されたことを知り、当日、分団長から東名水門の鍵を預かっていたこともあり、「東名水門を閉めなければ」と必死の思いで、道路に散乱するがれきを避けながらかなりのスピードで走り抜け、午後三時頃には東名水門に着いた。そして、居合わせた部長と二人で水門閉鎖の作業を行った。

「今晩は水門監視を続けなければならないだろう」と思い、東名水門から五〇〇メートルほど離れている詰め所に保管されている可動式ストーブと缶詰、飲料水を運ぶため、車で出かけた。津波の襲来も予想されたことから、親戚の家に立ち寄って二人を乗せ、詰め所に着いた。詰め所を出て間もなく津波が押し寄せ、車は海上に投げ出された。なんとか車にしがみつくことができたが、同乗の二人は流れてきたがれきにぶつかった瞬間に行方がわからなくなった。引き潮によって車は何度も回転させられ、「ここで死んでしまうのか」「死ぬということはこんなにまで苦しいのか」と思ったという。次第に記憶も薄れ、どこを流されているのかもわからないまま三時間以上、海水に浸かっていた。そして三キロメートルほど離れた隣接の大塚浜に着いたところを、地元の人に発見された。

周囲はすでに暗く、体温はかなり低下しており、口がきけない状態であった。救助した人の計らいで、松島町の病院まで搬送され一命をとりとめた。長い期間、左半身のしびれは続き、匂いに対して鈍感になっているという。

班長A　地震発生とともに船溜まり用の元場水門に駆けつけ、団員Bとともに、水門を閉めようとしたが、停電のため機械操作は不可能であった。直ちに手動に切り替えたものの一時間ほどかけても二〇センチメートルほどしか下げられなかった。津波が視界に入ったとき、水門の鉄扉を支えている鉄柱の最上部にしがみついたが、岸壁が次々と破壊されていくのを目の前にして、「次は自分の番である」と思ったとき、これまで経験したことのない恐怖心に襲われたという。

団員B　元場の水門閉鎖を諦め、部所有のポンプ車で、地域住民に対して避難の呼びかけをするため、詰め所に戻った。間もなく、駆けつけた分団長とともにポンプ車で避難を呼びかけたが、津波が視界に入るのを見て、近くにある漁協に駆け込んだ。そこでは、津波に流されて来る住民を、分団長やその場に避難していた住民と一緒になって救助した。

【地元に戻り団活動】

分団長　地震発生時、自宅から直線距離で二〇キロメートルほど離れている塩竈の作業現場にいた。地震発生とともに直ちに作業現場を離れ、東名地区に車を走らせた。その間、強い余震に何度も襲われた。道路の陥没や土砂崩れの箇所も多く、山道を通り四五分ほどで自宅に着いた。

その時点では、津波は視界には入らなかった。家族に対して、「すぐに避難所に行くように」と言い残して、自宅から五〇メートルほどの距離にあるポンプ置き場に向かい、居合わせた団員Bと一緒に「地域住民に早く避難するように」と広報活動を始めた矢先、津波が壁のように襲って来るのを目の当たりにして、同乗の団員Bから「これ以上進むことは危険です」と言われて、ポンプ車を降り、三〇メートルほどの距離にある漁協の二階に駆け上って間一髪、難をまぬがれた。そのとき、漁協には三〇名ほどの住民が避難していた。その後の行動については、団員Bと同じであった。

ポンプ車は一〇〇メートルほども流された地点に横倒しの状態となっていた。

【地元に戻ったが、活動できなかった団員】

班長B　東名地区で総合建設業を営み、代表取締役である。地震発生時、仙台市内で自家用車を運転していた。かなり大きな揺れを感じたので、仙台駅東口の新寺小路付近で自家用車をいったん止め、携帯電話で会社に連絡をとったものの全く通じなかった。「どのような状況になっているのか、とにかく確かめたい」という思いから、東名地区には、午後四時半ごろに着いた。野蒜海岸に近い場所にあった資材置き場は見る影もなかった。新東名地区にある自宅は二メートルの高さまでに津波が達していたが、二階は何とか住める状態であった。

班長Bと同じように、仙台市や塩竈市、あるいは富谷町（東名地区からおよそ三〇〜四〇キロメートルの距離）で仕事をしていた団員は、地震発生と同時に津波の襲来を予測し、普段は通ることのない山道を走り、東名地区に向かった。だが、分団長を除いて、「地区全体がほぼ水没した状態」を目の当たりにして、東名地区の入り口付近の小高い場所で一夜を明かさねばならなかった。

自主防災組織は地域住民の避難呼びかけ・避難誘導活動、一方、消防団員は地元にいた団員を中心に、住民の誘導活動、東名水門の閉鎖が中心であった。地震の発生当日、自主防災組織役員と消防団には接触の機会はなかった。

六　自主防災組織と消防団の連携の経緯

(一) 第一期　仮詰め所の設置と地区防災会との連携

震災後、第一〇分団東名部の「分団長」と防災会長が初めて言葉を交わしたのは震災翌日の夕方であった。そのとき、分団長は分団詰め所が流出したので仮詰め所の設置の必要性を話した。津波により家屋のほとんどが流失したことに加えて、海抜ゼロメートル地帯の新場や元場の二行政区では、海水がほとんど引かないため、集落内に足を踏み入れることはできなかった。しかも、外部から不審者の侵入も予想され、防犯上、新場と元場地区への出入りを制限する必要があった。そのため、小高い場所を走る県道奥松島松島公園線と新場、元場へ通ずる市道の交差点付近の公有地に、地区防災会の保管倉庫で唯一残ったビニールシートを借用し、約一七平方メートルの広さの仮詰め所を設置した。

仮詰め所を設置する主な目的は、治安の安定を図ること、それに加えて、被災地の消防団に課せられた多種多様な役割を目の前に突き付けられた状況下にあっては、一刻も早い組織的行動を始動する必要があった。仮詰め所ができることにより、団員相互の意思疎通が図られ、しかも行方不明者に関する情報も集まるようになった。地域住民の安否確認は、様々なルートを通じてもたらされる。それを集約する場の確保は、この時期の取り組むべき最優先課題であった。

仮詰め所付近には、津波の被害が比較的軽微ですんだ斎藤（邦）団員宅があり、通電が可能となると、電話やファクスが借用できたことから、市災害対策本部や消防団本部への連絡もスムーズとなり、東名地区の孤立状況は徐々に解消されていった。

大震災発生の翌日には、新たな避難先として、周辺の地区センターや寺院に移動した。行政の混乱した状況では、避難所の選定にあたって、防災会長が中心となり次々と心当たりのところに連絡し、避難所の確保に努めた。特に防災会長は旧鳴瀬町時代に役場の要職を務めており、地区内はもとより周辺の事情に精通し、また多くの人脈ルートを持っていたことも有効に機能した。

大震災当初、地区住民は一〇ヵ所以上の避難所に分散していたため、住民の安否確認は困難をきわめた。このような状況はほとんどの被災地でみられ、それぞれの地区では様々な手段を講じて地区住民の安否確認にあたった。東名部では、防災会長が被災の翌日から朝六時前に、自らが避難している親戚宅を出て、すべての避難所の巡回活動を実施した。防災会会長は、「このような未曾有の災害に遭遇したときこそ、地区防災会は機能しなければならない」という思い入れがあった。

三人の副会長（区長兼任）や役員は各避難所の責任者として、人や物の動きを、防災会長に逐一報告した。自衛隊や団員による行方不明者の捜索活動が本格化する三月一五、一六日頃、東名部団員は若い年齢層が多く、分団長から防災会長に対して「我々、若い者には判別できないご遺体も多く見つかっているので、できればご遺体の確認に立ち会ってほしい」との申し入れを行った。それを機に、防災会長と三人の副会長は交代でその任に当たることになった。仮詰め所ができたことに伴い、行方不明者の家族や親戚から、行方不明者の身長、体重などの身体的特徴や着衣に関する情報が寄せられるようになり、その情報は仮詰め所内に張り出された。こうした動きを通じて、地区防災会と東名部の情報の一元化が図られていった。

(二) 第二期　行方不明者の確認と消防団活動の継続

四月に入り、行方不明者の捜索活動と並行して、がれきの撤去作業が本格化し、新場、元場地区内へ自衛隊の大型車両の出入りが多くなった。自衛隊の車両が地区に入るためには、仮詰め所付近で右折か左折をしなければならず、道幅を広げる必要があった。市災害対策本部から仮詰め所の移動を検討してほしいとの要請があり、仮詰め所はこれまでより三〇メートルほど内に入った斉藤（邦）団員宅の敷地内に移った。その場所は比較的高台に位置し、五、六台の駐車スペースも確保できた。この時期、連日、行方不明者の捜索活動をしている自衛隊から「行方不明の方が発見されました。身元確認のために立ち会ってください」との連絡が入り、分団長、防災会長、そして居合わせた団員数名が立ち会った。

市の災害対策本部から、「団員は三月三一日をもって、自宅待機」との指令が出されたが、遺体の身元確認のため特定の時間には常時、数人の団員が顔をそろえた。その際、他分団の動き、知り合いの動向、職場の状況などが話題となった。防災会長はこれまで同様に決まった時間に避難所の巡回活動を継続するとともに、仮詰め所にも顔を出す毎日であった。

避難所から親戚宅や別の避難所に移動する人も増え始め、避難所の収容人員に生じたアンバランスの調整、さらには在宅避難者からは支援物資の配給に対する不満の声も聞かれたので、市当局と話し合いが行われた。さらに仮設住宅に関する新聞報道が行われはじめると、避難している人々から、入居の意向を聞くこともあった。防災会長は避難者の動向把握を最優先とし、避難者が他所に移動する際は避難所の責任者に対して、連絡の徹底をお願いした。このようにして得た情報は仮詰め所に持ち帰り、分団長や副会長とともに、住民名簿との照合作業を一日一回、「定例会」と称して開いた。防災会長は定例会で話題となった情報を翌日には、該当すると思われる避難所にいる親戚や親しかった人、さらには隣組の人に話し、その場で新たな情報を得ることも多かった。東名部では、班長以上の団員が経営者的な立場の人が多かったことから、職場の従業員から貴重な情報がもたらされることもあった。

市消防団本部の指示に基づいて、職場との関係から三月いっぱいで活動を打ち切った分団も少なくなかったが、防災会長と分団長は「なんとか行方不明者全員を見つけ出したい」という共通の思いがあり、班長以上と出動可能な団員に対しては活動の継続を要請した。大震災発生から一ヵ月が経過すると、東名地区の行方不明者が必ずしも地区内で発見されるとは限らず、広範囲にわたって遺体の収容が行われるケースも生まれた。「身元不明者が遺体安置所に運ばれた」という連絡が入ると、分団長と居合わせた団員は遺体安置所に出向き、確認作業に立ち会った。しかし、遺体だけでは特定することが不可能なケースも多く、DNA鑑定に回された。

四月末、大阪を本拠地とし、全国にネットワークを持つ「アウトドア義援隊」が継続的な活動を始めた。防災会長は「アウトドア義援隊」と地域住民の仲介役を担う立場でもあった。さらに、被害が比較的軽微ですんだ新東名地区住民のなかには自宅で生活を始める人も増え始め、ライフラインの整備や街灯の設置の要請を市に伝えることも役割のひとつとなった。そのため仮詰め所への地域住民の出入りが多くなり、大きなボードに張りつけた地区内の地図に、居住状況を色別し、身元確認に訪れる人が一見してわかるような工夫をした。

防災会長の携帯電話の登録者数は日に日に増えていった。その情報は、その後の市の動向や地区内の住民の動きの問いあわせがあった際、信用できる情報として活用された。一方、東名部は、震災前には月三回、定時に行っていた地域内巡回活動が休止されていたこと、また、無人状態では火事の発生により不安を感じる住民も多く、できるだけ早くポンプ車の提供を市に申し出た。

(三) 第三期　消防団活動の縮小と来訪者の増加

五月に入り、斉藤(邦)団員宅の向かい側のがれきがほとんど撤去され、広いスペースが確保できたので、その一角に仮詰め所を移動した。この頃になると、避難所から自宅に戻って後片づけや状況確認のために東名地区を訪れる住民はさらに増えた。住民が仮詰め所に立ち寄った際、防災会長や分団長が把握していなかった住民に関する情報や、避難所生活の問題点について話されることも多かった。

震災から三ヵ月を迎えようとしていた時期、分団役員の間では「いつの時点で、仮詰め所の活動に区切りをつけるのか」ということが話題になりはじめた。この頃、地区内でタイヤの燃えるぼや騒ぎがあり、市に対して、代替ポンプ車の提供をできるだけ早くお願いしたい旨の要望を再度行った。さらに、行方不明者の家族が以前から要望していた東名運河の大がかりな捜索活動が自衛隊によって行われ、団員は交通整理や運河の状況説明などで協力した。また護岸の破壊と地盤沈下により冠水地域が広範囲に及び、がれきの運搬作業に支障をきたすこともあった。これらの問題について、分団長と防災会長は市当局に改善を要望した。

避難所から仮設住宅へ移動する住民が徐々に増えはじめた。仮設住宅からの移動は地域住民の居住地の分散をもたらすのは当然であり、今後の地域住民の街づくり計画に対する意向を把握するうえで問題も生じしかねなかった。そのため防災会長を中心として副会長、他の役員が中心となり住民動向の把握に努めた。その頃には、防災会長の携帯電話には四〇〇人を超える住民の連絡先が登録されていた。また「野蒜地区」の一二行政区長連名で、市当局に対して、他地区に先駆けて将来の野蒜地区の街づくりに対する「要望書」を提出した。かなり早い時点で、市当局にその種の要望書を提示できたことは、住民意向を十分に把握していたことの証でもあった。

五月末、津波によって壊滅的な被害を受け、ほとんど手つかずの状態になっていたJR東名駅に関係者が訪れたり、またがれきの撤去や護岸の破壊状況の確認のため市役所の関係部署の職員が直接足を運ぶようにもなった。

団員の多くは職場に復帰しはじめたが、仕事現場が仮詰め所の近くにある団員は、昼休みの時間帯に顔を出し、仮詰め所で食事をとりながら、防災会長や居合わせた住民と会話をしながら時間を過ごした。短い時間とはいえ、高台移転計画、それと連動する東名駅の設置場所、さらに行方不明者の情報等が話題の中心であった。

この時期、県外の薬の訪問販売主、生命保険会社や工事関係者が、住民の居所を訪ねて来ることもあった。市では個人情報保護法の関係上、仮設住宅の居所は教えることはなかったため、これらの人々が仮詰め所に足を運ぶこともあった。防災会長は、「あそこに行ってみればわかるかもしれないですよ」と婉曲な言い回しで回答した。

分団活動は縮小され、防災会長が対応する場面が多くなった。「東名地区防災会長」という呼称は、地区内四行政区で組織される地区防災会の代表者を意味しており、この時期の対応内容からも、「区長」と呼んだほうが適合するのではと感じた。防災会長にその点を尋ねると、「現在、対応している問題はすべて未曾有の大震災によって発生したものであり、私は防災会長という自覚をもって対処しています」と。さらに続けて、「大震災の状況下にあっては、通常の行政区長の役割とは明らかに異なっています。そのような災害に対応する組織として地区防災会が誕生したのであり、立場上、ここで投げ出すわけにはいきません」と話された。

分団長は隣町の松島町にアパートを借りており、仕事に出かける途中、毎日、仮詰所に立ち寄り鍵を開けた。その後、防災会長や副会長が仮詰所に来て、午後五時まで対応することが常態化した。

(四) 第四期　東名地区センターの設置と日常化への一歩

六月一〇日、区長と分団長は市に対して、「テントの仮詰め所は、台風シーズンには危険であり、プレハブの設置をお願いしたい」旨の要望を行い、仮詰め所のすぐ側にプレハブの「東名地区センター」が設置された。それに伴い、東名部の仮詰め所も同居することになった。これまでの「仮詰め所」は、その名の示すように東名部という消防団の居住空間に東名地区防災会が同居する形をとっていたが、「東名地区センター」という名称自体が、地区防災会の機能がより重点的に行われることを示すものであった。とはいえ、地区防災会として、行方不明者の捜索の継続という点では、これまで同様、東名部との共同歩調体制は必要不可欠と考えており、入り口には「東名部詰め所」という看板が掲げられた。名称が変わったとはいえ、東名部と自主防災会の関係は従来と変化はなかった。

防災会副会長として、三名の行政区長が名を連ねている。そのうち二名は、仕事や隣町の仮設住宅に入居したため、毎日、東名地区センターに顔を出すのは防災会長と木島副会長（以下、副会長）の二人であった。東名地区センターには自宅の後片付けや様子を見に来た住民が立ち寄り、東松島市が毎月二回発行している市報「ひがしまつしま」を持ち帰った。住民にとって、将来の生活設計を考えるうえで、市当局が策定中の復興基本計画の進捗状況は大きな関心事であった。その概要の一部が地元新聞で報道された数日間、内容の細部にわたって尋ねて来た人はかなりの数に達した。「高台移転」が報じられたことから、移転先として予定されているのはどのあたりか、土地の買収価格はどの程度か、ということが関心の的であった。この頃、東名地区センター内には、地区内の動きが一目で分かるように、月間行事が書きこまれた黒板も備えつけられた。

家屋の取り壊しが本格化し始めた六月中旬、この地域で、長年慣習として行われてきた屋敷を移転する際に行われる「埋井祭」(4)「屋祓い」、さらに仏事を取り仕切る六親講による合同供養祭などが関係者および区長の立会いのもとで行われた。六月一七日に実施された「埋井祭」は、それらの先陣を切るものであった。

震災後、一〇〇日という節目の時期に、「なんとしても実施したい。ひとつの区切りをつけたい」という地域住民の強い思いの表れでもあった。「埋井祭」当日は、震災以降、地元を離れて生活している多くの住民も参加し、互いに旧交を温める姿が見られた。これらの行事の実施にあたっては、開始時刻、祈禱料、実施場所などの問い合わせには、防災会長と副会長が対応、東名部は交通整理、駐車場係、テントの設営などを担当した。これらの行事の実施を通じて、防災会の緻密な計画性、とりわけ地域住民に対してほとんど遺漏のない対応は、地域住民に防災会の存在をより強く認識させ、「ここは、我々東名地区の総合支所」という声さえ聞かれるようになった。地道に積み重ねてきた情報は、単なる安否確認というレベルにとどまらず、地区防災会と地域住民相互の信頼関係を強固なものとした。

七月、日本消防協会を通じて山形県寒河江市からポンプ車の寄贈、その翌日には震災後、初めての東名部の分団会議も開催され、東名部は新たなスタートラインに着いた。「これまでは詰め所に足を運ぶと、いつでも見ることができたポンプ車が手元にないことは、本当に心細かった」と新分団長は話された。そのポンプ車は、東名地区センターの建物の横に置かれた。

(五) 第五期　東名地区センターの機能拡大

家屋の解体作業が始まり、家屋所有者の意思確認が必要であった。東名地区を離れて住んでいる住民は、防災会長か副会長を介して、意思表示を行うケースがみられた。また、本人が市役所の窓口に足を運び、自らが行わなければならない医療費の免除手続き、あるいは所有者不明の船の処理などについても、防災会長や副会長に相談することもあった。特に高齢者にとって、地区センターの存在は、生活再建にとって心強い存在と映った。

七月以降、個人あるいは団体ボランティアの活動が活発化し、活動場所への案内や、住民からはボランティアを依頼する際の申し込み方法の問い合わせが相次いだ。

七月二六日、東松島市と災害時相互応援協定を締結している東京都大田区被災地支援ボランティアの責任者が来訪し、今後のボランティア活動と、月一回（ほとんどは第三日曜日）のランチ交流会の件に関する話し合いが行われた。大田区のランチ交流会のねらいは、仮設住宅に入居している住民、とりわけ高齢者は外部との交流が途絶えがちとなり、孤立状態におかれることも考えられたため、月一回、かつての近所の仲間との出会いの場を設定するものであった。ランチ交流会は回を重ねるにつれ、その意図が徐々に浸透し始めた。

この時期、新聞、テレビ局、さらには大学関係者が取材や調査研究のために訪れる機会も多くなった。取材対象のエリアや特定の人の紹介要請、さらには防災会長や副会長に対する直接的取材は、七月末から一ヵ月間だけでも三〇回を超えた。

防災会長は「行方不明者全員を見つけるまでは地区センターを閉じるわけにはいかない。行方不明者の人たちとは長い間、この場所で生活を共にしてきたのだから」と、機会のあるたびに口にした。

防災会長は七月二五日より、その日の来訪者、主な対応内容について克明にノートに書き記している。それによれば、一ヵ月間で、東名部メンバーは一日も欠けることなく、延べ八二名が東名地区センターに顔を出している。その間、高台移転、地区内で行われる盆行事、大田区被災地支援ボランティアセンターをはじめ、各種ボランティア団体との調整、支援物資の対応、元場水門の修理など、これまで以上に多様な問題への対応が求められた。それらについて東名部がすべてかかわっているわけではないが、情報の共有ということでは、これまでと変わらなかった。

おわりに

阪神・淡路大震災における北淡町の事例は、自主防災組織と消防団とのかかわりあい方の重要性を提示した⑸。それまでは、自主防災組織と消防団の二つの組織は法律的な根拠の違いが強調されるあまり、両者は距離感のある組織ととらえられてきた。だが、北淡町の事例は行政の限界を露呈する一方、地域住民の日常的な対応のあり方が災害時に有効であることを実証した。その結果、全国的に自主防災組織の組織率が向上したことは本稿でもふれたとおりである。だが、自主防災組織は、行政サイドから示された範例にほぼ準拠する形式によって作成される傾向がみられ、画一的であった。そのため、北淡町における先例があるとはいえ、自主防災組織にはそれほどの有効性は期待できないのではないか、と指摘する行政のみならず地域住民も多かった。

東名地区においては、地域住民と当該エリアを管轄する東松島市第一〇分団東名部は長年にわたって緊密な関係を築いてきた。そのような関係は、東日本大震災における未曾有の災害への時系列的な対応を通じて、地域住民には心強い存在として映った。大震災発生の翌日から、分団長や防災会長は当面する課題について意見を交わす日々であった。一七平方メートルの空間には様々な情報が持ち込まれ、お互いが共有する「拠点」として機能した。それに加えて、その小さな空間は地域住民にとって開かれたものであったことに注目しなければならない。その拠点が一部の組織のリーダーの占有空間であれば、地域住民との距離感は否定できず、情報そのものが限定されたレベルにとどまることは想像できる。しかも災害という非常時にあっては、様々な情報が拡散されることにより、地域社会が混乱した例は枚挙にいとまがない。

東名地区の事例は、地域防災のあるべき像を示している。一七平方メートルの広さの拠点は、長期間にわたって、情報の集約・共有、そして発信の場として機能した。

注

（1） 一八七八（明治一一）年、明治政府が東北地方の開発の拠点として始めた一大事業であった。その計画の一環として、野蒜港と松島湾とを接続するために建設されたのが東名運河である。しかし、一八八四年、台風により工事は打ち切られた（佐々久・竹内利美・設楽寛監修、一九八七、『宮城県風土記』）。

（2） 東名水門の鉄扉に付着した種牡蠣を剝がす作業。そのまま放置しておくと、鉄扉が完全に締め切ることができない状態となる。例年、月遅れのお盆過ぎに東名部メンバーで小舟を使い作業を行う。

（3）沿岸部一体は松林や草むらが多く、投げ捨てた煙草の吸い殻によって発生するケースが多い。そのほとんどはぼや程度ですんでいるとはいえ、年間の出動回数は一〇回程度にも及ぶ。

（4）東名地区で伝統的に行われている井戸の移転に伴う神事。「葦で包んだ小枝」を、神主から家主に手渡され、家主はそれを井戸の中に投げ込むことが慣習となっている。

（5）総務省消防庁が、二〇〇〇年一二月に取りまとめた「消防団と地域の自主防災組織等との連携の在り方に関する報告書」、あるいは二〇〇七年三月の『自主防災組織の手引き』を参照。

参考文献

後藤一蔵、二〇一三、「消防団と防犯活動」『安全・安心コミュニティの存立基盤』御茶の水書房

後藤一蔵、二〇一一、「限界状況下にあって消防団員はどう行動したか」『経営実務二〇一一増刊号』

菊地明、二〇〇二、『東名の道のり』

吉原直樹、二〇一一、『コミュニティ・スタディーズ』作品社

消防庁編『消防白書（各年次）』

地域防災における学校施設の拠点性
——釜石市唐丹地区を事例として

竹内裕希子・須田雄太・ショウ　ラジブ

はじめに

東日本大震災によって、多くの人的・物的・社会的被害が発生し、人々の住環境は一変した。これらの変化は、将来を担う子どもたちの教育を行う場である学校においても同様に発生した。

公立小中学校は、地域において重要な公共施設として存在し、災害時には避難場所等の役割を果たす。そのため、学校施設の安全性は防災対策を行う上で重要な課題であり、強い建物としての学校だけでなく、安全性を確保された立地条件において建設を進めることが重要である。

二〇一一年三月一一日に発生した東日本大震災では、六二五〇の公立学校（幼稚園・小学校・中学校・高等学校・中等教育学校・特別支援学校、文部科学省調べ）が被害を受け、そのうち二〇二二の学校が「被害状況Ⅰ」に分類された（図1　文部科学省、二〇一一）。この「被害状況Ⅰ」は、建物の被害が大きく、建替え又は大規模な復旧工事が必要

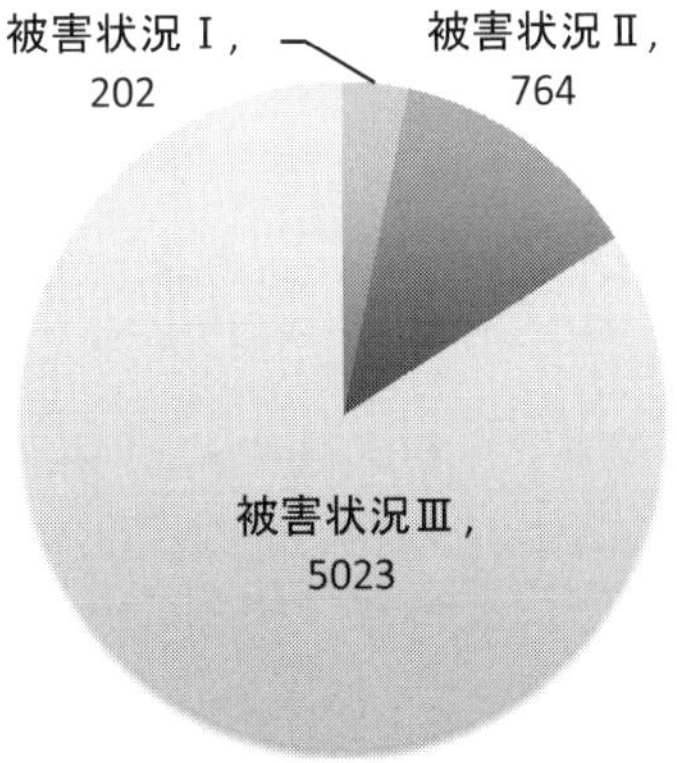

図１　東日本大震災における学校施設の被害状況

被害状況Ⅰ：建物の被害が大きく、建替え又は大規模な復旧工事が必要と思われるもの
被害状況Ⅱ：建物の被害を受けており、復旧工事が必要と思われるもの
被害状況Ⅲ：建物の被害を受けており、復旧工事が必要だが、小規模な被害と思われるもの
全被害数：6250校　文部科学省資料より（2011年6月8日最終更新）

とされるものである。

東日本大震災において、「被害状況Ⅰ」に分類された二〇二の学校施設では、新規に学校が再建されることとなる。しかし、災害復興において、地域のインフラ整備や病院、福祉施設等の他の公共施設の再建築等、優先順位を決めることは難しく、また、限られた財政と時間の中で今後の災害に備えることも含めた計画が求められる。学校の立地条件を検討することは、子どもたちの命と教育の場を守るだけでなく、地域の復興においても重要である。多くの学校施設は、地域の避難場所に指定されており、災害が発生した場合には、地域住民の生活の場となる。学校設備を住民に提供しつつ、教育の継続を維持することは、被災地の学校において地域のこれからを考えるために大きな課題点である。本稿では、岩手県釜石市唐丹地区で地域住民を対象として実施をした学校施設に求める防災機能に関するアンケート調査、唐丹《とうに》地区に位置する小学校・中学校長への聞き取り調査から、東日本大震災時に学校が置かれた状況を整理し、地域と学校との関係性を考察した。この考察から、地域防災における学校施設の拠点性について検討した。

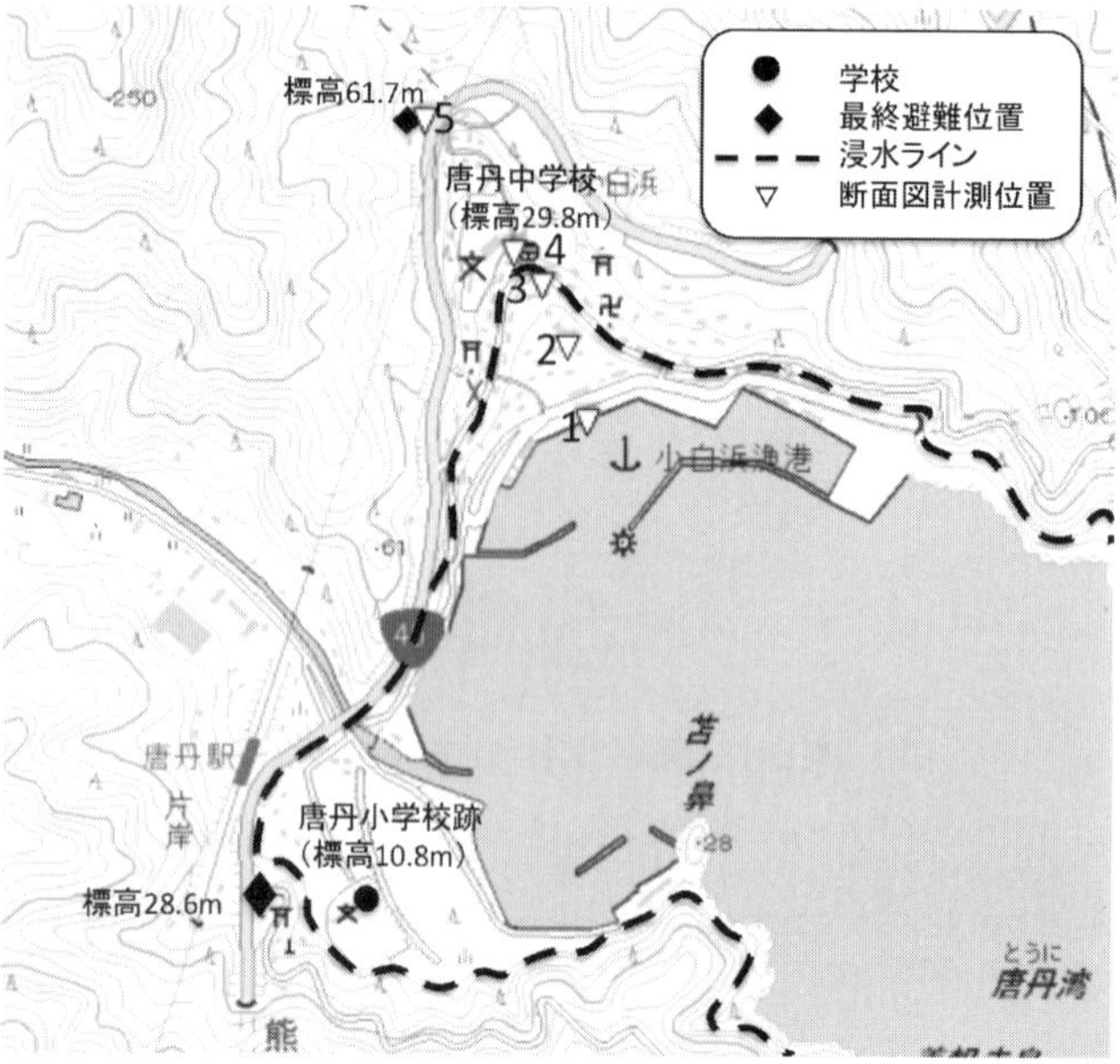

図２　東日本大震災時の児童・生徒の避難場所と学校の位置（1/25000 平田）

国土地理院浸水概況図より作成

一　岩手県釜石市唐丹地区概要

　岩手県釜石市唐丹地区は、一八八九（明治二二）年に町村制が施行された際に気仙郡唐丹村として成立し、一九五五（昭和三〇）年に旧・釜石市、甲子《かっし》村、鵜住居《うのすまい》村、栗橋村と合併し、現在の釜石市唐丹町となった。唐丹地区には花露辺《けろべ》・本郷・小白浜・片川・山谷・荒川・大石の七区が存在している。毎年一〇月二日は唐丹の日と定められており、地域の安全を確かめる日でもある。国道四五号線が地区内中心部を通っており、釜石市中心部と大船渡市をつないでいる。

　東日本大震災では、唐丹湾に建設された防潮堤が倒壊し、地区内の一五ヘクタールが津波により浸水した。津波は標高二九・五メートルに位置する唐丹中学校正門まで

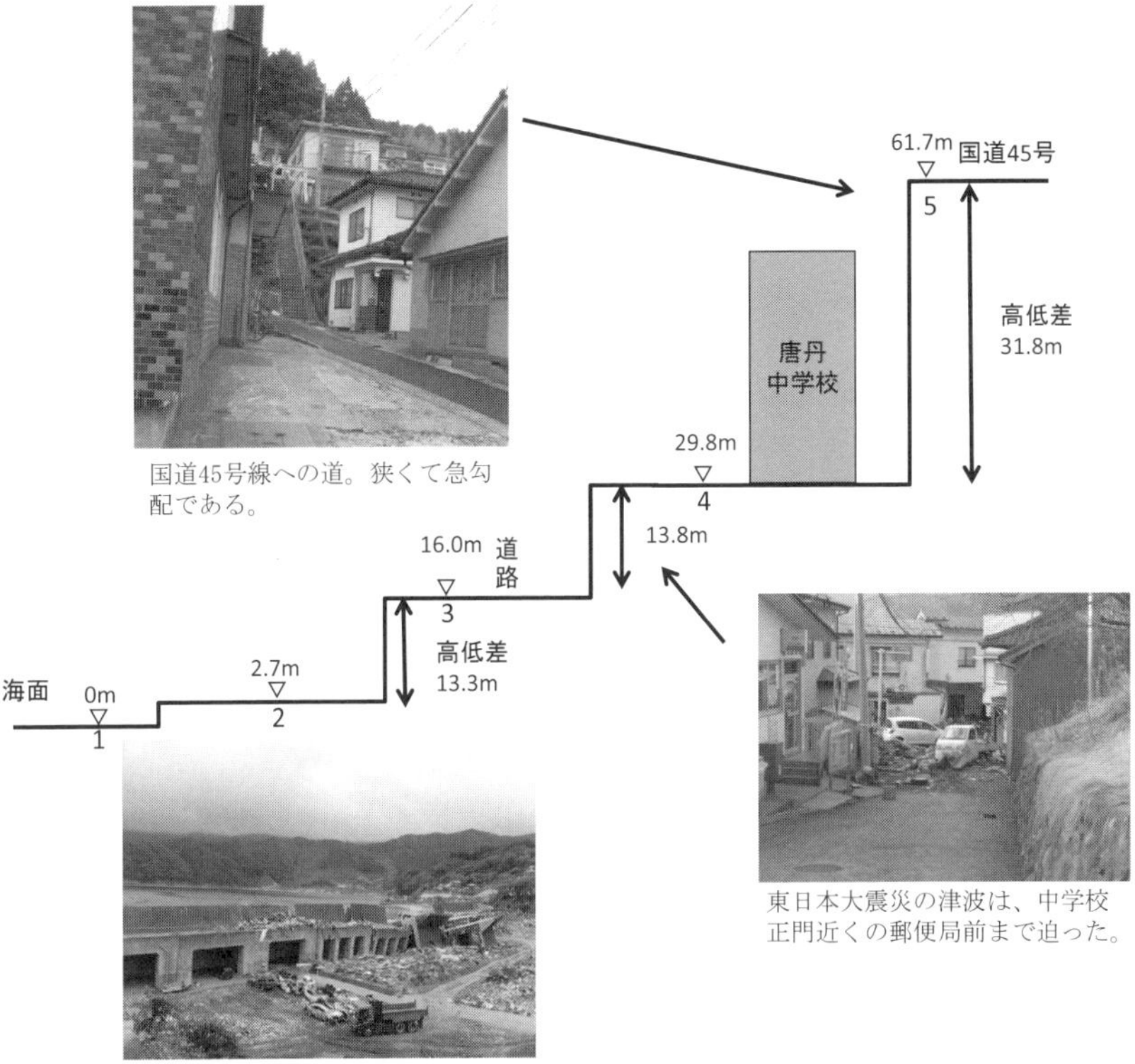

国道45号線への道。狭くて急勾配である。

東日本大震災の津波は、中学校正門近くの郵便局前まで迫った。

唐丹湾に面した小白浜地区では、防潮堤が倒壊した。

図3　図2中▽1～5間の断面図

迫った（**図3**）。この津波により唐丹湾を有する唐丹地区では三二名の死者・行方不明者、三四三戸の住宅被害が発生した。唐丹地区では、これまでに一八九六年明治三陸津波、一九三三年昭和三陸津波、一九六〇年チリ地震を経験している。

　地区内には、唐丹小学校ならびに唐丹中学校が立地している。唐丹小学校は一八七三（明治六）年の開校当時は、現在の唐丹中学校の位置に立地していた。その後の児童の増加と中学校開設に伴い、一九四七（昭和二二）年に**図2**中の唐丹小学校跡へ移転した。唐丹小学校は、東日本大震災では鉄筋校舎三階の天井まで浸水し、校舎は使用不能となった。震災後は釜石市内の平田小学校に間借りをしていたが、二〇一二年に仮設校舎が現在の唐丹中学校敷地内に建設されたことに伴い、現在は唐丹中学校内に併設されている。唐丹中学校は、津波被害は受けなかったが、地震動により校舎が破損被害を受け、仮設校舎建設までの間は体育館を間切りして授業を行った。

東日本大震災において唐丹小学校が津波被害で全壊し、唐丹中学校は地震動によって校舎に被害が出たことを踏まえ、小中学校・公民館・給食センターを統合した新施設の建設が計画され、検討が開始された。二〇一四年一〇月現在、唐丹中学校の校庭は津波災害緊急避難場所、体育館は拠点避難所に指定されている。

二　東日本大震災における唐丹地区の学校施設の被害とその後の状況

東日本大震災時に学校が置かれた状況の把握を目的として、唐丹地区に位置する小学校・中学校長への聞き取り調査を行った。以下、唐丹小学校、唐丹中学校の震災当日から半年後までの状況である。

(一)　唐丹小学校

学校概要

一八七三(明治六)年、現在の唐丹中学校の場所に設立された。その後の児童増加と中学校開設に伴い、一九四七(昭和二二)年に**図2**中の唐丹小学校跡へ移転した。

写真１　津波の被害を受けた唐丹小学校

学校設備は、屋上のない鉄筋三階建て校舎一棟と体育館であったが、東日本大震災により鉄筋校舎三階の天井まで浸水し使用不能となった。震災後は釜石市内の平田小学校に間借りをしていたが、二〇一二年に仮設校舎が現在の唐丹中学校敷地内に建設されたことに伴い、二〇一二年一月より唐丹中学校内に併設されている。

東日本大震災当時、教職員数はスクールバス運転手を含めて一三名であった。児童数は七三名であったが、震災後半年現在六八名に減少した。東日本大震災における児童・教職員の人的被害はない。

東日本大震災以前の防災教育・防災活動状況

二〇一一年三月三日に避難訓練を実施していた。三月三日は昭和三陸地震が発生した日であるため、この日に避難訓練を行う習慣がある。避難先は、津波注意報では校舎の三階、津波警報が出たときと大きな地震のときは高台の神社と取り決めがあり、避難場所である神社と自治会長との間には連絡体制が存在していた。避難は徒歩で行われ、一年生から六年生の順番で学年順に避難すると決めていた。しかし三月三日の避難訓練で渋滞が発生

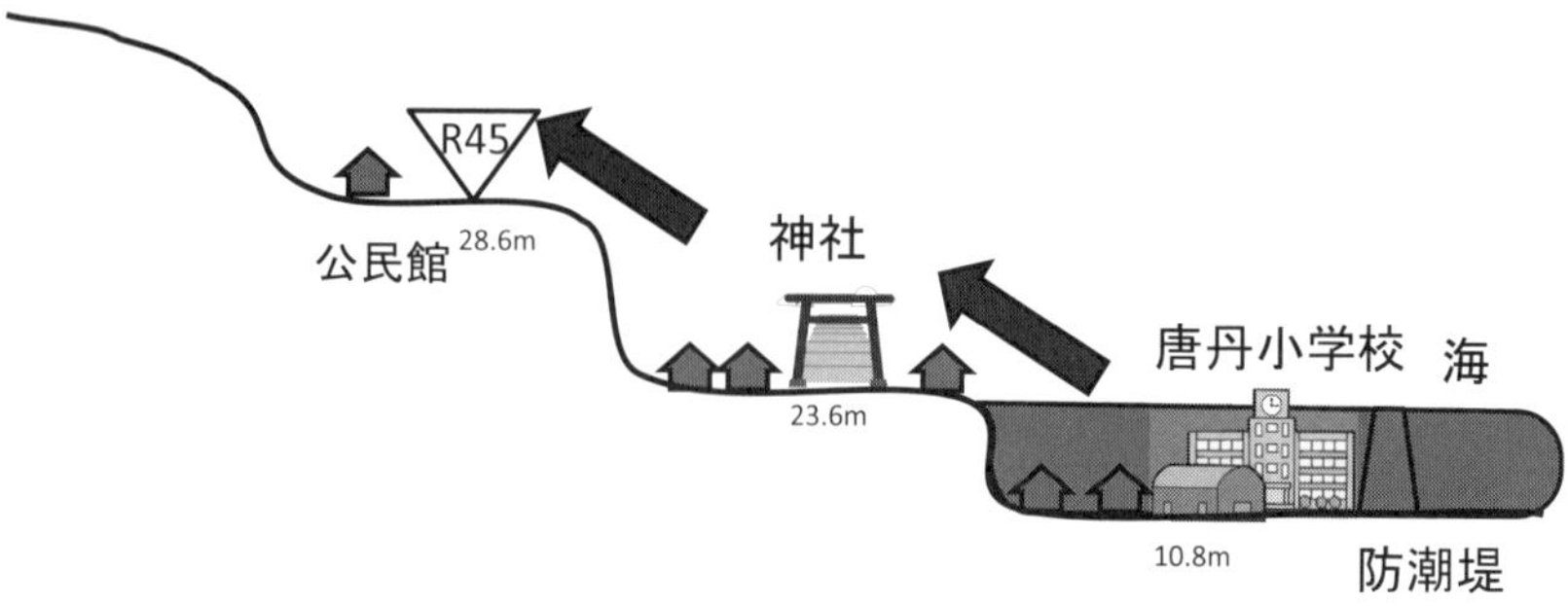

図4　唐丹小学校児童・教職員の避難の流れ

した反省を生かし三月一一日は六年生から一年生の順で避難した。

後に東日本大震災の前震と位置づけられる二〇一一年三月九日一一時四五分に発生した震度六弱の地震のときは、校舎の倒壊危険性がないこと、津波注意報の発令であったことから、校舎三階に避難した。特に一・二年生には泣かないこと、怖いかもしれないが逃げ切ることが指導された。

二〇一〇年に、唐丹小の児童と唐丹中の生徒が、釜石市所有の遊覧船「はまゆり」に乗船し、海から唐丹湾が奥に向かって狭くなっていくリアス式海岸の特徴を観察し、その後防災マップを作成する防災教育を行った。防災教育とは直接のつながりがないが、片西川のサケを題材とした環境教育を実施しており、漁業組合の協力の下、採卵場の社会見学やあら巻きつくりを通じて地域との交流を行ってきた。

東日本大震災における状況

唐丹小学校の二〇一一年三月一一日の主な動きは、**図4**の通りである。地震後の停電により情報が入らない中、これまでの経験と学校近くで働く保護者からの情報で地震発生の一五分後には、事前に指定していた一時避難場所（高台の神社）への移動が完了した。地震発生後一五分での避難完了の背景には、三月三日に実施した避難訓練からの反省がある。これまで一年生から六年生の順番での避難を六年生から避難させたことによって、児童・教職員全員が無事に避難できたことにつながったと考えられている。

大津波警報が発令された場合、唐丹小学校が高台の神社（天照御祖神社境内）に避難することは、神社と自治会長の他に保護者に周知されていたため、児童の居場所に関する情報の混乱は発生しなかった。高台の神社から国道に一時避難をした後、夜間を過ごすために公民館へ移動するが、スクールバスと住民の軽トラックの運搬によって円滑に移動が行われた。

震災三日後には、神社境内内に臨時職員室を設置し、三月末には教育委員会より隣地区にある平田小学校への間借りが提案された。学習の場の確保を最優先とし、ＰＴＡ、保護者会への説明を経て四月より平田小学校へ間借りし、学校が再開される。学校再開に先立ち、三月末には津波の被害を免れた唐丹公民館の二階を会場として、三月一二日に実施予定であった卒業式と修了式を行った。

二〇一一年一〇月に仮設校舎が建つ予定が延期し、平田小学校からの引っ越しは二〇一二年一月となった。平田小学校での教育環境は支援物資・体育館・校庭など含めて整っていたが、地域の人に子どもの声を届けたいという学校長の想いと体育館で授業を実施している中学の現状を考慮して、早期の仮設校舎建設となった。

東日本大震災以後の防災教育・防災活動状況・課題

唐丹小学校における東日本大震災後の課題は、「避難行動」「防災教育内容」「施設」の三つが挙がった。

唐丹小学校では、東日本大震災後の防災教育内容は、避難行動を軸に行っている。震災当日の避難行動は学校として一人の児童・職員の被害も出すことなく行うことができたため、今後も今回と基本的には同じで良いと考えている。しかし、平田小学校に間借りしている期間や、仮設校舎への引っ越し後など、学校内の位置や建物内の状況がこれまでの唐丹小学校と異なるため、迅速な避難行動には避難訓練が重要になる。特に、仮設校舎移動後は、中学校と一緒になるため、避難行動の策定を最初から行う必要がある。小学生は、自分の居住地域周辺や学校付近における津波による過去の浸水範囲は理解できていると考えているが、中学との統合によりこれまでと行動範囲が異なるため、唐丹全体の避難ルートや過去の浸水範囲などを理解させる必要がある。また、自宅や登下校時などの学校外にいても、児童が自ら避難行動を取ることができるように教育に取り組んでいる。スクールバスでの通学環境が発生したため、乗車移動中に災害に遭うことを予想して、通学途中に避難場所を決定するなどの対策を行っている。

防災教育内容は、避難行動が中心となっており、災害発生メカニズムには触れていない。これは、科学的不確実性をどのように伝えるのかが課題であり、教材が十分でないことが挙げられる。今後は、地域の災害に関する伝承も含め、過去の災害を記憶にとどめるための防災カレンダーの作成を行い防災教育に活用させたいと考えている。

施設としては、仮設校舎がプレハブ様式なので、寒さ対策、音響対策が必要になると考えられている。安全な場所に学校をつくることが重要であり、学校が安全な場所にあれば、避難ルートや通学路の安全性も高まると捉えている。

今後は、津波の予測も含めて情報の制度を上げることが重要であるが、情報の共有や通知も改善する取組みが必要である。ホームページなどを利用した連絡網を計画していたが、セキュリティを考えると予算がなく、結果として電話連絡網となった。新校舎は、学校施設だけでなく、公民館と併設される予定のため、地区や市との連絡が強化されることが期待されている。外との情報のつながりの他に、放送室が停電や浸水被害のため使用不可となった場合の学校内伝達方法を検討する必要がある。

児童が避難場所から仮設住宅に移動したことで、学校と自宅の距離が近くなり、児童が精神的に良いほうに向かったとみられている。

写真２　地震の被害により校舎が損壊した唐丹中学校

（二）唐丹中学校

学校概要

一九四七（昭和二二）年に唐丹小学校敷地内に唐丹中学校が開設された。唐丹中学校開設に伴い、唐丹小学校は移転した。

学校設備は、屋上のある鉄筋三階建て校舎一棟と体育館であったが、東日本大震災により鉄筋校舎三階校舎が損壊した。震災後は体育館内をパーテーションで仕切って講義を行った。小学校と共同の仮設校舎が校庭に建設されたことに伴い、二〇一二年一月より体育館より移転した。

東日本大震災当時、教職員数は一一名であった。生徒数は六二名であったが、震災後五四名に減少した。東日本大震災では、当日学校を欠席していた生徒一名が自宅で家具の倒壊に遭い死亡した。

東日本大震災以前の防災教育・防災活動状況

唐丹中学校は、**表１**に示す災害において複数回学校施設に被害が発生している。

表1　唐丹中学校の過去の災害における被災状況

年	災害の種類と被害
1968（昭和43）年	十勝沖地震による校舎裏土砂崩れ
1975（昭和52）年	集中豪雨による校門埋没
1976（昭和53）年	宮城県沖地震により、講堂・校舎に被害
2003（平成15）年	三陸南地震により、校舎破損
2008（平成20）年4月	山林火災
2008（平成20）年6月	岩手・宮城内陸地震により校舎破損
2008（平成20）年7月	三陸沖地震により校舎破損

聞き取り調査より作成

二〇〇九（平成二一）年三月に釜石市が行った津波避難訓練に全校生徒が参加している。このような市が開催する大きな避難訓練は、親が仕事などで参加することが難しいため、子どもも参加しない傾向がある。

唐丹中学校としての避難訓練は、グラウンドに集まり、高台へ避難するという内容で年に三回実施している。また、一〇月二日「唐丹の日」に、地域の人が集まって安全・防犯のイベントを行っている。

学校の授業では、映像を使った防災教育を行い、唐丹の人が作った本を使って、明治・昭和津波の教訓を授業で伝えている。防災教育とは直接のつながりがないが、四〇年前から続く地域の人との国道四五号線清掃活動、二〇〇八年より漁業組合の協力の下、ワカメの養殖体験学習、桜祭りへの参加を通じて地域との交流を行ってきた。

二〇一一年三月一一日から六ヶ月後までの動き

唐丹中学校の二〇一一年三月一一日の主な動きは**図5**の通りである。

地震発生時、一年生から三年生は授業中であった。教室で揺れが収まるのを待った後、校庭に避難をした。地域の人が中学校へ避難をしてきたため、体育館を避難所として開設したが、漁協の人が「海の底が見えてきたので、大きな津波が来るかも」と言ったこと、また地震の発生三〇分後には津波が来るとシミュレーション結果で知っていたので、念のために中学校より高台を通る国道四五号線に移動した。高台に移動することが困難な

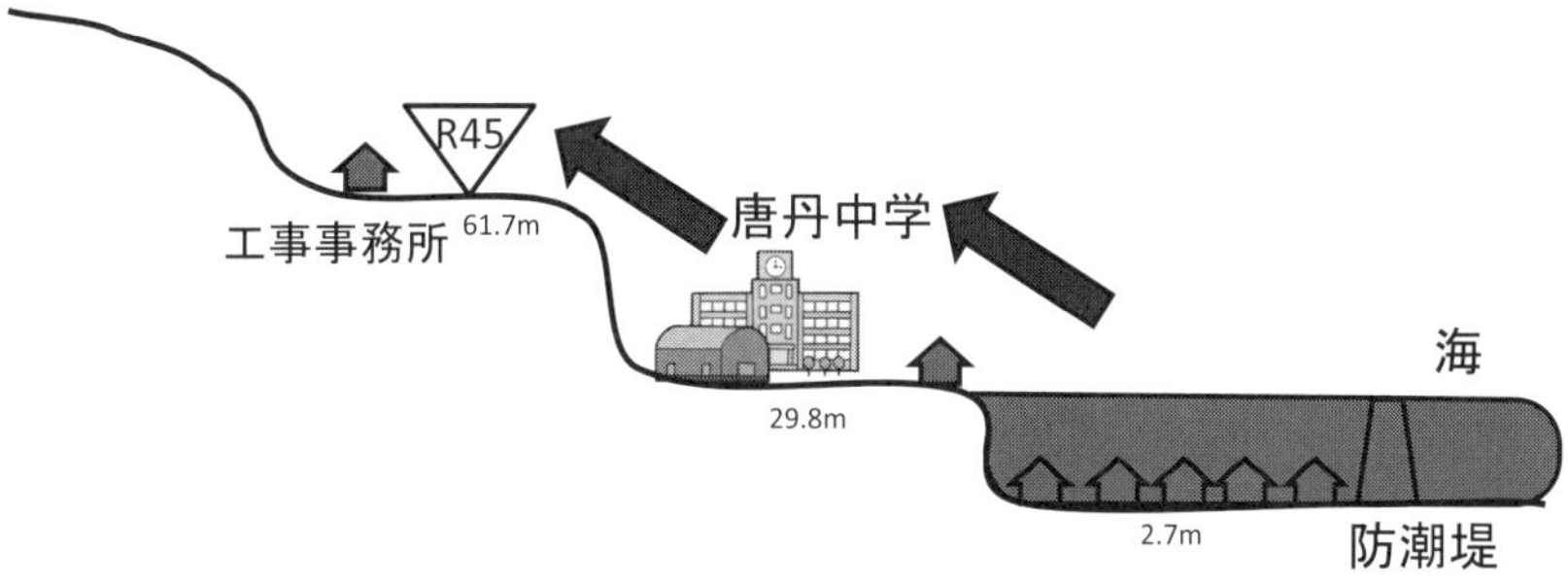

図５　唐丹中学校生徒・教職員の避難の流れ

高齢者数名と学校長が体育館に残り、生徒と地域の人は四五号線横のＮＴＴの工事事務所で一夜を明かした。ＮＴＴの工事事務所には生徒・住民の全員は入りきらず、外でたき火をして夜を過ごした。ＮＴＴの工事事務所に設置された避難所には、三月一三日朝まで生徒が残ったが、その間近くの民家の人が食事を提供してくれるなどの支援を受けた。

国道四五号線が地震による土砂崩れのため通行困難な箇所があり、災害後約一週間は外部からの緊急時の支援を受けにくい状況が生じた。しかし、この間地域内の互助が強く働いたと学校長は捉えている。

校舎が地震で損壊したため体育館へ引っ越しをしたが、余震が続く中の作業は大変であった。また、体育館が支援物資の保管所となっていたため、卒業式を行うスペースの確保のため三月二八日までに整理を行ったが、その際にも住民の協力を得ている。

教育委員会から早い時点で小中一貫を示されていたため、中学校校長としては小学校との同居について不安を感じてはいなかった。

震災半年を過ぎた頃は、三年生にとっては高校受験に向けてあと半年の時期となるが、勉強をする環境を確保することの困難さや仮設住宅での生活課題が合わさって強いストレスを感じていた時期であったと推測される。

東日本大震災以後の防災教育・防災活動状況・課題と展望

唐丹中学校における東日本大震災後の課題は、「避難行動」「防災教育内容」「学習環境」「防災に関する学校施設」の四つであった。

防災教育内容としては、東日本大震災の映像を教材化することの必要性、小中学生レベルでも理解できる浸水予想マップの作成が挙げられた。

学習環境に関しては、家庭で勉強ができる環境の整備が困難であるため、学校授業の質向上をこれまで以上に努めること、生徒の住居環境を把握し生徒の小さな変化を見逃さないよう努める必要があるとされている。特に受験を迎える三年生は大きな不安を抱えている可能性が高いので注意をする必要があった。また、仮設校舎は耐震性が低いため、その中で生徒の安全を確保する課題が存在していた。

防災に強い学校施設として、安全な避難道路・通学路の整備、発電機、通信機、水、カセットコンロ、ラジオ、毛布の備蓄が挙げられた。これは、唐丹中学校が一次避難場所に指定されていたにもかかわらず毛布一〇枚くらいのみの備蓄であったこと、国道四五号線から学校へのアクセスルートが狭く急傾斜であるため、高齢者の避難が困難であること、緊急車両などの通行が困難であることに関係している。学校長は、新校舎建設の際には、学校裏の法面を削って国道四五号線から直接アクセスできる道路が整備されることを希望している。

(三) 学校と地域のつながり

中学生は、四〇年前から続く地域の人との国道四五号線清掃活動、二〇〇八年より漁業組合の協力の下、ワカメの養殖体験学習、桜祭りへの参加を通じて地域との交流を行ってきた。三年に一度の頻度で開催される桜祭りには、小中学校共に職員も含めて参加している。

唐丹地区の主産業は漁業であり、漁業組合から学校への支援や地域学習での支援等深い関わりが存在している。ヒアリング調査から小中学校の校長は、唐丹地区は特にコミュニティ力が強く、子どもたちのことを地域の人が良く知っており、地域で子どもを育てるという気質を感じている。一方で、仙台を中心に唐丹までは伊達藩、平田から北部は南部藩という歴史的背景に加え、一九七〇（昭和四五）年に国道四五号線が開通するまで近接する他地域へも峠を越えて行かなければならなかった歴史から、他の地域との交流が少なく閉鎖的な印象を抱いていることがわかった。

その上で小中両学校長は、地域の中での学校を、コミュニティを維持していくための施設として捉えており、文化の拠点、防災拠点として学校施設の存在を意識していることが明らかになった。これは、学校以外にも様々な公共施設が存在している都心部に対して、唐丹地区では大型公共施設は学校しか存在していない状況を反映していると考えられる。現在、山間地や過疎地に限らず学校は統廃合が進みスリム化が求められているが、山間地や過疎地ほど学校施設の充実が求められていることが示唆される。

唐丹中学校では、二〇一一年四月末から授業が再開され、部活動も可能な範囲で順次再開された。なかでも野球部の練習を見にくる地域の人の姿が多く目撃された。中には震災一～二ヶ月後という生活もままならない状況の中で、野球ボールの寄付をする人も存在した。このように、児童・生徒の存在は、家族でなくても地域の人々の精神的支えにつながっている可能性がうかがえた。

（四）小中学校統合運営に関する課題

小学校は、一コマを四五分で実施しており、中学校は一コマを五〇分で実施している。小中学校が統合して同一の校舎を使用することにより、小学生の休み時間や移動時間が中学生の授業時間と重なり授業妨害になる可能性や、体育館や校庭、音楽室や調理室などの特別教室の運用が複雑化する可能性が懸念される。しかし、小中学校が同一施設を共有することで、合同行事などの実施はしやすくなり、年齢差からお互いに学ぶことも広がると

写真 3　唐丹中学校校庭に建設された小中仮設校舎（2011 年 12 月）

考えられる。

唐丹地区では、中学校の校庭に仮設校舎が建築され、二〇一二年一月から使用が開始され、次の段階として新校舎の建設デザインが議論されている。

三　学校と地域防災

唐丹小学校並びに唐丹中学校学校長へのヒアリング調査から、両学校長は地域の中での学校の役割として、コミュニティを維持していくための施設として捉えており、文化の拠点、防災拠点として学校施設の存在を意識していることが明らかになった。唐丹中学校校庭に小学校との合同仮設校舎が建設され、新校舎の建設デザインも検討されている。この新しい施設には、学校機能だけでなく、公民館機能などの地域の公共機能を共存する方向で検討された。そこで、唐丹地区住民に対して学校施設に関する意識と地域防災に関する考えについて明らかにすることを目的として、アンケート調査を実施した。

アンケート調査概要

アンケート調査は、「学校と地域防災に関するアンケート調査」と題して、岩手県釜石市唐丹町住民を対象に、二〇一一年一〇月八日~二四日に実施した。対象数（配布数）は七四六世帯で、回収数（率）は三一四世帯（四二%）であった。配布方法は、地区内居住者は自治会を通じて各戸へ配布し、震災による地区外居住者は郵送した。回収は全て郵便で行った。

アンケートは、回答者属性の他、東日本大震災での行動、小中学校施設、公民館施設に関して、今後建築される新しい学校施設に関する計三三項目で構成した。

アンケート調査結果

アンケートの回答者は、五二%が男性で四五%が女性であった（図6）。年齢構成は、六〇歳以上が六三%を占めた。二〇%が漁業であるが、農業、自営業、会社員、主婦、年金受給者等職業は幅のある回答を得た。高校生以下の子どもが居る家庭は二四%であり、七六%が学校とは直接な関わりのない状況であった。

地域における学校の役割に関する問いには、「子どもたちが学力を身につける場」「子どもたちが人間性を向上させる場」という回答が七割以上を占めた（図7）。これは、小中学校が義務教育を実施する教育機関としての場であるという認識が地域の大多数であるとうかがえた。防災・歴史・地域特性について学ぶ場であるという認識も三割~四割みられた。「地域に元気や活力を与える場」という意見が五六%であったが、運動会などのイベントを行う場、地域住民が集まる場所という意見は三割程度であり、学校に対する意識と実際の行動には乖離がみられた。

唐丹中学校近くに位置し釜石市役所の支所的機能も有する唐丹公民館（生活支援センター）の使用頻度に関する

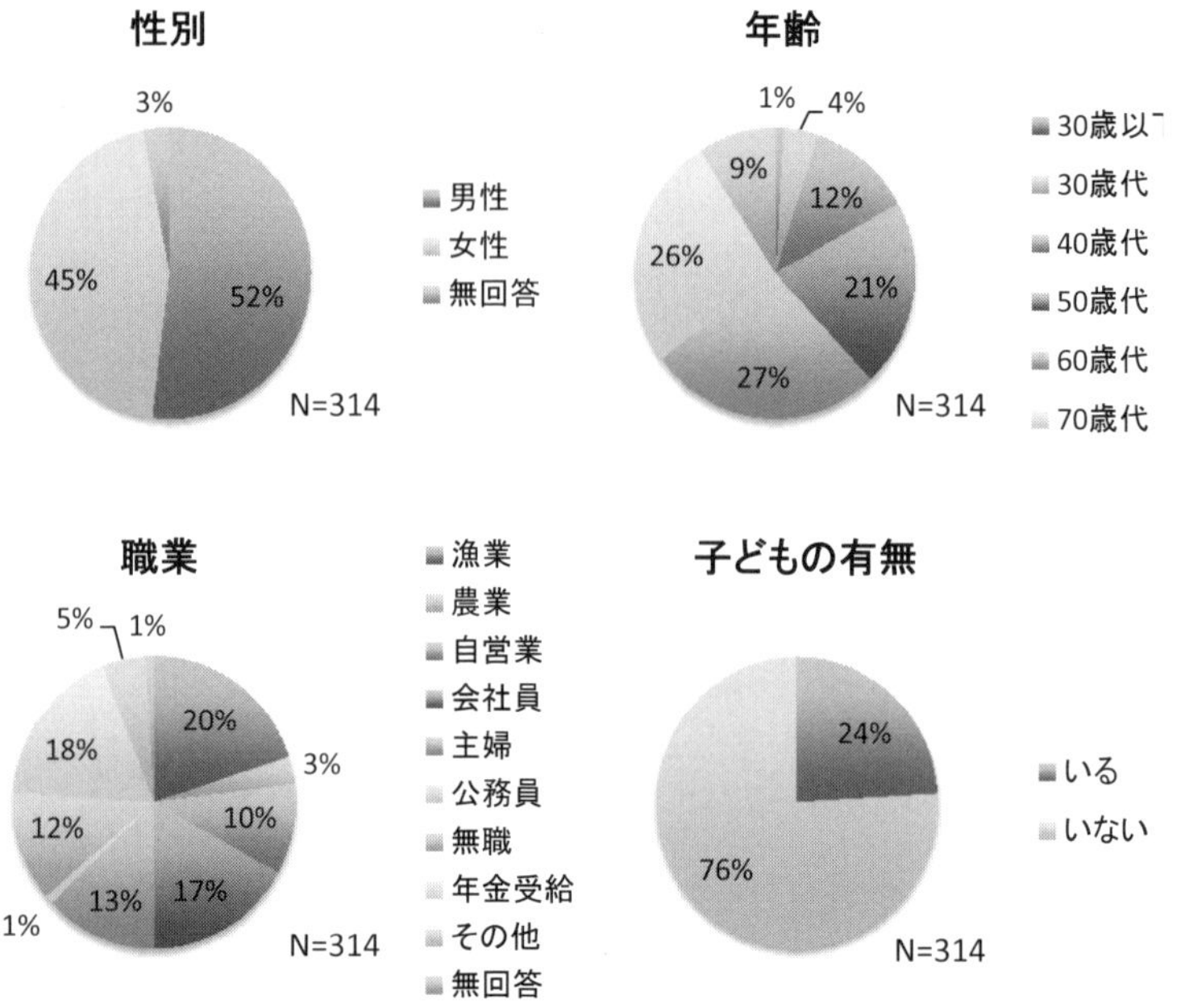

図６　回答者属性

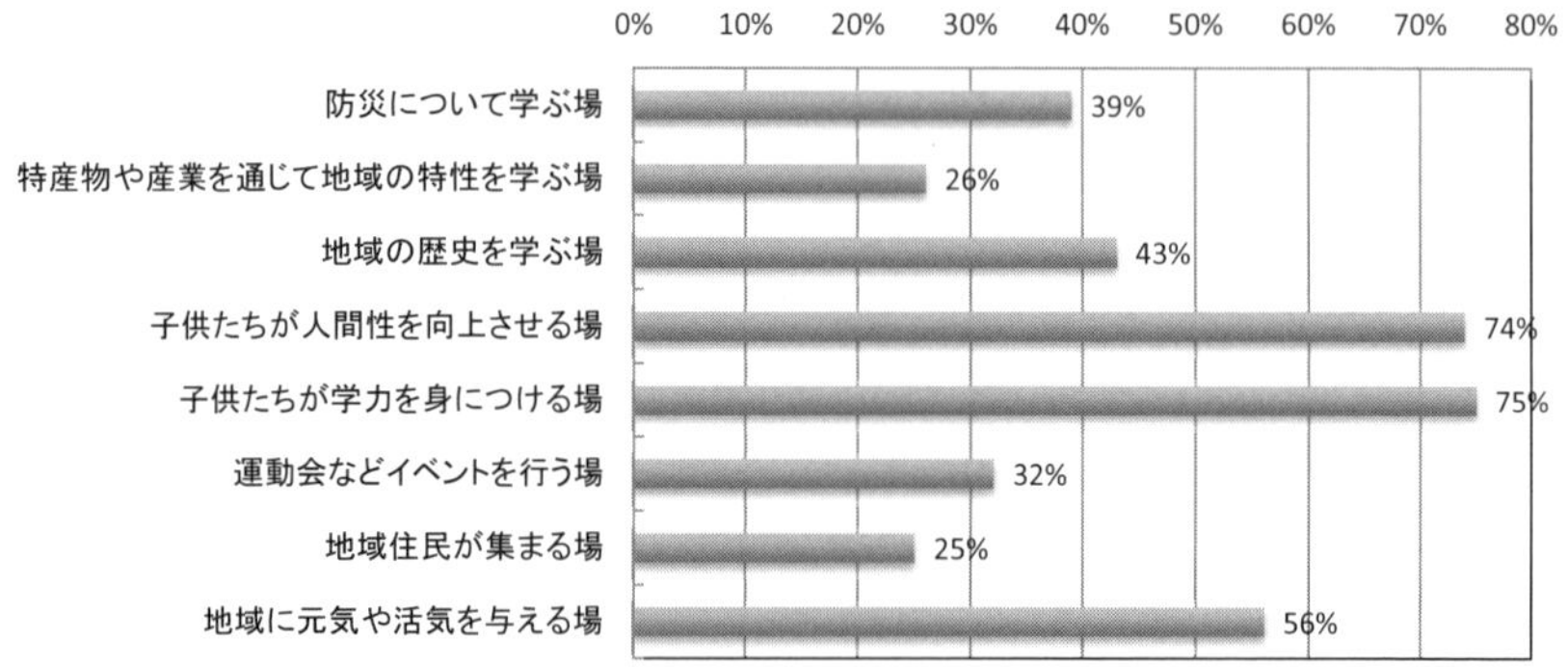

図７　地域における学校の役割（複数回答）

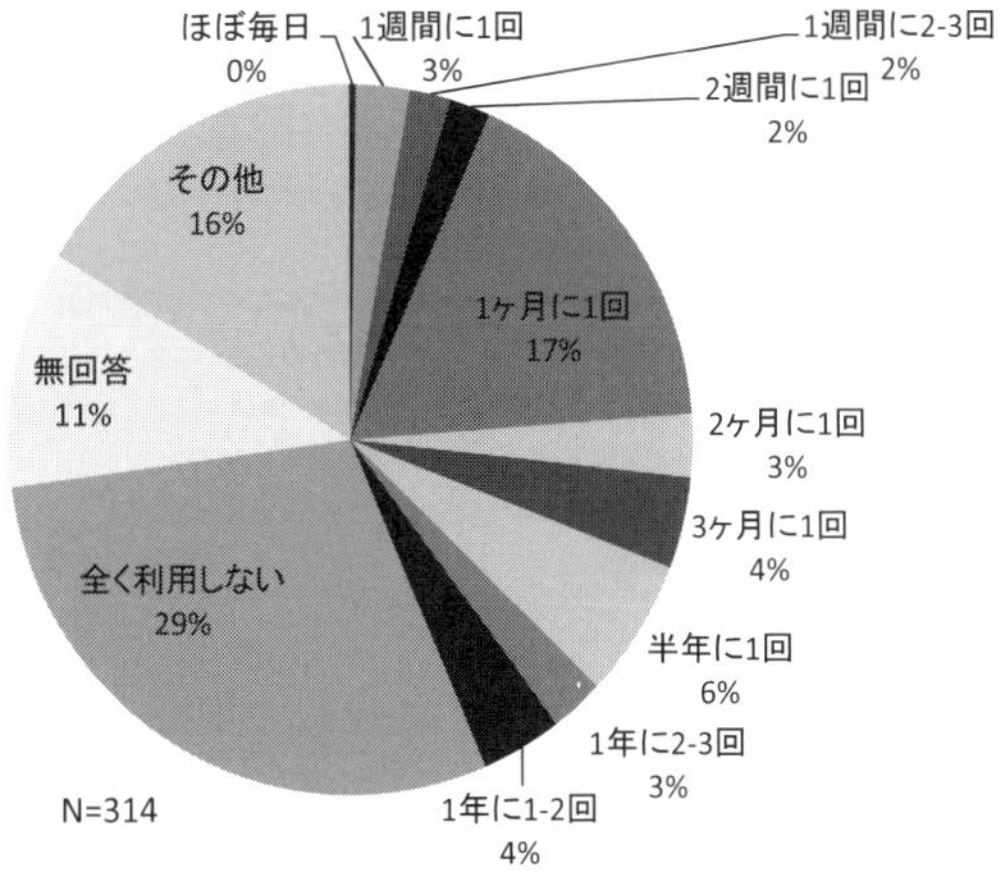

図８　震災前の唐丹公民館（生活支援センター）の使用頻度

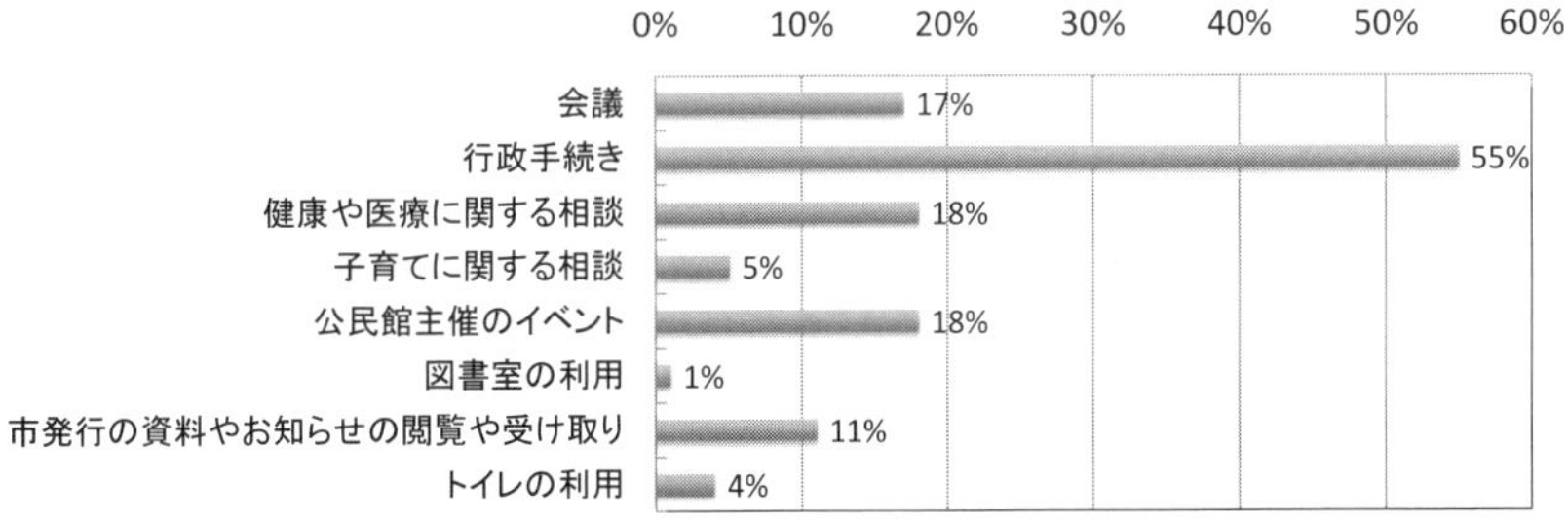

図９　震災前の唐丹公民館（生活支援センター）の使用目的（複数回答）

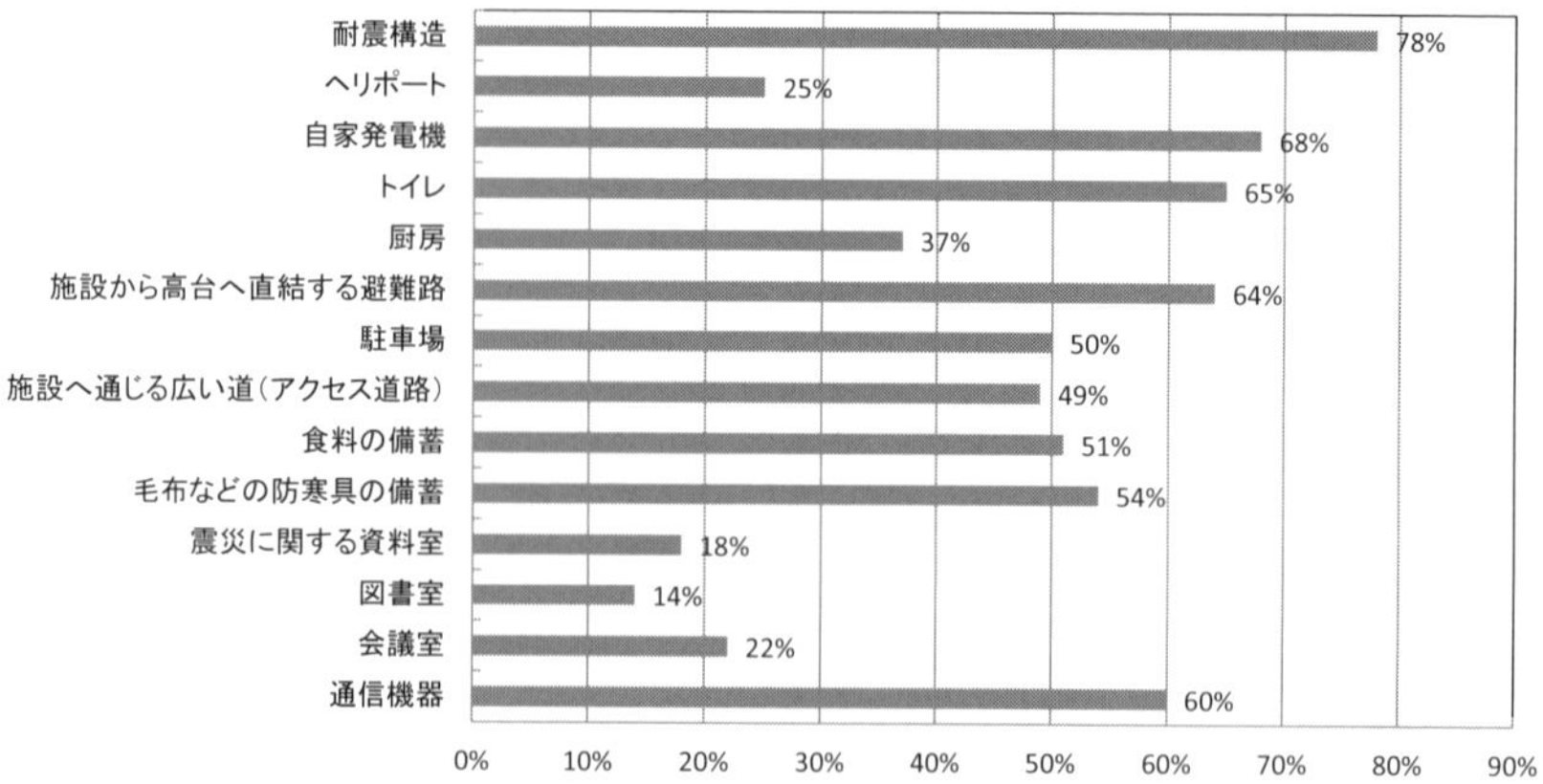

図10　新しい施設に期待（希望）する機能・設備（複数回答）

問いには、「全く使用しない」が二九％を占めたが、全体の四四％が頻度は様々であるが唐丹公民館を使用していることがわかった（図8）。使用目的としては、行政手続きが五五％と最も多く、健康や医療に関する相談、公民館主催のイベント、会議室の利用、市発行の資料や広報の受け取りや閲覧等にも使用されていることが明らかになった（図9）。

学校と地域防災の関係

新しい施設に期待（希望）する機能・設備に関する問いに対しては、耐震機能など防災拠点としての機能強化を求めるほか、公民館機能の追加により新施設が日常生活の拠点と予想されることから、施設へのアクセス性の向上や駐車場などの整備を強化する意見が多くみられた（図10）。耐震構造を求めるのは、学校施設が児童・生徒の教育の場であるという認識から学校の安全性確保という意識が働いていること、唐丹中学校校舎が地震動により大きく損壊したこと、唐丹小学校が津波によって全壊したことが影響していると考えられる。

東日本大震災では、地震後に発生した停電により通信が途絶え、外部からの情報を得ることが困難であったこと、国道四五号線の土砂崩れによって釜石市中心部や大船渡市への車両によるアクセスが困難であったことが、「自家発電機」「通信機器」「ヘリポート」等の機能設置につながっていると考えられる。回答者の五〇%が、学校施設から高台（国道四五号線）へ直結する道路の設置を要望した。これは、東日本大震災時に地域住民が避難をした国道四五号線と唐丹中学校の高低差が三一・八メートル存在していること、国道四五号線と学校をつなぐ現在の道路は東日本大震災時の浸水ライン上に位置していることが理由として考えられる。平常時の学校運営と学校用地として確保できる敷地面積を考慮した場合の立地場所と、災害時を考慮した場合の立地要因・地形要因を検討する必要がある。

最後に

学校施設は、平常時は教育の場として、非常時は避難場所として使用され、地域の公共性が非常に強い施設である。そのため、安全な場所に立地し、安全な建物構造物であることが強く望まれる。しかし、少子高齢化や過疎化によって学校そのものの存続が難しい状況が多くの地域でみられ、平常時としての学校施設の存続が困難になる地域が多く存在している。そのような中で災害に遭い、学校施設が大規模な損壊を受けた場合、新しく地域に学校施設を構築するに十分な児童・生徒が地域に居ない場合、それを機に統廃合の可能性も拭えない。

本稿では、東日本大震災で津波被害を受けた岩手県釜石市唐丹地区を対象に、地域住民への学校施設に求める防災機能に関するアンケート調査、唐丹地区に位置する小学校・中学校長への聞き取り調査から、東日本大震災時に学校が置かれた状況を整理し、地域と学校との関係性を考察した。この考察から、地域防災における学校施設の拠点性について検討した。

唐丹小学校並びに唐丹中学校学校長へのヒアリング調査から、両学校長は地域の中での学校の役割として、コミュニティを維持していくための施設として捉えており、文化の拠点、防災拠点として学校施設の存在を意識していることが明らかになった。アンケート調査から、地域住民は、学校施設は教育の場であるという認識を第一に持っているものの、緊急時の避難場所として施設が充実することを希望していることが明らかになった。これは学校長が考える「防災拠点」視点を共有するものであると考えられる。学校施設を防災拠点として整備を進めるにあたり、設備面の整備だけでなく、学校施設の運用を教職員と地域で事前に分担をする取組みが必要となる。地域と学校が連携した避難訓練の実施や、災害時に学校施設のどこまでを住民に開放するのか等の取り決めを事前に行っておくことにより、円滑な避難所運営と学校教育の継続性が両立する。

東日本大震災から三年以上の時間が経過し、津波で浸水した地域の土地利用が未だ決まらないところも多い。生活の拠点となる大規模インフラや学校施設の有無は、人の生活の安定につながるが、学校の立地条件を検討することは、子どもたちの命と教育の場を守るだけでなく、地域の防災力の向上、円滑な災害復興においても重要である。災害から復興するにあたり、地域を基に戻すことと将来を見据えることを共に考える必要がある。

参考文献

文部科学省、二〇一一、「東日本大震災による被害情報について（第一一九報）」二〇

ショウ ラジブ・竹内裕希子、二〇一三、『人とコミュニティと情報、巨大災害と人間安全保障』芙蓉書房出版、九五–一三〇

Yuta Suda, Rajib Shaw and Yukiko Takeuchi, 2012, *Evacuation Behavior and its Implication: Case of Kamaishi*, Rajib Shaw and Yukiko Takeuchi, *East Japan Earthquake and Tsunami*, Research Publishing, Singapore, p25-58

Yukiko Takeuchi and Rajib Shaw, 2012, Damages to Education Sector and its Recovery, Rajib Shaw and Yukiko Takeuchi, *East Japan Earthquake and Tsunami*, Research Publishing, p143-164

乾久美子建築設計事務所・東京建設コンサルタント設計共同体、二〇一三、「岩手県釜石市〈唐丹地区〉学校等建設工事設計業務委託プロポーザル二次審査」

原発事故避難者による広域自治会の形成と実態

――福島県双葉郡富岡町を事例に

松本行真

はじめに

いわゆる「東日本大震災」をうけて、様々な調査研究が現在に至るまで行われている。都市計画など社会工学系の領域では、高台移転に向けた土地利用や新たなまちのデザインとそれを実現する意思決定プロセスの開発や提案などが行われている。ただし、巨大防波堤の決壊による「工学知の限界」を当初は掲げていたものの、震災後数年を経た今では防潮堤問題をはじめとした、「住民のニーズ」を疎外するいわゆる社会設計の思想が前面／全面に出つつあるといえる（松本　二〇一五）。

一方の社会学をはじめとした人文・社会科学領域で「福島」を検討の対象に定めると、マクロのレベルでは震災後の新たな社会設計という観点では、再生可能エネルギーを中心として地域の自律機能回復を通じた復興を求める議論や、長期避難を余儀なくされる双葉郡自治体の「セカンドタウン構想」（例えば山下・開沼　二〇一二の議論等）などがある。ミクロのレベルでは今も多数存在する長期避難者を視座にすえ、仮設住宅で結成された自治会やそれらを支援するボランティアなどの実態と課題を検討する研究（例えば吉原 二〇一三bの議論）や、阪神・淡路大震災でも問題視された「孤独死」への対応や、いわき市における双葉郡避難者といわき市住民との関係を浮き彫りにしようとする試みもある（例えば川副 二〇一三等の議論）。

筆者はいわき市の福島高専に在籍していた二〇一一年の発災直後から避難所や仮設・借り上げ住宅での生活者へのヒアリング・アンケート調査を進めている。特に双葉郡については、楢葉町・富岡町で設置されたすべての仮設住宅自治会や借り上げ住宅居住者を中心に結成された広域自治会の役員らへのヒアリング調査を継続的に実施しており、震災後の被災者コミュニティの変容と課題を明らかにしつつある[1]。

そうした中で、吉原（二〇一三a）が端的に指し示したコミュニティが「あったけど、ない／なかった」を、筆者は震災前の代表的な地域住民組織であった区会に立ち入った言及をし、かつ現在のコミュニティ（仮設自治会、広域自治会、現居住地にある自治会）とのかかわりにおいて、**図1**で示すような震災前後のコミュニティのかかわりとその変容を検討した（松本前掲書）。しかしながら、この研究も富岡町の震災前後の全容を、もっといえば「あったけど、ない／なかった」（吉原）と「あったけど、ある／あった」（松本）との関係を明らかにするものであるため、各々のコミュニティに深く立ち入ったものに至ってない。

そこで双葉郡出身の原発避難者により形成された、場所が固定化したコミュニティ＝仮設自治会[2]、一定範囲の空間があるコミュニティ＝広域自治会という図式設定のもとで、本稿では後者の広域自治会（とそれらの拠点ともなっている交流サロン）に焦点を定めることとする。

以下展開する「広域自治会」とは、仮設住宅以外で散住している人たちによって結成された自治会とさしあたり定めるものとする。ところで、仮設住宅や公営住宅への入居といった集住形態をとっていたとしても、震災前の「向こう三軒両隣」を維持しているわけではない[3]という意味では散住ともいえ、それが本震災でも発生してい

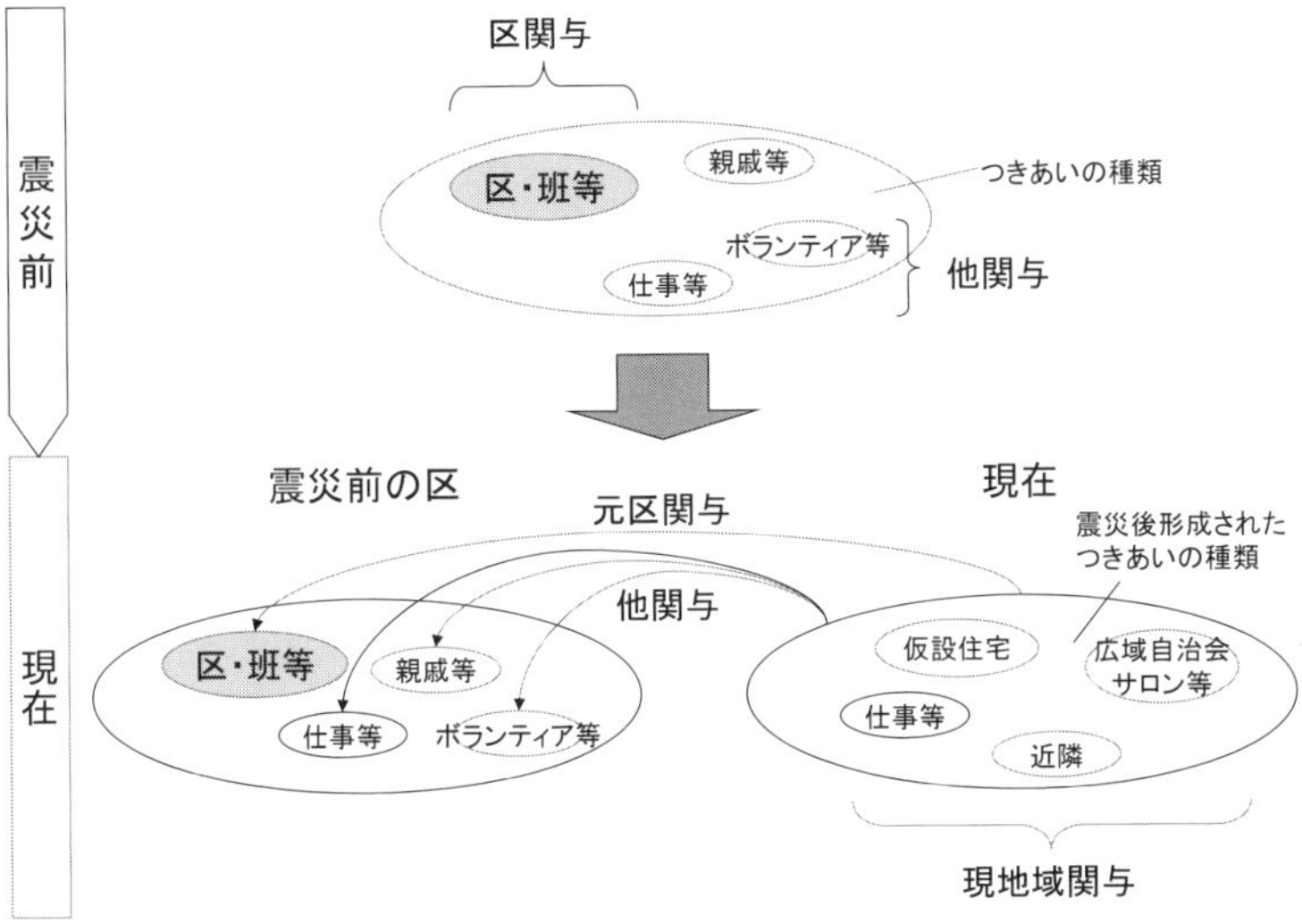

図1　震災前後のコミュニティとのかかわり

る仮設住宅での孤独死[4]を生み出している。ただし、仮設住宅等は集まった形で住んでいることは確かなので課題も（相対的に）見えやすく、役場や社協といったサポートは受けやすい。そうなると、名実ともに散住している借り上げ住宅等で生活する人たちの状況がより厳しいものであることは、容易に想像はできる。

ただ、筆者らが二〇一二年夏に富岡町民らを対象に実施したアンケート調査によれば[5]、「仮設住宅は近所トラブル等が多く、居住環境には不満があるものの、必要な情報は入ってくる」、「借り上げでは近所トラブル等が少なく、居住環境には不満はさほどないものの、誰がどこに住んでいるかわからないことも多く、必要な情報が入ってこなかったりする」という結果であった。借り上げ住宅等への入居者、とりわけ原発事故により全町民が避難している富岡町民にとって必要なのは、賠償や集団移転等を含めた「今後の情報」である。

つまるところ、こうした情報交換ニーズが（これまでの震災に比べて）極めて高いといえ、家庭でも職場でもない、人びととの必要性やニーズから生まれるという意味での「サードプレイス」（オルデンバーグ）が求められるのである。富岡町の現状に即して言えば、行政区でもない／避難先（仮設住宅等）でもない、「第三の場所＝広域自治会や交流サロン[6]」である。

こうした問題意識から、本稿では主なフィールドを富岡町からの避難者（借り上げ、購入住宅居住者）により結成された広域自治会（いわき市に拠点を置く「さくらの会」、郡山市の「郡山方部居住者会」、柏崎市の「さくら会・富岡イン柏崎」等）に定め、こうした「サードプレイス」創出の要因と機制、課題を明らかにしていきたい。

一　広域自治会の形成・実態・課題

(一)　各広域自治会の概要

富岡町民により結成され、福島県や新潟県にある広域自治会は「福島市及び県北地区在住富岡町民自治会（県北）」（主な拠点：福島市）、「郡山方部居住者会（郡山方部）」（同：郡山市）、「会津富岡さくら会」（会津若松市）、「さくらの会」（いわき市）、「すみれ会」（いわき市）、「さくら会富岡イン柏崎」（新潟県柏崎市）などである（表1－1）[7]。

この表によれば、いずれの広域自治会も二〇一一年春から二〇一二年春までに結成されている。ちなみにさくらの会は一一年五月から実質的な活動を開始しているが、正式に設立したのは翌一二年である。カバーする地域も、福島県浜通りと中通りにそれぞれ二ヵ所、会津地方に一ヵ所となり、電力関係従事者などの避難者も多かった新潟県柏崎市にも一ヵ所設立されている。主な活動地域も各々の本拠地周辺である。ただ、いわき南北にある両会については厳密に分かれているものではない。さらに拠点周辺に町設置の「サロン」を活用している広域自治会もある（「県北」、「さくらの会」、「すみれ会」）。会員数をみると、「郡山方部」が約一七〇世帯二四〇名といちば

表1-1　広域自治会の概要（その1）

広域自治会名	設立	主な活動地域	拠点サロン	会員数
福島市及び県北地区在住富岡町民自治会	2011年11月	県北地区	富岡町さくらサロン	発足時24世帯54名 54世帯122名（2012年度末）
郡山方部居住者会	2012年5月	郡山地区	なし （公民館等を活用）	発足時74世帯 167世帯253名（2012年度末） 165世帯240名（2014年10月）
会津富岡さくら会	2012年1月	会津地区	会津若松市生涯学習総合センター 會津稽古堂	会員形態はとっていない
さくらの会	2011年5月	いわき南部地区	平交流サロン	40名程度（設立時） 150名程度（2012年10月） 180名程度（2013年7月） 160名程度（2014年6月）
すみれ会	2011年9月	いわき北部地区	四倉交流サロン	73世帯150名（2013年1月） 90世帯以上160名程度（2014年11月）
さくら会富岡イン柏崎	2012年3月	新潟県柏崎市	被災者サポートセンター「あまやどり」等	28名（2012年7月）

ん規模が大きく、ついでいわき市にある「さくらの会」と「すみれ会」が一六〇名程度となっており、避難している居住者数に関係があるといえる。ちなみに「会津富岡さくら会」は会員といった形態はとっていない[8]。

次に、各広域自治会の組織や活動などについてみていこう（表1－2）。

この表は仮設住宅自治会のそれと同様に震災発生から約一年後の「二〇一二年度まで」とそれ以降の「二〇一

表 1-2　広域自治会の概要（その 2）(9)

住宅名	時期	①ねらい	②組織	③活動・行事・イベント	④その他
福島市及び県北地区在住富岡町民自治会	2012 年年度まで	・孤独死をなくす、元気になってもらうため	・会長 1 名、副会長 2 名、会計 1 名、会計監事 2 名、事務局 1 名	・第 2、第 4 水曜に健康相談日を設ける ・茶道教室も月 2 回開催 ・各種勉強会、説明会 ・総会を春に実施	・富岡町さくらサロンを拠点に活動 ・大玉村仮設との交流会 ・他県への避難者家族との交流会
	2013 年年度以降		↓	・茶道教室は講師体調不良により休止（2014 年度以降）	・退会した人たちにも会報（毎月発行）を送付
郡山方部居住者会	2012 年年度まで	・借り上げ住宅居住者に孤独を感じさせないため	・会長 1 名、副会長 2 名、事務局長 1 名	・役員会は 10 回実施 ・グランドゴルフ、富田仮設の夏祭り、新年会 ・町会議員との交流、町説明会 ・総会を春に実施	・富田仮設との夏祭り開催で連携（夏祭り実行委員会）
	2013 年年度以降		↓	・役員会は 6 回実施 ・富田仮設での夏祭り、盆踊りに参加 ・忘年会を開催	・「借り上げ居住者会」から「居住者会」へと名称を変更 ・借り上げ自治会同士の連絡協議会は中断 ・他県ボランティアとの交流 ・富田仮設との合同で老人会も結成（2012 年春）、郡山市民体育大会に参加（2013 年から）
さくらの会	2012 年年度まで	・借り上げ住宅生活者のネットワークづくり ・孤立している高齢者を救う	・会長 1 名、副会長 1 名、監事 2 名、庶務 3 名、会計 1 名、連絡員若干名 ・役員任期は 2 年	・役員会は都度実施（2012 年度は 6 回） ・親睦会旅行（一泊）、新年会 ・定例会を複数回開催 ・総会を春に実施 ・賠償等説明会	・平交流サロンを拠点に活動
	2013 年年度以降		・顧問（若干名）を新たに設置（2013 年度から） ・副会長 2 名、事務局長 1 名、会計 2 名（2014 年度から）	↓	・帰還困難／避難指示解除準備／居住制限区域といったグループに分かれつつある ・借り上げ自治会同士の協議会はあるものの、連携は少ない

住宅名	時期	①ねらい	②組織	③活動・行事・イベント	④その他
すみれ会	2012年年度まで	・隣近所付き合い、情報、知り合いの不足を補う	・会長1名、副会長2名、事務局1名、会計1名、監査2名	・月に1回の健康体操の他、サロンの行事に参加 ・新年会を正月荘で開催 ・議員懇談会、賠償等説明会 ・総会を春に実施	・四倉交流サロンを拠点に活動 ・借り上げ自治会同士の連合会を立ち上げたがその後の動きはない
	2013年年度以降		↓	・一泊二日の旅行（2013年から） ・パークゴルフに参加（2014年から）	・交流サロンやおだがいさまセンターとの協力で運営 ・いわき踊りにもすみれ会で参加
さくら会富岡イン柏崎	2012年年度まで	・バラバラになった富岡町民をまとめる ・地域や行政などとのつながりをつくる	・会長1名、副会長2名、事務局1名、会計1名、相談役（顧問）1名	・定例会（第3金曜日）を5月～3月まで11回開催 ・食事会による親睦 ・総会を春に実施	・地域のコミセンでの笹だんごづくり、七夕祭り（地域子供会）、ほっき飯づくりなどを通じ、周辺住民との交流を図っている
	2013年年度以降		↓	・新年会 ・一泊旅行、日帰り旅行 ・退会者の送別会 ・町政懇談会	・西山町花火大会 ・四ヵ町村合同慰霊祭参加

三年度以降」に分けている。

①ねらい

広域自治会設立の「ねらい」をみると、「孤独死をなくす」（県北）、「孤独を感じさせない」（郡山方部、さくらの会）、「知り合いの不足を補う」（すみれ会）などと、同じ町民が集住する仮設住宅とは異なり、出身行政区だけでなく現在住んでいるところもバラバラな借り上げ住宅等での居住者を「つなぐ」役割を果たすことが大きな目的となっていることがわかる。

②組織

組織についてはどうだろうか。会長、副会長をはじめとして、町からの補助金を受け取っている関係から会計、監事・監査を設置している。会によっては前会長による「顧問」(さくらの会)、事務局(長)(県北など)もある。また、二〇一三年以降に二度の組織変更があったのは「さくらの会」で、二〇一三年に顧問の設置、翌一四年には副会長と会計を一名増員し、事務局一名も新たに設置している。

③活動・行事・イベント

各自治会に共通しているのはまず「総会を実施」である。お金のやりとりが発生していることから、事業報告・決算報告・事業計画・予算計画・その他の報告と審議について、毎春開催している。聞き取りや入手した資料によれば、総会出席者も「郡山方部」一〇〇名(二〇一三年五月、ビックパレットふくしま)、「さくらの会」九四名(二〇一三年四月、いわき市文化センター)、「すみれ会」六～七〇名(二〇一三年六月と二〇一四年五月、労働福祉会館)などと、比較的出席者は多いように感じられる。

役員会を定期的に開催しているのが「郡山方部」と「さくらの会」であり、仮設自治会と同様にイベント・行事などの役割分担を主な議題としている。また、定例会という形で全会員を対象に毎月開催しているのが「柏崎」である。

他の活動等については、町会議員との懇談会、賠償等の各種説明会・勉強会、新年会・忘年会といった年中行事、日帰りや一泊旅行等、様々である。生活が落ち着き活動の余力が出てきたのか、二〇一三年以降の変化を見ると開催される内容が豊富になっている。

④その他

借り上げ住宅等の居住者間をつなぐための組織ではあるが、「地元」との交流はどうだろうか。外との主な交流が富岡町設置の仮設住宅であるのは「大玉村との交流会」(県北)、「富田仮設との夏祭り開催、体育大会に参加、老人会の結成」(郡山方部)であり、他の仮設住宅自治会が行っている地域交流は「いわき踊りに参加」(すみれ会）や「地域のコミセンで交流」（柏崎）となっている。

（二）形成プロセス

これらの広域自治会はどのような経緯で設立されたのだろうか。聞き取り等をまとめると次のようになる。

福島市及び県北地区在住富岡町民自治会

孤独死で亡くなった人がいた。同じことが起こってはいけないということで「やろう」となった。福島にいる人でわかる人に声をかけた。第一回会議をやることになり集めたところ二五名の参加があった。立ち上げには、会長、副会長、町議経験者と自分らが中心となった。

郡山方部居住者会

震災の次の年になってから、一〇名くらいで集まって話したところ、所在がわからない人が多く、避難一年近く経過してアパート生活者の孤独感や情報の欠如が話題に出て、組織をつくろうとなった。「ひとり一〇名探せ！」のもとで、住所がわからないから口コミで聞き回り、結果設立総会には七四名が集まったのである。結果的に最初に集まった一〇名（町会議員経験者二名、区長経験者五名、婦人会関係三名）が自治会役員となった。

さくらの会

最初の頃は四〇名程度で活動しており、五〇〜七〇代の年代の方が多い。そこから口コミにより会員を増加させていった。当初のメンバーはほとんど全員、いわき市にある借り上げ住宅に住んでいる人たちであった。

すみれ会

いわきに戻ってきて、知り合いなどと話をしているうちに「自治会をつくろう」という話になった。二〇一二年四月末頃から話をして、まとまってきた頃に「さくらの会ができた」という話を聞いた。「いわき市は広いし、もう一つくらいあってもいいだろう」ということで同年九月に設立総会を行った。当初は女性だけでやってみようと、女性七名と忙しいときや力が足りないときのために手伝ってもらうために、顧問として男性五名を中心に活動を開始した。中心メンバーの女性たちは皆、婦人会長や区長の妻といった女性ながらも地域に顔が利く人であった。会員募集などは特に行わず、中心メンバーの友人や元の部落の知人を誘うことにした。設立当初の目標は三〇世帯であったが五〇数世帯が加入した。

さくら会富岡イン柏崎

避難してから、地域の人たちに色々とお世話になって満たされていたので、何の不便も感じなかったが、実は富岡町から七〇戸ほど避難してきていることがわかった。町民がバラバラになっているのを何とかしようと思い、近所に住む同町出身の人や役場と相談し、有志一七名を集めて会を発足することにした。

これらを概観するに、広域自治会は借り上げ住宅等に散住した形で入居しているためにお互いの現況がわからないという問題を、「つながり」をつくることにより解決するために設立したことがあらためてわかる。自治会という組織ではあるものの、同じ居住区に集住する仮設住宅とは異なる形成プロセスを経ている。仮設住宅で自治会を設立する過程は大きく二つに分けられる。

一つは、

役場からの依頼→役場職員や連絡員等がまとめ役を指名→まとめ役が発起人とすべく友人・知人等の関係にある数名に依頼→設立総会を経てこれらの発起人が自治会役員、まとめ役が会長に就任である。もう一つは、

仮設住民からの要請により、仮設内で顔の広い人がまとめ役に→まとめ役が役場と折衝しつつ、友人・知人等の関係にある数名へ発起人を依頼→設立総会を経てこれらの発起人が自治会役員、まとめ役が会長に就任である。

一つ目についても、まとめ役に指名されるのは二つ目と同様に(役場等とのつながりが多い)「顔の広い人」であることから、いずれにしても震災前の町での顔役が会長等のリーダーになっているのである[10]。

形成プロセスに広域自治会との共通点があるとすれば、「発起人→役員」を探す部分である。広域自治会は複数の同じ問題意識を持つ人たちが、各々の伝手を使って会員を増やしているが、この「同じ問題意識を持つ人たち」は後に会長となるまとめ役が何らかの形で集めたのである。差異点は居住形態の違いからも明らかだろう。仮設住宅は同じ居住区という制約もあるため、「自治会に加入する」のがほぼ当然の流れになる。その一方で広域自治会はそうした制約がないために、呼びかけた人たちが何らかのネットワークを持っているという条件に加えて、広域自治会をつくる「趣旨」に賛同してもらわなければならないのである。このプロセスの詳細を明らかにすることが今後の課題ともなるが、「つながり」を保つといった訴求だけではなく、他に何らかのアピールがあったとも考えられる。鍵となるのは「借り上げ住宅等で生活している人たちの問題解決ニーズ」をどう把握していたかによるだろう。

パットナム(二〇〇六)の表現を借りれば、このようにネットワークを広げる(bridging)という視点から、広域

自治会を立ち上げてかつ維持していくほうが仮設住宅自治会のそれと比べて難しいように見える。しかしながら、結束（bonding）という面では、（気に入らない、他に転居する等も含めた）状況が変われば簡単に脱会できる広域自治会に比べて、（自分が退去するまで居続けなければならないという制約を持つ）仮設住宅自治会のほうが表面的には（結束に関して）容易かもしれないが、（つながりを保つ等といった）テーマを共有している広域自治会のほうがややもすると仮設ほど困難ではないのかもしれない。いずれにせよ、広域自治会は人びとの（仮設住宅よりも）より強いニーズにより形成されたものと判断できる。

（三）活動内容

これらの広域自治会は実際にどのような活動をしているのだろうか。**表1－2**でも概観したが、ここでは総会資料等が提供された「郡山方部」と「さくらの会」の詳細について確認していくことにする。

郡山方部居住者会

居住者会の二〇一二年度、二〇一三年度における活動実績は表の通りである（**表1－3**、**表1－4**）。先の形成プロセスで見たように、人を集めるための打ち合わせを数回設けていることがわかる。初年度については「一年間の流れ」をつくるために役員会を頻繁に開催しており、その成果が「交流会」（参加者一一〇名）、「夏祭り」（不明）、「グランドゴルフ」（同八〇名）、「新年会」（同九一名）、「総会」（同一〇〇名）といった、世帯あたり約半数以上の出席率に結実しているといえよう。

翻って次年度にあたる二〇一三年度は一〇回開催された役員会が六回になっている。主たる行事・イベントに変化がないことから、役員らのある程度の慣れが出てきたものと考えられる。この表には記載されていないが、

表 1-3　2012 年度「郡山方部居住者会」活動内容

月　日	事業内容	場所	参加者
3 月 31 日	準備会打ち合わせ	和伊んや	
4 月 19 日	準備会打ち合わせ	和伊んや	
4 月 25 日	準備会打ち合わせ	大槻公民館	
5 月 9 日	準備会打ち合わせ	大槻公民館	
5 月 12 日	設立総会	大槻公民館	47 名
5 月 16 日	役員会	大槻公民館	
5 月 25 日	入会者受付業務	絆カフェ富岡	
5 月 31 日	役員会	大槻公民館	
6 月 8 日	夏祭り打ち合わせ	おだがいさまセンター	
6 月 19 日	役員会	開成山大神宮	
6 月 26 日	夏祭り実行委員会	おだがいさまセンター	
6 月 27 日	交流会	開成山大神宮	110 名
6 月 8・15・22・29 日	入会者受付業務	絆カフェ富岡	
7 月 5 日	夏祭り実行委員会	富田仮設住宅	
7 月 9 日	役員会	大槻公民館	
7 月 20 日	役員会	和伊んや	
7 月 6・13・20・27 日	入会者受付業務	絆カフェ富岡	
8 月 1 日	町議会議員との懇談会	大槻ふれあいセンター	73 名
8 月 11 日	夏祭り	富田仮設住宅	
8 月 24 日	役員会	極楽湯	
9 月 5 日	グランドゴルフ会場下見	小中学校施設	
9 月 11 日	グランドゴルフ会場下見	小中学校施設	
9 月 24 日	役員会	おだがいさまセンター	
10 月 2 日	グランドゴルフ準備	小中学校施設	
10 月 3 日	グランドゴルフ大会	小中学校施設	80 名
11 月 17 日	役員会	おだがいさまセンター	
12 月 21 日	補助金申請説明	おだがいさまセンター	
1 月 7 日	新年会打ち合わせ	猪苗代志田浜温泉	
1 月 10 日	役員会	おだがいさまセンター	
1 月 27 日	新年会	猪苗代志田浜温泉	91 名
2 月 15 日	自治会連合会役員会	おだがいさまセンター	
2 月 28 日	役員会	おだがいさまセンター	
5 月 19 日	総会	ビックパレットふくしま	100 名

表 1-4　2013 年度「郡山方部居住者会」活動内容

月　日	事業内容	場所	参加者
6 月 14 日	役員会	郡山市内	
7 月 30 日	役員会	郡山市内	
8 月 3 日	長野県ボランティア団体との交流	軽井沢	28 名
8 月 11 日	富田仮設住宅夏祭り	富田仮設住宅	
8 月 17 日	はやまの盆踊り	富田仮設住宅	
9 月 19 日	役員会	郡山市内	
9 月 25 日	グランドゴルフ大会	三春町内	59 名
10 月 12 日	役員会	郡山市内	
11 月 27 日	忘年会打ち合わせ	二本松市内	
12 月 16・17 日	富岡町執行部との意見交換会・忘年会	二本松岳温泉	50 名
1 月 7 日	役員会	郡山市内	
2 月 23 日	役員会	おだがいさまセンター	
3 月 29 日	キャラバンボナペティへ参加	郡山市内	
5 月 17 日	総会	ビックパレットふくしま	約 80 名

この年度の総会で名称に関する規約改正がなされている。設立時は「郡山方部借り上げ居住者会」であったのが、総会では「郡山方部居住者会」への変更が提案され、承認されることになった。提案理由について総会資料によると、「国の賠償方針が移住を促進する内容となり、持ち家が進むことが考えられることから借上げ住宅以外の持ち家の人も対象にする」とあり、震災から三年経った実情にあわせる形になったといえよう。また、二〇一四年度から新たなイベントとして「ボーリング大会」が加わり、五〇名ほど参加したようだ。

さくらの会

二〇一二年度、二〇一三年度の活動実績は次の表の通りである（表1―5、表1―6）。

初年度をみると、設立後に三回開催された役員会の議題が「親睦会旅行」とあるように、「まずは会のまとまりをつくる」ことが活動の主眼となっているように推察できる。

次年度であるが、期が変わってから七月下旬ま

表 1-5　2012 年度「さくらの会」活動内容

月　日	事業内容	場所	参加者
5 月 25 日	設立総会・町政懇談会	労働福祉会館	75 名
6 月 7 日	役員会　親睦会旅行打ち合わせ	関係者宅	5 名
7 月 3 日	役員会　親睦会旅行打ち合わせ	関係者宅	6 名
7 月 10 日	親睦会旅行の申込受付・集金	労働福祉会館	40 名
7 月 13 日	役員会　親睦会旅行最終打ち合わせ	関係者宅	4 名
7 月 23〜24 日	親睦会一泊温泉の旅	中ノ沢温泉	33 名
8 月 3 日	定例会　町政懇談会	市文化センター	120 名
9 月 1 日	国・町賠償問題等の説明会	いわき明星大学	
10 月 12 日	役員・連絡員との合同会議	平交流サロン	13 名
11 月 2 日	定例原子力支援機構相談会	市文化センター	80 名
12 月 13 日	役員会　新年会について	平交流サロン	6 名
12 月 25 日	役員会　新年会について	関係者宅	7 名
12 月 30 日	新年会案内文書について	関係者宅	4 名
1 月 15 日	新年会申込受付	平交流サロン	
1 月 20 日	新年会申込受付	平交流サロン	
2 月 5 日	新年会	かんぽの宿いわき	76 名
2 月 22 日	役員会　総会について	平交流サロン	10 名
4 月 22 日	総会・東電賠償の説明会	市文化センター	94 名

表 1-6　2013 年度「さくらの会」活動内容

月　日	事業内容	場所	参加者
7 月 30 日	役員会　親睦旅行打ち合わせ	平交流サロン	10 名
8 月 17〜18 日	親睦会旅行の申込受付・集金	平交流サロン	各役員 2 名
9 月 1〜2 日	親睦旅行	筑波山温泉	35 名
10 月 1 日	役員会　町政懇談会・ウォーキング開催	平交流サロン	8 名
10 月 31 日	町政懇談会	市文化センター	70 名
11 月 17 日	健康ウォーキング	県立いわき公園	30 名
12 月 21 日	役員会　新年会・タブレット講習会開催	平交流サロン	7 名
1 月 26〜27 日	新年会申込受付・集金	平交流サロン	各役員 2 名
2 月 4 日	新年会申込受付・集金	かんぽの宿いわき	67 名
2 月 28 日	タブレット講習会　午前午後 1 回ずつ	平交流サロン	24 名
3 月 26 日	タブレット講習会　午後 1 回	平交流サロン	15 名
3 月 29 日	役員会　総会・事業計画・役員改選	市文化センター	7 名
4 月 4 日	監査会	平交流サロン	監査 2 名 会計 1 名
4 月 20 日	役員会　総会	関係者宅	7 名
4 月 28 日	総会・町による「除染現況・家屋解体」の勉強会	市文化センター	100 名程度

での約四ヵ月間の活動がないことがわかる。聞き取りによれば七月に富岡町長選が実施されることから、諸事情を鑑みて活動を自粛したとのことである。二年目に入り、役員会の議題も「親睦旅行」だけでなく、「ウォーキング」や「タブレット講習会」といったイベントが加えられている。特に後者について、二〇一二年に配布されるようになった町情報を確認できるタブレットPCが年配者にとって使いにくいとのことで、使い方に関する勉強会開催のニーズが二〇一二年の秋から出てきたことから、それらニーズに応える形で開催された。

また、二〇一二年一〇月に平交流サロンが開所された後、そのほとんどの会合が同サロンで行われていることも確認できる。

(四) 課題

ここではそれぞれの広域自治会の課題（調査時点）を確認する。

福島市及び県北地区在住富岡町民自治会

町から（広報の配布等を）頼まれている世帯に送付している。住所は知っているが、自宅に訪問したりはしないようにといわれている。実際に送付したところ、三名ほどから「なぜ、住所を知っているのだ？」という問い合わせがあった。その時はきちんと説明し理解してもらった。

郡山方部居住者会

イベント参加の呼びかけが依然として課題となっている。その一方で仮設→購入住宅の人が出てきて、この四〜五月にも三名ほど入会した。複数の広域自治会で結成した連絡協議会（自分が会長）は中断している。

というのも、通信費などでお金がかかることから町に申請して補助は出ているものの、集まりを一回やって必要ないと判断してそのままになっている。何らかの形でやる必要はあるとは思っている。

さくらの会

世間では「絆」がどうこういわれているが、二〇一二年夏頃から帰る層、帰らない層、そしてその中間層の三つにバラバラになってしまっている。話題の前提が変わってしまった。例えば、帰る人であれば「何年後に帰れる?」やそこで「何をやるか」「何が出来るか」という話になり、帰らないのであれば「どこに移るのか」「どこに家を建てるのか」のように別々に話をすることになっている。

すみれ会

課題としては特にないが、今後やりたいことは富岡でやっていた盆踊り等の「大きな祭」である。郡山(の富田仮設)ではやっているので、いわきでも借り上げや仮設と一緒になって開催したい。今度、町のいわき支所ができるのでそこでやりたい。また、自治会連合会(右記では連絡協議会)は消滅したようで、続かなかったのはまとめる人がいなかったのかもしれない。

さくら会富岡イン柏崎

毎年四~五回の集まりとして、花見・花火・食事会などをやっているものの、集まる人が減っている。理由としては土日に色々用事があるのだが、平日になるともっと来ないこと。また、生活が落ち着いてきた、慣れてきたということもある。

これらの課題をまとめると、「個人情報」と「連携と分断」の二つに集約されるだろう。前者については例えば、富岡町が全国各地に避難した町民の所在と連絡先一覧を掲載した電話帳を二〇一二年一〇月に発行したものの、約七二〇〇世帯の四分の一にあたる約一八〇〇世帯しか明記されていないことにある。[11] これは個人情報保護への意識が強く影響しているものと考えられ、役場から依頼されて広域自治会が広報を（広域自治会員ではない町民に）郵送したら、町民から「なぜ、住所を知っているのだ？」という問い合わせがあったようだ（県北）。次は広域自治会同士の連携である。各々の広域自治会の成り立ちとその要件が（仮設自治会や行政区等と）異なることもあって個性が強いのだろうか、連携への萌芽を確認することはできない。これは周辺地域にある住民組織との連携についても同様である。最後に分断についてである。さくら会のコメントが全てをあらわしているだろう。三つの区域への分断がそのまま広域自治会内のグループを形成することになっているのは、一体感が弱まりつつあることを意味しており、会の持続可能性といった意味では重大な問題であるといえる。

二　広域自治会の拠点となるサロン――いわき地区を例に

(一)　各サロンの概要

ここで広域自治会の拠点となるサロンについて概観してみよう。サロンは富岡町民等の情報共有や交換の場を提供することを目的として、福島市に一ヵ所（「富岡町さくらサロン」）、郡山市に一ヵ所（「ふくしま絆カフェ富岡」）、いわき市内には三ヵ所（「富岡町生活復興支援センター　平交流サロン」、「同　四倉交流サロン」、「同　泉玉露交流サロン」）、富岡町により設置されたものである。[12] ここではいわき市内に設置された三ヵ所のサロンについて論じる（表2－1）。

表 2-1　いわき市内にある「交流サロン」概要

サロン名（いわき市内）	設置	住所	体制	利用者数	活動内容		その他
平 交流サロン	2012年10月	平字新田前6-10	・2013年6月から第1月曜以外は無休 ・フルタイムは6名。常時3～4名いるようにしている	5～30名	・役場、社協・おだがいさまセンター、各サロン関係者と定例会を月1回、持ち回りで開催（「いわき地区交流サロン月例会」） ・情報共有がメイン	・健康相談、就職相談 ・ゆる体操 ・エコクラフト、料理教室等 ・ウクレレ、童謡唱歌等	・2014年12月下旬に富岡町いわき支所内に移転する ・近所に住むいわきの人たちも使っている
四倉 交流サロン	2012年12月	四倉町字 東2丁目115	・2013年6月から第2月曜以外は無休 ・当初は5名体制	5～30名		・健康相談、就職相談 ・四倉手芸・体操 ・園芸教室、パッチワーク、にこにこ体操、絵手紙等	・すみれ会とは行事のたびに役員が来て打ち合わせする
泉玉露 交流サロン	2013年1月	泉玉露4丁目 1-11	・月～金だったのが、2013年7月から第3月曜以外は無休 ・フルタイム4名、パート1名から13年7月から6名体制へ	10～30名		・健康相談、就職相談 ・ゆる体操 ・エコクラフト、料理教室等	・近隣にある泉玉露仮設住宅とはチラシのやりとりくらい ・グランドゴルフ帰りの仮設入居者が使うこともある ・富岡町民の他にいわき市民も来訪する ・建物が小さいので会議や囲碁将棋の貸し出しは難しい

写真 2-1　平交流サロン

共通した活動内容は「いわき地区交流サロン月例会」である。これは富岡町役場（いわき支所、生活支援課）、社会福祉協議会・おだがいさまセンター、各サロン関係者によるもので、月一回持ち回りで開催されている。主な内容であるが、サロンでの出来事や対応に関する報告や共有、役場や社協・センターからの伝達事項などである。このような連携のきっかけとなる場がありながらも、四倉・平・泉と離れているからなのか、「他のサロンと電話やメールなどで日常的に連絡は取り合っている」（平）ようだが、イベントをはじめとした協力体制はいまのところ見うけられない[13]。

付言すれば二〇一三年六月以降、開設日が変更された。平日中心だったものを仕事や富岡町への一時帰宅者が使いやすいようにと土日へ拡大する一方、持ち回りで月一回の休業日を設けることになった。表にもあるように、第一月曜休業が平、第二月曜が四倉、第三月曜が泉玉露である。スタッフは当初、四〜五名程度であったが、開設日の拡大から増員している。

平交流サロン

この交流サロンは富岡町民の避難先として最も多いのがいわき市であるのにもかかわらず、借り上げ住宅居住者に対しての

表 2-2　平交流サロンの利用状況（2014 年 6 月）[14]

日付	来館者	問合せ	備考
1 日（日）	2	1	
2 日（月）	2	7	
3 日（火）	21	5	サロン定例会議、スタッフミーティング
4 日（水）	9	3	
5 日（木）	9	3	水彩画
6 日（金）	4	5	尺八練習等
7 日（土）	6	1	
8 日（日）	2	1	
9 日（月）	12	4	大学生ボランティア、就職相談
10 日（火）	26	2	藍の型抜き体験
11 日（水）	8	3	ゆる体操、健康相談
12 日（木）	18	7	エコクラフト
13 日（金）	18	7	太極拳、ウクレレ
14 日（土）	4	2	尺八練習等
15 日（日）	3	2	
16 日（月）	13	5	民謡
17 日（火）	19	2	絵手紙
18 日（水）	27	2	健康料理教室、タレント A さん来館
19 日（木）	4	5	
20 日（金）	28	5	童謡唱歌
21 日（土）	20	2	一閑張り、さくらの会
22 日（日）	11	0	アント・フラ
23 日（月）	16	1	ヨガサークル、羊毛フェルト
24 日（火）	12	0	尺八練習等
25 日（水）	8	2	ゆる体操
26 日（木）	19	8	エコクラフト、太巻き飾り寿司
27 日（金）	18	5	演芸クラブ
28 日（土）	8	0	大年神社総代会、尺八練習、エコクラフト
29 日（日）	11	2	アント・フラ
30 日（月）	14	4	
合計	372	96	平均 12.4 人（来館）、3.2 人（問合せ）

写真 2-2　四倉交流サロン

支援があまりに少ないことを受け、二〇一二年一〇月に設置されたサロンである（写真2－1）。利用者数を見ると、少ないときは数名、多いときは三〇名ほどであり、月平均としてはゼロ名である（表2－2）。活動は健康相談、就職相談やゆる体操、エコクラフトやウクレレ等がある。また二〇一四年末、いわき市内に富岡町の支所が開設されることになり、そこへ移転することになっている。

四倉交流サロン

四倉交流サロンは、もともとすみれ会の拠点とするために、会員がみつけてきたものである（写真2－2）。元塾だった場所を見つけて、町に報告したところ「すみれ会だけで使うのは認めない」となり、町営のサロンになったという経緯がある。こうしたことから毎日、会員のうちの誰かしらはサロンに顔をだしている。すみれ会の活動もほとんど交流サロンで行われ、交流サロンの行事に参加するために訪れた人がすみれ会に加入することも多い。利用者数は数名から三〇名程度となっていて、イベント時の来所者が多い（表2－3）、活動も平と同様な健康相談、就職相談等がある。また、地元四倉の住民が主催する月二回の手芸教室にはサロンが場所を提供

表 2-3　四倉交流サロンの利用状況（2014 年 9 月）(15)

日付	サロン	2 階	合計	備考
1 日（月）	3	6	9	
2 日（火）	3		3	
3 日（水）	16		16	園芸教室
4 日（木）	11		11	
5 日（金）	13	11	24	パッチワーク
6 日（土）	3		3	20 代職員の勉強会
7 日（日）	4		4	
8 日（月）	18		18	陶芸教室
9 日（火）	18		18	簡単エステ、就職相談
10 日（水）	2		2	
11 日（木）	8	10	18	楽しいヨガ、四倉手芸
12 日（金）	18	12	30	簡単お菓子作り、にこにこ体操
13 日（土）	7		7	
14 日（日）	3		3	
15 日（月）				休館日
16 日（火）	3		3	
17 日（水）	1		1	
18 日（木）	20		20	健康料理教室
19 日（金）	14	11	25	パッチワーク
20 日（土）	1		1	
21 日（日）	2		2	
22 日（月）	5	5	10	健康体操
23 日（火）	0		0	
24 日（水）	11	8	19	絵手紙、健康相談
25 日（木）	8	21	29	親子交流会、四倉手芸
26 日（金）	4		4	
27 日（土）	3		3	
28 日（日）	2		2	
29 日（月）	3		3	
30 日（火）	4		4	AED 講習会
合計	208	84	292	平均 10.1 人

写真 2-3　泉玉露交流サロン

しており、町主催の体操教室や料理教室に四倉の人たちが参加する等の交流が進んでいる。

泉玉露交流サロン

二〇一三年一月、いわき市内で三番目にできたサロンである（写真2－3）。近隣には大規模仮設の泉玉露仮設住宅がある。他のサロンと同様に、利用者は少ないときで数名、多いときで三〇名前後である（表2－4）。活動も他と同じようなメニューになっているが、建物の容量に制約があることから会議や囲碁将棋等といった「時間がかかる」ものには貸し出せないつらさがあるようだ。泉玉露仮設とは行事・イベント予定等のチラシのやりとりや、グランドゴルフ帰りに使うといった程度である。

（二）利用者像、目的と話題

これらのサロンはどんな人が来所して、どのような話をしているのだろうか。各サロンの関係者への聞き取りをまとめたものが次の表である（表2－5）。

利用者像を見ると、平では年配の人やいわき市民を含む近

表 2-4　泉玉露交流サロンの利用状況（2013 年 5 月）[16]

日付	利用者数	男	女	70 代以上	60 代	50 代	40 代	30 代	20 代	10 代以下	活動
1 日（水）	1		1	1							健康相談
2 日（木）	14	7	7	6	3	2	2	1			申込受付
3 日（金）	0										休館日
4 日（土）	0										休館日
5 日（日）	0										休館日
6 日（月）	0										休館日
7 日（火）	26	10	16	8	13	4	1				
8 日（水）	4	1	3		3	1					就職相談
9 日（木）	14	1	13	9	2	2	1				貝細工
10 日（金）	12	4	8	2	5	5					
11 日（土）	0										休館日
12 日（日）	16		16	2	6	5	1	1	1		簡単エステ
13 日（月）	7	1	6	3	2	1	1				
14 日（火）	15	6	9	11	4						
15 日（水）	8	5	3	1	5	2					
16 日（木）	16	2	14	8	6		1			1	ゆる体操
17 日（金）	22	3	19	5	7	7	3				パッチワーク
18 日（土）	16	4	12	6	3	5				2	折紙教室
19 日（日）	0										休館日
20 日（月）	12	2	10		4	7				1	
21 日（火）	20	9	11	12	5	3					
22 日（水）	19	8	11	5	10	2	2				
23 日（木）	11	4	7	1	3	7				1	
24 日（金）	4	1	3	1	3						
25 日（土）	22	1	21								簡単料理教室
26 日（日）	0										休館日
27 日（月）	10	4	6	1	5	1		1		2	
28 日（火）	20	8	12	11	8	1					
29 日（水）	26	4	22	4	3	2	1	1			
30 日（木）	9	2	7	5	4		1				ゆる体操（四倉サロンでそば打ち）
31 日（金）	13	3	10	8	3	1	1				
合計	337	90	247	110	107	58	15	4	1	7	平均 14.0 人

表 2-5　各サロンの利用者像、目的と話題、今後の課題

サロン名（いわき市内）	利用者像	利用目的や話題	今後の課題
平 交流サロン	・年配の人 ・借り上げ住宅等の居住者 ・近隣のいわき市民や富岡町以外の避難者	・オープン当初は「震災のつらさ」を話す人が多かったが、2回目以降は「日常会話」をしに来る人が多い（2013年） ・地区の自治会について悩む人が多い。避難生活が落ち着いてきたからこそ、考えられるようになったのだろう（2013年） ・住宅をどうするか、公営住宅入居も含めてこの先どこへ落ち着くかが主な話題になっている（2014年）	・被災者の意見を吸い上げて行事をたくさん行ってきたが、このままでよいのか。本当に困っているのは情報も入手できず、サロンにも足を運ぶことができない人たちではないか（2013年） ・自分たちが「あれしよう、これしよう」ではなく、来る人の変化にあわせた対応をしたい（2014年） ・各サロンのリーダー以外の交流が少ないことから、勉強会を設定した（2014年）
四倉 交流サロン	・開設当初は年配者、すみれ会の人が多かった ・行事を見て 50 ～ 60 代の人が来るようになった（2014年）	・「ここに来れば、誰かに会える」など、お互いの居場所確認のために来る人が多い（2013年） ・サークル活動にシフトしてきたことから、行事の時にしか来なくなり、話だけをする人は少なくなった（2014年） ・賠償の目処がついてきたこともあり、話の内容が震災→ふだんの生活→今後のこと（家を建てること等）へと変化ししている（2014年）	・「このままでよいのか」という疑問はある。以前からあった、足の悪い人への対応が変わっていないからである。来ない人の対応をどうするかが課題（2014年）
泉玉露 交流サロン	・いわき南部の人が多い ・新聞で取りあげてもらい、いわき市民も増えた（2013年） ・開設当初子どもも学校帰りに来ていたが、保護者同伴にしたら減った。要介護者の人も補助の人同伴にしたら減った ・駅に近く便利だからか、年配の人が増えてきた（2014年）	・開設当初は震災の話をする人が多かった（2013年） ・復興住宅の話題が多い（2014年）	・もっとたくさんの人に利用して欲しい。広報やタブレット PC 等を使った広報活動をもっとやるとよい（2013年） ・復興住宅への移動と男性のニーズ把握。午後来所する人が多いので、午前中をどう活用するかが課題（2014年）

隣住民である。四倉では年配者やすみれ会会員が多かったものの、行事目的で来所する五〇～六〇代へと変化している。泉玉露はその立地からいわき市南部からの人が多く、メディア効果からか付近の住民も増えているようである。変化としては子どもや要介護者も当初は来所していたのだが、オペレーション上の問題から制約を設けた結果、これらの来所は減ったとのことである。話題について大抵は「震災→ふだんの生活→今後のこと（家を建てる、公営住宅へ移る等）」へと変化しているようだ。

(三) 課題

最後に交流サロンの今後の課題を見ていこう（表2－5）。三つのサロンに共通していることの一つは「来ない人をどうするか」である。「本当に困っているのは情報も入手できず、サロンにも足を運ぶことができない人たちではないか」（平）とあるように、仮設住宅ならば別稿で論じているように「安否確認の旗」をはじめとした孤独（死）防止に向けた様々な対策が取られている一方で、借り上げ住宅等に入居している人たちは散住しているがゆえに役場や町民等からのネットワークから外れがちになるからである。人づきあいをさほど苦にしない人ほど広域自治会に参加したり、サロンに顔を出して色々な人と交流している。その一方で、ますます孤立感を深めていく人たちは、他者からは見えなくなってしまう。町や社協が訪問を重ねているものの、それも限界がある。

二つ目としては、震災から二年、三年と経つにつれて、交流サロンで話す内容や求めることも変わることへの対応方法である。「自分たちがあれをしよう、これをしようではなく、来る人の変化にあわせた対応がしたい」（平）、「男性のニーズ把握」（泉玉露）があらわしているように、利用者のニーズをどう把握するかが今後のサロン展開の鍵となる。

三つ目としては「連携」ではなかろうか。月一回の「月例会」はあるものの、「月例会に出すまでもない細かい話」といったことを共有するためのざっくばらんな会合を「リーダー会議」として必要に応じて二〇一三年から開いていたのだが、それは各サロンのリーダーだけであった。そのためにリーダー以外の各サロンのスタッフを交流させること、他のサロンの現状を知ることでより視野を広げてもらうことを目的に「勉強会」を月に一回設けることになり、二〇一四年一一月の時点では三回開催している（平）。一方でサロン以外の団体との連携等について、すみれの会と四倉交流サロンはその設立経緯からある程度の関係があるものの、それ以外のサロンについてはあまり確認できなかった。

このように交流サロンは当初、町民たちが顔を合わせる場を提供するのが主目的であったといえるものの、避難の長期化に伴って活動の持続可能性を担保するという課題（来ない人の対応、ニーズ対応、内外との連携等）が出てきているといえ、これらの解決がサロン活動を形骸化させない鍵となるのだろう。

むすびにかえて――「サードプレイス」維持は可能か

ここまで原発事故による避難者により結成された広域自治会とその拠点ともなっている交流サロンの実態と課題について論じてきた。ここでとりあげている富岡町は町民の帰還が数年先とも言われており、先が見えない状況が続いている。子供や孫の学校、仕事先の関係、自身や家族の福祉・健康等といった諸問題がある中で、賠償の問題もある程度見えつつあることから、いわきや郡山市内等で住宅を購入・入居したり、二〇一四年度から入居開始となった福島県復興公営住宅へ転居する等、富岡町民をめぐる住環境も多様化してきている。こうした分化により人びとのニーズが細分化する可能性は高い。冒頭でも論じたが、人びとの必要性やニーズから生まれたという意味での「サードプレイス」が広域自治会や交流サロンであるならば、多様化したニーズに対応することが今後の大きな課題と言える。一方でこうした分断（ディバイド）の連鎖が更なる「新しい近隣」（吉原）を生み出すことも考えられ、そうした萌芽を下記の聞き取りから垣間見ることができるだろう。

帰還への状況で一般住民だけでなく、さくらの会にもいくつかのグループに分かれつつある。具体的には帰還困難区域で「帰らない」という八～九割の人たち、避難指示解除準備区域で「迷っている」（この中には公営住宅に入って待とうというのも含まれる）人たち、居住制限区域で「帰りたい」人たちである。この会内部にも三つのグループに以前より色濃く分かれるようになった。

こうしたこともあり、数日前にいわき市内三ヵ所の交流サロン主催で、車がなくてサロンに来られない人たちを中心に（バスで送迎またはタクシー券を配布）小名浜オーシャンゴルフに招待している。この事業は社協が中心となり、町長も力を入れているものである。ひとり暮らしの高齢者のところに葉書を出してまたは広報で通知している。六月一八日、二五日と毎週続けて、計四回に分けて開催する予定（湯本・内郷、小川・平・四倉などの方部ごとに呼びかける）である。毎回三〇～四〇名の参加を見込んでいる。六月一八日は勿来、泉に住んでいる人を中心に四〇名が集まり、自分は民生委員として参加した。そこでは保健婦による健康相談があり、そこでの話を聞くと、ひとり暮らし高齢者が一番大変で公営住宅に優先的に入れるかどうか心配していたようだ（子どもがいれば一緒に住むという選択肢もあるのだろうが……）。今回初めての試みであり、いわきでうまくいったら郡山や福島で展開したいと考えているようだ。昼をはさんで五時間近くのイベントである（さくらの会役員）。

このイベントは主に年配者を対象としたものであるが、区域再編により行政区や仮設自治会等といった範域におさまらずに広域自治会の枠すらも超えている。その方向の中心となるのはどの主体なのだろうか。町役場、社協やおだがいさまセンター等も考えられるが、いわき市内に限っていえば三ヵ所の交流サロンがその役割を果たすのだろうか。しかしながら、もしこのような「新しい近隣」形成の連鎖が続いたとしても、その不動点には

「昔からの顔役」があることを、富岡町の仮設住宅自治会、広域自治会、交流サロンの関係者への聞き取りが示していると筆者は考える。

注

（1）二〇一三年春までの調査研究は松本（二〇一五）に集成している。
（2）仮設自治会については、「長期避難者コミュニティとリーダーの諸相——福島県双葉郡楢葉町・富岡町を事例に」（松本）を参照されたい。
（3）実は震災前のこうした関係も形骸化していたというのが、コミュニティが「あったけど、ない／なかった」という議論である。従って、震災前のコミュニティを維持できるか否かという単純な問題に帰着できないところに、本震災におけるコミュニティ対応への難しさがあるのではなかろうか。
（4）仮設住宅の居住環境と孤独死を関連して検討しているのは例えば、高橋ら（二〇〇五）等がある。
（5）松本（前掲書　二〇一五）の第七章を参照されたい。
（6）こうしたサロンに関する議論については、吉原（二〇一四）が展開している。
（7）栃木県にも「夜の森さくら会」（宇都宮市）が存在する。
（8）他の広域自治会との設置形態が異なることから、本稿では議論しない。
（9）筆者らによって各広域自治会長や役員らへの複数回にわたる聞き取りと提供資料により作成している。なお、「県北」については都合により一回だけであることをお断りしたい。
（10）詳細は第Ⅰ部の千葉論文「建設業の公共性と地域性」を参照されたい。
（11）『町民電話帳』が完成　富岡町、絆の一冊に」『福島民報』二〇一二年一〇年二四日。
（12）『みでやっぺ！』六〇号、二〇一二年一〇月一五日発行号より。いわき市に設置された経緯であるが、福島市や役場機能のある郡山市には支援の手がある程度行き届くなかで、五〇〇〇人以上と避難者数が多いいわき市にはそうした機能が弱く、それを強化するねらいがあった。その当時、いわき市内に設置されていた好間仮設、泉玉露仮設には集会所といった交流の場があるものの、借り上げ住宅等への入居者には郡山や福島にあるサロンといった場も整備されておらず、二〇一二年の九月から一ヵ月の準備期間を経て一〇月に平交流サロンが設置されたのである。当初は福島県の支援があったが、その後は富岡町が運営している（平交流サロン）。管轄は町生活支援課であり、人事は総務課が担当している。
（13）あるサロン関係者によれば、この定例会で「足の悪い人のために町のバスを循環させたらどうか」という議論になるのだが、需要はあると思われるのに実現に至っておらず、もどかしさを感じているようだ。
（14）平交流サロン提供資料から筆者が一部改変。
（15）四倉交流サロン提供資料から筆者が一部改変。
（16）泉玉露交流サロン　二〇一三年「五月予定表」と活動記録から筆者作成。開所当初はこのように性別、年代別に集計していたようだが、スタッフの負担にもなることから次第に性別のみ→人数のみへと集計単位が変化している。

参考文献

おだがいさまセンター、二〇一二、『みでやっぺ』六〇号
オルデンバーグ・R、二〇一三、『サードプレイス――コミュニティの核になる「とびきり居心地よい場所」』（忠平美幸訳）みすず書房
川副早央里、二〇一三、「原発避難を巡る状況――いわき市の事例から」『環境と公害』第四三巻四号
高橋知香子・塩崎賢明・堀田裕三子、二〇〇五、「応急仮設住宅と災害復興公営住宅における孤独死の実態と居住環境に関する研究」『日本建築学会学術講演梗概集』
パットナム・R・D、二〇〇六、『孤独なボウリング』（柴内康文訳）柏書房
福島民報ホームページ、二〇一二、「『町民電話帳』が完成　富岡町、絆の一冊に」http://www.minpo.jp/pub/topics/jishin2011/2012/10/post_5352.html
松本行真、二〇一五、『被災コミュニティの実相と変容』御茶の水書房
山下祐介・開沼博編著、二〇一二、『「原発避難」論――避難の実像からセカンドタウン、故郷再生まで』明石書店
吉原直樹、二〇一三a、「ポスト3・11の地層から」、伊豫谷・齋藤・吉原『コミュニティを再考する』平凡社
――、二〇一三b、『「原発さまの町」からの脱却――大熊町から考えるコミュニティの未来』岩波書店
――、二〇一四、「自治会・サロン・コミュニティ――『新しい近隣』の発見」東北社会学会『社会学年報』四三、三五－四七

コミュニティ・オン・ザ・ムーブ——破局を越えて

吉原直樹

はじめに——リスクとしての原発災害からみえてくるもの

グローバル化の進展とともに、さまざまなリスクが横溢するいわゆる「リスク社会」の到来が取り沙汰されるようになっている。その最大の特徴は、指摘されるようなリスクは縮減することはできても、ゼロにすることはできないという点にある。ウルリッヒ・ベックの以下の言述は、リスク社会の厄介さを示してあまりある（ベック　一九九二＝二〇〇二：五）。

「危険は風や水とともに移動し、あらゆる物とあらゆる人の中に潜り込む。そして危険は生命に最も不可欠な物の中にも潜んでいる。例えば、呼吸のための空気、食料、衣服と住居の中に」

考えてみれば、原発事故はまさにベックのいう危険＝リスクの表出としてある。そしてリスクの表出としての福島第一原発の爆発は、コミュニティの最も基底的な部分を根こそぎにした。ハンナ・アレントは、それをある種の「故郷喪失」として、以下のように描述している（アレント　一九七八＝一九八九：一〇）。

写真1　松長近隣公園緊急仮設住宅（筆者撮影）

「われわれは、生まれ故郷を喪失した。これは日常生活への慣れ親しみを喪失したということである。われわれは仕事を失った。これはこの世界で何らかの役に立っているという自信を失ったということである」

それは、かつてバーガーらが述べた「安住の地の喪失」（homelessness）（バーガーほか　一九七四＝一九七七：九一）といったノスタルジックなものではない。アレントのいう「生まれ故郷」、そして「仕事」（＝生業）は、コミュニティの最大要件である「生活の共同」の根幹を成すものである。福島第一原発の爆発は、多くの人びとからこの「生まれ故郷」と「仕事」を奪った。そして、人間の人間世界への帰属の最も原的な部分であるコミュニティを壊してしまった。もっとも、コミュニティの解体は、実際にはきわめて錯綜した形ですすんでいる。もともと、その解体のきざしは別のところでも述べたように、3・11のかなり前からすすんでいたと考えられる（吉原　二〇一三a）[1]。いうまでもなく、その再生へのシナリオはなかなか描き切れないという状態が続いているが、何よりも情緒的な過去の追憶ではなく、解体についての歴史的な検証を経て再生のための要件をさぐることがもとめられているといえよう。

本稿では、こうした状態が含意するものを、筆者がこの間フィールドに据えてきた大熊町仮設住宅（会津若松地区に立地）の一つの自治会を事例にして探る（**写真1**）。併せて、そこに潜む問題の所在を明らかにすることにする。

一 「国策自治会」の虚と実

3・11直後、国レベルからいち早く打ち出されたのは「元あるコミュニティの維持」ということであった（たとえば、二〇一一年三月末の国土交通大臣（当時）大畠彰宏の国会答弁、参照）。実際、大熊町では、二〇一一年五月から一一月にかけて仮設住宅が建設され入居がおこなわれたが、その際、仮設住宅ごとに大熊町の行政区住民が振り分けられた（後掲の**図1**参照。ただし、ある仮設住宅だけは、行政区住民が混在していた）。そしてほどなくして自治会が結成された。こうして表面的には、特定の行政区住民を特定の仮設住宅に振り分けることによって、「従前のコミュニティの確保」をおこなった。だが、自治会の結成は完全に行政主導でなされ、自治会長も実質的に行政の委嘱に近い形で選ばれた。明らかに、こうした自治会は上述の国の意向に沿う、それ自体、ガバメント（統治）に馴致したものである。筆者はこうした自治会を「国策自治会」と呼んでいる（吉原 二〇一三a：九九－一一八）。

問題は、「国策自治会」が、3・11直後の避難民の避難行動から浮彫になった「あるけど、なかった」という状況、すなわち区会や班に代表されるコミュニティはたしかに存在はしたが、事実上機能しなかったという事実を踏まえたものではなかったことである。詳述はさておき、「国策自治会」は避難時のコミュニティにたいする実態の把握の上に打ち立てられたものではなく、コミュニティへの期待や願望が先行した、ガバメントの論理にもとづいて組織されたものであった。つまり、あるはずだ／あるに違いないという想定、換言するなら規範的なコミュニティ概念にもとづいて、きわめて手段主義的／操作主義的に上から設置されたものであった。それだけ、行政にとって、タテの日常的な媒体組織の結成が急がれていたともいえよう[2]。

しかし、実態を踏まえたものでなかったにしても、また避難民を事実上「置き去り」にしていたにしても、「国策自治会」は形式的には、地域コミュニティとしての一定の要件を充たしていた。実際、ある限られた範域

＝区域の上に、共に住まうという「生活の共同」に必要な最低限の要件はクリアしていた。いわゆる「地域性」と「共同性」と呼ばれるものは備えていたのである。同時に、疑似的なものではあるが、[3]「生まれ故郷」へのアイデンティティも担保していた。もっとも、このアイデンティティは、いまやメディア等によって鼓吹された「愛郷心」と共振し、政府や町の帰還政策を支えるものとなっている。いずれにせよ、「国策自治会」はガバメントの機制にすっかりおさまっていると同時に、外形的には「元あるコミュニティ」「従前のコミュニティ」の衣鉢を継ぐものであるといえる。そしてこのことを鋭意につきつめてみると、先に「あるけど、なかった」と述べた状況は、実は「ないけど、あった」という状況でもあることがわかる。

二 「国策自治会」の様変わり

だがそうした「国策自治会」も、いまや存立の危機に立たされている。このところ、新聞等で報じられているのは、仮設住宅の自治会が維持できなくなり、解散するところが増えているというニュースである。ちなみに『福島民報』二〇一四年九月一五日号によると、福島、岩手、宮城三県の仮設住宅団地で少なくとも二九カ所の自治会が解散や活動休止に至っているという。これは全体の五％にあたるという。なお、同紙では、いわき市の大熊町の仮設住宅である好間工業団地第二応急仮設住宅の自治会をとりあげ、会長のなり手がなく、このままだと解散だという地元の声を伝えている。こうした自治会は、必ずしもここでいう「国策自治会」ではないかもしれないが、会長の後任が決まらなかったり、住民間のもめごとが生じたりして、結果的に組織そのものの存続が困難になっているのはたしかである。

解散、休止に至らないまでも、ここに来て、「国策自治会」が大きく様変わりしている。もともと「国策自治

表1　大熊町仮設住宅（会津若松地区）の入居戸数の推移（戸数）

仮設住宅名＼入居戸数	H24年6月末	H24年9月末	H24年12月末	H25年3月末	H25年6月末	H25年9月末	H25年12月末
河東学園	73	71	65	62	62	61	54
扇町1号公園	77	79	79	75	73	68	66
亀公園	26	25	25	22	21	21	21
松長近隣公園	205	198	191	180	180	179	163
松長5号公園	18	18	18	17	15	15	15
みどり公園	15	15	15	13	13	13	13
東部公園	44	45	45	42	40	42	38
扇町5号公園	15	15	13	13	13	13	12
第二中学校西	18	18	18	18	18	17	16
城北小学校北	49	49	50	47	46	44	46
河東町金道地区	16	17	17	17	17	17	17
一箕町長原地区	114	113	119	107	104	104	107
合　計	670	663	655	613	602	594	568

出所）大熊町生活支援課内部資料

会」は避難民のニーズを「下から」持ち上げていく日常的媒体組織というよりは、「上から」の施策を避難民に降ろしていくタテの日常的媒体組織、すなわち行政末端組織としての性格の強いものである[4]。前掲の『福島民報』では、それを「行政の情報を伝える窓口」と表現しているが、いまやそうした「国策自治会」の存立基盤そのものがゆらぐ事態が生じている。何よりも、避難民の他地域（特に多いのがいわき市）への移動や仮設住宅そのものからの退出と相まって、組織構成員の量的衰微がすすんでいる。ちなみに、**表1**は会津若松市に立地する大熊町の仮設住宅の入居戸数の推移をみたものである。一年半のうちに、総数で一六％近く減少していることがわかる（**写真2**参照）。こうした動向を全体としてどうとらえるかはさておき、仮設住宅が確実に縮小し、それにともなって「国策自治会」もまた縮んでいることが読み取れる。もっとも、組織的形骸化は以上のような量的衰微以上に、住民層の内部構成の変化の裡に観取される。この点について、節をあらためて述べることにしよう。

写真２　空き室が目立つ仮設住宅

三　フィルタリング装置としての仮設住宅

このところ仮設住宅で目立っているのは、高齢者世帯であり、とりわけそのなかで独居老人の占める比率が高まっていることである。ちなみに、**図１**は、**表１**で最大規模を誇る松長近隣公園応急仮設住宅団地の住戸配置図である。図中、灰色の部分は現在入居している住戸である。全部で一一九戸である。開設当時はほぼ満杯であったことを考えると、三年二カ月ほどで半減したことになる。ところで入居している住戸のうち★を付したのは、独居老人（七〇歳以上）が住んでいる住戸である。三七戸にのぼる。実に三・二戸に一戸の割合で独居老人が占めていることになる。他方、子どもが入居している住戸は●を付けた住戸であるが、わずか一〇戸にとどまっている。全体の一割にも達していないのである。こうしてみると、おそろしく少子高齢化が進んでいることがわかる。

いうまでもなく、少子高齢化は家族規模の縮小をともなっている。しかし家族規模の縮小には、上述の少子高齢化から直接みえてこないさまざまな問題事象が含まれている。自治会長のＫによると、一一九戸のなかには、家計を担っている世帯主や子どもが就職や進学のため

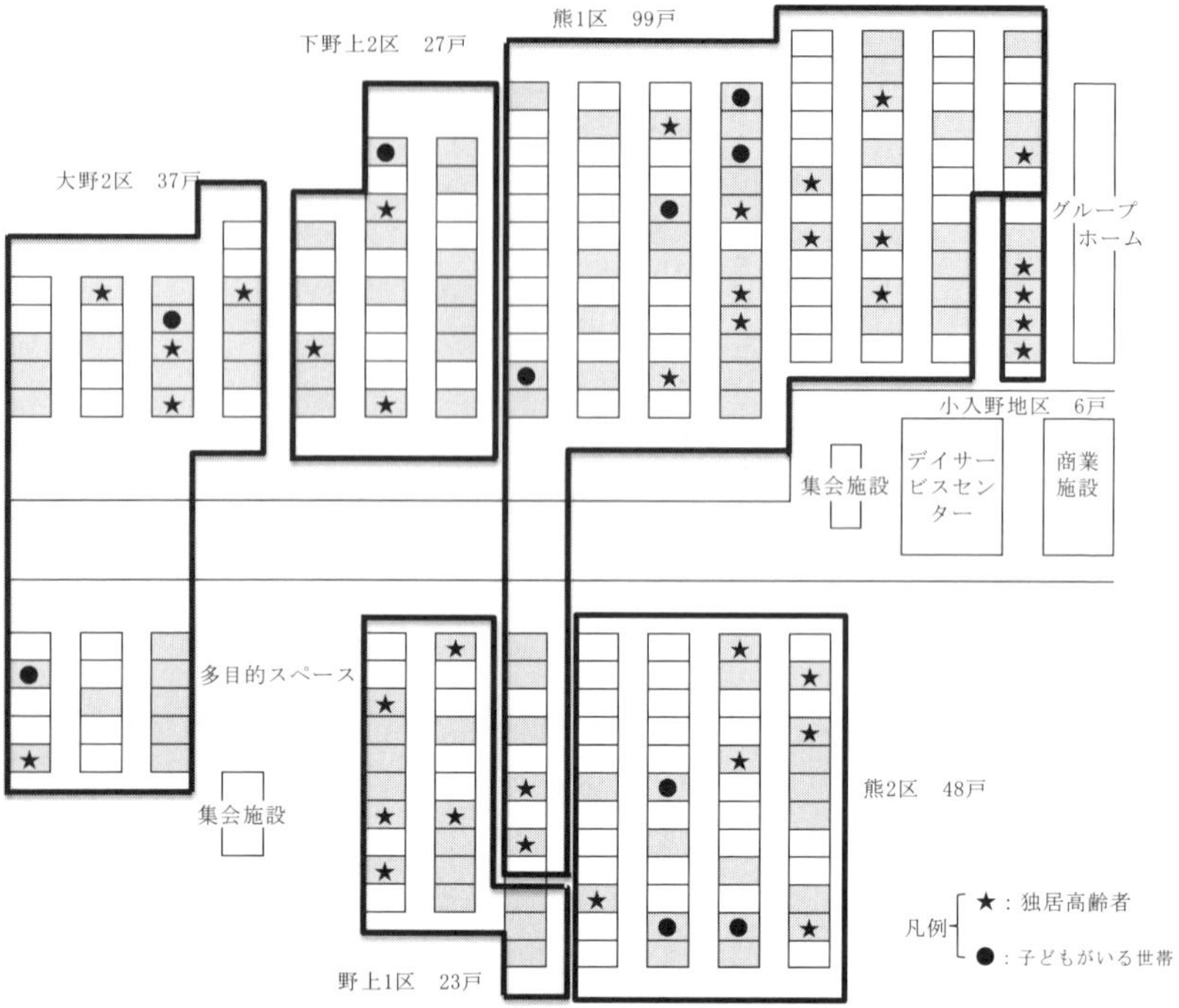

図1　松長近隣公園緊急仮設住宅配置図（2014年11月1日現在）

出所）松長近隣公園緊急仮設住宅自治会長にたいする聞き取りより作成

他出するという家族離散状況にあるのが少なくとも四戸はあるという。また、独居老人ではないが、離婚してシングルの状況にあるのが二戸あるという。なお、先にとりあげた子どもがいる一〇戸のうち六戸は父子家庭もしくは母子家庭からなるということである。いずれにせよ、多くの住戸が未だ家族崩壊には至っていないにしても、家族のゆらぎの只中にあることはたしかである。

　さてここであらためて注目されるのは、上述のゆらぎが仮設住宅入居者の孤立化と表裏一体のものとしてあるという点である。実際、先の独居老人、それからKがとりあげる家族離散状況にある入居者の場合、まぎれもなく孤立化のなかにある。そしてより問題となるのは、そうした孤立化が（仮設住宅入居層の間での）落層化として立ちあらわれていることである。前掲のKはこの点について次のように言う。
「仮設に入居してきたときは、避難者ということで皆同じであった。しかし三年数カ月の間に、何らかの機会を手にした者は仮設を出ていった。その多くは決して恵まれていたわけではないが、家族とか友人などと何とかつながっていて、とにかく仮設から出ることができた。しかし、そうしたものを何ももたない人は、結局、仮設にとどまらざるを得ない。気がついたら、まわりはそういう人ばかりになっている。滞留というよりも、まるで捨てられているような気がする」

K自身、仮設住宅が「棄民」のたまり場のようになっている、という。だが筆者は、仮設住宅が避難者の生活の再生に向けてのシェルターの機能をになっているというよりもむしろ、「剝奪された者」と「剝奪されなかった者」を仕分ける社会的なフィルタリングの役割を果たしていることに注目している。むろん、結果として、フィルタリング・ダウンした者の受け皿となっていることは否定できない。

それでは、Kはこのような状況に自治会長としてどう対応しようとしているのであろうか。他の仮設住宅の自治会長と同じように、Kもまた高齢者世帯、とりわけ独居老人の見守りを行ったり、周辺の地元町内会との交流を深めるなどの活動を行っている。何よりも、住民の孤立化をふせぐ活動を優先させている。しかし上記したような家族規模の縮小に加えて、家族のゆらぎが常態化するなかで、活動量の低下や活動資源の枯渇化といった事態が避けられなくなっている。結果的に自治会の存立基盤が掘り崩されているのである。K自身、そうした事態に「後追い」的に対応することで精一杯であるという。それでも、行政がテコ入れしている間は、「国策自治会」としての存続は何とか見込めるかもしれない。だがそうすればするほど、「自治組織」としての自治会はますます没機能化する惧れがある。自治会長としてのKの苦悩は続く。「自分が（自治会長を）やめた後、自治会は解散せざるを得ないのではないだろうか」と、Kは真剣に考えている。

四　「対峙」と「対話」の間

現在、大熊町は、国や県の方針にしたがう形で、仮設住宅の入居者にたいして基本的に帰還か災害公営住宅かのいずれかを選ぶようもとめている。[5]ポスト仮設住宅の全体の動向としては、佐藤岩男が指摘するような方向、すなわち「避難者の間で、早期帰還をはたす人、帰還を断念して他の土地での生活再建をめざす人、当面現在の仮設住宅での生活を継続する人など、生活再建の方向に分岐が進」(佐藤　二〇一四：五五)んでいるといえるが、本稿の事例でみるかぎり、「早期帰還をはたす人」は皆無であり、「帰還を断念して他の土地での生活再建をめざす人」もすでに大半は仮設住宅から出てしまっている。ある意味で、仮設住宅自体が入居者間の格差、対立[6]を抱合する段階を突き抜けてしまっているのである。したがって、「当面現在の仮設住宅での生活を継続する人」の「いま」と「これから」がポスト仮設住宅の中心的な争点とならざるを得ないが、まったく見通しがつかないというのが現状である。

というのも、すでに述べたように国→県→町は、仮設住宅入居者にたいして帰還か災害公営住宅かの二者択一をもとめており、しかもその選択は基本的に「自己責任」でおこなうべきであるとしている。[7]しかし、帰還というシナリオは「帰宅困難区域」の住民が全町民の九六%を占め、除染の効果も疑わしい(国はメディア等を使って除染の成果を訴えているが、これを信じるものはほとんどいない)、そして何よりも、第一原発の事故も収束していないことを考えると、まったくリアリティに欠ける。とすると、事実上、「フィルタリング・ダウン」している大多数の仮設住宅入居者にとって、災害公営住宅への移住／移動がポスト仮設住宅における最も可能性のあるシナリオということになる。

だが、二〇一三年一二月六日に公表された『大熊町住民意向調査　調査結果』(速報版)によると、災害公営住宅に「入居を希望する」避難者は全体の一七・五%にとどまっている。[8] また、福島県が二〇一四年六月三日に発表した災害公営住宅の第一期分の入居申し込みの倍率（大熊町分―速報値）は、会津地区でいうと、古川町一号棟〇・七倍、年貢町一号棟一・〇倍、二号棟〇・七倍、三号棟一・〇倍となっており、きわめて低率にとどまっている（『福島民報』二〇一四年六月四日）。ここで示された意向結果が当該事例の仮設住宅入居者の意識をそのまま反映するとはいえないにしても、災害公営住宅を期待する意識は「思いの外」低いことは留意すべきであろう。

ちなみに、ここで想起されるのは、「コミュニティは国家や行政に対して『対峙』、『対話』の二つのベクトルを抱え込む」とする田中夏子の主張である（田中 二〇一四：一六一）。Kが率いる自治会がメンバーの意向を尊重しようとすれば、そして何よりもメンバーの孤立化を回避しようとすれば、（自治会は）結果的にそうした孤立化をうながす惧れのある国家や行政の方針に「対峙」せざるを得ない。しかし考えてみれば、そうすることは「国策自治会」の自己否定にもつながる。そこからあらためて、ポスト仮設住宅のコミュニティのありようが問われることになる。それは後述するように、田中のいういま一つのベクトルである「対話」をコミュニティにどう埋め込むべきかという課題ともむすびついている。

五 「帰らない宣言」の地層

国および県に後押しされて大熊町がすすめている災害公営住宅への移転／移動→町外コミュニティの推進策は、「元あるコミュニティ」の再生を基軸に据える帰還政策と表裏一体のものとしてある。この場合、必ずしも明確に打ち出されてはいないが、町外コミュニティがやがて帰還するはずの「町民」の「仮の場」と位置づけられている（ように見える）点に一つの特徴がある。しかしこうした位置づけは、帰還の条件がまったく整っていない状況下では、仮設住宅の入居者からなかなか理解が得られにくいと思われる。少なくとも、現状で既存の制度態を前提とする災害公営住宅＝町外コミュニティにアクセスすることは、仮設住宅の入居者にとって生活の再建／回復に向かうよりは、むしろ不安を増幅させるだけのように思われる。だからこそ、先に一瞥したような意向調査結果があらわれているともいえる。いずれにせよ、災害公営住宅＝町外コミュニティは、今井照のいう「移動する村」＝「バーチャルな町」の枠内にある（今井 二〇一四）。したがって、この点を踏まえない上記のような位置づけは、仮設住宅の入居者の意向を尊重しないどころか、むしろ踏みにじるものであると言わざるを得ない。

当然のことながら、自治会は入居者の意向に沿うかぎり、国、県、町と「対峙」せざるを得ない。同時に、「フィルタリング・ダウン」した個人を包摂しセイフティネットとして機能するために、何らかの意味で県や町と「対話」しなければならない。つまりカウンターパートナーとして呼び込む必要がある。いずれにせよ、自治会の内部から、ガバメントの機制の下で自閉するといった状況から脱して、県や町を巻き込んで「外に開く」ためのロジック／回路を積極的に切り拓こうとするような動きがみられるようになる。筆者が別のところでとりあげたサロンおよび「大熊町の明日を考える女性の会」（以下、「女性の会」と略称）はその典型的な事例をなしているが（吉原 二〇一三a：二〇一四）、本稿の事例に即していうと、Kらが中心になっておこなった「大熊に帰らない宣言」（以下、「帰らない宣言」と略称）がその端緒をなすものとして注目される。

二〇一四年七月三日、Kが起草者となって「帰らない宣言」をおこなった。この宣言は、全国に避難している野上一区の住民約二〇〇人、六〇戸の賛同を得ておこなわれたものであるが、文字通り「帰らない」という意思を確認するとともに、(9)「帰らない人への支援の形」（『福島民報』二〇一四年七月四日）を町にもとめるというものであった。これより以前に野上一区の区長であるKは区長会で「帰らない宣言」（案）を提示したが、賛同が得られなかった。そこで自治会をベースとして「帰らない宣言」をおこなったのであるが、それは「国策自治会」存立／成立の要件となっている「地域性」および「共同性」にはもとづいていない。考えてみれば、みてきたような仮設住宅の入居者の「生活の共同」／生活上のニーズ処理の枠組みはもはやそういった「地域性」および「共同性」に回収され得ない。むしろそういったものを越えたところにある。たとえば、「帰らない宣言」が底流としているものの一つに健康管理手帳の作成および配布があるが、これなどは既存の「地域性」「共同性」の枠組みからは出て来ない。それならば、どのような「地域性」および「共同性」にねざすのであろうか。

「帰らない宣言」が前提としている、それ自体、仮設住宅の入居者のニーズに対応しているコミュニティは、「国策自治会」がその始原／前提としている「元あるコミュニティ」「従前のコミュニティ」ではない。「帰らない宣言」が他自治会のみならず、「女性の会」や「大熊町町政研究会」（以下、「町政研究会」と略称）のようないわゆるテーマ型／ネットワーク型コミュニティを通して広がっていることから観取されるように、新たなコミュニティの存立／成立要件となる「地域性」は、「区域＝範域」の次元ではなく、「関係」の次元で措定されるものである。また「共同性」は他者にたいして閉じられたものとしてではなく、開かれたものとしてある。こうした脱地域化した「地域性」＝「共同性」を内包する活動として、具体的には以下のようなものが指摘される（吉原二〇一三b：一一九）。

「線量の高い地域での子どもを守ることから始まって、線量のさほど高くない地域の人々を巻き込んで展開されている生命と暮らしを守る活動とか、地域を越えたところで、原発のリスクに無関心でいられなくなった人々、さらに被災者／避難民の『苦しみ』や『痛み』を積極的に引き受けようとする人々を中心にして拡がっている生活支援ネットワークなど……」

ちなみに、「生まれ故郷」と言った場合、元来、居住年数の多寡に規定されない多層的な生活空間としてある。だが、そこは常時放射能汚染されており、生活空間としての「地域性」と「共同性」はもはや担保されていない。いわんや町が望むような帰還可能な場所ではないし、「住むこと」から派生する求心性を有する場所でもない。逆に、町にたいして協働して「生まれ故郷」として「囲い込まないこと」＝「固定化しないこと」をもとめる必要があるし、そこから必然的に町との「対峙」を越えた「対話」の内質が問われるようになる。「帰らない宣言」の基調音となっているコミュニティは、結局、「移動する村」＝「バーチャルな町」に相同し共振している。別の言い方をすると、たえず「動いてあること」への志向を内包している。筆者はこのことについて、かつてこう述べた（吉原　二〇一一：五二）。

「［ここでいう］コミュニティは『つなぐこと』にこだわるが、それ以上に『囲われること』に抵抗する。領域に固定（化）されるのではなく、状況にしたがってそのウイングを広げたり、縮めたりする……」

大事なことは、自治体が流動しているように（前掲の今井昭の言葉を援用すると、「空間なき市町村」ということになる）、コミュニティもまた流動しているという認識を持ち得るかどうかという点である。

むすびにかえて――コミュニティ・オン・ザ・ムーブへ

こうしてみると、いま一度事例に立ち返って、集団から状況へのコミュニティの転換の相を明らかにすることがもとめられる。その場合、何よりもまず、「定住」を前提にしないことが確認されねばならない[10]。考えてみれば、従来のコミュニティ論が暗黙裡《アプリオリ》に想定してきたのはこの「定住」である。国や県や町が「元あるコミュニティ」とか「従前のコミュニティ」などといった形でコミュニティに言及するにあたってこれをキーワードとしていることは、これまで述べてきたところからも明らかである。だが、廃炉のめどが立っておらず、帰還がほとんど望めないいま、「定住」を基底に据えるコミュニティにはリアリティがない。むしろ、ジョン・アーリが指摘する「オン・ザ・ムーブ」（移動中）のコミュニティのありようを真剣に模索するべきであろう（Urry 2007）。それは、前掲の今井照が「『帰還』でも『移住』でもない第三の道」（今井　二〇一四：一五一）と呼ぶもの、また舩橋晴俊が

「待避（広域・超長期避難）」（舩橋　二〇一三）と名付けるものとも対応している。まさに時宜に適っているのである。

Kらは、「帰らない宣言」の達成のために、そしてそれに沿った仮設住宅の入居者の生活の再建／回復に向けて、今後いっそう、他自治会との協働、いやそれ以上に「女性の会」や「町政研究会」などとの協働を深めていくことになるであろう。そしてそのことによって、「定住」では得られない「異なった他者」と出会い、自分たちの新たな発見につながることになろう。このことは「帰らない」ことにともなって生じるさまざまな争点／課題（入居者間の齟齬や軋轢を含む）の脱領域的な共有という点でも有益である。まさに「コミュニティ・オン・ザ・ムーブ」が仮設住宅入居者の「生活の共同」の中心に位置することになるのである。むろん、そのことを通して自ずから行政との「対峙」と「対話」の質も変わっていくことになろう。

さて最後に、ここで提示した「コミュニティ・オン・ザ・ムーブメント」のコミュニティ論における含意を確認しておくことにする。それはひとことで言うと、コミュニティに時間的モーメントを埋め込んでいるという点に約言できよう。そしてそのことは、何よりもコミュニティ・パラダイム・シフトという点で注目される。なぜなら、これまでのコミュニティ・パラダイムにおいて空間的モーメントが基軸をなすことはあっても、時間的モーメントの組み込みはほとんどなされてこなかったからである。[12]だがここでは、それ以上に「コミュニティ・オン・ザ・ムーブメント」という概念がコミュニティにおける「創発的なもの」(the emergent)をすくいだすうえで有益であることを指摘しておきたい。[13]避難者とともに歩みながら、いたずらに過去に立ちかえるのではなく、また外部の大きな力に翻弄されるのでもない「復興知」をうちたてるために、この「創発的なもの」の機制をさぐることが、いまもとめられているように思う。

とはいえ、この「創発的なもの」をここで展開するだけの余裕はない。その十全な展開については、アーリや筆者の別稿にゆだねざるを得ないが（アーリ　二〇〇三＝二〇一四、吉原　二〇一三a、二〇一四）、ただひとこと、コミュニティ論のあらたな展開において鍵概念になるであろうことを指摘しておきたい。

注

（1）筆者は、コミュニティの解体は大熊町が原発立地によって受益体制が構築されるようになった時点にまで遡って検証されるべきであると考えている。ちょうどその時点から人びとの私事化（プライバタイゼーション）と集落意識の衰微が相関的に進んだとみられる。いわゆる「原子力むら」に深くねざしている「原発さまの町」のはじまりは、そうした点でコミュニティの解体のはじまりでもある、と記すことができ、いまなおその構造は継続していると考えられる。

（2）国が自治会の結成をいかに急いでいたかは、二〇一一年一二月末の段階で三県の仮設住宅のほぼ全部において自治会が結成されていたことをみれば明らかである。ちなみに、厚生労働省『応急仮設住宅の居住環境等に関するプロジェクトチーム審議会資料』によると、同年一二月一九日現在で自治会組織状況は、岩手県九九・四％、宮城県九九・七％、福島県一〇〇・〇％となっている（吉原　二〇一三a：一〇三）。だが、多くの自治会が避難者の間から「自主的」に立ちあらわれたものでなかったということが、その後の苦境を招くことにもなっている。後述するように、こんにち、解散もしくは休止に追いやられている自治会が少なからず存在する。

（3）それを例証するのが、マスコミを総動員しての愛郷心の喚起である。「ふるさと」があまりにも情緒的に語られている。またそれに乗って国や町がすすめている帰還政策も、コミュニティの現状から乖離したところで、避難民の意思を無視してすすめられているようにみえる。被曝を強要しているようにさえみえる。こうした事態にたいして、疑似的な愛郷心をうながす前に、納得できる賠償の実施や雇用・住居の安定を図るのが筋だという意見が広がっている（日野　二〇一四：一五八－一五九）。

（4）いわゆる「トップダウン」といわれるものと「ボトムアップ」といわれるものは、近代のガバメント（統治）の機制の下では、「コインの両面」としてあったといえるかもしれない。かつて社会学においてみられた町内会論争はディシプリンの外には広がらなかったが、そうしたものへのまなざしを担保していたといえないこともない。ただし、「トップダウン」としてあらわれるか「ボトムアップ」としてあらわれるかは、多分に現象的な次元のことであり、問題はそれがどのような歴史的位相において表出するかである。

（5）大熊町では全体の九六％が帰還困難区域にもかかわらず、町は「帰還ありき」の姿勢を強く打ち出している。またそうした点では、福島復興再生特別措置法にもとづく「早期帰還・定住プラン」を踏襲しているようにみえる。実際、災害公営住宅への移住も帰還への迂回のような位置づけになっている。いずれにせよ、公営住宅の入居者からすれば、町が提示するシナリオは一方向的な帰還を強いるものであり、事実上、帰還以外の方向を認めていないということになる。

（6）これは、しばしば「分断」という言葉でとらえ返される。それは本来避難者の立ち位置をめぐって差異が生じ、それを避難者自らが「不公平だ」と感じるときに発せられる言葉である。しかしこのところ、差異をつくり出している側において、避難者の置かれている立場を離れてこの言葉が頻繁に使用されるところに何らかの権力性／権力的作用のようなものが感じられる。実際、そうすることによって「分断」の「非政治化」が確実に進んでいる（たとえば、補償金・賠償金の「調整」による格差の是正や対立の解消などをあげることができる）。

（7）注5を参照のこと。ちなみに、ここで想起されるのは、かつて赤坂憲雄が発した次のような言葉である。「除染はほとんど進んでいない。にもかかわらず、避難している人々の首に線量計をぶら下げて、自己責任の名のもとに、汚染されている村や町に帰還させるシナリオが作られている。原発難民から棄民へ。生存権が脅かされている。被災者の自己責任より、東電の、国家の責任こそが深刻に問われている」（『毎日新聞』二〇一三年八月三一日）と。こうした状況がその後どう変わったのであろうか。

（8）なお、二〇一三年一月の『大熊町住民意向調査　調査結果』（速報版）によると、「入居を希望する」避難者の構成比（対全体）は、二四・七％となっている。確実に減少している。詳述はさておき、そこに避難者の「苦境」と「あきらめ」のようなものを読み取ることができる。ちなみに、「入居を希望しない」層の多くが口にしているのは、災害公営住宅の供給と募集が避難者のニーズや期待から大きくかけ離れ「一方的な立場」からおこなわれているという点にある。

（9）Kらは「帰らない宣言」とともに、中間貯蔵施設の建設を全面的に受け入れている。Kによると、それは原発立地を決めた時点で予想されたことであり、原発誘致を再帰的／自己反省的にとらえ返す立場からするなら避けられないことである（むしろ積極的に受け入れるべきである）という。ただし、受け入れと同時に「見返り」として提示されている交付金については避難者の生活の再建／回復に充当されるべきであるという。しかしいまのところ、そうなっておらず、不透明感がただようことは否定できない。

（10）注5でも触れたように、帰還と「定住」は福島復興再生特別措置法ではセットとなっている。したがって、帰還を拒否するならば、当然「定住」はスコープの外に置かれる。だがここで強調したいのは、そのことにあるのではなく、帰還を拒否することが単純に「生活の共同」にねざす「ふるさとをうしなうこと」ではないように、「定住」が単純に「住まうこと」に直結するものではないことをコミュニティの再定式化を通してパラドキシカルに示すことにある。

(11) この点については、たとえば、松長近隣公園緊急仮設住宅と松長団地自治会の交流を報じた『福島民報』二〇一四年二月二五日号を参照のこと。もっとも、ここでいう協働は、地元町内会との交流以上に、他の仮設住宅に結成されている自治会やボランティア組織との交流が鍵となっている。注目されるのは、そうした交流を通して行政（社会福祉協議会等）との「対話」が拡がり、結果として仮設住宅の孤立化が緩和されるようになっていることである。

(12) ちなみに、この間、ソルニットの『災害ユートピア』が随分取り沙汰されたが、ソルニットは災害ユートピアがはぐくむ即興的なコミュニティをきわめて明確に「人々が助け合い、努力する即席の地域社会」（ソルニット　二〇〇九＝二〇一〇：二三）と述べている。このコミュニティは、原理的には日常の社会秩序が緊急時には役に立たないゆえに出現したものであり、一過性としての性格を帯びざるを得ない。要するに、コミュニティが「存在」(being) の次元だけでなく、「生成」(becoming / process) の次元からも検討されなければならなくなっているのである。

(13) 「創発的なもの」について最もミニマムな定義を下すなら、アーリに準拠してさしあたり以下のように述べることができよう（吉原　二〇一一：一七）。

「創発性として言及される状態は、複数の主体（変化をもたらす行為主体［エージェント］）が相互作用を介して行為することで、個々の行為を越えて新たな集合的特性や、質的に新しい関係が生み出されることを指している。この場合、相互作用によってさまざまなつながりが交互に並び合い、交わり合い、結び合って、『予測のつかない突然の変化』(Urry 2000:213) が起こることに視線が向けられるが、大切なのは、変化にたいして構成諸主体が能動的に対応し、より高次の特性を生み出す（＝創発する）という点である。つまり創発性の要を成すのは、諸主体間の交流としてある相互作用が新たな変化をもたらし、そうした変化が累積されることで人々のつながりとか関係などが変わり、システム自体の構造が変わっていくプロセスである」

なお、「創発的なもの」の中核概念である「節合」(articulation) の機制については、吉原（二〇一一：二二八－二三二）を参照されたい。それは、旧来のガバメント（統治）によるトップダウンの「統制」(control) にも市場を介して私化された関係による「調整」(coordination) にも回収されていかないという点で注目すべきである。

参考文献

Arendt, H., 1978, *The Jews as Pariah: Jewish Identity and Politics in the Modern Age*, ed. Ron H. Feldman, Grove Press.（＝寺

島俊穂・藤原隆裕宣訳、一九八九、『パーリアとしてのユダヤ人』未来社）
Beck, U.,1992,*Risk Society: Towards a New Modernity*, Sage.（＝東廉・伊藤美登里訳、二〇〇二、『危険社会――新しい近代への道』法政大学出版局）
Burger, P. & B. and Kellner, H., 1974, *The Homeless Mind: Modernization and Consciousness*, Vintage.（＝高山真知子ほか訳、一九七七、『故郷喪失者たち――近代化と日常意識』新曜社）
舩橋晴俊、二〇一三、「震災問題対処のために必要な政策課題設定と日本社会における制御能力の欠陥」『社会学評論』二五五
日野行助、二〇一四、『福島原発事故被災者支援政策の欺瞞』岩波新書
今井照、二〇一四、『自治体再建――原発避難と「移動する村」』ちくま新書
佐藤岩男、二〇一四、「原発事故避難者の日常の法的支援と『司法ソーシャルワーク』」『学術の動向』第一九巻第二号、五四－五八
Solnit, R., 2009, *A Paradise built in Hell*, Viking.（＝高月園子訳、二〇一〇、『災害ユートピア』亜紀書房）
田中夏子、二〇一四、「書評　伊豫谷登士翁・齋藤純一・吉原直樹『コミュニティを再考する』」ＪＲ総研『にじ』六四五、一六〇－一六五
Urry, J., 2003, *Global Complexity*, Polity.（＝吉原直樹監訳、二〇一四、『グローバルな複雑性』法政大学出版局）
――, 2007, *Mobilities*, Polity.
吉原直樹、二〇一一、『コミュニティ・スタディーズ』作品社
――、二〇一三a、『「原発さまの町」からの脱却――大熊町から考えるコミュニティの未来』岩波書店
――、二〇一三b、「ポスト3・11の地層から――いまコミュニティを問うことの意味」伊豫谷登士翁・齋藤純一・吉原直樹『コミュニティを再考する』平凡社新書
――、二〇一四、「自治会・サロン・コミュニティ――『新しい近隣』の発見」東北社会学会『社会学年報』四三、三五－四七

追記　本稿は、拙稿「コミュニティ・オン・ザ・ムーブ――破局から」日本学術会議『学術の動向』二一七、八九－九三　に大幅に加筆、修正を施したものである。なお、草稿の準備段階でヒヤリングおよび資料収集等において、Ｋに全面的にお世話になった。

第III部 被災後の生活と情報

写真：国道沿いの畑に積み上げられた汚染土袋（福島県楢葉町・2013 年 6 月 5 日）

いわき市へ避難する原発避難者の生活と意識

川副早央里・浦野正樹

はじめに

本稿は、原発事故によって避難を余儀なくされた原発避難者の生活と彼／彼女らの意識の一端を描き出そうとするものである。避難者は、言葉の如く一時的に移動している状態であり、地域との関係でいえば、避難元地域と避難先地域と二つの地域社会との接触を持つことになる。原発避難者の生活状況と意識については、これまで各避難自治体によって調査が行われ、また各方面の研究者が調査研究を実施するなかでその実態が明らかにされてきている[1]。それらの調査研究は、避難生活の実態や帰還意識、コミュニティ形成の実態等を問うてきたものが多く、言い換えれば避難者らが避難元地域との関係を前提にしたものである。本稿では、むしろ避難先における避難者の立場に焦点を当て、避難者と避難先地域の関わりに重点を置いて避難者の生活実態・生活世界と意識を明らかにしたい。そして最後にそうした避難者への対応として求められる支援、特に避難先の地域との関係づくりに関する支援の在り方を検討したい。

原発避難をめぐる状況は時々刻々と変化し、転々と避難先の移動を繰り返して来ている。事故直後から原発避難者は全国各地へ広域的に避難をしたが、それでも避難者が最も多く集中していたのは福島県内である。福島県民全体の避難者のうち約一〇万人が県内への避難者で、この数は福島県民全体避難者数の約六五％を占める。移動傾向としては、発災直後は原発からより離れた場所へ避難し、浜通りから西へ向かい、中通りや会津へと避難していった。その後、応急仮設住宅への入居が始まると、特にいわき市、郡山市、福島市、二本松市など県内主要都市に避難者が集まるようになっていった（『福島民報』二〇一二年二月二二日、同年三月一五日）。避難者の意識は先述した調査などで明らかにされているように、避難者が共通して直面する課題や苦難がある一方で、例えば、山形県への避難者の場合には、「母子避難」が多いと言われているように（山根　二〇一三）、その避難先地域毎に避難している人々に一定の特徴がみられ、異なる課題や意識もある。

本稿で事例として取り上げるのは、多数の避難者が集まる福島県いわき市である。後述するようにいわき市は、震災直後から最大数の原発避難者の受け入れ拠点となってきた。したがって、いわき市の事例は、今の「フクシマ」の縮図であるといえよう。本稿で描く課題や意識の中には他の地域でも共通する点や避難者全体に当てはまることもあると思われる。しかし、他方で受入れ地域としての「いわき市」がもつ特殊性、そしていわき市に避難する人々の特定の傾向が合わさって、いわき市特有の課題、そして避難者意識も生まれているように思われる。本稿では、先行研究を参照しつつ、これまで筆者らが行ってきた聞き取り調査の結果をもとに、いわき市で起こっている課題や避難者意識に焦点を当てて描き出してみたい。

一　いわき市の特殊性
――最大の避難者集積拠点、ふるさとに近い場所、複合災害にゆれる被災地域

まず、ここではいわき市に避難してきている人たちを取り巻く状況を確認し、いわき市が東日本大震災以降、どのような状況におかれてきたか、その特質について説明しておきたい。

(一)　避難者の受け入れ拠点

避難者の意識については後述することとして、ここではまずいわき市に集積している避難者の量的な実態と傾向について確認しておく。

いわき市では二万四一五九人の原発避難者を受け入れている（いわき市災害対策本部、二〇一四年九月一日現在）。その数は福島県の避難者全体の約一六％、県内に在住している避難者の約二五％を占める数であり、国内最大規模の避難者集積拠点であるといえる。特に楢葉町、富岡町、大熊町、双葉町といった双葉郡沿岸部からの避難者が多い。さらに、避難指示が解除されすでに帰還が開始されている広野町の住民にみられるように、避難指示は解除されたが依然としていわき市内での避難生活を続ける「強制的自主避難者」も少なくない（川副　二〇一四）。このように、出身自治体や避難者としての法的位置づけが異なる避難者が現在多数いわき市に集積しているのである。

いわき市に避難している避難者の多くは、いわゆる「みなし仮設」と呼ばれる民間集合住宅に住んでいるという特徴がある。現在いわき市には応急仮設住宅の中でもいわゆる「プレハブ仮設」が県内最大数の三五一二戸建

設されている。そのうちいわき市民対象の仮設住宅は一カ所一八九戸のみで、他一二カ所の仮設住宅（戸数割でいわき市に建てられた仮設住宅の九割に当たる）は市外避難者向け住宅である。

今回の震災では多数の避難者が発生したことから、災害救助法の弾力的運用によって受入先都道府県が民間賃貸住宅を借り上げる「東日本大震災に対する民間借り上げ住宅特例措置」、いわゆる「みなし仮設」の制度が整えられた。いわき市は震災前から福島県浜通り地方の中核都市であり、民間アパート等の住宅ストックがある程度あったため、借り上げ住宅制度を利用していわき市で避難生活を送る避難者も少なくない。現在いわき市の「プレハブ仮設」で暮らす避難者は七六五五人であり（福島県災害対策本部発表、「二〇一一（平成二三）年東北地方太平洋沖地震による被害状況即報（第九五五報）」、二〇一三（平成二五）年五月二三日現在）、残る一万六三五八人[2]、つまりいわき市への避難者全体の六八％が借り上げ住宅で生活している状態である。この居住形態の差は、「プレハブ仮設」の場合、避難者たちがまとまって住むため、外見からの認知が容易で、結果的に支援が集まりやすいのに対して、「みなし仮設」の場合、避難者たちは家族単位で別々のアパートや住宅に住むため、外見からはわかりにくく、分布も広く市内に分散していて避難者の所在が見えにくくなっている。つまり、「みなし仮設」に住むということが一方では避難者のプライバシーを守ることになるが、他方では要支援者の姿を見えにくくすることもあり、居住形態の差が支援格差となっている側面もある。

（二）ふるさとに近い場所としてのいわき——いわきに対する思い、故郷への思い

いわき市に避難する人々の生活と意識を検討するのに先立って、最初に原発避難者にとってのいわき市の位置づけを確認しておきたい。ここで指摘しておきたいことは、象徴的・文化的にも機能的にもいわきが「ふるさととのつながりを維持する場所」という側面を持つことである。

第一に、生活圏でもあり文化圏でもある「浜通り」の一体感がある。福島県は「浜通り」「中通り」「会津」の三地方に区分され、それぞれ異なる気候や文化をもっている。事故発生直後、原発周辺の自治体の避難者は、福島県内で比較的線量が少ないと考えられた会津地方や中通り地方へと一旦避難したが、その後徐々に降雪が少なく温暖な気候、風土、生活習慣が似た浜通り文化圏で、しかも放射線量の観測地が比較的低いいわき市へと移動してきている（『福島民報』二〇一二年二月二二日および二〇一二年三月一五日）。

第二に、雇用と就学の機会がいわき市に集中していることである。避難者の中には福島第一・第二原発および周辺産業に従事している者も多く、原発事故収束の拠点でもあるいわき市に生活拠点を構えて双葉郡で勤務するケースが多い。また、直接原子力産業に関わらない場合でも、避難地域の事業所が最も多く事業再開している拠点がいわき市である（楢葉町商工会への聞き取り、二〇一四年二月二二日）。また、相馬・双葉地区にあった高等学校一〇校のうち三校がいわき市にサテライト校を設置しており、進学のためにいわき市に移住した家族もある。このように、家族や知人・友人、職業などの複合的な理由によって、避難者たちは「浜通り」のゆるいネットワークの中で避難先を移動しているのである（松薗　二〇一三ほか）。

第三に、他の避難先と比較すれば、避難元地域の諸機能が集中し、災害前の社会関係が維持しやすいことである。それは避難地域の役場機能の多くがいわき市に移転している点に象徴される。現在いわき市に役場機能を設けているのは、楢葉町（本庁）、富岡町（出張所）、大熊町（出張所）、双葉町（本庁）、浪江町（出張所）である。避難者が県内に広く分散しているために、避難住民が集積する主要都市に役場の出張所や連絡事務所を設け、一部の業務について住民対応を行っている。雇用・教育、住民サービスを提供する行政など〈住民生活を支える諸機能〉が徐々にいわき市に集積しつつあるために、原発避難者にとっては震災前の生活を一定程度維持しながら生活再建を可能にする復興拠点という意味あいをいわき市は持っているのである。

また、多数の避難者がいわき市内に集中していることから、家族・親族、友人・知人が集まっている確率が高く、震災前の人間関係を再構築する場所としての凝集力を持っている。特に楢葉町と広野町については、住民の約七割がいわき市に集住し、また両町についてはは市内に集中して仮設住宅が建設されていることもあり、バラバラになった地域住民が比較的まとまって集住している状態がある。

このように、いわき市は原発避難者にとって単なる避難先の一つなのではなく、避難元地域とのつながりを維持しやすい特別な意味を持つ地域であるといえよう。発災後しばらくは、いわき市への避難を希望しながらも住宅不足により移動ができない避難者も多く、実際二〇一二年の年明けの時点では約五〇〇世帯が仮設住宅への入居順番待ちの状態であった（『福島民報』二〇一二年二月二二日）。彼らにとって、「いわき」は震災前から身近な地域であり、震災後も機能的にも心情的にもよりどころとなった地域である。それゆえに、さまざまな避難先がありうる中でも震災前からの社会関係を再構築できる可能性が高い場所、またその関係をもとに生活再建の道筋を立てやすい場所、そしてふるさととの関係を維持できる場所としていわき市は位置づけられ、結果的に避難先に選ばれやすいのである。

（三）いわき市自体が激甚被災地であり、多様な被害を被っていること

さらに、いわき市自体も被災地であるということも確認しておきたい。いわき市は地震、津波、原発事故、風評被害という複合災害の被害を受けた。面積一二〇〇平方キロメートルに及ぶ広域な市域においては、地域ごとに異なる災害因による被害を受け、それらが重層して進行していった（川副・浦野　二〇一二：いわき市　二〇一三）。

特に原子力災害については、福島第一原子力発電所から半径三〇〜六〇キロメートルに位置するいわき市の場合、北部の一部が二〇一一年四月二二日まで屋内退避指示が出され、また低線量であると言われている避難指示区域外の地域からも放射能被ばくの恐怖から多数の市民が避難していた。放射能被ばくの恐怖や危険感覚

は個人差が大きく、いわき市民の被災意識には幅広いバリエーションがあり、強い危機意識を持つ市民も少なからずいたのである。いわき市民の場合は、原発事故を契機にした「避難指示」によって強制的に自宅やふるさとを奪われるという経験はほとんどなかったものの、事故直後は市民の約半数が自主避難をしていたし（いわき市「震災時の情報入手等に関するアンケート調査」二〇一二）、現在も約四〇〇〇人が市外に避難している。また、避難はせず、あるいはできずとも未だ市内で低線量被ばくの恐怖を感じ、その障害が将来出現する可能性におびえながら生活を強いられている人もいる。結果的に、政策的線引きによっていわき市民のほとんどが被災者としては認定されず強制避難者にはならなかったが、未曾有の災害はいわき市民にも深刻な被害と被害者意識をもたらしたのである。

　こうした人々の被害者意識を必ずしも妥当なかたちで反映しているとは言いがたい被害者の認定、補償・賠償の対象や水準の決定という政策的な線引きは、被害の重さそのものとは異なる次元での「被害者像の固定化」を招くこととなった（川副　二〇一四）。すなわち、放射線量や避難を強いられている期間の違いはあるのだが、線引きされるまでは両者は同じように目に見えない放射能に対する恐れを抱いていた。しかしこの政策的線引きが、被害者としての実態や実感をもつ人々を、被害者として認められた「原発避難者」と認められなかった「いわき市民」とに分断した。それによって被害に対する補償・賠償の内容が論理的なものであるかのように決定されていく。さらに原発被害の広がりや理解が進むなかで、「原発避難者」の補償・賠償額のみが上昇していく。こうした災害過程で分断され救済の程度が異なる二種類の集団が生活する場となっているいわき市では、両者の救済内容の差や矛盾が生活の外面に表れるため顕在化しやすく、「いわき市民」の側では日常生活の中で「原発避難者」を準拠集団として自らの状況や待遇を比較し「相対的な不満」をため込みやすいのである。つまり、避難指示という〈安全－危険〉の線引きによって原子力災害による被害が固定化され、政策的にはいわき市民の恐怖や苦悩は忘却されていった感覚が強く、補償や賠償の差に対する理不尽さが募るのである。

急激な避難者人口の増加、そしてこの不満感の高まりはいわき市民と原発避難者との間であつれきを生じさせ、(二次災害のように)災害時の局面が長期化するなかでその解消により一層の困難をもたらしている。いわき市民が抱く不満の内容は、交通渋滞や医療福祉施設の混雑、ごみの出し方や駐車ルールなどが守られないことなど日常生活上のトラブルに関することから、居酒屋やパチンコ屋に入り浸る姿に対する批判など賠償金の使途に関するものまでさまざまである。いわき市内の双葉郡住民用仮設住宅で避難者の車が傷つけられる車両損壊事件や、いわき市の三カ所の公共施設で避難者に対する中傷と思われる落書きが発見されるなど、避難者に対するものとおもわれる不満が事件として顕在化した例もある(『福島民報』二〇一二年一二月二六日・二〇一三年一月一三日、川副二〇一三ほか)。

もちろん時間の経過とともに、状況は改善されてきている部分もある。社会的インフラが徐々に整備され渋滞や混雑が緩和されているところもある。また、生活のルールが共有され浸透するようになったことで、日常生活面でのトラブルも解消されてきた。人々の会話のなかでこのトピックが出されることも徐々に減少してきているようにも感じられる。確かに時間が解決している部分も大きく、人間的に身近に接触する機会が増えて誤解が解け始めたこと、また人々が関係改善に向けて積極的・前向きな姿勢をとろうと努力してきたことも状況改善の背景にはある(石塚 二〇一四)。

そして、もちろんこのあつれきの感情はすべての人に当てはまるものではない。しかしながら、この問題が個人間のトラブルではなく、「いわき市民」と「原発避難者」という集団間のコンフリクトであるところに社会問題としての深刻さがある。なぜなら、両者は互いに異なる集団として意識し合い、それぞれ「いわき市民」と「原発避難者」というレッテルによって互いに対する独特なまなざしが生まれているからである。

以上みてきたように、いわき市は多数の原発避難者が集まる地域であり、避難者にとってはふるさとに近い場所であると同時に、複合災害による被災地域であるという特殊性を持つ。ではこうした複雑な状況下で、いわき市へ避難する人々はどのような意識をもって避難生活を送っているのか。次節では、いわき市に避難する原発避難者の生活と意識構造を描き出してみたい。

二　避難元地域への思いと避難先地域への思いに揺れる避難者たち

一言で「原発避難者」であるといっても、彼らが抱く心理状況は多面的である。いわき市に避難する原発避難者の意識は次の二つの軸により、大まかに四つの意識に大別することができよう。一つめは避難元地域や避難先地域との精神的つながりに関わる軸であり、典型的には〈避難元地域への志向性〉と〈避難先地域への志向性〉に分極される。二つめは、それが避難者の内面に向かう視線か、外面への表出や訴えかけとして向かう視線かによる軸であり、典型的には〈内向的姿勢〉と〈外向的姿勢〉に分極される。そしてその多面的な意識はアンビバレントにもみえるのだが、重層的なかたちで同時に持たれる意識でもある。社会状況や場面によってあらわれ出てくる意識は異なるが、それはあえて別の言い方をすると、彼ら自身も自らのふるまいを状況と場に応じて使い分ける生活を強いられているということにもなろう。以下では、これまでに聞き取り調査で得られた結果あるいはさまざまな証言記録集に記されてきた避難者の証言をもとに、それぞれ四つの意識の在り方をみていこう。

(一)「仮」の住まいという意識──〈避難元地域への志向性〉〈内向的姿勢〉──原発「避難者」

原発避難者にとっては現在の避難生活はあくまでも「仮」の住まいであるという意識が強い。特にいわき市のようにふるさとへの思いを強く持ち、避難元地域との社会関係に基づいて生活再建をしている住民が特に多いエリアの場合は、帰還という選択肢・将来的方向性を持ちながら、ふるさと近くでその時と可能性を待っているという住民が少なくない。震災後早々にいわき市に避難し、そのまま家業を再開し、さらに戸建て住宅を購入した大熊町出身の女性も以下のように話す。

わたしらはもう戻らないです。戻らない……つもりです。でも……たとえば住宅の補償とか土地の補償とかもらうことになりますけれども、解除になった時点で固定資産税など発生したら二重になるじゃないですか。それが一番はっきりしてほしいことです。帰れないというか、帰らない。私の家族的には中間貯蔵ではなく最終処分場を立てていただきたいと思っています。大熊町が建てないでどうするのと思うんですけど。……感覚的にはやはり仮住まい。いくら仕事をしようが、何しようが、仮住まいという頭が離れない。かちっとしない。受入れ（側）も（大変）だけど自分たちも気持ちが決まらないというのが一番（つらい）。言いたくないけどやっぱりいわき市民じゃないし（未来会議inいわきでの発言、二〇一三年四月二〇日）

中間貯蔵施設建設の問題もある。帰還が困難であるとも思っている。だから避難者先のいわき市で事業を再開し、自宅を建てた。つまり、仕事も家も家族もいわきにある。しかし、今の生活を日常とは思えない。つまり生活機能上は避難先のいわきで一応条件としては生活再建を果たしたと言えるが、気持ちは「かちっと」していないのである。

避難者が置かれている状態は、実質的に日常生活を支えているのはいわきの地域であるが、避難先地域であるいわき市に制度的にも心情的にも所属しているとは言えない状態である。しかし、だからといって避難元地域に所属しているかと言えば、物理的にはふるさとから追われたままで戻ることはできない。そしてまたいつ戻れるかもわからない。気持ち的にも避難元自治体・地域に帰属感があるかと言えば必ずしもそうとは言えない。

この「仮」の住まいという意識が生まれる状況では、まず発災当初と同様に被災生活が依然として続いているという感覚が強く、今後の展望がまったく描けずどこに生活の拠点を移していったらよいかの戦略もたてられずに「仮」の暮らしをしている場合がある。さらに、前述の語りにある通り、生活の拠点については、一定の判断を下しているが、かつての自宅の財産や生活などへの思いがあって、中間貯蔵の問題も含め賠償問題が決着をしていないため、気持ちを迷わせ逡巡させている場合もある。この語りから読み取るべきことは、「仮」の住まいという言葉のもつニュアンスや意味が状況によって異なること、そして避難先で生活再建を果たすだけでは「仮」の意識が消えるわけではないことである。このことが意味するのは、避難元のふるさとおよび避難先地域との距離感・関係をどのように築こうかと悩み揺れ動いている状態、いくら拠点を構えたとしても心情的にはいまだ自分がどちらの地域に所属しているのかを自己確認することが困難な状態が続いているということである。

(二) 被害者としての権利の主張――〈避難元地域への志向性〉〈外向的姿勢〉――「被害者」としての原発避難者

他方で、ふるさとを追われた「原発避難者」は、同時に原発事故の「被害者」としての立場を持つ。避難生活を送る中で、当然「被害者としての原発避難者」という側面が前面に押し出されることがある。それは特に帰還の目途が立たない中、いつかは切られるだろう時限付の賠償政策に対して被害者としての権利を行使し「被害者」としての原発避難者として自らの生き残りをかけた賠償交渉をするときである。前節で述べたように、いわき市は避難元地域を単位とする社会関係を再構築しやすい場ともなっていることもあいまって、集団交渉や今後の避難元地域の復興に向けた計画策定や住民集会を行いやすい。つまり避難元地域ごとの集団凝集力を高めやすい場となっている。

この被害者としての権利の交渉は、当然のことながら、避難先での生活や社会関係とは異なる次元の問題であり、避難先であるいわきにおける複雑な社会状況や避難者として期待される地域への関わりとは関係ない。避難元地域の住民として、そしてまた被災当事者としての申し立てであり主張だからである。住民票を移さないということも、前節で述べた「仮」の住まいを継続しているもう一つの要因でもある。なぜなら住民票は避難元自治体に残したまま避難生活を続けることが、自らの今後の生活再建に関わる情報や賠償を得る条件であり戦略となっているからである。

その際の交渉相手は、「加害者」である東京電力であり、賠償基準や内容を決定する国である。原発避難者は合意を形成するために避難者間の結束を固め、東京電力や国との交渉を進めていく。この過程は原発避難者が内集団としての凝集力を高めていくことも意味する。ここには単なる原発避難者としての姿ではない「被害者としての原発避難者」の姿があり主張があり、周辺のいわき市民とは合い入れない視線のずれがある。

(三) 出自を隠そうとする気持ち――〈避難先地域への志向性〉〈内向的姿勢〉――「いわき居住者」

次はいわき居住者としての側面を見ていこう。そこには、「故郷に近い場所としてのいわきへの期待」や「被害者」としての主張とは裏腹に、「原発避難者」であることが表面化しないように身分を隠し「いわき市居住者」として内向的な振る舞いをしようとする姿勢が見られる。その背景には、前節で述べたような社会的コンフリクトという社会問題をいわき市が内在していることが影響している。楢葉町からいわき市に避難する女性はこう述べる。

新聞とかに一人いくらもらえるとか載ると、うちは五人家族だから、じゃあもう家建つじゃんとか言われて。全然違うのにそう思い込んでるんですよ。そういうのが今は辛いことかな。噂だけが一人歩きしてる状態で。なんでもそうですけど、真面目に地道にやってる人もいるから。聞いた話だと、仕事に就いたけど、避難してきた人ってわかったら働かなくていいだろうって辞めさせられたって人もいるみたいです。だから本当に言えなくて（明治学院大学服部ゼミ　二〇一三）

被災者ということが分かってしまう所には行きたくない。他の人の目が気になる。結局、地震あって事故あって、苦しみが続く（ＮＨＫニュース「おはよう日本」二〇一三年四月二六日放送）

被害者だからといって、原発避難者だからといって、いわき市の周辺住民に何をしたわけでもないのに、なぜそうした批判を受けなければならないのか。こうした思いが周辺住民への不信や不快感となり、徐々に距離を置こうとする心理状態が働いていく。

また、自分が避難者であるということを知られるのを恐れて、玄関先には表札を出さない。そして見守り事業として社会福祉協議会が訪問してきた際にも「〇〇町社会福祉協議会」と書いてある車が家の前で止まることを嫌がる人もいるという（二〇一三年四月五日聞き取り）。いわき市の場合は特に「みなし仮設」に住む避難者が多いために、積極的に身分を明かさない限りは避難者であることや出身地が周囲に知られることはない。しかし、こうした個別訪問の際などには、支援者も身分を明らかにするためにも所属がわかりやすいようなサインを身に着けていることが多い。そのため、周辺住民からのまなざしを回避しようとする意識が過度に働くと、原発避難者はこうした細かな部分にまで「避難者」であることを過敏に意識するようになり、まなざしが避難者の生活を圧迫していくのである。

これらの語りには、原発避難者が「被害者」としていわきに避難をしてきているにもかかわらず、いつのまにか「賠償金受給者としての原発避難者」にすり替えられていることへの戸惑いと苦しさが見て取れる。「被害」に対する不理解（山下・市村・佐藤　二〇一三）、そして自らの思いや実態とはかけ離れた存在として位置づけられ、レッテルを張られていく理不尽さ、自分の力を超えたところで現象が進行していく無力さ、そして怒り。この感情はいわき市民が政策的線引きによって自らの被害や苦しみが認められず理不尽な思いをしてきたことと同様の心理状態であるかもしれない。その点では両者は同じ苦しみを味わいながらも、それぞれが「理解してもらえない」という思いをもち、互いに相手を遠い存在として位置づけ、相互理解を深めようとするより、距離を取ることで傷つくことを避けようとしているのかもしれない。

しかし、恐怖ゆえに出自を明かさないということは、地域社会の匿名性を高めることになる。新住民が原発避難者であろうとなかろうと、受け入れ側の住民にとっては見知らぬ他者である。匿名性が高まること、急激に地域社会の人口が変化することは、受け入れ側の地域社会の疑心暗鬼が増幅する要因ともなる。そして新住民が内にこもればこもるほどに周辺住民のその感覚は強まっていく。原発避難者の側は、風評を含めてあつれきの問題が浮上すると、避難生活の中でしみついた遠慮や恐怖ゆえに自ら距離をおいてしまう。受け入れ側の住民にとっては、その態度によってさらに疑心暗鬼につながってしまう。

いわき市民の女性は、近所に越してきた富岡町からの避難者に、隣組の活動の一環でチラシを配りに行ったところ、「私は富岡町民ですから、結構です」と言われたという。避難者に対して否定的な印象・感情は持っていないが、「そういわれてしまうとね……」と話した。周辺のいわき市民が声をかけようと思い近づいたとしても、そうした姿勢がいわき市民にとっては地域への関与・関心の低さとして受け取られてしまうのである。こうして両者の間はさらに没交渉となっていく。

(四) 積極的な地域への関与――〈避難先地域への志向性〉〈外向的姿勢〉――「お世話になっている避難者」

前節で述べたような、内向的姿勢として現れる部分もあるが、逆に外向的に避難者であることを演じる局面もある。特に対外的に避難者であるということが明らかになる場合に顕著である。「プレハブ仮設」の支援員である楢葉町の女性は、周辺住民から仮設住宅住民の暮らしについての苦情があった時のことを以下のように話す。

ここの方には言ったんですけれども、こちらの仮設（住宅）の中できちんとした対応をしていれば誤解は解けると思うので、常にこちらの方もきれいに保っているとか、みなさん気づいたときにはごみを拾うとか、そういうことを心がけたらどうですかということは自治会長にはお話ししました。だから私たちも歩いていてゴミを見つければ道路沿いでもどこでもごみを拾うようにしていますし、この辺の方にも散歩していれば誰にでも挨拶することは心がけています。仮設の方じゃなくても。「お世話になっています」ということを一言付け加えればいくらか違うかなと思って、どこの仮設に行ってもやっています（二〇一二年五月二日聞き取り）

この場合、挨拶やゴミ拾いなどの環境美化という積極的行動には、仮設住宅の避難者へと向けられる否定的なまなざしを回避しようとする姿勢、そして「仮」で住まわせてもらっているという遠慮と肩身の狭さがある。彼／彼女らは「原発避難者」であることを内面化し、それによって生活行動が規定される側面があるのである。

もちろんこの背景には、いわき市内の仮設住宅が建てられている周辺環境の影響もある。先に述べたように、「みなし仮設」が多いとはいえ、多数の「プレハブ仮設」が市内中心部に位置するニュータウンの中に建設された。そのために、周りの新興住宅地との景観の違いが際立つがゆえに、特に周辺住民の視線が集まりやすく、避難者側も周辺住民の視線に過敏に反応しやすい側面がある。

しかし、それは「プレハブ仮設」のみならず、借り上げ住宅に住む避難者であっても、自らの立場・出身が周囲に明らかになる場合には、新住民としての原発避難者であることを意識的に積極的に演じていることがある。例えばそれは、災害や避難ということとは関係なく、通常の引っ越し後に行うあいさつなどの場面において、新住民として新しい地域・生活環境になじもうとする姿勢としてもあらわれる。避難者の側でも周辺住民と良好な関係をつくり、誤解を解こうとする外向的意識が働いているということは留意しておきたい。

以上、いわき市に避難する原発避難者の意識を、〈避難元地域への志向性〉と〈避難先地域への志向性〉、そして〈内向的姿勢〉と〈外向的姿勢〉という二つの軸によって四つの意識に大別し、描き出してきた。その多面的な意識はアンビバレントであるのだが、それぞれが矛盾することなく一人の避難者のなかで同時に存在している意識である。そして社会状況や場面によって表出する心理状況は異なり、自らのふるまいもその時々の状況と場に応じて使い分ける生活をしているのである。

加えて、原発避難者の心理状況は、時間の経過とともにより一層複雑になってきているように思われる。なぜなら、「避難」が危険から逃れるための一時的短期的避難から、帰還の目途がたたない長期的避難になりつつあり、「避難」という状況の意味合いが変化しているからだ。例えばそれは、各避難自治体による住民意識調査で明らかにされているように避難元地域への帰還の意識は年々低下していること、避難先で持家を持つ避難者も増加する傾向にあることなどの事実にも表れている（朝日新聞　二〇一四年一一月一五日ほか）。その意味では「避難」という状態の捉え方は難しくなりつつあり、そのこと自体が避難者の避難生活に一層の困難をもたらし、同時に避難先地域でのコミュニティ形成を難しくしている要因でもあるだろう。

三　社会的アイデンティティ問題としての側面

(一) 強制的「マージナルマン」、アイデンティティのゆらぎ

本稿の第一節三項で述べたように、いわき市内で受け入れる側のいわき市民と原発避難者のあつれきは、東日本大震災の災害過程における政策的線引きと両者の分断を決定づけた「賠償金」という象徴的な部分、そしてそれに伴うものとして原発避難者の消費行動にも視線が注がれ、またそれがいわき市民側の批判の対象ともなりやすい。しかし、実はその賠償金受給の有無それ自体が根本的な問題ではない。むしろその背景にある社会集団の所属を巡る社会的アイデンティティの問題であるといえるのではないだろうか。

なぜなら原発避難者は原発事故によって故郷を追われ、強制的に「マージナルマン」とされた状態であるとも

いえるからである。だからこそ、当然現状に納得も妥協もできず、複数のアンビバレントとも見られる意識を同時に重層的に持っているのである。そしてその状態は、原発避難者にとって統一的なふるまいを確立することを困難にさせ、常に内面的な緊張や葛藤が持続する状態をもたらす。しかし結局のところ避難先地域への内向的姿勢のみならず、避難元地域への外向的姿勢までもがいわき市への地域への関心や関与の低さとして捉えられ、結果として両者の間に心理的な溝を作っていく。そのまなざしを解消し、認識の違いを払しょくしようにもその手段がみいだせないのである。

原発避難者は現在、それぞれ異なる社会状況にある「避難元地域」および「避難先地域」両方と関わり、それぞれに対して内向的・外向的という広い幅を持って対応しようとしている。「仮」の住まいという意識の強さ、そしてふるさとへの心情的な思い、そして現在の日常生活上の関係性があるなかで、両方の地域ともうまく距離感を保ちながら、現在の生活を再建し、また将来的な生活の方途を探ろうとしているのである。つまり、避難元地域との関係で「ふるさとを追われた避難者」としての自分、そして避難先地域との関係で「新たにいわきに引っ越してきた居住者」としての自分という二つのアイデンティティの間を揺れ動いているといえよう。したがって、「仮」の住まいという意識は、単に避難先に移住・定住するかという単一軸での判断ではなく、ふるさとと自らの関係をどう見定めるかというもう一つの判断軸との関係のなかで解消されていくものであろう。

この問題は、原発避難者全般に当てはまる状況でもあろうが、こうした問題はいわき市において一層深刻である。それが、前半で述べてきたようないわき市の特殊性に基づくものでもあることには留意しておきたい。富岡町出身で現在は東京都に避難する男性は以下のように話した。

いわきの方が（故郷を忘れて生きようとする）人数が少ない気がする。他はもっとたくさん、もういいやと思う人が多い。（避難先によって）グラデーションがあって、沖縄とかに行くと帰る気がない意識の人が多い。（いわきは）近い分だけきついのかもしれない。遠く（に避難している人）は遠くで（地元に接することも少ないので）

諦めている。縁あって行っているとかでなければ、（町の）拠点がいわきか郡山（に設けられる）となるとそこに行くまでが億劫になって離れてしまうんです。忘れるしかなくなってくる。いわきだと高速も使わず行ける距離。それを考えると揺れているのは逆にいわきに避難している人なのかもしれない。遠くに行けばいくほどそれがない感じ。でも戻りたいかなと考えると、いわきで起きている事象がでてくるとね……（未来会議inいわきでの発言、二〇一三年四月二〇日）

（二）準拠集団の再設定

対立を乗り越えようとしても、以上のような災害後に現出した社会構造上の壁があるのが現状である。そして深く刻まれた社会的落差の刻印は個別の事件や個人間の問題でないために解消も容易ではない。しかし、流動的な状況のなかで、政策的に作られてきた被災者カテゴリーではなく、異なる準拠集団を再設定することにより、視線の変化をもたらすことはできないだろうか。いわき市内の支援者は以下のように話す。

避難している市町村社協も避難されている方に隣組に入りましょうというメッセージは流しているそうなのですが、全員が隣組に入っているわけではない。それの一つの問題としては、避難している方々、被災されている方々はここに一年とか二年しか住まないからとりあえずいいやということが多いそうなんですけれども、でも迎え入れている側としては一年も二年もそこに住むよね、だから今のルールには入ってほしいんだという気持ちがあるんです。そこに原発とか津波で被災された方ともともと原発や津波の被害を受けていない方との気持ちのずれがあるんだと思うんです。……それがここ一年、二年出てきているところです（いわき市支援者男性　二〇一三年三月二日）

この言葉は、原発避難者といわき市民が生きる時間軸の違いを端的に表している。この男性の語りや避難者が抱える意識からいえることは、「避難」という状態をどのように位置づけるかが明確でないということである。避難元地域でも避難先地域でも、「定住」ということを前提として緊急時の対応をも進めようとすると問題が起こる。先に述べたように、その決断は瞬時に判断できるものではない。判断するための環境や条件も十分に整えられていない。そうした状況のなかで避難者たちは判断を迫られている構造がある。だからこそ先の証言にもあるように、定住を迫られるがゆえにそれが脅迫のようになって原発避難者を内に向かせ、「いわきは怖い」という印象さえ与えることもある。

こうした状況下では、緩やかに地域社会とかかわるきっかけ、支援、場づくりが重要である。次項では、その一つの可能性として、いわき市で展開されている支援活動の一つ「まざり〜な」を紹介したい。

(三)「まざり〜な」の支援が目指すもの

いわき市内では被災したいわき市民と原発避難者を支援する交流スペースが複数個所設けられている。シャプラニールが運営する交流スペース「ぶらっと」、ザ・ピープル(兼・小名浜復興支援ボランティアセンター)が運営する「小名浜地区交流サロン」、なこそ復興プロジェクトが運営する「なこそ交流スペース」、いわき自立センターが運営する「ぱお広場」などである。これらを運営する団体に加え、他の被災者支援団体や個人が加わり、NPO法人「みんぷく」(正式名称は「3・11を支援するいわき連絡協議会」)が立ち上がった。

みんぷくでは、いわき市内に借り上げ住宅に住む被災者・避難者が多いことから、「借り上げ住宅支援部会」を組織内に設け、借り上げ住宅被災者・避難者の課題やニーズに合わせた支援活動を行ってきた。その一環として行われているのが「まざり〜な」というプロジェクトである。借り上げ住宅に入居している避難者は特に、応急仮設住宅に入居する避難者と比べて周囲に知人がおらず、情報も入りにくい。そういった人たちが気軽に立ち寄り、おしゃべりをしたり情報交換をしたりする場所を「ご近所」という地域の範囲内に作ろうということで二〇一三年八月に始まった。チラシには以下のように紹介されている。

いわきの町にずーっと住んでる人も、新しく住み始めた人もみんながなかよく交流できる場所として、まちの交流サロン「まざり〜な」が始まりました。あなたの町のお店などに貼ってある丸いステッカーが目印！　買い物ついでに立ち寄っておしゃべりでもしていきませんか？（みんぷくホームページより）

避難者の方が歓迎されていると感じてもらえるように気さくな呼びかけをイメージして「まざり〜な」と名づけられたこの活動は、有志の地元商店が加盟し、店の一角を使った交流サロンとして徐々に広がりを見せてきている。現在加盟している二三の加盟店には、その目印として店先にはいわき市の小学生がデザインした「まざり〜な」のロゴステッカーが貼られている。

この活動はこれまで見てきたようないわき市特有の社会状況における被災者支援に対応するものと捉えることができよう。なぜなら、これはいわゆる「支援者」による「要支援者」への固定的な支援活動ではなく、受入れ側の地域を巻き込んだ広がりのある支援活動だからである。そこで行っているのは居場所づくりのために「避難者・被災者」とレッテルを張られた（もちろんそれは支援をしようという積極的な姿勢によるものだが）避難者のための特別なサロンではなく、日常生活の中で立ち寄れる場所の提供である。だからこそ、震災前から人々が集うカフェなど、日常的に地元住民にとっては普段からサロンのような場所が加盟店となっている。また、この活動自体は被害を軽減したり、避難元地域で失われたものや被害を補ったりする支援でもなく、また避難先地域におけるメンバーシップを与えるほどに強制力や拘束力があるものでもない。むしろ地域にはそういう場があるということを知らせ、日常生活の中でより自然な形で避難者が避難先の生活になじんでいけるように、受入れ側と避難者側が歩み寄る仕掛けである。これは、被災者と支援者の境界があいまいないわきにあって、従来の支援の概念・対象を広げ、地域社会・コミュニティの再編を通じて避難者を受け入れていく試みの一つである。「帰還」か

「移住」か、あるいは「いわき市民」か「原発避難者」という立場を超え、同化でも排除でもなく同じ土地に住む「居住者」として対話し、新しい共生社会を構築しようとしている点で注目される。

むすび

本稿では、いわき市の事例から、避難先の地域との関わりに焦点を当てながら、原発避難者が抱く意識と生活の一側面を描いてきた。いわき市は避難者にとって「ふるさとに近い場所」であると同時に「仮」の住まいがある場所でもある。帰還でも移住・定住でもない「避難」という中途半端な状況の中で、近くて遠い、遠くて近い場所なのである。彼／彼女らは、避難元地域との関係で、「ふるさとを追われた避難者」としての自分、そして避難先地域との関係で「新たにいわきに引っ越してきた生活者」としての自分という二つのアイデンティティの間を揺れ動いている。彼らは、「避難者」であり「仮」の住まいという意識、「被害者」であるという意識、「いわき生活者」として出自を隠そうとする気持ち、「お世話になっている避難者」として積極的に地域へ関わろうとする意識という四つのアンビバレントな意識を同時にひとりのなかで抱いている。そしてその状況に応じてそれぞれの意識に基づいて行動が規定されていくのである。

いま求められるのは、まず「原発避難者」がこのように多面的な意識を同時に抱き揺れ動いている複雑さを理解することだろう。そうした複雑な心理状況をもつ被災者への支援は、避難元地域とのつながりの維持だけ、あるいは避難先地域での生活支援だけでも不十分であり、それぞれの意識の側面に応じた柔軟な対応が求められる。

また、それぞれが置かれた立場を災害後の社会の全体構造の中で理解することも必要である。本稿で描いてきたいわき市に避難している原発避難者の意識と生活は、他の地域でも共通する点、すなわち避難者全体に当てはまることもあると思われるが、いわき市がもつ特殊性、そしていわき市に避難する人々の特定の傾向が合わさっての、いわき市特有の避難者意識でもあるだろう。また、いわき市民と原発避難者の間の社会的コンフリクトがいわき市における特殊な社会状況において生じているものかもしれない。そうであるとすれば、それぞれが置かれた立場を社会構造の中で正しく理解しなければ、目先の条件の比較を繰り返すだけでは溝が深まるばかりでなく、本来対立するはずのない人々、集団の対立を引き起こしてしまう。

未曾有の大災害下の混乱、そして被害の実態把握が非常に困難な原子力災害を経験しているなかで、こうした問題への対応はより一層繊細な災害対応が求められており、いわき市における被災者支援はより難しい挑戦を強いられている。今後は、これまでの「被害者」「被災者」への緊急的かつ限定的な災害対応とは異なり、柔軟で長期的に取り組んでいける、そして日常生活のニーズと結び付けた支援が求められるだろう。あつれきが生じていることは、いわき市民と新住民である原発避難者とが新しい地域社会を創造していく局面を迎えているとも読み取れるものであり、復興に向けた一つの道のりとも捉えることができる。「まざり〜な」の支援活動が示すように、現在いわき市で求められているのは、災害時の特別支援ではなく、日常の変革であるともいえる。それは、それだけいわき市における支援の難しさがあることを意味する一方で、新しい地域社会が作られていく契機でもあるのかもしれない。

注

（1）各避難自治体はそれぞれ震災後に複数回の住民意向調査を実施し、結果は各市町村のホームページで公開されている。研究者による大規模調査には、たとえば福島大学災害復興研究所「双葉地方の住民を対象とした災害復興実態調査」調査分析グループ（二〇一三）などがある。

（2）いわき市災害対策本部発表のいわき市への避難者数から福島県災害対策本部発表の応急仮設住宅入居者数を引いて算出。

参考文献

福島大学災害復興研究所「双葉地方の住民を対象とした災害復興実態調査」調査分析グループ、二〇一三、『双葉地方の住民を対象とした災害復興実態調査基本報告書』

「ふくしま、わたしたちの3・11」証言記録集編集員会、二〇一四、『ふくしま、わたしたちの3・11』

石塚裕子、二〇一四、「長期避難生活における共生への萌芽」日本災害復興学会『Antenna』八号、一-四

いわき市、二〇一三、『いわき市・東日本大震災の証言と記録』

いわき未来会議事務局&チームL.A.P、二〇一三、『未来会議inいわき』

いわき明星大学人文学部現代社会学科、二〇一四、『東日本大震災からの復興におけるいわき市民の意識と行動に関する調査報告書』

川副早央里、二〇一三、「原発避難を巡る状況――いわき市の事例から」『環境と公害』第四三巻四号、三七-四一

――、二〇一四、「原子力災害後の政策的線引きによるあつれきの生成――原発避難者を受け入れる福島県いわき市の事例から」『RILAS JOURNAL』二号、一九-三〇

川副早央里・浦野正樹、二〇一二、「原発災害の影響と復興への課題――いわき市の地域特性と被災状況の多様性への対応」『日本都市学会年報』四五号、一五〇-一五九

松薗祐子、二〇一三、「警戒区域からの避難を巡る状況と課題」『環境と公害』第四二巻四号、三一-三六

明治学院大学服部ゼミ、二〇一三、『Habitat 通信』八号

商工会南双葉広域連携協議会、二〇一二、『3・11 私たちは忘れない――ふくしまの歴史を残したい』

山根純佳、二〇一三、「原発事故による「母子避難」問題とその支援 山形県における避難者調査のデータから」『山形大学人文学部研究紀要』第一〇号、三七-五一

山下祐介・開沼博編著、二〇一二、『原発避難論』明石書店

山下祐介・市村高志・佐藤彰彦、二〇一三、『人間なき復興――原発避難と国民の「不理解」をめぐって』明石書店

付記 本研究は、科研費「東日本大震災被災地域における減災サイクルの構築と脆弱性/復元=回復力」(研究代表者浦野正樹)で得られた成果の一部である。本研究を進めるにあたりご協力いただいたみなさまに感謝申し上げる。

福島第一原子力発電所事故による避難者の生活と選択的移動
——人的資本論にもとづく「大熊町復興計画町民アンケート」の分析

磯田　弦

はじめに

本稿では、福島第一原子力発電所の立地自治体である大熊町の全町民に対して発災三か月後に実施された、「大熊町復興計画町民アンケート」の個票データおよび同時期に行った避難者へのインタビューをもとに、原発事故による避難者の生活、特に住居および就業の実態について明らかにする。理論的枠組みとして人的資本論を援用し、避難者の多様性と、選択的な避難移動を考察する。

福島第一原子力発電所の事故により、福島県双葉郡八町村の大部分を含む当時の警戒区域および飯舘村を含む計画的避難区域に避難指示がだされ、同領域から人口約八万七〇〇〇人が避難した。これら地域の町村は、その行政機能を主として福島県内の他の市町村に移し、双葉町にいたっては埼玉県に移した。このほか、旧緊急時避難準備区域からの避難者および自主避難者を含めると福島県民の約一五万人が避難したとされている（福島県

「福島県復興計画（第二次）」、二〇一二（平成二四）年一二月）。

行政による避難は東日本大震災の二日目、二〇一一年三月一二日の朝より行われた。双葉郡の集落や避難所にバスが到着し町民を搬送した。バスで避難した多くが、当初原子力発電所の危険性について知らされなかったと証言し、地震や津波の被害によって避難所にいた人々は、通帳や印鑑などの必需品を取りに帰る機会を与えられなかったという（後述のインタビューによる）。バスは避難者を西方の近隣市町村の体育館や公民館などの一次避難所に運んだ。その後、自治体の提供する避難所にとどまった避難者は、二〇一一年四月はじめ頃までに、各自治体の指定した二次避難所に移動した。二次避難所には、大震災によって大量のキャンセルが発生した温泉旅館や、オフシーズンのスキーリゾートなどのホテルが使用された。

さまざまな理由で搬送バスに乗り損ねた、あるいは制度的な避難が自家用車やペットを許可しなかったなどのために個別に避難することを選択した人々は、親類や知人を頼ったり、福島県内外の自治体が提供した避難先に避難した。混乱の中、行政は避難者の避難先を把握していなかったが、二〇一一年五月末にはほぼ全員の避難先を把握した。

避難者の性と年齢については、行政が把握していた避難者に限られるものの、二〇一一年五月まで福島県災害対策本部によって公開されていた避難者名簿により把握することができる（Isoda 2011）。割合に比して、多くの子どもおよびその母親世代に相当する三〇～三四歳の女性が福島県外に避難し、四五～五九歳の特に男性、および後期高齢者（七五歳以上）が、郷里に近い浜通り地域に避難したことがわかっている。しかし、原発事故発生初期の避難者の生活実態を把握できる資料は限られている。

本研究は、日本各地に避難した避難者の住宅および就業状況を、大熊町によって実施された「大熊町復興計画町民アンケート」（以下、大熊町アンケート）の個票を二次分析することによって明らかにする。大熊町は双葉町とともに福島第一発電所の立地自治体であり、原子力関連産業が主要産業である農村的地域である。二〇一〇（平成二二）年国勢調査によれば人口は一万一五一五人であり、二〇〇五〜二〇一〇年間に福島県内の大部分の自治体が人口減少する中、人口が約五％増加した自治体である。大熊町は二〇一一年六月末期限のアンケートを、発災時に大熊町内に住所のあった全世帯約四五〇〇世帯に配布し、三四一九通を回収した。原発事故避難者の実態を知る情報としては、新聞社の取材網によって把握された、福島県内外の避難者に対するパネル調査（今井　二〇一四）など、優れたデータが収集されているが、この大熊町のデータは、発災後三か月時点の町民全体の状況がわかる貴重なデータである。

この大熊町アンケートを、我々が同時期の六月下旬に福島県会津地方の一次・二次避難所で避難者に対して実施したインタビューの結果を副次的に用いて分析する。福島県会津地方は、大熊町がその行政機能を移転した先であり、もっとも多くの大熊町民が避難した地域である。インタビューは、協力を得ることのできた二八世帯について行い、各世帯の生活について情報収集するとともに、各世帯の家族（親または子ども）で別に避難している四九世帯の情報についても収集した。

一　原発事故避難の文脈における人的資本論

会津地方におけるインタビューの結果、原発事故からのさまざまな状況に置かれる避難者の行動および心情を理解するのに人的資本論（Becker 1962）が有益な分析の次元を提供することがわかり、本研究でもこの理論にもとづき分析を進める。

会津地方の一次・二次避難所にいる避難者の多くは、数年間から数十年間は地元に戻れないことに納得しつつも、地元への帰還を強く望んでいた。地元への愛着は人的資本論によれば、これまでの地元に投資した地域特殊資本 location-specific capital によって、その地元がその他の地域に比べもっとも大きな見返りを生むから発生し、また定義により地域特殊資本は別の地域に移転することができないからである。地域特殊資本への投資と見返りには、物的あるいは人的、また金銭的あるいは非金銭的な項目を含む。例えば地域特殊資本には、持家が含まれ、それは一般に持家を中古住宅として、他の地域で同様の規模または質の住宅を購入できる価格で売ることは困難であるためであるが、このことは放射能によって汚染された農村的地域においてはより一層あてはまる。また、地域における安定した雇用も地域特殊資本であると考えられる。なぜならば、安定した雇用をもつ者にとって、同レベルの給与および雇用の保障を得られる別の企業に転職するのは一般に困難であるからである。さらに定量的に計測し賠償することが困難な地域特殊資本は、事業経営者にとっての営業上の人的ネットワークや営業テレトリーであり、このため被災地の経営者に経営能力と手腕があっても、他の地域で新たに事業を起こすのは困難である。また、被災地の地域コミュニティに属する人々すべてにとって、地域における人的ネットワークは地元への愛着の主だった理由であり、地元に戻りたいという気持ちの根拠である。

他方、会津地方の一次・二次避難所では見出すことができなかったが、健康へのリスクや放射能問題の解消までの期間が未知であることなど、さまざまな理由から、新たな地域で新たな生活を望む避難者も存在することが、大熊町アンケートからわかる。しかし人的資本論によれば、実際に新しい場所で新しい生活を始められる人は選択的となる。それは人が新しい地域においてどの程度の金銭的・非金銭的投資を行う資源をもっているかに依存し、これは年齢、能力、富といった要素によって規定される。したがって若い、能力の高い、あるいは経済力のある市民が選択的に転出し、高齢者や低所得者が選択的に留まると予想される。このことから原発事故の被災地では、より一層の高齢化が進み、放射能問題が解消したとしても、人材不足のために地域経済の復興に向けた問題を抱えることになると予想される。

避難者にはさまざまな種類があり、かつての地域特殊資本への投資の順に以下のように列挙できる。まず、もっとも地域特殊資本への投資が少ないのは全国企業の転勤者であり、賃貸住宅に居住していたとすると、この原発事故で失われたものは主として住宅に残してきた個人所有物である。被災地出身者あるいは地域に根差した人々は、地域コミュニティの喪失や土地・家屋などの資産価値減少など、はるかに損害が大きいが、その中でも地域外に本所をもつ企業の地元社員と被災地内の企業の社員では、雇用の継続という点で大きな違いがある。被災地の事業経営者や農家は、さらに商店、工場、農地といった生産手段や、また営業上の人的ネットワークやテレトリーへの損害を被っている。最後に、退職者はその資源の大部分をすでに地域に投資しており、その金銭的・非金銭的資産の大部分を失うことになる。

二　住宅と雇用

大熊町アンケートの実施期である二〇一一年六月時点では、避難者の大多数が避難所におり、それらは大熊町によって指定された温泉旅館やスキーリゾートなどの二次避難所である（第1表）。福島県はホテル・旅館に避難者一人当たり五〇〇〇円を支払い、避難者には食事も与えられていた。その時点で五〇〇〇戸の仮設住宅が完成し世帯に割り当てられていたが、入居は始まったばかりであったため、仮設住宅居住者の割合は少ない。仮設住宅入居決定者の多くは、日本赤十字協会から支給されるいわゆる六点セット（洗濯機・冷蔵庫・テレビ・炊飯器・電子レンジ・電気ポット）を待っている状態であった。福島県はまた、福島県内で賃貸住宅に避難した世帯の賃貸料を支払っていた。

その他の人々は、親や子どもを中心とした親戚・知人を頼り、また自費で賃貸住宅に避難した。避難所に避難している方々へのインタビューでは、臨時に親戚・知人を頼ることができても、避難生活がいつまでになるかわ

第１表　避難先住居種別による避難者数

避難先住居種別	度数	割合	備考
1　避難所（ホテル・旅館）	1031	30%	一次避難所およびホテル・旅館等の二次避難所
2　仮設住宅	15	0%	アンケート時点では入居がはじまったばかりであった
3　借上住宅	698	20%	
4　親戚・知人宅	426	12%	
5　借家（家賃自己負担）	616	18%	
6　その他	476	14%	病院、公営住宅、社宅を含む
無回答	157	5%	
合計	3419	100%	

出典：大熊町復興計画町民アンケート

第２表　震災前と震災後の仕事

震災前の仕事	現在の仕事							
	1　フルタイム		2　パートタイム		3　無職		計	
1　フルタイム	1026	56%	58	3%	737	40%	1821	100%
2　パート・アルバイト	1	0%	49	16%	253	83%	303	100%
3　無職	3	1%	1	0%	549	99%	553	100%
計	1030	38%	108	4%	1539	57%	2677	100%

出典：大熊町復興計画町民アンケート

からない状態では、長く頼ることはできず、いったんは親・子どもを頼って避難しても、また避難所に戻ってきたり、その他の避難先を探したりせざるを得ないとのことであった。なお、**第１表**中の「その他」には、病院や福島県内外で特別に割り当てられた公営住宅などが多く含まれている。

大熊町アンケートは避難者の経済活動状況は問うていないが、被災後の就業および失業の状況は、震災前の就業状況と現在の就業状況をクロス集計することにより推測することができる。かつてフルタイムで就業していた人の五六％が震災後も就業しているが（**第２表**）、この大部分が以前の雇用を継続しているものと考えられる。大熊町アンケートでは、震災前後

第3表　職業別の就業状況

震災前の職業（フルタイム就労者について）	現在の仕事							
	1　フルタイム		2　パート・アルバイト		3　無職		計	
2　会社員	796	62%	34	3%	447	35%	1277	100%
3　自営業	85	23%	23	6%	259	71%	367	100%
5　公務員	102	90%	0	0%	11	10%	113	100%
6　団体職員	42	68%	1	2%	19	31%	62	100%
計	1025	56%	58	3%	736	40%	1819	100%

出典：大熊町復興計画町民アンケート

第4表　避難先住居種別による就業状況

避難先住居種別	現在の仕事（震災前のフルタイム就労者について）							
	1　フルタイム		2　パート・アルバイト		3　無職		計	
1　避難所（ホテル・旅館）	155	34%	11	2%	296	64%	462	100%
2　仮設住宅	2	33%	1	17%	3	50%	6	100%
3　借上住宅	261	59%	10	2%	172	39%	443	100%
4　親戚・知人宅	141	59%	11	5%	86	36%	238	100%
5　借家（家賃自己負担）	303	76%	15	4%	80	20%	398	100%
6　その他	155	60%	10	4%	93	36%	258	100%
計	1017	56%	58	3%	730	40%	1805	100%

出典：大熊町復興計画町民アンケート

の雇用の継続に関して問うていないため詳細はわからないが、参考までに震災後にフルタイム就労を継続している人々の九五%が、震災以前に働いていた産業大分類と同じ産業で働いていることがわかっている。

会津地方におけるインタビューでも、震災前の就業と現在の就業を聞いたが、避難所にいる大部分が仕事をもっておらず求職活動もしていなかった。それは直近の将来が不確定であり、避難先においてほとんど求人がないためであり、さらに東京電力による一時金の支払いの開始により、求職意欲が抑制されていたためである。インタビューでは、別に避難している親族の状況についても問うたが、当時就業していた人々の典型は、震災以前の雇用主のもとで就業されていた。例えば原子力関係の就業者が、同じく東京電力の刈羽原子力発電所の立地する新潟県柏崎市に転勤になっているケースなどがみられた。

本研究におけるこの後の就業に関する分析では、かつてのフルタイム就労者の就業割合および無職割合を用いて雇用機会の有無を検討する。かつての職業と現在の就業状況をクロス集計すると、会社員にくらべ自営業者の無職割合が圧倒的に大きいことがわかる（第3表）。これに対し公務員（町、県、または国の）の就業割合は九〇％と高く、団体職員の就業割合も比較的高い。インタビューでは、教員が他の学校に転属になるケースや、双葉ＪＡ職員が福島ＪＡ職員に転属になるケースがあった。

就業状況と避難先種別のクロスでは、無職割合が避難所で最も高くなっており、これは二次避難所として指定された温泉旅館やスキーリゾートのある地域では雇用機会から空間的に離れており、また仕事があったとしても急増した（潜在的な）求職者を受容することができなかったためである（第4表）。他方、自費で賃貸住宅に居住している避難者ではフルタイム就業割合が七六％と高くなっているが、これは雇用機会に近い住居を選択したためというよりも、雇用の継続によって自費で賃貸料を負担することができたためと解釈するべきであろう。

三　選択的移動

この節では、原発事故による避難者の生活を福島県内外で比較し、選択的人口移動について考察する。発災時に大熊町に住所のあった一万一五〇九人のうち、二〇一一年七月一六日現在では四一四八人（三六％）が福島県外の主として東日本に避難しており、うち二一人は国外に避難していた（大熊町　二〇一二）。大熊町アンケートのサンプルからは、世帯の代表者の避難先しかわからないが、その空間的分布は大熊町が把握している避難者の

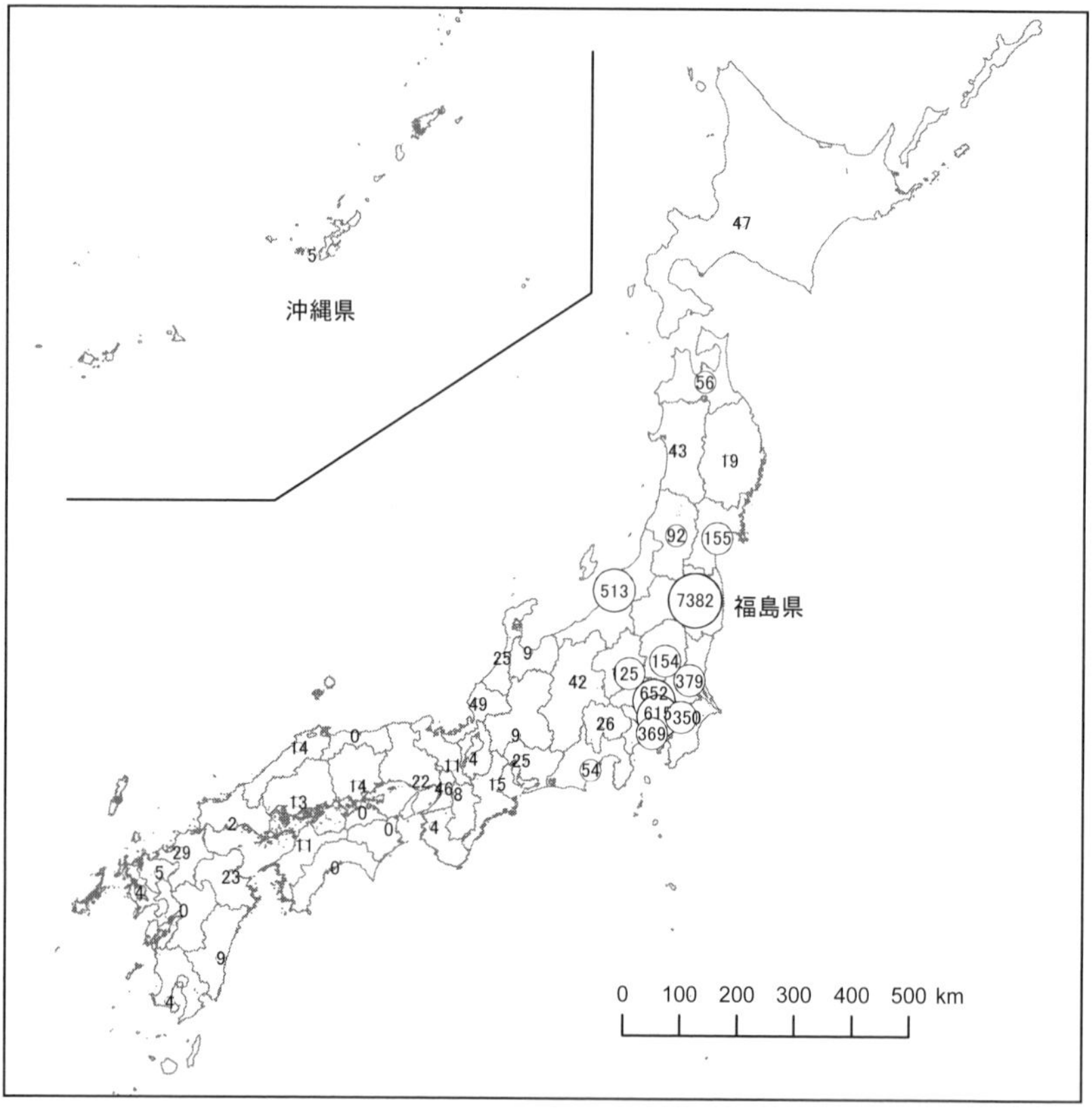

第 1 図　大熊町からの都道府県別避難者数、2011 年 7 月 16 日現在

出典：大熊町

分布とほぼ一致する。**第1図**からわかるように、避難者の避難先は避難先の人口と福島県との近接性に比例しており、一般の人口移動パターンと同様である。したがって、この節では選択的移動、すなわち避難先別の避難者属性の違いに焦点を絞って分析する。

　大熊町アンケートのサンプルにもとづいて空間的分析を行うために、サンプル数および既存の地域にもとづき、避難先を次の六地域に区分して考察する。

（一）北海道・東北

（N＝九三）：北海道

および福島県を除く東北地方は、福島県からの近接性から考えると、より多くの避難者があってもよいが、東北地方は東日本大震災に被害が大きく、そのため避難者数が少なくなっていると思われる。

（二） 福島県（N＝一五八三）：福島県内に避難した大熊町からの避難者の多くが、会津地方そしていわき市に避難していた。

（三） 新潟県（N＝一一五）：新潟県は、物資の不足を含め震災の影響が軽微であり、初期から避難施設を提供しており、また原子力関連産業従事者の転勤・転属が行われた地域でもある。

（四） 北関東（N＝一六八）：福島県に隣接しており、やはり震災直後からさまざまな避難設備を提供した。

第５表　避難地域別の避難先住居種別による避難者率

避難地域	避難先住宅種別							
	1　避難所（ホテル・旅館）	2　仮設住宅	3　借上住宅	4　親戚・知人宅	5　借家（家賃自己負担）	6　その他	計	度数
1 北海道・東北	9% **	0%	16% **	21% **	29% **	26% **	100%	90
2 福島県 †	43%	1%	30%	8%	13%	5%	100%	1567
3 新潟県	15% **	0%	7% **	17% **	44% **	17% **	100%	115
4 北関東	3% **	0%	5% **	18% **	43% **	31% **	100%	166
5 南関東	2% **	0%	11% **	26% **	29% **	32% **	100%	488
6 その他地域	2% **	0%	11% **	19% **	17%	51% **	100%	106
不明	43%	1%	18% **	11% *	14%	13% **	100%	730
計	32%	0%	21%	13%	19%	15%	100%	3262

† 比較対象（福島県）、* 5%で統計的に有意、** 1%で統計的に有意。
出典：大熊町復興計画町民アンケート

第6表　避難場所の選択理由（避難地域別）

避難地域	避難場所の選択理由（複数選択可）						
	職場など仕事	学校など子供	親戚・知人の近く	地区の人が一所	行政の指示	その他	度数
1　北海道・東北	19%	6% **	45% **	1%	1% **	37% **	93
2　福島県 †	23%	21%	16%	3%	37%	19%	1585
3　新潟県	30%	10% **	43% **	0%	10% **	24%	115
4　北関東	16% *	9% **	43% **	1%	7% **	39% **	168
5　南関東	18% *	7% **	47% **	1% **	6% **	36% **	498
6　その他地域	17%	6% **	49% **	0%	2% **	44% **	108
不明	13% **	12% **	19% *	2%	33%	19%	852
計	19%	15%	25%	2%	27%	24%	3419

† 比較対象（福島県）、* 5%で統計的に有意、** 1%で統計的に有意。
出典：大熊町復興計画町民アンケート

（五）南関東（N＝四九八）：東京大都市圏を含む人口稠密地域であり、より多くの雇用機会に恵まれていると期待される地域である。

（六）その他地域（N＝一〇八）：西日本を主とした地域は、放射能汚染の面でより安全と考えられていた。

この節の分析では、住居や就業などのさまざまな属性を避難先とクロス集計することで、避難先別の生活実態の違いや選択的移動を分析する。例えば、**第5表**に例示してあるクロス表の比率は、各地域に避難している人のうち、検討している属性（ここでは住宅種別）の割合であり、この割合を地域間で比較することにより選択的移動を把握することができる。クロス表には、福島県との比率の差の検定結果も示した。選択的移動を検討する前に、避難先の住宅種別と避難先の選択理由を検討する。

避難先の住宅の種類について分析した**第5表**では、福島県の大部分の避難者が、避難所や借上住宅（いわゆるみなし仮設）に居住しているが、福島県外では自費で賃貸住宅に居住している人がもっとも多い。南関東では、親戚・知人宅の割合が相対的に高く、同地域における賃貸料の高さが反映していると考えられる。「その他地域」の「その他」住宅には病院、公営住宅、社宅などが含

第７表　性別の選択的移動

避難地域	男性	女性	計	度数
1　北海道・東北	57%	43%	100%	93
2　福島県 †	61%	39%	100%	1577
3　新潟県	68%	32%	100%	115
4　北関東	71% *	29% *	100%	168
5　南関東	54% **	46% **	100%	497
6　その他地域	56%	44%	100%	108
不明	56% *	44% *	100%	810
計	59%	41%	100%	3368

† 比較対象（福島県）、* 5%で統計的に有意、** 1%で統計的に有意。
出典：大熊町復興計画町民アンケート

第８表　年齢別の選択的移動

避難地域	未成年	20代	30代	40代	50代	60代	70代+	計	度数
1　北海道・東北	4% **	6%	19%	15%	20%	22%	13%	100%	93
2　福島県 †	1%	8%	17%	19%	24%	17%	13%	100%	1576
3　新潟県	0%	3%	23%	19%	17%	25% *	13%	100%	115
4　北関東	1%	7%	20%	12% *	23%	18%	19% *	100%	168
5　南関東	0%	11%	14%	15% *	21%	20%	18% **	100%	496
6　その他地域	1%	15% *	25% *	19%	15% *	18%	8%	100%	108
不明	2% **	6% *	14% *	13% **	23%	22% *	20% **	100%	810
計	1%	8%	17%	17%	23%	19%	16%	100%	3366

† 比較対象（福島県）、* 5%で統計的に有意、** 1%で統計的に有意。
出典：大熊町復興計画町民アンケート

まれる。

　避難先の選択の理由をみると、大部分が制度的な避難施設に居住している福島県では「政府による指示」と回答しているのに対し、福島県外では「親戚・知人に近い」が大多数であり、長距離の避難には、地域をまたがる人的ネットワークが重要であったことがわかる（**第6表**）。統計的に有意ではないが、新潟県においてもっとも多くの人が「職場など仕事」の理由により避難先を選んだと回答しており、原子力産業従事

第9表　震災以前の職業による選択的移動

避難地域	震災以前の仕事（フルタイム就労者について）					
	2　会社員	3　自営業	5　公務員	6　団体職員	計	度数
1　北海道・東北	71%	22%	5%	2%	100%	55
2　福島県　†	67%	20%	8%	5%	100%	1011
3　新潟県	80% *	15%	4%	1%	100%	74
4　北関東	72%	21%	3% *	5%	100%	109
5　南関東	77% **	21%	1% **	1% **	100%	274
6　その他地域	88% **	11%	2% *	0%	100%	65
不明	59% **	30% **	7%	4%	100%	437
計	68%	22%	6%	4%	100%	2025

† 比較対象（福島県）、* 5%で統計的に有意、** 1%で統計的に有意。
出典：大熊町復興計画町民アンケート

者の転勤・転属が現れているものと思われる。「学校など子ども」の理由を回答した比率をみると、福島県外では有意に低く、子どもへの健康被害を心配して遠方に避難した家庭がある一方で、学校への通学を理由に福島県内に留まらざるをえなかった家庭もあったことがわかる。家庭に子どもがいることによる避難への影響については、子どもの就学前後で区別して考えることが必要であると考えられる。

性別の選択的移動をみると、遠方の避難先にて女性による回答率が高いというパターンがみられる（**第7表**）。この結果は、子どもがいる家庭の母親が父親と別れて遠方に避難するケースの多いことと一致する（今井 二〇一一）。しかし、この大熊町によるアンケートは世帯主の避難先に送付されたものであり、その他の世帯構成員の避難先については何も問うていない。したがって、このデータソースで、なぜこのような性差が生まれるのかは不明である。

また、避難地域別に年齢構成をみると、二〇代、三〇代において「その他地域」や南関東などの遠方への避難の割合が高くなっている一方で、四〇、五〇代で県内にとどまっている比率が高いのは、キャリア半ばの年齢層では別の地域で新しい仕事と新しい生活を見つけるのがより困難になるためだと考えられる（**第8表**）。

第10表　避難先における就業状況

避難地域	現在の仕事（震災前のフルタイム就労者について）				
	1　フルタイム	2　パート・アルバイト	3　無職	計	度数
1　北海道・東北	54%	8% **	38%	100%	50
2　福島県 †	55%	2%	43%	100%	878
3　新潟県	71% **	1%	27% **	100%	70
4　北関東	58%	7% **	35%	100%	100
5　南関東	58%	4% *	38%	100%	256
6　その他地域	59%	0%	41%	100%	61
不明	51%	3%	47%	100%	356
計	56%	3%	42%	100%	1771

† 比較対象（福島県）、* 5%で統計的に有意、** 1%で統計的に有意。
出典：大熊町復興計画町民アンケート

新潟県において多くの三〇代がみられることについて、さらに性・年齢別の分析をすると、相対的に比率が高いのは男性であることがわかるが、新潟県に転勤・転属になった原子力関連の仕事が男性中心のものであるためと推察される。また、南関東における七〇代以上を性別にみると、女性が有意に多いことがわかるが、これは以前に東京大都市圏に転出した子ども世代によって、高齢の寡婦が呼び寄せられたためであると考えられる（寿命の性差のために高齢寡夫よりも高齢寡婦の方が多いため）。

震災前のフルタイム就業者の職業による分析を行うと、（民間の）会社員の比率は新潟県、「その他地域」、南関東で相対的に高くなっていることがわかるが（**第9表**）、これは転勤・転属によるものが多いと考えられる。公務員（多くは大熊町職員）の大部分は福島県内にとどまっており、このアンケートが実施された時期には、避難者の避難所や仮設住宅への割り当てや、東電の賠償の説明などに追われていた。自営業者については、選択的移動はみられず、避難者全体と同じ傾向で各地に避難している。

大部分の避難者は避難先を主体的にあるいは自由に選択できたわけではない。また、発災後三か月の時点で、避難者がどの程度求職活動を開始できる状況にあったかわからない。にもかかわらず、どの地域が雇用機会の点で有利であったかを検討する。震災前のフル

第11表　職業別の就業状況

避難地域	震災前の職業：2　会社員					震災前の職業：3　自営業				
	現在の仕事					現在の仕事				
	1　フルタイム	2　パート・アルバイト	3　無職	計	度数	1　フルタイム	2　パート・アルバイト	3　無職	計	度数
1　北海道・東北	61%	6%	33%	100%	36	30%	20% **	50%	100%	10
2　福島県 †	58%	3%	39%	100%	622	29%	3%	69%	100%	175
3　新潟県	81% **	0%	19% **	100%	57	36%	9%	55%	100%	11
4　北関東	71% *	5%	24% *	100%	75	18%	14% *	68%	100%	22
5　南関東	70% **	2%	28% **	100%	203	12% *	13% **	75%	100%	52
6　その他地域	64%	0%	36%	100%	55	20%	0%	80%	100%	5
不明	59%	3%	38%	100%	230	18%	5%	76%	100%	93
計	62%	3%	35%	100%	1278	23%	6%	71%	100%	368

† 比較対象（福島県）、* 5%で統計的に有意、** 1%で統計的に有意。
出典：大熊町復興計画町民アンケート

タイム就業者の無職割合は、新潟県における低い値のほかでは、どの地域も同様な値を示している（**第10表**）。しかし、（震災前の）職業別に、避難先別の就業状況をみるとまったく違う状況がわかる。

震災前のフルタイム就業者の就業割合は、会社員では新潟県に加え南関東、北関東で有意に高くなっており、これは一見、関東地方において職を得る機会が高かったようにみえる（**第11表**）。しかし、自営業者についての同じ割合をみると、関東地方ではむしろ就業割合がもっとも低くなっており、これは自営業者の場合、就業するためには新たな仕事を探し採用される必要があるためである。つまり、関東地方は転勤などの契約移動者にとっては雇用機会のある場所であったが、雇用契約のない投機的移動者には雇用機会を提供しない場所であったことがわかる。ただし、パートタイムの就業機会は関東地方で豊富でかつての自営業者のうちパートタイム職に就いたものの比率は相対的に高くなっている。

おわりに

東日本大震災に伴う、東京電力福島第一原子力発電所の事故による避難者の生活について、二〇一一年六月末に回収された大熊町復興計画町民アンケートからは以下のことがわかった。

（一）震災以前にフルタイムで就業していた人のうち、五六％が事故後もフルタイムで就業していた。これらの人々の大部分が、震災以前と同じ企業で、転勤・転属になるか雇用契約を維持しているものと考えられる。これに対し以前の自営業者の就業割合は二三％であり、転職による仕事への復帰が困難であったことがわかる。フルタイムからパートタイムへの変更はわずか三％であり、震災前の無職者が就業するケースはほぼなかった。

（二）福島県外への避難者では、自己負担で賃貸住宅に居住している割合がもっとも高かった。震災前のフルタイム従事者の就業割合は、自費で賃貸住宅に居住しているものでもっとも高かったが、就業継続によって自費での賃貸住宅居住が可能または必要になったものと考えられる。

（三）青年層（二〇〜三〇代）は割合に比して多くが西日本などの遠方に避難し、キャリア半ばの四〇〜五〇代は福島県内に留まる傾向がみられた。割合に比して多くの三〇代男性が新潟県に避難しているのは、新潟県には同じく東京電力の刈羽原子力発電所があり、原子力産業関連従事者が転勤・転属されたためと考えられる。

（四）関東地方においても、震災前のフルタイム従事者の就業割合は福島県内に比べ高くはなかった。転勤・転属ではなく、個人で関東地方に避難した人々にとっては、むしろ関東地方での雇用機会は少なかったと考えられる。このため、自営業者の関東における就業割合は他の地域よりも低かった。

発災当時は、すべての町民が同じ「避難者」であったが、本研究が対象にした発災後三か月の時点ですでに階層分化がはじまっており、それは個人または家族の被災地外とのつながりの度合いによって決まった。被災地外の企業に勤めていること、被災地外に親や子どもがいることなどは、福島県外を避難先に選択するうえで有利であった。これに対し、地域特殊資本の割合がより大きいと考えられる中高年者、自営業者、また公務員や団体職員は福島県内で提供された制度的な避難施設に留まる割合が高かった。

さまざまな事情を抱える避難者の運命が分化していくのと同時に、自治体と町民の関心にも分化が生じていると考えられる。自治体は、避難指示が解除になった後に共に地域の再建に向けてより多くの町民を自治体にとどめておきたいと望む一方、町民は避難生活が長くなるのであれば、どの自治体に属するかよりも、健康で生産的な生活を望むであろう。同様にして、損害賠償の在り方にもジレンマが生じている。損害賠償は、すべての金銭的・非金銭的な損害について賠償するよう努力が求められるが、損害賠償によって町民が健康で生産的な新しい人生を過ごすことを阻害してはならない。また、東京電力が所得や資産価値の減少などのすべての損害に対して賠償するよう努力するとしても、計測し賠償することの困難な項目もある。それは安定した雇用、営業上の人的ネットワークやテレトリー、あるいは個人的な人的ネットワークや地域コミュニティなどである。放射能問題の解消には、長い時間を要するであろうが、賠償にはさらに時間がかかり、それでもすべての損害に対する賠償はできないと考えられる。

参考文献

Isoda, Y, 2011, Fukushima Hamadori Diaspora: age and sex of evacuees from the nuclear crisis'『東北地理学会東日本大震災報告』

今井照、二〇一一、「原発災害避難者の実態調査（一次）」『自治総研』三九三

――、二〇一四、「原発災害避難者の実態調査（四次）」『自治総研』四〇（二）

Becker, GS, 1962, Investment in Human Capital, the *Journal of Political Economy* 70 (5, Part 2)

大熊町、二〇一一、『「大熊町復興計画町民アンケート調査票」集計表（概要版）』

謝辞　大熊町には大熊町復興計画町民アンケートの個票の提供およびその二次分析の許可に対して、深く御礼申し上げます。

なお、本稿は『東北地理学会東日本大震災報告』に「Refuge Life of Evacuees from the Fukushima Nuclear Accident: analysis of Okuma Town Survey based on human capital theory」として二〇一一年一〇月三一日に掲載された記事を訳出し、加筆したものである。

原発災害避難者の食生活のいま

佐藤真理子

はじめに

東日本大震災に伴う原発事故により、大熊町の住民はおおむね福島県の中通り地方の第一次避難所で過ごした後、役場機能を移転した会津若松市に避難した。大熊町は太平洋側の温暖な地方にあり、そこから北西に約一〇〇キロメートル離れた盆地に会津若松市はある。一メートル前後の積雪がある会津若松市は、ほとんど積雪がない大熊町とは気候風土が全く異なっている。それに伴い、食文化も違う。そうした中で、避難者はどのような食生活を送っているのか、健康は維持されているのか、郷土料理は継承されているのかを調査したいと考えた。また、当初は家族全員で会津に避難してきた人たちも原発事故より三年以上経って、若夫婦が職場を求めるなどの理由により会津若松市からいわき市、郡山市に移転し、会津の仮設住宅には高齢者が多く残されている。仮設住宅は市街地にもあるが大規模なものは郊外にある。したがって、車の運転が不自由になった高齢者たちは、買い物等に困っているのではないかと推察される。ここでは、そうした状況を踏まえながら、食生活を取り巻く現状を明らかにし、問題点を発見する。併せて、こうした災害における食生活への取り組みについて考察する。

一 調査方法及び調査対象者

本稿は、以下の六人の対象者にヒヤリングを行い、「一週間の食事調査」や「大熊町にいたときよく食べていたもの」等について記録を依頼した。

A 会津若松市X仮設住宅 八〇代半ば 女性 一人暮らし 震災時農業、現在無職
B 会津若松市X仮設住宅 六〇代半ば 女性 夫と二人暮らし 震災前元医療従事者、現在無職
C 会津若松市Y仮設住宅 八〇代前半 女性 夫と二人暮らし 震災前農業、現在無職
（ただし、同じ仮設住宅の隣の部屋に息子夫婦が在住）
D 会津若松市借り上げ住宅 六〇代前半 女性 夫と二人暮らし 震災時も震災後も専業主婦
E 会津若松市借り上げ住宅 六〇代前半 女性 夫と二人暮らし 震災前元臨時職員、現在無職
（ただし、夫は平日、福島市に単身赴任中）
F 会津若松市X仮設住宅 六〇代前半 女性 震災時配達員、現在無職
同じ仮設住宅の隣同士に四つに分かれて家族一〇人で住んでいる。

二　避難所での食生活

まず、六人の避難経路について概観することから始めよう。

(一) 避難経路

A　中通りの三春町(息子の配偶者の実家)に三日間避難(息子夫婦、孫一人、本人の四人で)→郡山市の警察宿舎(息子の職場)に二か月(四人で)→会津若松市東山温泉のホテルに二か月(四人で)→二〇一一年七月X仮設住宅(四人で)→四世帯に分かれる(息子は郡山市の住まい、息子の配偶者は郡山市の警察宿舎、孫は福島市に移住、本人のみが仮設住宅に残った)→郡山市の災害公営住宅の抽選に当たったので、二〇一五年三月、息子夫婦と合流して、郡山市に移住する予定

B　中通りの体育館に避難(息子、孫一人、夫、本人の四人で)→会津若松市東山温泉のホテルに四か月(四人で)→X仮設住宅(四人で)→二〇一四年六月より二世帯に分かれる(息子と孫はZ仮設住宅に移住)、現在は夫と二人→災害公営住宅は愛犬が住める住宅がなかったため申し込んでいない。今後、いわき市内の愛犬も住める公営住宅に応募する予定

C　中通りの船引町の小学校体育館に二日間避難(息子夫婦、孫一人、夫、本人の五人で)→埼玉県の娘の家に三か月避難(夫と二人で)→会津若松市東山温泉のホテルに一か月(五人で)→会津若松市Y仮設住宅へ(息子夫婦、夫と本人の二世帯に分かれて住む。孫は郡山市の借り上げ住宅へ行き、現在はいわき市小名浜の借り上げ住宅にい

る）→息子夫婦がいわき市に土地を購入した。今後家を建てるので、二〇一五年六月頃、息子夫婦と一緒に仮設住宅を出ていわき市に移住する予定

D　中通りの船引町体育館（娘夫婦、孫二人、夫、本人の六人で）→二〇一一年三月会津若松市の借り上げ住宅へ（六人で）→二〇一二年一〇月、二世帯に分かれた（娘夫婦と孫二人は車で五分の借り上げ住宅へ移り、現在は夫と二人暮らし）

E　中通りの田村市総合体育館（夫と二人）→喜多方市（夫の実家）に四か月避難（夫と二人で）→二〇一一年六月会津若松市の借り上げ住宅へ（二人で）→会津若松市内に土地を購入して家を新築し、二〇一四年六月に移住（二人で）

F　三回のヒヤリングのうち、出席は最初の一回のみのため、詳細は不明。二〇一一年七月より、四つに分かれてX仮設住宅に家族一〇人で避難し、現在にいたる。

なお、会津若松市にいったん避難した後に、なぜ家族と別居したかについて、その理由を聞いたところ、おおむね以下の四点が挙げられた。

①孫の通学のため、孫とその親が学校に近いところに移住（Bさん、Dさん）
②息子や娘、孫などが職場に近いところや他の事情で移住（Aさん、Cさん）
③仮設住宅や借り上げ住宅が狭くて不便（Bさん、Dさん）
④仮設住宅や借り上げ住宅では気兼ねが多い（Bさん、Dさん）

ちなみに、会津若松市に避難してきたときと同じ家族人数で、現在も生活を共にしているのは、X仮設住宅のFさんのみであった。Fさんの家庭では、孫たちは学生であるが、大人は全員無職である。

(二) 第一次避難所での食生活

それでは、第一次避難所での食生活はどのようなものであったのだろうか。以下、順次記す。

A　バスで町ごと体育館に避難したわけではないので、何も配給されなかったと不満気に語った。近くの店で米や水を購入した。布団だけは嫁の実家（布団屋）からもらった。

B　体育館に避難。冷たいおにぎり一個が続いた。たまにカップラーメンも出た。おにぎりに飴一個というときもあった。八日後に近所の婦人会の人が温かい味噌汁を差し入れてくれ、本当にありがたかったと繰り返し語った。賞味期限切れのパンが配布された後、放送にて「食べられません」と言われた。なぜ、賞味期限が過ぎた物を配るのかと怒りを現に語った。孫は幼くお腹が空いていたので食べたそうだったとのこと。

C　小学校に二日間避難した。おにぎり少ししかもらえなかったと不満を語った。要領の良い人はおにぎりを沢山もらっていた。パンも配給された。水はなかった。味噌汁を少しもらった。

D　体育館に避難。おにぎりが冷たくてまずかった。三月一二日の夜九時頃から一三日に、炊き出しを依頼されて行った。消防隊が食材を調達し、婦人消防隊が調理した。体育館の調理室で、地元の教員数人と避難者の婦人消防隊数人で約二〇〇人分を調理した。お陰でその夜眠れず、その後の体調不良につながったと思っているとのこと。翌一四日、近くの弁当屋が震災のため普通の販売ができなくなったので、その弁当屋に行って、避難者の弁当を作るように言われ、弁当屋さんと一緒に炊き出しをした。

E　おにぎりばかりで温かいものが食べたかった。他には、パン、バナナなどが配布された。おかずはなかったので、近くのスーパーやコンビニで総菜などを購入し、野菜を食べるようにしていた。

（三）筆者の避難所での運営体験を通して見た食生活

筆者は、大震災時当時、福島市の県立高校に勤務していた。その後同じ年の八月、喜多方市にある県立高校への転勤に伴い、会津若松市に移住した。そこで、さまざまな避難所での運営体験を通して知り得た食生活のありようを、以下にまとめてみよう。

食生活を総括すると、冷たいおにぎりが続き、時にカップラーメンが出た。途中からパンを配布されるようになったが、賞味期限が近いか過ぎている物が多かった。勤務していた高校では避難所を四月八日まで開所していた。徐々におにぎりや水、パン、缶詰、おかず、米軍の栄養補助食などが届くようになった。二〇一三年になって、パン会社の人と話す機会があった。当時政府から要請があり、関東地区からの物流もスムーズでなかったためか、パンは関西方面の工場で大量に生産され、東北地方に運搬されたとのこと。パンの運搬に時間がかかったり、食べきれないくらい届いたりしたため、賞味期限切れも増加していったと思われる。賞味期限を少々過ぎても調理パンでないものは食べられるのだが、避難所を運営しているのは男性がほとんどで、生活経験が少ないため、いったん配ってから訂正するというような不手際を生じたのではないかと思われる。運営に女性が関わること、また避難者の中にも食生活に詳しい者もいるはずなので、避難者の力も借りるべきであったと思う。また、米軍の乾燥した栄養補助食は地元の物を主に食してきた高齢者たちには不評で、間食として提供したが手を伸ばす人が少なかった。

温かい味噌汁やご飯が食べたかったという意見は共通する。筆者の高校では、後半炊き出し場所を開設し、ボランティアの方が来て、作って提供した。近所の婦人会の人たちが、おにぎり、味噌汁、煮物、漬け物など多種類の料理を作ってきてくれた時もあった。一人につき大皿にとりきれない位持ってきてくれ避難者も盆と正月が来たようだと喜んでいた。近所のコンビニやスーパーでは食料は枯渇していたが、何とかして食料を調達してくる避難者もいた。その頃、被災が少なかった会津地方では、連日、ボランティアの人たちがおにぎりを作って、県中地方に届けていたという。朝早くに会津地方等で握られたおにぎりが運搬されていたのだから、冷たくなるのも当然だと思った。おにぎりが一人に付き半分だけの時、他の物資と同様にツイッターでつぶやけば届くと思い、同僚につぶやきを依頼した。すると数時間のうちに、市内の寺院の方たちが大きなご飯釜（直火で炊く直径一メートル位の釜）にご飯を炊いて、二つ持ってきてくれた。本当にありがたいと感動したことを覚えている。

ところで、安全管理の問題から炊き出しを実施しなかった学校も多かった。責任者がマニュアルに従い、敷地内で火気を扱うことにたいして決断できなかった側面もあるのではないか。他校では、家庭科室等を用いて、冷たいおにぎりをふかしたり、味噌汁等を作ったりして提供したところもあったようである。

福島県は主に男性の職員を管理者として、主に女性の職員を食事の炊き出しの係として、避難所に派遣した。以下は、別の避難者本人から、震災の年の秋に聞いた話である。避難所では、炊き出しとして毎日、カレー、シチュー、焼きそばなどが提供され、うんざりしたとのこと。煮物や漬け物、味噌汁などを食べたかったのだが、いつも子ども向けの献立だったとのこと。県から派遣されていたのは、さまざまな部署で資格を持って働いていた若い女性職員だったのである。もちろん、彼女たちは、食物のエキスパートではなく、家庭を持っていない人もいたことだろう。つまり、食事を作る経験が今の時代、非常に少ないため、そういった献立しか思いつかない、または男性管理者から、キャンプで食べるような献立と食材を提供され、言われるままに作ったのかもしれない。しかし避難者は、市街地で育った若者よりも、農漁村で生活してきた高齢者やその家族たちが多かったのである。嗜好のミスマッチや、避難の不安、苛立ちから、炊き出しの献立に異議を申し立てることがあっても不思議ではない。だが、被災が少なかった他の県民の中には、ボランティアで食事を作ってあげているのに贅沢だなどという陰口もささやかれた。未曾有の大地震、未曾有の原発事故後とはいえ、速やかな食材の分配と炊き出し人員の確保が必要であったと思われる。

さて、避難者といえども、先日までは立派に生活を営んできた人たちであり、食生活に詳しい者も大勢いたわけであるから、避難者自身が、早く炊き出しや食事の配膳に関与できることも必要であろう。実際、筆者の避難所では、食事の配膳等できることはやらせてほしいと申し出る方が少なからずいた。何もしないで、体育館の中に缶詰にされていても人間らしくないと感じたからであろう。自分たちにある程度裁量をまかせてほしいという気持ちであったと察せられる。一方、Dさんは自らではなく消防隊に依頼されて大勢の炊き出しを行った。その背景には女性が調理するものといった性別役割分業意識がある。避難した直後のDさんには、その炊き出しが心身ともに大きな負担となったようであり、避難した直後の炊き出しには配慮が必要である。

運営側についていうと、缶詰、水、菓子など備蓄しているものを充分に提供せず、手控える傾向があった。いつまた物資が入ってくるか分からないから少しずつ小出しにするという考えだ。平等という名の不平等。水やおむつがほしくても遠慮して言い出せない高齢者夫婦を何組か見かけた。それらは直接体調に影響を与えるものなので、運営者は一人何本の水ではなく、充分に聞き取りをして必要な人に提供する必要がある。実際、水は体育館や廊下に山積みになって残っていた。

三　仮設住宅及び借り上げ住宅での食生活

次に、仮設住宅及び借り上げ住宅における食生活の内容を、(一) 買い物、(二) 食事内容、(三) 飲料水の摂取方法、(四) 食事会、(五) 料理講習会、(六) 年中行事の順に検討してみよう。

(二) 買い物

A 仮設住宅の隣のBさんの夫(避難前から同じ集落)の車に乗せてもらって会津若松市街地のスーパー(車で約一〇分)に買い物に行く。また、大熊町のバスやX仮設住宅の車もあるので、それに乗せてもらう。
B 会津若松市街地のスーパーに夫の車で買い物に行く。
C 近所(車で五分)の商店やコンビニに夫(八〇代半ば)の車で行く。たまに会津坂下町のスーパーにも夫と行く。同じY仮設住宅の隣に息子夫婦が住んでいるので、息子が食材を買ってきてくれることもある。金曜日に農協が食べ物を売りに来る。水曜日には週一回、生活協同組合が食べ物、日用品を売りに来る。二か月に一回、生活協同組合の人が来て、さまざまな地域の生協まで連れて行ってくれる。Y仮設住宅からは五、六人乗せてもらい、買い物や食事をして帰ってくる。夫が高齢なため、交通量が多い会津若松市のスーパーには、余り買い物には行かない。買い物で特に困ることはない。
D 会津若松市街地のスーパーや商店に夫(七〇代前半)の車で買い物に行く。
E 会津若松市街地のスーパーや商店に自分で運転して買い物に行く。

以上、総括すると、食材や日用品の買い物については、一人で仮設住宅に住んでいる高齢のAさん以外は、自宅に車と運転者がおり、困っていなかった。X仮設住宅もY仮設住宅も市街地まで車で一五分から二〇分で行くことが出来る。Aさんは料理上手で、隣のBさん宅などに料理のお裾分けを度々しており、仮設住宅の中ではかつての近所づきあいが継続されている。そのため買い物やドライブ、山菜やキノコ採りなどにも色々な人に誘われ、同乗させてもらって出かけている。

（二）食事内容

ここでは、**表1**、**表2**及び**表3**（表は、まとめて最後に掲載した）に即して整理してみる。

A　ご飯、味噌汁、魚料理などの和食の手作り料理が中心である。魚料理が一一回と多く、鮭を塩焼きのほか、から揚げにしている。漬け物も九回と多い。一週間のうち外食は大熊町に一時帰宅したときと来客があったときの三回であった。避難時まで農業をしていたので、今も仮設住宅の土手で色々な野菜（なす、きゅうり、トマト、ジャガ芋、にんにく、かぼちゃなど）を栽培し、食している。黒酢を飲んでいる。

鮭は大熊町にいたときは自宅でさばいていた。ハラスは浜通りではあら汁に入れて食べる。大熊町の自宅は海から九キロメートル、夫の妹宅は漁師で、魚はいつももらっており、買う必要はなかった。

会津に来て金山町まで山菜（ふき、こごみ、わらび）を採りに行った。春はふきのとう、秋はきのこ採りにも行った。大熊町では、ふきのとうは年に一回位しか食べない。今年はふきのとうの天ぷら、ふきのとう味噌を作った。裏磐梯に地竹（細い物）を採りに行った。皮ひきを持って行って山で皮をむき、持ち帰った。茹でて煮物に入れたり、塩漬けにして冬に食べたりする。大熊町でも昔、田植えの時、破竹（筍）に鰊を入れて煮物にした。鰊を食べるのはそのときぐらいだった。今から約四〇年前のことだ。田植えの食事には必ず鰹の刺身、赤飯、味噌汁が出た。ゼンマイの煮物もあった。朝、昼は田んぼでおこわのおにぎりを食べた。Aさんは、浜通りの魚料理をしながらも会津地方ならではの食材を取り入れて調理し、食文化に馴染んできていると思われる。

大熊町では「馬鈴薯のかんぷら漬け」も作っていたし、今も会津で作っている（材料はいも五キロ、塩二・

五キロ、砂糖三キロ、焼きみょうばん一袋、南蛮の輪切り一袋)。作り方は芋を茹でてつぶして、熱いうちに調味料と合わせる。これをぬか床にして、きゅうり等を入れて食べる。一週間食べられる。

B　主食はご飯、パン、麺とまちまちである。味噌汁は一週間で二回のみ、調理済み食品を買ってくる中食が一〇回、外食が一回であった。副菜のないときもあり、全体的に少食である。Bさんが欠席した代わりに夫が出席し語ってくれた。大熊町では野菜作りを少ししていたが、仮設住宅ではしていない。二か月前から息子と孫は、同じく会津若松市のZ仮設住宅に移住した。仮設住宅が狭いことと、孫の小学校に近いという理由で移った。孫がいたときは料理を手作りしていたが、今は夫婦だけなので、お弁当を買ってきて手軽に済ましている。手作りするより安い。

会津は魚の種類が少なく、食べたい魚がない(浜通りではカレイの種類も豊富、どんこ、めひかり、ホッキ貝等は余り会津ではみかけない)。大熊町の魚屋には必ず魚のすり身がある(いわし、さんま、あんこうのきも)。魚のすり身にはネギを刻んで入れ、味噌汁にしていた。また、小蟹をそのまま味噌汁に入れたり、殻ごとつぶしてざるでこし、身にニラやネギを入れて蟹汁にしていた。鰹は一尾買ってきて、自分でさばいて刺身にしていた。たたきは余りしない。骨はあら汁にしていた。鮭の白子は味噌汁に入れて食べていた。おいしい。会津若松市内のあるスーパーの魚は新鮮なものもあるが高価すぎる。今は、いわき市に行ったときに魚を買ってきて、料理している。会津のスーパーでは鰊が多く売られているのに驚いた。生の鰊は浜通りではなく、浜の人は食べない(会津の郷土料理に鰊の山椒漬けがある。身欠き鰊と庭で採れた山椒の葉を入れ、酢醬油で漬けた物。会津では生の鰊も焼いて食べる)。筍がスーパーで売られているのに驚いた。筍が高価だ。浜通りでは筍は屋敷に生えるものだ。

C　雑穀麦飯、味噌汁、魚料理、野菜料理などの手作り和食がほとんどであった。魚料理は鰹揚げのおろし生姜和えなどの五回、漬け物も五回であった。高齢ながら、会津地方でとれた高田梅や近所のさくらんぼ、自分で近所の土手から採ってきたふきのとうなどを活用しており、大熊町では作らなかった常備菜（ピーナッツ味噌、高田梅の梅干し、ふきのとうの佃煮、サクランボジャムなど）も工夫して作っていた。中食は二回のみであった。Aさんと同様、浜通りでは魚が豊富なので、焼き魚と刺身以外に、揚げ物にして食べることがあると感じた。ヨーグルト、牛乳は毎日食するように心がけているとのこと。

D

朝食はほとんど白飯、味噌汁、目玉焼きに生野菜であった。昼食はアルバイト先で持参したおにぎり等の軽食が三回、外食が三回であった。在宅の際はほとんど手作りで、魚料理は六回、肉料理は一〇回あった。夕食は娘夫婦宅に夫と行き、娘夫婦が共働きのため毎晩、夕食を手作りし、孫二人も一緒に六人で食事することが常である。孫たちの好みに合わせて、塩鱈のフライ、生姜焼き、シチューなどが並ぶ。脂肪分を抑えるため、低脂肪の牛乳を毎日飲用している。「昆布酢（酢に昆布を漬け込んだもの）」を常備し、だしとして使用するなど、手作りを心がけている。

果物については、会津に来てプルーン、プラムをよく食べている。浜通りには生のプルーンは少ない。生も干した物も食べる。他にも会津の果物はもも、りんごなど種類が豊富でおいしいとのこと。

なお、魚については、会津では魚が臭く、新鮮でないものが多いとのこと。大熊町には浪江の請戸港や相馬港、いわきの小名浜港などから新鮮な魚がたくさん入ってくる。魚は生で食べることが多いが、フライもよく作る。かき揚げはふのりだけでも作る。

最後に、会津の郷土料理であるが、鰊の山椒漬け、こづゆは食べたことはある。鰊の山椒漬けは好きではない。会津で食べる鰊は余りおいしいとは思わない。

E

夫が在宅しているときは、和食、不在の時はパン食であるが、どちらも手作りの副菜が添えられている。魚料理、肉料理ともに六回である。間食は三回と少ない。中食は五回、外食は三回と程ほどに多い。漬け物は一〇回と非常に多い。

会津の魚については、種類が少なく、新鮮でない。会津の刺身は新鮮ではないので、特別食べたいとは思わない。とはいえ、会津は大熊町よりスーパーが多く、食べ物の買い物には困らない。野菜がおいしい。

F　八日間で朝食は三回コーヒーのみ、昼食はカップラーメン四回、パン三回であり、手軽な食事となっている。夕食はご飯、味噌汁、漬け物などの和食であるが、主菜が三回ない。肉料理は九回、漬け物は一四回と非常に多い。二回目のヒヤリングができなかったので、少食の理由が不明である。

以上の食事内容に関連して「郷土食」について、まとめてみる。

大熊町では新鮮な魚を自分たちでさばき、食べていたことがうかがえる。魚料理が会津に住んでいても多く食卓に上っている。調理方法は煮る、焼く、揚げるが主でさしみもある。特にAさんの「鮭のから揚げ」、Cさんの「鰹揚げのおろし生姜かけ」、Dさんの「塩鱈のフライ」が特徴的である。会津地方では鮭は大晦日に塩鮭を焼いて白飯とともに食べ、歳をとるという風習があり、貴重な食べ物であった。生の鮭丸ごとは目にすることはなく、揚げ物にはしない。筆者は初任校は南相馬市であったので、大熊町近くの請戸川に行き、鮭一尾を購入したことがある。どうやって食べたらよいかと尋ねた時に味付けをして衣をつけ冷凍保存したらよいと聞いたのを覚えている。「揚げ物」は大量に魚を手にした時の保存食だったのではないかと思われた。福島民報社編集の『二一世紀に残すふくしまの味』によれば、浜通り（相双地区、いわき地区）の郷土食として、次のものが挙げられている。あいなめのたたき、さんまの刺身、さんまのぽうぽう焼き、かっこづき（柿のり）、金谷の焼きもち、いもがらの酢漬け、かにめし、かに汁、かにみそ、がにいびり、鮭のぢゃんぢゃん焼き、いくらご飯、鮭のさつまあげ、鮭の紅葉汁、ほっきご飯、のっぺ汁、あんこう鍋、どんこ汁、いかめしである。食事調査は八月であったため、季節的なこともあるが、今回この献立が食卓に上ったのは、Eさんの「さんまの刺身」だけであった。流通経路が発達し今でこそ会津盆地でも「さんまの刺身」が食べられるようになったが、魚の鮮度の問題から、会津の刺身は食べたくないという声も聞かれた。一方、「大熊町にいたときよく食べたもの」では、Dさんは「塩鱈のフライ、鰹のたたき、鰹のニンニク漬け、刺身類、あんこう鍋、焼きどんこ」や「イノハナ（きのこ）ご飯、山菜（ワラビ、ぜんまい、筍）」を挙げている。さんまの刺身やあんこうやどんこなどの魚介類を余りスーパーで見かけないので、会津では食べていないという。またEさんは夫婦とも会津地方の喜多方市の出身であり、大熊町に長年住んでいたが、「避難前にこれまでよく食べていたもの」として挙げたものは「鰊と筍の煮物、塩鯨と新じゃが芋の煮物、えご（海藻）、こづゆ、山菜料理（あさつき、こごみ、わらび）」である。いずれも会津の郷土食と言える。八〇代のAさん、Cさんは会津で採れる山菜などを生かしながら、郷土食を取り入れた手作り和食を食べている。Bさんの夫はいわき市に行った際に魚を購入し、会津で魚料理を食べているという。ただ、今回の一週間の献立の中には中食が多く、郷土食は見当たらなかった。Fさんも同様に手軽な食事が多く、郷土食は見られなかった。六〇代のDさん、Eさんは手作りの和食が中心であるが、朝食をはじめおかずとして洋食が取り入れられる回数が多く、郷土食は少ない。

このまま避難が長引けば、それぞれの土地で採れるもの、手に入るもので調理することになり、郷土食は衰退していくであろう。もっとも気候風土が似ているいわき市に多数避難者が戻っているので、全く伝承されないということはないと思われる。しかし、もともと六〇代より若い世代の人たちは日常的には洋食や中食を取り入れ、郷土食を調理したりは余りしていないと思われる。八〇代と六〇代では食生活が全く違うことに今回驚かされた。八〇代の二人は、中食がほとんどなく、会津の山菜や野菜に親しみ、自分で新しい料理に挑戦し工夫して食べていた。一方、仮設住宅に住んでいる六〇代の二人は、中食を取り入れた手軽な食事が多く、六〇代の借り上げ住宅の二人は家では栄養バランス考えた手作り和食と洋食であるが、外食が多い。八〇代の二人は大熊町では農業を営んでおり、仮設住宅の六〇代の二人は震災時有職者であったが、現在は無職、借り上げ住宅の二人はかつて勤務していたが、震災直前も今も専業主婦である。年代だけでなく職業による食生活の違いが考えられる。つまり、郷土食は若い世代のサラリーマン家庭でもともと衰退しつつあったが、今回の他地区への避難によりますます衰退に拍車がかかっていくと思われる。

(三) 飲料水の摂取方法

A　水道に浄水器をつけて飲んでいる。

B　薬を飲むため、震災前からペットボトルの水を飲んでいた。放射能を心配してペットボトルの水を飲んでいるわけではない。また、大熊町にいるときから浄水器をつけている。その水は味噌汁に使う。

C　仮設住宅の水道水を飲んでいる。近所では水を買って飲んでいる人もいるが、ここの水はおいしいので飲んでいる。大熊町にいるときは、五〇万円の機械を入れて、それ以来電子イオン水を飲んでいた。お風呂にもイオン水を利用、近所の人にもイオン水をあげていた。

D　ペットボトルの水を買ってきて飲んでいる。避難をして今までと違う環境の中で、会津の水がまずいわけでもないのに、自分自身が受け入れられないうちの一つである。

E　ペットボトルの水を飲んでいる。米を洗うときは水道水。米を炊いたり、味噌汁用にペットボトルの水を利用している。ペットボトルの水を利用している理由は古いアパートに避難して鉄さびのため、茶色の水が出るときがあったためと、会津の滝沢地区は猪苗代湖の水が水道水に使用されており、放射能が気になったためである。この六月から新築の家に引っ越したが、習慣でやめられず、ペットボトルの水を飲んでいる。

水道水を飲んでいるのは、そのまま飲むCさんと浄水器をつけて飲むAさんの二人である。どちらも八〇歳を超える高齢者であり、会津の水はおいしいと二人とも述べている。ただ、Cさんは原発事故前までは電子イオン水を飲んでいたが、仮設住宅ではそれが叶わない状態にある。Bさん、Dさん、Eさんはいずれもペットボトルの水を飲んでいる。いずれも会津若松市内の水道水からは放射能は検出されていないが、DさんとEさんは心理的に水道水を避けている。特にDさんは、自分の避難している状況を受け入れられないのと同じく、水も受け入れられない度合いが強い。Cさんは夫の話では避難前からペットボトルの水を飲んでおり、その継続であると思われる。

(四) 食事会

A　毎月五のつく日に、X仮設住宅の第二集会所でお茶会がある。町役場から自治会に費用が出る。二〇一一年の一〇月頃より始まったと記憶している。参加者は希望者。Aさんも最初は参加していたが、出るのが苦になり、今は参加していない。いつも決まった人が参加しており、一五人位だ。Bさんも余り参加していない。一五日には昼食が出る。仮設住宅の役員の女性達が昼食を作る（山菜料理など）、役員の女性達はお茶会のお菓子も作る。このお茶会、食事会はX仮設住宅全体なので、この仮設住宅に来て初めて会う人も多い（集まる人が少ないのもそれが一因かもしれないと思った）。

B　Aさんと同じ仮設住宅なので、Aさんと同じ。避難前の同じ地区の部落の人たちと、忘年会や新年会をやっている。お花見会はやろうとしたが、実現しなかった。手作り料理を持ち寄ってやる。

C　Y仮設住宅では花見、暑気払い、忘年会、新年会を実施、大熊町からお金が出る。町でむしろやってほしいというスタンスだ。その時の料理は大体買ってきている。たまに日曜日、足湯などのボランティアが来る。そういうときに食事会をする。手作りを持ち寄ったり、買ってきたりする。

D　一年以上前から会津若松市内に借りた空き家をサロンとし、「W自治会」と称して、借り上げ住宅の人たちが集まり、食事会を月二回実施。会員は約七〇名いるが、活動している人は約二〇人。大体女性だが、男性もいる。そば打ちなどを男性がする。献立はカレーにサラダ、夏場は冷やし中華などの麺が多い。鱈のフライやヒレカツなどに味噌汁やご飯などを添えることもある。献立はDさんが考え、三、四人でいつも作っている。献立作成、買い出し、調理と大変だが、集まって話しながら作ったり、一緒に食べたりすることが大切だと思い、継続している。一見、無駄に思われる時間が大切だ。参加者からこの食事会は大変喜ばれている。W自治会では、作って食べる交流会のほか、情報交換、研修旅行、勉強会などをしている。今年の八月には会津の檜枝岐村に行き、檜枝岐歌舞伎や自然を観賞してきた。またその他に、趣味の会（パッチワーク、油絵）で月二回ずつ外食、友人、知人と週二回外食している。パッチワークは一〇人位で自主活動をしている。油絵は五人位で自主活動をしている。さらに、週三回アルバイト先で会食をしている。大熊町の人が会津若松市中央通りで、会津木綿を使ったぬいぐるみなどを売る雑貨屋を開いており、そこでアルバイトとしてぬいぐるみの製作をしているとのこと。

E　Dさんと同様、月二回のW自治会に参加している。献立はすいとん、豚汁、肉の生姜焼き、天ぷら（かき揚げ、喜多方市のコシアブラ、かぼちゃ、さつまいも）などである。趣味の会もDさんと一緒である。パッチワークが月二回、油絵が月二回で、その際、漬け物、煮物などを持ち寄って食事会をしている。合計月に五、六回で、年間六〇回以上食事会をしている。

仮設住宅のAさん、Bさん、Cさんは大熊町でも同じ地区だった人と食事会をしている。地区主催のものが多く、大熊町から費用が出されている。また、ボランティアが来る日に合わせて実施していることもある。高齢者のAさん、Cさんは高齢で自分では車を運転できないこともあり、会津若松市内の市街地で食事会や外食をすることが非常に少ない。その分、自治会や生協などが主催する食事会に積極的に参加し、心の交流をしていると思われる。ただ、そういった二人でも、近所の人や若い人に気兼ねするなど、周囲に順応するべく控えめに行動している。Bさんは夫も六〇代であり、日帰り温泉や外食等に夫と自家用車でよく出かけている。一方、借り上げ住宅のDさん、Eさんは会食会が非常に多い。情報交換とストレス発散、心の安心感を求めて「W自治会」に積極的に関わっている。DさんはW自治会の運営者であり、Eさんは仲のよい友人である。

Dさんの夫は元公務員、Eさんの夫は現在福島市に平日だけ単身赴任中で、Dさん、Eさんともに現在専業主婦であるが、経済的に安定している方である。また、大熊町にいるときから交友関係が広かったと思われ、食事会が多いのではないかと推察される。仮設住宅に現在も住んでいる方は、高齢者や元農業、漁業や工事従業者や無職の人が多く高齢年金等で暮らしているため、余り出費しないと思われる。DさんとEさんは仮設住宅には最初から入っておらず、仮設住宅の人は余りお金を使いたがらないから、外食には余り行かないだろうと発言している。大熊町にいるときから、ライフスタイルや価値観が違っていたと思われる。

借り上げ住宅に住む方によれば、仮設住宅の人は貰い馴れているという。借り上げ住宅には支援物資がほとんど届かなかったが、仮設住宅にはたくさん届いた。イベントも多い。Dさん、Eさんともに仮設住宅の人とは余り交流がないとのこと。仮設住宅の人々もさまざまであり、お金を使わず、与えてくれる物資やサービスを享受しているという人もいるであろう。ただ、仮設住宅には高齢者が多く、自立したくても経済的に困難であろうことも察せられる。また、高齢者は戦争を体験し、貧しさの中から苦労して這い上がってきた人たちも多く、節約が身についているということもあるだろう。

ちなみに、会津の農村の高齢者たちは、かすかな高齢年金と農業の収入でやっと生計を立てている。高齢化が進み、子どもたちが勤務しているため、足腰が痛くても農地に出て働いている。農業は天候に左右され、現金収入が少ないため、外出したくても外出できない。一方、自分の土地から避難させられ、老齢年金と東京電力からの慰謝料で暮らす人たちは、差しあたっては現金が手元にある。時間があり、前向きに進もうとする人たちは、積極的に小旅行や外食、趣味の会に出かけている。避難されている人たちの中には、近所の農家でアルバイトをしている人もいる。避難者が住んでいる地域では、農業やボランティアなどにもっと参加して、その地域の人を助け、その土地に馴染んでほしいという意見も少なからず聞こえてくる。

（五）料理講習会

A　Bさんと同じ

Bさんの夫　X仮設住宅としては実施していない。会津若松市で実施される料理講習会などの回覧は回ってくるが、参加している人は少ないと思う。

C　ある食品会社がボランティアで来たときのみである。Cさんは料理が上手なので、講習会を開いたらどうかと筆者が提案したところ、年寄りが出しゃばると仮設住宅に住んでいる若い人たちがいやがるのでやるつもりはないと言った。

D　行政の主催で料理教室を実施している。「作って食べて、しゃべろう会」を二か月に一回実施、一人三〇〇円徴収で、仮設住宅と借り上げ住宅合同で、一六人位参加している。クッキーやケーキ作りの時は一〇人位参加した。男性対象のシルバークッキングには五、六人参加した。最初の一年間位は、会津若松市内の和食屋やレストラン、ケーキ屋さんなどのお店の方を講師として招いていた。会津の郷土食のこづゆや鰊の山椒漬けなども教えてもらった。現在は会津若松市にかつて勤務していた栄養士が講師となる場合が多い（大熊町の栄養士が退職したため、会津若松市に依頼）。

E　料理講習会には参加していない。

仮設住宅では料理講習会は少ない。むしろ借り上げ住宅の方が行政主導で定期的に行われている。しかし、参加者はそう多くはない。交流の場、生活の自立、健康の維持、双葉地区の郷土食の伝承などの観点からもう少し料理講習会が必要ではないかと思われる。

(六) 年中行事

A　元の集落の人たちと忘年会や新年会を行っている。大熊町主催の夏祭りもある。

B　Aさんと同じ

C　元の集落の人たちと花見、忘年会、新年会を実施している。Y仮設住宅はもともと小規模であるが、移転者が多く、現在、一〇数人しか住んでいない。そのため、大変まとまりがよいとのこと。仮設住宅の集会所にはボランテイアが来る。足湯、接骨の先生の健康体操、ヨガ、東京から床屋さんの散髪サービス、食品会社の料理教室などである。足湯や健康体操は継続されている。

D　W自治会を月二回実施している。仮設住宅で実施された大熊町の夏祭りには行った。なみえ焼きそばなどの出店が多数あった。しかし、集まる人が少ない。仮設住宅には高齢者が多く、周囲と関わりをもたない人もいる。一〇月には、仮設住宅で「ふるさと祭り」をしている。参加者も少ないので、その費用をもっと他のことに使用したらよいのではないか。

E　W自治会に参加している。大熊町として仮設住宅で夏祭りなどをしているが、参加していない。

四　食生活上の諸課題

それでは、以上のような食生活をめぐって、どのようなことが課題となっているのであろうか。以下、（一）食生活で困っていること、（二）食事で気を遣っていること、（三）健康状態、（四）通院をめぐって、（五）運動の順に検討してみよう。

（一）食生活で困っていること

A　X仮設住宅は市街地から離れており、店が遠いので、買い物がしにくい。行商の人がたまに来る。生活協同組合が毎週金曜日に食料品や日用品を配達してくれるので利用している。そのとき不在だと次の注文ができなくて困ることもある。米や食材は、隣のBさんの夫の車に乗せてもらい、市街地のスーパーまで買いに行くこともある。あらかじめ献立を選択し、材料宅配業者に運んでもらっている人もいる。

B　会津の魚は種類が少なく新鮮でないこと。仮設住宅で高齢者の一人暮らしの人で、バスにも乗りにくい人はどのように買い物をしたらよいか。仮設住宅内の仮店舗は品数が少なく、値段が高い。

C　特にない。夫の車で五分のところに、コンビニと地元の商店がある。また、行商や農協、生協なども定期的に来る。隣に息子夫婦も住んでいるため、買い物には困らない。夫と会津坂下町のスーパーにたまに行く。
D　会津の魚は新鮮でなく、新鮮なものは高価である。
E　特にない。

（二）食事で気を遣っていること

A　塩分を少なめにしている。肉親が胃がん等で亡くなった。そのため塩分に気を遣っている。野菜を多く摂って、肉類を少なめにしている。魚は食べる。避難前まで農業を中心となってやってきたので、仮設住宅でも空き地で野菜を作っている。
B　夫によれば、妻は太り気味なのでカロリー計算をしてご飯を少なめにしている。震災前より数キロ太った。仮設住宅で運動不足のためかと聞いたところ、夫によれば体質もあるとのこと。油脂も控えている。
C　おいしくなるよう調味料を色々用いている。しょっぱくなくしている。だしの素も使用するし、鰹節からだしをとることもある。たくさんの野菜の他、できるだけ牛乳、卵、ヨーグルトは毎日摂るようにしている。震災前は息子夫婦と同居していたので、朝食や夕食は息子の妻が調理し、昼食のみ調理していたが、仮設住宅では息子夫婦が隣に住んでいるので、夫と自分の分はCさんが全て調理している。夫が外食を好まないので、Cさんの負担が増している。
D　孫は少し体重が多いので、孫に食べさせるものに気を遣う。夫（七〇代前半）、娘夫婦（どちらも三〇代後半）、孫（五歳と六歳）の三世代なので、食べ物の嗜好が違い、献立を考えるのが大変である。会津地方には魚があまりなく、高価なことも気を遣う。

Ｅ　野菜を食べること。タンパク質などバランス良く食べるようにしている。身体は食べ物で出来ており、食事の内容、量、バランスなどは大切だと思っているので、努力している。

水は放射能を気遣って飲用していない人も、会津の野菜や果物は気にせず食べている。むしろ、食材の産地よりも自分や家族の健康を気遣って栄養バランスについて語る人が多かった。

（三）健康状態

Ａ　震災前は六〇キロちょっとだったが、二〇一四（平成二六）年の夏まで六三キロあった。会津に避難し運動不足のためと思われる。身体が重くて足が痛かったので、痩せるようにした。余り間食をしないようにし、夕食後は絶対食べないようにしている。毎晩体重計で測っている。血圧は毎朝と夜一〇時頃に測っており正常である。血圧は大熊町にいたときは時々測っていたが、会津に計測器を持ってきていなかったので、これまで測ることが出来なかった。今夏、購入した。今は農業をしていないため時間があり、朝晩測ることができている。血糖値は大熊町の医師が仮設住宅に来たとき看てもらったが、大丈夫だとのこと。痩せた今も膝が痛い。会津若松市内の整形クリニックに月一回通院し、薬をもらってくる。足と腰に注射し四日間位は調子がいいが、また痛くなる。左足の膝が痛い。正座できない。杖はつかないで歩いている。若い頃従軍看護婦を希望し、Ｖ大学看護学部の前身の看護学校の三九回生だった。一年間勉強したが、父や兄が徴兵され、農業の働き手がいなくなったので田をやるために仙台市から戻ってきたとのこと。帰省してからは、看護の知識があるので、家庭内の看護をよくやった。実家（双葉町）の親の看病もした。

B　夫によると、震災前より今の方が悪い、足腰が弱ってきているとのこと。急ぎ足が出来ず、つまずく。震災前に軽い脳血管障害を患っていた。現在は会津若松市内の医院に通院し、薬をもらってきている。ストレスも原因だ。ストレスが溜まりやすい。ストレス解消のため、いわき市に二〜三泊位で月一〜二回高速バスに乗って行く。いわき市出身で四〇年間いわき市在住だったので、いわき市に友達が多い。いわき市に行くときは潑剌としているが、会津に帰ってくると元気がない。夫の出身地の大熊町に家を新築したのは、震災の六年前だった。

C　一〇年前、脳血管障害を患っている。Cさん夫婦は通常は居住区内団地にある一キロ圏内の病院に通院しているが、紹介されて会津若松市街地の一〇キロ圏内の医院に行ったところ、脳血管障害は問題ないと言われた。たまに一〇キロ圏内の眼科にも行く。大熊町にいたとき、骨格の病気を患い、足を引っ張る治療を一年実施、今では痛くない。膝は少し悪い。Cさんは、脳血管障害などの薬も飲んでいる。会津に来てから疲れやすい、だるい。一キロ圏内の医院で注射している。二〜三日すると調子がよくなる。大熊町にいるときも点滴はしていた。夫は足がむくんで一キロ圏内の医院に通っているが、治療も余りなく治っていない。たまにベッドに横になっている。

D　避難で精神状態が不安定となった。ご飯を食べても砂をかんでいるように思うなどの味覚障害を伴った。電車のホームから、高いベランダから飛び降りたくなる衝動に駆られることもあった。近所の会津若松市の総合病院に通院し、快復に向かっている。負けてたまるかと思い、自分の病気を周囲に公表、積極的に外出し、「W自治会」を立ち上げたり、スポーツしたり、旅行に行ったりしている。ただ、心中は「住むところがない、帰れない、戻れない」、賠償等で悩みがつきない。震災後、体重が減少したが、現在は戻った。

E　震災後、夫の実家（喜多方市）に四か月避難した。夫は仕事でいわき市に行き留守がちであったので、義母と二人で過ごしていた。山間の町で近くに店も少なく、動く機会も少なかったので生活のストレスのため数キロ痩せた。食べたい気分ではなかった。義母は食事はお腹をいっぱいにすればいいという考えで、「あるものでいいよ」という。魚や肉はたまにしか食べない。四か月後、夫と会津若松市内の借り上げ住宅に転居した。義母は八〇代後半、高血圧症などを患っている。膝も痛い。喜多方市は雪が深いので毎年冬期の四か月間大熊町の自宅に来ていた。今も冬期間は会津若松市に来て同居している。現在、震災前より体重が増加した。血圧、血糖値は安定している。二年前、会津で雪のため転倒、今も近所の会津若松市内の総合病院にリハビリで通院している。

Bさん、Cさんは震災前から脳血管障害等の病気を患っており、現在も治療を継続している。高齢なAさん、Cさんは足や腰の痛みが震災後増しており、通院を継続している。六〇代のBさん、Dさんは震災後精神的に不安定となり、Dさんは通院している。Bさんはいわき市出身、Dさんは大熊町出身であり、会津出身のEさんより、より故郷の喪失感が強いのではないか。また、Eさんは生活のストレスからいったん痩せた。八〇代後半のAさんは膝の痛みを抱えながら仮設住宅で一人暮らしをしている。避難前からの病状、高齢化に加え、避難後、女性たちに生活維持のための負担が重くのしかかったように思われる。男性には詳細には聴き取りをしていないので不明である。

(四) 通院をめぐって

A　月一回　会津若松市街地の病院へ通院、診療代は無料だが、タクシーを利用するので往復四〇〇〇円かかる。割引があり、タクシー会社のカードをもらっているが高い。買い物には隣の人（Bさん）の車に乗せてもらっていく。または大熊町のバスやX仮設住宅の車がある。

B　夫の車で行く。

C　車は夫、息子夫婦がそれぞれ所有し三台ある。夫の車で通院する。

D　一キロ圏内に総合病院があるので、自転車でも行ける。夫も車を所有している。

E　一キロ圏内に総合病院があるので、自転車でも行ける。自分で運転もする。

(五) 運動

A　特に運動はしていない。散歩もしない。震災前は息子夫婦が勤めていたので、自分が米や野菜作りをしてきた。今夏、仮設住宅の知人に誘われて、車に乗せられ檜枝岐村に行ってきた。下郷町の道の駅、昭和村、川口駅などを一日かけて巡ってきた。九月は、キノコ採りに行くとのこと。会津に来て年三〜四回キノコ採り、山菜、たけのこ採りに年一〇回以上連れられて行っている。日頃から料理のお裾分けをするなどしており、近所の人から慕われていると察せられる。

B　夫によれば、特別運動はしていない。散歩は毎日一回三〇分程度。震災前は医療現場で勤務していたので、活動量が多かったが、今は減ってしまった。

C　畑仕事とか何もしていないから、疲れやすいのではないかとCさんが言う。草むしりを時々している。散歩は二日に一回二〇分位近所を歩いている。手をふると歩きやすい。杖はつかない。道路の白線上をまっすぐに歩く、横向きに歩くなど、脳血管障害で通院していたときのリハビリを人のいないときにやっている。左右の手の指を少しずつずらして折り曲げる指の運動もしている。小物作りが得意で、千代紙や布などを用いて、暇があれば製作している。羽織を縫ったり、編み物もしたりする。大熊町では、夫も息子夫婦も勤務していたので、Cさんが農業を一手に引き受けていた。現在は植木鉢で家庭菜園をしている。

D　毎週、卓球をしている。グラウンドゴルフは月二回、パークゴルフは試合があるときに練習を含めて、夏場月三回している。なるべく歩くように気をつけている。幅広く大熊町の人と交流を図っており、食事会、外食、趣味の会のほか、大熊町の人がオーナーを務める店でアルバイトをしている。

E　震災前は、庭の手入れ（ガーデニング）や畑で野菜の栽培等をしていたので、特別運動をしていなくても活動量は多かった。しかし、この三年間は何もしていなかった。二〇一四年六月に会津若松市に家を新築したので、これからはガーデニングを始めたい。

五　住まいをめぐる状況

いうまでもなく、食生活は一定の生活環境の下で繰り広げられる。ここでは、さしあたり住まいに焦点を据えて生活環境のありようを一瞥する。

(二) 仮設住宅に必要な店舗等の諸施設

A　特に発言はなかった。

B　仮設住宅の人のなかには、外食したり、出前をとったりする人もいる。たまにはおいしいものを食べようと結構出かけている人を見かける。Aさんは、車がないので余り外食していない。Bさんの夫曰く、仮設住宅の中に食堂（麺や丼物）があったら歓迎する（仮設住宅内には大熊町の商工会の仮店舗が一軒あり、日用品や食料品などを売っている。また、テレビ、トイレ、飲食スペースがあり、小学生などがアイスを食べたりしている）。

C　グラウンドゴルフが出来るところがあったら利用したい。大熊町にいるときは夫婦でやっていたが、避難後は一回もやっていない。一緒に活動していた人たちとは離れてしまった。大熊町の他地区の人たちがグラウンドゴルフを会津若松市でもやっていることは聞いて知っている。しかし、高齢なため会津若松市街地まで車を運転できず、参加していない。食べ物については、生協や農協が売りに来たり、近くに商店があるのでさほど困らない。近所にレストランやラーメン屋さんもある。

D　X仮設住宅内の仮店舗にはほとんど行ったことがない。日用雑貨にさしみまで何でも売っているらしいが、定価で売っており、高価だ。大熊町の震災当時の商工会が中心となっている。そば、うどん、カツ丼、ラーメンなど何でもやっている食堂ができても利用しないと思う。今後災害があり、仮設住宅内に店舗を作るとしたら、コンビニがよい。値段も手頃で買いやすい。コンビニでもお茶やコーヒーが飲める広いスペースが併設されているコンビニがよい。そこで情報交換、交流会ができればいい。

E　仮設住宅内に洋服店、食堂が開業しても行かないと思う。高齢者相手で洋服、食堂ともおしゃれなものでないと思うから。X仮設住宅には知人がおらず、よくわからない。Dさんの話を聴き、コンビニがすぐ出来ていたら良かったかもしれないと賛同した。

ちなみに、Bさんによれば、X仮設住宅には入居時の頃は三〇〇人を超えて住んでいたが、現在は一四〇人位しか住んでいないとのこと。Dさんによれば、会津若松駅近くのU仮設住宅は便利（魚が新鮮なスーパーや温泉施設がある）なので、そちらの仮設住宅への入居希望者は多く、大熊町としてもそちらの仮設住宅に大熊町民を集約したいと考えているとのこと。Cさんによれば、高台にある仮設住宅には大熊町の高齢者施設があるので、要介護の高齢者がいる家族が入れられたとのこと。また、小学校も団地内にあるので子どもたちがいる家族が入居させられたとのこと。一方、Cさんが住んでいる郊外のY仮設住宅には、自立して生活できる中高年者が入れられたとのこと。もちろん、それでも阪神・淡路大震災の反省のもとに、同じ集落のできるだけ同じ地区単位で入っている。

なお、Cさんによれば、Y仮設住宅から会津若松市内のデイサービスに二人サービスを受けに行っている。大熊町で運営している仮設住宅内の施設はいっぱいで通えない。そこで、大熊町から紹介された施設に行っている。その施設では大熊町の人たちに会って、お話ができてよいとのこと。

(二) 今後の住まい

A　二〇一五年三月、郡山市の災害公営住宅に移る予定。抽選に当たったと喜んでいた。郡山市にいる息子夫婦たちと合流する。一方で一人の方が気楽、自由に起きたり食べたりできるからと言った。その公営住宅は大熊町の人ばかりだが、知らない人も多い。エレベーターもついている。3DKで、収入によって家賃が違う。

B　愛犬と住みたいが、一次募集は犬が一緒に住めない公営住宅だったので応募していない。いずれはいわき市の公営住宅を申し込みたい。

C　今住んでいるY仮設住宅は、二〇一五年三月で廃止になる予定だが、延長されるかどうかはわからない。息子がいわき市に土地を購入したので、二〇一五年六月からいわき市の新築の家に同居する予定。会津の人はいいので、元気なうち数年は夫婦で過ごしたいと言ったが、息子がいわき市に連れて行くという。Cさんは同居すると気兼ねをするらしい。

D　やっと大熊町の家のローンが終わったと喜んでいた。現在は、会津若松市で二階のメゾンタイプのアパートに住んでいる。会津若松市年貢町の公営住宅に入りたいが、四階しか空いていないと言われた。精神的に不安定なため、四階だと飛び降りそうで怖いので、一戸建ての公営住宅を希望している。医師に相談したところ、とにかく高層住宅でも申し込んで早く公営住宅で生活を安定させた方がいいと言われたという。

E　会津若松市の2DKの借り上げ住宅に住んでいた。古くて狭かった。二〇一四年六月に会津若松市に家を新築し移住した。前はまな板を置くスペースもなかったが、今は使いやすい。このお盆には、家を新築したおかげで、震災後初めて孫が会津若松市に泊まりに来てくれたと感慨と複雑な表情を見せていた。それまでは息子だけが会津に来ていた。

むすびにかえて

避難者の食生活を取り巻く状況を振り返ってみると、最も問題が多かったのは、第一次避難所（体育館）での食事であった。皆、冷たいおにぎりや少ない食料について不満を口にしていた。行政側の臨機応変な対応が求められる。たとえば、炊き出しは法律上の制限があるかもしれないが、いま目前の人を救うにはどうしたら良いのかを瞬時に判断でき、決断できる力が必要である。

買い物には、自家用車が家にある人がほとんどで、高齢者の一人暮らしのAさんしか困ってはいなかった。そのAさんも震災前から同じ地区に住んでいた隣のBさんたちに乗せられて買い物を済ませていた。ほかに農協や生協などの宅配サービスも利用していたので、困窮度もさほど高くなかった。むしろ、病院通いはBさんと同じ病院というわけでもなく、ずっと付き添うこともできないので、Aさんは高額なタクシー代を毎回支払って通院しており、経済的に大きな負担となっていた。

仮設住宅及び借り上げ住宅に移住してからの食事の問題点は、会津には新鮮な魚介類が少なく、食べられないということを挙げている人が多かった。一方で、会津の野菜や果物はおいしいと語っている。会津の農産物や山菜に親しみ、食事に取り入れているが、会津の郷土料理である「鰊の山椒漬け」には馴染めないでいることがうかがえた。新鮮な魚介類が手に入らないため、今後、長期間会津に滞在するとしたら、若い世代の人は魚料理のバリエーションが減少したり、大熊町の郷土料理が途絶えたりすることも考えられる。六〇代の人にはすでに魚料理が取り入れられている回数が少なく、その傾向が現れている。「大熊町や出身地でよく食べたもの」を見ると、避難前から郷土食を年中行事等で食べるという風習は減りつつあったわけだが、海から遠い会津盆地に住んで、ますます大熊町の郷土食の伝承が困難となるであろう。

また、会津の水は安全でおいしいとわかってはいても、水道水をそのまま飲んでいるのは一人だけであった。避難前からペットボトルの水を飲用している人も一人いたが、精神的に水道水を受け付けない、ペットボトルの水が習慣になっているという人が二人いた。もともと会津にいた周囲の人たちは放射線に対する不安が薄く、水道水を飲んでいる人が多い。大熊町の人たちはあの爆発後の恐怖をより強く感じたからこそ、その呪縛から逃れることができないのではないか。

健康に関しては、仮設住宅の方が、運動不足から肥満傾向になり、それぞれダイエットに励んでいた。また、新しい環境でのストレスや先行きが見えないストレスなどから、六〇代の三人が精神的に追い詰められていた。また、うち二人は今も強いストレスのため、不適応の症状を示している。また、避難前から脳血管障害などの病にかかっていた人も、会津若松市の病院に通院しながら、病状の悪化を食い止めていた。大熊町より会津若松市の方が病院施設や医療従事者が多く充実しているという声も聞かれた。食事と生活習慣病は密接に関わっているが、「漬け物」や加工食品の多用が見られ、塩分の摂りすぎを改善するための方策が必要であると感じた。

さらに、大熊町では広い住宅で三世代同居の拡大家族で住んでいた人たちが、いったん家族一緒に避難したものの、さまざまな理由で別居していた。仮設住宅や借り上げ住宅が狭い、子どもの通学に不便、親の通勤先が遠いなどが主な理由であるが、背景には気兼ねをするよりは離れたいという気持ちが流れており、大熊町を離れたことにより、より表出してきたといえる。八〇代の二人も身体が動くうちは自分（たち）で過ごしたいという気持ちも吐露している。都市部と違って農漁村は、一般的に三世代同居が多いが、避難を契機に福島市、郡山市などの都市部に住むようになり、生活も価値観も都市化してきたのではないか。今回の対象者に限らず、義母が関東地区の娘夫婦に引き取られたり、義母は施設や仮設住宅住まいで、若夫婦だけが新居に移住するといった話を聞く。土地付きの大きな住宅や協力が必要な農業、漁業という条件や縛りがあるうちは同居していた人たちも、同居よりも別居の気軽さを選択しているのかもしれない。しかし、今後災害公営住宅や新築の家に移住する家族も増加し、再び同居しようとする家族も出てきており、推移を見守る必要がある。

最後に高齢者が慣れない土地で自立し、感謝の心をもって必死に生きていることの表れとして、次のことを紹介したい。Aさんは百円ショップで材料を仕入れて、大小さまざまなフクロウのぬいぐるみを手作りし、話を聴きに来た人たちにプレゼントしている。これまで数百個製作し、小学生をはじめとして多くの人にプレゼントしているとのこと。また、Cさんも千代紙や貝殻、レース等で手作りした小物や手作りのジャムや佃煮など、避難生活の中で、時間を費やすために作った品物の数々をプレゼントしてくれる。これらはいつまでもAさん、Cさんと原発事故を思い出す貴重なものとなるだろうと思っている。

参考文献

福島民報社事業局出版部編、一九九九、『二一世紀に残すふくしまの味』福島民報社
日本家庭科教育学会東北地区会編、二〇一四、『東日本大震災と家庭科』ドメス出版
岩波映像株式会社編DVD、二〇一四、『災害時の食支援——東日本大震災からの学び』岩波映像

表 1-1　食事調査　　Aさん

月／日 曜日	朝　食	昼　食	夕　食	間　食
8/11 月	・白飯 ・鮭のから揚げ（衣は何もつけない、手作り） ・野菜の油炒め ・なす漬け	・パン ・トマト ・枝豆 ・ヨーグルト	・白飯 ・なすとわかめの味噌汁 ・ポテトサラダ ・きゅうり漬け	・桃 ・バナナ ・ヨーグルト
8/12 火	・白飯 ・ホッケの焼き物 ・漬け物	・パン ・バナナ ・ヨーグルト	・白飯 ・味噌汁 ・なすとキャベツの炒め物	・桃 ・スイカ
8/13 水	・白飯 ・鮭の塩焼き ・昆布の佃煮	・一時帰宅で外食 いわき市の娘宅でカレーライス	・白飯 ・さしみ ・茶碗蒸し ・漬け物、たくわん	・桃 ・ナシ
8/14 木	・マイタケご飯 ・豆腐、卵、ニラの味噌汁 ・きゅうりの漬け物	・白飯 ・鮭のから揚げ（手作り）	・白飯 ・煮魚 ・漬け物 ・野菜サラダ	・桃 ・ナシ
8/15 金	・白飯 ・鮭の塩焼き ・納豆（ネギ付き）	・来客あり 回転寿司（外食）	・白飯 ・馬鈴薯とネギの味噌汁 ・冷や奴 ・なすの油炒め	・枝豆 ・せんべい
8/16 土	・白飯 ・わかめとニラの味噌汁 ・鮭の油揚げ（手作り） ・白菜の漬け物（手作り）	・白飯 ・煮物（里芋、人参、さつまあげ、こんにゃく、しいたけ、いんげん） ・きゅうり漬け	・白飯 ・天ぷら（なす、かぼちゃ、さつまいも、アスパラガス、サヤマメ、手作り） ・納豆	・羊羹 ・紅葉まんじゅう ・スイカ
8/17 日	・白飯 ・鮭の油揚げ（手作り） ・漬け物	・来客あり外食 天ぷら（さつまいも、かぼちゃ） ・ヨーグルト	・白飯 ・肉と野菜の油炒め ・赤魚の煮付け	・桃 ・ミカン

表 1-2　食事調査　　Bさん

月／日 曜日	朝　食	昼　食	夕　食	間　食
8/11 月	・白飯 ・筋子（少々） ・なすの漬け物（3切れ） ・もずく	・味噌ラーメン（外食） ・お茶	・エビサラダ ・生野菜（トマト、レタス） ・もずく	・もも
8/12 火	・冷やしうどん（小） ・きゅうり漬け（市販品または近所の人からお裾分け）	・冷やし中華（小） ・冷茶	・おにぎり 1 個 ・菜花の辛子和え	・せんべい 2 枚
8/13 水	・パン ・豆乳（バナナ）	・坦々ごまだれ冷やし中華 ・冷や奴	・寿司（市販品）	・スイカ 5cm 1 切れ

8/14 木	・パン小２個 ・生ジュース	・ヒレとんかつ３枚（市販品） ・生野菜（キャベツ）	記録なし	
8/15 金	・ご飯（小） ・ウインナー２本 ・梅干し ・納豆	・ハンバーグ（市販品） ・レモンティー（アイス）	・鮭弁当（市販品）	
8/16 土	・おにぎり１個 ・エノキダケと油揚げの味噌汁	・ヒレとんかつ（市販品） ・味噌汁 ・生野菜	・ザルそば	・プリンアラモード ・アイスコーヒー
8/17 日	・リンゴジュースコップ１杯	・ハム野菜サンドイッチ ・アイスココア	・冷やしうどん（小） ・トマト	・小豆アイス１本

表 1-3　食事調査　　Cさん

月／日 曜日	朝　食	昼　食	夕　食	間　食
8/11 月	・雑穀麦ご飯（白米に市販の雑穀を混ぜて炊く） ・じゃがいもと大根の味噌汁 ・茹でタケノコの削り節かけ ・奈良漬け ・ピーナッツ味噌（手作り、ピーナッツをミキサーで砕き、砂糖、味噌で合えた） ・やきのり	・そうめん（青しそ千切りのせ） 青しそは植木鉢で栽培 ・朝食のおかずの残り	・雑穀麦ご飯 ・ウナギ（市販品） ・大根、人参をすり入れた酢の物	以下のものを毎日食べている。 ・ヨーグルト一個 ・牛乳コップ一杯 ・ヤクルト一本（ヤクルトは週一回配達）
8/5 火	記録なし			
8/6 水	・雑穀麦ご飯 ・さんど豆とジャガ芋の味噌汁 ・きゅうりとまめ麩の酢の物 ・梅干し（高田梅を買ってきて漬けた。梅に塩→塩抜き→しそ、砂糖、35度の焼酎） ・やきのり	・雑穀麦ご飯 ・人参、キャベツ、玉葱の薄切りの青じそドレッシングかけ ・赤魚の粕漬け焼き	・冷やしうどん（青しそ千切りのせ） ・朝食のおかずの残り	
8/7 木	・雑穀麦ご飯 ・なめこと豆腐の味噌汁 ・ハムエッグ（孫に習った） ・ピーナッツ味噌（手作り）	・冷やし中華（きゅうり、卵、ハム、刻みのり）	・雑穀麦ご飯 ・さしみ（市販品） ・ふきのとうの佃煮（春、近所の土手で採り、作った） ・トマトの湯むきスライスに酢をかけた物（酢は「手間いらず」という市販の味付け酢） ・なす焼きの生姜汁かけ	

8/8 金	記録なし			
8/9 土	・雑穀麦ご飯 ・とろろに卵を入れた物 ・鮭の塩焼き ・きゅうりの漬け物（手作り）	・カレーライス ・カボチャの煮物（砂糖、醤油、酒） ・なすの漬け物（手作り）	・カレーうどん ・こんにゃくさしみ ・ほうれん草のお浸し	
8/10 日	・雑穀麦ご飯 ・小松菜とまめ麩の味噌汁 ・ふきのとう味噌（手作り） ・トマトの酢の一夜漬け	・雑穀麦ご飯 ・にらの卵とじ ・朝食のおかずの残り	・雑穀麦ご飯 ・鰹揚げのおろし生姜かけ（砂糖、醤油） ・きゅうりの漬け物（手作り） ・人参とゴボウのきんぴら	

表1-4　食事調査　　Dさん

月／日 曜日	朝　食	昼　食	夕　食	間　食
8/8 月	・白飯 ・じゃがいもと小松菜の味噌汁 ・目玉焼き、ハム、キャベツ、トマト	(アルバイトのため持参) ・おにぎり（梅干しはもらった物） ・こぼうの漬け物 ・コーヒー	・カレイの煮付け ・レンコンの油炒め ・生野菜（キャベツ、きゅうり、さやいんげん、トマト） ・きゅうり漬け（手作り）	・ヨーグルト ・もも ・プルーン ・低脂肪牛乳一杯
8/9 火	・白飯 ・じゃがいもと白菜の味噌汁 ・納豆 ・目玉焼き、キャベツ、トマト	(アルバイトのため持参) ・おにぎり（梅干しはもらった物） ・きゅうり、なす ・コーヒー	・生姜焼き、キャベツ、グリーンアスパラガス、トマト、ハム ・ひじきの煮物（ひじき、人参、油揚げ、糸こん、鶏肉） ・豆腐	・ヨーグルト ・りんご ・プルーン ・低脂肪牛乳一杯
8/10 水	・白飯 ・じゃがいもとねぎの味噌汁 ・目玉焼き、ハム、キャベツ、トマト、グリーンアスパラガス	・サンドイッチ ・サラダ ・コーヒー	・鮭の焼き物 ・煮物（鶏肉、じゃがいも、人参、大根、ちくわ、こんぶ、凍み豆腐、しいたけ） ・サラダ（キャベツ、さやいんげん、トマト） ・きゅうり漬け	・ヨーグルト ・りんご ・なし ・低脂肪牛乳一杯
8/11 木	・白飯 ・じゃがいもとさやいんげんの味噌汁 ・目玉焼き、ハム、キャベツ	(アルバイトのため持参) ・おにぎり（梅干しはもらった物） ・きゅうり漬け	・ビーフシチュー（牛肉、じゃがいも、人参、玉葱） ・金山かぼちゃの煮物 ・サラダ（キャベツ、トマト、わかめ）	・ヨーグルト ・りんご ・低脂肪牛乳一杯
8/12 金	・白飯 ・じゃがいもと玉葱の味噌汁 ・目玉焼き、キャベツ、トマト	(外食) ・豆カレー ・サラダ ・杏仁豆腐 ・コーヒー	・塩鱈のフライ、キャベツ、グリーンアスパラガス、トマト ・麻婆なす（なす、挽き肉、人参、ねぎ、こんにゃく）	・ヨーグルト ・もも ・プルーン ・低脂肪牛乳一杯

8/13 土	・白飯 ・じゃがいもとわかめの味噌汁 ・納豆 ・目玉焼き、ハム、キャベツ、トマト	(大熊町議会傍聴後に外食) ・ラーメン ・コーヒー	・寿司（市販品） ・サラダ（キャベツ、トマト、グリーンアスパラガス、豆腐） ・天ぷら（かぼちゃ、なす、さやいんげん、いか、きす）	・ヨーグルト ・りんご ・もも ・低脂肪牛乳一杯
8/7 日	(Eさんたちと檜枝岐へ旅行中、旅館の朝食) ・白飯 ・なめこと豆腐の味噌汁 ・岩魚の甘露煮 ・温泉卵 ・納豆 ・梅干し ・日本茶、コーヒー	(Eさんたちと檜枝岐へ旅行中、外食) ・そば ・もち（じゅうねん味噌、ニンニク味噌）	夕方帰宅 記録なし	記録なし

表1-5　食事調査　Eさん

月／日 曜日	朝　食	昼　食	夕　食	間　食
8/8 月	(夫が在家) ・白飯 ・じゃが芋と玉葱の味噌汁 ・鮭の塩焼き ・目玉焼き ・きのこの大根おろし和え ・きゅうりのたまり漬け（手作り） ・コーヒー	(月曜日の昼食から金曜日の昼食まで夫は不在) ・レーズンパン ・ヨーグルト ・なしのコンポート（手作り） ・ぶどう ・紅茶	・白飯 ・焼き肉（キャベツ、なす、ピーマン） ・さつまいものレモン甘煮 ・サラダ（キャベツ、かいわれ大根、コーン） ・さやいんげんの生姜醤油がけ ・きゅうりの漬け物（手作り） ・ビール	・麦茶
8/9 火	・トースト ・サラダ（ポテトサラダトマト、きゅうり、ハム） ・バナナ ・スープ（インスタント） ・ヨーグルト	・醤油ラーメン（生麺を購入し自宅で作る） ・トマト ・ぶどう	・舞茸ご飯（手作り） ・鯖の塩焼き、大根おろし ・切り干し大根（実家より）と厚揚げの煮物 ・なすとみょうがのおかか和え ・なすの漬け物 ・トマト ・ビール	・アイスクリーム ・麦茶
8/10 水	・トースト ・ぶどう ・コーヒー ・ヨーグルト	(パッチワークの趣味の会で会員の持ち寄り) ・おにぎり ・菓子パン ・かぼちゃの煮物 ・冷や奴 ・らっきょの醤油漬け ・トマト ・お茶	・豚肉と野菜の蒸し物キャベツ、しめじ、もやし（ポン酢、ゆず胡椒味） ・オクラと納豆の和え物 ・トマト ・ビール	・特になし

8/11 木	・レーズンパン ・ゆで卵 ・サラダ（トマト、きゅうり、シーチキン、わかめ） ・バナナ ・コーヒー ・ヨーグルト	・焼きうどん（キャベツ、ウインナー、玉葱、ピーマン） ・トマト ・ぶどう ・麦茶	・ネギトロ丼（食欲がなかったので） ・生酢しょうが（市販品） ・トマト ・ビール	・プチケーキ ・ウーロン茶
8/12 金	・トースト ・トマトとスクランブルエッグ ・りんご ・コーヒー ・ヨーグルト	（油揚げの趣味の会で会員の持ち寄り） ・おにぎり ・セロリとカワハギの漬け物 ・きゅうり漬け ・トマト ・果物（なし、りんご） ・お茶	（夫が単身赴任より帰宅） ・白飯 ・さんまの刺身 ・なすとミートソース（市販品）のチーズ焼き ・カボチャの漬け物 ・温野菜サラダ（ブロッコリー、カボチャ） ・ビール、赤ワイン	・特になし
8/13 土	・白飯 ・白菜と豆腐の味噌汁 ・サンマの蒲焼き（缶詰）大根おろし ・目玉焼き ・トマト ・梅干し	（外食） ・広東ラーメン ・マンゴープリン	・焼きおにぎり（手作り） ・おでん ・焼き鳥（市販品） ・もやしの中華風サラダ（もやし、ハム、きゅうり、ネギ） ・トマト ・ビール、日本酒	特になし
8/7 日	（Dさんたちと檜枝岐へ旅行中、旅館の朝食） ・白飯 ・なめこと豆腐の味噌汁 ・岩魚の甘露煮 ・温泉卵 ・納豆 ・梅干し ・日本茶、コーヒー	（Dさんたちと檜枝岐へ旅行中、外食） ・そば ・もち（じゅうねん味噌、ニンニク味噌）	・生寿司（市販品） ・きのこと鮭のマリネ（手作り） ・きゅうりの漬け物（手作り） ・ミニトマト ・ヒール	・いちじくの煮物（バスの中で市販品をもらった）

表1-6　食事調査　　Fさん

月／日 曜日	朝　食	昼　食	夕　食	間　食
8/11 月	・コーヒー ・なし	・カップラーメン	・ご飯 ・きゅうり漬け ・トマト ・味噌汁（インスタント）	
8/12 火	・ご飯 ・漬け物 ・味噌汁（インスタント） ・梅干し	・パン ・コーヒー	・ご飯 ・きゅうり漬け ・トマト ・なすのから揚げ	
8/13 水	・コーヒー	・カップみそラーメン	・家族でお寿司セット ・から揚げ ・きゅうり漬け	

8/14 木	・ご飯 ・味噌汁 ・漬け物	・パン ・コーヒー	・ご飯 ・味噌汁 ・漬け物 ・なす炒め	
8/15 金	・ご飯 ・味噌汁（インスタント） ・漬け物 ・梅干し	・サンドイッチ ・コーヒー	・ご飯 ・豆腐となめこの味噌汁 ・から揚げ ・漬け物	
8/16 土	・ご飯 ・味噌汁 ・きゅうりとなすの漬け物	・カップ麺	・ご飯 ・けんちんうどん ・漬け物	
8/17 日	・コーヒー	・コーヒー ・カップ麺	・ご飯 ・カレー ・漬け物	

表 2　大熊町からの避難者の食事調査（一週間）　2014 年 8 月

避難者	住居	年齢	肉料理の回数	魚料理の回数	魚料理の調理法				漬物の回数	中食の回数	外食の回数
					揚げ物	焼き物	煮物	さしみ・生物			
A	仮設住宅	80 代半ば	2	11	4	3	2	2	9	0	3
B	仮設住宅	60 代半ば	6	3	0	1	0	2	3	10	1
C	仮設住宅	80 代前半	3	5	1	3	0	1	5	2	0
D	借り上げ住宅	60 代前半	10	6	2	1	2	1	6	1	4
E	借り上げ住宅	60 代前半	9	9	0	3	2	4	10	5	3
F	仮設住宅	60 代前半	9	3	0	1	0	2	14	8	1

網掛けは回数が多いもの

表 3-1 「大熊町にいたとき　よく食べていたもの」D さん

	献立名	時　期	材料、作り方	手作りか	今も食べているか 食べなくなった理由
1	塩鱈のフライ	一年中	塩鱈を半分に切り、小麦粉、卵、パン粉をつけて油で揚げ、タルタルソースで食べる。	手作り	○
2	イノハナ（キノコ）ご飯	10月〜		手作り	○
3	山菜（ワラビ、ぜんまい、筍）	5月〜6月	筍ご飯 筍とニシンの味噌煮、ワラビ	手作り	○
4	鰹のたたき 鰹のニンニク漬け	5月	・鰹半身を串に刺して焼き、氷水に入れる。周りだけ白く、中は赤身。 ・刺身などで残った鰹ににんにく、醤油で味付けし、片栗粉をまぶして揚げる。	手作り 手作り	○
5	さしみ類	一年中		市販品	△サンマの刺身をスーパーで見かけない。
6	あんこう鍋	冬		手作り	×あんこうをお店で見かけない
7	焼きドンコ			市販品	×焼きドンコをお店で見かけない

表 3-1 の右列について次のように表す。
※「○」は今も食べている、「△」は今もたまに食べる、「×」は今は食べない、を示す。
△、×については食べなくなった理由も併せて示した。
以下同じ。

表 3-2 「喜多方市や大熊町にいたとき　よく食べていたもの」E さん

	献立名	時　期	材料、作り方	手作りか	今も食べているか 食べなくなった理由
1	鰊と筍の煮物（会津）	5月頃	鰊と筍は醤油、みりんなどで煮る。時々切り干し大根が入っている時もあった。	家族が作った	○
2	塩鯨と新じゃがいもの煮物（会津、大熊）	大熊の芋の収穫6月 会津は8月	塩漬けになっている鯨の脂の部分を細長く切り、じゃがいも、人参を入れて煮る。味噌、酒、みりんなどで味付けする。仕上げに生姜を入れる。	家族が作った	×塩鯨が高価になった。作っても食べる人がいない（好んで食べない）。子どもの頃も好きではなかった。実家でたまに出てくる。自分で鯨を買ってまでは食べない。

3	えご（海藻） （会津）	お正月 お盆 祭り 冠婚葬祭など	乾燥した海藻を水洗いしてゴミなどをとり、二時間ぐらい水で戻し（夜空気にさらすと黒色から紫色や灰色になる）分量の水を鍋に入れ煮詰める。箱型にいれ冷ますと固まる。こんにゃく状になったら好みの大きさに切ってわさび醤油や生姜醤油、酢味噌和えで食べる。	家族が作った	○えごは新潟から伝わったらしい。行商のおばさんが会津に伝えた。会津のスーパーでは、固まって出来た物がお盆などに売っている。
4	こづゆ （会津）	お正月 お盆 祭り など	里芋、人参、こんにゃく（糸こん）、しいたけなどを大きさをそろえて小さく切る。貝柱（ほたて）を入れて、醬油、酒、みりんなどで煮る。きくらげ、豆麩、蒲鉾を入れて、仕上げに三つ葉やみょうがを散らす。	家族が作った	○
5	山菜料理 （①あさづき、 ②こごみ、 ③わらび） （会津、大熊）	①３月～４月 ②同上 ③５月	①茹でて、酢味噌で食べる。またはお浸しで ②ごま和え、クルミ和え ③お浸しで 人参、鱈、大根などと醬油漬け	家族が作った	○

学校での災害発生時における避難や避難所対応について

――東日本大震災発生時の豊間小・中学校等の事例から

瀬谷貢一

はじめに

災害時に学校や公民館などの公共施設へ避難するのは、ある程度の人たちの共通認識ではなかろうか。本稿でとりあげる東日本大震災でも例外ではなく、数多くの学校の校舎や体育館が避難所として（結果的にも含めて）設定され、そこでは発災直後から救護や救援活動の拠点などとしてさまざまな機能を果たしていた。

東日本大震災と学校という視点では「大川小学校[1]」と「釜石の奇跡[2]」が巷間ではよく知られており、それらに通底しているのは「学校における危機管理」の重要さであるといえる[3]。教育現場において重要なのは「対応マニュアル＋α」といえるが、それらの根拠となるのは「学校保健安全法」である。同法は震災前の二〇〇九年、児童生徒の防犯・防災対策を充実させるために大幅に改正され、そこには「子どもの安全を脅かす事件、事故及び自然災害に対応した総合的な学校安全計画の策定による学校安全の充実」、「各学校における危険発生時の対処要領の策定による的確な対応の確保」、「警察等関係機関、地域のボランティア等との連携による学校安全体制の強化」が示され、校長の責務、安全指導や安全点検等を示した総合的な学校安全計画の策定、危険等発生時対処要領の作成、事故等により危害を受けた児童生徒等の心のケア、保護者・関係機関等との連携などが学校に求められるとした[4]。

また、二〇一四年七月に「学校施設整備指針」が改正されている。「学校施設の津波対策及び避難所としての防災機能の強化、老朽化対策等に関する規定を充実」というコンセプトのもとで、「総則」には例えば「学校施設の防災対策は、運営体制や訓練等のソフト面での取組と一体的に実施」が示されており、ハード整備だけではなく、教職員などによる総合的な対策を求めている。

こうしたなかでも「学校は必ずしも安全ではない」ことを明らかにしたのが、二〇一四年一〇月に公表された文科省の『「公立学校施設における津波対策状況調査」の結果について』である。それによれば、全国の公立の幼稚園、小学校、中学校、中等教育学校、高等学校、特別支援学校の三万九六七四校[5]のうち、津波による浸水が想定される学校数は二八六〇校であり、そのうち施設整備を「検討中」としたのが一〇六六校と、あらためて学校の安全性が問われたのである。先の「学校保健安全法」で論じたように、ハードだけでなく人的なソフトからの対応がより重要になることがこの調査の含意ともいえる。

本稿は、東北地方太平洋沖地震により発生した津波で被災した福島県いわき市の沿岸部の平薄磯区にある豊間小学校・中学校の教職員さらには児童生徒の避難やその対応の実態を明らかにするとともに、学校現場として何が必要なのかを明らかにすることが目的である。具体的には三月一一日の地震発生直後から一二日の豊間中学校が閉鎖されるまでのプロセスとその後を明らかにする。また、それらから課題を抽出するとともに、筆者自身の約五〇日間の避難所（主に中央台東小学校体育館）生活体験も踏まえて、学校の現場対応に向けた指針を提示する。

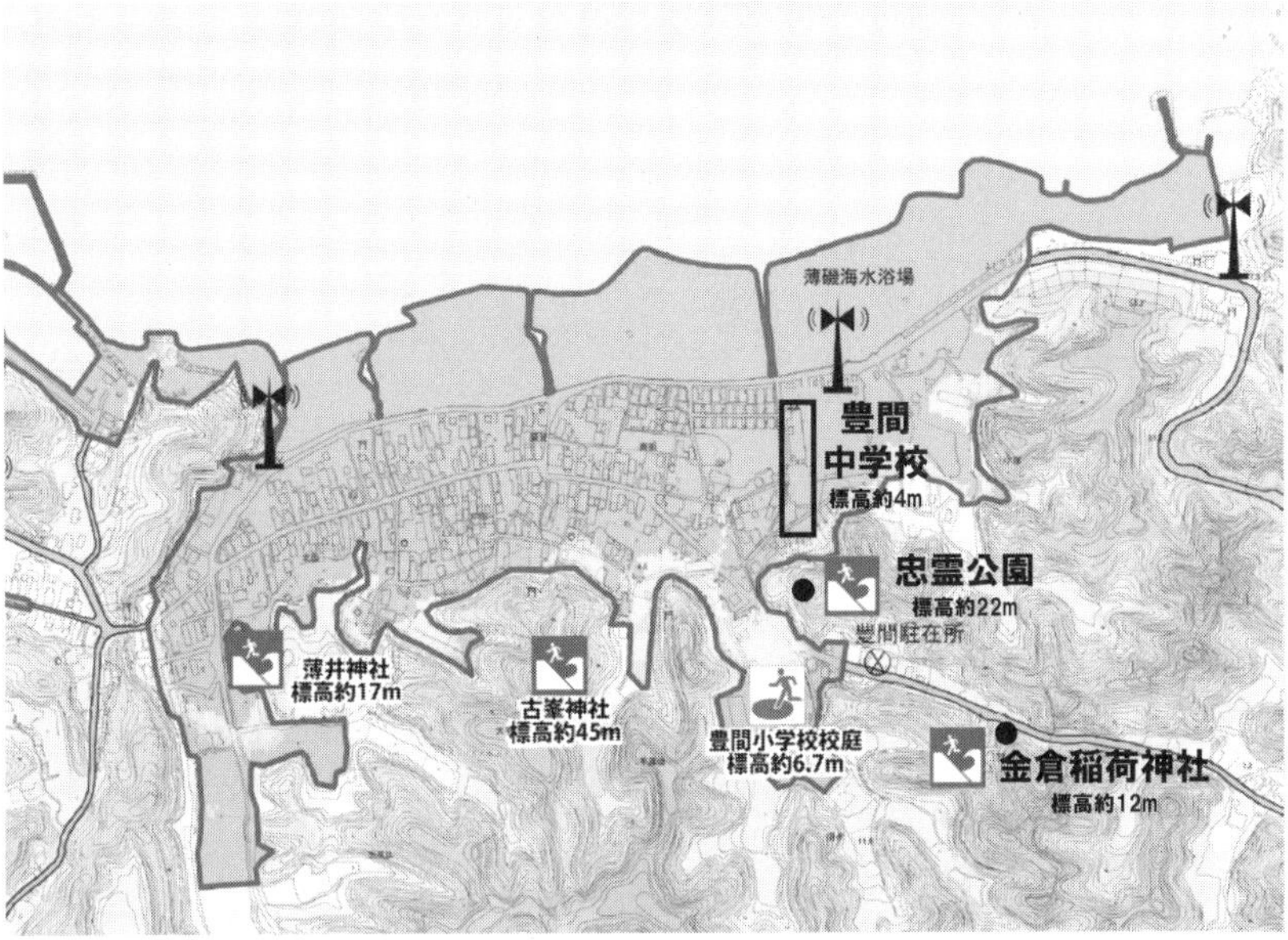

図１　豊間小・中学校周辺地図[6]

一　地震発生直後の豊間小・中学校の動向

まずはいくつかの施設の立地について説明しよう。豊間小学校・中学校があるいわき市平薄磯区は塩屋崎灯台の北側にあり、今回の津波で一一〇名以上が亡くなったとともに九割の家屋が流出した、甚大な被害を受けたエリアである。**図１**にもあるように、豊間中学校は薄磯海水浴場に接していることもあり、校舎の一階部分と体育館が壊滅的な状態になった。豊間小学校は中学校よりも少し内陸、大人が歩いて五分程度のところに位置している。ちなみに小学校の校庭まで津波が達していた。

次に二〇一一年三月一一日の震災発生直後から翌一二日の二日間の豊間小学校・中学校の出来事を時系列で示す[7]。これは震災発生の一一日と翌一二日の豊間小学校と中学校の教職員と児童・生徒それぞれの出来事をまとめている。これによれば、

表1　豊間小・中学校における3月11日～12日の動き

日	時	場所	出来事等
3月11日	午前中	小	普通授業
		中	卒業式
	14:35	小	一斉下校開始
		中	部活動（体育館） 男女バレーボール部・卓球部併せて生徒約35名
	14:46 地震発生	小	・バス停にいた約30人の児童を校庭に避難させる。 ・ふたつの班は自分たちの判断で学校へ戻る。その後、親と一緒に避難してきた児童もいた。 ・豊間方面に教頭、沼ノ内方面に男性教諭をそれぞれ急行させる。 ・豊間方面→金倉稲荷神社に約30名の児童を避難させる。 ・沼ノ内方面→沼ノ内弁天に約20名の児童を避難させる。 ・校舎の安全確認後、全児童を三階西側教室へ移動させる。
		中	・全生徒に荷物を持ち、ウインドブレーカーを着用して校庭に集合するように指示。 ・三階か屋上への避難の準備も始まったが、孤立する危険性があったため、バレーボール部顧問の判断で避難訓練と同じく忠霊公園の高台への避難を指示。
	15:10 第一波到達	小	・校舎からは海が見えず気づかなかった。 ・第一波到達後、地区住民が本格的に避難して来たが、自宅へ戻る住民も出始めた。
		中	・忠霊公園から第一波の到達を目撃する。第一波は防潮堤が防いだ。生徒約35名、教職員6名、地区住民併せて約50名。
	15:28 第二波到達	小	・電話、ライフライン喪失。避難地区住民の対応、避難者名簿の作成、水の確保、ラジオの準備、懐中電灯やロウソクの確保、保健室での負傷者の手当て等が始まる。
		中	・校舎一階・体育館を津波が襲い、中学校としての機能を失う。 ・忠霊公園で小学校の綱引きの綱で地区の老夫婦らを救出。
	16:00	小	・雪が降り始め、瓦礫で孤立。 ・金倉稲荷神社に避難した児童たちが学校に到着。
		中	・生徒たちは忠霊公園中央に集まって温め合った。
	16:30	小	・三階西スペースを園児・児童・生徒と保護者、三階東スペースを地区住民にと避難スペースを分ける。後に二階西スペースも地区住民に開放する。 ・豊間保育園の園児と職員が避難して来た。
		中	・忠霊公園にいた生徒・教職員が小学校へ避難。 ・これ以降、教職員は豊間小学校で翌日まで救護・避難者対応・救助活動等に従事する。
	18:00	小	・豊間公民館から運び出した唯一のストーブを保健室に設置。 ・久一観光から毛布も運び出して来た。
	21:00	小	・消防団員約10名が学校到着。カマボコが届く。
	深夜	小	・大津波警報により一階保健室の負傷者を三階音楽室へ移す。
3月12日	3:00	小	・救急隊到着、要救護者を搬送。 ・消防団到着。 ・貯水槽の水が底をつく。
	6:30	小	・避難者総数を確認、556名。カマボコを配付。

	10:30	小	・第二次避難命令発令、避難者は豊間地区への二次避難開始。 ・自衛隊員約 20 名、到着。
	正午頃	小	・全員の避難確認、校舎閉鎖。 ・避難者豊間まで徒歩、その後バスで中央台東小学校へ移動開始。
	16:00		・豊間小・中学校教職員、中央台東小学校へ移動完了。

一一日は小学校では通常授業、中学校では卒業式であった。地震が発生する約一〇分前の一四時三五分、小学校では一斉下校が開始し、春休みの中学校では部活動が行われていた。一四時四六分の地震発生を受けて、小学校ではバス停にいた児童を校庭へ避難させ、中学校では校庭に集合し協議の上、忠霊公園への避難を決めている。一五時一〇分頃に津波第一波、その約二〇分後に第二波が到達し、後者の津波は中学校校舎一階と体育館に達し、その機能を失わせた。その後、小学校が避難所となり、一六時半には中学校の教職員や生徒が避難してきている。そして、次の日の一〇時半に避難命令が発令され、そこにいる全員が中央台東小学校への移動を開始し、完了したのは夕方の一六時であった。

二　常時から必要な避難及び避難所開設に必要な想定・確認・周知事項

本節では、日常の教育現場で必要な防災・減災に必要な取り組みなどを、本震災により得られた教訓をもとに検討する。具体的に、避難は（一）避難場所の確認・周知、（二）避難ルート・方法の確認、（三）災害発生時の安否確認と避難情報の共有、（四）心のケア、（五）安否と避難先の確認の五つの項目を、避難所開設については（一）避難住民数の想定、（二）一時的／長期的避難所のタイプの確認、（三）災害時の指示系統と役割分担の三つである。

避難に関して

（一）津波の避難場所の確認・周知

学区内が津波到達の可能性のある学校は、津波襲来時に児童・生徒が登下校中だった場合を想定し、避難場所となる複数の高台や建物等を確認し、職員・児童・生徒への周知徹底を図る必要がある。特に次に記した豊間小学校の男性教諭は豊間小学校の勤務が長く、避難誘導できる神社を熟知し、さらに児童も下級生を安全な場所に避難誘導しており、津波襲来時の避難場所の確認・周知の重要性が浮き彫りになった。

豊間小学校長は地震の揺れが収まった後、沼ノ内方面に男性教諭、豊間方面に教頭をそれぞれ派遣し、児童の保護や避難誘導にあたらせた。そして、沼ノ内方面は沼ノ内弁天（画像1・標高約二一メートル）に約二〇名、豊間方面は金倉稲荷神社（画像2・標高約二二メートル）に約三〇名の下校途中の児童を、それぞれ無事に避難させることができた。また、豊間小学校では地震発生が一斉下校後で、六年生の登下校班の班長が適切に避難を判断・指示し、迎えに来た保護者と一緒に下級生を無事に沼ノ内弁天まで誘導したケースもあった。

（二）災害発生時の避難ルート・方法の確認

地震・津波等の災害による瓦礫等で通行不能になる可能性のある道路、建物や塀の倒壊等で通行不能・道路幅員の狭幅の可能性のある道路の想定及び他の避難所等への移動が必要となる場合の避難ルート・方法の確認、特に低学年児や障がい児といった災害弱者の避難方法を十分検討しておくべきである。

豊間地区では、すでに地震発生時に民家の塀等の倒壊等により道が狭幅化し、車両の通行が困難になっていた。そして、大津波の襲来（画像3・4）により、流されてきた瓦礫等で豊間小学校前から沼ノ内方面と豊間公民館から豊間方面の両方面とも車両での通行が不可能になり、豊間小学校が孤立した大きな原因になった。

画像１　沼ノ内弁天

画像２　金倉稲荷神社

画像 3　津波襲来時（薄磯区）

画像 4　津波襲来時（豊間中学校）

画像 5　忠霊公園

画像 6　右上が忠霊公園、奥が豊間中学校

また、豊間中学校では二〇〇五年の避難訓練の際に、屋上への避難と高台の忠霊公園（画像5・6・標高二三メートル）への避難のどちらが適切かを専門機関に問い合わせ、津波到達までの時間がない場合は屋上、時間がある場合には忠霊公園への避難という見解を示されていた。(8) しかし、震災時に二〇〇五年から豊間中学校に勤続していた教職員は二名しか残っておらず、全職員間の共通認識にはなっていなかった。発生直後、校庭に生徒を避難させた教職員一名が二〇〇五年から勤続していた二名のうちの一名で、津波到達予想時間をスマートフォンで調べて津波到達まで時間があることを確認し、忠霊公園への避難を決断した。

（三）災害発生時の安否確認と避難情報の共有

災害発生時には、生徒名簿を活用した児童・生徒の安否の確認と迅速な外部への避難情報の発信と共有が求められる。

豊間中学校長は校舎から避難する際に避難訓練時のマニュアル通りに生徒名簿を持って避難したために、その後の安否確認・保護者等との円滑な連絡が可能になった。豊間中学校では避難した忠霊公園ですぐに生徒の確認を行い、避難先の中央台東小学校で、震災三日目の一三日午後に最後の生徒を保護者に引き渡した。しかし、一方で、中学生が忠霊公園から小学校へ避難したことを知らずに我が子を迎えに中学校に行って津波に遭遇した保護者もいた。

（四）災害発生時の心のケア

大きな災害発生直後は、家族の安否や自宅の被災状況が不明で児童・生徒にかかる精神的動揺や不安は決して小さくはない。日頃から養護教諭やカウンセラー等と災害発生時の精神的ダメージの大きい児童・生徒へのサポートや配慮といったこまやかな対応も検討しておく必要がある。

豊間中学校の教職員・生徒が、津波発生時の避難場所となっていた忠霊公園の高台に避難した時、教職員はなるべく生徒たちに津波を見せないように生徒たちを公園の中心部に集めたが、それでも津波で自宅が流される光景を見た男子生徒が、それまで一度も発症したことのない過呼吸を発症した。また、津波のショックで泣き崩れる女子生徒も多く、全員で集まって励まし合った。

(五) 安否と避難先の確認

児童・生徒の安否確認や避難先の把握は避難所等での確認や生徒名簿を活用するとともに、携帯やスマートフォンを持つ生徒と保護者に関してはメールでの確認も非常に有効な手段となる。

豊間中学校では各担任が生徒・保護者とのメールのやり取りを通じて一週間ほどで全員の安否・避難先確認ができ、その後の学校再開等の諸連絡もこのネットワークで伝達できた。

また、豊間小学校は教職員が避難所を訪ねて児童の安否確認を行い、三月二二日に最後の一名の無事を確認できた（しかし、豊間小学校では二名の女子児童が津波の犠牲になってしまった）。

避難所開設に関して

(一) 避難住民数の想定

避難住民の推定総数（平日昼間と夜間・休日の二パターン）の想定と可能な限りの災害弱者（子ども・高齢者・障がい者）数の想定。

この項目に関しては、当然行政や関係機関との綿密な避難計画や準備が必要であり、その想定数や次に挙げる避難所のタイプによってもその対応や備蓄品目・備蓄量等が変わってくる。

豊間小学校では震災当日に総数五五六名が避難していたことが翌朝判明した（園児二〇名、小学生七九名、中学生三四名、園小中職員二九名、地区住民三九四名。参考までに豊間小学校に避難した地区住民が多かった薄磯・豊間地区の震災時の人口は併せて約二九〇〇名。(9) この避難者総数は人口の約二割になる）。

（二）二つの避難所のタイプの確認

①一時的避難所

地区や学校が被災の状況や瓦礫等で孤立して他地区への避難・移動が困難になる可能性がある、または他に避難所としてより適切な避難施設がある等の理由で、避難住民を他の避難施設へ移動させた後に、数時間～数日で避難所として閉鎖することが前提の避難所。また、一時的に多くの災害弱者を受け入れる避難所もこれに含む（前者例：豊間小学校・中央台北中学校など、後者例：双葉病院の患者を受け入れたいわき光洋高等学校）。

豊間小学校は震災翌日の一二日の午前中に第二次避難命令が発令され、二日間で閉鎖となった。

②長期的避難所

数日間～数カ月の長期間にわたって、長期間多くの避難住民の避難所となる可能性のある学校（例：中央台東小学校、高久小学校、平工業高等学校など）。

（三）災害発生時の指示系統と役割分担

①指示系統の確認

管理職や防災担当者からの指示系統の確認や関係機関との連絡・調整・対応等の一元化の必要性。

②職員の役割分担

避難所の開設準備、避難住民・負傷者対応、学校周辺での救援活動（警察・消防団等との共同活動）の三つが主な役割分担。

豊間小学校では避難所開設準備を小学校教職員で、避難住民・負傷者対応は小中女性職員や養護教諭・事務職員、救援活動は小中男性教職員が主にその任に当たったようである。このような大規模災害は想定されていなかったため、指揮系統による対応というよりは各教職員の個々の判断で動いた傾向が強く、教職員が臨機応変に対応したといえる。

また、この時は避難した中学生が教員の指示（カーテンをはずして毛布替わりにする等）に迅速かつ的確に行動し、教職員・避難住民ともに中学生のこうした行動に大いに感心した。それとは対照的に、事の重大さがわからない園児や小学校低学年の子供たちは逆に楽しかったようで、夜間「ゆうれいごっこ」をしていた子どももいたという。

教職員は個々の判断で対応にあたったためマニュアルを作成せず、災害発生時はその時のケース・バイ・ケースによって対応したほうがよく、マニュアルは不要だという意見もあった。

避難所開設（体育館）の初期対応

続いて避難所開設に向けた初期対応に必要な項目を検討する。具体的に、（一）避難施設の被害状況等の確認と安全の確保、（二）備蓄品、（三）本部の設置、（四）避難所の開設、（五）避難住民の名簿作成と児童生徒の把握、（六）敷物の確保、（七）排泄対応、（八）負傷者・病人等の対応、（九）暖房の確保、（一〇）情報収集、（一一）他機関との連絡・調整・対応の一一項目である。

画像７　豊間小学校三階オープンスペース

（一）災害が収まった後の避難施設の被害・損傷等の確認と安全の確保

豊間小学校では、体育館が避難所に指定されていたが、津波警報を受けて急遽校舎を避難所とし、校舎の安全確認後に最上階（画像７）から児童生徒や地区住民を受け入れていった。

（二）避難所に必要な主な備蓄品

①食糧・飲料水
②毛布やブルーシート等
③懐中電灯等の照明器具
④通信機器
⑤発電機
⑥コンセントの不要な暖房器具
⑦救護・救援用品
⑧衣類
⑨燃料
⑩トランシーバー等の無線機

（三）本部の設置

体育館の安全確認後に設置。ただし、津波の襲来が想定される場合は、救護スペースを含めて校舎の最上階が望ましい。

（四）避難所の開設

①受付
②避難所本部
③食糧や飲料水・支援物資等の置場スペース（ステージが有効と思われる）
④更衣室
⑤掲示板
⑥ホワイトボード（黒板）
⑦避難住民スペース等
⑧救護スペース（状況による）

なお、受付・避難所本部・ホワイトボードは体育館入口近くへの設置が適当である。

（五）避難住民の名簿作成と児童生徒の把握

氏名・年齢・性別・住所・携帯電話番号等。また、避難してきた児童・生徒の把握は特に緊急性を要する。そのために普段から避難住民名簿を準備しておく必要がある。

豊間小学校では避難住民名簿をコピー中に停電、その後手書きで名簿作成にあたった。

（六）敷物の確保

ダンボールや畳、ブルーシート、毛布等を確保し、避難住民が体育館フロアーに敷けるようにする。

（七）排泄対応

水をプールから汲み上げて二重のごみ袋に蓄えておく方法もあるが、災害時の断水に備え、雨水システムの設置やマンホールトイレ・汲み取り式のトイレの活用が負担は少ないと思われる。

豊間小学校では、一二日未明に貯水槽の水が底をつき、大量の排泄物で使用できなくなった（学校再開時に業者によって清浄作業が行われた）。

（八）負傷者・病人・要救援者等への対応

保健室の開放、医薬品の提供、医療機関への搬送等。やはり救護活動も津波到達が想定される場合は校舎の最上階が望ましい。また、救援活動に必要な救援用品、負傷者や津波を被った避難住民のための衣類等の備蓄も必要である。

豊間小学校では深夜に出た大津波警報で一階の保健室にいた負傷者等を三階に移した。そして一二日三時頃に救急隊が到着し、要救護者を担架で搬送した。また、前述のとおり、救援活動には主に男性教職員があたったが、夜間に梁に挟まれた男性を、小学校にあった小さな鋸で梁を五～六時間もかかって切断して救出した事例もあった。

（九）暖房の確保（冬期間）

避難所には停電時でも使用できる石油ストーブ等のコンセントが不要な暖房器具の備蓄も必要である。

豊間小学校では避難所開設後に保健室でガス暖房を使用していたが、停電でガス警報器が使えなくなり、暖房を止めざるをえなくなった。

（一〇）情報の収集

テレビ・ラジオ等を確保し、メディアによる周辺情報の収集を行う。ただし、停電発生も考え、電源コードなしでも視聴できるように乾電池等の準備が不可欠である。また、今後は Wi-Fi の災害時の活用の検討も有効かと思われる。

豊間小学校では、震災当日に外部からの情報を確実に収集できたものは一台のラジオのみであった。

（一一）他機関との連絡・調整・対応

行政・教育委員会・警察・消防・医療機関・マスコミ等との連絡・調整・対応の一本化。

避難所開設に必要な事項は以上であるが、これらを遂行するために、学校施設の避難所の初期対応で必要なことは、他機関からの指示等がなくても学校職員だけで迅速に開設できるだけの自己完結力である。豊間小学校・中学校の教職員が教育委員会等の外部の関係機関の指示を待たずに迅速かつ適切な判断・対応を行ったことは、評価すべきであろう。

三　夜間・休日の災害発生時の課題

先の東日本大震災発生時は、大災害だったにもかかわらず、災害発生が平日の昼間の時間帯だったために地区住民等がすぐに学校に避難できた。もし夜間や休日の校舎が施錠されている時間帯に発生していれば、現場が大混乱に陥った可能性は高い。そのため夜間・休日時の災害発生、さらには冬期間の夜間の発生という最悪のケースも想定し、以下に挙げる課題等に対して適切な対応の準備をすることが必要である。

（一）学校施設の開放

○校門・校舎・体育館を、どこの誰がカギを持っていて開放できるのか？　併せて二四時間三六五日、いつでも開放できる体制をどう構築するのか？　また、それをどのようにして地元住民に周知を図るのか？

（二）避難所開設の準備

○災害発生直後、学校近辺の住民だけで避難所開設の準備が可能か？

○学校職員が駆けつけるにあたって、誰が、何人、どれくらいの時間で学校に到着できるのか？　また、災害等で道路が寸断したり、渋滞が発生した場合等の移動に時間がかかる場合の対応をどうするのか？

○学校職員や消防等が到着するまで、要救護者等の対応に誰が、どうあたるのか？

○災害発生が冬期間の場合、学校職員が到着するまで誰が、どのようにして暖房を確保するか？

（三）関係機関との連絡・調整・対応・情報収集

○誰がいつ、どこで、どのようにできるのか？　学校職員到着まで誰がこれを担うのか？

（四）児童・生徒の安否確認

○緊急性を要する項目であるが、学校にいない児童・生徒をどこで、どのような方法で確認をするのか？

なお、情報収集や安否確認については、電話・携帯が使用できないケースも含めた検討が必要である。

ただ、この節で挙げた課題の対応については、学区の状況や学校の設置場所・環境、校舎の構造、また学校の規模や職員数等の諸条件によって一概にまとめることの難しさもあると思われる。

四　避難所運営・対応（行政等との協力）

学校が避難所になった場合の運営や対応するうえでの必要事項をまとめると左記のようになる。

（一）避難所生活のルール

①起床・就寝時間の設定
②食糧・支援物資等の搬入方法
③食事時間・食事当番割当・配膳方法
④清掃（トイレ等も含む）
⑤喫煙・アルコール類の対応
⑥ラジオ体操・ストレッチ等の実施
⑦ボランティア活動への対応
⑧プライバシーの確保（避難所による）
⑨退所時のマナー
⑩その他

⑧のプライバシーの確保については、震災前からの人づきあいがあった住民が多くいた避難所ではあまり大きな問題にはならなかったようだが、多数の地区の住民が集まった避難所では深刻な状況だったようである。

(二) 情報の提供

①災害の情報
②安否確認
③行政から
④ボランティアから
⑤避難所の学校・教育委員会から
⑥マスコミ等から
⑦その他から

(三) 避難所開設中の課題

①避難住民への教育活動への協力の依頼
②保護者・児童生徒への説明
③教育活動の制限（体育館使用不可能等）
④不特定多数者の学校敷地への出入り
⑤避難住民との児童生徒の交流の可否
⑥避難住民のペットの対応
⑦その他

五　災害時の避難住民への対応の注意点

発災直後の避難やその後の避難生活で避難住民の対応にあたる教職員や管理職に対して、避難住民の多くが感謝の気持ちを持って好意的に接してはいたが、それでも対応する教職員とのトラブルが全くなかったわけではない。筆者が避難所にいた時でも、教職員の誤解を招く言い方でトラブルが起き、警官が間に入って解決したケースがあった。また、豊間小学校でも震災翌日の朝に運ばれてきたカマボコを避難住民に配布したが全員には行き渡らなかったことで対応した職員に対して食い下がった住民もいたという。そして、これは他の避難所ではあるが、その学校の管理職が長時間ジェットヒーターの前に居続け、避難住民が陰で非難していたということも耳にした。

このように大小を含めたいくつかのトラブル・批判が発生したが、避難住民の対応にあたる教職員や行政職員を避難住民はよく観察していて、避難住民のために良かれと思ってしたことでも批判の対象になるケースもある。避難住民の中には家族や自宅を失った住民等がおり、さまざまな境遇にあったことを忘れずに、今後このような大災害が再び起きないことを願いつつ、再び避難所を開設する状況になった時には、対応にあたる教職員はその言動に細心の注意を払うべきである。

最後に

本稿では、災害発生時の学校対応という問題意識を持ち、学校における危機管理という視点から、東北地方太平洋沖地震により発生した津波で被災した豊間小学校・中学校で避難住民対応にあたった教職員や避難住民等のヒアリングメモや手記等をまとめるという手法を用い、災害発生日から翌日にかけての豊間小学校・豊間中学校の避難の実態とその対応と問題点、併せて筆者自身の避難所生活体験も元に災害発生時の学校の危機管理体制の必要性や対応の方法、そしてその難しさの一面を明らかにした。

これらの帰結から、本稿では学校における災害発生時の児童・生徒の避難やその後の対応等を検討し、避難所運営まで含めた学校としての危機管理体制の構築が課題であると考えられる。そのためには、関係機関と協議・調整をしながら、校内の危機管理体制や役割分担を明確にし、危機管理対応マニュアルを作成のうえ、職員間の共通理解を図り、児童・生徒の避難訓練はもちろん、実際に地区住民参加の避難所開設までの訓練を定期的に行うことが重要であると思われる。

震災から四年近くが経ち、各学校で震災を体験した教職員がまだ勤続していると思われるが、震災を体験した教職員が退職・異動する前に、災害発生時の対応の多くの課題について検討するのも必要であろう。ちなみに豊間中学校では、震災時から勤続している教職員は、本稿執筆時点で皆無である。

注

（1） 例えば、池上・加藤（二〇一二：二〇一四）など。
（2） 例えば、内閣府（二〇一一）。
（3） 例えば鈴木ら（二〇一四）を参照。

（4）文部科学省や青森県教育庁スポーツ健康課の資料を参考。

（5）東日本大震災により被災前の学校施設が全て使用できない学校（仮設校舎、他校の施設、学校以外の施設を使用している学校）は調査の対象外。

（6）いわき市「津波ハザードマップ（暫定版）」より筆者改変。ちなみに二〇一四年一一月に同マップの第二版が公表されている（表紙カバー参照）。

（7）豊間小学校、中学校への筆者らの聞き取り調査や協力者からの提供資料より筆者作成。

（8）市消防本部と思われる。

（9）平成二二年一〇月の国勢調査による。

参考文献

青森県教育庁スポーツ健康課、「学校保健安全法の施行について」 https://www.pref.aomori.lg.jp/soshiki/kyoiku/e-sports/files/gakouanzen_sikou.pdf

池上正樹・加藤順子、二〇一二、『あのとき、大川小学校で何が起きたのか』青志社

――、二〇一四、『石巻市立大川小学校「事故検証委員会」を検証する』ポプラ社

いわき市、「津波ハザードマップ（暫定版）」 http://www.city.iwaki.fukushima.jp/bosai/5094/014716.html

――、「津波ハザードマップ暫定版（第二版）」 http://www.city.iwaki.fukushima.jp/bosai/5094/019237.html

鈴木英男・神野健・安岡広志、二〇一四、「学校の危機管理に関する一考察：津波被害の事例から」『東京情報大学研究論集』一八（一）、四五－五三

内閣府、二〇一一、「特集　東日本大震災から学ぶ――いかに生き延びたか」『広報　ぼうさい』第六四号

文部科学省、「学校保健法等の一部を改正する法律」 http://www.mext.go.jp/b_menu/houan/kakutei/08040703/gakkouhoken.htm

――、「学校施設整備指針の改正について」 http://www.mext.go.jp/b_menu/shingi/chousa/shisetu/013/toushin/1350224.htm

――、「『公立学校施設における津波対策状況調査』の結果について」 http://www.mext.go.jp/a_menu/shisetu/bosai/1352657.htm

付記　本稿は、「平成二六年度福島県教職員研究　論文募集」に応募した論文を加筆・改訂したものである。

大学の防災における安否確認に関する考察

——首都直下地震に対して東日本大震災からどのような教訓を得るのか

地引泰人

一　社会的背景と本論考の目的

本稿は、東日本大震災の経験にもとづき、大学の防災における安否確認の問題点を検討し、首都直下地震の対策を考慮するうえでの示唆を得ることを目的とする。

東日本大震災は甚大な人的・物的被害をもたらしただけでなく、日本の社会全般に多大な影響を与えた。大学もその例外ではない。文部科学省（二〇一一）によれば、国公立及び私立大学において四五人の死者が生じ、負傷者は九八人であった。また、東京周辺で顕著であったが、三月一一日夜の帰宅困難者の受入れ対応が行われた。さらに震災発生当時は、多くの大学で入学試験期間中であったことから、試験日程の変更などの判断に迫られた大学が多かった。三月一四日からは計画停電が実施され、社会的な混乱が続くなかで、卒業式や入学式の延期や、次年度の授業開始時期が変更された。

こうした多様な影響を反映し、大学の防災対策を再考する論考が数多く交換され、それらの内容は多岐にわたる。主な内容として、（一）事業継続計画に関するもの、[1]（二）帰宅困難に関するもの、[2]（三）被災地支援に関するもの、[3]（四）大学のなすべきことについて、[4]（五）大学の危機管理体制の見直しに関するもの、[5]などが挙げられる。

安否確認も、大きく取り上げられた課題の一つである。東日本大震災発生当時、多くの大学では春休み期間中のため、授業期間中よりもキャンパス内にいる学生の数は少なかった。そのため、例えば、都内の大学生が自動車免許を取得する合宿のために東北地方に滞在している事例があるなど、学生の安否確認は容易ではなかった。さらに、福島第一原子力発電所の事故の影響で留学生が帰国してしまうという事態も発生し、安否確認作業が混乱した。

発生が懸念される首都直下地震においても、安否確認の問題は重要な課題であると考えられる。総務省統計局（二〇一四）によれば、一都三県（東京都、神奈川県、埼玉県、千葉県）には約一一〇万人の大学生がおり、日本全体の約四割の大学生が集中している（総務省調べ）。学生自体の数が多いということは、その分だけ安否確認の業務が増えたりその学生の両親・親戚や友人など、首都圏にいる学生の安否を確かめたいと思う人数が膨大になることが懸念される。

確かに、海溝型か直下型かという地震の種類の違いや、授業期間中なのか休み期間中なのかという発生時期の違いなどがあるため、東日本大震災における経験を単純に一般化することは難しい。しかし、阪神・淡路大震災以降の数多い地震災害の中で「震災」と表現されるのは東日本大震災であり、この経験から首都直下地震に向けた対策をたてる上での示唆を得ることは、大変重要な取組みである。

以上の問題意識にもとづき、本稿は以下の手順で論考を進める。まず、東日本大震災を分析するための基盤づくりのため、阪神・淡路大震災における大学の防災の安否確認に関する課題を整理する。次に、東日本大震災における安否確認の諸問題を

一　東北地方の大学の記録
二　首都圏及び近郊にキャンパスを有する国立大学二三校と私立大学五六校を対象とした質問紙調査
三　東日本大震災後に執筆・刊行された論説内の、安否確認に関連する記述

をもとに、阪神・淡路大震災における課題が観察されるのかを比較・検証する。最後に、東日本大震災における首都圏の大学生の行動に関する調査をもとに、大学生の視点から大学の防災と安否確認についての課題を明らかにする。

二　阪神・淡路大震災における安否確認

(一)　阪神・淡路大震災における大学の被害

一九九五（平成七）年一月一七日午前五時四六分に発生した阪神・淡路大震災は、主に京阪神地域の大学に多大な損害を与えた。文部省（一九九六）によれば、「国公私立大学等の学生一一一人（うち留学生一一人）、教職員一四人が死亡」した。人的被害に加えて物的被害も甚大で、例えば神戸大学附属病院では「十階梁の構造破壊」が起こるなどの被害が発生した（神戸大学庶務部庶務課編　一九九六：三二）。

表1　阪神・淡路大震災における安否確認の問題点

大項目	小項目	神戸大学	関西学院大学
確認方法について	対応可能な人数が少ない	P.53	P.135
	電話が使えない	P.109	P.27、P.113、P.135
	教員の協力が必要	P.239	
	教職員が実地調査	P.109	P.42、P.44
	名簿の不備	P.238	P.119
	住まいの地域ごとの連絡体制の確立		P.113、P.119、P.233
	学生がどこに連絡するかが決まっていない	P.242	P.137
安否確認をすべき対象	（学内への）避難者の「安」の情報発信（問合せ受付）	P.157、P.161	P.118
	留学生、外国籍研究者	P.109	
	多様な教職員構成		P.27

注：表中の「神戸大学」のページ数は神戸大学庶務部庶務課編（1996）の記述で、「関西学院大学」のページ数は阪神・淡路大震災関西学院報告書編集委員会（1996）の記述を意味する。
以下、図表はすべて筆者が作成

（二）阪神・淡路大震災における安否確認の問題

本項では、神戸大学と関西学院大学の記録にもとづき、阪神・淡路大震災における安否確認の問題点を整理する。

問題点は、神戸大学庶務部庶務課編（一九九六）及び阪神・淡路大震災関西学院報告書編集委員会（一九九六）から筆者が読解して抽出した。二つの報告書の記述内容で、安否確認に関する問題（支障、難航、困難、課題、反省点、〇〇できなかった、など）を意味する内容のみを対象とし、単なる記録的記述部分は対象としなかった。⑥

抽出の結果、安否確認の問題点を**表1**に整理する。問題点を、「確認方法」と「確認をすべき対象」の大きく二つに分類した。

まず、「確認方法」に関する問題点のうち、神戸大学と関西学院大学に共通していたのは、「対応可能な人数が少ない」、「電話が使えない」、「教職員が実地調査」、「名簿の不備」、「学生がどこに連絡するかが決まっていない」であった。「対応可能な人数が少ない」のは、震災が発生したのが早朝で、多くの教職員が自宅で被災し出勤が困難となり、安否確認に従事する人数が少なかったことを意味する。「電話が使えない」のは、「不通」と「非常につながりにくい」(阪神・淡路大震災関西学院報告書編集委員会　一九九六：二七)という二つの問題があった。「教職員が実地調査」というのは、例えば神戸大学では安否確認作業が遅々として捗らなかったため、連絡のつかない一部の学生については、教職員が居住地、避難所に出向いて確認を行った(神戸大学庶務部庶務課編　一九九六：一〇九)。「名簿の不備」は、例えば関西学院大学において課外活動団体に所属する学生の安否確認をしようとしたところ、名簿を持っていない団体があり、安否確認に時間を要した事例(阪神・淡路大震災関西学院報告書編集委員会　一九九六：一一九)があてはまる。「学生がどこに連絡するかが決まっていない」については、神戸大学と関西学院大学の両大学ともに、学生側からの申告を受ける体制が確立されていなかった点が反省点とされている。

「確認方法」に関する問題点のうち、どちらか一方の大学でしか観察されなかったのが、「教員の協力が必要」と「住まいの地域ごとの連絡体制の確立」である。神戸大学では、「学生の指導教官等を活用すればもっと早く短期間で確認が終了できたのではないか」という点を「反省及び将来への課題」として記録している。「住まいの地域ごとの連絡体制の確立」という点は、関西学院大学の記録の中で「反省・課題・提言」として記載され、複数個所で言及されていた。

次に、「安否確認をすべき対象」に関する問題点のうち、神戸大学と関西学院大学に共通していたのは、「(学内への)避難者の問合せ」であった。両大学に共通していたのは、(学内への)避難者の安否に関する問合せが大量にあった点であった。

「安否確認をすべき対象」に関する問題点のうち、どちらか一方の大学でしか観察されなかったのが、「留学生、外国籍研究者」と「多様な教職員構成」である。「留学生、外国籍研究者」に関する問題は、神戸大学で記録された。その記録によれば「留学生の安否確認については、二四時間体制で対応したが、各国大使館、国内外の一般市民及び報道機関等からの留学生の現状・安否の問い合わせ業務に追われ、電話が常に通話中の状態となり、留学生本人からの連絡が容易でなかった」という。「多様な教職員構成」という問題は、関西学院大学の記録にもとづく。阪神・淡路大震災関西学院報告書編集委員会（一九九六：二七）によれば、大学の教職員には「専任／非専任」の区別があり、非専任の教職員は非常勤講師や嘱託職員やアルバイト職員などの多様な職種がある。そのため、人事課のみでは安否確認を行うことが困難であったという。

三　東日本大震災における安否確認の問題

(一) 東北地方の大学における安否確認の問題

本項では、阪神・淡路大震災における安否確認の問題点を整理した**表1**をもとに、東日本大震災における東北地方の大学の安否確認の問題点を整理する。

問題点は、二〇一四年一月末時点で公表されていた五大学の震災対応記録集を筆者が読解して抽出した。五つの大学とは東北大学、岩手大学、石巻専修大学、東北学院大学、東北文化学園大学である。これらの記録集の記述内容で、安否確認に関する問題（支障、難航、困難、課題、反省点、○○できなかった、など）を意味する内容のみを抽出し、単なる記録的記述部分（○○を行った、など）は対象としなかった。

東北地方の大学における安否確認の問題点を、阪神・淡路大震災における問題点と比較対照した形で整理したのが**表2**である。

表 2　東日本大震災における東北地方の大学の安否確認の問題点

大項目	小項目	阪神・淡路大震災	東日本大震災における東北地方の 5 大学
確認方法について	対応可能な人数が少ない	神、関	
	電話が使えない	神、関	石巻専修大学の P.54
	教員の協力が必要	神	岩手大学の P.8
	教職員が実地調査	神、関	
	名簿の不備	神、関	
	住まいの地域ごとの連絡体制の確立	関	
	学生がどこに連絡するかが決まっていない	神、関	
	安否確認システムが機能不全		東北学院大学の P.9、石巻専修大学の P.15
	PC が使えない		東北大学の P.37、石巻専修大学の P.15 と P.34
	他キャンパスとの連絡		東北学院大学の P.14
安否確認をすべき対象	（学内への）避難者の「安」の情報発信（問合せ受付）	神、関	
	留学生、外国籍研究者	神	東北大学の P.37
	多様な教職員構成	関	
	課外活動中、学外にいる構成員		石巻専修大学の P.54
	個人情報保護		石巻専修大学の P.15

注 1：「阪神・淡路大震災」の列の「神」と「関」は、「神」は神戸大学で、「関」は関西学院大学で該当する記述があったことを意味する。

注 2：「東日本大震災における東北地方の 5 大学」の列には、各大学の記録集の出典を簡易的に記載した。正確な出典は以下のとおりである。石巻専修大学は石巻専修大学紀要編集委員会編（2012）、岩手大学は岩手大学研究交流部三陸復興推進課編（2014）、東北学院大学は学校法人東北学院（2012）、東北大学は東北大学災害対策推進室編（2013）、東北文化学園大学は学校法人東北文化学園大学（2011）、である。

まず、「確認方法」に関する問題点のうち、阪神・淡路大震災で記録されなかったが東日本大震災で記述された問題点は、「安否確認システムが機能不全」、「パソコンが使えない」、「学生から大学への報告を求める」、「他キャンパスとの連絡」、である。「安否確認システムが機能不全」について、東北学院大学では登録者が約二割にとどまっていたこと、保護者のアドレスを入力していなかった学生がいたことから安否確認システムの機能が十分に果たされなかったという（学校法人東北学院　二〇一二：九）。石巻専修大学では、「情報処理センターがダウンした段階で機能しなかった」という（石巻専修大学紀要編集委員会編　二〇一二：一五）。「パソコンが使えない」という問題点は、東北大学では大きく損傷した複数の建物で事務室への立ち入りが禁止されたために生じた（東北大学災害対策推進室編　二〇一三：三七）。石巻専修大学の記録には、停電によりパソコンが使えない、紙媒体で学生や教職員の現住所などが補完されていなかった、手作業での集計に手間取ったことが指摘されている（石巻専修大学紀要編集委員会編　二〇一二：一五及び三四）。「他キャンパスとの連絡」という点は、東北学院大学において仙台市内の本部があるキャンパスと、多賀城市内のキャンパスとの連絡が取れず、キャンパス内の人的被害の確認が円滑に行われなかったという記録がある（学校法人東北学院　二〇一二：一四）。

次に、「確認方法」に関する問題点で、阪神・淡路大震災と東日本大震災における東北地方の大学で共通しているのが、「電話が使えない」と「教員の協力が必要」であった。東日本大震災における石巻専修大学では、電話不通のため学外にいた教職員の安否確認がすぐにはできなかったという記載がある（石巻専修大学紀要編集委員会編　二〇一二：五四）。岩手大学では「研究室配属の三年生と四年生、大学院生は研究室の連絡網を活用することで容易に行われたが、それ以外の学生については、学務部がクラス担任の協力のもと携帯電話等で行った」（岩手大学研究交流部三陸復興推進課編　二〇一四：八）という記述から、職員だけによる安否確認に限界があったことが読み取れる。

「確認方法」に関する問題点で、阪神・淡路大震災では指摘があったが東日本大震災では言及がなかったのが、

「対応可能な人数が少ない」、「教職員が実地調査」、「名簿の不備」、「住まいの地域ごとの連絡体制の確立」、「学生がどこに連絡するかが決まっていない」という点である。東日本大震災は平日の午後に発生していたため、大学職員の多くはキャンパス内にいたものと思われる。また、年度末かつ入試期間中という時節柄、教員も比較的多くキャンパス内に滞在していた可能性がある。例えば震災当日、東北学院大学では全教授が参加する教授会の開催日にあたり、多くの教員が仙台市内のキャンパスにいた。そのため、出勤時刻前に震災が発生し、多くの教職員がキャンパスにたどり着くことが困難となった阪神・淡路大震災と異なり、対応可能な人数は少なくなかったと推察できる。

「安否確認をすべき対象」に関する問題点のうち、阪神・淡路大震災で記録されなかったが東日本大震災で記述された問題点は、「学外にいる構成員」、「個人情報保護」である。電話が使えなかったという問題点で先述したが、石巻専修大学では学外にいた教職員の安否確認がすぐにはできなかったという問題があった。「個人情報保護」については、「今後の課題」という文脈で災害対応時の教員名簿や学生名簿の取扱いを検討する必要があると指摘されている（石巻専修大学紀要編集委員会編　二〇一二：一五）。

「安否確認をすべき対象」についての問題点で、阪神・淡路大震災と東日本大震災における東北地方の大学で共通しているのが、「留学生、外国籍研究者」である。東北大学における留学生の安否確認の問題は、留学生数が最も多い工学研究科などの複数の建物が大きな損傷を受けて、研究室や事務室への立ち入りができないことから、安否確認作業が難航したという（東北大学災害対策推進室編　二〇一三：三七）。

「安否確認をすべき対象」に関する問題点で、阪神・淡路大震災では指摘があったが東日本大震災では言及がなかったのが、「（学内への）避難者の「安」の情報発信（問合せ受付）」と「多様な教職員構成」であった。

（二）首都圏及びその近郊の大学における安否確認の問題

前項では、東日本大震災における東北地方の大学の安否確認の問題点を整理した。本項では、首都圏の大学について、東日本大震災における安否確認の問題点を検討する。筆者らは、首都圏及び近郊にキャンパスを有する国立大学二三校と私立大学五六校を対象とした質問紙調査を実施した（大原ほか 二〇一二）。

この調査によると、安否確認を行う際に直面した問題点は、国立・私立大学で同様の傾向となった。「留学生が帰国してしまい安否確認に時間がかかった」が国立大学の五九％、私立大学の四四％と最も多かった。地震だけでなく、原子力発電所事故の影響により多数の外国人が緊急出国したことから、国立・私立大学ともに留学生の安否確認には手間取ったと考えられる。

続いて、緊急連絡先について問題点があることがわかった。「学生の緊急連絡先が古くて、連絡が取れなかった」が国立大学の二七％、私立大学の二四％となった。「教職員の緊急連絡先が古くて、連絡が取れなかった」は国立大学五％、私立大学でゼロとなり、低かった。

「非常勤教職員の安否を確認すべきかどうか、わからなかった」は国立大学でゼロだったが、私立大学で一四％となった。この調査への回答校では、私立大学では非常勤教員の割合が多く、国立大学では非常勤職員の割合が高い。いずれにせよ、非常勤待遇の大学構成員の安否確認の方針を立てる必要があることを、調査結果は示していると考えられる。首都圏では通信環境は翌日には改善していたため、電話がつながらずに困った大学も少なかった。

（三）既往の論説が指摘する安否確認の問題点

続いて、東日本大震災後に執筆・刊行された論説を対象に、安否確認に関連する記述で、問題（支障、難航、困難、課題、反省点、〇〇できなかった、など）を意味する内容のみを整理する。

まず、安否確認の方法について、「名簿の不備」「安否確認システムが機能不全」「学生から大学への報告を求める」「停電対策」「「否」の確認には時間がかかる」という問題点の指摘があった。

「名簿の不備」について、笹平（二〇一一：四）は、大学名を伏せつつも「大学側は学生のメールアドレスを全く知らなかった」事例があったことを明らかにしている。

「安否確認システムが機能不全」については、笹平（二〇一一：四）と阿波村（二〇一一：九六）が言及している。笹平（二〇一一：四）は、地震発生時に登録されているアドレスに安否情報の確認を求めるメールが一斉送信されたが、大学は春休み中で多くの学生が旅行等で外出しており、学生がパソコンでメールを見る状況になく、安否確認メールに気づかない、という事例が発生したことを報告している。その大学では、結局ホームページに連絡用アドレスを公開し、気づいた学生から安否情報の連絡を受けたという。阿波村（二〇一一：九六）は、「一部の大学で［自動安否確認システムが］試行的に利用されたが、電源を必要とするものであり非常時には万全ではない。その意味で電源ダウン等によるシステムダウン、さらに学生のデータそのものが長時間利用不可となるリスクや消失のリスクもある。非常時の電源・データのバックアップ体制が用意されているのかという視点が重要である」と指摘した。

「学生から大学への報告を求める」という問題点については、倉林（二〇一一：六〇）、国大協サービス（二〇一二：二八）、赤松（二〇一二：一六八）が関連する指摘を行っている。三者の指摘はおおよそ共通しており、大学側からの一方的な連絡には限界があり、大学の構成員は基本的に自発的に自分の「安」を申告すべきである、としている。

「停電対策」については、関谷（二〇一三：七五）をはじめ、多くの指摘があった（国立大学協会　二〇一一：一〇、阿波村　二〇一一：九六、赤松　二〇一二：一六八）。いずれの指摘でも、局所的か広域的かはさておき、停電は避けがたい問題であり、それが長期にわたる可能性があることを考慮した対策の必要性を指摘している。また、停電により電気が供給されなければ、あらゆる電子機器が作動しない可能性が非常に高いという基本的事実に目を向けることの重要性を述べており、自家発電装置の用意やバックアップ体制の構築を説いている。

「「否」の確認には時間がかかる」ことの指摘も相次いだ。大学という社会的組織にとって、その構成員の被害状況を把握することは社会的責務である（関谷　二〇一三：七六）。だが、「安」と「否」の両方の確認を終えるには時間がかかる（国立大学協会　二〇一一：一〇、赤松　二〇一二：一六八、関谷　二〇一三：七五）。

次に、安否確認をすべき対象について、「（学内への）避難者の「安」の情報発信（問合せ受付）」「留学生」「障害を持った学生への対応」「大学構内での負傷者や犠牲者の確認」に関する問題点が指摘された。「（学内への）避難者の「安」の情報発信（問合せ受付）」への指摘（国大協サービス　二〇一二：二九、関谷　二〇一三：七六）では、関谷（二〇一三：七六）は大学という組織内の安否確認だけでは不十分で、安否情報の学外への発信が社会的責務であるという考えのもと、個人情報保護の取扱いの指針を事前に定めておき、安否確認の仕組み（時期、部署、方法）を整備する重要性を指摘している。「留学生」の安否確認について、阿波村（二〇一一：九六）と国大協サービス（二〇一二：二九）が指摘しているが、倉林（二〇一一：六〇）は留学生の安否確認作業は多岐に及ぶ可能性を示唆している。つまり、留学生本人の安否が確認されるだけでは済まず、派遣元大学への報告や、大使館への連絡が必要となる。「障害を持った学生への対応」については、国大協サービス（二〇一二：二九）からの指摘があった。「大学構内での負傷者や犠牲者の確認」の重要性は、吉武（二〇一一：二八）及び関谷（二〇一三：七六）により指摘されている。大学構内には、大学の構成員だけではなく学外の来校者がいたり、教職員間に常勤と非常勤の者がいたり、さまざまな人々が混在している。しかし、この指摘は大学内に滞在する各個人の属性にとらわれず、負傷もしくは犠牲となっているか、つまり「否」の部分の明確化を指摘していると考えられる。

四　大学生の視点と安否確認——首都圏の大学生の行動に関する調査をもとに

(一) 調査の目的と方法

いままでは各大学の記録や、研究者や実務者による論考をもとに安否確認の問題点を検討してきたが、ここでは、大学生の視点から安否確認の問題点を明らかにする。そのために、筆者は東日本大震災発生後に首都圏の大学生を対象とした調査を実施した。

調査の回答者は、二〇一一年三月一一日に大学の学部及び修士課程に所属しており、二〇一一年三月一一日に一都三県に在住し、かつ二〇一一年三月一一日の当日に旅行などで一都三県を離れていない学生を対象とした。

調査は二〇一二年一月二七日から二月五日にウェブ調査の方式で実施した。最終的に、「男性・女性」と「自宅生・下宿生」の組合せの四セルに対して、各セル一五〇サンプルで合計六〇〇サンプルを得た。

(二) 安否確認の実態

「三月一一日以降に、大学から安否確認の連絡はありましたか（単一回答）」と質問したところ、全体の三七・二％が連絡を受けたと回答した（表3）。一方で、「連絡はなかった」が全体の五〇・二％にのぼる。自宅生より

表3　大学から安否確認連絡を受けたか（N＝600：単一回答）

	連絡があった	連絡はなかった	おぼえていない	合計
下宿生	112（37.3%）	147（49.0%）	41（13.7%）	300（100.0%）
自宅生	111（37.0%）	154（51.3%）	35（11.7%）	300（100.0%）
全体	223（37.2%）	301（50.2%）	76（12.7%）	600（100.0%）

$\chi^2(2, N=600)=0.641$, *n.s.*

も下宿生の方が連絡を受けていないのではないかと考えられたが、そういった結果は得られなかった。

連絡を受けたと回答した二二三人に対して、「大学からの安否確認の連絡で、最も早い連絡はいつごろきましたか（単一回答）」と尋ねたところ、三月一一日から一三日までの三日間に連絡を受けたのは三二・七％であった（図1）。学生は大学からの連絡が早いと思ったのかを確かめるためクロス集計をした（表4）。三月一一日から一三日に連絡を受けた学生は、「早いと思った」割合が「早いと思わなかった」を上回る。しかし、三月一四日以降に連絡を受けた学生は、「早いと思わなかった」割合の方が高い。

同様に、連絡を受けたと回答した二二三人に対して、誰から安否確認の連絡を受けたかを複数回答形式で聞いたところ、最も多かったのは「大学の事務部」の五二・九％であった。その一方で、「ゼミ・研究室の先生」からが四三・〇％で、「クラス担任の先生」が一五・二％であり、教員からの安否確認も行われていたことが明らかとなった。

連絡を受けたと回答した二二三人に対して、「大学からの安否確認の連絡をうけて、あなたは安心しましたか（単一回答）」と質問したところ、「とても安心した」と「やや安心した」の合計は六二・四％であった（表5）。

（三）大学からの安否確認の方法を知っているか

回答者全員に対して、大学からの安否確認の方法について見聞きしたことがあるかを、東日本大震災の前後に分けて質問した。その結果、東日本大震災前は六・二％が、東日

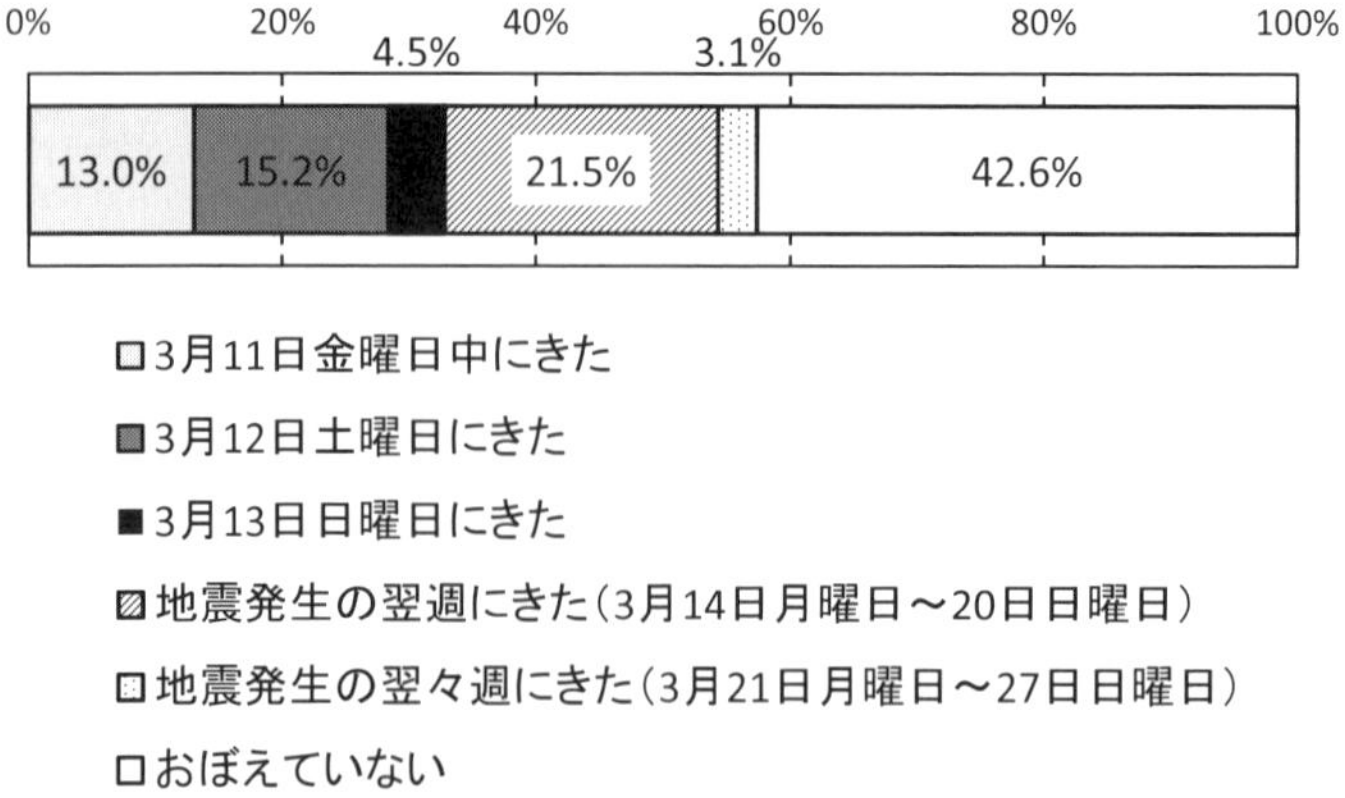

図１　大学からの安否確認連絡をいつ受けたか（N＝223：単一回答）

表４　安否確認連絡を受けた時期を早いと思ったか（N＝223）

	とても早いと思った	やや早いと思った	あまり早いとは思わなかった	まったく早いとは思わなかった	合計
1	16（55.2％）	9（31.0％）	3（10.3％）	1　（3.4％）	29（100.0％）
2	7（20.6％）	18（52.9％）	9（26.5％）	0　（0.0％）	34（100.0％）
3	1（10.0％）	6（60.0％）	3（30.0％）	0　（0.0％）	10（100.0％）
4	2　（4.2％）	18（37.5％）	27（56.3％）	1　（2.1％）	48（100.0％）
5	0　（0.0％）	1（14.3％）	0　（0.0％）	6（85.7％）	7（100.0％）
6	4　（4.2％）	37（38.9％）	44（46.3％）	10（10.5％）	95（100.0％）
全体	30（13.5％）	89（39.9％）	86（38.6％）	18　（8.1％）	223（100.0％）

$\chi^2(15, N=223)=128.201, p < .01$

1. 3月11日金曜日中にきた
2. 3月12日土曜日にきた
3. 3月13日日曜日にきた
4. 地震発生の翌週にきた（3月14日月曜日〜20日日曜日）
5. 地震発生の翌々週にきた（3月21日月曜日〜27日日曜日）
6. おぼえていない

表 5　安否確認連絡を得て安心したか（N＝223：単一回答）

	とても安心した	やや安心した	あまり安心しなかった	まったく安心しなかった	合計
下宿生	8 （7.1%）	60（53.6%）	27（24.1%）	17（15.2%）	112（100.0%）
自宅生	12（10.8%）	59（53.2%）	29（26.1%）	11 （9.9%）	111（100.0%）
全体	20 （9.0%）	119（53.4%）	56（25.1%）	28（12.6%）	223（100.0%）

$\chi^2(3, N=223)=2.161$, *n.s.*

本大震災後は一七・〇%が安否確認の方法を知っていると回答した。

全体的に大学の防災対策の認知率が低いなかで、安否確認の方法の認知がその他の大学の防災対策の認知と比較して極端に低いということではない。

五　まとめと考察

本稿は、東日本大震災の経験にもとづき、大学の防災における安否確認の問題点を検討し、首都直下地震の対策を考慮するうえでの示唆を得ることを目的とした。そのために、まず阪神・淡路大震災における大学の防災の安否確認に関する問題点を再考し、東日本大震災における安否確認の諸問題を整理するうえでの基礎的な分類項目を作成した。この分類項目にもとづき、東日本大震災における問題点を、①東北地方の大学の記録、②首都圏及び近郊にキャンパスを有する国立大学と私立大学を対象とした質問紙調査、③東日本大震災後に執筆・刊行された安否確認に関連する論説、に即して明らかにした。そして、最後に、東日本大震災における首都圏の大学生の行動に関する調査をもとに、大学生の視点から大学の防災と安否確認についての課題を明らかにした。

以上の問題点をまとめた一覧が**表6**である。

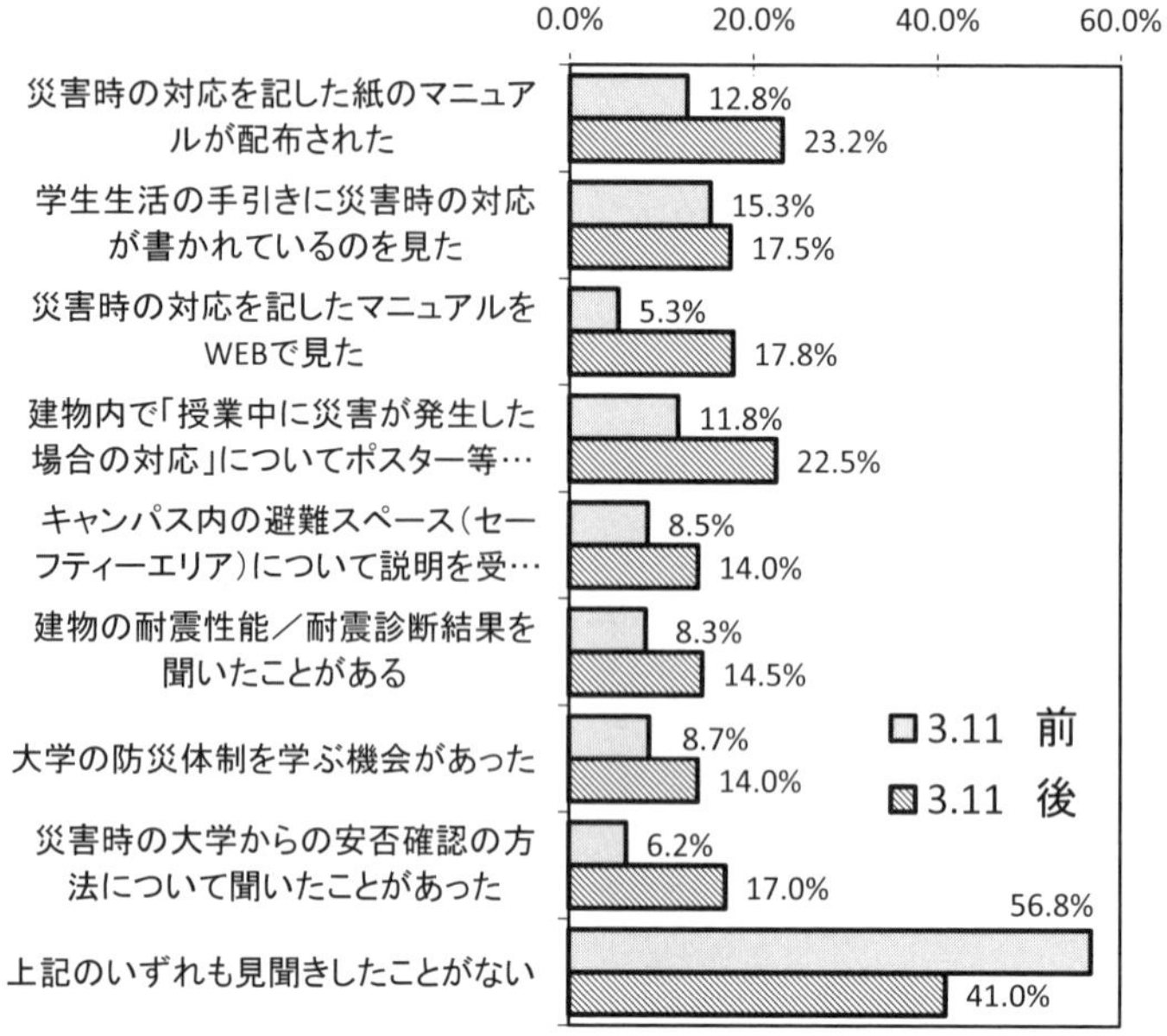

図2　大学からの安否確認の方法を知っているか（N＝600、複数回答）

(二) 阪神・淡路大震災と東日本大震災の共通点

まず、阪神・淡路大震災と東日本大震災の両方で観察された問題点を取り上げる。これらの問題点は、一九九五年の阪神・淡路大震災で指摘されたにもかかわらず、時を経た二〇一一年の東日本大震災で同様の失敗を繰り返してしまったものである。

「電話が使えない」という問題点は、依然として電話という手段に大きく依存する安否確認の手段を見直し、多様な手段を活用する必要があることを示していると考えられる。

「教員の協力が必要」という点は、特に学生の安否確認を「誰が」担当すべきなのか、ということを考え直す問題提起をしていると思われる。大学の構成員中の最大の割合を占める学生の安否確認を、事務職員だけが行うのではなく、教員も積極的に確認作業を助ける必要があると考えられる。

表6　大学の防災対策における安否確認の問題点の一覧

大項目	小項目	阪神・淡路大震災	東北地方の5大学	首都圏の大学調査	既往の論考
確認方法について	対応可能な人数が少ない	○			
	電話が使えない	○	○		
	教員の協力が必要	○	○		
	教職員が実地調査	○			
	名簿（連絡先）の不備	○		○	○
	住まいの地域ごとの連絡体制の確立	○			
	学生がどこに連絡するかが決まっていない	○			
	安否確認システムが機能不全		○		○
	パソコンが使えない		○		
	学生から大学への報告を求める				○
	他キャンパスとの連絡		○		
	「否」の確認には時間がかかる				○
	停電対策				○
安否確認をすべき対象	（学内への）避難者の「安」の情報発信（問合せ受付）	○			○
	留学生、外国籍研究者	○	○	○	○
	多様な教職員構成	○	○	○	
	学外にいる構成員		○		
	個人情報保護		○		
	障害を持った学生への対応				○
	大学構内での負傷者や犠牲者				○

「名簿の不備」については、東日本大震災で首都圏の大学で観察された。教職員と学生を含めた連絡先の更新は、そのために設備や備品を新規に購入したり、人員を配置したりするなど、新たな予算的措置を必要としないため、各大学は積極的に進めることができるだろう。

「(学内への)避難者の「安」の情報発信(問合せ受付)」という点は、大学における安否確認は構成員の安否の確認で終わりだけではなく、その結果を発信することまでを含み、かつ学外の避難者を構内に受け入れる場合は彼らに関する情報も発信する必要があることを示している。情報発信することを前提とすると、誰に対してどこまで個人情報を開示するのかという方針を事前に定めておかないとならない。

「留学生、外国籍研究者」の安否確認は、福島第一原子力発電所の事故に大きく影響されたとはいえ、大学の安否確認がかかえる重要な課題である。日本政府の施策が留学生や外国籍研究者の日本への積極的な受け入れを進めている以上、今後も留学生や外国籍研究者の数が増加し、それに伴い彼らを対象とする安否確認に時間がかかることが予想される。

「多様な教職員構成」が大学という社会組織の一つの特色であり、非常勤形態の雇用体系がなくなるということは考えにくい以上、大学における安否確認の対象を平常時から明確化しておく必要がある。

(二) 阪神・淡路大震災のみで観察された問題点

次に、阪神・淡路大震災のみで観察され、東日本大震災では顕在化しなかった問題点を取り上げる。考え方によっては、東日本大震災で顕在化しなかったということは、すでに克服された問題点であるとも捉えることができるかもしれない。だが、筆者はこれらの問題点は、問題提起としては依然として重要な意味を持っていると考えている。

「対応可能な人数が少ない」という問題点が東日本大震災で顕在化しなかったのは、震災が平日の勤務時間中に発生したという要因が大きいと思われる。阪神・淡路大震災の時のように、勤務時間外に有事が発生する場合や、大学の一般公開や学園祭などの催事で学内に多くの人がいる場合は、相対的に人手が不足する事態が考えられる。平日夜間や休日など教職員が少ない場合や、入試や学園祭などの特異な状況を考慮して、安否確認の体制を検討する必要があるのではないだろうか。

「教職員が実地調査」をするという点は、大学の安否確認の手段の多様化の一形態であると考えられる。同様に、「住まいの地域ごとの連絡体制の確立」と「学生がどこに連絡するかが決まっていない」という問題点は、安否確認の手段の多様化に関連していると考えられる。必ずしも住まいの地域ごとに連絡体制を確立することが正しい方策とはいえないかもしれない。しかし、この具体案は連絡体制を構築する工夫のやりようがあることを示唆している。学生の連絡先の明確化は、教職員からの一方的な安否確認ではなく、学生からの自発的な「安」の申告を受け付けるために、必要不可欠である。

(三) 東日本大震災のみで観察された問題点

阪神・淡路大震災では記録されず、東日本大震災で初めて問題となった項目がある。阪神・淡路大震災以降、大学に限らず民間企業や官公庁で安否確認システムの運用が始まった。また、通信会社が提供する伝言板や伝言ダイヤルなどの手段も普及しつつあった。つまり、阪神・淡路大震災の当時と比べて、電気を用いる機器や仕組みに頼る安否確認が増えた。東日本大震災では、単純に電力の問題でなく通信網との兼ね合いがあるが、停電や電気の供給が不安定になったことで、既存の安否確認手段が機能不全を起こしたと考えられる。こうした経験を踏まえ、バックアップや自家発電能力の増強を含めた安否確認システムの高度化が行われているが、紙媒体によるアナログな手段も安否確認の手段として有用であることを忘れてはいけない。

「他キャンパスとの連絡」は、東日本大震災において東北学院大学で報告された問題点であった。阪神・淡路大震災において、神戸大学も関西学院大学も複数キャンパスを有する大学であったが、キャンパス間の連絡についての問題点は記録されなかった。また、東日本大震災における首都圏の大学でも、例えば東京大学は都内に複数のキャンパスがあるだけではなく、千葉県柏市にもキャンパスがあるが、三（二）の調査ではこの問題は発見されなかった。しかし、東日本大震災で東北地方が経験したような通信網の途絶や大幅な機能不全が首都圏で発生すれば、複数キャンパスを有する大学でキャンパス間で連絡がとれず、全学的に安否確認を進めることが困難になると予想される。そのため、各キャンパスが孤立することも考慮した安否確認体制の構築が重要であると考えられる。

石巻専修大学では「学外にいる構成員」の安否確認が難航したが、首都直下地震が発生すれば同様の問題が起きかねない。教職員と学生を問わず、大学では日常的に多くの出張者がいる。出張届などが提出されている場合は、それらの書類の情報をもとに不在者を特定することができる。しかし、厄介なのは、夏季休業中など長期の休みに学生が旅行に行く場合には、大学に公式な届け出をしないのが一般的である。そのため、誰がどこにいるのかを把握するという基本的なことの把握が困難となることが容易に想像される。

東日本大震災後に公刊された論説は、第三者的な視点から問題提起を行っている。「学生から大学への報告を求める」という指摘は、学生は大学の構成員として自分の「安」を自発的に申告する重要性を明言した点で、画期的な問題提起であると考えられる。

「「否」の確認には時間がかかる」という指摘は、安否確認の本質を突いた内容であるといえる。被災地の中心にある大学であるほど、「否」の情報を収集して確定させることは困難となる。また、この指摘は「否」の確認は長期化することを前提としたうえで、事前の安否確認体制の構築や、被災後に安否確認作業に従事する対応者の人数の割り振りや、安否確認以外に同時進行で進めるべき災害対応の優先事項の存在があることを示唆していると思われる。

「障害を持った学生への対応」という問題点の指摘は、阪神・淡路大震災と東日本大震災における大学の記録からは、明示的には観察されなかった。しかし、学生に限らず、障害を持った構成員への対応の必要性は論を待たない。

「大学構内での負傷者や犠牲者」の確認をすべきであるという指摘は、安否確認作業における優先順位を検討するうえで示唆的である。この指摘は、被災時点で構内にいる全員を対象に、「否」もしくはそれに近い情報を確定することの重要性を説いていると解される。この考え方にたてば、常勤か非常勤か、大学の構成員か来客か、といった区別に左右されることなく、安否確認ではっきりさせるべき明確な基準が示されるという有用性があると考えられる。

(四) 学生の視点

大学生の視点から大学の防災と安否確認についての課題を明らかにしようとした試みからは、双方向的な安否確認の重要性が確認されたと同時に、学生が自発的に安否確認を申告するための周知徹底は容易ではないことが明らかになった。東日本大震災では、安否確認連絡を受けたことにより、約六割の学生は安心感を得ている。このことから、学生が大学と連絡を取れることの重要性が改めて認識された。だが、

- 大学からの連絡を実際に受けた学生は四割弱
- 震災当日から三日を超えると、学生は連絡を受けてもそれを早いとは感じない割合が高まる

ことを考慮すると、大学から一方的に学生に安否確認連絡を取ることの限界もみてとれる。首都圏が大規模に被

災する事態に備えて、学生からも大学に対して積極的に連絡を取る仕組みを検討すべきではないだろうか。ただし、災害時の大学からの安否確認方法について知っている学生の割合は、震災後でも二割弱しかいない。認知率の改善と同時に、自発的な申告を義務づける取り組みが求められる。

（五）首都直下地震の対策を考慮するうえでの示唆

以上のまとめを踏まえて、首都直下地震の対策を考慮するうえでの示唆として、安否確認方法の多重化、安否確認対象の明確化、個人情報保護方針の確定の三点を指摘したい。安否確認方法の多重化として、学生からの自発的申告、確認のもとになる名簿や連絡方法について安否確認システムや電子媒体と紙媒体の併用、職員と教員が協力しあう確認作業を意味する。安否確認対象の明確化については、特に被災直後の初動において、被災時点で大学構内にいる全員を対象に、「否」の情報の確定を優先するということである。言い換えると、大学の構外にいる構成員の確認には時間がかかり、構成員全体の安否の確定と公表はすぐにはできないという点を社会的合意とするべきである。最後に、安否情報を確認することのみならず開示することを念頭に、個人情報の保管と、大学としての個人情報の取扱いの方針を定めておくことが重要である。本稿で考察した安否確認の諸問題を解決するための具体的な制度化や、業務継続計画への適用については、機会を改めて論じたいと思う。

注

（1）例えば、金子 二〇一二、丸谷 二〇一二、中島ほか 二〇一二。

（2）例えば、稲垣ほか 二〇一一、渡 二〇一一、下村ほか 二〇一二。

（3）例えば、藤島 二〇一一、西田 二〇一二。

(4)例えば、野宮 二〇一二、河田 二〇一三、景井ほか 二〇一三。
(5)例えば、酒井 二〇一一、風間 二〇一三。
(6)本稿の取組みは大学の安否確認に関する業務内容の抽出や、網羅的整理を企図するものではないことを付言する。東日本大震災における東北地方の大学の問題点の抽出でも同様である。

参考文献

赤林隆仁、二〇一二、「東日本大震災における大学の事業継続リスクマネジメントに関する考察」『埼玉学園大学紀要(経営学部篇)』第一二号、一六一 - 一七二
阿波村稔、二〇一一、「留学生交流と大学の危機管理――3・11大震災における国立大学の対応と今後の課題」『新潟大学国際センター紀要』第八号、九三 - 一〇〇
藤島清太郎、二〇一一、「緊急時における私立大学の医療支援――被災地への救援医療団派遣」『大学時報』六〇(三三八・三三九合併号)、七四 - 七五
学校法人東北文化学園大学、二〇一一、『東日本大震災対応報告書』
学校法人東北学院、二〇一二、『東日本大震災 東北学院一年の記録』
阪神・淡路大震災関西学院報告書編集委員会、一九九六、『激震 そのとき大学人は』日本経済評論社
稲垣大輔ほか、二〇一一、「東日本大震災時における工学院大学の初動対応と帰宅困難者対応」『日本建築学会大会学術講演梗概集』八七七 - 八七八
石巻専修大学紀要編集委員会編、二〇一二、『東日本大震災 石巻専修大学報告書』
岩手大学研究交流部三陸復興推進課編、二〇一四、『東日本大震災から三年目の取組』
景井充ほか、二〇一三、「東北被災地大学調査」報告」『立命館産業社会論集』第四八巻、第四号、一五九 - 一七一
金子康樹、二〇一二、「大学における事業継続性の確保――情報システムのための事業継続対策の事例」『大学時報』六一(三四四)、五四 - 五九
河田惠昭、二〇一三、「東日本大震災と学術調査研究」『大学時報』六二(三五〇)、六二 - 六五
風間規男、二〇一三、「大規模自然災害時の大学間連携」『大学時報』六二(三五〇)、七八 - 八一

国大協サービス、二〇一二、『メールマガジン発行四周年記念　特別号　国立大学リスクマネジメント情報』
国立大学協会、二〇一一、『東日本大震災と大学の危機管理』国大協サービス
神戸大学庶務部庶務課編、一九九六、『兵庫県南部地震による震災の記録』
倉林眞砂斗、二〇一一、「緊急時における留学生支援」『大学時報』六〇（三三八・三三九合併号）、五八－六一
丸谷浩明、二〇一二、「事業継続計画（BCP）の概要と大学での策定の視点」『大学マネジメント』八（一）、一一－一七
文部科学省、二〇一一、『東日本大震災による大学等の被害状況とこれまでの取組』
文部省、一九九六、『平成七年度我が国の文教施策』
中島淑乃ほか、二〇一二、「震災を教訓に大学のBCPを考える」『ViewPoint』第一二号、七二－七八
日本私立大学連盟、二〇一三、『大規模自然災害に対する私立大学間の協力・連携のあり方について』
日本私立短期大学協会運営問題委員会、二〇一二、『短期大学における防災・減災への供えについて』
西田邦昭、二〇一二、「被災地への息の長い支援を目指して――岩手県陸前高田市と立教大学の連携及び交流に関する協定締結」『大学時報』六一（三四四）、三六－四一
野宮大志郎、二〇一二、「大学と社会との新しい往還、教員・職員・学生の新しい関係」『大学時報』六一（三四四）、四二－四七
大原美保・地引泰人・田中淳、二〇一二、「東日本大震災後における大学の対応に関する調査――首都直下地震への効果的な対策を目指して」『地域安全学会論文集』一八
酒井悦嗣、二〇一一、「緊急時の大学の危機対応」『大学時報』六〇（三三八・三三九合併号）、四八－五一
笹平康太郎、二〇一一、「大学における地震対応計画構築のポイント」『株式会社インターリスク総研BCMニュース』一一、二九
関谷直也、二〇一三、「緊急時の大学広報とメディアの活用」『大学時報』六二（三五〇）、七〇－七七
下村亮子ほか、二〇一二、「東日本大震災当日の大学における帰宅困難者受け入れ状況の調査」『日本建築学会大会学術講演梗概集』八〇五－八〇六
総務省統計局、二〇一四、『日本の統計二〇一三』
東北大学災害対策推進室編、二〇一三、『3・11から　記録と記憶をつないで、次代へ、世界へ　東北大学　東日本大震災記録集』

渡佳和、二〇一一、「震災時における大学の社会的責任――帰宅困難者対策」『大学時報』六〇（三三八・三三九合併号）、四四－四七
吉武博通、二〇一一、「東日本大震災に際しての危機対応と大学がこの経験から学ぶこと」『リクルート　カレッジマネジメント』一六八号、二六－三一

謝辞　本研究は文部科学省特別研究経費「災害緊急情報を活用した大学防災情報システムの開発」（東京大学大学院情報学環附属総合防災情報研究センター）の一環として実施された。

福島第一原子力発電所事故後の風評被害と心理的「般化被害」——「絆」はほんとうに強まったか

仁平義明

はじめに

本論は、東日本大震災に続く福島第一原子力発電所事故が日本全体にもたらした結果について、探索的な調査結果に基づいて、一般的な考え方とは異なる観点から意味づけをしようとするものである。

一般的な考えの一つは、大震災と原子力発電所事故を通じて「日本人の間の絆が強化された」という考えである。日本の歴史の中で、今回のように官民あらゆる場で「絆」という言葉が躍ったことはかつてなかっただろう。最近でも、大震災後三年経過した二〇一四年四月、独立行政法人化学技術振興機構主催、文部科学省・復興庁・岩手・宮城・福島の被災三県他の共催による「復興促進プログラム　特別企画シンポジウム『未来を創る　東北の力』——科学技術英知・絆の成果」が開催された。「絆の成果」というサブタイトルにも、復興に「絆」が働いたという考え方が含意されている。いいかえれば、それは社会に存在する人間関係資源「社会関係資本」

(social capital) の三つの構成要素 (Paldam 2000) の一つ「相互信頼」が国内で強まったという考えだともいえる。

しかし、大震災から一年半後に調査をしてみると、結果からは、「絆」の変化については被災地側と他の地域で正反対の見方があることが示唆される。被災地から離れた地域の人々は、絆は強まったと考える楽観的な傾向があった。これとは逆に被災地の人間は、他の地域との相互信頼はときには「弱まった」と感じることがあったのである。

同時に、調査はこの変化には風評被害が一つの要因になっていることを示していた。「社会関係資本の変化」について、調査結果からいえることは、次のように要約できる。

①震災前に比べ「被災地の人々」と「そうではない地方の人々」との「信頼関係や心の結びつきが弱まった」という「社会関係資本の喪失」を感じる割合は、被災三県（岩手・宮城・福島）や隣県二県（茨城・栃木）の住民の方が、遠方の都県（東京・神奈川）よりも高かった。

②東京・神奈川の住民では、逆にボランティアなど「絆」運動によって信頼関係が強まったという安易な認識がされる傾向があった。

③地域間の乖離に被災県以外の人間が気づかないと、地域間の信頼喪失をさらに助長する危険があると考えられた。

④被災県の住民があげた信頼関係喪失の理由には、「風評被害」が関係していた。

本論が一般的な考え方と異なるもう一つの点は、その「風評被害」についてである。

東日本大震災は、未曾有の連鎖的災害であった。地震は津波を引き起こし、それらは東京電力福島第一原子力発電所原子炉の冷却電源の喪失による炉心溶融、そして原子炉建屋の爆発につながり、さらに爆発事故は放射性物質の広範囲にわたる飛散を招いた。

その結果、農産畜産水産物等の出荷停止や自粛だけでなく、基準値を超えない、あるいは検出不能の物についても買い控え、観光の抑制など、いわゆる風評被害が起こった。

風評被害は、「被害側」にとっては、放射性物質汚染の根本原因をつくった組織や体制だけでなく購買抑制や回避をする側の人間も一種の「加害側」であるという認識を生じさせ、日本の中でこれまで築き上げられてきた「地域間の信頼関係」にダメージを与えた可能性があった。

「風評被害」に関して、調査から明らかになったのは、次の点である。
①福島第一原子力発電所事故後、安全なはずの農水産畜産物の購入回避等の風評被害には、恐怖が類似性・関連性のある対象に拡大する心理的な「般化」の特徴がみられた。
②般化による回避傾向は「未成年の子」がいる親ほど著しかった。
③回避傾向には、般化の特徴である、関連度が高いものほど著しいという「般化勾配」がみられた。
本論では、まず、「風評被害」という概念についての整理を行い、次に「恐怖の般化」、さらに「社会関係資本」という概念を整理し、その上で探索的な調査の結果を報告し、震災後の日本で、いわゆる「絆」が強まったと言えるか考察をしていく。

一　風評被害という概念

風評被害は、多くの場合「いわゆる」が付けられるのが特徴である。風評（rumor）という日本語は本来、「うわさ」「流言」の意味である。そのため、風評被害の原因が根も葉もないうわさや流言によるものとは限らないと考える場合、〝いわゆる〟が接頭語のように付加される。

風評被害について日本で最も精力的に研究を行ってきた関谷（二〇〇九）は、風評被害を次のように定義している。

ある事件・事故・環境汚染・災害が大々的に報道されることによって、本来「安全」とされる食品・商品・土地を人々が危険視し、消費や観光をやめることによって引き起こされる経済的被害

なぜ、放射性物質の飛散というハザードとそれに伴う汚染の広がりのリスクの報道が本来「安全な」はずの対象を回避する風評被害につながるのだろうか。

その心理的なメカニズムの一つには、心理学でいう「般化」(generalization)があることが考えられる。般化は、「経験によって学習された恐怖が問題の対象そのものだけでなく、それと共通点があるもの、類似しているものなど、心理的に連合するものにも広がる現象」である。

学術用語、一般用語、および政策用語としての「風評被害」の定義には乖離がある。とくに一般的な用語では、風評(rumor)の本来の語義「流言」「うわさ」の意味そのままに使用されることが多い。逆に、賠償を想定した政策的な用法(たとえば、「原子力損害賠償紛争審査会」)では、「うわさ・流言」を定義の要素に入れると個人の賠償審査で確認作業がほとんど不可能になるため、定義に含めることは慎重に避けられている。また、同じ政策的な用法でも、人権保護を責務とする部局(「法務省人権保護局」)の定義では、逆に、風評被害としての差別の要因がうわさのように「根拠のない」情報であることが強調される。これは政府機関内の不統一だというよりは、機関の機能のちがいを反映していると考えた方がよい。

(一) 辞書の定義(一般社会での用法)

一般社会で用語の意味が最も参照されるのは、辞書である。現行の辞書で「風評被害」の定義は大同小異であ

る。たとえばわが国で代表的な中型国語辞典『大辞林』(第三版　二〇〇六)は「事故や事件の後、根拠のない噂(うわさ)や憶測などで発生する経済的被害」(傍線は筆者、以下同)という定義になっている。定義の構成要素は、①事故や事件後に発生する現象、②うわさなど根拠のない不確かな情報、あるいは憶測、③経済的被害、である。

もう一つの代表的な国語辞典『広辞苑』(第六版　二〇〇八)は、風評被害を「風評によって、売り上げ減などの被害を受けること」だとしている。同じ辞典で「風評」が「世間の評判。うわさ。とりざた。風説」だと定義されていることを考えると、やはり根拠のない情報による被害になる。『大辞林』が憶測という「自己中心的な情報補完」を原因に加えている点を除けば、実質的に定義に変わりはない。

いずれにしても、現時点での一般的な辞書の定義は、風評被害を根拠のないうわさによる経済的被害だとしている。

(二) 学術上の定義

先にあげた関谷直也(二〇〇九)の定義は、次の四つを風評被害の構成要素だとしている。

①経済的被害。主に、食品関係(農業、漁業、特産土産物、食品加工業)、人の移動に関する業種(旅行、観光産業)の経済的被害

②事故・事件・環境汚染・災害の存在もしくは関連する報道の存在

③事件後の「大量の報道量」の存在

④本来『安全』とされる食品・商品・土地の経済的被害

関谷の定義では、風評被害を引き起こす情報は、「うわさ・流言」という歪曲されやすい連鎖的な情報ではなく、うわさよりは事実に近いけれどパーフェクトな情報とはいえない「報道」という二次情報である。

もちろん、災害時には流言が発生する可能性は高い。たとえば、東京大学社会情報研究所（『一九九五年阪神・淡路大震災調査報告二』一九九六）は、阪神・淡路大震災時に流言に接した人の割合が高かったことを報告している。しかし、関谷の定義では流言は風評被害の必要条件ではなく、大量の報道が必要条件である点に特徴がある。また、〝本来「安全」とされる〟対象という定義には、買い控えや忌避をする側が「合理性のない」反応をしていることが含意されている。

（三）福島原子力発電所事故後の「行政」による風評被害の定義

福島原発事故後、風評被害については、複数の公的な定義がされている。定義は、それぞれの機関がどのような目的でメッセージを出したかによって異なっている。

①「原子力損害賠償紛争審査会」中間指針

文部科学省所管の「原子力損害賠償紛争審査会」は『原子力損害の判定等に関する中間指針』（平成二三年八月）で、風評被害を、次のように定義している（**表1**）。

ここでは風評被害は、〝いわゆる〟風評被害である。定義では、「うわさ」「流言」という要素を組み込むことが慎重に避けられている。この定義の背景には、「補償」の問題があることを考慮しなければならないだろう。

オルポートとポストマン（Allport & Postman 1947）の「うわさ（流言）」（rumor）の定義をここであらためて訳してみると、次のようになる（既訳は、たとえば南博訳、一九五二、『デマの心理學』岩波書店）。

うわさ（流言）とは、特定のことがら（あるいは特定の話題）について、判断の基準になる確実な根拠がないままに自分がそうだと信じこんでいる話のことで、人から人へ、たいていは口コミで伝わっていくもの

表1 原子力損害賠償紛争審査会『原子力損害の判定等に関する中間指針』(2011)

第7 いわゆる風評被害について
1 一般的基準
(指針)

Ⅰ)いわゆる風評被害については確立した定義はないものの、この中間指針で「風評被害」とは、報道等により広く知らされた事実によって、商品又はサービスに関する放射性物質による汚染の危険性を懸念した消費者または取引先により当該商品又はサービスの買い控え、取引停止等をされたために生じた被害を意味するものとする。

Ⅱ)「風評被害」についても、本件事故と相当因果関係のあるものであれば賠償の対象とする。その一般的な基準としては、消費者又は取引先が、商品又はサービスについて、本件事故による放射性物質による汚染の危険性を懸念し、敬遠したくなる心理が、平均的・一般的な人を基準として合理性を有していると認められる場合とする。

(中略)

(備考)
1)いわゆる風評被害という表現は、人によって様々な意味に解釈されており、放射性物質等による危険が全くないのに消費者や取引先が危険性を心配して商品やサービスの購入・取引を回避する不安心理に起因する損害という意味で使われることもある。しかしながら、少なくとも本件事故のような原子力事故に関していえば、むしろ必ずしも科学的に明確でない放射性物質による汚染の危険を回避するための市場の拒絶反応によるものと考えるべきであり、したがって、このような回避行動が合理的といえる場合には、賠償の対象になる。

アンダーラインは筆者、以下同。

もし「うわさ・流言」という要素を風評被害の定義に含めてしまうと、損害賠償の査定をする側は、うわさという個人ルートの情報伝達について一人一人調査を行わなければならなくなる。これでは賠償は実質的に不可能である。原子力損害賠償紛争審査会が「うわさ」を定義に組み込むことを避けた理由は、この点にあったのだろう。

しかし、審査会の考え方は、逆に大きな矛盾を残してしまっている。「必ずしも科学的に明確ではない放射性物質による汚染の危険を回避するための市場の拒絶反応」であると同時に、賠償の対象となるには「平均的・一般的な人を基準として合理性を有している」ことが要件とされたことが問題を生んだ。

「必ずしも科学的に明確ではない……危険」と表現することで「全く根

拠のない」反応とは一線を画した定義にしてはいるが、賠償には「平均的・一般的な人を基準として合理性を有する」境界の線引きをしなければならなくなったのである。

「平均的・一般的な人」の基準となる閾値を、仮に五〇%以上の人がそのようにふるまうことだとしよう。ところが「安全だと宣言されて」いるのにもかかわらず五〇%以上の人が買い控えなどの回避行動をするなら、「平均的・一般的な人」は安全宣言と反する「合理的ではない」行動をしていることになる。だから賠償の基準を「平均的・一般的な人を基準として合理性を有する」ことに置こうとすること自体、矛盾を含んでいることになる。

したがって、本論では安全だとされるものを回避する「不合理な」反応が「平均的・一般的な人」の反応として起こっていたかどうかを、「般化」反応、「般化勾配」という視点から検討する。

②農林水産省の定義

この中間指針に先立つこと四か月、二〇一一年四月一五日開催の「原子力損害賠償紛争審査会（第一回）」の中で、農林水産省側（大臣官房佐南谷課長）は、風評被害を次のように定義して発言している（同審査会議事録）。

直接国による出荷制限が行われた品目ではないにもかかわらず、農産物の価格下落、あるいは取引の忌避といったことで関係農家が困っているという状況

農林水産省側の定義は、所管の農産物、農業に特化した定義になっている。「直接国による出荷制限が行われた品目ではない」という表現は、その時点で基準値を超えていないことを意味しており、『原子力損害の判定等に関する中間指針』が「汚染の危険性を懸念した消費者または取引先により当該商品又はサービスの買い控え、取引停止等をされた」という表現になっているのと軌を一にしている。つまり、風評被害は「危険性を懸念した」消費者や取引先の反応に近接要因がある定義になっている。

表2　法務省人権擁護局による緊急メッセージ（2011）

放射線被ばくについての風評被害等に関する緊急メッセージ

新聞報道等によりますと、原発事故のあった福島県からの避難者がホテルで宿泊を拒否されたり、ガソリンの給油を拒否されるといった事案のほか、小学生が避難先の小学校でいじめられるなどの事案があったとされております。

放射能の影響を心配するあまりなのでしょうが、根拠のない思い込みや偏見で差別することは人権侵害につながります。

震災に遭った人が、避難先で差別を受けたら、どんな気持ちになるでしょうか。

相手の気持ちを考え、やさしさを忘れず、みんなでこの困難を乗り越えていきましょう。

---

③法務省人権擁護局のメッセージ

法務省人権擁護局は、二〇一一年四月二一日、「放射線被ばくについての風評被害等に関する緊急メッセージ」を出した（表2）(http://www.moj.go.jp/JINKEN/jinken04_00010.html)。これは、福島県から他県へ避難した子どもたちが学校等でいじめにあった、あるいは避難者がホテルで宿泊拒否をされた等の報道に対応しようとしたものである。

「風評被害等に関する」緊急メッセージの英文ページのタイトルは、「Message Concerned with Damage by Rumor about Radiation Exposure」（放射線被ばくについてのうわさによる被害に関するメッセージ）になっていて、人権侵害の被害を憂慮するメッセージである。英文でも「被害」はあくまでも「Rumor（うわさ、流言）」によるものだという位置づけになって、「放射能の影響を心配するあまり……根拠のない思い込みや偏見」という表現になるのである。

(四) 般化という視点からの風評被害の定義

放射性物質に対する恐怖や、その汚染の可能性が不確実であることに対する不安は、当該の対象そのもの以外に、その対象と関連はあるけれど「本来安全な」はずの他の対象に拡大する「般化」(generalization) がみられる。般化についての説明、災害と般化についての研究は後で紹介するが、風評被害として現実に起こっている現象を広くカバーしようとするなら、風評被害は次のように定義するのが妥当だろう。

いわゆる風評被害とは、社会的に影響の大きい有害な事象が起こったという直接・間接の情報に接したとき、実態としての脅威がないのに主に般化によって本来の脅威対象以外にも広く回避行動が起こること。その結果として、回避される側に経済的・社会的損害などなんらかの被害が及ぶこと

(五) 立場による定義のちがい

さまざまな定義をみていくと、相違点が、①情報のソース（例えば、報道、うわさ）、②合理性・妥当性・情報の正確さ（例えば、本来「安全」とされる、根拠のない）、③被害の性格（例えば、経済的被害、差別）、④被害の領域（例えば、食品、商品、土地）、⑤行動・反応（例えば、危険視、消費や観光をやめる）、⑥「般化」への言及の有無にあることがわかる（表3）。

定義というものは、特定の意図をもってされるものである。その意図は立場によって変わってくるといえるだろう。辞書の定義は、最も一般的な言葉の意味の伝達にある。だから、辞書では一般的な用法を先に記載して、特定の分野での特殊な用法は、たとえば【医学】のように、分野を明記して記載されるのが普通である。損害賠償あるいは人権侵害の防止を想定した政府機関の定義は、それぞれの目的を持ったものになっている。損害賠償であれば、賠償の基準になるだけの明細化が必要になる。また、学術上の定義は、理論的な立場によるだけでなく「エビデンス」つまり実証的なデータに合致する定義になる。

表3　さまざまな立場からの「風評被害」の定義と回避行動の合理性についての考え方

定義の立場	定義	合理性
〈学術上の定義〉 関谷直也 (2009)	ある事件・事故・環境汚染・災害が大々的に報道されることによって、**本来「安全」**とされる食品・商品・土地を人々が**危険視**し、消費や観光をやめることによって引き起こされる経済的被害	本来「安全」とされる対象の危険視―「不合理性」が暗黙に含意
〈一般的定義〉 『大辞林』 (第三版　2008)	事故や事件の後、**根拠のない**噂（うわさ）や憶測などで発生する経済的被害	根拠のないうわさで発生する「不合理」な反応
〈一般的定義〉 『広辞苑』 (第六版　2006)	**風評**によって、売り上げ減などの被害を受けること	「風評」の定義は「世間の評判。うわさ。とりざた。風説」
〈賠償審査を意図した公的な定義〉 原子力損害賠償紛争審査会（文部科学省） (2011)	報道等により広く知らされた事実によって、商品又はサービスに関する放射性物質による汚染の**危険性を懸念した**消費者または取引先により当該商品又はサービスの買い控え、取引停止等をされたために生じた被害	賠償の要件は「**心理**が、平均的・一般的な人を基準として**合理性を有している**」
〈農業に特化した定義〉 第一回原子力損害賠償紛争審査会での農林水産省課長の発言 (2011)	**直接国による出荷制限が行われた品目ではないにもかかわらず**、農産物の価格下落、あるいは取引の忌避といったことで関係農家が困っているという状況	「出荷制限が行われた品目ではない」という表現で必ずしも合理的な反応ではないことを含意
〈人権保護を意図した公的な定義〉 法務省人権擁護局 (2011)	放射能の影響を心配するあまり…**根拠のない**思い込みや偏見で差別すること	「根拠のない」不合理な反応
〈般化を強調した定義〉 仁平義明 (2014)	いわゆる風評被害とは、社会的に影響の大きい有害な事象が起こったという直接・間接の情報に人が接したとき、実態としての脅威がないのに、主に**般化によって本来脅威とならない対象にも広く回避行動**が起こること．その結果、回避される側に経済的・社会的損害などなんらかの被害が及ぶこと	「般化」が主な要因であるとする定義

太字は筆者

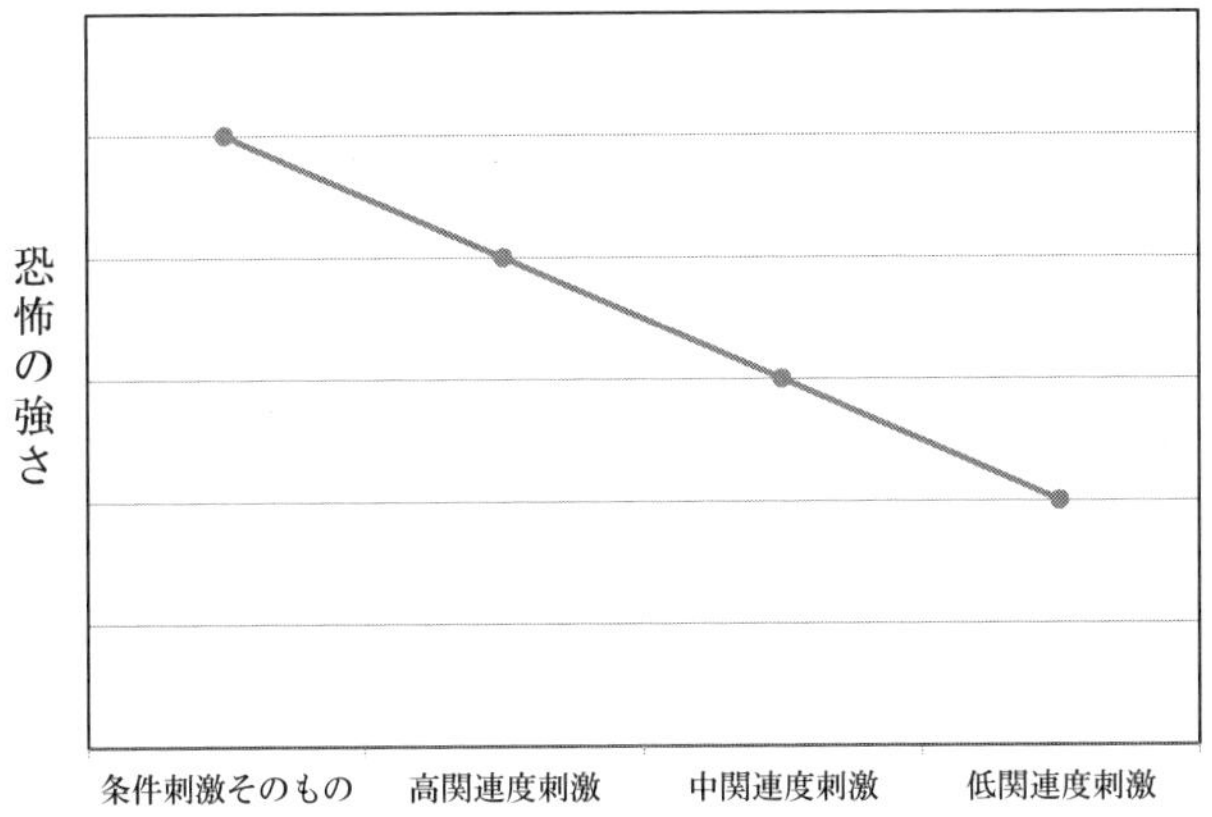

図１　恐怖の「般化勾配」の模式図

〈経験によって学習された恐怖は、条件刺激そのもの以外にも広く生起する「般化」が生じ、条件刺激との関連度・類似度が高い刺激ほど恐怖が強い「般化勾配」がみられる。〉

二　般化という概念

心理学には「般化」(generalization)という概念がある。「般化」は、ある対象に対して「恐怖」などの反応が新たに結合されると、本来の対象そのものだけでなくそれと関連したもの、類似したものにも広く学習された反応が生じるようになることである。

アメリカの心理学者ワトソンたち(Watson & Rayner 1920)は、一一か月の男の子にシロネズを見せては、子どもに無条件に恐怖を喚起する、金属棒を叩く大きな音を同時に与え、最終的にネズミ単独でも恐怖が喚起されるようになる「恐怖の条件づけ」実験を行った。実際の記録映像を見るとずいぶん粗雑な実験ではあるが、彼らは当初は「転移」(transfer)と呼び、後に「般化」と呼ぶようになった(Watson 1930)現象を報告した。

いったんシロネズミに恐怖が生じるようになると、恐怖は「白い毛」というネズミと共通点を持つ対象(ウサギ、イヌ、アザラシの毛皮のコード、サンタクロースの面など)にも拡大されるようになった。恐怖は、学習された恐怖刺激であるシロネズミとの類似性が高い（たとえば、ウサギ）ほど強く、類似度が低くなる（サンタクロースの面）ほど弱くなる関係がみられた。横軸に条件刺激との類似度・関連度を、縦軸に恐怖反応をとると、両者の関係を示す直線あるいは曲線には傾きが出る。この傾きが「般化勾配」（generalization gradient）と呼ばれるものである（図1）。

原発事故による放射性物質の飛散にともなう農水産物の「風評被害」の大きな成分はこの心理的な「般化」であり、風評被害の起こり方には「般化勾配」がみられることが、後で述べる調査結果からみてとれる。

（二）般化はPTSDの診断基準項目

脅威を感じたときに「般化」がどれだけ起こりやすい現象であるかは、PTSD（心的外傷後ストレス障害）の診断基準項目（アメリカ精神医学会・精神疾患の診断と統計マニュアル、DSM‐5、二〇一三）に、般化に関する項目が四項目も含まれていることからもわかる。

「B4　トラウマとなる出来事のどれかの側面を象徴するような、あるいは類似している内的なまたは外的な手がかりに接すると、強いあるいは長い時間続くような心理的苦痛が起こる」

「B5　トラウマとなる出来事のどれかの側面を象徴するような、あるいは類似している内的なまたは外的な手がかりに接すると、著しい生理的反応が生じる。」

「C1　トラウマとなる出来事そのものについての、またはそれと密接に結びついた苦痛な記憶、考え、あるいは感情を回避すること、あるいは回避しようとすること」

「C2　トラウマとなる出来事そのものについての、またはそれと密接に結びついた苦痛な記憶、考え、あるいは感情を喚起させる外的なリマインダー（人、場所、会話、活動、物、状況）を回避すること、あるいは回避しようとすること」

ＰＴＳＤの診断基準では、死や重傷、性的被害などトラウマとなる出来事を直接に経験すること、他の人たちが経験するのを目撃すること、家族や友人など身近な人がそのような目に遭ったのを知ることが必要条件であって、単に情報として知るだけではＰＴＳＤの基準には該当しない。しかし、風評被害として他の関連がある対象に般化が起こるのには、情報が与えられるだけでも十分だと考えられる。

(二) 災害の恐怖には「般化勾配」がみられる

放射性物質の汚染の脅威を知ると実際に問題なレベルにある対象以外のものにも恐怖の「般化」があること、恐怖の程度はそれとの関連度、類似性が高いものほど強いという「般化勾配」がみられる。このことは、他の災害に対する恐怖の般化に関する研究結果からも推測できる。

たとえばドリンジャーたちは、落雷被災を経験した少年たちには恐怖の般化がみられることを報告をした(Dollinger, O'Donnell, & Staley 1984)。サッカーのゲーム中に雷雨で落雷被災を経験し、チームの一人が死亡するという恐怖を経験した少年たちは、そうした経験がない少年たちに比べて、一〜二か月後も雷雨に対する恐怖が強かった。しかも、少年たちの恐怖は雷雨そのものだけでなく、事故で起こった友人の死にまつわる「死」「幽霊」、事故時の救急車に関係する「サイレン」、その後に事故に関連した恐い夢を見るため「眠ること」へと般化を示していた。般化には、落雷に関連が深いものほど般化が著しいという「般化勾配」がみられた。

また、デイヴィス(Davis 1995)は、ハリケーン・アンドリューを被災した子どもの恐怖を被災から六か月後に調査した結果、ハリケーンに特異的に関連した刺激ほど恐怖が強い「恐怖の般化勾配の存在」を支持するものであったと報告をしている。

表4　風評被害にみられる般化の5つのかたち

①「カテゴリー内般化」
“野菜”などの同じカテゴリー内で起こる般化。“かき菜”が基準値を超えると、回避が他の“ほうれん草”、“大根”などに広がる場合。

②「カテゴリー間般化」
回避が、“野菜”から基準値を超えていない“魚介類”までなど、カテゴリーを超えて広がる場合。

③「空間般化」
回避が、基準値を超えた市町村だけでなく、同県の市町村全体に、たとえば“フクシマ”に、隣県近県に、同じ東北地方になどと、空間を超えて広がる場合。

④「災害間般化」
震災と原発事故が心理的に連合してしまい、放射性物質汚染の地域だけでなく、津波被害の地域などにも、たとえば岩手県のがれき処理が放射性物質汚染がないことはわかりながら忌避されてしまうように、回避が拡大する場合。

⑤「人への般化」
物の放射性物質汚染でしかないのに、“福島の人”など人に回避が拡大する場合。

風評被害の対象も、基準値を超えるとされた対象だけではなく、安全だとされた別な対象に「般化」による買い控え等の回避反応が起こる。そのような場合、「般化勾配」がみられる可能性が考えられる。たとえば、「かき菜」が基準値を超えると「ほうれん草」も「ニンジン」にも回避が起こるが、カキ菜よりは弱い回避傾向であるというような現象である。

とくに風評被害を般化として考えたとき、風評被害の般化の形態には**表4**のようなものが考えられる。

今回の調査では、福島原子力発電所事故にともなって、**表4**にあげた、②「カテゴリー間般化」と、③「空間的般化」がみられたかどうか探索的に検討を行った。

三　「社会関係資本」という概念

東日本大震災と福島第一原子力発電所事故の被災者には、国、自治体、ボランティアはじめさまざまな人々や組織から多様な支援が行われた。「絆」という表現が、被災者と支援者の結びつきを象徴するものとしてさかんに使われた。

それは、わが国の「社会の中に構築され蓄積されてきたネットワークや相互信頼」である「社会関係資本」の存在を反映するものだと考えられた。社会関係資本は、ある社会が円滑に機能する基盤になる、その社会に蓄積されて存在する豊かな総体的人間関係だといえる。

社会関係資本（social capital）という概念は哲学、教育学、社会学、経済学者たちが二〇世紀初頭から、相互に独立な観点で長期間にわたり定式化していった概念である。したがって、社会関係資本という用語は少しずつ違った意味で使用されている。

たとえば、アメリカの社会学者コールマン（Coleman 1988）は、教育の文脈で社会関係資本について考察している。彼は社会関係資本を、①物理的資本（physical capital）、②社会関係資本（social capital）、③個人的関係の資本（human capital）という三種の資本の中に位置づけた。「物理的資本」は、教育なら校舎のような資源の意味で、「経済的な資本」（financial capital）とは異なるものとして考えられている。「個人的関係の資本」というのは、具体的な個々の人間関係である。「社会関係資本」は個人を超えて社会構造の中に存在し社会を支える関係という資本である。コールマンは、社会関係資本を構成する要素として、①義務と期待の存在、②情報のチャネルの存在、③規範の存在の三つをあげている。

これに対して、デンマークの経済学者パーダムは、社会関係資本という概念の定義には三つの系統のものがあり、それぞれが異なる社会関係資本の指標になっていることを指摘した（Paldam 2000）。この三つは、社会関係資本の構成要素だといえる。①「信頼」、②「協力の起こりやすさ」、③「ネットワーク」である。それは、「信頼」のように主観的な認識に支えられているもの、ネットワークのように半ば実体を持つもの、また「協力の起こりやすさ」が「信頼」に影響するように相互に影響しあうものという性格を持っている。また、地域間の信頼感は相互に一致するとは限らないで相互に非対称性がある可能性がある。

したがって社会関係資本は、ある特定の社会にどれだけどのようなかたちで蓄積されているか、総体を測定することは難しい。その意味で、社会関係資本は半ば仮説的な性格を持ったものだといえる。

東日本大震災のような危機場面では、ふだんは潜在している社会関係資本が顕在化することになる。このとき、パーダムのいう意味での社会関係資本が、異なる地域間の支援にどう働いて、どう変化していったかが問題になるだろう。

今回の調査は、風評被害との関連で、地域間の相互信頼がどう変化したかに焦点をあてたものである。

四　東日本大震災後の日本の社会関係資本についての感じ方の変化と福島第一原子力発電所事故にともなう風評被害についての調査

(一) 問題・目的

震災後「プロジェクト絆」「絆プロジェクト」「NPO法人絆」など「絆」の名を持った組織やプロジェクトが、数多く生まれた。

しかし、震災から時間が経過するにつれ、がれきの他自治体の受け入れがなかなか進展しなかったこと、放射性物質汚染の基準値以下のものあるいは検出水準に達しないものまで買い控えをするなどの「風評被害」がさかんに報道されるようになったことで、被災県あるいは近県の住民からは感謝だけでなく、不満・不信の声も伝えられるようになった。

ここで報告する探索的調査は、第一に風評被害が「般化」現象としての性格をどれだけ持っているか、また、般化であるならば「般化勾配」がどのようなかたちでみられるかを明らかにするのが目的であった。

第二の目的は風評被害を含めた震災後の出来事によって地域間の相互信頼という「社会関係資本」がどう変化したのか、被災三県（岩手、宮城、福島）の住民と、隣県二県（茨城、栃木）と東京、神奈川という遠隔地の住民の受け取り方のちがいを探索的に明らかにすることにあった。茨城・栃木の両県とも、農水産物、観光など多様な風評被害を受けた地域である。

（二）方法

震災から一年半後の二〇一二年九月、①被害が著しかった被災三県（岩手・宮城・福島）、②ある程度の被害がみられた隣県二県（茨城・栃木）、③相対的に距離のある遠隔地方（東京都・神奈川県）の成人を対象に、知人ネットワーク、所属大学の教職員と学生の知人ネットワークを通じた変則的なスノーボール法による質問紙調査を行った。

【対象者】
三つの地域の居住者、成人男女合計一一七人（平均三九・四歳）
①被災三県（岩手、宮城、福島県）六八人
②隣県二県（栃木、茨城県）一九人
③遠隔地（神奈川県、東京都）三〇人

【質問内容】
質問は、大分すると次の四つの問題にかかわるものであった。
（1）震災後の国内地域間の相互信頼の変化をどう感じているか、その理由
（2）農産物、水産物、乳製品、花卉、衣料品の購買の回避・忌避

（3）観光の回避・忌避
（4）回避が解除されるための条件（規制値、期間）
具体的な質問は、結果のところで順次記述する。

(三) 結果と考察

①国内地域相互の信頼感の変化——地方間の乖離

調査では、震災がもたらしたさまざまな出来事の結果、国内の地域の間の信頼感がどう変化したか、とくに「被害を受けた地方」と「そうではない地方」の間の信頼関係は、震災前後でどう変化したかが質問された。

Q 地震・津波・原子力発電所事故・風評被害のあと、現在の日本の中で、「被害を受けた地方の人々」と、「そうではない地方の人々」との「信頼関係や心の結びつき」は、震災前よりも
1 全体として強まったと感じる
2 やや強まったと感じる
3 一部では強まったかもしれないが、一部では弱まったと感じる
4 やや弱まったと感じる
5 全体として弱まったと感じる

この質問に対する回答を、①ポジティブな反応（強まった、またはやや強まった）、②両義的反応（一部では強まった

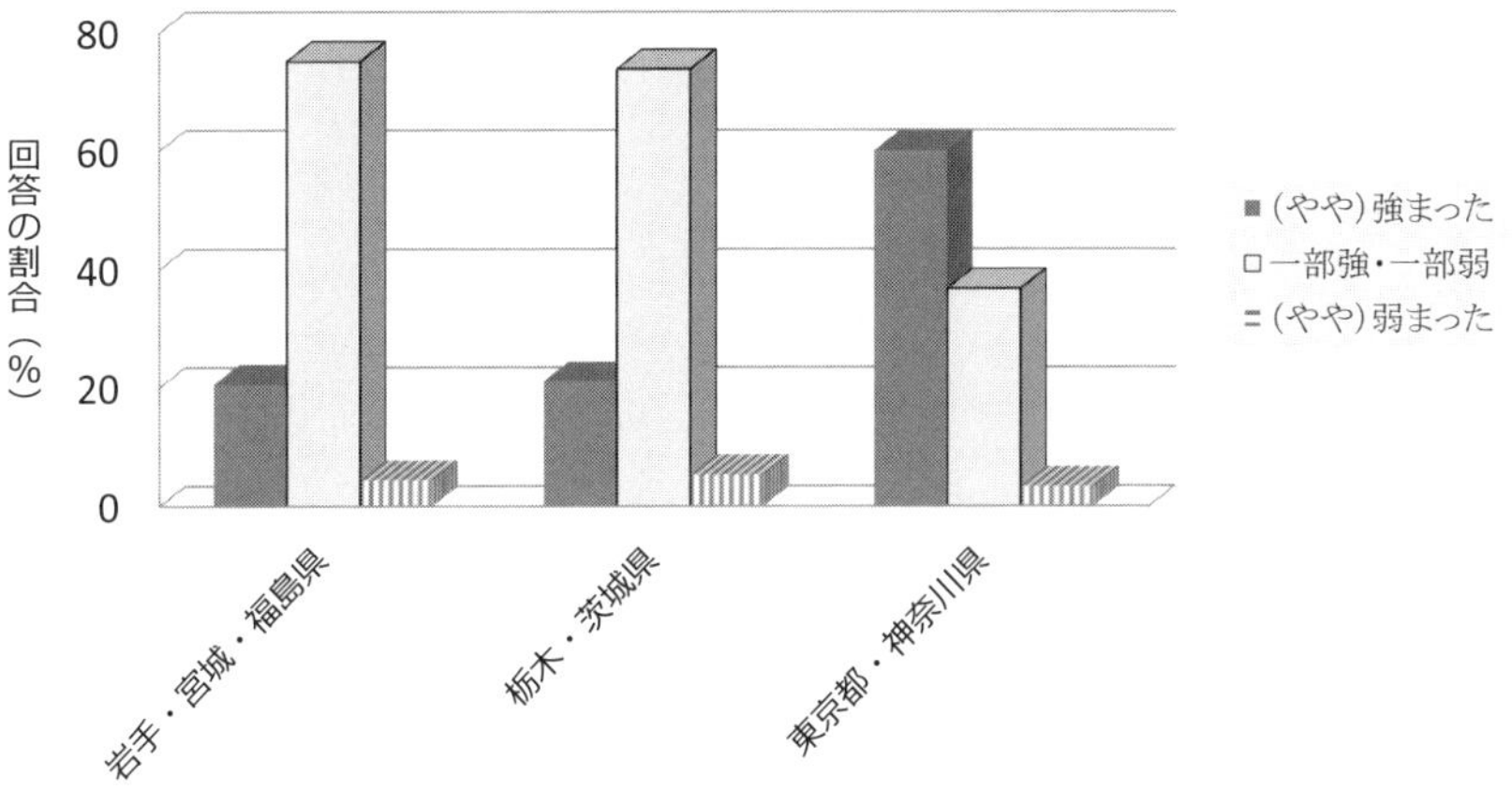

図2　震災後の社会関係資本（信頼感）の変化についての感じ方にみられる地域差

〈「被災地の人々」と「そうではない地方の人々」との「信頼関係や心の結びつき」は震災前よりも〉

かもしれないが、一部では弱まった）、③ネガティブな反応（弱まった、またはやや弱まった）に三分すると、三つの地域（被災三県、隣県二県、遠隔地）で反応の分布のちがいは統計的に有意であった。

岩手・宮城・福島の被災三県と栃木・茨城の二県では「両義的反応」が優位なのに対して、東京・神奈川では「ポジティブな反応」が優位だった（図2）。

信頼感の変化の理由——地域間の乖離

地域の相互信頼の感じ方は、地域間で乖離があった。これは震災前よりも「（やや）強まった」という反応の割合が遠隔地住民に比べて被災三県や栃木・茨城の隣県の反応が三分の一だという事実からもわかるが、たんにそれだけにとどまらない。

調査には「信頼関係や心の結びつきに変化を感じた理由（そのように感じる理由をかんたんにいうと）」という質問が含まれていた。その理由にも地域間で乖離がみられた。

（一）「強まった、またはやや強まった」理由

同じ「（やや）強まった」と感じる理由でも、地域間で微妙なちがいがみられる。

東京・神奈川の遠隔地では、たとえば「被害を受けていない地方の人々が震災地に行き、炊き出しなどボランティアに参加することによって信頼関係や心の結びつきが生まれると思う（神奈川県　学生）」、「ボランティア活動等がされている報道をよく耳にする（神奈川県　公務員）」、「あらゆるメディアで繰り返し報道されることにより、被災地への思いが強くなったと思うから。知らない土地とそこに住む人たちへの感情移入がされるようになったと感じる（神奈川県　公務員）」のように、ボランティア活動等についての報道等の「間接経験」が根拠になっていることが目立つ。

これに対して被災三県では、たとえば「震災にあい都市ガスがなかなか使えないとき静岡ガスの方が開栓してくださいました。また（よそで）出身地を話すと震災のとき大丈夫でしたかと心配されることもありました（宮城県　看護師）」、「他県から来ての被害の片づけその他もろもろの支援見ていてありがたいです（岩手県　会社員）」など、自分の「直接経験」による変化であることがうかがわれる。

（二）「一部では強まったかもしれないが、一部では弱まったと感じる」理由

この両義的な反応の理由をみていくと、一見同じ両義的な反応に見えても遠隔地と被災三県とではポジティブ、ネガティブどちらのニュアンスにウェイトがあるかが異なっている。

このカテゴリーの反応をした被災三県の対象者では、たとえば次のような記述がある。「津波で浸水した家の掃除などをボランティアの方々に手伝ってもらった。本当にありがたかった。そのような人もいれば、被災地ツアーに来て、「家の基礎しかないな」と笑い声をあげている人もいた。そこは友人の家のあった場所だった。関係のない人にはその程度なのか、と思った。（岩手県学生）」、「テレビの報道では、被災地支援ということで被災地で生産された物が販売されたり出荷されたりしている場面を見るが、身近な生産者の方に話を聞くと、全く売れていないと聞くので。（福島県教員）」、「自分の友人にも募金をしたり、ボランティアをして支援してくれた人

がいてすごく嬉しかったし感謝もしたが、逆に無神経なことをいう人もいた。被災した側としてすごく不快に思ったことがあったから。（岩手県学生）」。

他方、遠隔地の記述では、たとえば次のような記述がみられる。「いまだに避難生活を余儀なくされている人がいる。風評被害で厳しい状況におかれている生産者がいる（神奈川県　無職）」、「そうではない地方の人々は被害を受けた地方の人々の気持ちを完全に理解することは難しいと思う。（神奈川県　会社員）」。

変化を感じた理由にしても、被災地ほど具体的な経験に基づく強い感覚に裏打ちされている。その意味でも、被災県や隣県と遠隔地の感じ方には乖離があるといわなければならないだろう。

風評被害は信頼感の変化の理由になっていた

被災三県と隣県二県の対象者のうち五六人が、地域間の信頼感がネガティブな方向に変化した理由を書いていた。そのうち三五人（六二・五％）は、放射性物質汚染のないはずのがれき受け入れ拒否も含めて「般化」反応とみられる「風評被害」をその理由にあげていた。社会関係資本の重要な要素である地域間の相互信頼は、被災地側から失われるリスクがあるといえる。しかも、遠隔地の住民はそのことに気づかない可能性が高い。

②回避の「空間般化」

購買や観光行動は、本人だけではなく、家族とくに子への影響を考慮して行われるものである。そこで、購買等の回避行動については、子どものいる女性の対象者だけについて分析を行った。

まず、同じ〝野菜〟について、脅威感が別な安全なはずの土地に拡大する「空間般化」がどの程度みられるかどうかは、次のような質問で確認された。

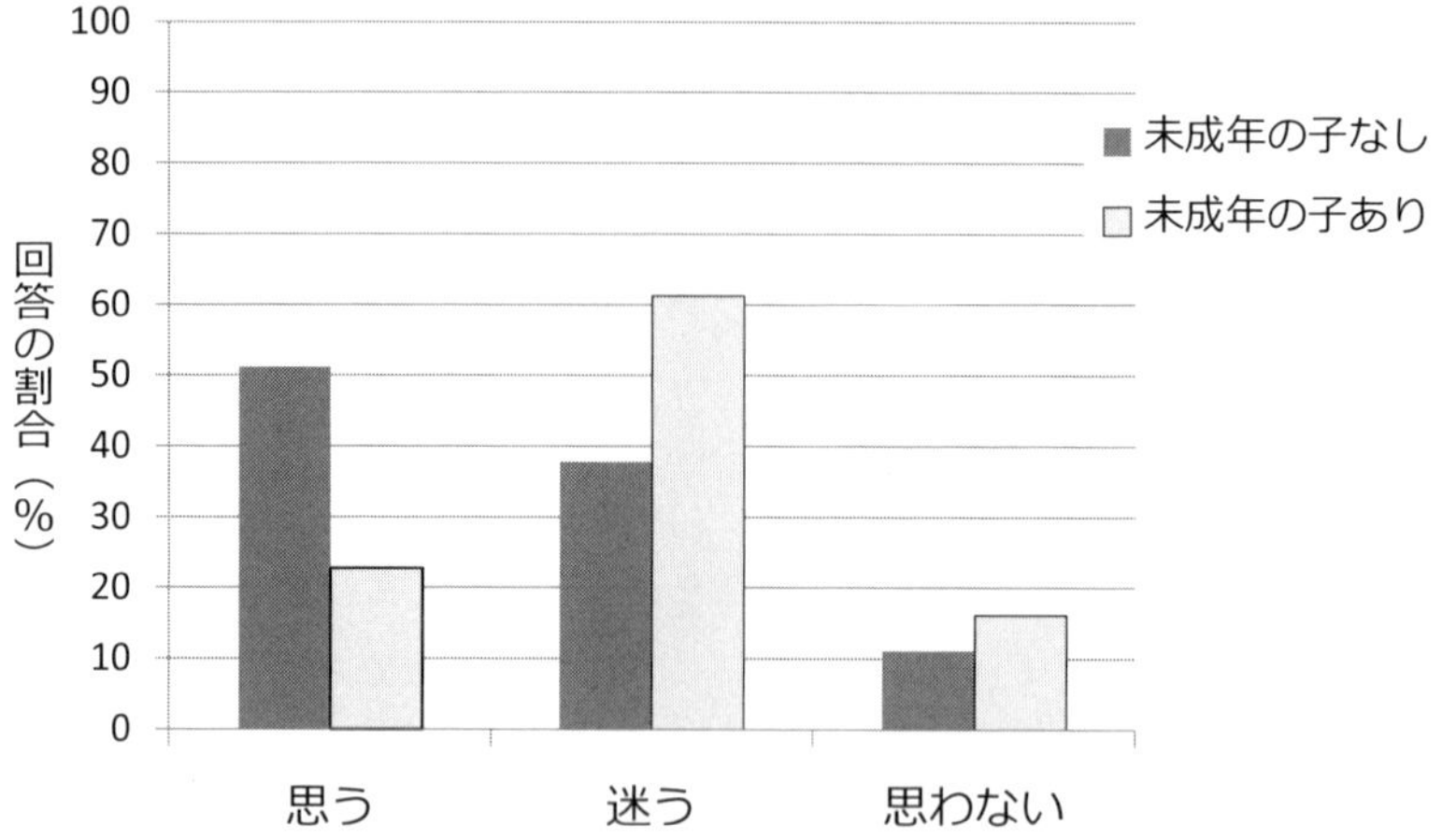

図 3　「空間般化」（同じ県の別な市へ）

〈県内の特定の市の「野菜」が出荷制限の基準値を超えたとき、同じ県の安全だとされた別な市の「野菜」を買おうと〉

> Q　原子力発電所事故では、放射性物質の飛散によって、農産・水産・牛乳や乳製品・肉などの出荷制限が起こりました。
>
> 〝その県内の「ある特定の市」のある「野菜」が出荷制限の基準値を超えたとされたときに、「同じ県の別な市で生産された」基準値を超えていなくて安全だとされた同じ種類の「野菜」を買おうと思いますか（思う・迷う・思わない）

その結果、「思わない」あるいは「迷う」として、「安全だとされた」同じ県の別な市の野菜を回避する般化傾向を示したのは、分析対象者の六〇・五%に上った。この回避傾向は未成年の子がいる対象者で統計的に有意に著しかった（図3）。

③「カテゴリー間般化」

回避が別のカテゴリーの農水産物などの産品にも広がる「カテゴリー間般化」がみられるかどうかをみるために、以下のような質問をした。この質問は「般化勾配」がみられるかどうかを明らかにしようとするものでもあった。

その県内の「ある特定の市」のある「野菜」が基準値を超えたとされたときに、規制値を超えたとされた野菜と「同じ県産」の
・規制値を超えていない安全だとされた「牛乳や乳製品」を買おうと
（思う・迷う・思わない）＊以下、同じ選択肢。
・規制値を超えていない安全だとされた「魚などの水産物」を買おうと
・同じ県産の安全だとされた「切り花」を買おうと
・同じ県産の安全だとされた「衣料品」を買おうと

安全だとされた物を、買おうと「思わない」または「迷う」として、回避傾向を示した対象者は、「魚などの水産物」では五七・九％、「牛乳や乳製品」では五四・〇％、「切り花」では一八・四％、「衣料品」では一九・七％であった。安全なはずのものにも、また衣料品のように食品ではなくても回避傾向は波及しており、こうした傾向は「般化」によるものだと考えてよいだろう。

全体としてみると「野菜」という生鮮食品との類似度・関連性が高いほど回避傾向が高くなる一種のカテゴリー間の「般化勾配」がみられた。同じ「食品」である牛乳や乳製品、魚などの水産物の方が回避率は高い。個別にみていくと、こうした「カテゴリー間般化」は野菜の「空間般化」の場合のように、未成年の子がある対象者で著しい。とくに「牛乳や乳製品」「魚などの水産物」では、未成年の子の有無による回避傾向の分布のちがいは統計的に有意であった（**図4**、**図5**）。

「切り花」と「衣料品」についても、それぞれ一八・四％と一九・七％の割合で購買回避の「カテゴリー間般

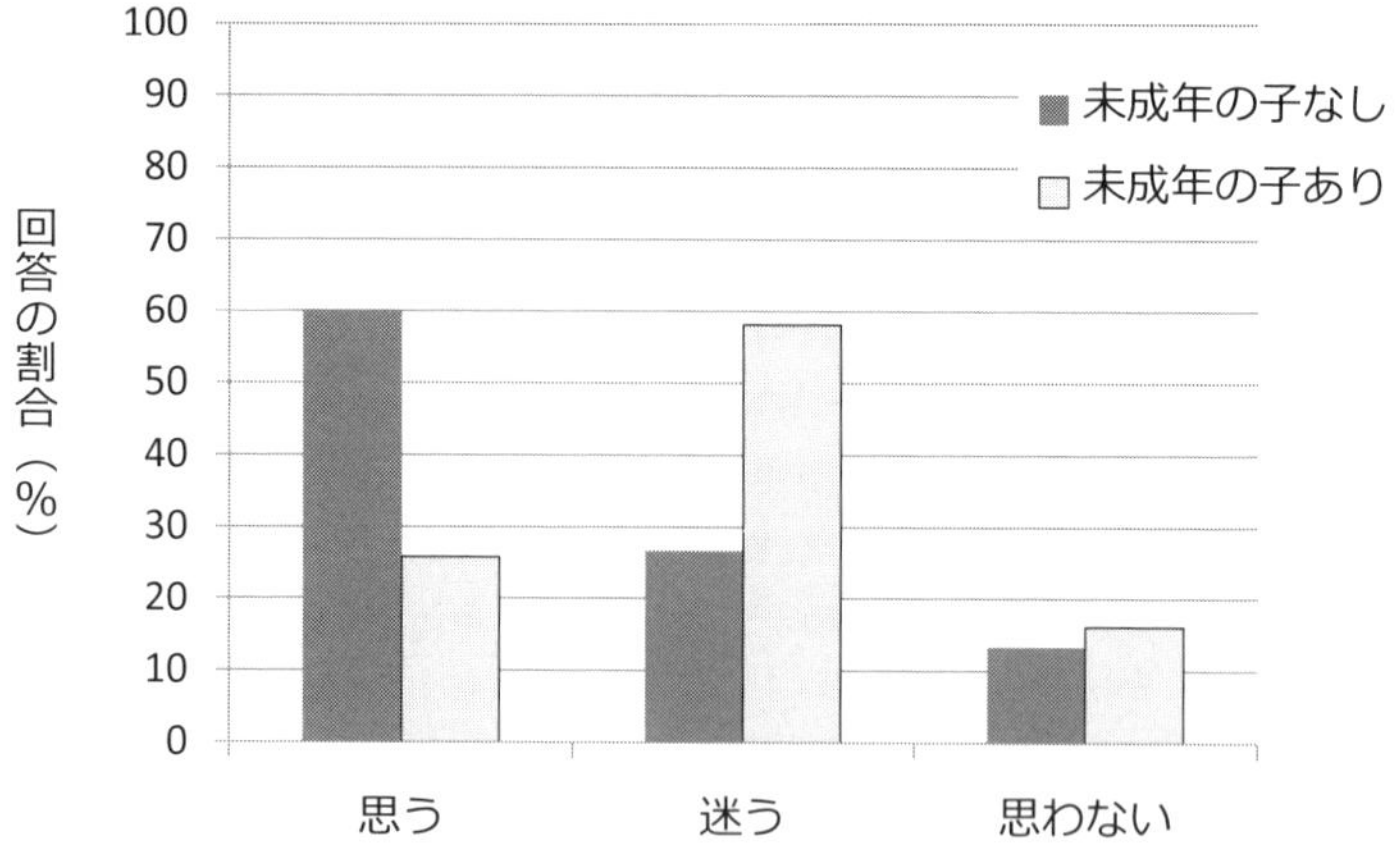

図 4 「カテゴリー間般化」（野菜から牛乳・乳製品へ）

〈県内の「ある特定の市」のある「野菜」が基準値を超えたとされたときに、規制値を超えたとされた野菜と「同じ県産」の規制値を超えていない安全だとされた「牛乳や乳製品」を買おうと〉

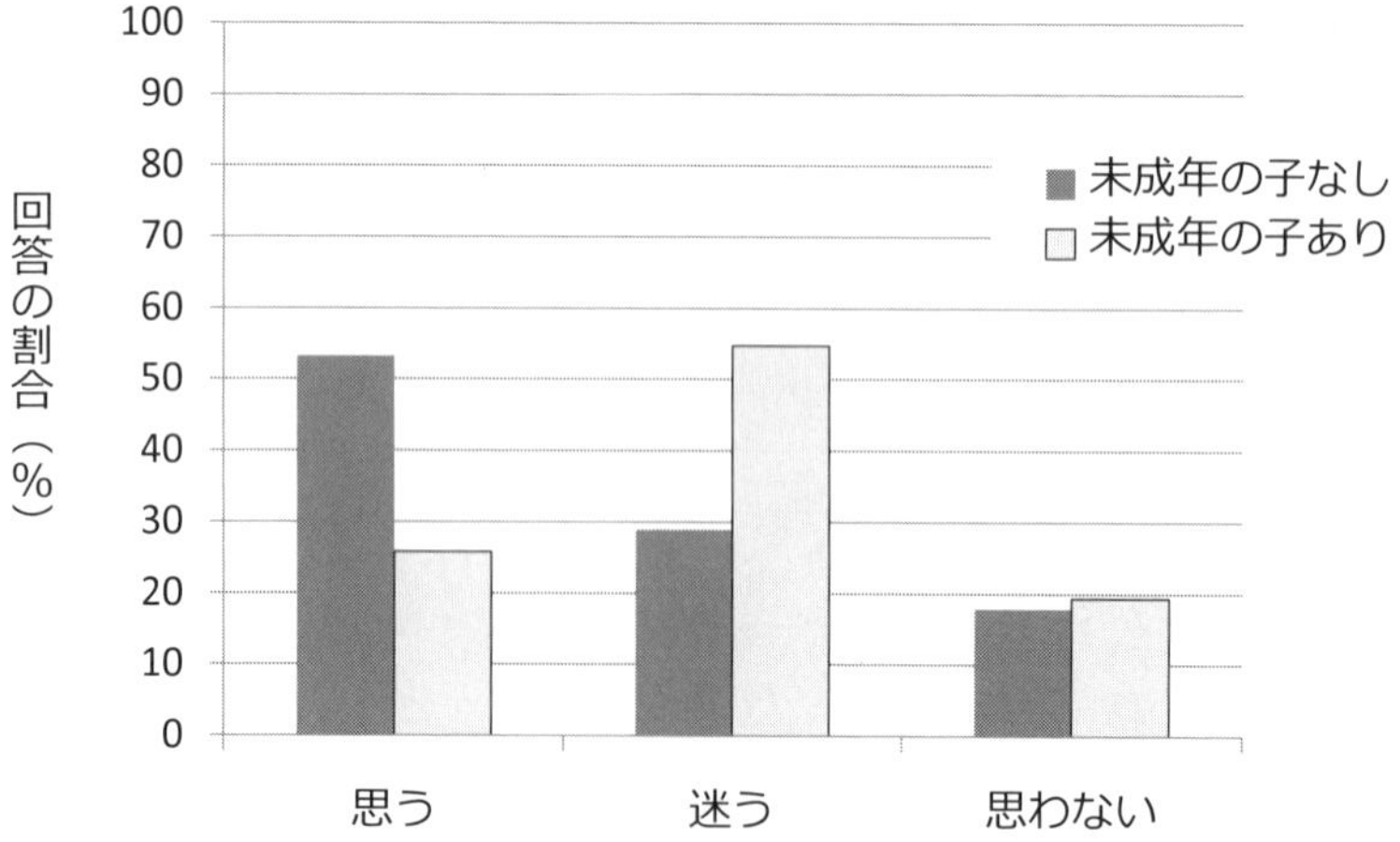

図 5 「カテゴリー間般化」（野菜から水産物へ）

〈規制値を超えたとされた野菜と「同じ県産」の規制値を超えていない安全だとされた「魚などの水産物」を買おうと〉

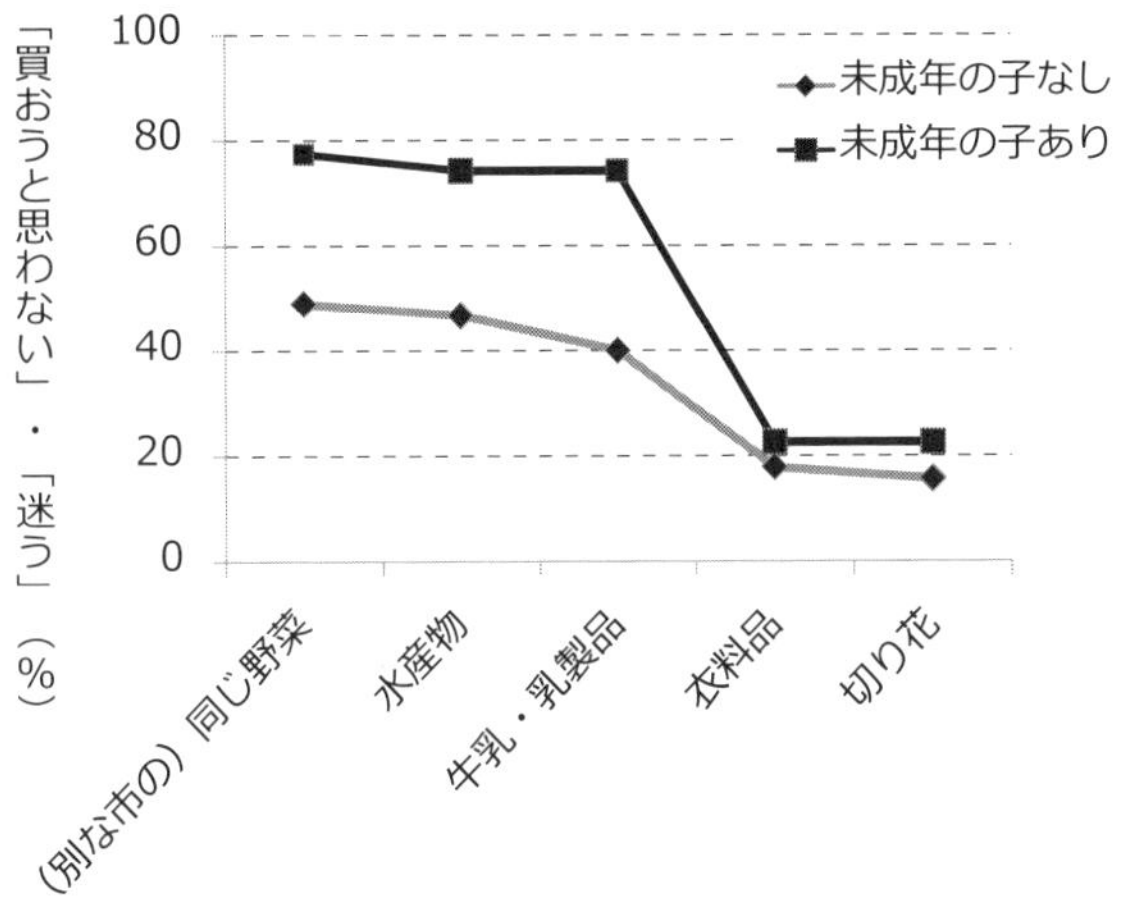

図 6　購買回避についての「般化勾配」

〈その県のある市の野菜が規制値を超えたとき、安全だとされた別な市の野菜、同じ県産の魚など水産物、牛乳や乳製品、衣料品、切り花を買おうと〉

化」がみられた。ただし、未成年の子の有無による分布のちがいは、「切り花」「衣料品」とも統計的に有意ではなかった。

結果をまとめると、**図6**のようになる。野菜では脅威の対象になる基準値を超えた市の野菜から別な市の野菜へという「空間般化」が強くみられると同時に、同じ食品である水産物や牛乳・乳製品、そして切り花、衣料品という別なカテゴリーの物に広がる「カテゴリー間般化」がみられ、そこには関連性が高いほど回避傾向が強いという般化勾配がみられる。

こうした現象は、放射性物質汚染を回避しようとする、いわゆる風評被害につながる行動の背後には、恐怖の「般化」があることを示唆している。

④観光の風評被害の特殊性

調査では、観光についての質問も設けられていた。

〝野菜〟が基準値を超えた市がある県の「別な市」に「観光」に行こうと思うかという質問では、「行こうと思わない」または行こうかどうか「迷う」という観光の回避傾向の割合は高く、合計五九・二％の対象

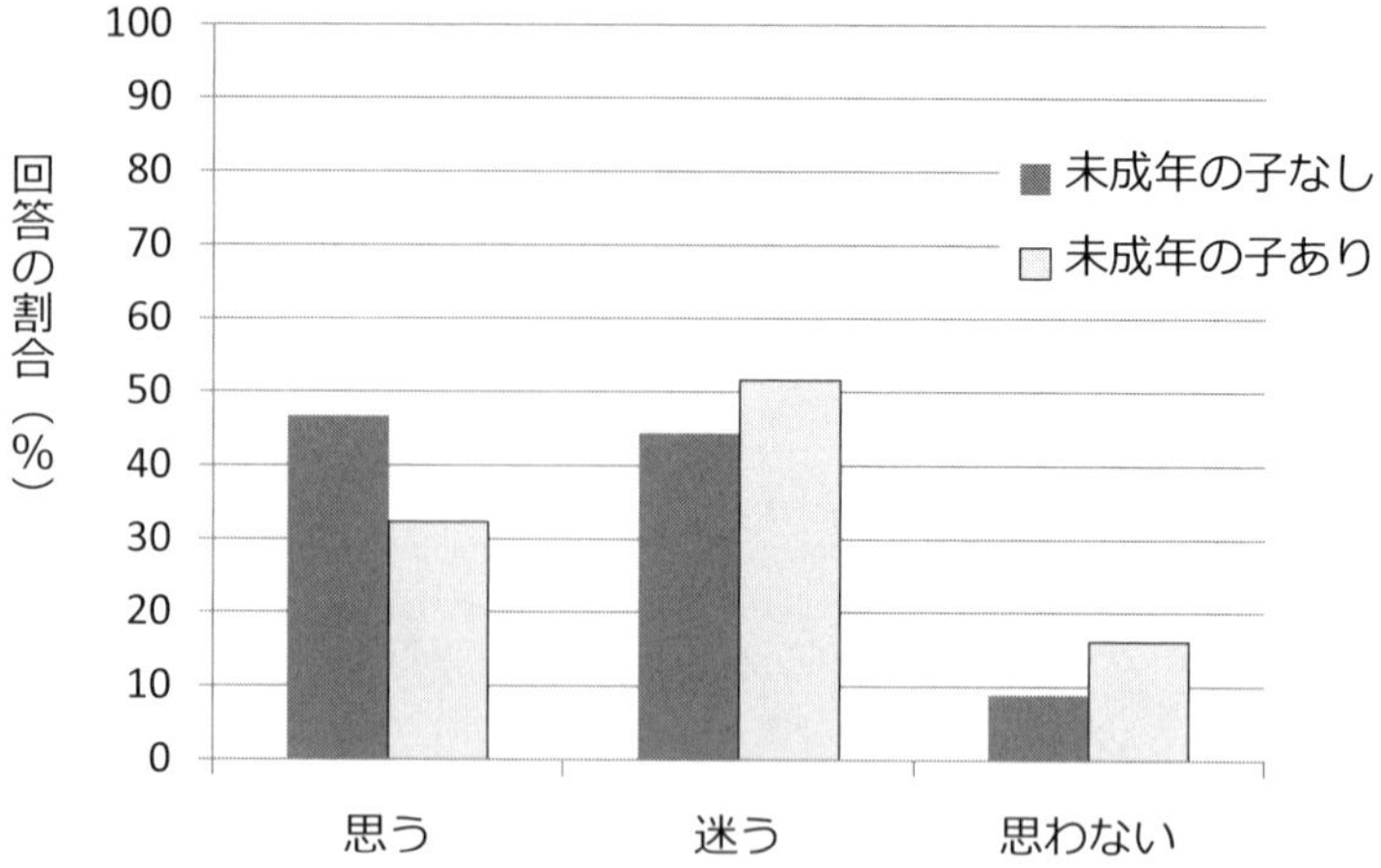

図7　観光への「般化」

〈その県内の「ある特定の市」のある「野菜」が基準値を超えたとされたときに、「同じ県の（別な市の）観光地」に観光に行こうと〉

表5　観光で風評被害が起こりやすい理由

理由	説明
代替可能性	他の地方の観光地に行くことも可能
必須性	観光はどうしても行かなければならないものではない
綜合性	その土地での飲食、いろいろなものとの接触、長期滞在など総合的なかかわりがある
観光の目的との整合性	本来リラックス等のポジティブな目的であるのに、不安などネガティブな経験になってしまう

者にみられた（図7）。

しかし、未成年の子の有無による観光回避のちがいは有意なレベルには達しなかった。

実際、風評被害では観光の回避は起こりやすいし、結果的に長く続いてしまう。被災三県および隣県の栃木・茨城両県の観光は事故から三年後、震災前の水準には復帰していない（東京新聞二〇一四年三月一一日の記事）。

なぜ、「観光」はいわゆる風評被害に脆弱なのだろうか？　それは、観光というものに内在する要因にあると

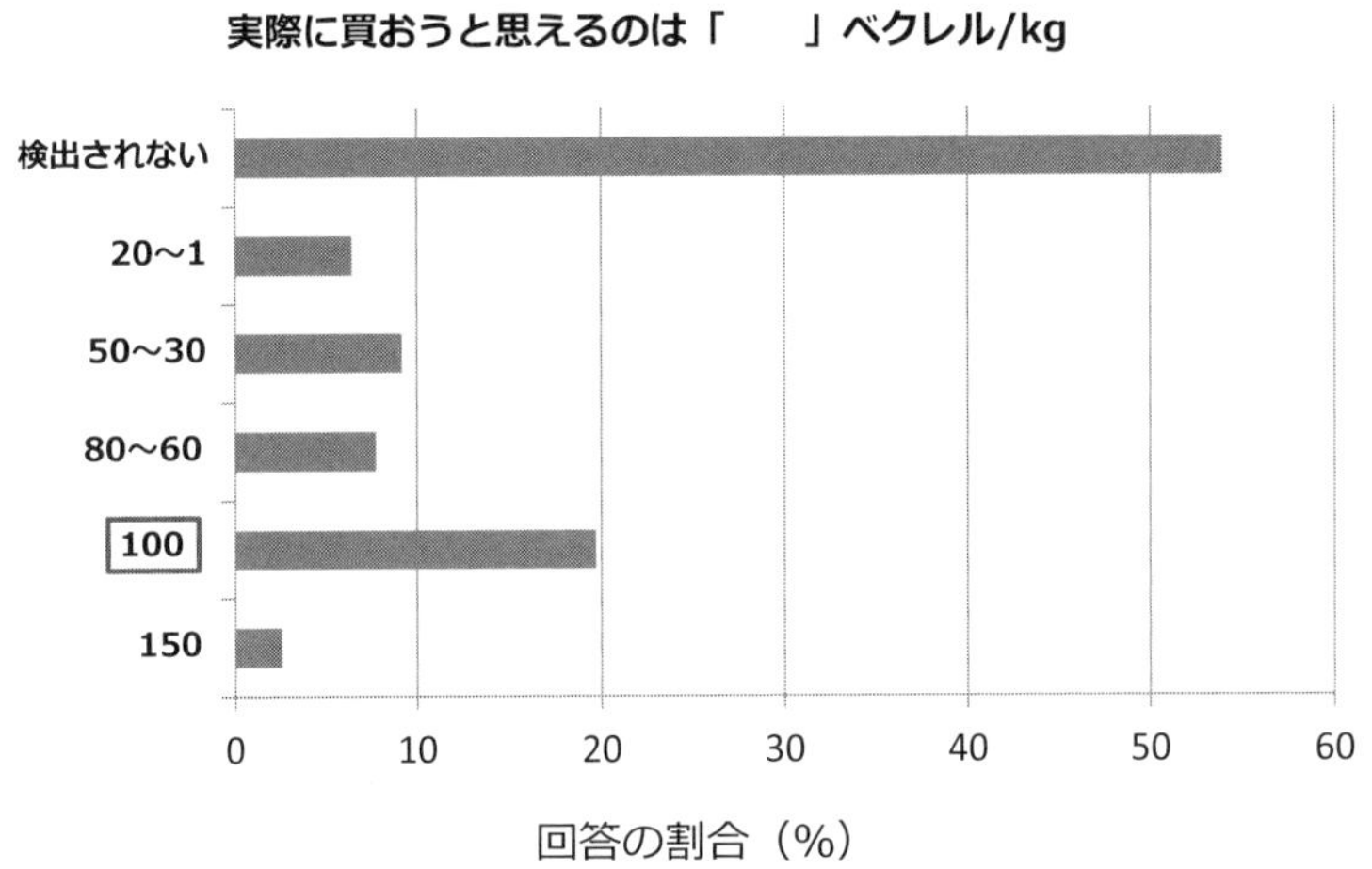

図8　購買回避と規制値との関係

〈「ある産物の出荷制限の規制値がまったく仮に「100ベクレル／キログラム」だとします」「実際に買おうと思えるのは……ベクレル／キログラム以下なら」という質問への回答〉

考えられる（**表5**）。

このような意味で、観光は今回の風評被害に限らず、変動が起こりやすい脆弱な産業だといえる。

⑤出荷制限の基準値は購買回避の閾値にならない

出荷制限の規制値以下のものなら対象者は購買を控えないか、調査では次のような質問を含めた。

> 仮に、ある産物について、出荷制限を行う規制値が、どれかの放射性物質が「一〇〇ベクレル／キログラム」だとします。（まったく仮定の値です）、あなたが「**実際に買おうと思える**」のは、どのくらいの値のときでしょうか？
>
> 1　（　　　）ベクレル／キログラム以下のとき
>
> 2　検出されない（計器の検出限界以下）とされたとき

図8の結果からは、出荷制限の規制値というものが、ほとんど意味をもたないことがわかる。「規制値以下

なら買おうと思う」という対象者は二〇%に満たないからである。結果は、購買回避が安全だとされた値から「閾値的」に急激になくなるのではないことを示している。消費者の心理は、検出されるか・されないかを問題にする「悉無律的反応」だといえるだろう。

⑥回避はどのくらい持続するか

震災一年半後のこの調査では、安全宣言後の回避の持続の見込みについて、対象者に次のような質問をした。

> 基準値を超えたとされた野菜が「安全」だと宣言されたときに、あなたはその日からどのくらい時間がたったら、じっさいに買おうと思うでしょうか?
> すぐに・(　　)日後・(　　)か月後・(　　)年後

その結果、安全宣言後「すぐに」という反応は四二・三%で、安全宣言から「〇日後」という日単位の遅延は一二・七%であった。「〇か月後」(二三・九%)、あるいは「〇年後」(一八・三%)、あるいは「わからない」(二・八%)とする回避解除の遅延は合計四四・〇%になる。このように、回避の解消は安全宣言後早期には起こりにくい。

現実に、この回避傾向は震災から三年後でも持続している。二〇一四年三月一一日、消費者庁(食品と放射能に関する消費者理解増進チーム)は、二月に実施した調査結果の報告『風評被害に関する消費者意識の実態調査(第三回)について』を発表した、対象は、被災県や近県、関東、関西の広範囲にわたる地域の住民である。この中で、「食品を買うことをためらう産地」としてあげられていた割合は、「福島」が震災の三年後でもなお一五・三%であり、被災三県は一一・五%、北関東でも六・三%と無視できない割合になっている。

恐怖・不安による回避は、食品に限らず長期的に持続する傾向がある。交通事故加害者と被害者のＰＴＳＤ症状を分析した研究でも、同じ状況や場所、関連するものを避けようとする「回避症状」は、事故後数年を経ても持続することが確認されている（仁平・本多・北村　二〇〇七）。

風評被害には息の長い対応が必要になる。

五　総合考察

〝忘れられたような気がする〟

ＮＨＫテレビは、震災後まだ一年経たない二〇一一年一一月、〝ある岩手県大槌町民の声〟として「われわれは、もう忘れられたような気がする」という反応を報じた。

今回報告した調査は二〇一二年九月に行われたが、茨城県の女性（三八歳）は、「マスコミから受ける情報量が影響されているのかもしれないですが被害を受けた程度の低い地域に対して「そうではない地方の人々」は既に忘れられているのではないかと思う時がある」と書いていた。

その半年後、二〇一三年三月二五日、ＮＨＫテレビ番組「あさイチ」でも、アナウンサーが石巻市民にインタビューしている背後で女性市民が「やはり温度差は否めない」と書いたカードを掲げていた。

ボランティアなどの被災地支援活動は、現実にはなかなか長期的に持続しにくい。これまでボランティア活動では、ときに活動がボランティア側の自己実現の意味を持っていることを強調する場合があったという指摘もある（たとえば、仁平典宏　二〇〇二）。

イェール大学のニューマンとケイン（Newman & Cain 2014）は、「堕落した愛他行動：中途半端な親切は何もやらないよりも悪いと受け取られる」というタイトルの論文を発表した。自分にも少しだけ利益をもたらすチャリティ活動は純粋な無私のチャリティ活動に比べて悪く評価され、また、なにもチャリティ活動を行わないよりも、さらに悪く評価されるという結果の実験である。

震災後、ボランティア活動に象徴されるように日本政府と多くの組織、国民が可能なかぎり被災地の支援を行おうとし、国内で「絆」が強化されたのは事実だろう。しかし、今回の調査は、総体としてのボランティア活動が長期的活動という視点から被災者にどのような意味を持っていたかを考える必要があることを示唆している。

「般化被害」としての風評被害

いわゆる風評被害を生む購買の回避や観光の抑制は、回避の「般化勾配」の存在からも、主な成分は「般化被害」だといえるだろう。

放射性物質に関する風評被害が主として般化被害だとすれば、それは他の脅威と同じように、ごくふつうに起こる恐怖の般化メカニズムによると考えなければならない。般化として回避対象の範囲が広がるのは、脅威刺激が存在するときの進化上の自然な反応だということになる。

風評被害が恐怖の般化であれば、回避する側にどのような責任を考えるべきだろうか。人間として自然な反応は何ら非難されるべきではないといえるだろうか。

前に述べたように、原子力損害賠償紛争審査会は風評被害の補償について、「放射性物質による汚染の危険性を懸念し、敬遠したくなる心理が、平均的・一般的な人を基準として合理性を有していると認められる場合とする」としている。この規定は解釈が難しい。

恐怖の般化は、平均的・一般的な人の反応だといえる。「般化」がみられた今回の調査結果にも、そのことはよくあらわれていた。そのようにして、人は危険の可能性があるものを回避するように進化してきたのである。基準値からすれば安全な対象を回避するのは「不合理な反応」だといえるが、進化上は自己保護のためにリスクを避ける「合理的な反応」である。賠償側は、これを「合理的な反応」だと考えるべきだろうか、それとも「不合理な反応」だとするべきだろうか。

風評被害に替わる別な名称

風評被害という名称は、一般的には風評に「うわさ」「流言」という意味が明確に存在する以上、被害の原因を誤解させることになる。

だとすれば「般化被害」という名称も候補の一つになる可能性はある。しかし、「般化」は心理学分野の特殊な用語である。「般化被害」と呼ぶことは、なぜ、いわゆる風評被害が起こるのかという心のしくみを理解させ、自分自身の行動を変えさせるためにはプラスになるが、一般には理解されにくい。

それでも、いつまでも〝いわゆる〟をつけた風評被害という表現を用いるのも、望ましいことではない。日本は新しい用語を受け入れてもよい段階にきたのかもしれない。

社会関係資本の喪失のリスク

今回の調査で最も重要だと思われる点は、風評被害そのものではなく、日本の地域間の信頼関係の変化を被災三県や隣県二県の住民と比較的遠方の東京・神奈川の住民がどう感じているかである。

被災地から比較的遠方の住民は、被災地支援活動等を通じて、「被害を受けた地方の人々」と、「そうではない地方の人々」との「信頼関係や心の結びつき」は震災前よりもポジティブな方向に変化したと感じる傾向があった。被災三県、その隣県二県の住民は、どちらかといえばネガティブな方向に変化したと感じる傾向がみられた。根拠となる理由も、遠隔地は報道などの「間接経験」に基づくことが多かった。あれだけボランティアの支援があったのだからという感覚である。他方、被災地側は具体的な「直接経験」が理由になっていた。被災地側では、そのボランティアの軽率な言動や支援の減少が不信を生む原因にもなった。

この乖離が双方に知らされないと、地域間の関係には齟齬が生じるようになり、相互信頼という社会関係資本が喪失するリスクがあるだろう。そのためにも、公の手による大規模で精緻な調査が行われ、結果が国民に知らされなければならない。

六　今回の調査について注意すべきこと

ここで紹介した調査は、探索的なものである。

調査には、地方間の差を結論づけるのに必要な対象者抽出のための手続きである、層化・ランダムサンプリングをとっていないという限界がある。また、サンプル数は少ない。今回の結果は、あくまでも今後、調査が必要であることを指摘したものとして位置づけるのが適切である。それゆえ、確実な結論を出すためには、今後、より精緻な手続きによる大規模な調査が必要である。

とはいえ、今回の原子力発電所事故で起こった「風評被害」の実態がどのようなものだったかを全国規模で明らかにした調査は存在しない。それには、先に整理したように、同じ官庁でありながら、風評被害の定義がまったく違ったものになっていることが無関係ではないだろう。現実に補償と切り離すことができない「風評被害」の定義については、政府内で統一的な見解がとられなければならない。

最後にもう一つ注意が必要である。社会関係資本を構成する「相互信頼」は、行動指標を求めることも不可能ではないが、基本的には主観的な指標である。それに比べて、他の二つの要素「協力の起こりやすさ」と「ネットワーク」は、ごく一部に限定すれば何らかの指標による測定は可能である。しかし、日本全体に存在する「社会関係資本」は経済的な資本のようには測定することはできない。その意味で国家単位の「社会関係資本」は理念的な側面を持った概念だといえる。

それにもかかわらず、災害に伴う「絆」の変化について言及する者には、何らかの指標で社会関係資本の変化を測定し、エビデンスを持った発言をするという努力が求められるだろう。

参考文献

Allport, G. W. & Postman, L. J., 1947, *The psychology of rumor.* New York: Russel and Russel.

American Psychiatric Association. *Diagnostic and Statistical Manual of Mental Disorders (Fifth Edition): DSM-5.* American Psychiatric Association.

Coleman, J., 1988, Social capital in the creation of human capital. *American Journal of Sociology,* 94, Supplement: Organizations and Institutions:Sociological and Economic Approaches to the Analysis of Social Structure, 95-120

Davis, E. R., 1995, Predicting posttraumatic phenomenon in children with anxiety disorder following Hurricane Andrew: A test of conceptual model. *Dissertations from ProQuest.* Paper 3334

Dollinger, S. J., 1984, O'Donnell, J. P., and Staley, A. A., Lightning-Strike Disaster: Effects on Children's Fears and Worries. *Journal of Consulting and Clinical Psychology,* 52, 1028-1038

原子力損害賠償紛争審査会（平成二三年八月）、二〇一一、『原子力損害の判定等に関する中間指針』原子力損害賠償紛争審査会

Newman, G. E., and Cain, D. M., 2014, Tainted altruism: When doing some good is evaluated as worse than doing no good at all. *Psychological Science*, 25, 648-655
仁平典宏、二〇〇二、「戦後日本における『ボランティア』言説の転換過程――『人間関係レトリック』と〈主体〉の位置に注目して」『年報社会学論集』一五、六九－八一
仁平義明、二〇〇九、「ほんとうの安心とは何か」仁平義明編『防災の心理学――ほんとうの安心とは何か』東信堂、一－一八
仁平義明、二〇一四、「福島第一原子力発電所事故後の放射性物質拡散による〝風評被害〟は心理的〝般化被害〟である――社会関係資本としての地域間相互信頼の喪失への影響」『白鷗大学教育学部論集』八、一三一－一六二
仁平義明・本多明生・北村康弘、二〇〇七、「交通事故加害者の心理的苦悩からの回復過程：「ゆるし」への支援」『三井住友海上福祉財団研究成果報告書集――交通安全・高齢者福祉』一一、四三－四六
Paldam, M., 2000, Social Capital: One or Many? Definition and Measurement. *Journal of Economic Surveys*, 14, 629-53
関谷直也、二〇〇九、「風評被害の心理」仁平義明編『防災の心理学――ほんとうの安心とは何か』東信堂、一〇一－一三四
Watson, J. B., 1930, *Behaviorism (Rev. ed.)* Norton & Co.
Watson, J. B. & Rayner, R., 1920, Conditioned emotional reactions. *Journal of Experimental Psychology*, 3, 1-14

付記　本稿は、『白鷗大学教育学部論集』二〇一四、八巻一号「福島第一原子力発電所事故後の放射性物質拡散による〝風評被害〟は心理的〝般化被害〟である――社会関係資本としての地域間相互信頼の喪失への影響」に部分的に加筆したものである。

「放射能」は「地元」にどのように伝えられたのか

――自治体による情報発信と報道に注目して考える

関根良平

はじめに

東京電力福島第一原子力発電所事故以降、放射能汚染に関わって約七万人の住民が移動待避まで強いられる状況にいたった一方、残る住民の不安が解消されない現状は、いまだに現在進行形である。こうした原発事故の発生とその後のプロセスに関しては、政府事故調査委員会（東京電力福島原子力発電所における事故調査・検証委員会　二〇一二）、国会事故調査委員会（東京電力福島原子力発電所事故調査委員会　二〇一二）、民間事故調査委員会（福島原発事故独立検証委員会　二〇一二）が公的な立場からの検証として出版・公開されている。二〇一四年には、当時の福島第一原発所長の証言であるいわゆる「吉田調書」に加え、当時の福山哲郎官房副長官はじめ避難区域の設定や運用に直接関わった政治家の調書自体も公表されるにいたった（内閣官房総務官室　二〇一四）。加えて本稿で対象地域とした福島県伊達市（二〇一四）のように被災した各自治体においても事故以降の行政としての取り組みを記録する意味での報告書や写真集を作成し、住民に配布あるいは販売をする動きも見られる。いうまでもなく、汚染水の漏洩多発や核燃料の取り出しなど課題が山積し、発電所のオンサイトに関しては収束とは全くほど遠い状況であるとはいえ、事故から三年以上を経て、立ち入り制限される区域の再編などが一段落し、この事故に対して各組織や自治体がそれぞれある程度冷静にひとまずの総括をできる状況までにはいたった、ということであろう。

ただしそれらについてみると、管見の限り十分に検証されていない問題がいくつか存在する。先に述べた報告書についてみれば、事故当初からの政府組織や県、各自治体が実施した福島県内の原発周辺地域における放射線モニタリング体制構築と実施、当該自治体住民への特に避難に関する対応にみられた問題点やその背景、そうした情報の伝達つまりリスクコミュニケーションの実態についての検討と指摘はあるものの、市町村レベルで取り上げられ検討対象となるのは福島第一原子力発電所が立地する双葉郡の町村および相馬郡飯舘村、すなわち今なお帰還困難区域や居住制限区域が設定され、事故の初期に自治体をあげて住民避難を迫られた自治体にほぼ限られる。

他方、すでに自明の事実であるが、今回の事故は福島県内に限らず広範に放射能汚染の影響があり、福島県内では原発の「近傍」でありながら留まることに「問題なし」とされた自治体とその住民は、この間健康不安の解消や除染への対処、各種の風評と対峙しながら地域の復旧復興にあたってきた。また、かかる「近傍」の地域では、少なくない住民が自主避難という選択をした。その一因として指摘できるのが、情報過多社会において放射能に関する判断基準が長らく定まらなかった――今なお定まったとは言い切れない――こととともに、その判断基準となるべき多くの住民が一定の納得感を得られるレベルでの放射線モニタリングとその周知広報体制の確立に時間を要したことが指摘できるであろう。本稿はこの点を検討課題にのせ、事故以前はほとんどの住民が知識を持ちえなかったといってよい「放射能」に関する情報が、新聞などメディアや自治体による広報のなかで事故直後からどのように伝えられ、またそれを把握するモニタリング体制がどのように展開していったのかというプロセス、とりわけ地図情報の提供にみられた特徴を記録しながら、地域認識や自治体という地理的区分からみた問題点について解明を試みることとする。

本稿で対象とする地域は福島県伊達市である。伊達市は福島第一原子力発電所から直線距離でおおむね五〇キロメートル以上離れているが、計画的避難区域となった相馬郡飯舘村と東南部で接し、事故から三ヶ月を経た二〇一一年六月になって特定避難勧奨地点が市内で指定され、二〇一二年三月三〇日にその指定が解除となった地域を含む自治体である。一方で、事故当初は公共施設へ浜通り地方各町村からの避難住民を受け入れ、後には仮設住宅の建設、みなし仮設住宅の設定など避難住民のひとまずの生活拠点ともなっている。つまり、居住地域に住まい留まるうえで重要な判断材料となる健康安全に関わる的確な情報を最も必要とした地域の一つであり、放射能に関する情報提供に関して主体的な役割を果たした（あるいは、そのように期待され本来そうあるべき）地方自治体と、その伝達に主要な役割を果たしてきたメディアの具体的な地域情報提供の推移とそこにみられた特徴を検討するのに適した地域と位置づけられる。

かつ、本稿では福島県および伊達市における放射能情報のモニタリングとその広報体制の構築プロセスを対象として検討するが、情報伝達を担ったメディアとしては福島県をエリアとする『福島民報』『福島民友』の二つの地方紙に主たる焦点を当てる。この事故の当初、テレビやラジオは特別番組を組み、全国紙も放射能に関する情報を大きく記事とし、加えてこの震災ではネットメディア、そしてフェイスブックやツイッターなどソーシャルメディアの大きな存在感も注目を集めた。時間の経過とともに、その善し悪しはさておき全国紙やテレビは汚染水の漏洩などについて単発的に話題をピックアップする方向に向かったが、そうしたなかでこの二つの地方紙は、二〇一四年現在にいたるまで福島県内各地の環境放射線量や適宜実施される放射線測定の結果を細かく記事とし、管見の限りでも継続的に詳細な情報を住民に伝え続けているメディアである。

二 福島県伊達市の成り立ちと旧五町

ここでは、まず伊達市の自治体としての成立過程について言及しておく。なぜなら伊達市の自治体としての成り立ちが、特に放射能モニタリング体制の構築に大きく影響しているからである。伊達市はいわゆる「平成の大合併」によって二〇〇六年一月に誕生した自治体である（図1）。つまり、自治体としては発足が事故の五年前である。この地域は、江戸時代以降養蚕業で名を馳せた伊達郡に相当するが、当初は伊達郡に属する全九町での合併を目指したものの、北部の国道四号や東北自動車道、ジェイアール東北本線が通過する桑折町、国見町、および南部の川俣町は単独町制を指向し、同じく南部の飯野町は県都である福島市との合併を選択したため、保原町、伊達町、梁川町、霊山町、月舘町の五町が最終的には合併し伊達市となった。その際、市役所機能は総合支所方式をとり、福島市のベットタウンであり製造業や小売業の集積もみられ人口が多い保原町の旧保原町役場が市役所の本庁舎（保原本庁舎）、江戸時代には梁川藩が設置されるなど歴史的にも一定の地域中心性を持つ梁川町の旧梁川町役場が分庁舎となり（梁川分庁舎）、伊達町、霊山町、月舘町の旧役場には市役所の総合支所がそれぞれ設置される体制となった（図2）。伊達市の二〇一四年四月一日現在の住民基本台帳人口は六万四一三一人、世帯数は二万二一七六世帯である。これを旧町別にみると、伊達一万一二三七人、梁川一万八一五三人、保原二万二八九〇人、霊山八一〇八人、月舘三七四三人である。

また、広大な県域を有する福島県では、地勢や歴史的経緯をふまえた「七方部」と呼ばれる地域区分が行政上の管轄などに広く使用される（図3）。つまり、福島市を中心とし伊達市が含まれる「県北」、経済県都とも称さ

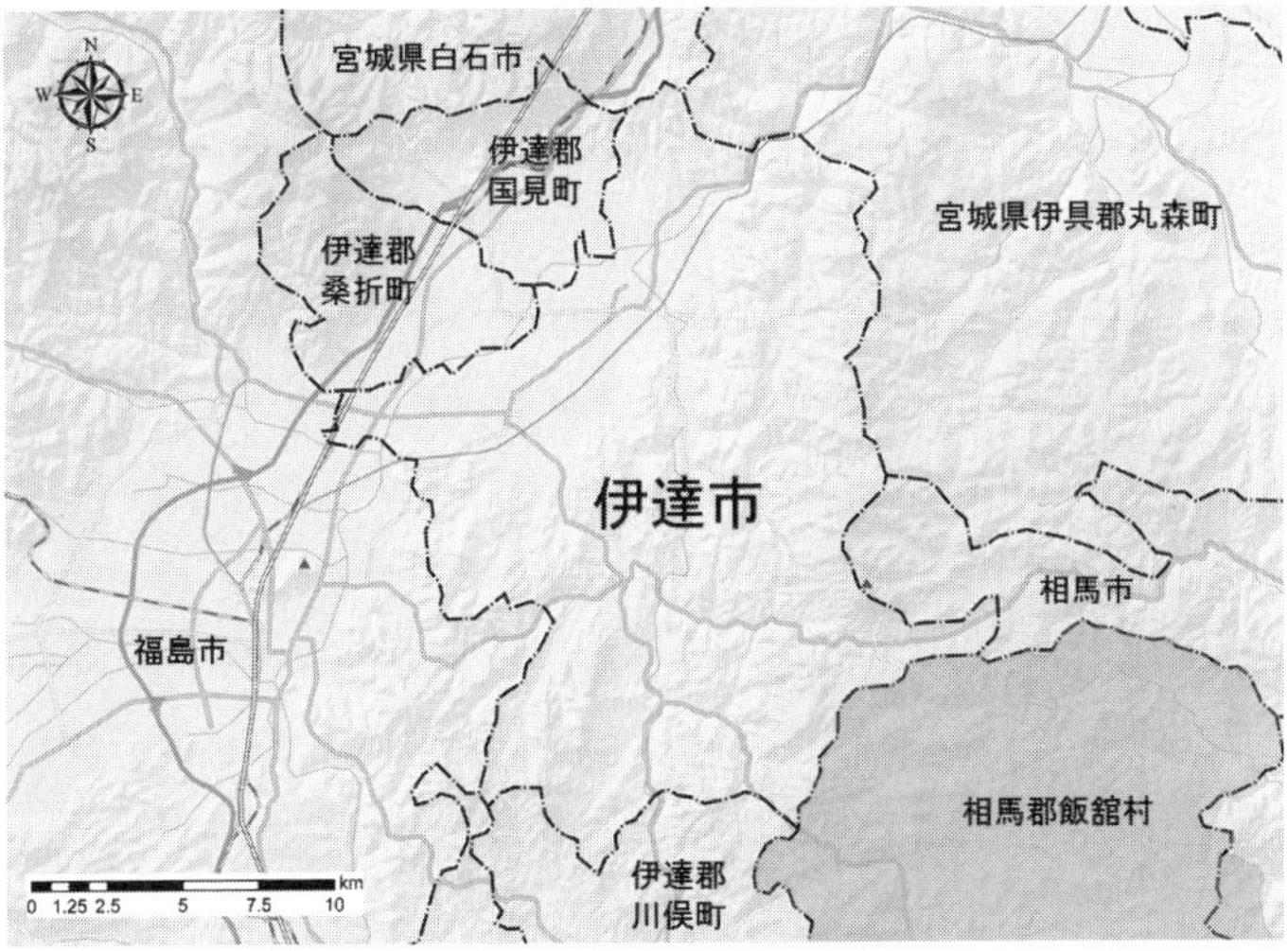

図 1　伊達市の位置

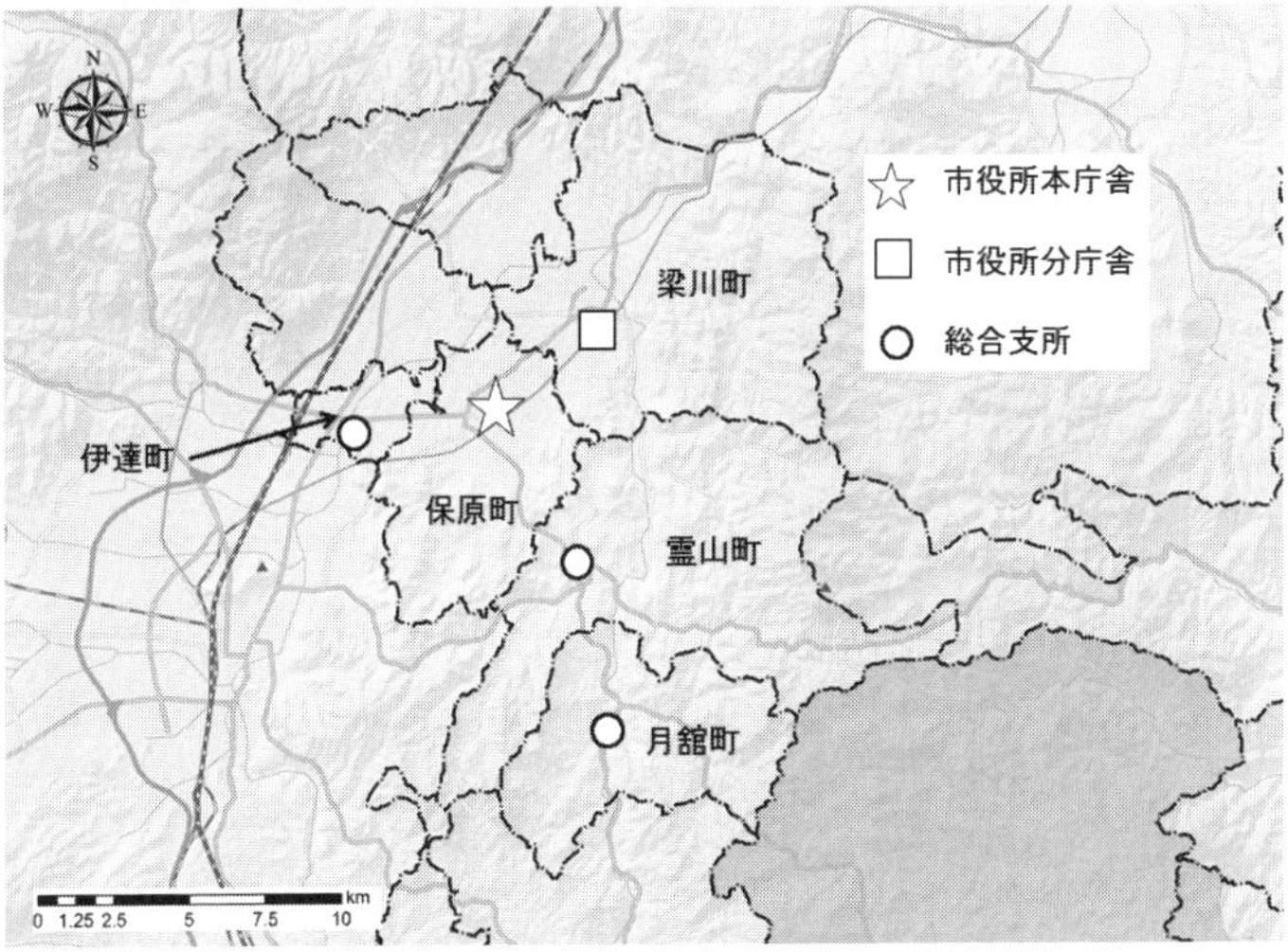

図 2　伊達市の旧町と市役所庁舎、総合支所の位置

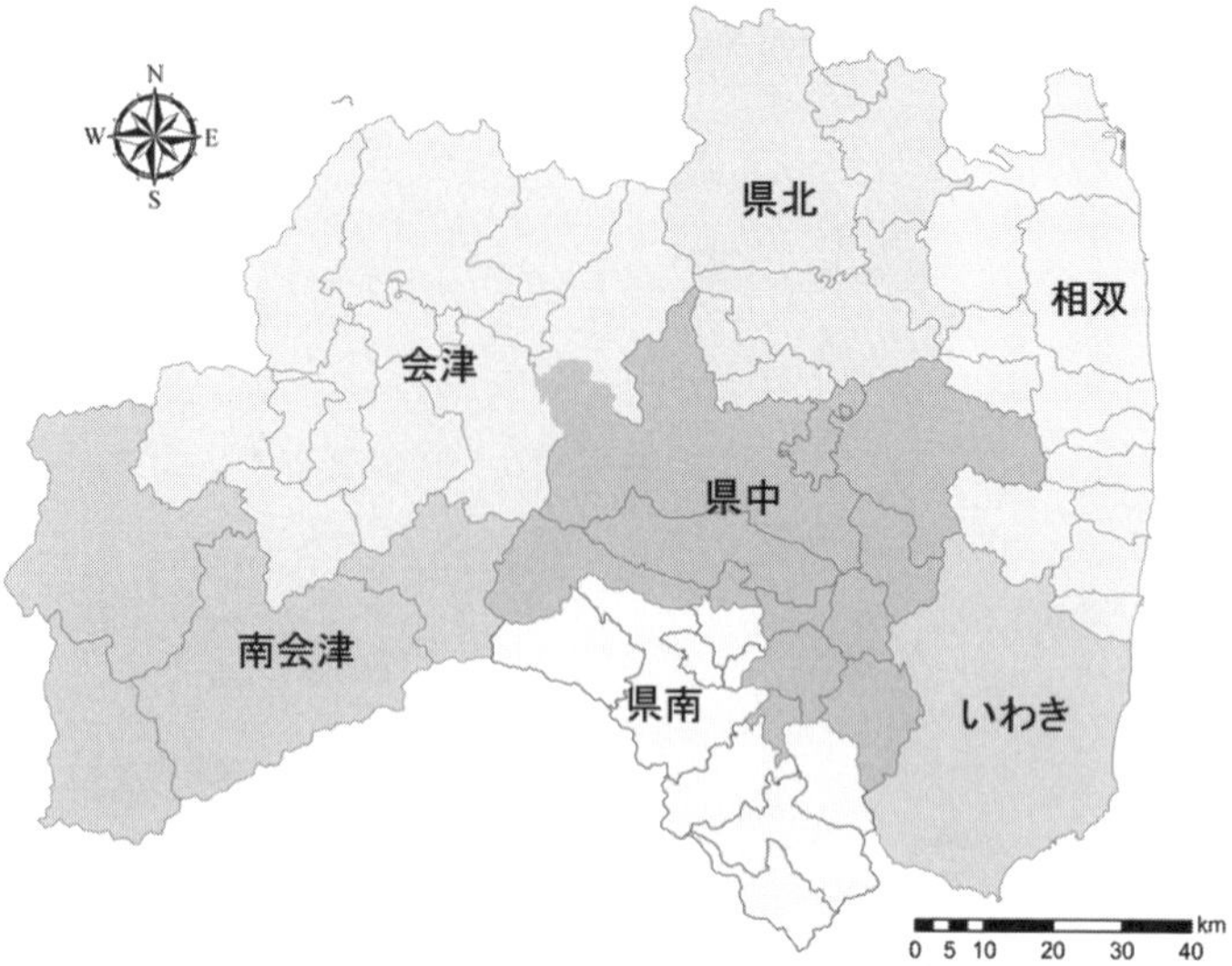

図３　福島県の「七方部」

れる郡山市を中心とした「県中」、白河市を中心とした「県南」、かつての会津藩の藩域であり会津若松市を中心とする「会津」と「南会津」、かつての相馬中村藩の藩域にあたり福島第一原子力発電所が立地する双葉郡が属する「相双」、そして広域合併の先駆である「いわき」であり、それぞれ「○○地方」のように呼称される。さらに県北、県中、県南が「中通り」、会津と南会津が「会津」、相双といわきが「浜通り」と称される。この地域区分が放射能情報のモニタリングと広報を規定する要因の一つとなったが、この点については後ほど詳述する。

二　二〇一一年三月下旬までのモニタリング体制と情報周知

――旧自治体の括りの罠

まず、事故のごく初期における状況を時系列的に確認しよう。三月一一日に発生した巨大地震と大津波により、全ての交流電源と冷却機能を喪失した福島第一原子力発電所では、三月一二日から一七日にかけて大量の放射性物質が放出されたことは前述した国会事故報告書などで分析されており、事故の推移についてはここでは改めて言及しない。伊達市の市域にこの事故による放射性物質放出の影響が出始めたのは、伊達市（二〇一四）によれば、三月一四日午前一一時頃に発生した三号機の水素爆発により、原発の北西方向に風にのった放射能プルームが移動してきた時期からであり、一五日の午前六時頃に発生した二号機の格納容器損傷、四号機の水素爆発以降、環境放射線量が急激に上昇していくこととなった。伊達市で環境放射線量の測定が開始されたのは、一七日の保原本庁舎における福島県による測定であり、そこでの毎時七・三五マイクロシーベルトが初出となる。事故の段階で、伊達市内には恒常的なモニタリングポストなどは設置されておらず、最も近傍の恒常的な測定点は福島市の紅葉山（福島県原子力センターが設置）であったほか、福島県としても停電や燃料不足により十分なモニタリング体制を構築できなかったことが指摘されている（東京電力福島原子力発電所事故調査委員会　二〇一二）。ともかくこの毎時七・三五マイクロシーベルトという値は伊達市の広報誌である「だて市政だより災害対策号　第一号」に掲載され周知されることになるが、その発行日は三月二一日であり、配布は二三日以降、燃料不足からその配達は遅れ気味でもあった（図4）。それよりも早い段階で放射線量の測定値を周知し、それが可能であったのはメディア、とりわけ新聞である。図5のように『福島民友』『福島民報』では一六日から一五日の測定値を掲載し、以後継続していくこととなる。この値は福島県発表のものであるが、そこでの測定点は前述した「県内七方部」の合同庁舎所在地であり、伊達市は含まれない。また、『福島民友』の紙面で明らかなように、まず一五日未明に値が上昇したのは浜通り南部のいわき市であったがその後は低下する一方、伊達市が属する県北地方の値を代表する福島市では一六日以降他の地域に比較してかなり高い値が示されるようになる。なおこの「県内七方部」の放射線量は、同時期からラジオ（ラジオ福島・ふくしまFM）でも一時間ごとの測定値が放送されることとなった。

こうした状況に変化がみられるのは三月二〇日付の紙面からとなる（図6）。つまり、これまでの七方部に加え、災害の混乱のなかでは、誤った情報が広まることもあります。万が一、避難などの特別な行動を必要とする場合には、あらゆる伝達手段を使って、市の災害対策本部が市民の皆さんに指示や必要な情報をお知らせしますので、現在お住まいの場所で指示を待って、あせらず、冷静な行動を心がけてください。

■市内の放射線量測定値について

放射線は自然界にもあり、空気中に年 1,300 マイクロシーベルト程度あるといわれています。また、レントゲンなどで医療にも活用されています。

伊達市内の放射線量は、右表のとおり、最大でも8マイクロシーベルト/時間（※）以下となっています。

伊達市における放射線量

場所：本庁舎敷地内、単位：マイクロシーベルト/時間

測定日時	測定値
3/17 22時20分現在	7. 35
3/18 12時30分現在	7. 55
3/19 11時11分現在	6. 56

例えば、胸部CTスキャンを1回受けた場合の放射線量は約6,900マイクロシーベルト（6.9ミリシーベルト）となります。

仮に8マイクロシーベルト/時間が続いた場合、約 860 時間外に居続ければCTスキャン1回分と同程度となります。

また、合計の放射線量が 100,000 マイクロシーベルト（100 ミリシーベルト）以下の場合、発がん率への影響はないとされています。このため、現在の伊達市における放射線量は「健康に影響がない」状況であると言えます。

※**マイクロシーベルト**は、1 ミリシーベルトの 1000 分の 1 の単位です。

【例】 7 マイクロシーベルト/時間＝0.007 ミリシーベルト/時間

■安定ヨウ素剤の準備について

安定ヨウ素剤とは、放射性ヨウ素の吸入による甲状腺被ばくを低減するための防護剤のことです。これを服用することによって、あとから放射性ヨウ素が体内に入っても蓄積されにくく、短時間で体外に排出されます。

市では、万が一の際に備えて、市民向けの安定ヨウ素剤を準備していますが、配布や服用については、市の災害対策本部が指示を行います。

■避難施設について

家屋が倒壊する危険があり自宅で生活することができない方等のために避難場所を設けています。避難を希望する方は、市災害対策本部へご連絡ください。

避難場所：保原ふれあいセンター

2

図4　だて市政だより災害対策号　2011年3月21日号

県北地方の一三カ所の値があわせて公表された。しかし、伊達市に関してはなお「伊達市役所」すなわち旧保原町の保原本庁舎の値のみであった。図6からも明らかなように、モニタリングは福島市に関して地点がやや多いのみで、現在の自治体を基準に一カ所程度の場所が選択されている。つまり伊達市の場合、測定し周知されるのは旧保原町の値のみであった。合併しなかった桑折町や国見町、川

【県内7地点の環境放射能測定値】

（16日午後7時現在。単位＝マイクロシーベルト／時間）

月日	測定時刻	福島市	郡山市	白河市	会津若松市	南会津町	南相馬市	いわき市平
平常値		0.04	0.04～0.06	0.04～0.05	0.04～0.05	0.02～0.04	0.05	0.05～0.06
16日（水）	1:00	20.80	2.86	3.80	1.17	0.25	3.76	1.03
	4:00	18.50	2.66	4.10	0.66	0.12	3.76	5.45
	7:00	19.20	2.82	4.00	0.68	0.11	3.88	1.69
	10:00	19.20	3.00	4.00	0.60	0.11	4.03	1.20
	13:00	18.10	2.82	4.00	0.59	0.10	3.68	2.50
	16:00	18.80	3.11	3.80	0.58	0.10	3.67	1.96
	19:00	14.70	2.96	3.40	0.44	0.11	3.61	1.64

※20マイクロシーベルトは胃のX線1回分の約1/30の照射量。東京・ニューヨーク間の飛行機旅行の照射量は200マイクロシーベルト。

※測定場所＝県北保健福祉事務所、県中合同庁舎、県南合同庁舎、会津合同庁舎、南会津合同庁舎、南相馬合同庁舎、いわき合同庁舎

アクセス集中
一時接続困難に
県のHP

十六日午前、県のホームページへのアクセスが集中し、一時的に接続しにくい状態とな

リーニング」を行う常設の施設を六カ所から八カ所に増やした。各施設に希望者が多数訪れており、対応した。

十六日は引き続き巡回スクリーニングも実施した。県職員や保健師らでつくる約四十チームが福島高（福島）

福島の測定値
胸部撮影時の半分

原発の
県災害
通りを
県内の
ニタリ
監視を
県内15
測を開
定値）
4時、
のほぼ
23・72
のが最
5時か
放射能
・05マイクロシーベルト
故の影

響とみている。県は計測した放射線量を公表し、県民の安全と安心の確保につなげる。

15日の県内環境放射能測定値　単位：マイクロシーベルト/時

	福島市	郡山市	白河市	会津若松市	南会津町	南相馬市	いわき市平
0:00	0.09	0.05	0.07	0.06	0.05	2.73	0.57
1:00	0.07	0.06	0.07	0.07	0.05	2.72	4.22
2:00	0.08	0.06	0.06	0.06	0.06	2.69	18.04
3:00	0.09	0.05	0.06	0.07	0.05	2.67	13.28
4:00	0.09	0.06	0.05	0.07	0.05	2.62	23.72
5:00	0.08	0.06	0.06	0.07	0.05	2.60	9.57
6:00	0.08	0.06	0.06	0.07	0.05	2.59	3.94
7:00	0.08	0.06	0.06	0.07	0.05	2.57	9.30
8:00	0.07	0.06	0.06	0.07	0.05	2.54	2.77
9:00	0.09	0.06	0.06	0.07	0.05	2.51	2.59
10:00	0.06	0.05	0.06	0.07	0.05	2.49	2.23
11:00	0.07	0.05	0.06	0.07	0.05	2.46	2.00
12:00	0.06	0.06	0.06	0.07		2.44	1.48
13:00	0.05	0.06	0.44	0.06		2.43	1.69
14:00	0.05		4.21	0.11	0.08	2.41	1.51
15:00	0.08	3.58	3.38	0.16	0.07	2.44	1.33
16:00	1.75	3.81	5.02	0.14	0.10	2.43	1.39
17:00	20.26	3.09	5.69	0.20	0.71	2.43	1.23
18:00	23.18	3.54	6.70		0.93		0.75

県内1

福島第1、第2原発の状況

図5 『福島民報』2011 年 3 月 17 日紙面（左）、『福島民友』2011 年 3 月 16 日紙面（右）

保安院会見

【県北地方の環境放射能測定値】表①　単位＝マイクロシーベルト

測定日	測定回	国見町役場	福島北署桑折分庁舎（桑折町）	伊達市役所	農業総合センター果樹研究所（福島市）	福島市役所	福島西インターチェンジ	ふくしま自治研修センター（福島市）	川俣町役場	二本松市役所	二本松市東和支所	川俣町山木屋郵便局	大玉村役場	本宮市役所
19日	1回目	4.44	6.92	6.56	5.38	9.30	4.78	2.00	4.13	9.46	4.26	12.8	5.48	7.41
	2回目	3.71	6.69	6.32	5.41	9.37	5.89	2.54	3.83	9.27	4.27	12.2	4.98	7.46

※おおむね1回目は午前、2回目は午後の測定

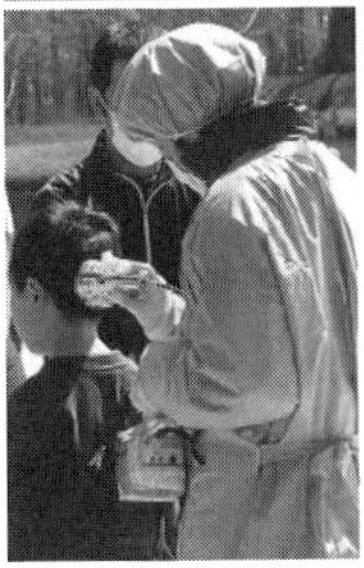

十～三十キロの六地点で行った調査では、飯舘村で午後一時に三三・七マイクロシーベルトを記録した。県は「健康に影響を与える数値ではない」としている。

福島市の水道水
微量のヨウ素検出

福島市の水道水から放射性物質の放射性ヨウ素と放射性セシウムが検出された問題で、

【県内7地点の環境放射能測定値】表②

（19日午後7時現在。単位＝マイクロシーベルト／時間）

月日	測定時刻	福島市	郡山市	白河市	会津若松市	南会津町	南相馬市	いわき市平
平常値		0.04	0.04～0.06	0.04～0.05	0.04～0.05	0.02～0.04	0.05	0.05～0.06
19日（土）	1:00	10.20	2.30	2.50	0.44	0.09	3.07	1.04
	4:00	10.60	2.32	2.60	0.43	0.10	2.91	1.02
	7:00	10.30	2.26	2.70	0.44	0.09	2.80	1.04
	10:00	10.40	2.21	2.40	0.36	0.09	3.31	0.94
	13:00	10.10	2.07	2.40	0.37	0.09	3.47	0.85
	16:00	9.70	2.08	2.40	0.39	0.09	2.82	0.86
	19:00	9.20	2.60	2.20	0.35	0.09	2.73	0.75

※20マイクロシーベルトは胃のX線1回分の約1/30の照射量。東京・ニューヨーク間の飛行機旅行の照射量は200マイクロシーベルト。

※測定場所＝県北保健福祉事務所、県中合同庁舎、県南合同庁舎、会津合同庁舎、南会津合同庁舎、南相馬合同庁舎、いわき合同庁舎

図6 『福島民報』2011 年 3 月 20 日紙面

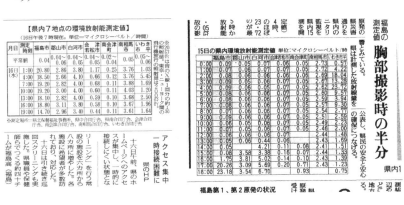

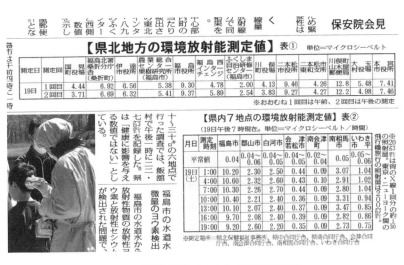

俣町は値が測定され公表される一方で、合併し形式的には市域は広域化したとはいえ総合支所がおかれ旧町域がなお一定の意味を有する段階で、このようなモニタリングと広報体制に留まったことは、旧保原町以外の住民にとってみれば、地域認識としてその値では十分な納得が得られないという状況におかれたということができる。かつ、原発からの距離が近い南部の旧月舘町や旧霊山町の値がこの時点で不十分な把握と周知に留まったことは、自治体の括りなどに意味を持たない放射能汚染事故の特性からみても、モニタリング体制として大きな問題があったといわざるを得ない。付言すれば、伊達市と同時期に合併した二本松市において旧東和町にあたる値となる「二本松市東和支所」が公表されたのは、当初に全町避難となった浜通りの双葉郡浪江町の役場機能が置かれたためである。いずれにせよ、基本的に二〇一一年三月下旬までかかる状況が継続することになる。

三　判明してきた放射線量の「高さ」と伊達市のおかれた状況

このように公的機関による伊達市に関する放射線量に関する情報提供は十分とはいえない状況下で、三月下旬になると伊達市の西側に位置する福島市の放射線量の高さに加え、東南部で接する飯舘村における放射線量の高さが盛んに報道され、伊達市の、特に旧霊山町と旧月舘町はそれにいわば挟まれた恰好となり、それなりに高レベルであることが予想されながらも十分な行政組織による情報提供がない、という状況におかれた。かつこの段階では、そうした線量が高い地域を「ホットスポット」と表現することが多く、面的な広がりをもつものではない印象を与える局面もあった。

なお、事故当初の時期において、自治体の括りに依存しない特定の地点についての測定情報を得ることができたのは、文部科学省のウェブサイトである。**図7**は、三月一六日に文部科学省のウェブサイトより公表された、

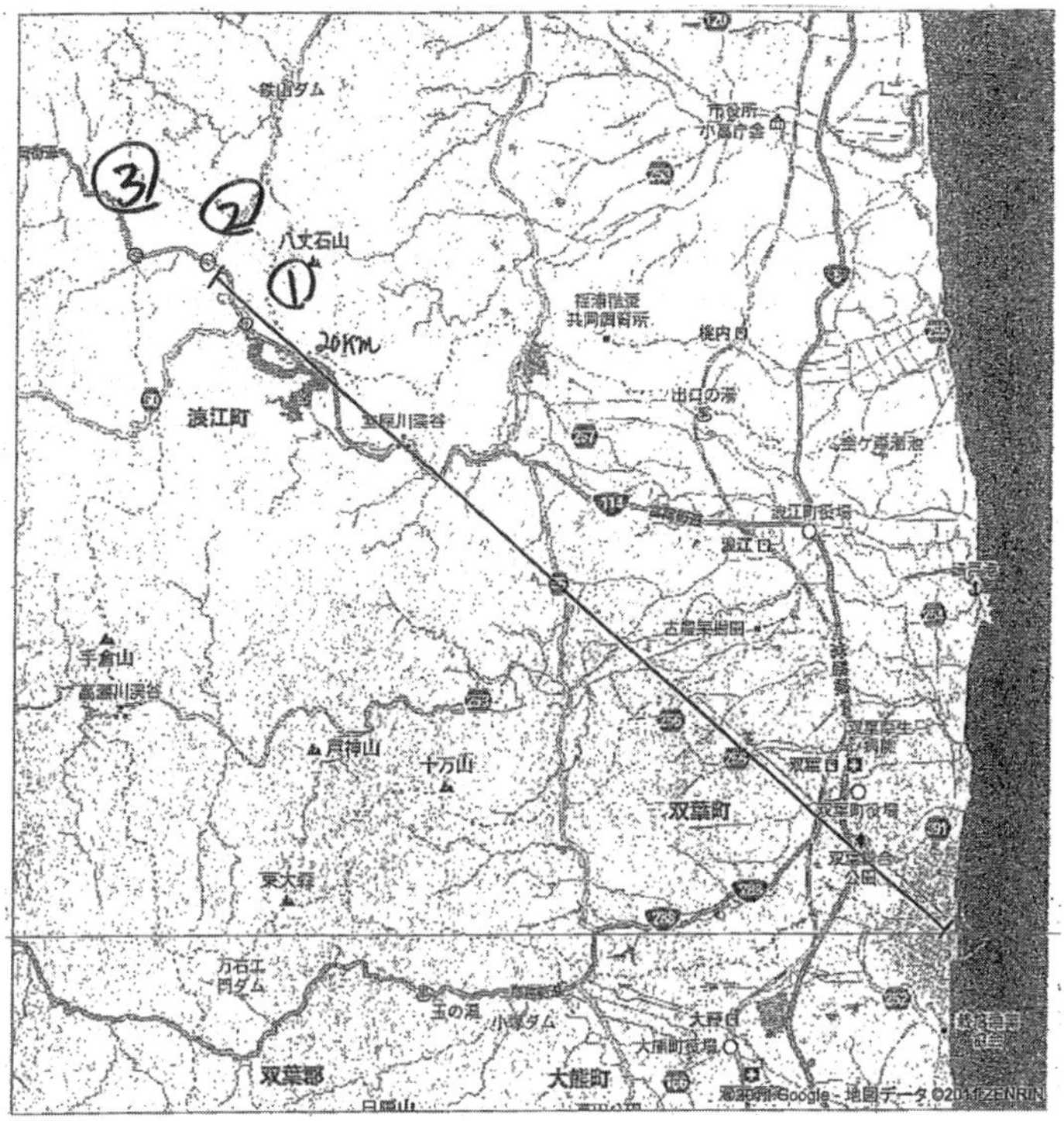

図７　放射能情報に関する初期段階の「地図」（手書きの数字はママ）

文部科学省 Web サイトより

放射能情報に関する初期段階での「地図」のひとつである。二〇一四年現在、事故当初から複数の省庁や自治体がそれぞれに測定を開始した環境放射線のモニタリング情報は、二〇一二年に発足した原子力規制委員会が集約して公開しており、同委員会のウェブサイトにそれらは掲載されている(http://radioactivity.nsr.go.jp/)。とくに、二〇一一年三月中旬に作成されたごく初期段階の地図の場合、基図には道路地図レベルの精度のものを用い、福島第一原子力発電所からの距離や測定地点の番号、あるいは測定値自体が手書きで記入され、それをスキャニングのうえPDFファイルとして公開されたものが多い。より迅速な公表の必要性があったことは理解したう

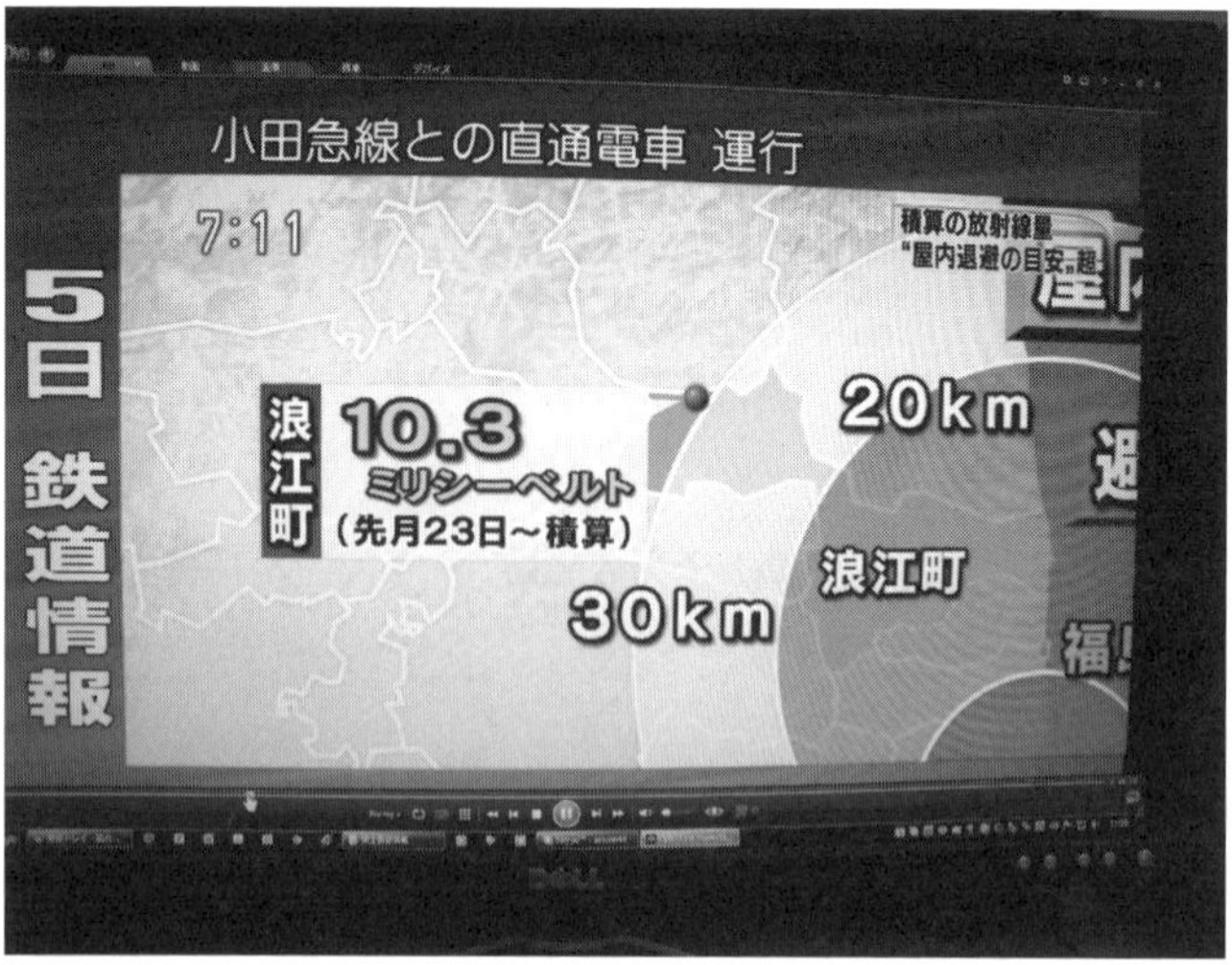

図 8　2011 年 4 月 5 日 NHK 朝七時のニュース「おはよう日本」画面

えでも、使用されている基図はかなり精度が粗くかつ視認性に欠け、地域住民にとって満足できるレベルのものではなかったことは指摘せざるを得ないであろう。

加えて、図8のように三月下旬以降になるとテレビ報道でもいわゆる「L字型画面」によって福島県内各地の放射線量が継続的に放送されるようになった。その図8は、原発から北西方向の「浪江町付近」で事故当初からの積算線量が一〇・三ミリシーベルトに達することを報道する四月五日のNHKニュースである。これら報道機関の情報源は基本的に政府および県が測定した結果であり、独自のモニタリングを試み情報を放送するといったことはほとんどなかった。また、観測地点の場所の情報は地元の住民からすれば明らかに飯舘村や川俣町に近い浪江町津島地区であることが明白ななかで「浪江町付近」のような言い回しで表現されることが多かった。いずれにせよ、原発から北西方向に高線量の地帯が「スポット」ではなくある程度面的に存在することが、しだいに周知の事実として知られるようになる。また、三月一九日には同じ北西方向にある川俣町産の原乳から放射性物質が検出され、福島県の全市町村に出荷制限がかけら

図9　伊達市放射能測定値発表Webサイト（2011年3月24日開設）

れるといった事態も発生しはじめた。

伊達市においても、三月二四日に「市内の環境放射線測定値」とするウェブサイトが開設され、それ以前に測定され発表された値を含めて公表されるようになった（**図9**）。その測定地点および測定開始時期を地図上にプロットしたのが**図10**である。まず三月二四日から、旧保原町の市役所本庁舎に加え各総合支所での測定が開始されることで旧町に一つの測定点が設けられた。加えて旧月舘町の飯舘村との境界、後に特定避難勧奨地点が設定されることになる旧霊山町小国地区の値が観測・公表されるようになる。その後は、四月以降にまず飯舘村に接する旧霊山町石田地区が、さらには福島市に近い旧霊山町小国地区、旧保原町富成地区の観測地点の追加が行われたが、ここまでの体制確立に事故から一ヶ月以上の時間を要したことになる。対照的に、北部の旧梁川町、西部の旧伊達町では分庁舎・総合支所以外の測定点は二〇一一年六月時点でも存在しない。また同じ情報は「だて市政だより災害対策号」に掲載され配布されていたが、こうした情報は前述のＮＨＫ

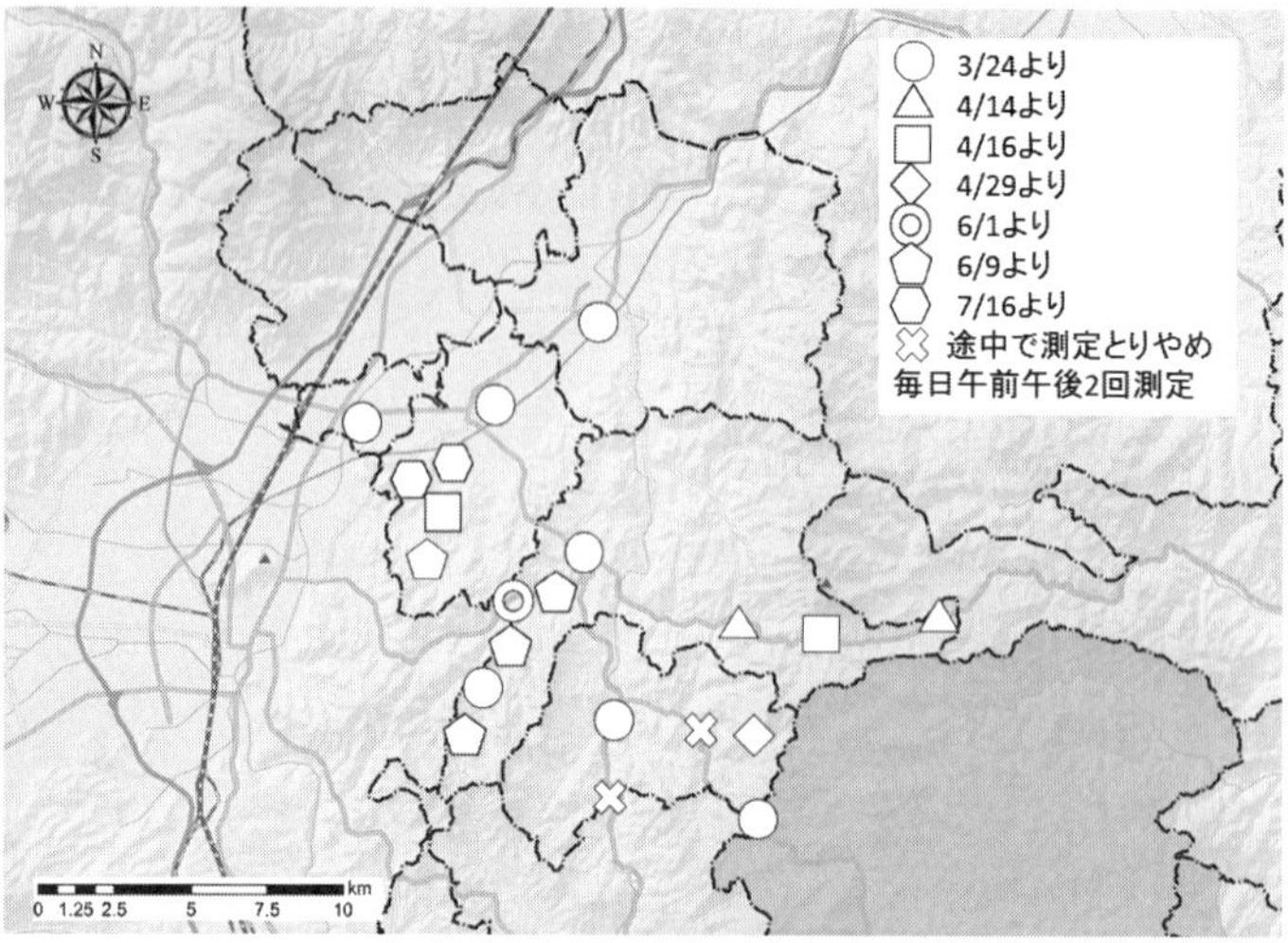

図10　2011年6月までの放射能観測地点

伊達市資料より筆者作成

のように一部報道機関がごくわずかに地図化して提示したのみで、この時期の政府各機関や地方公共団体による公表は数値データをそのまま文字情報として掲載するか、あるいは表形式に整理したのみであり、観測点の追加と時間の経過によってデータ量が増大するにつれ視認性に難が出ることにもなっていったといわざるをえない。**図11**の小中学校などの放射線量調査結果のように、新聞紙面上でそれを表現すると細かな数値と文字の羅列となってしまうのに加え、市区町村の掲載の順番が全国地方公共団体コードに準拠している場合もあり、同じ県北地方ながら福島市からかなり離れた紙面上の位置に伊達市が掲載されるなど視認性が低い状況も散見されることとなった。

三月下旬から四月にかけては、単なる環境放射線量のポイントごとの測定値に加え、小縮尺ながら地図情報がようやく提供されるようになる。『福島民報』三月二四日付の紙面では、緊急時迅速放射能影響予測ネットワークシステム、いわゆるＳＰＥＥＤＩの拡散予測試算図と（ただしＳＰＥＥＤＩによるものとの明示はない）、米国エネルギー省による航空機モニタ

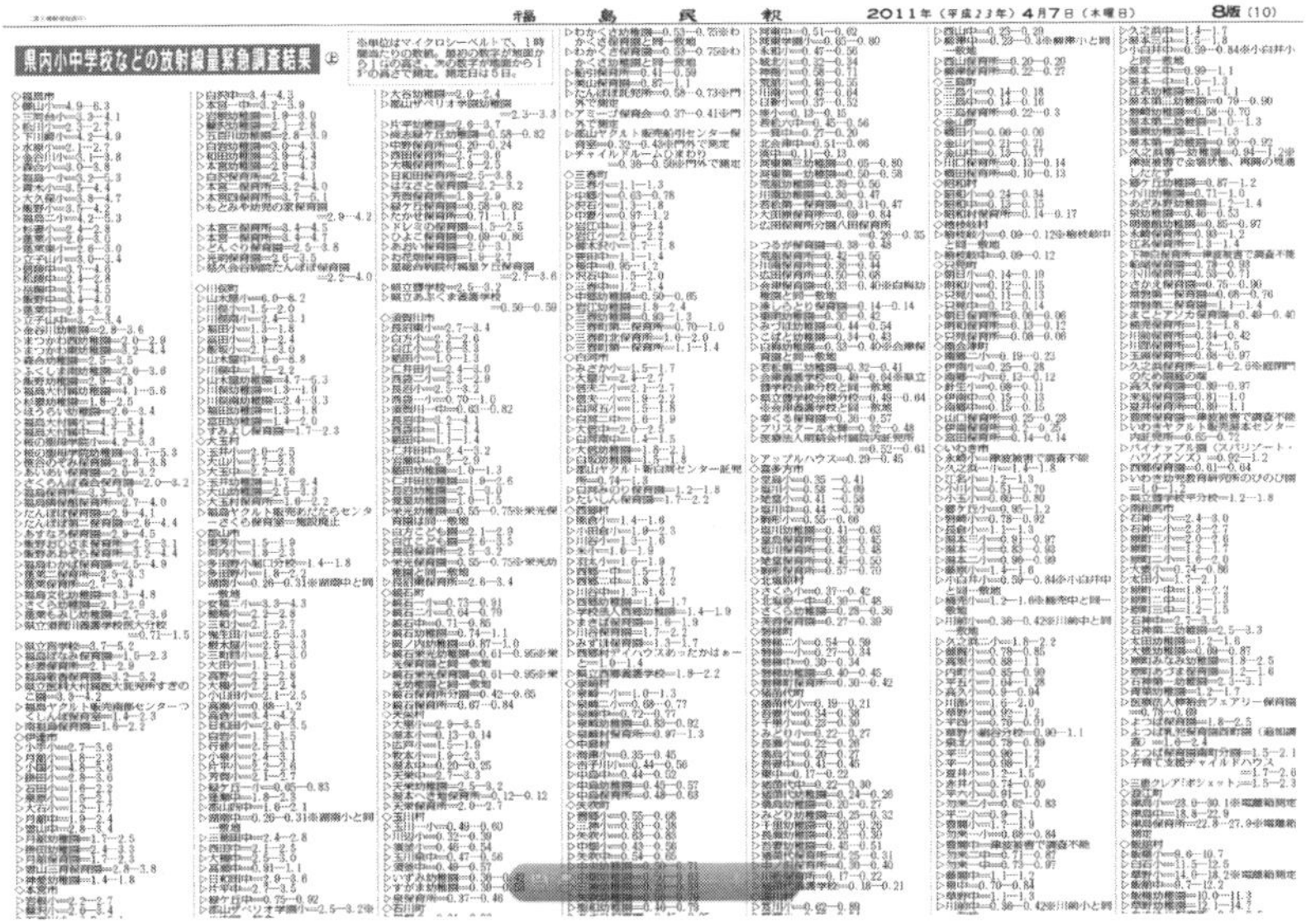
福島民報 2011年（平成23年）4月7日（木曜日） 8版 (10)

県内小中学校などの放射線量緊急調査結果 ㊤

図11 『福島民報』2011年4月7日紙面

リング（三月一七日〜一九日実施）の結果が同時に掲載された（図12）。前者の公表の遅れについては政府や福島県に対し厳しい批判が寄せられたのは記憶に新しいが、図12や図13のドイツ気象庁による拡散予測図のようにむしろ諸外国からウェブ上で発信される情報に地図としては充実したものが多く、当然インターネット環境が利用できる場合は比較的早い段階から情報を得ることが可能であった。ただし、これも当然ながら日本語による提供は期待できないのに加え、相当に小縮尺のものとならざるをえず、伊達市内の各地区レベルの情報を得るには精度の面で問題がある。逆に図13のみをみれば、むしろ日本全体、ひいては朝鮮半島までが等しく汚染されているかのような印象を与える結果をもたらす可能性があることが容易に想定される。そのことと旧町レベルでのモニタリングと情報提供体制整備の遅れが、自分の住む地域の放射線量に対する不安を増幅させたことは否めないであろう。

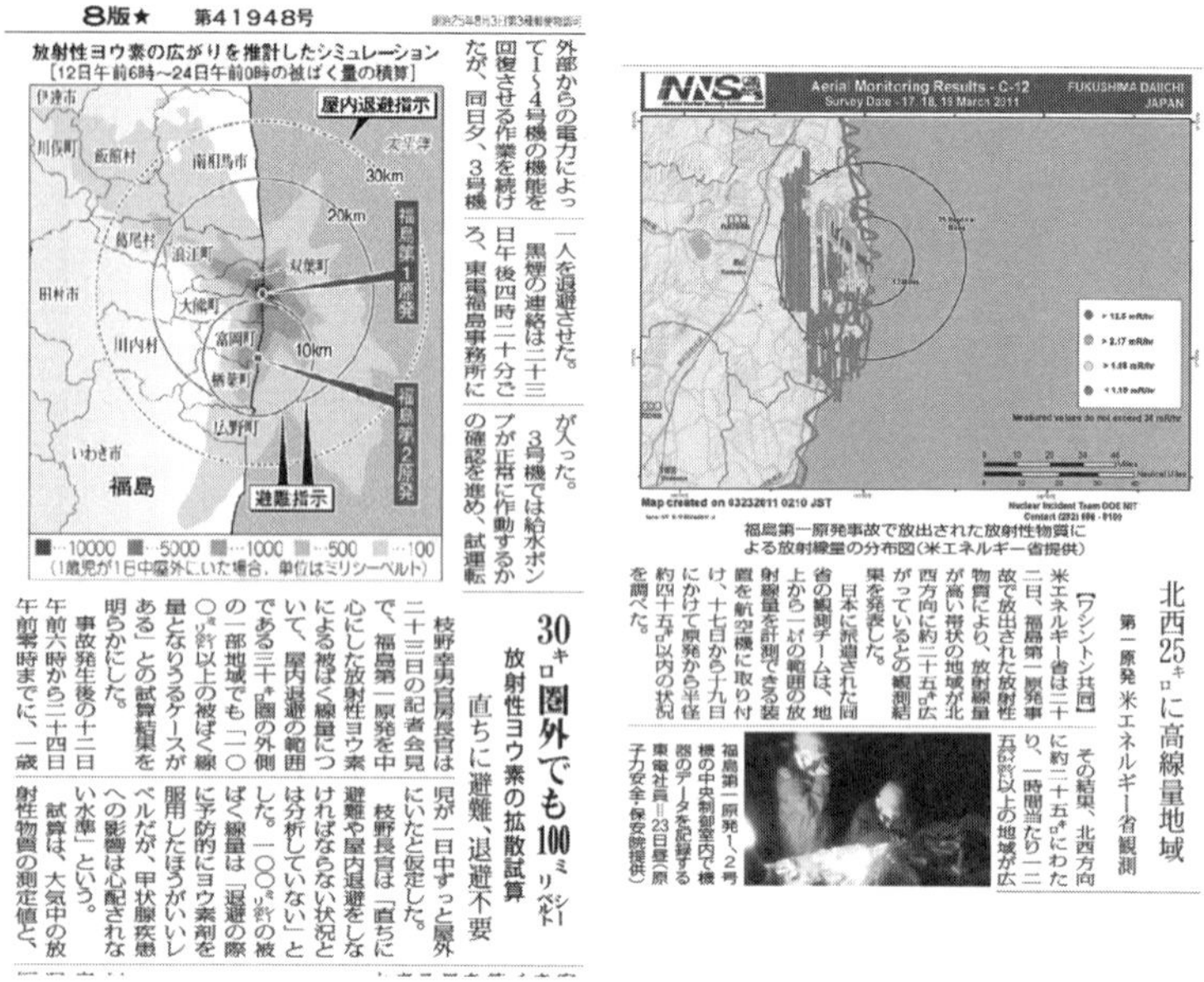

8版★　第41948号

放射性ヨウ素の広がりを推計したシミュレーション
［12日午前6時～24日午前0時の被ばく量の積算］

■…10000　■…5000　■…1000　■…500　■…100
（1歳児が1日中屋外にいた場合、単位はミリシーベルト）

外部からの電力によって1～4号機の機能を回復させる作業を続けたが、同日夕、3号機

一人を退避させた。黒煙の連絡は二十三日午後四時二十分ごろ、東電福島事務所に

が入った。3号機では給水ポンプが正常に作動するかの確認を進め、試運転

30キロ圏外でも100ミリシーベルト

放射性ヨウ素の拡散試算

直ちに避難、退避不要

枝野幸男官房長官は二十三日の記者会見で、福島第一原発を中心にした放射性ヨウ素による被ばく線量について、屋内退避の範囲である三十キロ圏の外側の一部地域でも「一〇〇ミリシーベルト以上の被ばく線量となりうるケースがある」との試算結果を明らかにした。

事故発生後の十二日午前六時から二十四日午前零時までに、一歳児が一日中ずっと屋外にいたと仮定した。

枝野長官は「直ちに避難や屋内退避をしなければならない状況とは分析していない」とした。一〇〇ミリシーベルトの被ばく線量は「退避の際に予防的にヨウ素剤を服用したほうがいいレベルだが、甲状腺疾患への影響は心配されない水準」という。

試算は、大気中の放射性物質の測定値と、

福島第一原発事故で放出された放射性物質による放射線量の分布図（米エネルギー省提供）

北西25キロに高線量地域

第一原発 米エネルギー省観測

【ワシントン共同】米エネルギー省は二十二日、福島第一原発事故で放出された放射性物質により、放射線量が高い帯状の地域が北西方向に約二十五キロ広がっているとの観測結果を発表した。

日本に派遣された同省の観測チームは、地上から一メートルの範囲の放射線量を計測できる装置を航空機に取り付け、十七日から十九日にかけて原発から半径約四十五キロ以内の状況を調べた。

その結果、北西方向に約二十五キロにわたり、一時間当たり一二五マイクロシーベルト以上の地域が広

福島第一原発1、2号機の中央制御室内で機器のデータを記録する東電社員＝23日昼（原子力安全・保安院提供）

図 12　『福島民報』2011 年 3 月 24 日紙面

注目集める欧州の予測

独、英、仏…独自にHP上で公開

【ベルリン共同】ドイツや英国、フランス、オーストリアなどの気象当局や原子力当局が、福島第一原発から放出された放射性物質の拡散状況を独自に予測、ホームページ上で公開し、注目を集めている。こうした予測の背景には、一九八六年に起きた旧ソ連のチェルノブイリ原発事故で放射

▲ドイツ気象庁による福島第一原発から放出された放射性物質の拡散予測（日本時間4日午後9時が起点、写真は日本時間7日午後9時時点）。色が濃いほど濃度が高い傾向としている（ドイツ気象庁のホームページより）

図 13　『福島民報』2011 年 4 月 8 日紙面

また、四月に入り注目されるようになるのが、伊達市に隣接し、当時は強制的な避難が求められていないなかで深刻な土壌汚染が明らかとなった飯舘村と、飯舘村と同様後に計画的避難区域が設定される川俣町山木屋地区である（図14）。特に飯舘村内はこの時点からかなり細かい測定ポイントが設けられることとなるが、新聞紙面においても、飯舘村と川俣町および同山木屋地区および田村市船引町（旧船引町、市役所所在地）が従前からの七方部に追加されて情報提供が開始された（図15）。

この時期には、『福島民報』の紙面でみても、四月一二日までの積算線量（図16）、文部科学省による二〇一二年三月一一日までの積算線量（図17）、政府・東京電力事故対策統合本部による事故後一年間の推定積算放射線量（図18）など、なお小縮尺とはいえ政府や報道機関作成の地図化情報がもたらされるようになった。政府機関から直接ウェブサイトを通じて提供される情報も、これまでの表形式の数値のみによるもの、あるいは紙媒体をスキャニングしたPDF形式のものから、図19のような地点情報を付した地図をあわせた提供が徐々に増加することとなり、平成の大合併以前の市町村レベルでの、あるいは自治体の枠によらない情報提供の必要性が認識されたといえる。また、図20にあるように専門家による放射能の「正しい」理解を促す住民向け説明会が盛んに実施されたのもこの二〇一一年四月の時期であった。ただし、図18の紙面にあるように、伊達市に関しては計画的避難区域の設定はされなかったが、逆にいえばそのことで飯舘村のように公的機関によるより詳細な調査が遅れることとなり、後に特定避難勧奨地点が設定されたことに示されるとおり、とくに南部の旧霊山町と旧月舘町の住民はなお自らの生活圏に関する放射能の情報が少ない状況に置かれることとなったのも事実である。

福島民報　2011年（平成23年）4月1日（金曜日）

放射性物質

飯舘の土壌 基準値超え

IAEA「避難指示に相当」

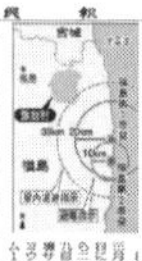

村長「改善策を実行」

県「健康に問題ない」

政府「避難の必要なし」

飯舘村の緊急時環境放射線等モニタリング実施結果（土壌）　採取日：3月28日

測定地点名	地名	空間線量率 地上高1㍍	空間線量率 地表面	土壌放射能 ヨウ素131	土壌放射能 セシウム134	土壌放射能 セシウム137	備考
草野	草野字大師堂	17.6	18.8	35.500	28.900	32.500	小学校、砂
深谷	深谷字大森	17.7	17.7	82.800	33.500	36.300	高校、草＋土
伊丹沢	伊丹沢字山田	13.7	19.0	48.000	22.500	24.500	中学校、土
関沢	関沢字中頃	23.6	27.2	60.800	30.800	34.400	集会場、砂
小宮	小宮字曲田	17.2	23.2	84.900	30.400	32.500	集会場、土
芦原	芦原字白金	9.00	13.8	42.700	14.400	15.900	宅地、砂土
大倉	大倉字大倉	7.30	6.50	24.500	12.100	12.800	体育館、土
佐須	佐須字虎捕	12.8	22.1	72.100	28.800	32.000	宅地、砂
草野	草野字大坂	17.4	23.2	36.600	10.100	11.400	宅地、土
飯樋1	飯樋字町	13.2	16.7	35.200	18.700	20.500	小学校、砂
飯樋2	飯樋字割木	19.2	22.3	80.200	30.900	33.400	宅地、土
飯樋3	飯樋字笠石	15.0	18.2	47.600	22.800	25.000	宅地、砂
上飯樋	飯樋字宮仲	9.08	9.46	13.200	3.670	3.800	集会場、土
比曽	比曽字中比曽	20.6	29.6	158.000	54.700	58.500	宅地、草＋土
長泥	長泥字曲田	28.0	42.5	114.000	38.100	41.100	宅地、土
蕨平	蕨平字蕨平	33.5	41.6	48.600	36.400	40.800	集会場、砂
関根	関根字押木内	12.6	22.8	85.100	18.900	20.700	宅地、草＋土
臼石	臼石字舘田	14.5	15.6	64.400	18.800	20.700	宅地、草＋土
前田	前田字古今明	11.5	14.5	71.600	27.900	30.700	宅地、土
須萱	須萱字水上	6.70	5.50	25.500	6.970	7.530	宅地、草＋砂
草野	草野字大谷地	12.8	15.4	53.000	19.400	21.500	
深谷	深谷字原前	15.5	20.0	43.600	15.000	16.800	
伊丹沢	伊丹沢字山田	13.5	17.5	40.800	18.800	21.000	
関沢	関沢字中頃	14.1	19.2	38.200	16.900	18.400	
小宮	小宮字曲田	19.6	25.0	56.500	26.100	29.100	
八木沢	八木沢字上八木沢	8.30	10.2	22.100	9.630	10.400	
大倉	大倉字湯舟	4.87	6.20	13.600	6.040	6.530	
佐須	佐須字佐須	11.1	14.7	31.900	13.500	14.900	
草野	草野字柏塚	12.0	17.6	41.000	15.300	17.000	
飯樋1	飯樋字下楢地内	14.7	20.2	63.200	21.900	24.700	
飯樋2	飯樋字一ノ関	12.1	19.5	56.800	21.100	23.700	
飯樋3	飯樋字笠石	14.0	17.2	41.200	18.000	19.900	
上飯樋	飯樋字原	12.8	19.0	47.400	20.300	22.500	
比曽	比曽字比曽	23.0	34.0	98.200	33.000	37.500	
長泥	長泥字長泥	29.0	45.0	123.000	43.900	48.500	
蕨平	蕨平字木戸	26.0	40.0	69.900	29.600	32.800	
松塚	松塚字神田	12.0	14.5	71.600	26.600	28.900	
臼石	臼石字町	16.5	21.8	66.900	23.300	26.000	
前田	前田字稲田	16.2	22.5	30.800	8.870	9.780	
二枚橋	二枚橋字町	8.20	12.0	38.100	12.500	13.800	

※上記測定結果は政府現地対策本部が、福島県から結果を入手したもの。
※空間線量率の単位はマイクロシーベルト／時間、土壌放射能の単位はベクレル／キログラム。

付属小は最高が低学年広場（道路側の土・検出器までの距離五㌢）の六・〇一㍃㌦、最低が教室（三年三組廊下側）の〇・一四㍃㌦。付属中は最高がバレーコートの土（検出

七・五〇㍃㌦、最低が一㍃㌦だった。

土壌に放射性物質

飯舘村

安全委「影響評価できず」

あすコメ作付け可否決定

文部科学省は五日、福島第一原発事故を受け県が飯舘村の宅地や学校敷地で行った放射性物質調査で、最大で土壌一㌔当たりヨウ素

〇㍀検出したと発表した。

県は三月二十八日、同村の宅地や小中学、高校など四十カ所で土や砂、草を採取。屋内退避区域外の比曽字中比曽の宅地で採取した

万八〇〇〇㍀のほか、セシウム134を五万四七〇〇㍀、セシウム137を五万八五〇〇㍀検出した。

土壌についての濃度基準はなく、原子力安全委員会は「採取地点

図 14 『福島民報』2011 年 4 月 1 日紙面（飯舘村の土壌汚染）

【県内９地点の環境放射能測定値】

（31日午後７時現在。単位＝マイクロシーベルト／時間）

月日	測定時刻	福島市	郡山市	白河市	会津若松市	南会津町	南相馬市	いわき市平	田村市船引町	飯舘村
平常値		0.04	0.04～0.06	0.04～0.05	0.04～0.05	0.02～0.04	0.05	0.05～0.06	―	―
31日（木）	1:00	2.94	2.56	0.77	0.27	0.08	0.99	0.73	―	7.52
	4:00	2.86	2.52	0.78	0.27	0.08	0.98	0.72	―	7.42
	7:00	2.84	2.54	0.78	0.28	0.09	0.97	0.78	0.47	7.39
	10:00	2.46	2.21	0.75	0.25	0.08	0.99	0.66	0.40	7.56
	13:00	2.47	2.33	0.72	0.24	0.09	0.99	0.67	0.39	7.66
	16:00	2.49	2.28	0.69	0.23	0.08	0.98	0.66	0.40	7.55
	19:00	2.70	2.45	0.73	0.24	0.07	0.97	0.68	0.40	7.27

※測定場所＝県北保健福祉事務所、郡山合同庁舎、県南合同庁舎、会津若松合同庁舎、南会津合同庁舎、南相馬合同庁舎、いわき合同庁舎、田村市総合体育館、飯舘村役場。
※田村市船引町、飯舘村は定点観測していないため平常値は出ない。

胃のＸ線集団検診１回当たりの放射線量は６００㍃㌦。東京・ニューヨーク間の飛行機旅行の照射量は２００㍃㌦。

日の同時刻より〇・二三㍃㌦減った。飯舘村は同日午後七時現在で七・二七㍃㌦だった。

県北、県中、県南、会津、南会津、相双、いわきの七方部で実施している調査のうち、県北を除く六方部の各地点の環境放射能測定

塙町役場（０・35）

◇会津＝喜多方市役所（０・20）北塩原村役場（０・31）西会津町・野沢小（０・12）磐梯町役場（０・34）猪苗代町役場（０・22）会津坂下町役場（０・25）湯川村公民館（０・39）柳津町役場（０・21）三島町役場（０・20）金山町役場（０・14）昭和村役場（０・22）会津美里町役場高田支所（０・21）

◇南会津＝下郷町役場

【県北地方の環境放射能測定値】

単位＝マイクロシーベルト

測定日	測定回	国見町役場	福島北署桑折分庁舎（桑折町）	伊達市役所	農業総合センター果樹研究所（福島市）	福島市役所	福島西インターチェンジ	ふくしま自治研修センター（福島市）	川俣町役場	二本松市役所	二本松市東和支所	川俣町山木屋郵便局	大玉村役場	本宮市役所
31日	1回目	1.15	2.10	2.25	1.50	2.59	1.93	0.64	1.70	3.30	1.56	4.47	1.63	2.09
	2回目	1.09	1.97	2.05	1.54	2.61	1.84	0.63	1.69	2.70	1.64	4.47	1.62	2.11

※おおむね１回目は午前、２回目は午後の測定

図 15 『福島民報』2011 年 4 月 1 日紙面（県内七方部から九地点への情報提供変化）

福島第一原発周辺の積算放射線量

※単位はマイクロシーベルト。文科省調べ。13日午前10時現在

浪江 最高15630マイクロシーベルト 積算放射線量

文部科学省は十三日、福島第一原発から二十キロ圏外の十二日までの積算放射線量が、浪江町で最高一万五千六百三十マイクロシーベルトに達したなどとする測定結果を公表した。前回十一日の計測から〇・二～二一・五マイクロシーベルト増えた。

三月二十三日以降、各地に簡易型線量計（ポケット線量計）を設置して定期的に計測。同省ホームページで毎日公表している。結果からは、これまで各種の測定で示されている通り、同原発の北西側で高い放射線量が検出された。

県内各地の主な積算線量は次の通り。

【浪江町赤宇木手七郎】1万5630マイクロシーベルト（3月23日～4月12日）【飯舘村長泥】9082マイクロシーベルト（同）【いわき市四倉町白岩堀木田】261マイクロシーベルト（3月31日～4月12日）【南相馬市鹿島区寺内本屋敷】453マイクロシーベルト（3月23日～4月12日）【福島市杉妻町】541マイクロシーベルト（3月24日～4月12日）【田村市常葉町山根鹿島】714マイクロシーベルト（3月24日～4

県内各地点で減少か横ばい 環境放射線量

た県内十地点の環境放射線量測定値は【表】の通り。

各地点ともおおむね

図 16　『福島民報』2011 年 4 月 14 日紙面

積算線量 ばらつき

政府、分布マップ公表

福島第一原発事故の１年後に当たる2012年３月11日までの積算放射線量の分布　単位はミリシーベルト（文部科学省提供）

る毎時二十マイクロシーベルトの地域があるなど依然として高い放射線量であることが裏付けられた。

測定地点ごとの数…や「緊急時迅速放射…

図 17　『福島民報』2011 年 4 月 26 日紙面

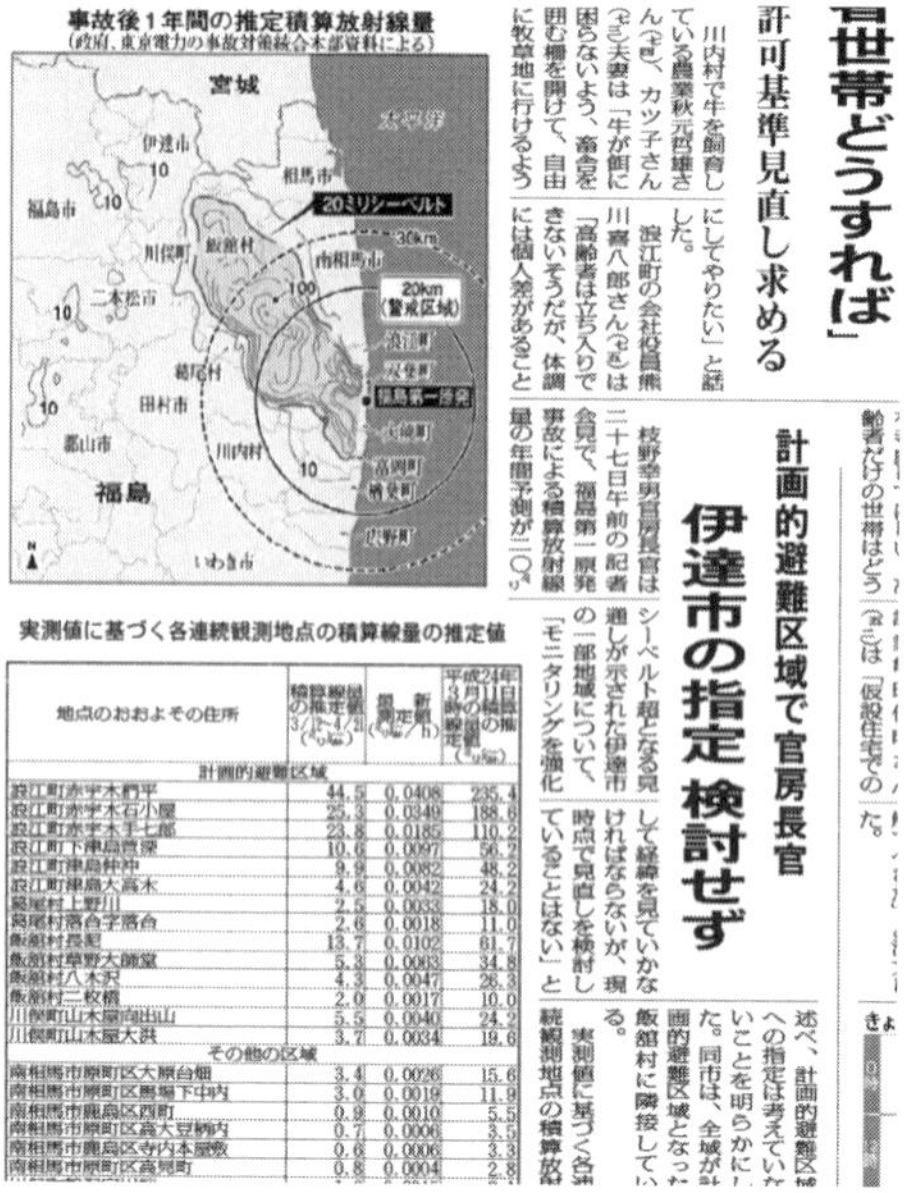

「……世帯どうすれば」
許可基準見直し求める

川内村で牛を飼育している農業秋元哲雄さん（　）、カツ子さん（　）夫妻は「牛が餌に困らないよう、畜舎を囲む柵を開けて、自由に牧草地に行けるようにしてやりたい」と話した。
浪江町の会社役員熊川喜八郎さん（　）は「高齢者は立ち入りできないそうだが、体調には個人差があること

……齢者だけの世帯はどう（　）は「仮設住宅での……た。

計画的避難区域で官房長官
伊達市の指定 検討せず

枝野幸男官房長官は二十七日午前の記者会見で、福島第一原発事故による積算放射線量の年間予測が二〇ミリシーベルト超となる見通しが示された伊達市の一部地域について、「モニタリングを強化して経緯を見ていかなければならないが、現時点で見直しを検討していることはない」と述べ、計画的避難区域への指定は考えていないことを明らかにした。同市は、全域が計画的避難区域となった飯舘村に隣接している。
実測値に基づく各連続観測地点の積算放……

実測値に基づく各連続観測地点の積算線量の推定値

地点のおおよその住所	積算線量の推定値 3/12～4/21（ミリシーベルト）	最新測定値（マイクロシーベルト／h）	平成24年3月11日時点の積算線量の推定値（ミリシーベルト）
計画的避難区域			
浪江町赤宇木椚平	44.5	0.0408	235.4
浪江町赤宇木石小屋	25.3	0.0349	188.6
浪江町赤宇木手七郎	23.8	0.0185	110.2
浪江町下津島萱深	10.6	0.0097	56.2
浪江町津島仲沖	9.9	0.0082	48.2
浪江町津島大高木	4.6	0.0042	24.2
葛尾村上野川	2.5	0.0033	18.0
葛尾村落合字落合	2.6	0.0018	11.0
飯舘村長泥	13.7	0.0102	61.7
飯舘村草野大師堂	5.3	0.0083	34.8
飯舘村八木沢	4.3	0.0047	26.3
飯舘村二枚橋	2.0	0.0017	10.0
川俣町山木屋向出山	5.5	0.0040	24.2
川俣町山木屋大洪	3.7	0.0034	19.6
その他の区域			
南相馬市原町区大原台畑	3.4	0.0026	15.6
南相馬市原町区馬場下中内	3.0	0.0019	11.9
南相馬市鹿島区西町	0.9	0.0010	5.5
南相馬市原町区高大豆柄内	0.7	0.0006	3.5
南相馬市鹿島区寺内本屋敷	0.6	0.0006	3.3
南相馬市原町区高見町	0.8	0.0004	2.8

図 18 『福島民報』2011 年 4 月 28 日紙面

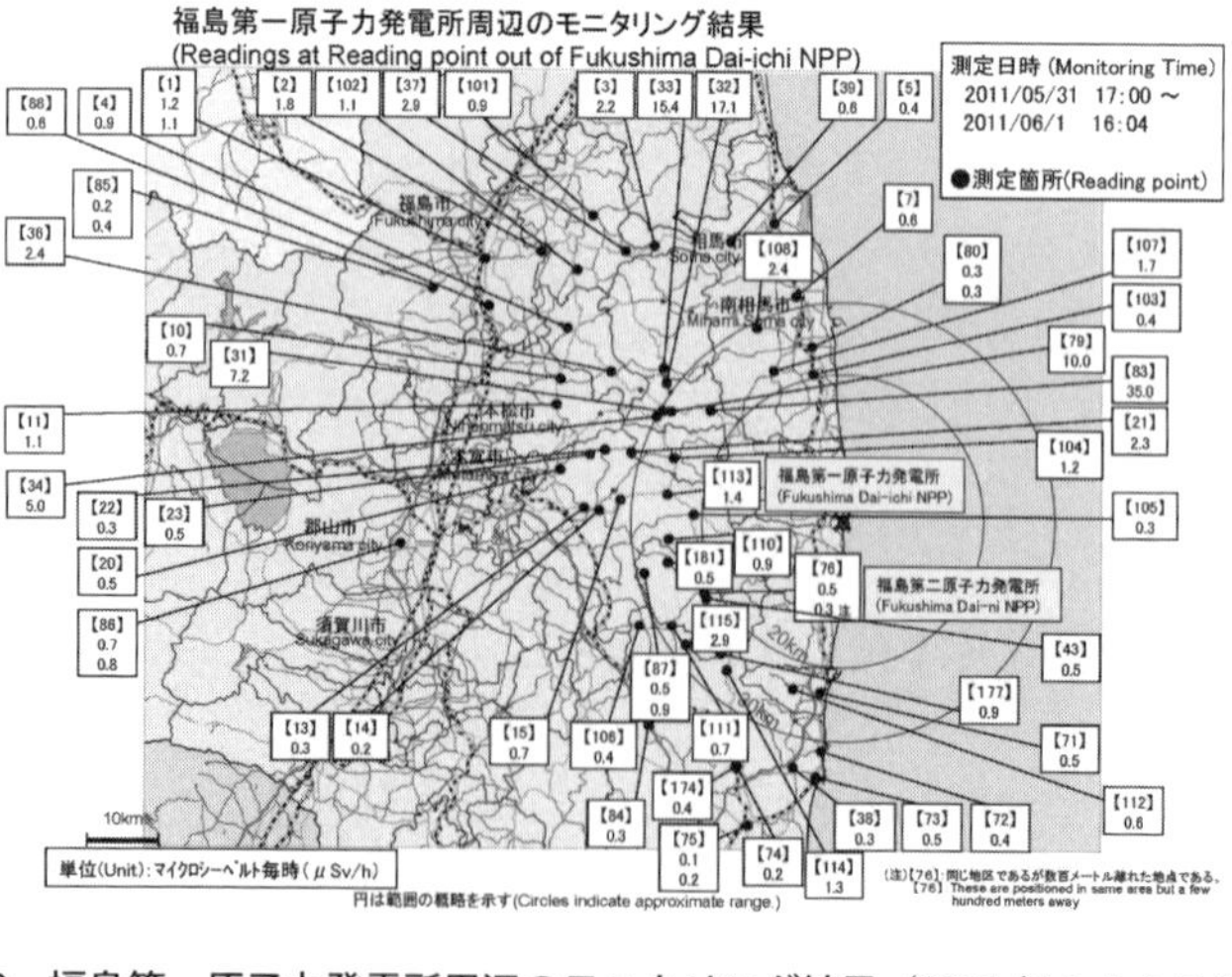

図 19　福島第一原子力発電所周辺のモニタリング結果（2011 年 6 月 2 日発表）

文部科学省 Web サイトより

図20　伊達市民への専門家による講演会の告知チラシ

四　学校園における放射線量把握といち早い除染

なお、二〇一一年四月の時期に焦点が当てられたのは、放射能の影響をより強く受ける子どもたちの活動の場となる学校園の放射能汚染であった。伊達市には高等学校三（県立二、私立一）、中学校六（全て市立）、小学校二二（全て市立）、幼稚園一五（市立一三、私立二）、保育園八（市立三、私立五）の学校園があり、小学校・中学校および幼稚園、保育園は人口の集積程度にあわせて分布していると考えられる。福島県内では、四月初旬の新学期の開始に間に合わせる要請もあったため比較的早い段階で調査が実施され値が公表された（図11）。子どもたちへの影響に関する懸念が自主避難の大きな動機となった場合が多く、校園地の除染による放射線量の低減が自治体にとっての喫緊の課題であった。その除染は校庭の表土を天地返しし、表土を剥ぎ取って埋め戻すことで仮置きするものであり、さらに当初は校舎を高圧スプレーで洗い落としたあとの水の処理が問題となった。加えて指摘できるのは、結果としてこの学校園の放射線量のデータは、地域住民にとっての生活圏の情報として、情報が少ないことによる不安の解消につながるものとはならない側面があった点である。すなわち、学校園だけが早期に除染され、明らかに学校園の周辺より低い値が示されることとなった。そのため、数値の公表は充実したものの、あくまでそれは校地内の値であり、通学路などを含めた周辺地域を代表する値としてはみることができなくなったのである。その後、伊達市は周辺自治体のなかでもいち早く生活環境の除染に取り組み、学校園とそれ以外の場所での観測値の差は順次縮小していくことになる。放射能汚染に対する少ない経験とリソースのなかで、課題に優先順位をつけることは必須であり一定の理解はできるが、行政の縦割り構造のなかで地域を住民が納得できるレベルで総合的かつ包括的にモニタリングし情報提供する体制が用意されていなかったこともまた明らかになる事例である。

五　二〇一一年六月以降のモニタリング体制と情報周知——集落レベルまで落とし込んだ体制構築

前節での検討のように、伊達市では比較的高レベルの放射能汚染を被りながらも初期段階でのモニタリングと情報提供は十分とはいえず、逐次的、追加的にモニタリングと情報の広報体制が構築されていった。それが震災から三年以上を経た現在（二〇一四年）にもつながる体制となったのは二〇一一年六月以降のことである。それについて、伊達市南部の旧月舘町区域を対象に検討していこう。旧月舘町地域でも、飯舘村に隣接する相葭地区で

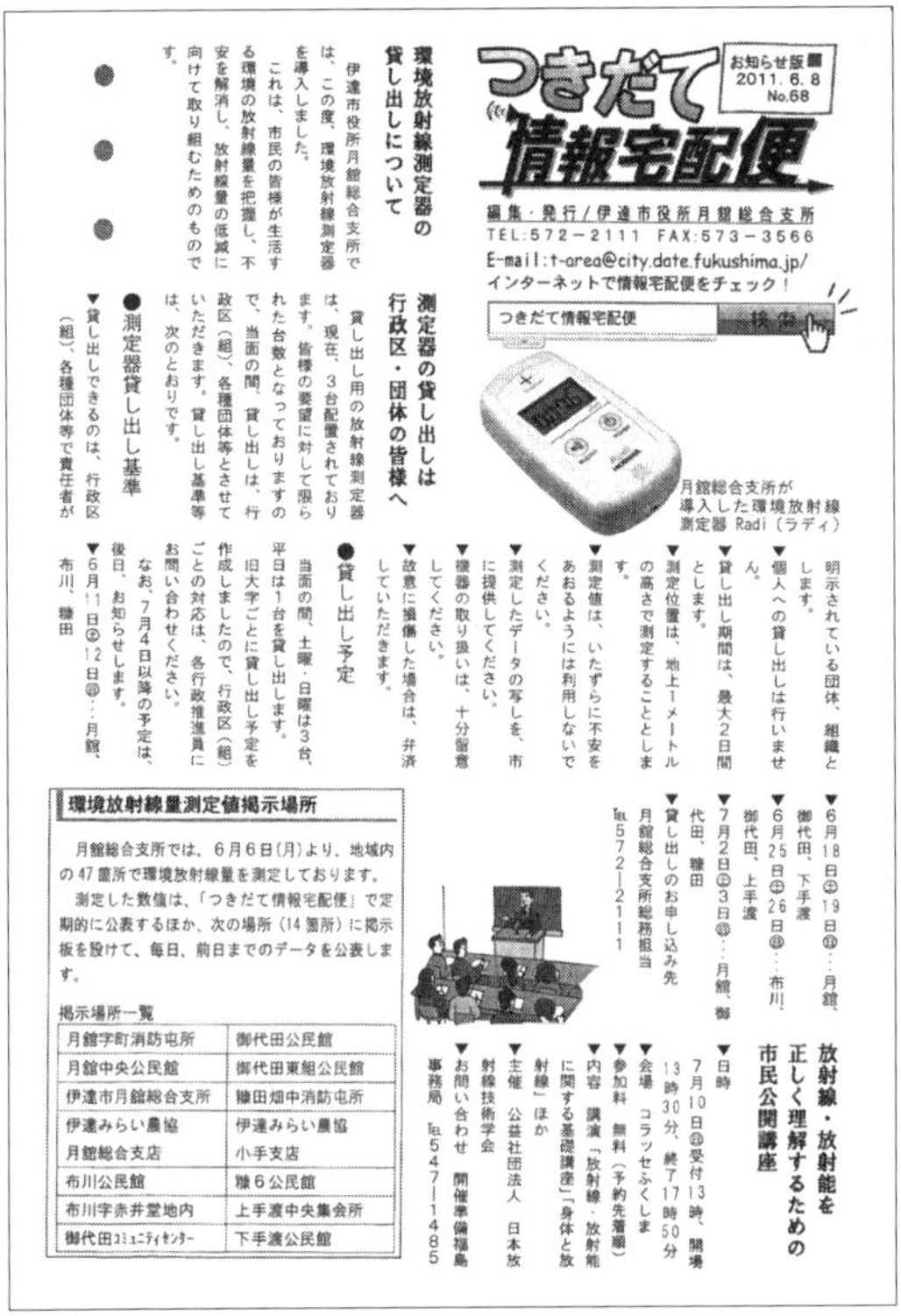

つきだて情報宅配便

お知らせ版
2011.6.8
No.68

編集・発行／伊達市役所月舘総合支所
TEL:572－2111 FAX:573－3566
E-mail:t-area@city.date.fukushima.jp/
インターネットで情報宅配便をチェック！
つきだて情報宅配便 検索

月舘総合支所が導入した環境放射線測定器 Radi（ラディ）

環境放射線測定器の貸し出しについて

伊達市役所月舘総合支所では、この度、環境放射線測定器を導入しました。

これは、市民の皆様が生活する環境の放射線量を把握し、不安を解消し、放射線量の低減に向けて取り組むためのものです。

測定器の貸し出しは行政区・団体の皆様へ

貸し出し用の放射線測定器は、現在、3台配置されております。皆様の要望に対して限られた台数となっておりますので、当面の間、貸し出しは、行政区（組）、各種団体等とさせていただきます。貸し出し基準等は、次のとおりです。

●測定器貸し出し基準

▼貸し出しできるのは、行政区（組）、各種団体等で責任者が明示されている団体、組織とします。

▼個人への貸し出しは行いません。

▼貸し出し期間は、最大2日間とします。

▼測定位置は、地上1メートルの高さで測定することとします。

▼測定値は、いたずらに不安をあおるようには利用しないでください。

▼測定したデータの写しを、市に提供してください。

▼機器の取り扱いは、十分留意してください。

▼故意に損傷した場合は、弁済していただきます。

●貸し出し予定

当面の間、土曜・日曜は3台、平日は1台を貸し出します。

旧大字ごとに貸し出し予定を作成しましたので、行政区（組）ごとの対応は、各行政推進員にお問い合わせください。

なお、7月4日以降の予定は、後日、お知らせします。

▼6月11日㊏12日㊐…月舘、布川、糠田

▼6月18日㊏19日㊐…月舘、御代田、下手渡

▼6月25日㊏26日㊐…布川、御代田、上手渡

▼7月2日㊏3日㊐…月舘、御代田、糠田

▼貸し出しのお申し込み先
月舘総合支所総務担当
℡572－2111

放射線・放射能を正しく理解するための市民公開講座

▼日時
7月10日㊐受付13時、開場13時30分、終了17時50分

▼会場　コラッセふくしま

▼参加料　無料（予約先着順）

▼内容　講演「放射線・放射能に関する基礎講座」「身体と放射線」ほか

▼主催　公益社団法人　日本放射線技術学会

▼お問い合わせ　開催準備福島事務局　℡547－1485

環境放射線量測定値掲示場所

月舘総合支所では、6月6日(月)より、地域内の47箇所で環境放射線量を測定しております。

測定した数値は、「つきだて情報宅配便」で定期的に公表するほか、次の場所（14箇所）に掲示板を設けて、毎日、前日までのデータを公表します。

掲示場所一覧

月舘字町消防屯所	御代田公民館
月舘中央公民館	御代田東組公民館
伊達市月舘総合支所	糠田畑中消防屯所
伊達みらい農協月舘総合支店	伊達みらい農協小手支店
布川公民館	糠6公民館
布川字赤井堂地内	上手渡中央集会所
御代田ｺﾐｭﾆﾃｨｾﾝﾀｰ	下手渡公民館

図21　伊達市月舘総合支所発行「つきだて情報宅配便」2011年6月8日号

特定避難勧奨地点が設定された。

図21は、伊達市月舘総合支所が作成し、旧月舘町域各世帯に配布する「つきだて情報宅配便」六月八日号である。放射線測定器の市民への貸出が開始されたことに加え、六月六日から旧月舘町域で四七カ所の測定点が開始された旨も伝えられている。なお伊達市全体では、二〇一二年一〇月までに二八一カ所における測定が開始された。

その四七カ所の観測点および従前からの観測点を地図上にプロットしたのが図22である。同時に、旧月舘町区域内の農業集落の境界線を示してある。この図で明らかなように、従前からの県、市による総合支所と学校園、特定避難勧奨地点が設定された東部の相葭地区、国道三九九号の飯舘村との境

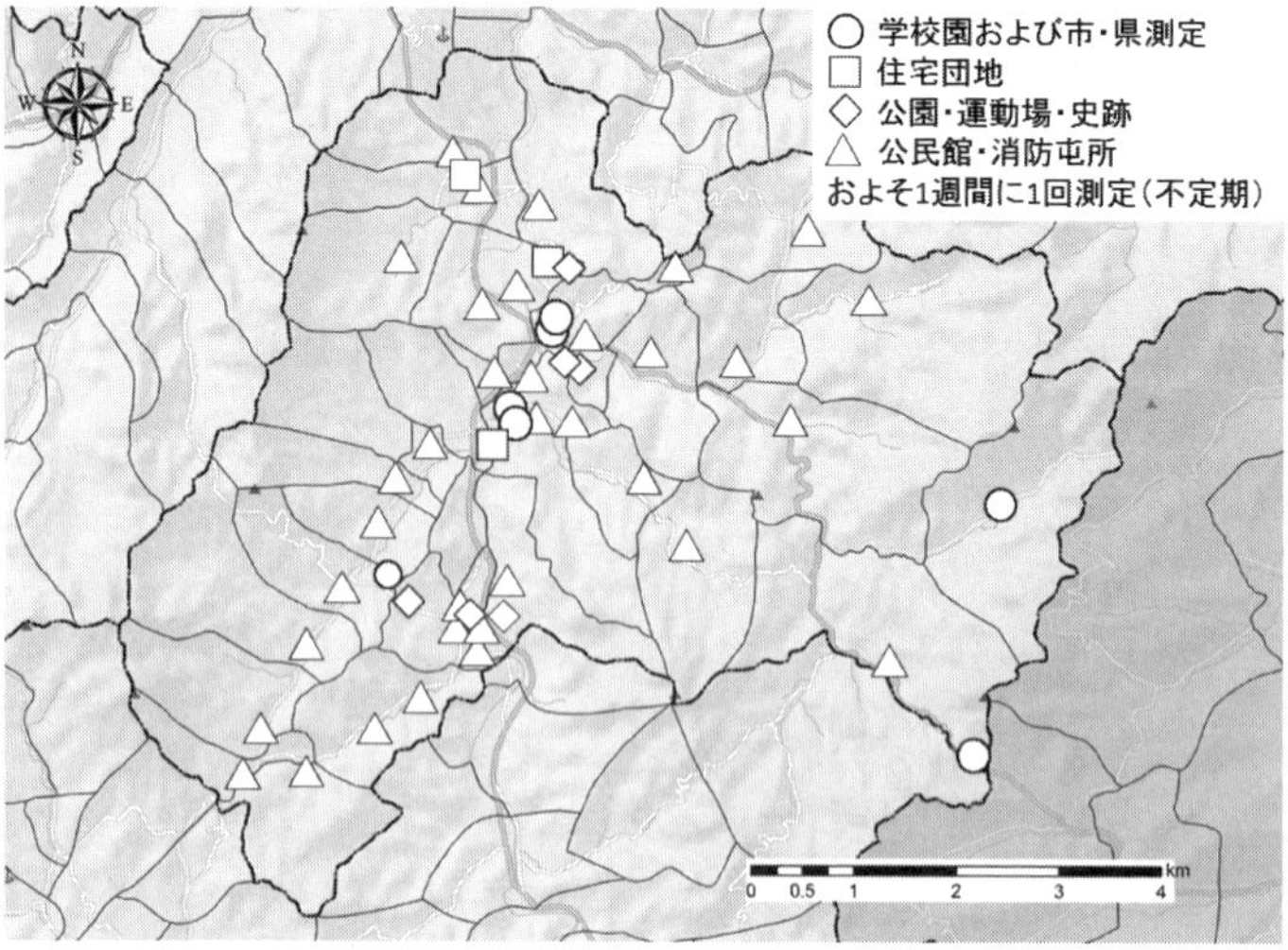

図 22　2011 年 6 月以降の放射能観測地点

伊達市資料より筆者作成

界に加え、基本的に各農業集落に一地点で観測する体制が整えられた。さらには集合住宅もあり住民が密に居住する住宅団地や人の来訪が多いと考えられる公園や運動場、史跡も観測点となった。各農業集落内の観測地点としては、地域活動や防災の拠点となる公民館（集会場）や消防屯所が設定されているため、多くの場合それらが立地する国道や県道といった主要道路の沿線上にあることも特徴である。この時期以降、学校園などに関してはリアルタイム線量測定システムや可搬型モニタリングポストなど恒常的にかつ即時に測定値が伝達可能な機器が順次設置されていくこととなるが、公民館などでの測定についてはそこまでの整備はされておらず、おおむね一週間に一回間隔での測定となる。また、それまで市の職員のみで行っていた測定業務をNPO法人である「環境ワーキンググループ伊達」に委託するといった体制強化が図られている（伊達市二〇一四）。

そして、これら空間線量率の測定値は伊達市のウェブサイト上から表形式に整理されたファイルを閲覧するか前述の「つきだて情報宅配便」への掲載となった。

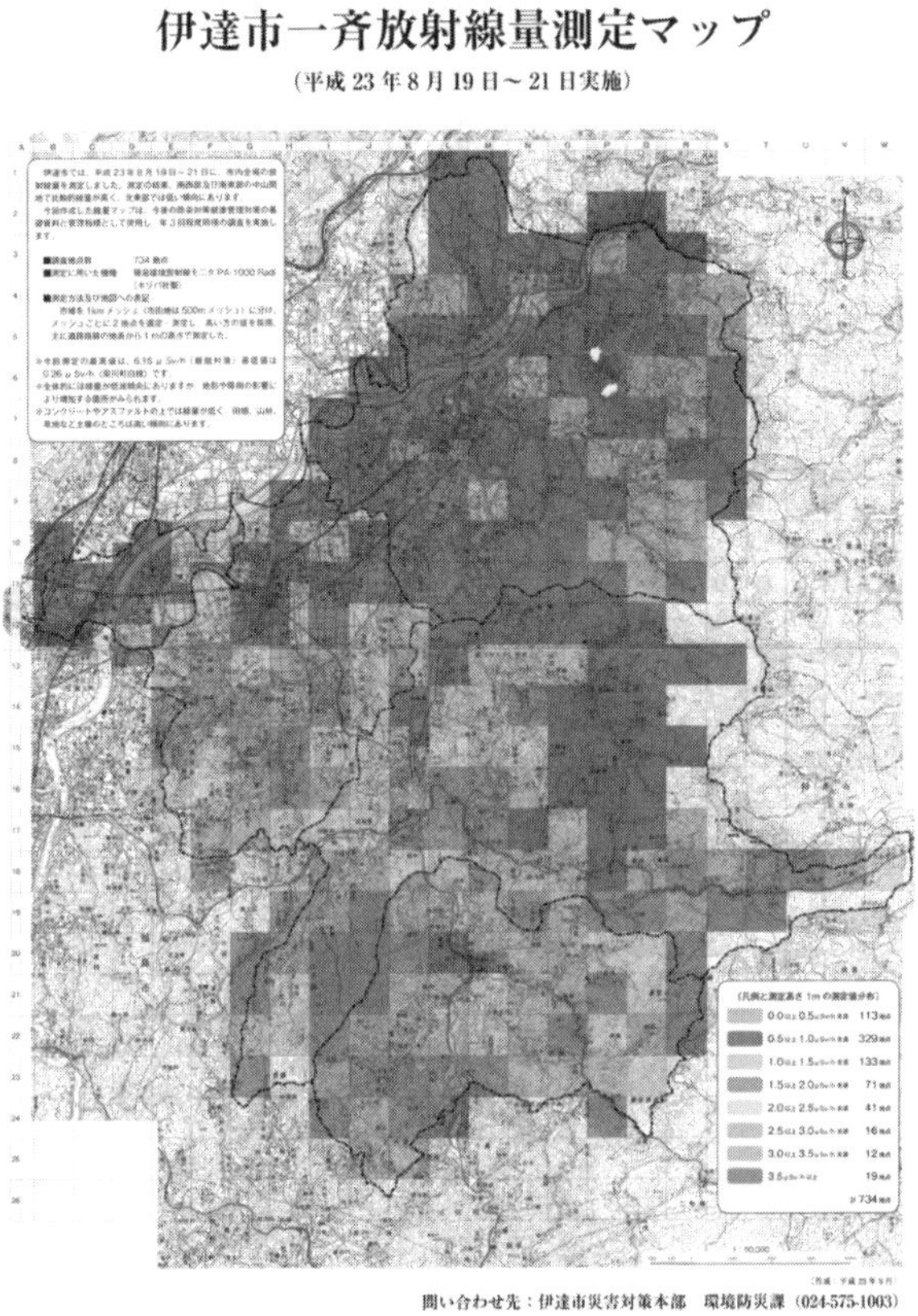

図23　伊達市一斉放射線量測定マップ（第1回）

加えて二〇一一年八月以降は、福島県が公開したウェブサイト「福島県放射能測定マップ」上に、たとえば学校施設は文部科学省（のち原子力規制委員会）、ため池は農林水産省、下水処理場は環境省といった省庁、あるいは県や市町村の枠を越えてほぼ全ての情報の集約が今もなお逐次進められている（http://fukushima-radioactivity.jp/）。このサイトではウェブ上での地図表示に、すでにデファクトスタンダード的な存在であるGoogle Maps APIが用いられ、家屋レベルまでの拡大や縮小表示が自在で基図の情報更新の必要がないなど利便性の向上も意図したものとなっている。また地図に関しては、個々の地点の測定値把握とは別の観点から、すなわち伊達市域全体の実測値に基づく全体的、面的な表現を目指したものとして、市域を一キロメートルメッシュ（市街地については五〇〇メートル）に区分した「伊達市一斉放射線量測定マップ」が作成され、二〇一一年九月に市内全世帯に配布された（図23）。市域全体に関する詳細かつ網羅的な放射能情報の、この時点での一つの「解」とみることができる。二〇一四年一〇月現在、このマップはおおむね四ヶ月ごとに改訂され、これまでに一〇回の測定結果が伊達市のウェブサイトから公開されている（http://www.city.date.fukushima.jp/）。

二〇一一年六月の時点になって、上記のようなレベルでのモニタリング体制がとられた点について伊達市（二〇一四）は、原発事故直後は測定機器の需要が急激に高まり全く需要に応えられる状況になく、六月になって事故直後に発注した測定機器がようやく入手できたため、と総括している。このことは換言すれば、地域住民にとってみれば農業集落ごとのレベルではじめて自らの住まう居住生活空間の値として、不信と不安感を払拭し納得できるものであったことを反映している。こうした体制が構築されるまで三ヶ月の時間を要し、とりわけその初期段階では原発事故の特性からみて不十分といわざるを得ない情報提供に留まったことは、原子力発電所を抱える他の地域の防災体制に大きな提言と課題を投げかけているといえよう。

おわりに

以上のように、本稿では原発事故による放射能汚染について、福島県伊達市を事例にとくに地図情報に着目しながら、地域住民への情報伝達がどのように進められたのかを考察してきた。伊達市付近で最も空間線量率が高かったと考えられる時期、すなわち三月一五日深夜から一六日にかけての値を伊達市住民は行政からの情報としては知ることができず、旧月舘町の住民は三月二四日まで旧保原町の値のみが公式的な情報として提供されたに留まるのである。当初から、情報発信は自治体・行政組織の枠内で役所機能の所在地を中心としたものとなり、SPEEDIをはじめとする予測と情報公開のあり方だけでなく初動モニタリング体制のほぼ皆無といってよい不備とあわせて、汚染の実態に合致した情報提供とはなっていなかった。とりわけ伊達市の事例をみれば、偶然にも最近、合併によって自治体が広域化していたことによりそれがより増幅され、地域住民にとっての地域的な生活空間に対する認識からすれば必要な場所、範囲の情報が圧倒的に不足する状況に一定期間おかれたのである。つまるところ当初の状況は、たとえば仙台市にいて伊達市の情報を得ようとする場合の情報把握と大きな差はなかったといってよい。

あわせてその間、政府や自治体、あるいは新聞はじめメディアから放射能汚染に関する地図的な情報がもたらされることはほとんどなかった。あったとしても相当に小縮尺なものであり、地域住民の認識を満足させ不安と不信を解消できるレベルではなく、相当な時間をおいて作成されたものが一定の信頼をおける情報としてようやくもたらされた、というのが実態である。すなわち、自分たちの置かれている状況を他地域との相対化の上で把握することができる地図情報を迅速に作成し、とりわけインターネットを用いて公表できる能力が公的機関に整備されていないことが浮き彫りとなった。また、原子力発電所に限らずアクシデント時に周辺地域に影響をあたえる可能性のある施設の立地において、その運営主体およびアクシデントの対応主体が、立地地域の地理的特徴を十分に把握、理解していない現状が浮かび上がる。

本稿を執筆している二〇一四年一〇月現在の時点で、いよいよ原発の再稼働が現実味を帯びつつあるが、その前提となるであろう周辺地域における防災体制、とくに本稿で検討したように、地域住民の不安解消に直結する初期のモニタリングと情報周知体制が、「周辺地域」の設定の仕方とともにどのように計画および体制強化されているのかという点に関してはほとんど報道レベルでは伝わってこない。伊達市におけるこの経験は、その計画立案に十分活用されるべきであると考える。

参考文献

東京電力福島原子力発電所における事故調査・検証委員会、二〇一二、『政府事故調中間・最終報告書』メディアランド
東京電力福島原子力発電所事故調査委員会、二〇一二、『国会事故調報告書』徳間書店
福島原発事故独立検証委員会、二〇一二、『福島原発事故独立検証委員会調査・検証報告書』ディスカヴァー・トゥエンティワン
内閣官房内閣総務官室ウェブサイト『政府事故調査委員会ヒアリング記録』、二〇一四、(http://www.cas.go.jp/jp/genpatsujiko/hearing_koukai/hearing_list.html、二〇一四年一〇月三一日閲覧)
福島県伊達市、二〇一四、『東日本大震災・原発事故　伊達市三年の記録』民報印刷

東日本大震災後の仙台市の病院・診療所に関する支障と情報ニーズについての分析

地引泰人・大原美保・関谷直也・田中　淳

一　本研究の背景と目的

(一)　東日本大震災における医療機関の被災状況

二〇一一年三月一一日に発生した東日本大震災は、多くの医療機関に影響を与えた。寺澤（二〇一二：一〇〇）によれば、被災三県（岩手、宮城、福島）において全壊した病院数は一〇、一部損壊した病院数は二九〇であり、これは当該地域における病院数三八〇の七九％に当たる。病院に加えて、地域の医療を下支えする診療所も被害を受けた。吉岡（二〇一二：九〇）によれば、被災三県の医科診療所三九七二件のうち、全壊が八六件で一部損壊が四〇二件であった。そして、病院や診療所では外来制限を余儀なくされたという。

被災地域内で最大都市であった仙台市内でも、医療機関は甚大な影響を受けていた。震災前の仙台市内の診療所名簿に記載されている診療所数は八六六であった（宮城県保健福祉部医療整備課ホームページ）[1]。震災発生から三日後の「（三月）一四日には、市内二八九診療所が再開にこぎ着けた」という（仙台市　二〇一二a：四七）。この仙台市（二〇一二a）の記述だけからは再開した二八九診療所が医科なのか歯科なのか判別できないが、仮に医科の診療所としてみると、震災三日後の三月一四日の時点で約三割の診療所が再開していたことになる。言い換えれば、残りの診療所は再開していなかったということである。

また、東日本大震災では、慢性疾患を抱える人々への対応が課題となった（村松　二〇一一：一一、吉岡　二〇一一：九〇）。その課題とは、慢性疾患を抱える人々への支援を手厚く行う必要がある、ということだけではない。これらの人々が地域の災害拠点病院に集中した場合に、手術などの急性期医療に手が回らなくなるという課題も指摘された。

このような状態であれば、病院や診療所に通院することができずに困った人がいたとしても不思議はない。また、震災により通信状況も悪化したことを考えると「どこで診療所が再開されたのか」といった情報を入手したくても困難であったと考えられる。さらに、震災前から慢性疾患を抱えて定期的に通院の必要があった人々は、普段通院していた医療機関で受診できなくなるという困難に直面したと想像される。

（二）既往の研究——地震災害後の医療機関の情報ニーズ

それでは、既往の研究からは地震災害後の被災者の病院や診療所に関する情報ニーズについてどのようなことがいえるのだろうか。

一九九五年の阪神・淡路大震災に関する調査で、廣井ほか（二〇〇七：一三六）は、地震から一週間くらい後にどんな情報を知りたいと思ったかを調べた（複数回答形式）。そのうち、「救急や病院の受入について」と回答したのは神戸市八・九%で、西宮市五・六%であった。「医薬品に関する情報」は神戸市五・六%で、西宮市二・二%であった。なお、「医薬品に関する情報」については、地震発生当日の情報ニーズについても尋ねており、神戸市二・七%で、西宮市三・二%であった。

二〇〇四年の中越地震の被災者への調査で、廣井ほか（二〇〇五：二〇〇二）は、地震から一週間後にどんな情報を知りたいかを調べた（複数回答形式）。その結果、「病院や薬品に関する情報を知りたい」の回答率が八・一%で、「病気予防や体調管理に関する情報を知りたい」は一一・〇%であった。これらの割合に近い情報ニーズは「保険・罹災証明など（八・四%）」であった。なお、最も知りたい情報は「余震の今後の見通し（八一・八%）」で、ついで「交通機関や道路の状況（二八・九%）」であった。

二〇〇七年の能登半島地震後の被災者への調査では、地震から一週間の時点で回答者の五・四%が「病院や薬品」の情報を知りたいと思ったと回答し、九・一%が「病気予防や体調管理」の情報を知りたいと回答した（複数回答形式：吉井ほか　二〇〇八：一一三）。これらの比率は、「水道・ガス・電気の復旧」の情報ニーズ（三五・八%）よりも低い。最も知りたい情報は「余震の今後の見通し（四六・九%）」であった。

三石（二〇〇一）は、阪神・淡路大震災後に発行された情報誌の内容分析を通じて、主な一次生活情報の情報量の時系列変化を明らかにした。三石（二〇〇一）によれば、一次生活情報とは、生命を維持するための生活情報であり、安否、水・食糧、ライフラインに関する情報である。医療に関する情報も、この一次生活情報に含まれる。三石（二〇〇一：一〇八）によれば、震災発生後から医療に関する情報量が増加し、震災発生後二週間に最も多くなり、その後は減少傾向に転ずる。

以上の先行研究をまとめると、被災者には医療に関する情報ニーズはあるが、その他の情報と比較すると相対的に低い。ただし、上述の数値では母数が回答者全員であるため、数値が小さく出ている可能性がある。例えば「地震発生前から通院している人」「地震発生前に持病があった人」というグループを母数に再計算すれば、違った結果を得ることができるかもしれない。しかし、属性データが得られないためこれ以上検討することはできない。廣井ほか（二〇〇七）によれば、「医薬品に関する情報」のニーズを震災当日と被災後一週間を比べると、神戸市ではニーズが増えたものの、西宮市では減少している。三石（二〇〇一）の研究からは、情報の出し手も時期によっては情報量を変化させていることがわかる。いずれにせよ、限られた先行研究からは、医療に関する情報のニーズの経時的な推移を詳細に明らかにすることには限界がある。

（三）本研究の目的

本研究の目的は、「東日本大震災が発生した当日から一ヶ月の間に、被災した仙台市民が病院や診療所についてどのような支障に直面したのかを、経時的に明らかにすること」、とする。この目的設定の妥当性を以下で説明する。

東日本大震災における医療機関の被災状況のまとめからは、多くの病院・診療所が機能不全に陥ったことがわかった。だが、実際に被災生活を送る市民がどの程度不安を感じたのか、開院情報を入手できたのか、実際に困ったのかという視点では整理されていない。そこで、被災市民の視点から病院や診療所に関する支障の実態を明らかにすることで、より包括的な被災地の実情を把握することができる。

既往研究からは、医療に関する情報のニーズはあるが、その他の情報と比較すると相対的に低いことがわかった。しかし、集計の都合上、ニーズの数値が低く出ている可能性がある。本章第一節で述べたが、東日本大震災では慢性疾患を抱える人々への対応が課題となった。こうした慢性疾患を抱える人々は、そうでない人々に比べて医療に関する情報のニーズが高いと考えて妥当であろう。そこで、「震災前に定期的に通院していた群／そうではない群」に分けて、両群を比較しつつ相対的に分析する視点も本研究では取り入れる。また、廣井ほか（二〇〇七）や三石（二〇〇一）が被災直後の時期を時系列に区切っていたことを考慮し、本研究でも経時的な分析を行う。

仙台市に着目する理由は、大都市における医療サービスに対する震災の影響を分析すること自体に意義があると考えるからである。仙台市のように政令指定都市で、人口が約一〇〇万人（二〇一一年二月一日現在）規模の大都市が長期間にわたりライフラインなどの途絶により生活支障に見舞われた事例は、阪神・淡路大震災以降わが国では見当たらない。東日本大震災に関連する医療や保健に関係する実態調査をみると、被災から半年以上が経過してからの被災者の生活や健康状態に関連する実態調査はいくつかある（内閣府男女共同参画局　二〇一一、プロクター・アンド・ギャンブル・ジャパン株式会社　二〇一二、震災関連死に関する検討会（復興庁）二〇一二）。ところが、被災直後の時期についての調査研究は少ない。陸前高田市ほか（二〇一一）は、震災から約一ヶ月経過した時点での慢性疾患や在宅ケアの有無などを確認している。仙台市（二〇一二b）は、被災直後の自宅での生活や避難所での生活を包括的に調査しているものの、医療サービスについては扱っていない。また、既往研究で取り上げた中越地震と能登半島地震は大都市の被災とは異なるため、大都市における病院や診療所などの医療に関する情報のニーズに関する実証的な研究は、わが国では阪神・淡路大震災以降は見られないという状況にある。

以上より、発災から一ヶ月の時期に、病院や診療所への通院に関する支障について、被災市民の視点から経時的に検証することには意義があると考えられる。

二　分析の方法

(一) 分析に用いるデータ

地震が発生した二〇一一年三月一一日の震災後も仙台市内で生活し、かつ震災時に津波の被害を受けていない宮城県仙台市内在住の二〇歳から八〇歳の男女個人を対象として、Webアンケート調査を行った[2]。仙台市沿岸部は津波により被災をしている。この調査では、地震による生活支障の影響に焦点を絞るために、調査対象者は津波による直接被害を受けていない住民とした。二〇歳代、三〇歳代、四〇歳代、五〇歳代、六〇歳以上の五段階の年齢層について、それぞれ男女一〇〇件の回答を得ることを目指し、二〇一二年二月一七日から二月二六日にかけて調査を実施した。最終的に九八九件の有効回答を得た（六〇歳以上の女性群が八九件の回収に留まった）。

主な調査項目として、電気・ガス・水道・通信などのライフライン停止に伴い困ったこと、健康や住まいについて困ったこと、食品や乾電池などの生活用品を購入できるようになった時期、を設定した。これらの調査項目の中から、本稿では主に病院や診療所に関する質問を用いることにする。

(二) 分析に用いる変数

病院・診療所に関する支障の分析には主に三種類の変数を用いる。

一つめの変数は、「開いている病院・診療所の情報ニーズ」（以下、「情報ニーズと入手」と呼ぶ）である。この変数では、「そのような情報をほしいと思わなかった／十分に得られた／やや得られた／あまり得られなかった／ま

表1　時期の区分

略称	時期区分の詳細
震災後３日間	震災当日の金曜日から震災３日後の日曜日まで
震災後１週間	震災４日後の月曜日から震災の１週間後まで
震災後１ヶ月	震災の１週間後より震災の１ヶ月後まで

ったく得られなかった」という選択肢で回答を得た。「そのような情報をほしいと思わなかった」と回答した人は「情報ニーズ」がなかったと定義される。それ以外の回答は「情報ニーズ」があるという前提で、情報入手の程度を表していると定義される。

二つめの変数は、「普段利用している病院・診療所に通えずに困った／困らなかった」（以下、「通院支障」と呼ぶ）であり、二値で表される。

三つめの変数は、「健康の悪化について不安を感じた／感じなかった」（以下、「健康悪化の不安」と呼ぶ）であり、二値で表される。

これらの三種類の変数について、三区分された時期のそれぞれの時点での回答を得た。三区分された時期を**表1**に示す。

例えば、変数「通院支障」では三つの時期のそれぞれの時点ごとに、「困った／困らなかった」の二値のデータを得ている。これにより、時期別の経時的な分析が可能になる。表現が冗長にならないように、以降の本文中では時期区分名として**表1**中の「略称」を用いることにする。

以上の三つの変数に加えて、「震災前に、定期的に通院していた／していなかった」という二値で表される変数と、回答者の属性として「性別」及び「年代」を分析の際に適宜使用する。

(三)　分析の手順

まず、「情報ニーズと入手」「通院支障」「健康悪化の不安」について時期別に全体的な傾向を分析する。「情報ニーズと入手」の分析は、第一節で述べたとおり、東日本大震災の影響を実証的に明らかにするという意味と、先行研究の知見との整合性を確かめる意味の両方がある。「情報ニーズと入手」に加えて、「通院支障」及び「健康悪化」の変数を導入することで、病院・診療所に関する支障の分析が既往研究よりも詳細になる。

この全体的な傾向の分析には、「震災前に、定期的に通院していた／していなかった」という変数も取り入れる。これは、第一節第三項の「本研究の目的」で述べたことに重複するが、慢性疾患を抱える人々は、そうでない人々に比べて医療に関する「情報ニーズと入手」が高いと考えて妥当であろう。また、「情報ニーズと入手」だけではなく、普段通院している病院・診療に通えなくなる困難や健康悪化の不安についても、慢性疾患を抱えている人々の方が比較的高いのではないかと考えられる。このように、病院・診療所に関する支障の分析を相対的に行うために、「震災前に、定期的に通院していた／していなかった」という変数が導入される。

全体的な傾向の分析に続いて、「通院支障」及び「健康悪化」を用いて、「情報ニーズと入手」の分析を発展させる。

【仮説一】「通院支障」で困った人の方が、開いている病院・診療所を探そうとするため「情報ニーズと入手」が高い

【仮説二】「健康悪化の不安」を感じる人の方が、開いている病院・診療所を探そうとするため「情報ニーズと入手」が高い

という分析を加えることにより、病院・診療所に関する支障をより包括的に分析することが可能になる。この発展的な分析にも、「震災前に、定期的に通院していた／していなかった」という変数を導入し、病院・診療所に関する支障の相対的な分析を試みる。

なお、以下の統計的分析には、「IBM SPSS Statistics 20」という統計パッケージを使用した。

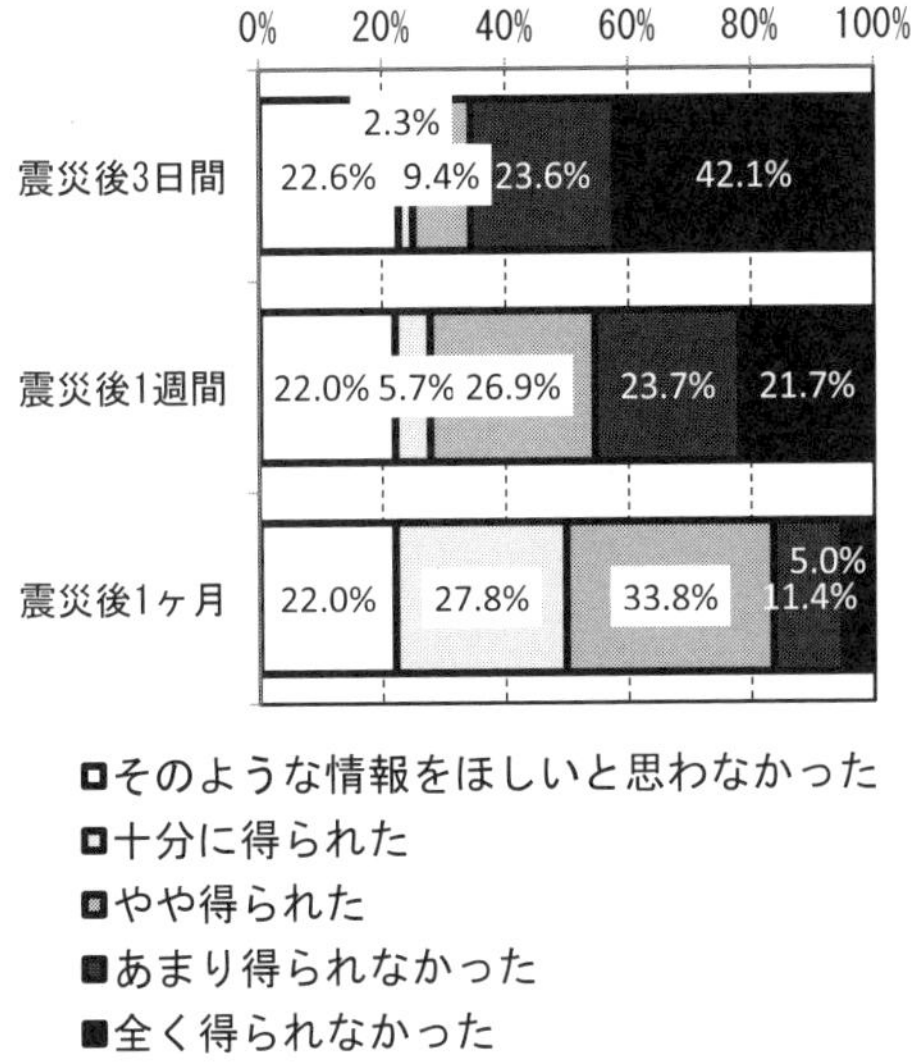

図１　「情報ニーズと入手」の時期別の推移（N＝989）

三　分析結果と考察

(一)　全体的な傾向

(a)　「情報ニーズと入手」の時期別の傾向

「情報ニーズと入手」は、時期が経過するにしたがって高まる傾向が読み取れる（図１）。震災後三日間は、情報ニーズはあるものの情報を「全く得られなかった」と「あまり得られなかった」の合計値が六五・六％であったが、震災後一ヶ月の時期では一六・四％にまで低下した。つまり、「開いている病院・診療所の情報」の伝達が進み、ニーズが満たされつつあることを意味している。なお、「そのような情報をほしいと思わなかった」と回答した人の割合が、いずれの時期でも約二割程度で推移していた。

「震災前に定期的に通院あり群」の方が「通院なし群」に比べて、「情報ニーズと入手」が高くなると考えられた。しかし、カイ二乗検定の結果、いずれの時

表2　開いている病院・診療所の情報入手率と年代のクロス集計表

震災後 3日間	そのような情報をほしいと思わなかった	十分に得られた	やや得られた	あまり得られなかった	まったく得られなかった	合計
20歳代	43 (21.5%)	6 (3.0%)	24 (12.0%)	54 (27.0%)	73 (36.5%)	200 (100.0%)
30歳代	34 (17.0%)	1 (0.5%)	13 (6.5%)	53 (26.5%)	99 (49.5%)	200 (100.0%)
40歳代	45 (22.5%)	6 (3.0%)	16 (8.0%)	38 (19.0%)	95 (47.5%)	200 (100.0%)
50歳代	56 (28.0%)	2 (1.0%)	20 (10.0%)	47 (23.5%)	75 (37.5%)	200 (100.0%)
60歳以上	46 (24.3%)	8 (4.2%)	20 (10.6%)	41 (21.7%)	74 (39.2%)	189 (100.0%)

$\chi^2(16, N=989)=28.480, p<.05$

震災後 1週間	そのような情報をほしいと思わなかった	十分に得られた	やや得られた	あまり得られなかった	まったく得られなかった	合計
20歳代	43 (21.5%)	13 (6.5%)	78 (39.0%)	37 (18.5%)	29 (14.5%)	200 (100.0%)
30歳代	34 (17.0%)	10 (5.0%)	61 (30.5%)	49 (24.5%)	46 (23.0%)	200 (100.0%)
40歳代	47 (23.5%)	17 (8.5%)	33 (16.5%)	55 (27.5%)	48 (24.0%)	200 (100.0%)
50歳代	48 (24.0%)	8 (4.0%)	50 (25.0%)	47 (23.5%)	47 (23.5%)	200 (100.0%)
60歳以上	46 (24.3%)	8 (4.2%)	44 (23.3%)	46 (24.3%)	45 (23.8%)	189 (100.0%)

$\chi^2(16, N=989)=39.006, p<.01$

震災後 1ヶ月	そのような情報をほしいと思わなかった	十分に得られた	やや得られた	あまり得られなかった	まったく得られなかった	合計
20歳代	43 (21.5%)	77 (38.5%)	57 (28.5%)	12 (6.0%)	11 (5.5%)	200 (100.0%)
30歳代	33 (16.5%)	60 (30.0%)	79 (39.5%)	19 (9.5%)	9 (4.5%)	200 (100.0%)
40歳代	50 (25.0%)	48 (24.0%)	61 (30.5%)	30 (15.0%)	11 (5.5%)	200 (100.0%)
50歳代	49 (24.5%)	44 (22.0%)	68 (34.0%)	28 (14.0%)	11 (5.5%)	200 (100.0%)
60歳以上	43 (22.8%)	46 (24.3%)	69 (36.5%)	24 (12.7%)	7 (3.7%)	189 (100.0%)

$\chi^2(16, N=989)=32.206, p<.01$

期でも両変数の間には統計的有意性がみられなかった。「性別」及び「年代」と、「情報ニーズと入手」の間に関係性があるかを調べた結果、「性別」には統計的有意性がみとめられなかったものの、「年代」は統計学的に有意な関連性があることがわかった（**表2**参照）。**表2**の単純集計結果からは、震災から時間が経過するにつれて、二〇歳代と三〇歳代と比べると、四〇歳代・五〇歳代・六〇歳以上の高い年代層では情報ニーズがあるものの入手率が低いという傾向が読み取れる。

既往研究の知見と比べると、「情報ニーズ」が高いことがわかった。廣井ほか（二〇〇五）、廣井（二〇〇七）、吉井ほか（二

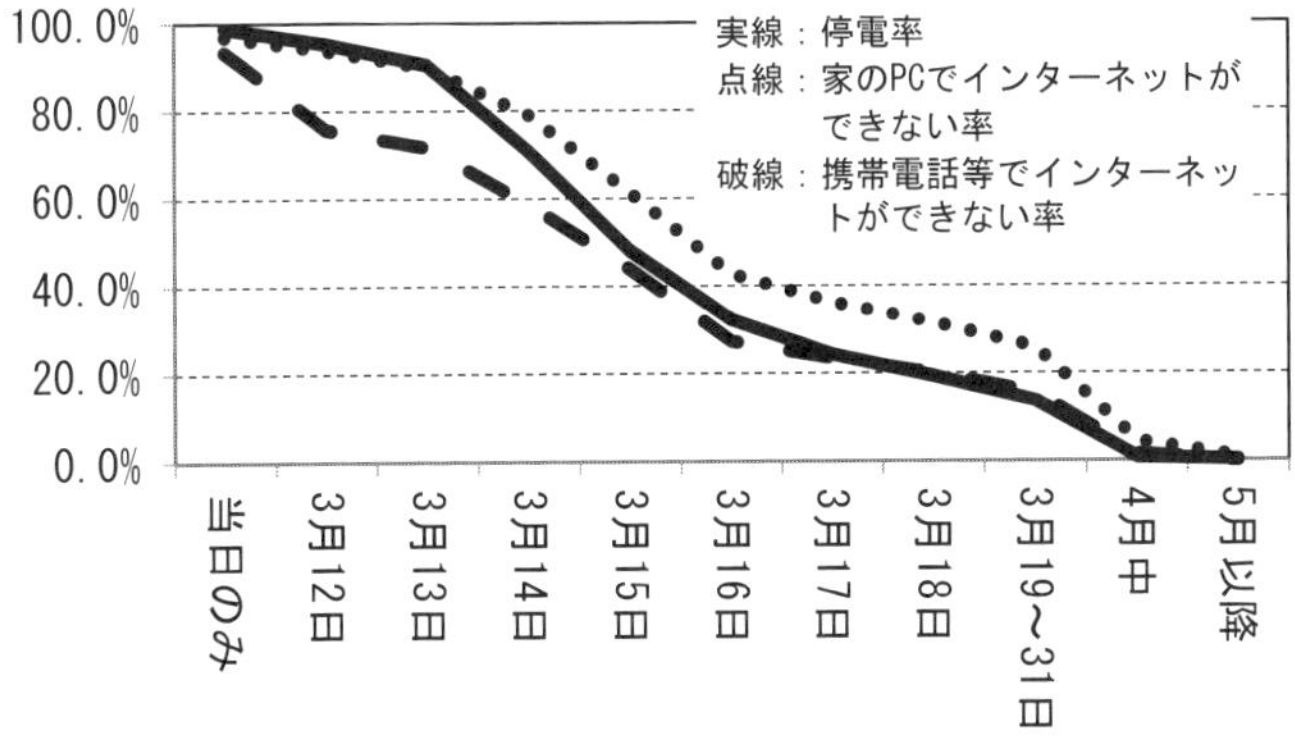

図2　停電率とインターネットの使えない比率の推移

〇〇八）では、病院や診療所に関する情報ニーズは高くても一〇%程度であった。本研究では、いずれの時期でも約二割程度には「情報ニーズ」がなかったが、それ以外はニーズがあったと考えられ、先行研究とは異なる傾向を示した。また、慢性疾患を抱えていると思われる人々を、本研究では「震災前に、定期的に通院していた」群として、「通院していなかった」群よりも「情報ニーズと入手」が高くなると考えた。しかし、両者には統計的有意性がみられなかった。

震災発生後から時間が経過するにつれて、ニーズはあるものの情報を入手できていない割合が漸減傾向にあることは、ライフラインの復旧に関連していると考えられる。**図2**は停電率とインターネットが使えない比率が漸減する傾向を示している（本研究と同一の調査による）。三月一五日から一六日にかけて、停電率とインターネットが使えない比率が五〇%程度になる。そのため、被災後一週間の時期から情報を入手することが徐々にできるようになったと考えられる。

表2の単純集計結果からは、高い年代層では情報ニーズがあるものの入手率が低いという傾向が見られたが、これは一般的な情報行動とも整合する結果であると考えられる。橋元ほか（二〇〇六：三三）によれば、年齢が上がるにつれインターネットでの情報行動が

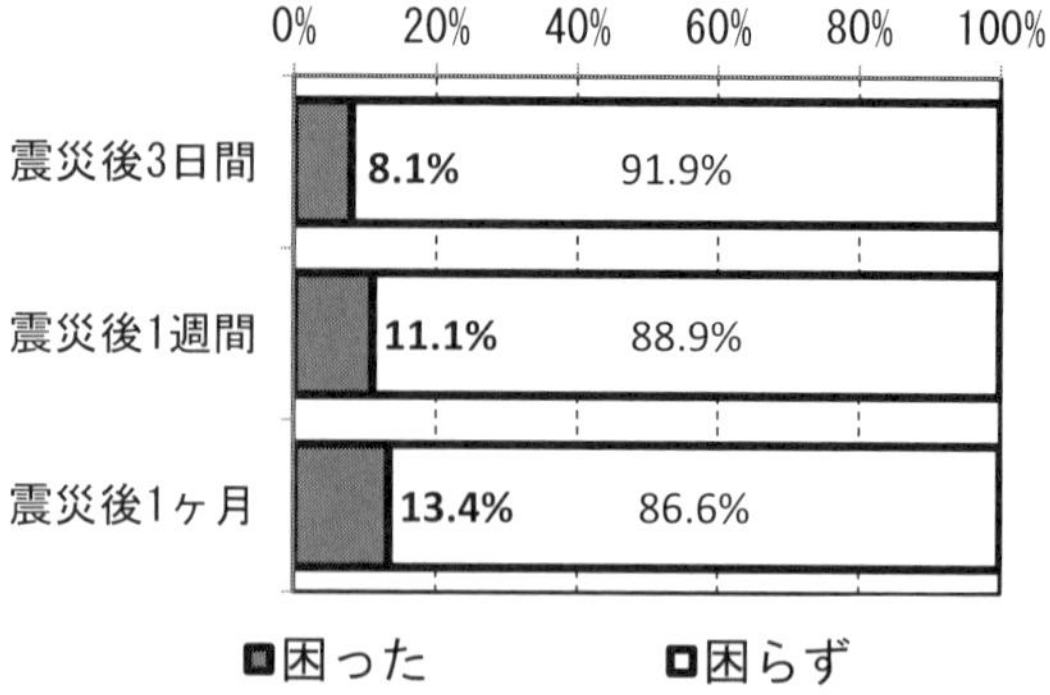

図3 「通院支障」の時期別の推移（N＝989）

減り、テレビやラジオによる情報行動が増える。上述したように、停電率が下がればテレビやラジオの利用も増えるため、高い年代層もさまざまな情報を入手する機会が増えると考えられる。

しかし、テレビやラジオの情報は比較的、全体的・広域的な性格をもつことが多い。震災後の燃料不足や公共交通機関の運航停止を考慮すると、自分の居場所から行ける病院・診療所を選ばないといけない。インターネットを使えば個々の情報を検索することが可能であるが、高年齢層では被災者本人にとって利用可能な「開いている病院・診療所」を探すことは容易ではないと考えられる。

(b)「通院支障」の時期別の傾向

「通院支障」と回答した人の割合（以下、「困った率」と呼ぶ）は、時期が経過するにしたがって増加しているものの、「困らなかった」と回答した人の割合の方が多い（**図3**）。

「震災前に定期的に通院あり群」の方が「通院なし群」に比べて、「困った率」が高くなると予想した。検定の結果、「震災前の定期的な通院の有無」と「通院支障」には、すべての時期で統計学的に有意な関連性があることがわかった（**表3**）。

また、**表3**の単純集計結果からは、「通院あり群」の方が「通院なし群」に比べて「困った率」が高いことがわかる。例えば、「通院あり群」

表3　「通院支障」と「震災前の定期的な通院あり／なし」

震災後 3日間	困った	困らず	合計
通院あり群	56（17.8%）	258（82.2%）	314（100.0%）
通院なし群	24　（3.6%）	651（96.4%）	675（100.0%）
合計	80　（8.1%）	909（91.9%）	989（100.0%）

$\chi^2(1, N=989)=58.771, p<.01$

震災後 1週間	困った	困らず	合計
通院あり群	83（26.4%）	231（73.6%）	314（100.0%）
通院なし群	27　（4.0%）	648（96.0%）	675（100.0%）
合計	110（11.1%）	879（88.9%）	989（100.0%）

$\chi^2(1, N=989)=109.101, p<.01$

震災後 1ヶ月	困った	困らず	合計
通院あり群	94（29.9%）	220（70.1%）	314（100.0%）
通院なし群	39　（5.8%）	636（94.2%）	675（100.0%）
合計	133（13.4%）	856（86.6%）	989（100.0%）

$\chi^2(1, N=989)=107460, p<.01$

注：両変数の有意性はフィッシャーの直接法の正確有意確率にもとづいて判断した。

の「困った率」は、震災後一ヶ月の時期で二九・九％であり、「通院なし群（五・八％）」と比べると約六倍である。また、同じ時期の全回答者（九八九名）の「困った率」が一三・四％であることを考えると、「通院あり群」の「困った率」の高さ（二九・九％）が顕著である。加えて、**表3**からは「通院あり群」でも「通院なし群」でも「困った率」が時間の経過とともに困った率が低下せず、かえって増加していることも注目に値する。

なお、被災後の各時期において、「通院支障」と、「性別」及び「年代」の関係性については、いずれの時期でも統計的有意性がみとめられなかった。

既往研究への新たな知見の提供として、本研究では慢性疾患を抱えて

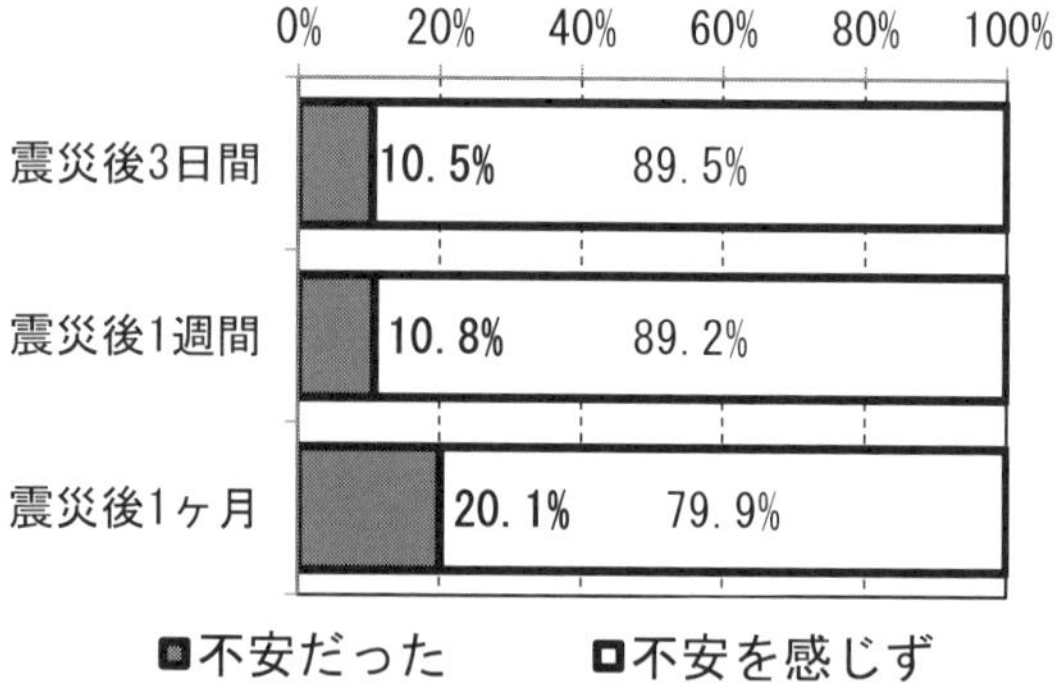

図4　「健康悪化の不安」の時期別の推移（N＝989）

いると思われる人々を「震災前に、定期的に通院あり群」として分析に取り入れた。そして、「通院なし群」よりも「通院あり群」の方が「通院支障」が高くなると考えた。フィッシャーの正確検定の結果、「震災前の定期的な通院の有無」と「通院支障」にはすべての時期で統計学的に有意な関連性があり、さらに単純集計結果からも「通院あり群」の方が通院支障で困った割合が高い。以上より、震災前から通院している人々の方が「通院支障」に直面する割合が高いという意味で脆弱性があると考えられる。

（c）「健康悪化の不安」の時期別の傾向

「健康悪化の不安」は時期が経過するにしたがって増加しているものの、「不安を感じず」と回答した人の割合の方が多い（**図4**）。

「震災前に定期的に通院あり群」の方が「通院なし群」に比べて、「不安率」が高くなると考えることができるが、フィッシャーの正確検定の結果、「震災前の定期的な通院の有無」と「健康悪化の不安を感じた／感じず」には、いずれの時期でも統計的有意性がみられなかった。

また、被災後の各時期において、「健康悪化の不安を感じた／感じず」と、「性別」及び「年代」の関係性についても、いずれの時期でも統計的有意性がみとめられなかった。

「通院支障」を感じる人の方が「健康悪化の不安」を感じる可能性も

考えられたので、両変数の関連性を調べたが、いずれの時期でも統計的有意性がみられなかった。また、「食事の偏りで困った」とも、いずれの時期でも統計的有意性がみられなかった（本研究と同一の調査による）。一方で、「東京電力の福島第一原子力発電所の事故のことへの不安」とは、いずれの時期でも統計学的に有意な関連性があることがわかった（本研究と同一の調査による）。震災から時間が経過するにつれてさまざまな情報が入手できるようになり、原子力発電所の事故に関係する情報に接する機会が増えたと考えられる。

（二）「情報ニーズ」の発展的分析

（a）仮説一――「情報ニーズと入手」と「通院支障」の関連

「情報ニーズと入手」と「通院支障」が関連するかを時期別に分析した結果、いずれの時期でも統計学的に有意な関連性があることがわかった（表4）。表四の単純集計結果からは、「（通院支障で）困った群」の方が、ニーズがあるものの情報を「まったく得られなかった」もしくは「あまり得られなかった」と回答している比率が高いことがわかる。

次に、「震災前に定期的に通院あり群」と「通院なし群」にわけて、「情報ニーズと入手」と「通院支障」の関連性を分析した。カイ二乗検定の結果、「通院あり群」では震災後一週間と震災後一ヶ月の期間で、「情報ニーズと入手」と「通院支障」には統計学的に有意な関連性があることがわかった（表5）。一方、「通院なし群」でも、震災後一ヶ月の期間のみで、「情報ニーズと入手」と「通院支障」には統計学的に有意な関連性があることがわかった（表5）。表5の単純集計結果からは、「通院あり群」では「困った」人の方が、ニーズがあるものの情報を「まったく得られなかった」もしくは「あまり得られなかった」と回答している比率が高いことが読み取れる。また、被災から時間が経過すると、「通院なし群」でも情報を「まったく得られなかった」もしくは「あまり得

表4　「情報入手」と「通院支障」のクロス集計

震災後 3日間	そのような情報を ほしいと思わなかった	十分に 得られた	やや 得られた	あまり 得られなかった	まったく 得られなかった	合計
困った	9（11.3%）	0（0.0%）	8（10.0%）	26（32.5%）	37（46.3%）	80（100.0%）
困らず	215（23.7%）	23（2.5%）	85（9.4%）	207（22.8%）	379（41.7%）	909（100.0%）
合計	224（22.6%）	23（2.3%）	93（9.4%）	233（23.6%）	416（42.1%）	989（100.0%）

$\chi^2(4, N=989)=10.367, p<.05$

震災後 1週間	そのような情報を ほしいと思わなかった	十分に 得られた	やや 得られた	あまり 得られなかった	まったく 得られなかった	合計
困った	8（7.3%）	6（5.5%）	36（32.7%）	38（34.5%）	22（20.0%）	110（100.0%）
困らず	210（23.9%）	50（5.7%）	230（26.2%）	196（22.3%）	193（22.0%）	879（100.0%）
合計	218（22.0%）	56（5.7%）	266（26.9%）	234（23.7%）	215（21.7%）	989（100.0%）

$\chi^2(4, N=989)=39.973, p<.01$

震災後 1ヶ月	そのような情報を ほしいと思わなかった	十分に 得られた	やや 得られた	あまり 得られなかった	まったく 得られなかった	合計
困った	9（6.8%）	33（24.8%）	53（39.8%）	32（24.1%）	6（4.5%）	133（100.0%）
困らず	209（24.4%）	242（28.3%）	281（32.8%）	81（9.5%）	43（5.0%）	856（100.0%）
合計	218（22.0%）	275（27.8%）	334（33.8%）	113（11.4%）	49（5.0%）	989（100.0%）

$\chi^2(4, N=989)=39.973, p<.01$

られなかった」と回答した人の方が「困った」と回答する割合が大きくなることがわかった。**表6**の「困ったかつ情報を入手できなかった」人の年代構成を「通院あり群／なし群」にわけてみると、両群とも二〇歳代・三〇歳代・四〇歳代という比較的若い年齢層でも割合が大きい。五〇歳代・六〇歳以上という高い年齢層だけが「困ったかつ情報を入手できなかった」わけではないことが読み取れる。

以上の分析から、情報伝達の重要性が再認識された。この項では因果関係を同定するための分析手法を用いていないが、単純集計結果の傾向より情報伝達が進むと「通院支障」を解消する方向に向かうことを示唆される。

「困ったかつ情報を入手できなかった」人が高齢層に偏っていなかったことから、若い年齢層にも情報伝達を強化する必要性も明らかになった。「三（一）（a）「情報ニーズと入手」の時期別の傾向」で考察した内容に関連するが、高年齢層はテレビ・ラジオを用いて情報入手をし、若い年齢

表5　「情報入手」と「通院支障」のクロス集計【通院あり群／なし群の比較】

震災後 1週間		そのような情報をほしいと思わなかった	十分に得られた	やや得られた	あまり得られなかった	まったく得られなかった	合計
通院あり群	困った	7 (8.4%)	4 (4.8%)	25 (30.1%)	32 (38.6%)	15 (18.1%)	83 (100.0%)
	困らず	53 (22.9%)	16 (6.9%)	52 (22.5%)	54 (23.4%)	56 (24.2%)	231 (100.0%)
	合計	60 (19.1%)	20 (6.4%)	77 (24.5%)	86 (27.4%)	71 (22.6%)	314 (100.0%)

$\chi^2(4, N=314)=14.759$, $p<.01$

通院なし群	困った	1 (3.7%)	2 (7.4%)	11 (40.7%)	6 (22.2%)	7 (25.9%)	27 (100.0%)
	困らず	157 (24.2%)	34 (5.2%)	178 (27.5%)	142 (21.9%)	137 (21.1%)	648 (100.0%)
	合計	158 (23.4%)	36 (5.3%)	189 (28.0%)	148 (21.9%)	144 (21.3%)	675 (100.0%)

$\chi^2(4, N=675)=6.801$, *n.s.*

震災後 1ヶ月		そのような情報をほしいと思わなかった	十分に得られた	やや得られた	あまり得られなかった	まったく得られなかった	合計
通院あり群	困った	6 (6.4%)	25 (26.6%)	40 (42.6%)	21 (22.3%)	2 (2.1%)	94 (100.0%)
	困らず	50 (22.7%)	70 (31.8%)	72 (32.7%)	18 (8.2%)	10 (4.5%)	220 (100.0%)
	合計	56 (17.8%)	95 (30.3%)	112 (35.7%)	39 (12.4%)	12 (3.8%)	314 (100.0%)

$\chi^2(4, N=314)=23.879$, $p<.01$

通院なし群	困った	3 (7.7%)	8 (20.5%)	13 (33.3%)	11 (28.2%)	4 (10.3%)	39 (100.0%)
	困らず	159 (25.0%)	172 (27.0%)	209 (32.9%)	63 (9.9%)	33 (5.2%)	636 (100.0%)
	合計	162 (24.0%)	180 (26.7%)	222 (32.9%)	74 (11.0%)	37 (5.5%)	675 (100.0%)

$\chi^2(4, N=675)=13.907$, $p<.01$

層はインターネットを用いる傾向がある。よって、各年齢層が使いやすい媒体での情報伝達を工夫する必要があると考えられる。

（b）仮説二――「情報ニーズと入手」と「健康悪化の不安」の関連

「情報ニーズと入手」と「健康悪化の不安」が関連するかを時期別に分析した結果、いずれの時期でも統計的有意性がみられなかった。

次に、「震災前に定期的に通院あり群」と「通院なし群」にわけて、「情報ニーズと入手」と「健康悪化の不安」の関連性を分析した。カイ二乗検定の結果、震災後三日間の時期のみで、「通院あり群」で「情報ニーズと入手」と「健康悪化の不安」には統計学的に有意な関連性があることがわかった（**表7**）。**表7**の単純集計結果からは、

表6 「困ったかつ情報を入手できなかった」人の年代構成

	震災後3日間		震災後1週間		震災後1ヶ月	
	通院あり群	通院なし群	通院あり群	通院なし群	通院あり群	通院なし群
20歳代	5 (11.4%)	3 (15.8%)	5 (10.6%)	0 (0.0%)	2 (8.7%)	3 (20.0%)
30歳代	10 (22.7%)	5 (26.3%)	7 (14.9%)	4 (30.8%)	3 (13.0%)	4 (26.7%)
40歳代	8 (18.2%)	4 (21.1%)	8 (17.0%)	3 (23.1%)	5 (21.7%)	4 (26.7%)
50歳代	14 (31.8%)	7 (36.8%)	13 (27.7%)	5 (38.5%)	4 (17.4%)	4 (26.7%)
60歳以上	7 (15.9%)	0 (0.0%)	14 (29.8%)	1 (7.7%)	9 (39.1%)	0 (0.0%)
合計人数	44	19	47	13	23	15

※%値は小数点第2位を四捨五入して表示したため、%値の合計が「100」にならない場合がある

表7 「情報入手」と「健康悪化の不安」の関連性【震災後3日間】

		そのような情報をほしいと思わなかった	十分に得られた	やや得られた	あまり得られなかった	まったく得られなかった	合計
通院あり群	不安を感じた	1 (2.9%)	0 (0.0%)	6 (17.1%)	12 (34.3%)	16 (45.7%)	35 (100.0%)
	不安を感じず	67 (24.0%)	8 (2.9%)	29 (10.4%)	57 (20.4%)	118 (42.3%)	279 (100.0%)
	合計	68 (1.7%)	8 (2.5%)	35 (11.1%)	69 (22.0%)	134 (42.7%)	314 (100.0%)

$\chi^2(4, N=314)=11.504, p<.05$

		そのような情報をほしいと思わなかった	十分に得られた	やや得られた	あまり得られなかった	まったく得られなかった	合計
通院なし群	不安を感じた	12 (17.4%)	3 (4.3%)	4 (5.8%)	16 (23.2%)	34 (49.3%)	69 (100.0%)
	不安を感じず	144 (23.8%)	12 (2.0%)	54 (8.9%)	148 (24.4%)	248 (40.9%)	606 (100.0%)
	合計	156 (23.1%)	15 (2.2%)	58 (8.6%)	164 (24.3%)	282 (41.8%)	675 (100.0%)

$\chi^2(4, N=675)=4.423, n.s.$

「通院あり群」では「不安を感じた」人の方がニーズがあるものの情報を「まったく得られなかった」もしくは「あまり得られなかった」と回答している比率が高い。

「三（一）（c）「健康悪化の不安」の時期別の傾向」での考察を考慮すると、「健康悪化の不安」は情報伝達との関連よりも、原子力発電所の事故との関連を考える方が妥当ではないだろうか。確かに、震災後三日間では「通院あり群」で「情報ニーズと入手」と「健康悪化の不安」には統計学的に有意な関連性があり、不安を感じた人の方が情報を入手できていない傾向が読み取れる。しかし、震災直後の三日間は、停電率・インタ

ーネットが使えない比率が非常に高く（図2を参照）、情報発信自体が困難である。また、発災直後は病院・診療所自体が急性期医療に集中するため、自身の開院情報を容易には発信できるような状況にない。以上のことを考え合わせれば、情報伝達により「健康悪化の不安」を和らげることにつながる、といった議論を行うことは現実的ではないだろう。

おわりに――今後の災害対策に向けて

わが国では、例えば首都圏・南海トラフ・東海地方などで巨大地震が発生し、甚大な被害が生じる恐れがあるといわれている。被害が生じる地域には、仙台市のような政令都市も含まれている。また、二〇一二年四月一八日に発表された「首都直下地震等による東京の被害想定」によれば、東京二三区内で震度六強が観測される恐れが出ている。想定される首都直下地震の場合、震源によっては、政令指定都市の横浜市・川崎市・千葉市・さいたま市も大きな揺れに襲われる可能性がある。二〇一二年八月二九日に発表された南海トラフの巨大地震モデル検討会による地震度分布図によれば、政令指定都市の中では浜松市で最大震度七、名古屋市・静岡市・堺市で最大震度六強、などと推計された。

上記の政令指定都市の中には、東日本大震災で被災した仙台市の人口規模と人口密度を上回る都市がある。横浜市の人口規模は三倍、名古屋市は二倍であり、人口密度はともに仙台市を上回る。人口が約一〇〇万人の仙台市に比べ、川崎市（約一四〇万人）・さいたま市（約一二〇万人）・千葉市（約九六万人）・堺市（約八四万人）は、人口規模がかけ離れているわけではないが、いずれも人口密度は仙台市を上回る。このように人口規模・人口密度が大きな大都市が、東日本大震災で仙台市が経験した震度五強から震度六強の揺れに襲われた場合、病院・診療所に関する支障の規模も比例して大きくなると考えられる。

本稿の分析からは、震災後の大都市の被災生活では、平時から通院している人々の方が「通院支障」に直面する割合が高い、という意味で脆弱性がある（「三（一）（b）」を参照）。また、震災前から通院している人々の方が、情報を入手できないと「通院支障」を感じる時期が早い、つまり早い段階から情報を必要とするという意味で脆弱性がある（「三（二）（a）」を参照）。

このような人々の僅かな割合でも健康状態が悪化することになれば、被災地での病院・診療所に関する支障は非常なものになるだろう。慢性疾患を抱える人々への支援を行う必要がある一方で、これらの人々が地域の災害拠点病院に集中し、手術などの急性期医療に手が回らなくなるという事態を回避せねばならない。

「三（二）（a）」の分析からは、開いている病院・診療所の情報の普及が進む方が「通院支障」を解消する方向に向かうことを示唆され、情報伝達の重要性が確認された。また、情報は世代の隔てなく伝達し、年齢層ごとに情報伝達媒体をわけて用いる必要性も、合わせて示された。本研究と同一の調査で「病院・診療所について困ったこと」を項目別に質問したところ、「行こうと思っていた病院・診療所が閉院していた」が三七・八％で上から二番目に回答が多かった。どこに行けばよいのかわからない被災者が、地域の災害拠点病院に集中することは避ける必要がある。そのためにも、単に開いている病院・診療所の情報を伝達するのではなく、症状などに応じて向かうべき適切な病院・診療所がわかるような情報として発信することが重要であると考えられる。

注

（1） 歯科を除く。歯科だけだと五七二件。

（2） 本調査は震災後約一年の時点で実施したため、時間が経過しているという意味でリコール・バイアスがあることを前提として以下の検討を行う。

参考文献

橋元良明・石井健一・三上俊治・金相美・北村智・小笠原盛浩・遠藤薫、二〇〇六、「情報行動の全体的傾向」東京大学大学院情報学環編『日本人の情報行動二〇〇五』東京大学出版会、九－一二七

廣井脩・田中淳・中村功・中森広道・福田充・関谷直也・森岡千穂、二〇〇五、「新潟県中越地震と情報伝達の問題――十日町市一般住民調査編」『災害情報調査研究レポート』一、一五三－二一一

廣井脩・田中淳・中村功・廣井悠、二〇〇七、「一九九五年阪神・淡路大震災における情報伝達と住民の対応」『災害情報調査研究レポート』九、六五－一五二

三石博行、二〇〇一、「阪神大震災での生活情報の調査・分析から生活情報の構造についての研究」『科学研究費補助金研究成果報告書』

宮城県保健福祉部医療整備課ホームページ（参照年月日：二〇一二年九月二七日）http://www.pref.miyagi.jp/iryou/subindex03.htm.

村松哲夫、二〇一一、「大規模災害における医療倫理的な問題点の一考察：東日本大震災から見えること」『北海道大学大学院文学研究科研究論集』、一一－二八

内閣府男女共同参画局、二〇一二、「東日本大震災被災地における女性の悩み・暴力（集中）相談事業　報告書」http://www.gender.go.jp/saigai/bo-reports.html（参照年月日：二〇一二年九月二九日）

プロクター・アンド・ギャンブル・ジャパン株式会社「保育環境に関する意識調査」、二〇一二、http://jp.pg.com/news/releasepdf/20120521p01.pdf（参照年月日：二〇一二年九月二九日）

陸前高田市・大船渡保健所・一関保健所、二〇一一、「東日本大震災にかかる陸前高田市「健康・生活調査」結果報告」http://www.koshu-eisei.net/upfilefree/rikuzentakadachousa703.pdf（参照年月日：二〇一二年九月二九日）

仙台市、二〇一二a、「東日本大震災一年の記録」

仙台市、二〇一二b、「東日本大震災に関する市民アンケート調査」http://www.city.sendai.jp/kurashi/shobo/shiryo/icsFiles/afieldfile/2012/04/19/houkokusyo3.pdf（参照年月日：二〇一二年九月二九日）

震災関連死に関する検討会（復興庁）、二〇一二、「東日本大震災における震災関連死に関する報告」http://www.reconstruction.go.jp/topics/240821_higashinihondaishinsainiokerushinsaikanrenshinikansuruhoukoku.pdf（参照年月日：二〇一二年九月二

九日）
寺澤泰大、二〇一二、「社会保障分野における東日本大震災への対応と国会論議――災害救助、医療、介護・福祉、雇用等」『立法と調査』三二九、九六－一一六
山形県広域支援対策本部避難者支援班、二〇一二、「東日本大震災避難者アンケート調査集計結果」http://www.pref.yamagata.jp/ou/kankyoenergy/020072/fukkou/hukkou3siryo4-2.pdf（参照年月日：二〇二年九月二九日）
吉井博明・中村功・中森広道・関谷直也・森岡千穂、二〇〇八、「二〇〇七年能登半島地震における災害情報の伝達と住民の対応」『災害情報調査研究レポート』一四、五七－一二〇
吉岡成子、二〇一一、「災害救助と被災者の生活支援――災害救助、医療・介護、食の安全等」『立法と調査』三一七、八七－一〇三

付記　本稿は、日本災害情報学会誌『災害情報』のNo.11（二〇一三年）に掲載された論文「東日本大震災後の仙台市の病院・診療所に関する支障と情報ニーズについての分析」を転載したものである。

謝辞　本研究は、国土交通省国土技術政策総合研究所からの委託研究「水害時の状況に応じた避難及び避難情報提供に関する調査研究」の一環として行った。

原発災害をめぐる大学生の態度

本多明生

はじめに

二〇一一年三月一一日の東日本大震災によって生じた福島第一原子力発電所事故（以下、福島第一原発事故）は、大量の放射性物質を環境に放出した結果、広範な地域に深刻な土壌、海洋汚染を引き起こした。福島第一原発事故から三年以上が経過した今もなお、二四万人を超える住民たちが避難生活を余儀なくされており（復興庁 二〇一四）、いぜんとして被災地（特に福島県）に対する強い風評被害が続いているのが現状である。事実、消費者庁が二〇一四年八月に被災地域（岩手県、宮城県、福島県、茨城県）と被災地産品の使用仕向け先の消費地である東京などの都市圏（埼玉県、千葉県、東京都、神奈川県、愛知県、大阪府、兵庫県）に居住する消費者約五〇〇〇人を対象にインターネットを利用して実施した「風評被害に関する消費者意識の実態調査」によれば、（一）全体の回答者のうちの二四・七％が「放射性物質の含まれていない食品を買いたいから」、食品の生産地を「気にする」もしくは「どちらかといえば気にする」と回答したこと、（二）全体の回答者のうちの一九・六％が食品を買うことをためらう産地として「福島県」をあげたことを報告している（「被災地を中心とした東北（岩手県、宮城県、福島県）」をあげた人は全体の回答者のうちの一二・九％）（消費者庁　二〇一四）。福島第一原発事故がもたらした傷は深く大きい。

筆者は、福島第一原発事故や原発に対する態度構造を解明することが、風評被害のみならず、福島第一原発事故後に生み出されることとなったさまざまな社会問題を読み解くうえで鍵となると考えてこれまで研究を行ってきた。本稿では、大学生を対象にして福島第一原発事故に対する態度と震災復興施策への反応との結び付きを検討した筆者たちの研究成果（Honda, Wiwattanapantuwong & Abe 2014）を紹介する。当該研究は、二〇一一年一二月に宮城県と東京都の大学生を対象に実施された質問紙調査に基づくもので、その研究成果は国際学術誌では発表したものの、本邦ではこれまで詳しく紹介してこなかった。この機会を通じて、筆者の研究成果が福島第一原発事故後に我が国で発生したさまざまな社会問題を理解するお役に少しでもたてるのであればとても嬉しく思う。

一　背景

(一) 当時の社会的状況

当該研究では、福島第一原発事故に対する態度と震災復興施策への反応との結び付きを検討したが、震災復興施策への反応として測定したものは「震災瓦礫処理（現在は災害廃棄物処理とよばれているが、当時を踏まえて本稿では震災瓦礫処理という用語を使用する）への反応」と「被災地の食品への反応」である。

はじめに筆者たちの研究が実施された当時の社会的状況について説明する。東日本大震災は被害領域が広域であること、付随して発生した津波が人命と家屋に甚大な被害をもたらしたこと、福島第一原子力発電所の事故によって生じた放射能汚染が復興を困難にしていることが際立った特徴である（阿部　二〇一三）。東日本大震災では膨大な量の震災瓦礫や津波堆積物が発生したことから、その処理が喫緊の課題とされた。国は、震災瓦礫や津波堆積物の処理が迅速かつ適切に行われるよう、二〇一一年八月に「東日本大震災により生じた災害廃棄物の処理に関する特別措置法」を交付し、市町村及び都道府県に対し必要な支援を行い、さらに災害廃棄物の処理に関する基本的な方針、工程表を定め、これに基づき必要な措置を講ずることとなった。しかし、震災瓦礫の処理は、研究が実施された二〇一一年一二月の時点でさまざまな自治体を巻き込む大問題に発展していた。

当時、東日本大震災で発生した震災瓦礫は約二二〇〇万トンと試算されており、被災地の復興活動の妨げるものとして取り上げられていた[1]。そのため、当時の政府は、多くの自治体に放射性物質が基準値を下回る福島県を除く被災地の震災瓦礫の処理に協力することを要請したが、受け入れを表明した自治体は放射能汚染を怖れる住民からの強い反発を受ける事態が発生していた。例えば、東京都はいち早く震災瓦礫処理に対する協力を表明した自治体であったが、市民から強い抗議を受けたことが報道されている（Japan Today, 2011）。その他にも、調査実施時期よりも半年ほど経過するが（二〇一二年六月）、宮城県石巻市の震災瓦礫処理への協力を表明した福岡県北九州市では、放射性物質が基準値を下回っていることが確認されているにもかかわらず現地で放射能汚染を怖れる反対派からの強い妨害活動が発生したことが報道されている（McAteer, 2012）。このように当時、我が国では震災瓦礫に対する風評被害が発生しており、被災地の復興活動に対する妨げとして問題視されていた。

さらに、被災地やその周辺地域で生産される食品に対する風評被害がすでに大きな社会問題となりつつあり、政府はその対策に追われていた。事実、二〇一一年五月の時点で、政府は農林水産大臣及び消費者担当大臣の共同で「東日本大震災の被災地及びその周辺地域で生産・製造されている農林水産物、加工食品といった被災地食品を積極的に消費する取組を「食べて応援しよう！」というキャッチフレーズの下で進めています」というメッセージを発表して大々的なキャンペーンに取り組み始めている[2]。しかしながら、本稿の冒頭で紹介したとおり、現在にいたるまで、被災地の食品に対する風評被害が続いているのが現実である。当時、国内外のメディアは、原発事故の対応によって、政府に対する信頼感が失われたことが国民の放射能に対するリスク・コミュニケーションを妨げていること、そして食品の風評被害にも悪影響を生んでいると報道していた（BBC News Asia 2012）。

以上が本稿で取り上げる研究に関係する当時の社会的状況の概要である。震災瓦礫処理、そして被災地の食品に対する風評被害は、その当時いずれも社会問題として深刻化しており、これらの問題に対する震災復興施策への合意形成の見通しが立てづらい状況となっていた。筆者たちは、震災瓦礫処理や被災地の食品に対する風評被害が生み出される原因を捉えるためには、福島第一原発事故に対する態度を解明することが不可欠であり、その態度と結びつけて問題を考察することで、この事象に関与する本質的な要素や全体的な構造を明らかにすることができると考えて研究に着手した。

(二) 学術的な背景

次に、筆者たちの研究の学術的な背景について解説する。はじめに、原発に対する態度構造について述べる。福島第一原発事故に対する態度と震災復興施策への反応との結び付きを検討するためには、原発事故に対する態度を測定する必要がある。これまでの研究から原発に対する態度構造には多次元的性質があることが報告されていた（Newcomb 1986; Peters & Slovic 1996）。例えば、そのなかの研究（Newcomb 1986）は、核戦争や原発事故の可能性に対する態度を調べた結果、態度を構成する要素として①原子力に対する関心（nuclear concerns）、②原子力に対する支持（nuclear support）、③将来への恐れ（fear of the future）、④原子力の否認（nuclear denial）を見出している。そして、我が国においても、東日本大震災以前に、原発に対する態度を調べる研究が実施されており、態度を構成する要素として①リスク認知（risk perception）、②ベネフィット認知（benefit perception）、③政府や電力会社への

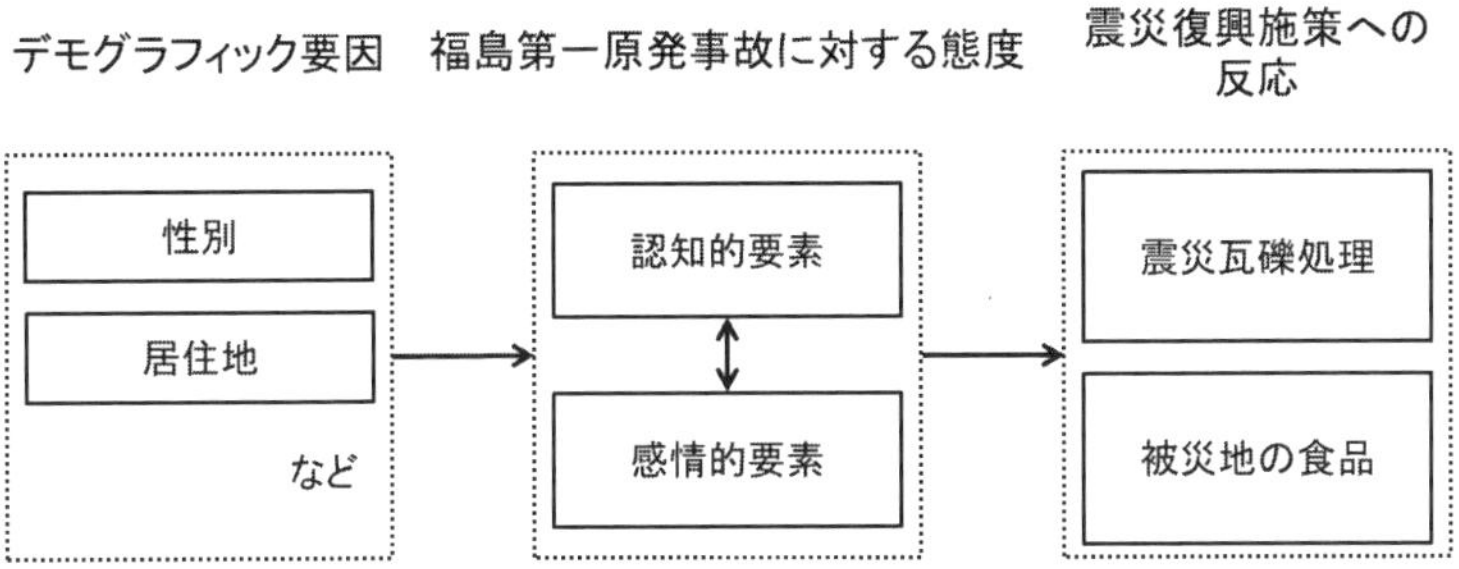

図1　筆者たちが用いた研究モデル

Honda et al., 2014

信頼（trust in the government and electric utility companies）が見出されていた（Katsuya 2001; Shimooka 1993; Tanaka 2004）。これらの研究は、原発に対する態度の構造が複数の構成要素によって多次元的に説明することができることを示唆している。

しかしながら、従来の研究においては、原発事故を対象にして態度構造を多次元的に調べた研究はほとんど行われておらず、福島第一原発事故が態度や社会政策に対する反応にどのようなインパクトを与えたのかに関する具体的な知見が不足していた(3)。限られた資料と時間のなかで効果的に研究を進展させるためには、事象を説明するためのモデルの立案が不可欠である。そのため、筆者たちは認知と感情という二つの情報処理系の相互作用を仮定することで意思決定過程を説明しようとする「二重過程モデル（dual-process model）」（Chaiken & Trope 1999; Epstein 1994; Sloman 1996）に着目してモデルを作成し、原発事故に対する態度と震災復興施策への反応との結び付きを検討することにした（**図1**）。

筆者たちが当該研究で二重過程モデルに注目した理由について説明する。二重過程モデルに注目した大きな理由は、同モデルが認知的要素だけではなく、感情的要素を含む点にある。福島第一原発事故が、政府や電力会社、メディアに対する信頼感に大きなダメージを与えたことは自明ではあるものの（Edelman Trust Barometer 2012）(4)、原発事故後の風評被害の全体像をより正確に理解するうえでは、「目に見えない恐怖」と形容されることがある放射能に対する恐れなどの感情的要素を考慮に入れて、より包括的にアプローチすることが重要であるだろう。事実、福島第一原発事故以前に行われた研究ではあるが、放射能への恐れが放射性廃棄物のリスク認知に影響を及ぼすことが報告されており（Sjöberg & Drottz-Sjöberg 2009）、このことからも感情的要素を考慮することの重要性が示唆されている。しかしながら、従来の我が国の研究では、リスク認知、ベネフィット認知、そして信頼という認知的要素は取り上げたことがあるものの（Katsuya 2001; Shimooka 1993; Tanaka 2004）、放射能汚染の恐怖に代表されるような感情的要素を含んだ研究は行われてこなかった。二重過程モデルでは、人々の行動や反応は認知的要素と感情的要素の相互作用によって規定されることを仮定する（Loewenstein,Weber, Hsee & Welch 2001; Slovic, Finucane, Peters& MacGregor 2004）。このことから筆者たちは、どのような要素が態度を構成するのか、そしてどのような要素が震災復興施策への反応をどの程度特徴づけるのかを明らかにすれば、福島第一原発事故後の風評被害の規定因を特定することができるかもしれないと考えた。このような考えから、筆者たちの研究では、二重過程モデルの視点をベースにして、福島第一原発事故に対する態度を多次元的に測定し、震災復興施策への反応との結び付きを検討することで当該問題に対してアプローチすることにした。

そして、従来の研究は原発に対する態度には男女差（Newcomb 1986; Plous 1991; Rabow et al. 1990）や地域差（Greenberg 2009）が見出されることが報告されていたものの、原発災害後の態度にどのような現象が観察されるのかについては具体的な知見が不足していた。福島第一原発事故に対する態度と震災復興施策への反応との結び付きをより包括的に理解するうえでは、研究モデルに性別や居住地を要因として組み込むことによって、それらの要因が震災復興施策への反応の規定因としても機能しているのかを検討すること、そして性別や居住地の要因の効果を制御した場合においても、態度を構成する要素が震災復興施策に寄与しているかどうかを明らかにすることは現象の理解において大きな意味を有する。このような考えから、筆者たちの研究では、福島第一原発事故に対する態度の男女差と地域差を検証し、さらに性別と居住地、そして福島第一原発事故に対する態度が震災復興施策への反応の規定因としてそれぞれどのように機能しているのかを明らかにすることにした。

二　方法

㈠ 研究参加者

宮城県仙台市もしくは東京都の大学に通う大学生三〇四名が調査対象者であった。そのうち、有効回答数は二八九名（平均年齢二〇・三三歳、標準偏差一・六七）であった。宮城県の大学生の内訳は男性六三名、女性一五二名、東京都の大学生の内訳は男性一六名、女性五八名であった。

質問紙

基本的属性（性別、年齢、住居地など）に関する質問と福島第一原発事故に対する態度を調べるための二六項目、そして震災復興施策への反応を調べるための四項目から構成されていた。

はじめに、福島第一原発事故に対する態度の測定について説明する。先に述べたとおり、これまでの研究から原発に対する態度構造には多次元的性質があることが確認されている（Newcomb 1986; Peters & Slovic 1996）。しかしながら、原発事故に対する態度構造を多次元的に測定した研究はほとんど行われていなかったため、福島第一原発事故に対する態度を測定するための尺度を新たに作成して使用することにした。具体的には、心理学者二名と博士過程の大学院生一名、そして大学生二名が集団討議を繰り返すことで項目を作成した。作成した項目は、①原子力のもつベネフィットや性能に関する認知（例えば「原子力発電は、効率的で優れた発電方法である」）、②原子力のもつリスクや恐怖に対する認知（例えば「原子力発電所は本来、事故をおこす確率は極めて低いと思う」）、③原発に携わる機関に対する信頼感（例えば「原子力発電所の事故や放射能汚染に関する政府の説明や対応は信頼できる」）、④核技術や放射能汚染に関する信念（例えば「極微量であっても放射性物質を長期間摂取すれば、深刻な健康被害を及ぼすと思う」）、⑤福島第一原発事故や放射能汚染に対する感情的反応（例えば「原子力発電所の事故や放射能汚染に対して不安や恐怖を感じている」）に関係する二六項目から構成されていた。研究参加者は、「原子力発電所の事故や放射能汚染に関する、あなたの考えをうかがいます」と文章で教示を受けた後、各項目に対して、「全くそう思わない」を「〇」、「非常にそう思う」を「五」としたときに、該当する数値を回答するように求められた（六件法）。

震災復興施策への反応項目は「被災していない地域が、放射性物質が基準値以下であることを確認した上で、震災瓦礫を受け入れる」（基準値以下の震災瓦礫処理支援）、「被災していない地域が、放射性物質が基準値以上であっても、あえて震災瓦礫を積極的に受け入れる」（基準値以上の震災瓦礫処理支援）、「各家庭で被災地の食材をすすんで購入する」（被災地の食品応援）、「家族の健康のために、福島と近県の食材を避ける」（被災地の食品回避）の四項目であった。研究参加者は「東日本大震災に伴うさまざまな対応に関して質問します」と文章で教示を受けた後、各項目について、「反対」を「－（マイナス）二」、「どちらでもない」を「〇」、「賛成」を「＋（プラス）二」としたときに、該当する数値を回答するように求められた（五件法）。

(二) 手続き

二〇一一年一二月に質問紙調査を実施した。授業中に教員が調査に関する説明を行い、同意した学生に質問紙への回答を求めた。当該調査は、東北大学大学院文学研究科の倫理委員会の審査による認可を得た。

三　結果

(一) 福島第一原発事故に対する態度

主成分分析を実施し、スクリープロットをもとに五因子解を採用した（累積寄与率五二・八%）。因子間相関が仮定されたことから、因子分析（主成分分析、プロマックス回転）を行い、複数因子に寄与した項目（〇・四〇以上）と因子負荷量が不十分な項目（〇・四〇未満）を除外し（Hatcher 1994）、①「原子力発電の性能（nuclear power plant efficiency）」（「日本の原子力技術は、世界的にも優れていると思う」等七項目）、②「関係機関への信頼（trust in institutions）」（「原子力発電所の事故や放射能汚染に関する政府の説明や対応は信頼できる」等六項目）、③「放射能汚染の恐怖（fear of radioactive contamination）」（「極微量であっても放射性物質を長期間摂取すれば、妊娠・出産に深刻な影響が生じると思う」等六項目）、④「事故の長期化（length of time needed for complete clean up of the nuclear accident）」（「放射能に汚染された土地を除染するためには、莫大な費用だけではなく、非常に長い時間が必要になるだろう」等四項目）、⑤「自己防衛（self-defense）」（「メディアに取り上げられる原子力の専門家は、放射能汚染や人体への影響に関して本当はよく知らないと思う」等二項目）を抽出した（**表１**）[5]。「事故の長期化」「自己防衛」は信頼性係数が低かったので、以降の分析からは除外することにした。

「原子力発電の性能」「関係機関への信頼」「放射能汚染の恐怖」の平均値を算出し、相関係数を求めたところ、「原子力発電の性能」は、「関係機関への信頼」と正の相関（r=.30, p<.001）、「放射能汚染の恐怖」と負の相関（r=－.50,p<.001）を示していた。そして「関係機関への信頼」は、「放射能汚染の恐怖」と有意な負の相関を示していた（r=－.28, p<.001）。

表1　福島第一原発事故に対する態度尺度の因子分析の結果

項目	F1	F2	F3	F4	F5
F1：原子力発電の性能（α =.82）					
日本の原子力技術は、世界的にも優れていると思う。	.78	.02	−.03	.10	−.27
原子力や放射性物質を扱う日本の科学技術は信頼できる。	.74	.03	−.12	.08	−.23
原子力発電所は本来、事故をおこす確率は極めて低いと思う。	.72	−.19	−.08	−.21	−.06
原子力発電は、効率的で優れた発電方法である。	.70	.03	.03	−.01	−.07
原子力発電は、環境にやさしい発電方法である。	.69	−.07	−.02	.02	−.30
日本が経済的に発展するためには、原子力発電所の存在は、必要不可欠だろう。	.67	.08	.00	−.02	.13
原子力発電所は、万が一、事故が起きたとしても、地域社会に経済的恩恵を与えていることの方が多い。	.57	.03	−.13	−.09	.17
F2：関係機関への信頼（α =.79）					
原子力発電所の事故や放射能汚染に関する政府の説明や対応は信頼できる。	.17	.76	.12	−.10	−.06
政府は、原子力発電所の事故にともなう様々な事柄に対して、真剣に取り組んでいると思う。	.20	.75	.18	−.05	−.06
電力会社は、原子力発電所の事故や放射能汚染に関して、事実を隠ぺいしていると思う。	.20	−.70	.22	.02	.08
メディアに取り上げられる原子力の専門家は、政府や電力会社のいいなりになることが多いと思う。	.21	−.68	.22	−.11	.26.
電力会社は、原子力発電所の事故や放射能汚染に関して、誠意をもって対応していると思う。	.11	.66	.04	.03	.16
原子力発電所の事故や放射能汚染に関するメディアの情報は疑わしい。	.15	−.58	−.19	.27	.25
F3：放射能汚染の恐怖（α =.80）					
極微量であっても放射性物質を長期間摂取すれば、妊娠・出産に深刻な影響が生じると思う。	.04	.09	.85	.02	.26
極微量であっても放射性物質を長期間摂取すれば、深刻な健康被害を及ぼすと思う。	−.06	.20	.83	.07	.31

放射能汚染や放射性物質による健康被害に対して、人々は過剰に反応しすぎていると思う。	.09	.15	**−.63**	.12	.28
原子力発電所の事故や放射能汚染に対して不安や恐怖を感じている。	−.04	−.06	**.63**	.22	−.12
原子力発電所がある地域には、正直なところ、住みたくない。	−.15	−.06	**.47**	.07	.01
メディアは、放射能汚染やその健康被害への不安を過度にあおっていると思う。	.18	.28	**−.44**	.26	.24

F4：事故の長期化（α =.48）

放射能に汚染された土地を除染するためには、莫大な費用だけではなく、非常に長い時間が必要になるだろう。	.01	.02	−.01	**.74**	.07
原子力発電所の事故の収束には、想定されているよりも、長い時間が必要になると思う。	−.06	−.12	.04	**.61**	.22
原子力発電所の事故や放射能汚染に関する問題は、正直なところ、他人事だと思っている。	.06	−.09	−.24	**−.51**	.38
原子力発電や放射性物質の問題は、難しくても自分でしっかりと調べるべきだ。	.28	−.20	.27	**.43**	.06

F5：自己防衛（α =.36）

メディアに取り上げられる原子力の専門家は、放射能汚染や人体への影響に関して本当はよく知らないと思う。	−.25	−.23	−.01	−.02	**.70**
放射性物質による健康被害からは、自分自身で身を守るしかない。	−.12	−.02	.20	.17	**.57**

回転後の負荷量平方和	4.80	4.05	3.96	2.20	1.91
寄与率（%）	23.14	10.67	7.88	5.70	5.47

Honda et al.、2014

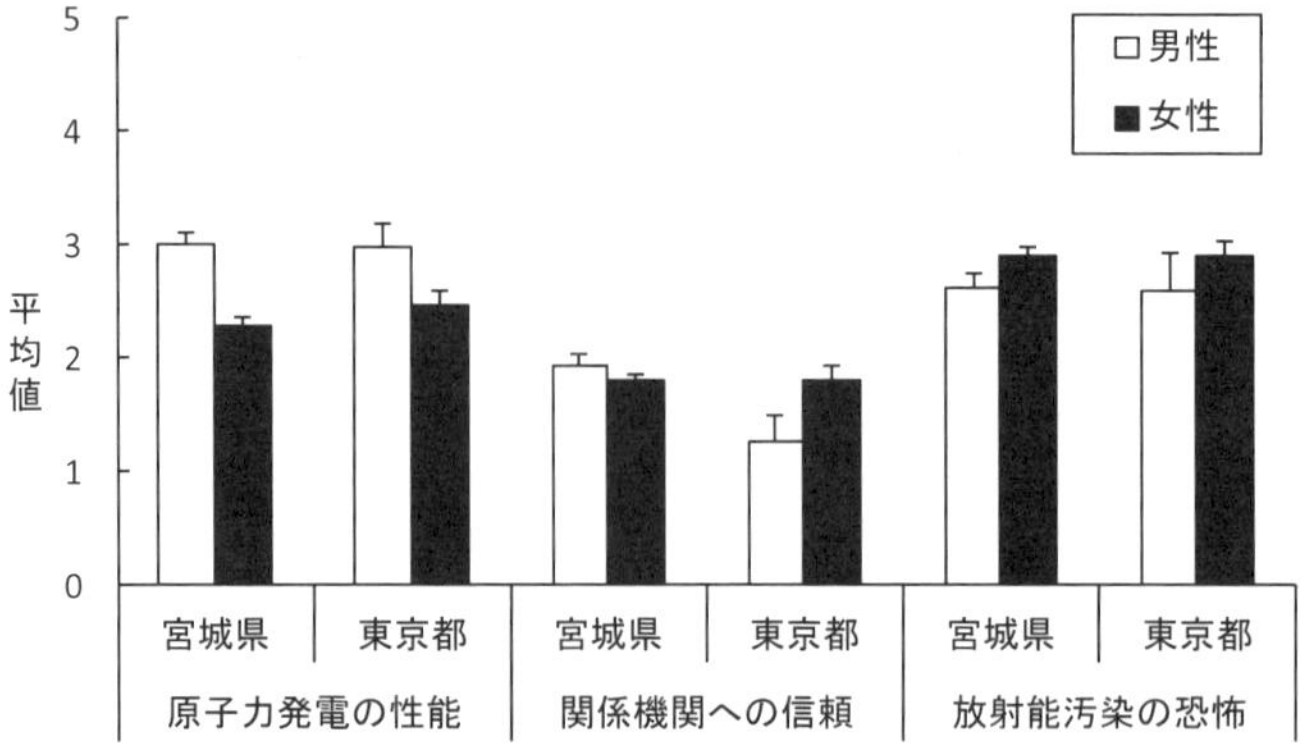

図２　福島第一原発事故に対する態度における男女差と地域差

Honda et al., 2014

（二）福島第一原発事故に対する態度の男女差と地域差

福島第一原発事故に対する態度の男女差と地域差を調べるために、性別（男性、女性）と地域（宮城県、東京都）を独立変数、福島第一原発事故に対する態度尺度を構成する三つの下位尺度の平均評定値を従属変数にして多変量分散分析（multivariate analysis of variance; MANOVA）を行った（**図２**）。その結果、性別の主効果が有意であった（$F(3, 283)=9.70, p<.001$）。分析の結果、「原子力発電の性能」においては、男性は女性よりもその性能を高く評価していることが示された（$F(1, 285)=19.36, p<.001$）。そして「放射能汚染の恐怖」においては、女性は男性よりも強い恐怖を感じていることを示唆する知見が得られた（$F(1, 285)=3.54, p=.061$）。さらに、地域の主効果も有意であった（$F(3, 283)=2.72, p<.001$）。分析の結果、「関係機関への信頼」では、宮城県の大学生は東京の大学生よりも高い信頼を有していることが示された（$F(1, 285)=6.20, p<.05$）。一方、性別と地域の有意な交互作用は認められなかった。

(三) 震災復興施策への反応を規定する要因

震災復興施策への反応を規定する要因を明らかにするために階層的重回帰分析(hierarchical multiple regression analysis)を行った。目的変数は、震災復興施策への反応(「基準値以下の震災瓦礫処理支援」、「基準値以上の震災瓦礫処理支援」、「被災地の食品応援」、「被災地の食品回避」)で、説明変数は性別(男性を〇、女性を一としてコード化)、地域(宮城を〇、東京を一としてコード化)、そして福島第一原発事故に対する態度尺度を構成する三つの下位尺度の平均評定値であった。ステップ一では、説明変数として性別と地域を使用し、ステップ二では、さらに福島第一原発事故に対する態度尺度を構成する三つの下位尺度の平均評定値を使用した(強制投入法)(表2)。分析の結果、震災復興施策への反応は性別と地域、そして福島第一原発に対する態度によって、最も低いもので四%(「基準値以下の震災瓦礫処理支援」)、最も高いもので二七%(「被災地の食品回避」)が説明可能であることが示された。性別は、「被災地の食品応援」のみに有意に寄与しており、女性は男性よりも肯定的な反応を示していた。そして地域は、「基準値以下の震災瓦礫処理支援」「被災地の食品応援」「被災地の食品回避」に有意に寄与しており、宮城県の大学生は東京都の大学生よりも「基準値以下の震災瓦礫処理支援」と「被災地の食品応援」に対しては肯定的な反応を、そして「被災地の食品回避」に対しては否定的な反応を示していた。原発事故に対する態度に関しては、「放射能汚染の恐怖」のみが震災復興施策への反応を特徴づけることが示された。具体的には、「放射能汚染の恐怖」が高いと「基準値以下の震災瓦礫処理支援」「基準値以上の震災瓦礫処理支援」「被災地の食品応援」に対して否定的な反応を取り、「被災地の食品回避」に対しては肯定的な反応を示すことが明らかにされた。

表 2　階層的重回帰分析の結果

	Step	変数	β	R^2	F
基準値以下の震災瓦礫処理支援	1	性別	.07	.02	3.13*
		居住地	−.13*		
	2	性別	.08	.04	2.40*
		居住地	−.13*		
		原発性能	−.03		
		機関信頼	.02		
		放射能恐怖	−.15*		
基準値以上の震災瓦礫処理支援	1	性別	.05	.01	1.71
		居住地	−.10		
	2	性別	.07	.12	7.41**
		居住地	−.09		
		原発性能	−.08		
		機関信頼	.09		
		放射能恐怖	−.32***		
被災地の食品応援	1	性別	.21***	.05	8.07***
		居住地	−.12*		
	2	性別	.22***	.18	12.71***
		居住地	−.11*		
		原発性能	−.09		
		機関信頼	.10		
		放射能恐怖	−.36***		
被災地の食品回避	1	性別	−.09	.03	3.85*
		居住地	.14*		
	2	性別	−.13*	.27	21.04***
		居住地	.14**		
		原発性能	.08		
		機関信頼	−.06		
		放射能恐怖	.51***		

原発性能：原子力発電の性能、機関信頼：関係機関への信頼、放射能恐怖：放射能汚染の恐怖

* $p<.05$, ** $p<.01$, *** $p<.001$

Honda et al., 2014

四　考察

(一) 福島第一原発事故に対する態度

因子分析（主成分分析、プロマックス回転）を行った結果、①「原子力発電の性能」、②「関係機関への信頼」、③「放射能汚染の恐怖」、④「事故の長期化」、⑤「自己防衛」が抽出された。「事故の長期化」「自己防衛」は信頼性係数が低かったことから、以降の分析からは除外することになったものの、それ以外は高い信頼性を示したことから、福島第一原発事故に対する態度を構成する主要な要素は明らかにすることができたといえる。主要な要素のうち、「原子力発電の性能」と「関係機関への信頼」は認知的要素を、「放射能汚染の恐怖」は感情的要素を反映しているといえるだろう。

さらに「原子力発電の性能」「関係機関への信頼」「放射能汚染の恐怖」の平均値を算出し、相関係数を求めたところ、「関係機関への信頼」と「放射能汚染の恐怖」においては、有意な負の相関が見出された。社会的信頼が、ベネフィット認知に肯定的な影響を及ぼすこと、リスク認知には否定的な影響を及ぼすことが指摘されている（Siegrist, Cvetkovich & Roth 2000）。「原子力発電の性能」は、高いベネフィット認知に関係する項目（「日本が経済的に発展するためには、原子力発電所の存在は、必要不可欠だろう」）や低いリスク認知に関係する項目（「原子力発電所は本来、事故をおこす確率は極めて低いと思う」）から構成されていたことから、本研究では一致する知見が得られたといえるだろう。さらに、相関分析の結果は認知的要素と感情的要素がそれぞれ相互作用していることを示唆している。したがって、得られた結果は二重過程モデルから予測される態度構造モデルとよく適合しているといえるだろう。

(二) 福島第一原発事故に対する態度の男女差と地域差

多変量分散分析を行った結果、「原子力発電の性能」は、男性が女性よりもその性能を高く評価していること、そして「放射能汚染の恐怖」は、女性が男性よりも強い恐怖を感じていることを示唆する知見が得られた。この男女差に関する知見は、先行研究とよく一致する（Newcomb 1986; Plous 1991; Rabow et al. 1990）。

そして、地域差に関しては、宮城県の大学生は東京の大学生よりも「関係機関への信頼」が高いことが示された。原発の近くに住む住民は他の地区の住民よりも原発や原子力の使用に関して好意的な態度を有していることが報告されている（Greenberg 2009）。「関係機関への信頼感」のみに限定的に地域差が観察された理由の一つは、調査対象が宮城県の大学生であったことによるものかもしれない。具体的には、宮城県にある女川原子力発電所は、震源地に最も近い原子力発電所であったにも関わらず、福島第一原発とは異なり原発事故を起こさなかったという事柄が関係するのかもしれない。この出来事が、宮城県の大学生と東京都の大学生の「関係機関の信頼」の違いを生んだ可能性がある。しかしながら、現状では原発に対する態度の地域差に関しては知見が乏しいため、今後さらなる検討を行う必要があるだろう。

(三) 震災復興施策への反応を規定する要因

階層的重回帰分析を行った結果、いくつかの興味深い知見が得られた。その一つは、女性は男性よりも「被災地の食品応援」に対して肯定的な反応を示しているということである。「放射能汚染の恐怖」は、女性が男性よりも強く感じているにもかかわらず、なぜこのような結果が示されるのであろうか。先行研究によれば、女性は男性よりもチャリティー活動に対して積極的であることが明らかにされている（Mesch, Brown, Moore & Hayat 2011;

Mesch, Rooney, Steinberg & Denton 2006; Piper & Schnepf 2008)。「被災地の食品応援」は震災復興施策のなかでも、被災地に対するチャリティー活動として人々に捉えられている可能性がある。

そして、宮城県の大学生は東京都の大学生よりも「基準値以下の震災瓦礫処理支援」と「被災地の食品応援」に対しては肯定的な反応を、そして「被災地の食品回避」に対しては否定的な反応を示すという地域差が認められた。この結果は、態度の効果を制御した場合でも観察されていることから、どのような態度を福島第一原発事故に対してもっているかに関係なく、被災地から離れるにつれて震災復興施策への共感が得られにくくなる可能性があることを示唆している。震災復興施策への反応の地域差の問題は今後詳細に検討する必要があるだろう。

さらに、福島第一原発事故に対する態度に関しては、「放射能汚染の恐怖」のみが震災復興施策への反応を特徴づけることが示された。具体的には、「放射能汚染の恐怖」が高いと「基準値以下の震災瓦礫処理支援」「基準値以上の震災瓦礫処理支援」「被災地の食品応援」に対して否定的な反応をとり、「被災地の食品回避」に対しては肯定的な反応を示すことが明らかにされた。放射能は「目に見えない恐怖」と形容されることがあるが、この研究結果は、福島第一原発事故後の風評被害には「放射能汚染の恐怖」という感情的要素が極めて強い影響を及ぼしていることを示している。

五　まとめ

本稿では、筆者たちが行った福島第一原発事故に対する態度と震災復興施策との反応の結び付きを調べた研究を紹介した。当該研究は、二〇一一年一二月に宮城県と東京都の大学生を対象に質問紙調査として実施されたものであり、震災復興施策への反応として測定したものは「震災瓦礫処理への反応」と「食品への風評被害への反応」であった。分析の結果、福島第一原発事故に対する態度は、主に「原子力発電の性能」「関係機関への信頼」という認知的要素と、「放射能汚染の恐怖」という感情的要素から構成されていることが明らかにされた。「原子力発電の性能」は男性が女性よりもその性能を高く、そして「放射能汚染の恐怖」は女性が男性よりも恐怖を強く感じる傾向が示された。「関係機関への信頼」では、宮城県の大学生は東京都の大学生よりも高い信頼を有していることを示す地域差が認められた。そして、階層的重回帰分析を行った結果、性別や居住地の効果を制御した場合でも、「放射能汚染の恐怖」は震災復興施策への反応を強く特徴づけること、その一方で「原子力発電の性能」や「関係機関への信頼」という認知的要素は震災復興施策への反応に寄与していないことが明らかにされた。

筆者たちの研究にはいくつかの課題が残されている。例えば研究結果は、宮城県と東京都の大学に通う大学生から得られたものであり、研究結果の一般化には限界があるといわざるを得ない。そのため、今後の研究においては、広範な地域と年齢層を対象にすることが望ましいだろう。このような課題は残されているものの、筆者たちの研究結果は、震災復興施策への反応は居住地の影響を少なからず受ける可能性があること、そして福島第一原発事故後に発生した風評被害には「放射能汚染の恐怖」という感情的要素が極めて強い影響を及ぼしていることを浮き彫りにしている。現在、我が国では被災地の食品に対する風評被害が依然として続いているだけではなく、放射性廃棄物最終処理や原発の再稼働、次世代エネルギー政策など、新しい問題が登場している。これらの問題は、いずれも私たち全員がともに考えていかなくてはいけない重要な問題だが、本稿で紹介した筆者たちのアプローチ法や研究成果が、これらの問題を考えていくうえで少しでも参考になれば幸いである。

結びに

東日本大震災が起きたあの日、私は、福島県いわき市にあるいわき明星大学の研究室で引っ越しの準備を行っていた。四月から宮城県仙台市にある東北大学で研究支援者として勤務することが決まっていたからである。通常、研究論文には自分自身がどのような体験をして、そしてなぜこの研究に取り組むことになったのかという個人的な事柄や経緯を書くことはないと思う。ただし、災害というテーマに関しては、私は個人的な体験やそこから感じた問題意識が研究に反映されていることが少なくないと思う。私がどのような体験をして、どのような経緯で東日本大震災や福島第一原発事故に関する心理学的研究に携わるようになったのかに関しては別の書籍ですでに報告しているので、よろしければ一読頂ければ幸いである（阿部・ウィワッタナーパンツウォン・本多　二〇一三）。同書には、筆者たちが東日本大震災後に取り組んできたさまざまな研究に関する情報も記されている。

最後となるが、本稿で紹介した研究成果は、東北大学大学院文学研究科阿部恒之教授、博士過程大学院生ウィワッタナーパンツウォン・ジュターチップ（Wiwattanapantuwong, Juthatip）さんとの共同研究によるものである。記してお二人に謝意を表す。

注

（1）二〇一二年二月の段階で震災瓦礫処理は、全体の五％程度の進捗状況であった。なお、環境省ホームページ（http://kouikishori.env.go.jp/）によれば、東日本大震災によって発生した震災瓦礫の処理は福島県の一部地域を除いて二〇一四年三月に完了している。

（2）国民に向けた当時の農林水産大臣及び消費者担当大臣の共同メッセージは現在も農林水産省ホームページで閲覧可能である（http://www.maff.go.jp/j/shokusan/eat/index.html）。そして現在までの具体的な取り組み事例（食べて応援しよう！）

はフード・アクション・ニッポンホームページで知ることができる（http://syokuryo.jp/tabete_ouen/)。

（3）その後、主として欧州の研究者たちが自国民を対象に福島第一原発事故が原発に対する態度にどのような効果をもたらしたのかを調べた研究成果が発表されている。例えば、イタリア（Prati & Zani 2012)、スイス（Visschers & Siegrist 2013)、スペイン（Hartmann, Apaolaza, D'Souza, Echebarria & Barrutia 2013）で調査が行われているが、残念ながら当事国である我が国を対象にして得られた研究成果は依然として乏しいのが現状である。

（4）同調査では東日本大震災後に政府に対する信頼感が二六％下落したこと、電力会社に対する信頼感は七五％から二九％に下落したこと、そしてメディアに対する信頼感も五四％から三三％に下落したことが報告されている。なお二〇一三年にも調査が実施されているが、震災前の信頼感の回復までにはいたっていないことが指摘されている（http://www.slideshare.net/EdelmanJapan/2013-16639607)。

（5）尺度の信頼性を調べるために一か月後に宮城県の大学生八六名を対象に同一の尺度に対する回答を求めた結果、高い相関が示された（r=.70, p<.001)。したがって、「事故の長期化」「自己防衛」の信頼性係数が低かったのは、該当する項目が少ないことに起因する可能性が高い。

参考文献

阿部恒之、二〇一三、「東日本大震災における被災者の生活――助け合いと犯罪」斉藤豊治（編）『大災害と犯罪』法律文化社、一一四－一三一

阿部恒之・ウィワッタナーパンツウォン ジュターチップ・本多明生、二〇一三、「被災者のマナー：体験から立ち上がった課題」平川新・今村文彦・東北大学災害科学国際研究所（編著）『東日本大震災を分析するⅡ：震災と人間・まち・記録』、六八－八一、明石書店

BBC News Asia. (2012, March 8). Radiation fears split Fukushima community. (http://www.bbc.co.uk/news/world-asia-16977120)（二〇一四年一〇月二三日確認）

Chaiken,S. & Trope,Y., 1999, *Dual-process theories in social psychology*. New York: Guilford Press.

Edelman Trust Barometer. 2012 Edelman trust barometer executive summary, 2012 (http://trust.edelman.com/trust-download/global-results/)（二〇一四年一〇月二二日確認）

Epstein, S., 1994,Integration of the cognitive and the psychodynamic unconscious. *American Psychologist* 49, 709-724

復興庁、二〇一四、全国の避難者等の数（http://www.reconstruction.go.jp/topics/main-cat2/sub-cat2-1/20140930_hinansha.pdf）（二〇一四年一〇月二九日確認）

Greenberg, M., 2009, Energy sources, public policy, and public preferences: Analysis of US national and site-specific data. *Energy Policy*, 37, 3242-3249

Hartmann, P., Apaolaza, V., D'Souza, C., Echebarria, C. & Barrutia, J. M., 2013, Nuclear power threats, public opposition and green electricity adoption: Effects of threat belief appraisal and fear arousal. *Energy Policy*, 62, 1366-1376

Hatcher, L., 1994, *A step-by-step approach to using the SAS system for factor analysis and structural equation modeling*. Cary, NC: SAS Institute, Inc.

Honda, A., 2014, Wiwattanapantuwong, J. & Abe, T., Japanese University Students' Attitudes toward The Fukushima Nuclear Disaster. *Journal of Environmental Psychology*, 40, 147-156

Japan Today., 2011, October 5). Hosono asks 43 prefectures to take debris fromTohoku.（http://www.japantoday.com/category/politics/view/hosono-asks-43-prefectures-to-take-debris-from-tohoku）（二〇一四年一〇月二二日確認）

Katsuya, T., 2001, Public response to the Tokai nuclear accident. *Risk Analysis*, 21, 1039-1046

Loewenstein, G. F., Weber, E. U., Hsee, C. K. & Welch, N.,2001, Risk as feelings. *Psychological Bulletin*, 127, 267

McAteer, M., Japan's latest nuclear crisis: Getting rid of the radioactive debris. *The Atlantic.*, 2012, June 4（http://www.theatlantic.com/international/archive/2012/06/japans-latest-nuclear-crisis-getting-rid-of-the-radioactivedebris/257963/）（二〇一四年一〇月二二日確認）

Mesch, D. J., Brown, M. S., Moore, Z. I. & Hayat, A. D, 2011, Gender differences in charitable giving. *International Journal of Nonprofit and Voluntary Sector Marketing*, 16, 342-355

Mesch, D. J., Rooney, P. M., Steinberg, K. S. & Denton, B, 2006, The effects of race, gender, and marital status on giving and volunteering in Indiana. *Nonprofit and Voluntary Sector Quarterly*, 35, 565-587

Newcomb, M. D., 1986, Nuclear attitudes and reactions: Associations with depression, drug use, and quality of life. *Journal of Personality & Social Psychology*, 50, 906-920

Peters, E., & Slovic, P., 1996, The role of affect and worldviews as orienting dispositions in the perception and acceptance of nuclear power. *Journal of Applied Social Psychology*, 26, 1427-1453

Plous, S., 1991, Biases in the assimilation of technological breakdowns: Do accidents make us safer? *Journal of Applied Social Psychology*, 21, 1058-1082

Prati, G. & Zani, B., 2012, The effect of the Fukushima nuclear accident on risk perception, antinuclear behavioral intentions, attitude, trust, environmental beliefs, and values. *Environment and Behavior*, 24, 1-17

Rabow, J., Hernandez, A. C. R. & Newcomb, M. D., 1990, Nuclear fears and concerns among college students: A cross-national study of attitudes. *Political Psychology*, 11, 681-698

Shimooka, H., 1993, Process of public attitudes toward nuclear power generation. *Journal of the Atomic Energy Society of Japan*, 35, 115-123

消費者庁、二〇一四、「風評被害に関する消費者意識の実態調査（第四回）について：食品中の放射性物質等に関する意識調査（第四回）結果」(http://www.caa.go.jp/safety/pdf/141001kouhyou_1.pdf)（二〇一四年一〇月二一日確認）

Siegrist, M., 2000, Cvetkovich, G. & Roth, C., Salient value similarity, social trust, and risk/benefit perception. *Risk Analysis*, 20, 353-362

Sjöberg, L. & Drottz-Sjöberg, B. M., 2009, Public risk perception of nuclear waste. *International Journal of Risk Assessment and Management*, 11, 264-296

Sloman, S. A., 1996, The empirical case for two systems of reasoning. *Psychological Bulletin*, 119, 3-22

Slovic, P., Finucane, M. L., Peters, E. & MacGregor, D. G., 2004, Risk as analysis and risk as feelings: Some thoughts about affect, reason, risk, and rationality. *Risk Analysis*, 24, 311-322

Tanaka, Y., 2004, Major psychological factors determining public acceptance of the siting of nuclear facilities. *Journal of Applied Social Psychology*, 34, 1147-1165

Visschers, V. H. & Siegrist, M., 2013, How a nuclear power plant accident influences acceptance of nuclear power: Results of a longitudinal study before and after the Fukushima disaster. *Risk Analysis*, 33, 333-347

あとがき

あの二〇一一年三月一一日から四年が経とうとしている。編者の一人である私はその日その時、福島県いわき市にある福島工業高等専門学校で開催された年度末の会議に出席していた。尋常でない揺れ、かつそれは長かった。その一方で、近くの山林が大量に舞った花粉で黄色くなっていた様子に、より恐怖感を感じたという花粉症の同僚と、建物の被害がほとんどなかったのをみながら、驚きながら戻っていったのを覚えている。花粉だけなら笑い話だったのだろうが、その後、宮城・岩手・福島などの太平洋沿岸に発令された大津波警報と、実際に「襲った」大津波のリアルな映像、全電源喪失という福島第一原発の状況など、ラジオやテレビを聴いたりみたりしながら、余震が間断なく続く一一日深夜を車のなかで過ごしていたが、「なんか大変なことになったな」とある意味では当事者意識はあまり抱くことはなかったと思う。その意識は翌日、書籍などが散乱した研究室を片づけていても強くはならず、東京出身の同僚と夕方に車で「避難」することになったのだが、自分はどちらかというと「突発的な帰京」程度にしかとらえてなかった。そういう経緯で一二日深夜から東京の郊外にある実家で過ごすことになったのだが、その後に発生した原発事故や避難の混乱などをみても、一九九五年一月の朝にテレビでみた「阪神・淡路大震災」のように、どこか対岸の火事のような感覚を持っていた。住んで／働いているところが（自分に関しては建物の被害はほとんどなかったが）被災したにもかかわらず、そうした当事者意識を抱かなかったのは、後に「東日本大震災」といわれるほどのスケールの大きな災害との「距離感」がつかめなかったからだと今は考えている。

そうしたなかで「現実」に引き戻されたのは、もう一人の編者である吉原氏と一三日に打ち合わせを行う予定だったのが計画停電で移動できなかったという「不便さ」を感じたことに始まる。もう一つは同氏が数日後にボランティアで入っていた福島市の避難所から携帯で「こっち（避難所）は大変なことになっている。どうも避難時にコミュニティがうまく機能していなかったようだ。松本君もできるだけ早く（いわきで調査を）着手したほうがよいだろう」と言われたことである。

数年前の秋田市町内会等調査の集計分析を皮切りに、吉原氏とは地域住民組織の現状・課題やそのあり方などに関する研究を行ってきたが、私は町内会といった地域組織の資源（活動と人）の視点からどちらかというと全体的・包括的な議論を行っており、防災・防犯などといった特定の課題から論じているわけではなかった。ただ、この調査の延長線上に各地の調査を続けており（二〇〇九年：福島市、二〇一〇年：盛岡市）、特に震災前の二〇一〇年夏にはいわき市内の自治会・町内会長を対象にした同様なアンケート調査を実施したばかりであった。それまで知る範囲では大災害とはさほど縁のなかったいわき市において、「あなたの自治会では、大地震等（火災、水害等を含む）が起きたときの対応について具体的に話し合いを行ってきたか」という問いに対して、「話し合ってきた」は約四割と、それまで実施した他市と比べて顕著に高くも低くもなかった。「（調査に協力をしてくれた）この会長たちはどうしているだろう」、これがその震災の規模ゆえに当事者意識が薄れていた私を具体的な活動へと引き込んでいったのである。

そうはいうものの、いわき市にある学校に勤務する者として、教育を提供できるだけの環境整備は重要な任務である。それらがある程度落ち着いたころにいわき市の関係部署にお願いをして、避難所調査に当時松本研究室に在籍する学生らと着手することになったのである。被災地、特に福島第一原発からそう遠くないところに住まうものとしての混乱も十分に受けているなかで、先の吉原氏は避難所への聞き取り調査を進めていた。ちなみに氏が二〇一一年春から勤務することになった大妻女子大学は私の実家の近くであったことから、四月以降は頻繁に調査などに関する情報交換を行うこととなった。そのなかで印象として強く残っているのは、「コミュニティはなかった」という事実が多く現出したことであった。仙台市など一部の中・大規模の都市を除き、津波や原発事故により避難を余儀なくされた福島県の双葉郡では、いわゆる昔ながらのコミュニティが（比較的）あるのではないかと考えられていたが、本震災での対応をみたり聞いたりするなかで、――ひところ頻繁に使われていた――「想定外」に生活の都市化が進んでいたのである。

学校開始が五月と一カ月ずれ込んだことから、二週に一回は土曜開講（と夏休み短縮）という変則的な時間を過ごすなかでも、いわき市内の沿岸部以外は「ある程度」震災前の状況に戻りつつあった。このように学校はそれなりに動き始めつつあった一方、自分のなかで違和感が大きくなってきたことがあった。それは吉原氏が『コミュニティを再考する』（平凡社新書　二〇一三年）でも論じていたことであるが「コミュニティ、絆の過度の礼賛」であり、福島県いわき市に住み／働く者からみた「福島」の取り上げられ方である。前者の詳細については氏の議論を参照していただきたいが、そこで（避難を含み）住まう人たちをなるべく「客観視」しようと心がければ、（個人的にはある程度の共感は覚えるものの）決してコミュニタリアニズム的な議論には至り得ないはずである。なぜかというと、震災前にはすでにほとんどのコミュニティは「あったけど／なかった」という揺るぎない事実があり、付言すると、これらの言説が「鎮魂」などといったマジック・ワードと響き合い、前提のない／意味不詳なコミュニティが語られるようになったからである。「福島」にいたっては、「原子力」という震災前から非常に繊細なトピックであるなかで、それが今回のような事故を起こしたことから、現地の住民を（あえていえば）ないがしろにした言説があまりにも増えてきたことにある（極端な例をあげれば、福島は被「爆」地と位置づけるようだ）。こうした論じられ方について、調査対象者を含めた様々な人たちの「諦めているので（そうしたものを）みないようにしている」、「（実際は逆なのだけれどもそれを）言うのははばかられる雰囲気にある」という諦観した「叫び」をどうみればよいのか。

そうはいうものの、視聴率等のシェア拡大が至上命題のマス・メディアにとって、上記のような「福島は今でも悲惨な状況です」を喧伝するのは致し方ないのかもしれない。なぜなら必要以上にセンセーショナルに取り上げないと、「数字（シェア）」がとれないからであり、福島に住む人たちもその事情を――寛大にも――理解して受け入れているのも背景にあるからである。しかしである、われわれ研究者はどうなのか。詳細に論じはしないが、あまりにも各々の「（議論の）前提」といったバイアスをかけて、「福島」をみていないだろうか。その偏光フィルターを通じて展開される言説や提案は、それこそ「ショック・ドクトリン」（クライン）の論理と相同するのではないか。当然ながら、私も含めてその時代に生きているために時代性の制約条件から完全には逃れることはでき得ないが、それにしてももう少し冷静に／客観的に議論できないものだろうか。

本書は、編者の吉原氏とはこれらのようなことをここまで陽面的には語り得なかったかもしれないが、ある程度の共通認識・理解のもとで企画されたものである。それは「序」にでも次のように記されている。

ここで指摘しなければならないのは、一瞥したような復興施策の多面的な検討とともに、避難者の「いま」を生活世界の相から追い上げていくようなモノグラフ（調査報告）の作成が求められていることである。なぜなら、今日われわれの前にたちあらわれている復興施策は、あまりにも人びとの生活世界の実相からかけ離れているようにみえるからである。

つまるところ、生活のレベルからたちあらわれたものをとらえるのではなく、ア・プリオリに設定されたテーマに従った「予定調和」が、先に述べた「違和感」をもたらしたという意味で「上から」のものであるのはいうまでもない。

こうした考え方を基底にすえつつ、編者の吉原氏と構成や執筆者選定などの方法や進め方の議論を始めたのが二〇一四年春であった。内容などの議論や執筆候補者への依頼を進めつつ、第一次的なアウトラインを設定したのがその七月であった。ちなみに執筆者の選定と依頼について、編者である吉原氏が主に社会学、吉原氏と防災研究をともにしてきた仁平氏が心理学、松本は両分野のほかに哲学、防災学や統計学など、さらに日野正輝氏（東北大学大学院）からの紹介による地理学というように、できるだけ幅広くかつ若手研究者を中心にあたることとした。このような執筆依頼をした後に、夏の段階で各執筆予定者から提示された論文タイトル（仮）をもとに編者たちが構成を検討し、第一案では中テーマを「復興・まちづくり」、「コミュニティ」、「避難行動・意識・生活」、「情報・風評」、「倫理」の五つとして、「第一部　復興・まちづくり、コミュニティ、ネットワーク・ボランティア」、「第二部　避難、情報と倫理」という二部三一編構成とすることにした。その後、執筆の辞退やテーマ変更などもあったものの、一二月上旬に送付された全原稿を編者らがチェックを行い、いくつかの議論を経て三部二八編という最終的な構成に至ったのである。

本書の全体像は「序」で記されているのであらためて論じない。ただ、ある一定のテーマをもとにして構成される“Bonding”型と異なり、テーマ設定や執筆者の依頼をいわば“Bridging”で進めていったことにより、各論文は一見雑多な羅列に感じられるかもしれないが、各々に通底する「予断を持たず、生活者のレベルから人びとの生活等を明らかにする」というねらいは達せられたのではないだろうか。

最後に、六花出版の大野康彦氏と山本有紀乃氏には本書の出版に向けて、編集のアドバイスからスケジュール調整に至るまで、多大なるご支援をいただいた。感謝して記す次第である。

松本行真

地引　泰人（ぢびき　やすひと）

1980年　東京都生まれ
現　　在　東北大学災害科学国際研究所助教
主な著作　「人道支援における調整制度の受入れに関する研究——「人道支援の改革」におけるクラスター制度を中心に」（博士学位論文）2013年

仁平　義明（にへい　よしあき）＊

1946年　栃木県生まれ
現　　在　白鷗大学教育学部教授・東北大学名誉教授
主な著作　『防災の心理学——ほんとうの安心とは何か』（編著）東信堂、2009年

関根　良平（せきね　りょうへい）

1971年　福島県伊達市生まれ
現　　在　東北大学大学院環境科学研究科助教
主な著作　『帝国書院地理シリーズ「日本のすがた 六 東北地方」』（分担執筆）帝国書院、2013年

大原　美保（おおはら　みほ）

1977年　福岡県生まれ
現　　在　独立行政法人土木研究所（前　東京大学大学院情報学環附属総合防災情報研究センター／生産技術研究所）水災害・リスクマネジメント国際研究センター水災害研究グループ主任研究員
主な著作　Miho OHARA, Atsushi TANAKA: Study on the Changes in People's Consciousness Regarding the Earthquake Early Warning Before and After the Great East Japan Earthquake —Analysis Based on Regular Disaster Information Survey Results—, *Journal of Disaster Research,* Vol.8, No.7, 2013

関谷　直也（せきや　なおや）

1975年　新潟県生まれ
現　　在　東京大学大学院情報学環附属総合防災情報研究センター特任准教授
主な著作　『「災害」の社会心理』KKベストセラーズ、2011年

田中　淳（たなか　あつし）

1954年　東京都生まれ
現　　在　東京大学大学院情報学環附属総合防災情報研究センター教授
主な著作　『集合行動の社会心理』（共著）北樹出版、2003年

本多　明生（ほんだ　あきお）

1978年　山形県生まれ
現　　在　山梨英和大学人間文化学部准教授
主な著作　『心の科学——基礎から学ぶ心理学』（編著）明星大学出版部、2011年

竹内　裕希子（たけうち　ゆきこ）
1974年　東京都生まれ
現　在　熊本大学大学院自然科学研究科准教授
主な著作　Rajib Shaw and Yukiko Takeuchi, *East Japan Earthquake and Tsunami*, Research Publishing, Singapore, 2012

須田　雄太（すだ　ゆうた）
1987年　愛知県生まれ
元　京都大学大学院地球環境学舎修士課程
主な著作　Yuta Suda, Rajib Shaw and Yukiko Takeuchi, Evacuation Behavior and its Implication: Case of Kamaishi, Rajib Shaw and Yukiko Takeuchi, *East Japan Earthquake and Tsunami*, Research Publishing, Singapore, 2012

ショウ　ラジブ
1968年　インド カルカッタ生まれ
現　在　京都大学大学院地球環境学堂教授
主な著作　Rajib Shaw: *Community Practices for Disaster Risk Reduction in Japan*, Springer Publisher, 2014

川副　早央里（かわぞえ　さおり）
1985年　東京都生まれ
現　在　早稲田大学大学院博士後期課程／いわき明星大学客員研究員
主な著作　「原発災害の影響と復興への課題――いわき市の地域特性と被災状況の多様性への対応」（共著）『日本都市学会年報』45号、2012年

浦野　正樹（うらの　まさき）
1950年　東京都生まれ
現　在　早稲田大学文学学術院教授
主な著作　『復興コミュニティ論入門』（共編著）シリーズ災害と社会、弘文堂、2007年

磯田　弦（いそだ　ゆづる）
1972年　岡山県倉敷市生まれ
現　在　東北大学大学院理学研究科准教授
主な著作　Isoda Y, Job Map and Cartograhic Analyses of Occupational Labour Markets, *Science Reports of Tohoku University* 7th Series (Geography) 59, 2013

佐藤　真理子（さとう　まりこ）
1962年　福島県会津若松市生まれ
現　在　福島県立喜多方東高等学校教諭
主な著作　つくり手の会編『家庭科実践事例集――新しい社会づくりへのメッセージ』教育図書株式会社、2013年

瀬谷　貢一（せや　こういち）
1965年　福島県いわき市生まれ
現　在　福島県立いわき総合高等学校教諭

菅野　瑛大（かんの　あきひろ）
1992 年　福島県双葉郡楢葉町生まれ
現　　在　福島工業高等専門学校専攻科ビジネスコミュニケーション学専攻 2 年
主な著作　「東日本大震災復興に向けた組織の現状とその類型――いわき市被災沿岸部豊間・薄磯・四倉地区を事例に」（共著）『日本都市学会年報』47 号、2014 年

小田　隆史（おだ　たかし）
1978 年　神奈川県川崎市生まれ
現　　在　宮城教育大学教育復興支援センター特任准教授
主な著作　Preserving and Revitalizing an Ethnic Urban Neighborhood in Transition: San Francisco's Japantown Better Neighborhood Plan, *Japanese Journal of Human Geography* 66-1, 2014.

伊藤　嘉高（いとう　ひろたか）
1980 年　愛知県名古屋市生まれ
現　　在　山形大学大学院医学系研究科講師
主な著作　「生と死のあいだ――都市高齢者の孤独に向き合う医療・介護」（吉原直樹・近森高明編）『都市のリアル』有斐閣、2013 年

千川原　公彦（ちがはら　きみひこ）
1971 年　山形県米沢市生まれ
現　　在　ウェザーハート災害福祉事務所代表
主な著作　「東日本大震災――避難所の管理・運営とボランティア」『消防科学と情報』111 号、2013 年

菱山　宏輔（ひしやま　こうすけ）
1977 年　東京都生まれ
現　　在　鹿児島大学法文学部准教授
主な著作　『移動の時代を生きる――人・権力・コミュニティ』（編著）東信堂、2012 年

菅野　拓（すがの　たく）
1982 年　大阪府高槻市生まれ
現　　在　阪神・淡路大震災記念 人と防災未来センター研究員
主な著作　「東日本大震災避難世帯の被災一年後の状態と生活再建への障壁――仙台市の応急仮設住宅入居者へのアンケートに見る生活・居住・就労」『貧困研究』9 号、2012 年

山田　修司（やまだ　しゅうじ）
1988 年　福島県双葉郡浪江町生まれ
現　　在　東北大学大学院文学研究科博士課程前期 2 年（2015 年 4 月から博士課程後期進学）
主な著作　「環境の美的価値について」（修士論文）2015 年

後藤　一蔵（ごとう　いちぞう）
1945 年　宮城県小牛田町（現美里町）生まれ
現　　在　東北福祉大学兼任講師
主な著作　『消防団――生い立ちと壁、そして未来』（単著）近代消防社、2014 年

執筆者紹介（掲載順）＊は編者

吉原　直樹（よしはら　なおき）＊

1948 年　徳島県生まれ

現　　在　大妻女子大学社会情報学部教授・東北大学名誉教授

主な著作　『「原発さまの町」からの脱却』（単著）岩波書店、2013 年

野々山　和宏（ののやま　かずひろ）

1975 年　愛知県名古屋市生まれ

現　　在　弓削商船高等専門学校商船学科准教授

主な著作　「国土形成計画推進期における「海域」の取り扱い」『弓削商船高等専門学校紀要』36 号、2014 年

千葉　昭彦（ちば　あきひこ）

1959 年　岩手県生まれ

現　　在　東北学院大学経済学部教授

主な著作　『都市空間と商業集積の形成と変容』（単著）原書房、2012 年

岩動　志乃夫（いするぎ　しのぶ）

1961 年　岩手県生まれ

現　　在　東北学院大学教養学部教授

主な著作　『北東日本の地域経済』（共著）八朔社、2012 年

高橋　雅也（たかはし　まさや）

1976 年　神奈川県秦野市生まれ

現　　在　埼玉大学教育学部准教授

主な著作　“Cultural Norms of Japanese Folk and Traditional Music,” Mathieu Deflem ed., *Music and Law*, Bingley, UK: Emerald Group Publishing, 2013.

金城　敬太（きんじょう　けいた）

1981 年　沖縄県生まれ

現　　在　沖縄国際大学経済学部経済学科専任講師

主な著作　「東日本大震災の調査をもとにした避難行動についての個人や社会からの影響の分析」（共著）『日本都市学会年報』45 号、2012 年

磯崎　匡（いそざき　ただし）

1989 年　神奈川県横浜市生まれ

現　　在　東北大学大学院文学研究科博士課程後期 1 年

主な著作　「『事実と妥当性』におけるハーバーマスの民主的法治国家論の解明」（修士論文）2014 年

松本　行真（まつもと　みちまさ）＊

1972 年　茨城県勝田市（現ひたちなか市）生まれ

現　　在　東北大学災害科学国際研究所准教授

主な著作　『被災コミュニティの実相と諸相』（単著）御茶の水書房、2015 年

Part II Community, Network and Volunteers

Part III Life and Information in the Post-Disaster

Contents

Records of the Victims' Refuge Lives in the Great East Japan Earthquake

東《ひがし》日《に》本《ほん》大《だい》震《しん》災《さい》と被《ひ》災《さい》・避《ひ》難《なん》の生《せい》活《かつ》記《き》録《ろく》

編著者——吉原直樹・仁平義明・松本行真

定価——本体価格八、〇〇〇円＋税

発行日——二〇一五年三月一一日　初版第一刷
二〇一五年七月三一日　初版第二刷

発行者——山本有紀乃

発行所——六花出版
〒一〇一-〇〇五一　東京都千代田区神田神保町一-二八　電話〇三(三二九三)八七八七
振替〇〇一二〇-九-三二三五二六

出版プロデュース——大野康彦

組版——冬弓舎

印刷・製本所——モリモト印刷

装　丁——内浦　亨

写真提供——岩手県陸前高田市（表紙・カバー）
福島県いわき市（カバー）
吉原直樹（裏表紙）
宮城県女川町（第Ⅰ部扉）
宮城県塩竈市（第Ⅱ部扉）
野田雅也〈フォトジャーナリスト〉（第Ⅲ部扉）

ISBN978-4-905421-80-1